T0193487

Printed in the United States
By Bookmasters

التخطيط

وتحسين أداء المؤسسات

الإنتاجية والخدمية

في البيئة العربية والإسلامية

الهادي المشعال

دار الكتب العلمية
Dar Al-Kotob Al-ilmiyah
DKi
أسسها محمد علي بيضون سنة 1971 بيروت - لبنان
Est. by Mohammad Ali Baydoun 1971 Beirut - Lebanon
Établie par Mohamad Ali Baydoun 1971 Beyrouth - Liban

Title : PLANING AND THE ENHANCEMENT OF ESTABLISHMENT'S PRODUCTIVITY AND SERVICE INDUSTRY PERRFORMANCE IN THE ARABIC AND THE ISLAMIC ENVIRONMENTS

Classification : Management science

Author : Al-Hādi al-Miš'al

Publisher : Dar Al-kotob Al-Ilmiyah

Pages : ٥١٢

Size : ١٧*٢٤

Year : ٢٠١٠

Printed : Lebanon

Edition : ١st

الكتاب : التخطيط وتحسين أداء المؤسسات الإنتاجية والخدمية في البيئة العربية والإسلامية

التصنيف : علم الإدارة

عدد الصفحات : ٥١٢

قياس الصفحات : ١٧*٢٤

سنة الطباعة : ٢٠١٠

بلد الطباعة : لبنان

الطبعة : الأولى

الآراء والإجتهادات الواردة في هذا الكتاب

تعبر عن رأي المؤلف وحده

ولا تلزم الناشر بأي حال من الأحوال

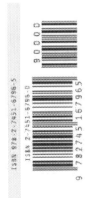

بسم الله الرحمن الرحيم

(إِنَّ اللَّهَ لَا يُغَيِّرُ مَا
بِقَوْمٍ حَتَّى يُغَيِّرُوا مَا بِأَنْفُسِهِمْ)

(الرعد: 11)

الإهــداء

إلى والديَّ الكريمين، اللذين أكرماني بتربيتهما لي، حتى وصلتُ بفضل الله ثم بفضلهما إلى ما أنا فيه، فأقول منادياً متضرعاً: (رَّبِّ ارْحَمْهُمَا كَمَا رَبَّيَانِي صَغِيرًا).

والى كل من يسعي جاهدا في المساهمة في تأسيس النهضة الإسلامية الثانية من خلال تحسين أداء المؤسسات الإنتاجية والخدمية انطلاقا من المنهج الإسلامي العظيم، واستنادا إلى المعارف والخبرات المتقدمة في مجال الإدارة الحديثة..

إليهم جميعا أُهدي هذا العمل المتواضع راجيا أن ينفعنا الله به جميعا لما فيه خير هذه الأمة ونهضتها وعزتها.

الهادي المشعال

الزاوية في 12 شوال 1430 هجرية

شكر وتقدير

الحمد لله الخالق سبحانه الذي بفضله تتم الصالحات، ولا حول ولا قوة إلا به، إنه نعم المولى ونعم النصير، فله الحمد على عونه وفتحه وفضله؛ كما ينبغي لجلال وجهه وعظيم سلطانه، وله الحمد والشكر حتى يرضى، وله الحمد والشكر ملء السماوات وملء الأرض وملء ما بينهما، وملء ما يشاء سبحانه.

ثم أقدم الشكر والتقدير لجميع من قدم أية مساعدة أسهمت في إنجاز هذا البحث من حيث الطباعة والإخراج والمراجعة والتعليق وغيرها من أعمال الدعم والمساعدة والتشجيع، وأخص بالذكر والشكر الأستاذ الدكتور سالم المشعال والدكتور إبراهيم المشعال والدكتور سليمان الطيف على ملاحظاتهم ونصائحهم القيّمة، سائلا العلي القدير سبحانه أن يهدينا جميعا ويوفقنا لما يحب ويرضى، ولما ينفعنا وأمة الإسلام في الدنيا والآخرة، وصلّي اللهم وسلّم على سيدنا محمد وعلى آله وصحبه ومن تبعهم بإحسان إلى يوم الدين.

الباحث

بسم الله الرحمن الرحيم

المقدمة

الحمد لله الذي علم بالقلم.. علم الإنسان ما لم يعلم.. والصلاة والسلام على خير هاد ومعلم: محمد صلى الله عليه وسلم.

إن من فضل الله على الناس أن علمهم ما لم يعلموا وأمرهم بالتزود الدائم بكل علم نافع، وإن من صدق الإيمان أن يعمل الإنسان المؤمن بما يعلم وأن يلتزم بما يؤمر.. ومما غفل عنه المسلمون في العصور المتأخرة الاهتمام بعلوم الدنيا والآخرة التي من شأنها أن تمكن لهم في الأرض وتجعلهم بحق خير أمة أخرجت للناس.

ولقد آن الأوان أن يعود أبناء هذه الأمة ليصحوا خطأهم وليحققوا ما أمر به خالقهم من الارتقاء في معرفته ومعرفة منهجه الذي ارتضاه لهم والالتزام به، والارتقاء كذلك بعلوم الإدارة والهندسة والطب والزراعة والمحاسبة وكافة العلوم الكونية التي تمكنهم من المساهمة الفعالة في تحقيق النهضة الثانية لهذه الأمة.

موضوع الدراسة:

إن موضوع الدراسة وهو "التخطيط وتحسين أداء المؤسسات الإنتاجية والخدمية في البيئة العربية والإسلامية " يعتبر من أهم مواضيع الإدارة الحديثة، ويتناول مهمة التغيير والإصلاح لهذه المؤسسات. إنه باختصار يعالج عملية التخطيط والإعداد للانتقال بالمؤسسة من وضعها وأدائها الحالي إلى الوضع والأداء الذي يطمح إليه قادة وخبراء المؤسسة والعاملون بها.. إنه الانتقال بالمؤسسة الناجحة إلى مستويات أعلى من النجاح، والانتقال بالمؤسسة المتعثرة من مستوى الفشل إلى مستويات الأداء التي تُرضي كافة الأطراف المستفيدة من المؤسسة.

فموضوع هذا الكتاب يهتم بدراسة عملية التخطيط الإستراتيجي للمستقبل، وكيفية القيام بها وفقا للآلية والطريقة التي تكفل إعداد الخطة الإستراتيجية المناسبة لتحقيق التغيير والتحسين المستهدف للمؤسسة في مرحلة تحولها القادمة.

الدوافع والعوامل الدافعة إلى إعداد هذه الدراسة:

إن جملة من الأسباب والعوامل السلبية ومجموعة من العوامل المشجعة دفعت الباحث إلى الاهتمام بهذا الموضوع منذ سنوات عديدة بعضها متعلق بحاجة وظروف العمل، والبعض الأخر ما هو متعلق بمتغيرات البيئة المحلية والعالمية.

ومن العوامل السلبية التي تستدعي ضرورة الاهتمام بالتخطيط للتغير وتحسين أداء المؤسسات الإنتاجية والخدمية ما يلي:

1. الفشل الذريع للمؤسسات الإنتاجية والخدمية في البيئة العربية والإسلامية الحالية لدرجة انهيار الكثير من تلك المؤسسات أو استمرار ضعف أدائها بالرغم من استمرار استنزافها لموارد المجتمع. ومن أهم المؤشرات التي تدل على فشل المؤسسات عدم قدرتها على سد حاجة المجتمع من السلع والمواد والخدمات من حيث الحجم أو الجودة أو سهولة وسرعة تقديمها أو الأسعار العالية التي لا تتناسب مع قيمة المنتجات والخدمات المعروضة، ناهيك عن النتائج السلبية المترتبة على إنتاج وتسويق واستعمال تلك المنتجات أو الخدمات.

2. الصعوبات والمشاكل المتكررة والمتفاقمة التي يواجهها القادة والخبراء والعاملون في المؤسسات الإنتاجية والخدمية، وكذلك الأخطاء الغير مقصودة والشبه مقصودة وربما المقصودة في بعض الأحيان التي يرتكبها القادة والعاملون في مختلف المستويات.

3. الشللية الإدارية المقيتة والصراعات الناجمة عنها داخل المؤسسات.

وليس كل المبررات سلبية، بل إن هناك محفزات كثيرة مشجعة للتغيير والإصلاح ومنها:

1. النجاحات التي حققتها المؤسسات العالمية المتقدمة والتي كانت بسبب قدرتها على فهم وتطبيق أنظمة وأساليب الإدارة الحديثة التي تأتي في مقدمتها عملية التخطيط الإستراتيجي للتحول.

2. قابلية هذه الأنظمة والأساليب للنقل والتوطين في سائر المجتمعات، وفق ما تؤكده مؤشرات نهوض المؤسسات الإنتاجية والخدمية في العديد من الدول النامية مع اختلاف ثقافاتها وتقاليدها.

3. نجاح الشركات العالمية في فتح فروع لها في الدول النامية، والاستفادة من

4. أبناء هذه الدول في تشغيل وتسيير العمليات الإنتاجية والخدمية بالعقول والسواعد المحلية. إن ذلك يؤكد على عقم حجة القيادات المعاقة والمعوِّقة التي تدعي بأن البيئة المحلية في المجتمعات النامية لا تسمح بتطبيق أساليب الإدارة والتخطيط الحديثة. لقد ثبت أن التقدم والتخلف يصنعه قادة المجتمع وخاصة قادة المؤسسات الإنتاجية والخدمية.

5. ومن العوامل المشجعة النجاحات والتميز الذي يحققه عدد كبير من الأفراد في مجتمعاتنا في مختلف المجالات العلمية والتقنية والإدارية والعملية، وقدرتهم على استيعابها وتطبيقها في المؤسسات العلمية والإنتاجية والخدمية محلياً وعالمياً.

6. حالة النقد الذاتي التي تعيشها الأمة والتي تعبر من خلالها عن استيائها من ضعف المؤسسات الإنتاجية والخدمية الأمر الذي يستدعي التخطيط والإعداد لإصلاح وتحسين أداء تلك المؤسسات.

ومن الأسباب المحفزة أيضا أن القيم ونماذج السلوك الراقية التي تدفع في اتجاه التغيير، والتي تمكن من تحقيق النجاح على مستوى الفرد والجماعة والمؤسسة في إطار الإدارة الحديثة، هي في الحقيقة أجزاء بسيطة من منظومة القيم ونماذج السلوك الراقية في الثقافة العربية الإسلامية الأصيلة.

إن هذا الحافز بالذات دفع الباحث إلى التفكر في تلك الحقبة الواقعة ما بين القرن السابع عشر- والتاسع عشر عندما تخلت مجتمعاتنا عن تلك القيم والمبادئ ونماذج السلوك الراقية وتلقفها الباحثون في الغرب بالدراسة والتحليل ليبدؤوا نهضتهم من المرحلة التي انتهينا إليها في حضارتنا الإسلامية الأولى. لقد اتفقوا على ما يأخذونه من حضارتنا في مجال العلوم المادية، واختلفوا في ما يمكن أن ينقلوه من العلوم الإنسانية، فكان نقلهم منها محرفاً مشوهاً لأنهم لم يريدوا أن ينقلوه كاملاً. فمن العدالة الاجتماعية في الإسلام تطرف منهم أناس واشتقوا منها نظرية الاشتراكية الشيوعية التي تدمر الفرد لخدمة الجماعة كما يدعون، وكأن مصلحة الجماعة تكمن في تحطيم الفرد ومعنوياته وسلب حريته وممتلكاته. وتطرف آخرون واشتقوا منها حرية الفرد اللامحدودة أو المبالغ فيها على حساب الجماعة، وكانت النتيجة في كلا الحالتين لصالح عصابات ومافيات الشيوعية، وعصابات ومافيات الرأسمالية الذين صاغ كل منهم مفاهيم وأساليب للإدارة تخدمه وتعزز استغلاله لموارد وإمكانيات المجتمع.

وسقطت الشيوعية لأنها الأبعد عن القيم الإنسانية الراقية التي يمثلها الإسلام. وسقطت الرأسمالية بمفهومها القديم ويتم تهذيبها بضغط المظلومين والمفكرين الذين يبحثون وينادون برفع المعاناة عن الشعوب والجماعات والأفراد، ويستمر تهذيبها حتى لا يبقى منها إلا اسمها.

لقد تم خلال تلك التغيرات ارتقاء الشعوب المتمدنة بمفاهيم الإدارة الحديثة، وهي كلما ترتقي في استيعابها للقيم والمبادئ والمثل ونماذج السلوك الراقية كلما تعود لتلتقي بأسس ومبادئ وقيم الإسلام العظيم. إن تقدم علم الإدارة والعلوم الإنسانية عامة يكون بارتقائها بعيداً عن زيغ وهوى المفكرين والعلماء وأخطائهم المقصودة دفاعاً وتحيزاً لفلسفات فردية قديمة وعقيمة أو تغطية لأخطائهم المقصودة، فهم لا يزالون سائرون في طريق البحث عن الحقيقة. وكلما تخلص المفكرون والباحثون من الهوى وكلما اقتربوا من الحقيقة، فإنهم يقتربون بهذه العلوم شيئاً فشيئاً من مبادئ وأسس وقيم الإسلام الخالدة.

إن مؤسسات العمل الإنساني الناجحة في الحاضر والمستقبل ستجد نفسها تعمل في إطار قيم ومبادئ وثقافة الإسلام علمت بذلك أم لم تعلم. ولا أعتقد أنه من الحكمة أو من الإنصاف أن نستمر في نقل القيم السامية وتطبيقها باعتبار أنها صناعة أجنبية مع أنها جزءا لا يتجزأ من النظام الإسلامي الراقي الذي ينظم الحياة الإنسانية في شتى مجالاتها.

لقد حان الوقت لإعادة صياغة مفاهيم وأسس الإدارة الإسلامية الحديثة - وسائر العلوم الإنسانية - التي تقوم على مبادئ وأسس وقيم الإسلام الفاضلة، وتقوم في الوقت ذاته على ما فتح به الله الخالق سبحانه على سائر الشعوب من أساليب وتطبيقات عملية ثبت نجاحها في التسيير الفعّال لمؤسسات المجتمع الحديثة والتي هي من أهم عوامل وأدوات تطوره وتقدمه، وعسى أن يكون هذا الجهد المتواضع خطوة متواضعة يُقصد بها الحث على مواصلة السير في هذا الاتجاه.

أهداف الدراسة:

لما كان التخطيط وتحسين أداء المؤسسات الإنتاجية والخدمية يحتاج إلى المتطلبات التالية:

1. حث قادة المجتمع ومؤسساته على الاهتمام بأساليب الإدارة الحديثة بصفة عامة، وأساليب التخطيط الاستراتيجي بصفة خاصة، والاستفادة منها في

2. تحديد وإنجاز التغيير والإصلاح الشامل لمؤسساتهم بهدف تحقيق التحسين النوعي لأدائهم وأداء مؤسساتهم على المدى القريب والبعيد.

3. توضيح المفاهيم والمبادئ الأساسية التي تنطلق منها عملية التخطيط الاستراتيجي للتغيير والإصلاح في المؤسسات الإنتاجية والخدمية.

4. التعريف بآلية التخطيط الإستراتيجي التي تمكن قادة وخبراء المؤسسة من وضع خطة إستراتيجية للتحول مناسبة لتحقيق الأداء المستهدف في المرحلة القادمة.

5. الحث على الاستفادة من القيم والمبادئ والتوجيهات الإسلامية السامية التي تمكن من تحقيق أفضل النتائج من استعمال أساليب التخطيط والإدارة الحديثة.

ولما كانت خبرتي التي جاوزت الثلاثين عاما في مجال الصناعة والإدارة الصناعية؛ قد كشفت لي أن الحاجة ماسة لوجود مرجعية نظرية تساعد المشتغلين في هذا المجال على تحقيق المستهدف من إعداد التخطيط من اجل تحسين أداء تلك المؤسسات.

لذلك؛ فقد أملت علي تجربتي الخاصة ضرورة البحث ومحاولة إيجاد هذه المرجعية النظرية التي أرى أن المكتبة الإدارية الصناعية في حاجة إليها، ومن هنا كان الهدف من هذه الدراسة يتحدد في إتمامها على الوجه المخطط له.

أهمية الموضوع:

من هنا يكتسب الموضوع أهميته الخاصة لكونه يوفر أداة وآلية فعالة لقادة المؤسسات - الذين تتوفر لديهم الرغبة والإرادة - تمكنهم من تحقيق النجاح الذي يطمحون إليه، والمتمثل في التحسين النوعي لأداء مؤسساتهم الذي هو المعيار الوحيد الذي يعبر عن أدائهم الشخصي في إدارة وتسيير تلك المؤسسات وفق منظور كافة الأطراف المستفيدة من المؤسسة وكافة أفراد المجتمع. ذلك لأن فشل المؤسسات ناجم بالدرجة الأولى عن فشل قادة المؤسسات، هذه المعضلة التي يكمن فيها سر استمرار تخلف مجتمعات العالم المتخلف التي تحاول دون جدوى السير في اتجاه النهضة والنمو.

وإذا كانت هناك بوادر لبعض تلك المجتمعات في الصعود واجتياز خط التخلف فإنه راجع أساساً إلى أخذ قادتها وقادة مؤسساتها بأساليب الإدارة الحديثة ونجاحهم في استعمالها.

وإذا كان الموضوع بهذه الأهمية فإنه يستدعي الاهتمام الجاد بدراسته والإحسان في تطبيقه مـن قبـل قادة وخبراء المؤسسات الإنتاجية والخدمية وكذلك من قبل المعنيين بالتعليم والتدريب والتطوير لضـمان الارتقاء المستمر في فهمـه وتطبيقه بمـا يكفـل نجـاح تلـك المؤسسات وبمـا يكفل تقـدم المجتمـع ونمـوه وازدهاره.

مصطلحات البحث:

نقدم في ما يلي قائمة بالمصطلحات المستعملة في هذا البحث وتوضيح لاستعمالاتها:

- مصطلح "الإستراتيجية": إن مصطلح الإستراتيجية في هذا البحث يُقصد به المواضيع والقضايا المصيرية التي تؤثر تأثيرا كبيرا في مستقبل المؤسسة مثل: الخطة الإستراتيجية، والمشروعات والمهام الإستراتيجية، والقرارات الإستراتيجية.

- المؤسسة: تطلق في هذا البحث على الكيان التنظيمي الذي أُنشأ للقيام بوظائف إنتاجيـة أو خدمية من أجل تحقيق أهداف اقتصادية وتحقيق مصالح الأطراف ذات المصالح المشروعة في المؤسسة.

- المنتَج والخدمة: إن إنتاج منتج وتقديمه للزبائن يعتبر خدمة، كمـا أن إعـداد خدمـة مفيـدة هو إنتاج، وأن الخدمة في حد ذاتهـا هـي منتـج[1]، لـذلك فـإن المفاهيم والأسس والمبـادئ العامة في الإدارة والتخطيط التي يتناولها هـذا البحـث تنطبـق عـلى المنتـج والخدمـة دون الحاجة إلى ذكرهما معاً في كل حالة.

- المنتفعون: يُستعمل لفظ المنتفع والمنتفعون في هـذا البحـث بـدلا مـن الزبـون والزبـائن والعميل والعملاء، ذلك لأن إطلاق صفة المنتفع أليق وأبلغ في التعبير عـن الطـرف الـذي ينتفع بمنتجات وخدمات المؤسسة من الزبون والعميل.

مراجع الدراسة:

أنوه في البداية إلى أن الخبرة الشخصية في مجال العمل ذات الصلة بالتخطيط والإدارة الصناعية، كانت بمثابة المصدر الأساسي لفكرة الدراسة، وان هذا المصدر

---

[1] مواصفة الأيزو 9001

تعزز بشكل مباشر مع نوعين من المصادر جميعها لها صلة بتخطيط وتحسين الأداء في المؤسسات الخدمية والإنتاجية، وهما:

1. المصادر والمراجع العربية ذات الصلة بموضوع الدراسة.

2. المراجع الأجنبية ذات الصلة بموضوع الدراسة.

كما انوه إلى أن جداول التقييم والأشكال غير المشار إلى مصدرها في البحث هي من تصميم الباحث، وان المعلومات المستقاة من المصادر الأجنبية هي من ترجمته الشخصية.

منهج الدراسة:

يهتم البحث بدراسة عملية ومهام التخطيط للتغيير والإصلاح الشامل في المؤسسات الإنتاجية والخدمية بهدف تحقيق التحسين النوعي لأدائها على المدى القريب والبعيد. وإجمالا فإن الدراسة تعني بتحديد الأهداف الإستراتيجية للمؤسسة في مرحلة التحول القادمة، وتحديد قدرات وقوى التحول، وتحديد الفرص المتاحة للمؤسسة في بيئتها الخارجية، وتحديد وتوصيف الاستراتيجيات والمشروعات والمهام الإستراتيجية المناسبة لتحقيق التحول، وفق منهج وصفي تحليلي نقدي ملائم للغرض من هذه الدراسة.

ويتكون هذا البحث من مقدمة وستة فصول وخاتمة.

يغطي **الفصل الأول** أسس ومفاهيم الإدارة الحديثة التي ترتكز عليها عملية التخطيط الإستراتيجي، وآلية التخطيط الاستراتيجي ومهام التخطيط والإعداد لعملية التخطيط الإستراتيجي، ومن يقوم به والإطار الزمني لدورة التخطيط الإستراتيجي.

ويتناول **الفصل الثاني** المبادئ العامة لتحديد الأهداف والتي تتضمن رسالة المؤسسة والغرض من إنشائها، وأهدافها العامة، والأطراف المستفيدة منها، وقيم وثقافة المؤسسة، والرؤية المستقبلية لمرحلة التحول، كما يتناول تحديد الأهداف الإستراتيجية للتحول.

بينما يوضح **الفصل الثالث** مهام التقييم الذاتي لقدرات وأداء المؤسسة في إطار دراسة وتقييم البيئة الداخلية للمؤسسة، والتي تشمل تحديد وتقييم عناصر القوة والضعف المتعلقة بموارد المؤسسة وإمكانياتها وقدراتها الحالية والكامنة. إن هذا الفصل يركز أساسا على تحديد عناصر القوة والضعف الإستراتيجية المؤثرة في حاضر

ومستقبل المؤسسة. ويخلص التقييم الذاتي إلى تحديد القدرات والقوى الدافعة للتحول التي يمكن الانطلاق بها واستعمالها في تحقيق أهداف التحول وعناصر الضعف التي يمكن أن تعرقل التحول.

ويتناول **الفصل الرابع** تقييم البيئة الخارجية التي تعمل فيها المؤسسة بما فيها من متغيرات وفرص يمكن استغلالها لتحقيق الأهداف الإستراتيجية، وبما فيها من مخاطر يمكن أن تعرقل مسيرة المؤسسة وتوجهاتها.

أما **الفصل الخامس** فإنه يهدف إلى تمكين قادة وخبراء المؤسسة من تحديد الموقف الإستراتيجي العام لمؤسستهم، والانطلاق منه في تحديد إستراتيجية الاتجاه العام للمؤسسة في مرحلة تحولها القادمة، وتحديد استراتيجيات النمو والإعداد للنمو الملائمة لتحقيق أهداف التحول.

وفي الختام يتناول **الفصل السادس** تحديد خيارات المشروعات والمهام الإستراتيجية التي يمكن أن تكون مناسبة لإستراتيجيات التحول، والقيام بتقييم واختيار الإستراتيجيات والمشروعات والمهام الإستراتيجية التي تُكوِّن الخطة الإستراتيجية للتحول في شكلها النهائي.

أما **خاتمة البحث** فإنها تقدم خلاصة لما توصل إليه الباحث من دراسة للموضوع، وتوصياته وملاحظاته ومقترحاته للمعنيين بدراسته وتطبيقه في البيئة العربية والإسلامية.

اكرر الشكر والتقدير إلى جميع من ساعد وشجع على انجاز هذا العمل، واسأل الله تعالى التوفيق والسداد، والله من وراء القصد..

والحمد لله من قبل ومن بعد.

الهادي المشعال

الزاوية / (1430 هـ)

الفصـل الأول

التخطيط والإعداد لعملية
التخطيط الإستراتيجي للتحول

يغطي هذا **الفصل** الأسس والمفاهيم المتعلقة بالتخطيط للتغيير والإصلاح الشامل، والخطوات والمهـام الرئيسية التي تكفل التخطيط والإعداد الجيد للقيام بعملية التخطيط الإستراتيجي للتحول.

وتضمن هذا الفصل ثلاث مباحث تمهد الطريق للشروع في عملية التخطيط الإستراتيجي للتحول وهي:

1. الأسس والمفاهيم الإدارية الحديثة التي ترتكز عليها عملية التخطيط الإستراتيجي.

2. أسس ومبادئ التخطيط الإستراتيجي.

3. التخطيط والإعداد لعملية التخطيط الإستراتيجي.

الأسس والمفاهيم الإدارية الحديثة التي ترتكز عليها عملية التخطيط الإستراتيجي

تمهيد:

إن أهم ما يميز دول العالم المتقدمة مادياً أنها دول مؤسسات. لقد حققت تلك الدول نجاحاً كبيراً في البناء المادي بفضل التحسين المستمر لأداء مؤسساتها الإنتاجية والخدمية بحيث تمكنت تلك المؤسسات من إنتاج وتقديم منتجات وخدمات ترقى باستمرار إلى طموحات المجتمعات والأسواق التي تخدمها، وساهمت بذلك بفعالية في تقدم وازدهار تلك الدول اقتصادياً وعلمياً وتقنياً. ومن أهم أسباب نجاح المؤسسات الإنتاجية والخدمية في المجتمعات الصناعية هو أخذها بأسباب الإدارة الحديثة التي يتم تطويرها وتحسينها باستمرار ويتم استعمالها بفعالية في التحسين المستمر لأداء هذه المؤسسات.

لذلك فإن من أهم ما يمكن أن تنقله المؤسسات الإنتاجية والخدمية في الدول النامية هي تلك أساليب التخطيط والإدارة الحديثة لغرض الاستفادة منها في الإصلاح والتحسين النوعي لأدائها. ويمكن الجزم بأن من أعظم مؤشرات قياس درجة ولاء وإخلاص ونجاح قادة المؤسسات النامية يتمثل في درجة اهتمامهم وفعاليتهم في نقل وتطبيق الأساليب الإدارية الحديثة في مؤسساتهم. ومن المؤكد أنه إذا وُجدت مثل هذه المؤسسات الناجحة في المجتمعات النامية فإن السبب الرئيسي في نجاحها يكمن في نجاح قادتها في استعمال هذه الأساليب[2].

إن المحك العظيم لقادة وخبراء المؤسسات العربية والإسلامية في المرحلة القادمة يكمن في التحدي الخطير المتمثل في النقل الجيد والتطبيق الفعّال لهذه الأساليب مع الأخذ في الاعتبار قيم وثقافة ومعطيات البيئة المحلية والفرص والضغوط العالمية. فقادة وخبراء الإصلاح في مجتمعاتنا يواجهون خيارات صعبة من أهمها الرضوخ للمعطيات السلبية للبيئة المحلية أو الارتقاء إلى مستوى المسئولية التاريخية والعمل الجاد على التطبيق الفعّال للأنظمة والأساليب الإدارية الحديثة بل وتحويرها وتطويرها

---

(2) توفيق، 1997، ص23

لتكوّن منظومة الإدارة العربية الإسلامية الحديثة.

وإذا ما توفرت عزيمة الإصلاح الجاد والشامل فإن أول وأهم خطوات الإصلاح في المؤسسات الإنتاجية والخدمية ما يلي:

1. تكليف الشخص المناسب للقيام بالمهام المناسبة له. ذلك لأننا لا بد أن ننطلق من واقعنا ومن القدرات المتوفرة لدينا، ولكي تكون الانطلاقة أقوى ما يمكن لا بد من اختيار الشخص المناسب للمهام والوظيفة المناسبة وذلك في مختلف مستويات المهام الوظيفية في المؤسسة، ابتداءً من مدير عام المؤسسة إلى العامل البسيط. وللقيام بهذه المهمة لا بد من وضع معايير مناسبة للاختيار ترتكز أساساً على متطلبات الوظيفة وعلى المعارف والمهارات والقدرات والسلوكيات المناسبة للوظيفة[3]. ولا بد من التخلص من المعايير الزائفة التي سببت في تخلف مؤسساتنا والتي ترتكز على الشللية المقيتة بخلفياتها المتنوعة.

2. قيام قادة المؤسسة وخبراؤها بدراسة النظم والأساليب الإدارية الحديثة والعمل الجاد والمخلص على التطبيق الفعّال لهذه الأساليب بالقدر المناسب من التدرج المدروس.

3. أهمية تركيز قادة المؤسسة وخبراؤها على التخطيط الاستراتيجي والإدارة الإستراتيجية واستعمالها في تخطيط وتحقيق الإصلاح والتحول المنشود الذي يحقق طموحاتهم وطموحات الأطراف ذات المصالح المشروعة في المؤسسة.

ومن أهم العوامل السلبية التي تؤخر وتعرقل نقل وتطبيق الأنظمة والأساليب الإدارية الحديثة ما يلي:

1) وجود أشخاص غير مناسبين في بعض الوظائف والمهام الإنتاجية والخدمية.

2) وجود مُثبِّطين ومُعوِّقين لعملية النقل والتطبيق بدوافع وأسباب مختلفة منها:

• أن تلك الأساليب راقية ومعقدة وغير مناسبة للمجتمعات النامية.

• أن بعضهم ليس لديه المعرفة والقدرة على استيعاب واستعمال هذه الأساليب، فيعمل على عرقلتها حتى لا تكون سبباً في تهديد وضعه

---

(3) توفيق، 1997، ص340 - 351

الوظيفي ومكاسبه الشخصية التي يحققها بطرق غير مشروعة.

- أن بعضهم لديهم المعرفة والقدرة على استيعاب هذه الأنظمة ولكنه لا يملك الجرأة والشجاعة والإقدام على تطبيقها خوفاً من الفشل في استعمالها.

- وجود سلبيات في نظم الحوافز وأساليب القيادة التي تجعل الكثير من القادة والخبراء والعاملين يفتقد الرغبة في التجديد والتحديث.

ومما يدفع ويشجع على نقل وتطبيق الأنظمة الحديثة بهدف التحسين النوعي للأداء ما يلي:

○ أن كل الأمم التي نهضت وتقدمت عانت من سلبيات ومصاعب تأخرها وبدأت انطلاقة التغيير والإصلاح فيها من وسط تلك السلبيات والمصاعب.

○ أن الإحجام والتقصير في نقلها وتطبيقها أدّى إلى الخسارة والفشل على مدى أكثر من خمسة عقود من عمر المؤسسات العربية والإسلامية ولن يزيد الاستمرار في الإحجام عن استعمالها إلاّ فشلاً وخسارة.

○ أن هذه الأنظمة والأساليب ليست معقدة في طبيعتها.

○ وجود العقول والقوى العاملة المحلية القادرة على استيعاب وتطبيق تلك الأنظمة.

○ أن هذه الأنظمة والأساليب لا تتنافى ولا تتصادم مع القيم الأصيلة لمجتمعاتنا، بل أنها تنسجم وتتطابق معها في أغلب عناصرها ومكوناتها.

ويؤكد هذا التمهيد على أهمية وضرورة فهم واستيعاب أسس ومبادئ الإدارة الحديثة التي يشكل التخطيط الاستراتيجي أحد أهم مكوناتها وعناصرها.

وفيما يلي أهم العوامل والمبادئ التي ينطلق منها البحث والتي تعتمد عليها عملية التخطيط الاستراتيجي في المؤسسات الإنتاجية والخدمية:

1. نموذج الإدارة المبني على التخطيط والتنفيذ ومراقبة وتحسين التخطيط والتنفيذ.

2. القيادة الفعّالة للمؤسسة.

3. التـوازن المنصـف في تخطيـط وتحقيـق متطلبـات كافـة الأطـراف ذات المصالح المشروعة في المؤسسة.

ويحاول هذا الفصل إلقاء الضوء على هذه الأسس والمبادئ التي تساهم في نجـاح عمليـة التخطيط الاستراتيجي، والتي يتم من خلالها تحديد وكيفية تحقيق الأهداف الإستراتيجية للتحول، المتمثلة في العوائد الاقتصادية والنمو والتوسع والتطور عـلى مسـتوى المؤسسـات الإنتاجيـة والخدميـة، وبالتـالي المسـاهمة في تقدم ونهضة المجتمع وازدهاره.

نموذج الإدارة المقترح:

إن نموذج الإدارة المقترح في هذا البحث مبني على عمليتين أساسيتين وهـما التخطيط والتنفيذ. ومـن أجل تأكيد وضمان فعالية هاتين العمليتين لا بد أن تصاحب كل منها عملية مراقبة وتحسـين أداء كـلا مـن التخطيط والتنفيذ. ويوضح الشكل رقم 1.1 النموذج المقترح [4].

الشكل رقم (1.1) - نموذج الإدارة المقترح

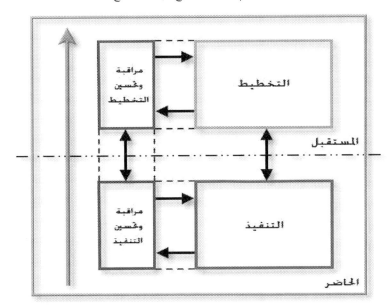

ويعمل هذا النموذج في كافة المستويات الإدارية للمؤسسة كما يطبق على مستوى

(4) Cowley & Domb, 1997, p4 بتصرف كبير

المؤسسة ككل من خلال تقسيم المهام القيادية والإدارية في المؤسسة إلى مستويين رئيسيين:

• مستوى التخطيط الاستراتيجي والمراقبة الإستراتيجية، وهو من مسئولية القيادة العليا للمؤسسة بالدرجة الأولى التي تركز على القضايا المصيرية والمستقبلية للمؤسسة.

• مستوى تسيير العمليات التنفيذية، وهو من مسئولية قادة وفرق المشروعات والعمليات الإنتاجية والخدمية بالمؤسسة، وتشمل أيضاً عملية المراقبة الذاتية والتحسين النوعي والمستمر لأداء العمليات التنفيذية.

إن تطبيق النموذج على مستوى المؤسسة ككل يعني التخطيط الاستراتيجي لبرنامج التغيير والإصلاح والتحسين النوعي لأداء المرحلة القادمة، كما يعني تنفيذ الخطة الإستراتيجية من خلال إنجاز إستراتيجيات ومشروعات ومهام التحول التي تؤدي إلى تحقيق الأهداف الإستراتيجية للمؤسسة. ومما يساعد على نجاح تطبيق النموذج تركيز القيادة العليا للمؤسسة على التخطيط الاستراتيجي والمراقبة الإستراتيجية[5]، ومنح الصلاحيات الكاملة لفرق العمليات للقيام بمهام تنفيذ الخطط الإستراتيجية والتسييرية والمراقبة الذاتية عند تنفيذ تلك الخطط.

ويمكن وفق هذا النموذج تمثيل المؤسسة كمركبة تحمل مصنعاً متحركاً ومتجهاً في الطريق إلى أهدافه، وتتكون هذه المركبة من جزأين رئيسين: غرفة القيادة والتخطيط والتوجيه وغرفة العمليات التي تنفذ الخطط وتحقق الأهداف والنتائج. إن المؤسسة ككل تتحرك نحو المستقبل بطاقة الحركة التي اكتسبتها بنتائج الخطط والعمليات الماضية والجارية. ويوضح الشكل 1.2 النموذج وفق هذا التصور.

فقيادة المؤسسة تخطط وتراقب استراتيجياً للمرحلة القادمة وتعتمد الخطط الجديدة لفرق المشروعات والعمليات من أجل تحويل الحاضر إلى المستقبل المستهدف باستمرار من خلال تحويل الأهداف والخطط إلى نتائج مادية ومعنوية تضاف إلى الرصيد الاستراتيجي المتراكم لدى المؤسسة الذي يُمكّنها من الاندفاع بقوة وسرعة أكبر نحو أهدافها الإستراتيجية بعيدة المدى. ولا يعني ذلك انفصال الجزأين عن بعضهما، بل هما متلاحمان متفاعلان متعاونان في إعداد الأهداف والخطط الإستراتيجية وفي تنفيذها وتحقيقها.

(5) Drucker, 1955, p166

الشكل رقم (1.2) - النموذج المتحرك للمؤسسة

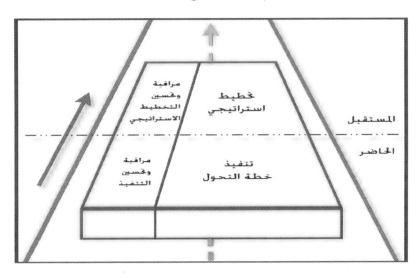

ولضمان فعالية النموذج يتم تكرار النموذج ذاته[6] في داخل كل عملية من عملياته كـما هـو مبـين في الشكل رقم 1.3.

الشكل رقم (1.3) يبين تكرار النموذج ذاته في داخل عملياته

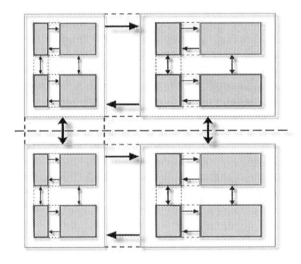

(6) فكرة تكرار النموذج لذاته في كل عملية مقتبسة من نموذج التحكم والسيطرة في جسم الإنسان وفقا لـ: Chester Bernard

ففي عملية التخطيط الاستراتيجي ذاتها يتم القيام بعمليات النموذج الأساسية وهي:

- o التخطيط والتصميم والإعداد لعملية التخطيط ومراقبتها وتحسينها[7].
- o تنفيذ عملية التخطيط الاستراتيجي ومراقبة وتحسين التخطيط ونتائجه.

ويقصد بهذا التكرار الحرص على التصميم الجيد لعملية التخطيط والإعداد الجيد لها ومراقبة تصميم وإعداد وتنفيذ عملية التخطيط بهدف التحسين الدوري لهذه العملية، ذلك لأن إعداد الخطط الإستراتيجية غير المناسبة يؤدي إلى إهدار الموارد والجهود الكبيرة لعدة سنوات، الأمر الذي يؤدي إلى تعريض المؤسسة إلى خسائر كبيرة وربما تعريضها إلى الفشل وهذا ما يحرص النموذج على تلافيه قدر الإمكان.

ولضمان فعالية المراقبة الإستراتيجية يكرر النموذج نفسه في داخل عملية المراقبة الإستراتيجية من خلال تخطيط وتصميم عملية المراقبة ومراقبة تخطيطها وتحسينها، ثم من خلال تنفيذ عملية المراقبة الإستراتيجية ومراقبة تنفيذها وتحسينها. ويتكرر النموذج داخل عملية تنفيذ خطة التحول ومراقبة وتحسين التنفيذ بما يضمن تحقيق الأهداف الإستراتيجية للخطة. ويركز هذا البحث على عملية التخطيط من أجل التحسين النوعي لأداء المؤسسات الإنتاجية والخدمية.

ويؤكد النموذج ككل على تحقيق الفعالية الشاملة على مستوى المؤسسة وعملياتها الإستراتيجية والتسييرية من خلال ضمان فعالية عمليات التخطيط والتنفيذ والمراقبة في المؤسسة. كما يعتبر النموذج أن أهداف وخطط العمليات التسييرية للمؤسسة هي جزء من الخطة الإستراتيجية، بل هي خطوات سنوية تحقق كل خطوة منها أهداف الخطة الإستراتيجية الموزعة على سنوات هذه الخطة.

أي أن الخطة الإستراتيجية تُنفَّذ من خلال خطط المشروعات الإستراتيجية والخطط التسييرية، الأمر الذي يؤكده النموذج ويتطلب تعاون قادة وخبراء المؤسسة وقادة وخبراء العمليات في إعداد وتنفيذ خطة التحول.

فعالية القيادة:

من أهم أسباب نجاح المؤسسات الإنتاجية والخدمية هي فعالية قادتها. فقيادة المؤسسة هي التي تقود عمليات تحولها عبر المراحل المستقبلية، كما تحرص في الوقت ذاته على تحقيق الأداء المستهدف من العمليات الجارية التي توفر الموارد

---

(7) Goodstein & Others, 1993 , p93

وعناصر الحول والقوة التي تستفيد منها في جهود وعمليات تقدمها في اتجاه المستقبل المنشود.

إن المساهمة المثلى لقيادة المؤسسة تتحدد من خلال تفعيل نموذج الإدارة المقترح، أي من خلال القيام بالتخطيط الاستراتيجي الفعّال، والتأكد من التنفيذ الفعّال للخطة الإستراتيجية والخطط التسييرية النابعة منها والمحققة لأهدافها. كل ذلك يقوم به فريق واحد هو فريق العاملين بالمؤسسة والذي تقوده القيادة العليا للمؤسسة وقادة فرق العمليات الذين يُكوِّنون مع بقية العاملين فريقاً واحداً متكاملاً ومتوافقاً يعمل بحماس وإخلاص وفعالية في تحديد وتحقيق الأهداف الإستراتيجية التي تكفل نجاح المؤسسة في المدى القريب والبعيد.

ولضمان فعالية القيادة في تحقيق النجاح المستهدف تحرص هذه القيادة على:

- فعالية التخطيط الاستراتيجي.
- فعالية تنفيذ الخطة الإستراتيجية.
- التحسين النوعي والمستمر لفعالية القيادة والإدارة.

فعالية التخطيط الاستراتيجي:

إن فعالية القيادة في القيام بمهام التخطيط الاستراتيجي تكمن في الجهود المخلصة في فهم وتطبيق أسس ومفاهيم وآلية التخطيط الاستراتيجي الواردة في هذا البحث، كما أن فعالية التخطيط تعتمد على مبدأ **التركيز على المستقبل**، وعلى **إرادة التغيير والإصلاح الشامل** من خلال برامج وخطط التحول التي تستهدف التحسين النوعي لأداء المؤسسة في مراحل تحولها المستقبلية.

التركيز على المستقبل:

تعتبر قيادة المؤسسة هي المسئول الأول على حركة المؤسسة في اتجاه المستقبل والتي تشمل نمو المؤسسة وتوسعها وتطورها ونجاحها في تحقيق العوائد الاقتصادية المناسبة[8]. ويمكن لقيادة المؤسسة أن تحقق نجاحاً كبيراً في هذا الاتجاه بقدر نجاحها في حشد كل الجهود في العمل الجاد والمخلص على كل المستويات والعمليات لتحقيق الأهداف الإستراتيجية للمؤسسة. وما يضمن هذا التوجه اعتبار أهداف وخطط

---

(8) Drucker, 1964, p180

وجهود ونشاطات وموارد كل عمليات المؤسسة مسخرة لتنفيذ الخطة الإستراتيجية للمؤسسة وتحقيق أهدافها، أي أن خطط مشروعات التحول وخطط العمليات وميزانياتها السنوية هي في الحقيقة، أو يجب أن تكون، خطط تنفيذية للخطة الإستراتيجية.

إن هذا التصور يستدعي تأهيل ودعم فرق العمليات وتخويلها بكافة الصلاحيات التي تمكنها من تحويل الخطة الإستراتيجية إلى الأهداف والنتائج المستهدفة. كما أن هذا التصور يحقق ثلاث مزايا مهمة:

1. ضمان حشد كل عناصر الحول والقوة في المؤسسة حول الأهداف والخطط الإستراتيجية والعمل الجاد لإنجازها.
2. ضمان اعتبار الخطط والميزانيات السنوية خطوات سنوية لإنجاز خطة التحول وتحقيق أهدافها.
3. كما أن تخويل الصلاحيات والاعتماد على فرق العمليات في تسيير عملياتهم يوفر الوقت الكافي لقيادة المؤسسة للتركيز على المستقبل والقيام بمهام التخطيط الاستراتيجي والمراقبة الإستراتيجية للمؤسسة بما يكفل التحسين النوعي والمستمر لأداء المؤسسة عبر مراحل تحولها.

فقيادة المؤسسة الناجحة تركز أغلب وقتها على المستقبل والتخطيط والإعداد لبرامج التحول والمراقبة الإستراتيجية للمؤسسة(9). وإذا كانت نسبة تخصيص الوقت لمهام التخطيط الإستراتيجي والمراقبة الإستراتيجية تقل بالتدريج في المستويات الوظيفية الأدنى إلاّ أنها لا تنعدم. فكل العاملين يهمهم مستقبل مؤسستهم ونجاحها وتقدمها، فهم يعرفون أن مستقبلهم مرتبط بمستقبلها ولذلك لا بد أن يساهموا مساهمة منظمة وفعاّلة في تحديد وإعداد الخطط الإستراتيجية وفقاً لخبراتهم ومعارفهم ومهام عملهم. وتعتبر مساهمة العاملين وخاصة قادة وخبراء العمليات تعتبر غاية في الأهمية لأنهم هم الذين يقومون بتحويل الخطة الإستراتيجية إلى النتائج المستهدفة.

إرادة التغيير والإصلاح الشامل:

ولا بد للقيادة أن تسعى لتحقيق طموحات كبيرة ونجاحات باهرة. إن القيادة الناجحة لا ترضى بالحد الأدنى من مستويات الأداء، كما لا ترضى بأن تبقى المؤسسة

(9) Drucker, 1955, p166

تراوح في مكانها أو تتقدم ببطء شديد بينما المؤسسات الأخرى المناظرة تحقق نمواً وتوسعاً سريعاً. فهي تعلم أن المراوحة في ذات المكان أو التقدم البطيء هو في الحقيقة تقهقر وتراجع للمؤسسة يؤدي إلى إزاحتها عن السوق وفشلها عاجلاً أم آجلاً. لذلك فإن الهم الشاغل لقيادة المؤسسة هو بذل جهود فعّالة في التخطيط الاستراتيجي لإحداث نقلات نوعية في أداء المؤسسة من خلال برامج التغيير والإصلاح الشامل التي تحددها خطة التحول الاستراتيجي للمؤسسة في مرحلتها القادمة.

فعالية التنفيذ:

وامتداداً لفعالية القيادة العليا في القيام بمهام التخطيط الاستراتيجي تحرص هذه القيادة على فعاليتها في الإشراف العام على تنفيذ خطة التحول ومراقبة التنفيذ وتحسين أداء التنفيذ. ومن العناصر المهمة في تحقيق فعالية القيادة في ضمان التنفيذ الفعّال لخطة التحول ما يلي:

1. القرارات الصائبة المبنية على الحقائق والمعلومات المناسبة.

2. توفير الموارد اللازمة لمشروعات التحول وخاصة الموارد المالية.

3. التأهيل الفعّال لقادة وفرق العمليات ومنحهم الصلاحيات الكاملة في تسيير عملياتهم بما يحقق الأهداف الإستراتيجية للمؤسسة.

4. التنظيم الجيد للجهود من خلال الملاكات والهياكل التنظيمية المبسطة والمناسبة لعمليات ونشاطات وبرامج المؤسسة الإستراتيجية والتسييرية.

5. التوجيه الفعّال المبني على القيادة بالقدوة والأسوة الحسنة والإقناع والاحترام والثقة وكافة القيم النابعة من منظومة القيم الإسلامية الراقية.

6. التحفيز المعنوي والمادي الذي يشجع على الإخلاص والصدق والاجتهاد في تحقيق الأهداف.

7. التطوير الفعّال والمستمر لعناصر الحول والقوة والسلوك لدى العاملين بما يمكنهم من صنع التغيير والتحول الاستراتيجي خلال المراحل المستقبلية للمؤسسة.

8. فعالية مراقبة التنفيذ وإجراءات تحسين أداء التنفيذ بما يضمن تحقيق النتائج المستهدفة.

التحسين النوعي والمستمر لفعالية القيادة والإدارة:

إن القاعدة الجوهرية في التغيير والإصلاح هي " إِنَّ اللهَ لا يُغَيِّرُ مَا بِقَوْمٍ حَتَّى يُغَيِّرُواْ مَا بِأَنْفُسِهِمْ"[10].

وهل يمكن أن تتطور المؤسسة في ظل جمود قادتها وخبرائها؟ هل يمكن لقيادة جامدة راضية بالواقع وأدائه ونتائجه أن تدفع نحو التغيير الجذري والتحسين النوعي أو التوسع والنمو الاستراتيجي؟ إن الحقائق الماثلة أمام الجميع محلياً وعالمياً تؤكد أن التطوير النوعي والمستمر للمؤسسات لا يتم إلاّ من خلال التطوير النوعي والمستمر لآمال وطموحات وقدرات ومعارف ومهارات قادة المؤسسة وخبرائها بالدرجة الأولى وكافة العاملين بها. إن الدافع والتوجيه للتطوير والإصلاح الشامل ينطلق من قادة المؤسسة ولا يتم تحقيقه إلاّ من خلال العاملين بالمؤسسة. لذلك فإن القيادة التي تعي هذه الحقيقة تحرص على تضمين برامج لتنمية قدراتها وفعاليتها وقدرات وفعالية العاملين في خطة التحول، ذلك لأن التحول ذاته يعتمد أساساً على هذه الفعالية.

وفي ما يلي أهم العناصر المتعلقة بتحسين فعالية القيادة التي يجب الاهتمام بها في هذه البرامج:

- o استعمال وتطوير أساليب القيادة والإدارة الحديثة.
- o بناء وتنمية بيئة وثقافة وقيم الفعالية الشاملة.
- o القيادة بالمثل والقدوة والنموذج.
- o التنمية المستمرة لخصائص ومواصفات القيادة الفعّالة لدى قادة المؤسسة في كل المستويات.
- o المراقبة الذاتية والتقييم والتطوير الذاتي المستمر لأداء وفعالية القيادة.

استعمال وتطوير أساليب القيادة والإدارة الحديثة:

لاشك أن استيعاب وتطبيق هذه الأساليب يسهم بدرجة كبيرة في تحسين فعالية قادة المؤسسة، بل في حقيقة الأمر لا يمكن تحقيق قدر مرضٍ من الفعالية إلاّ بالاستعمال الجيد لهذه الأساليب، ولا يكون ذلك إلاّ بالتطوير الذاتي والمبادرة والثبات والاستمرار في فهم وتطبيق هذه الأساليب. وفي ما يلي مجموعة من العناصر المهمة التي يجب التأكيد عليها في هذا الإطار:

(10) الرعد: 11

o الفهم والتطبيق الفعّال لنموذج التخطيط والتنفيذ مع تضمينه للمفاهيم والأسس والمبادئ المهمة في الإدارة الحديثة مثل الإدارة بالأهداف والنتائج وإدارة المشروعات.

o الجمع والتوفيق بين خصائص ومزايا ومهام القيادة والإدارة.

o التأكيد على دور القائد الإداري كمعلم ومدرب ومشجع ومرشد ومساعد.

o تداول القيادة وإعداد الجيل الجديد من قادة المستقبل.

o ضمان المساهمة المثلى للعاملين قادةً وفرقاً وأفراداً من خلال الإدارة بالمشاركة في التحفيز والتطوير والتقوية والتنمية المستمرة لقدراتهم وتحرير الطاقات والقدرات الكامنة لديهم.

o تحديد الأولويات وتركيز الاهتمام بها.

o القرارات الصائبة المبنية على الحقائق.

o التطوير النوعي والمستمر للأداء والفعالية في كل المستويات.

تنمية بيئة ثقافة وقيم الفعالية الشاملة:

لا يكفي وجود قيادة وفرق عمل وخطط وأنظمة وموارد لضمان الفعالية الشاملة، ولكنها تتحقق بالإضافة إلى ذلك من خلال بناء وتنمية بيئة تسودها ثقافة وقيم تضمن الفعالية الشاملة لكل القادة وكل الفرق والتي تكفل الاستغلال الأمثل للجهود والموارد لتحقيق الأهداف والنتائج الإستراتيجية.

إن الفعالية الشاملة تتمثل في فعالية التحول الاستراتيجي الذي يتحقق من خلال عمليات التخطيط والتنفيذ ومراقبة وتحسين التخطيط والتنفيذ، والتي هي عمليات النموذج الإداري المقترح والذي يحمل في ذاته عناصر تؤكد الفعالية الشاملة وخاصة عناصر المراقبة والتقييم والمراجعة الشاملة والدورية والمستمرة للأداء والعمل على تحسينه. أي أن النموذج يتطلب ويساعد في بناء ثقافة وبيئة الفعالية الشاملة والتي يمكن دعمها بالأنظمة والأساليب الحديثة في القيادة والإدارة.

ثم لا بد من بناء وتفعيل نموذج القيم الراقية التي تضمن تحقيق الفعالية الشاملة ومن أبرز مجالاتها:

1. قيم متعلقة بكل عامل في المؤسسة. وتشمل قيم الإخلاص والأمانة والصدق والانتماء والجد والاجتهاد والحرص على التعلم وإتقان العمل، وقيم الثقة في العامل واحترامه وتقديره وتشجيعه وتحفيزه وتطويره.

2. قيم متعلقة بتعامل وتفاعل العاملين. وتشمل الثقة والاحترام والتقدير المتبادل، التعاون والاعتمادية المتبادلة، روح الفريق والمشاركة والتعاون والتكامل، الاتصال الفعّال وتبادل المعلومات.

3. قيم متعلقة بالأداء. وتشمل:

o دعم وتشجيع اهتمام الجميع بعناصر الفعالية الشاملة المتمثلة في تحقيق العوائد الاقتصادية، الإنتاجية، الجودة، الكفاءة، وتقليل التكاليف والفاقد.

o التطوير المستمر والفعّال لطموحات وقدرات العاملين التي تحقق الفاعلية الشاملة.

o بناء روح الحماس والرغبة في المساهمة المثلى لكل عامل وكل فريق عمل في تحقيق فعالية التحول.

القيادة بالقدوة والنموذج في الالتزام بقيم وسلوكيات الفعالية الشاملة:

إن العاملين في تسيير العمليات لن يهتموا كثيراً بمنظومة القيم المعتمدة في المؤسسة ما لم تلتزم بها النخبة من قادة وخبراء المؤسسة. لذلك يجب بناء وتطوير المنظومة وفقاً لجدية القيادة في إحداث نقلات نوعية أو تدريجية في فعالية وأداء المؤسسة، ووفقاً لقدرتها على الالتزام بالمستويات الجديدة من القيم المستهدفة.

إن نظرة متفحصة لما حققته المؤسسات اليابانية من فعالية وتقدم خلال العقود الماضية وانعكاس ذلك على التقدم التقني والصناعي والاقتصادي للمجتمع الياباني، إن هذه النظرة تؤكد مدى أهمية نماذج القيم الراقية ودرجة مساهمتها في تحقيق فعالية المؤسسة، والتي كانت نتيجة للمبادأة والمبادرة والالتزام الذاتي من قبل قادة المؤسسة بتلك القيم وتشجيع ودعم كافة العاملين على الالتزام بها.

إن نية وإرادة التغيير والإصلاح الشامل تبدأ من قمة الهرم: من قيادة المؤسسة. عليه لا بد من البدء بالتطوير الذاتي لأداء وفعالية القيادة ذاتها وارتقائها في الالتزام بمنظومة القيم الراقية، ثم العمل على بناء وتنمية بيئة وثقافة وقيم الأداء المتميز والفعالية الشاملة على مستوى المؤسسة وعملياتها المختلفة. وأداتها الفعّالة في التغيير والإصلاح الشامل هي القدوة والنموذج. فالقدوة والمثل والنموذج الفعّال له تأثير بالغ في تغيير وتحسين سلوك وأداء وفعالية كافة القادة والعاملين. ويعتمد نجاح القدوة والنموذج اعتماداً أساسياً على توافق وتطابق القول والعمل، أي أن يدعم الفعلُ القولَ والنصح

والإرشاد والتوجيه، فلا يكون القبول والاقتناع إلاّ عند تطابق القول والعمل[11]. أما عند اختلاف القول والعمل فإن العاملين يهتمون دائماً بعمل وسلوك القيادة ونتائج ذلك السلوك.

والخالق سبحانه يأمرنا بالاقتداء بسيدنا محمد صلى الله عليه وسلم حيث قال: ﴿ لَّقَدْ كَانَ لَكُمْ فِي رَسُولِ ٱللَّهِ أُسْوَةٌ حَسَنَةٌ لِّمَن كَانَ يَرْجُواْ ٱللَّهَ وَٱلْيَوْمَ ٱلْأَاخِرَ وَذَكَرَ ٱللَّهَ كَثِيرًا ﴾[12]. ذلك لأنه أعظم البشر على مدى التاريخ الإنساني كله من أوله إلى آخره، فعندما يجتهد قادة المؤسسة في الاقتداء بهذا الرسول والنبي العظيم فإنهم يكونون خير أسوة وخير نموذج للعاملين معهم.

كما أن الانتقال المؤثر للفعالية عبر المستويات القيادية إلى كافة العاملين يمكن تحقيقه عند توفر الجدية والحماس والثبات والالتزام لدى قادة المؤسسة بالتغيير والتحسين وأن يبرز ذلك جلياً من خلال القدوة والأسوة الحسنة. إن العاملين بفرق العمليات يتعلمون بالملاحظة والمشاهدة لعمل وسلوك القادة أكثر مما يتعلمون من أقوالهم أو من منظومات القيم المحفوظة على الورق أو برامج المنظومات التي لا يتعدى أثرها تلك الأوراق أو الأقراص المحفوظة عليها. وتؤكد الممارسات الإدارية في المؤسسات المتعثرة أن الاكتفاء بالأقوال والنصائح والتعليمات والأوامر والنظم وعدم ترجمتها على أرض الواقع من خلال القدوة والمثل والنموذج الفعّال والمؤثر، إن ذلك لا يغير من أداء المؤسسة شيئاً إلاّ إلى الأسوأ.

التنمية المستمرة لخصائص وقدرات القيادة الفعالة:

ويقصد بذلك تحسين وتنمية الخصائص والقدرات لدى القادة في مختلف المستويات القيادية والتي يمكن تصنيفها إلى نوعين رئيسين هما:

1. الخصائص والقدرات الشخصية الأساسية للإنسان. وتشمل الخصائص والقدرات الروحية النفسية القلبية، والخصائص والقدرات العقلية والجسمية في سائر أحواله ونشاطاته في الحياة والتي تمكنه من النجاح في هذه الحياة.

(11) Adair, 1983, p159

(12) الأحزاب: 21

2. خصائص وقدرات التعامل الفعّال مع الآخرين كعضو فعّال في فريق العمل[13].

إن هذه الخصائص والقدرات مهمة وضرورية لكل العاملين بالمؤسسة ولا يزال العامل يرتقي في هـذه الخصائص والقدرات حتى يتبوأ المنازل المناسبة لنخب خبراء وقادة العمليات أو قيادة المؤسسة ككل. وفي ما يلي توضيح لهذه الخصائص والقدرات التي يجب أن تحرص قيادة المؤسسة وسائر العاملين على الارتقاء في امتلاكها والاتصاف بها من أجل تحقيق الفعالية الشاملة على مستوى كل عامل وكل فريق عمل وعـلى مستوى المؤسسة ككل[14].

أولاً: الخصائص والقدرات الشخصية الأساسية:

وهي الخصائص والصفات والقدرات الأساسية التي يتمتع بها أو يجب أن يتمتع بها الإنسان في حياتـه الخاصة والعامة، والتي يمكن له أن ينميها ويبني عليها للارتقاء في نجاحه في التعامل والتفاعـل مـع البيئـة والناس مـن حولـه. ويمكن تقسيم هـذه الخصائص والقدرات الأساسية إلى مجموعتين تتعلـق الأولـى بالخصائص والقدرات الروحية النفسية القلبية، وتتعلق الأخرى بالخصائص والقدرات العقليـة والجسميـة. وتم الاعتماد في تحديد هـذه الخصائص والقـدرات عـلى قيـم المنهج الإسلامي العظيم وبعـض المراجـع المستعملة في هذا البحث.

أ. الخصائص والقدرات الروحية النفسية القلبية:

وهي خصائص وصفات وقدرات الروح الخيّرة والنفس اللوامة والقلب السليم. إن الإنسان روح وجسد، وروح الإنسان هي نفسه وهي الشق الأهم والمسيطر والموجه وما الجسـد إلاّ تـابع وخـادم وإذا غـادرت الروح الجسد مات الإنسان وانتهت مهمته في هذه الحياة الدنيا.

إن النفس اللوامة التي يحبها الخالق سبحانه وأقسم بها في كتابه العزيز[15] لا تكون أو لا تقـوى وتعظم إلاّ في الروح الخيّرة والقلب السليم، ولكون النفس اللوامة هي صاحبة التغيير والإصلاح فهـي التـي تسعى إلى تزكية الروح وتطهير القلب والارتقاء بهما في سلم الكمال الإنساني، ولا ارتقاء

---

(13) Adair, 1983, p26 - 29

(14) مرسي، 2006، ص84
(15) القيامة: 2

في هذا السلم إلاّ بالإيمان بالله الخالق سبحانه والعمل الصالح الذي يرضيه وفق منهجه العظيم: الكتاب والسنة.

وفي ما يلي بيان لأهم هذه الخصائص والصفات والقدرات:

1. خصائص وقدرات وصفات تتعلق برسالة الإنسان في هذه الحياة وتشمل الطموحات والنوايا والأهداف والآمال والرغبات: إنها خصائص وقدرات النفس ورغباتها في البحث عن ومعرفة الحقائق الكبرى في الحياة وفي معرفة وتحديد دور الإنسان ورسالته في هذه الحياة، وطموحاته العظيمة. وهي الخصائص والصفات والقدرات التي تحدد آماله وأحلامه ورغباته في تحقيق متطلباته المعيشية في إطار سعيه لتحقيق طموحاته وأهدافه العليا.
2. خصائص ومواصفات وقدرات القوى الدافعة الداخلية التي تدفع الإنسان إلى العمل في الاتجاه الذي يحقق دوره ورسالته في الحياة وأهدافه الكبرى المستقبلية والمرحلية. إنها القوى الداخلية التي تولد الحماس المتقد لتحديد وتحقيق الأهداف العظيمة، كما أنها الخصائص والصفات التي تولد روح المبادأة والمبادرة[16] والإقدام للقيام بالمهام الصعبة. كما أنها الخصائص والصفات التي تمكن الإنسان من بناء القدرات الذاتية ومنها التحفيز الذاتي، والتطوير الذاتي والإدارة الذاتية.
3. خصائص ومواصفات وقدرات العزم والإرادة التي تحدد درجة تحرر الإنسان من عبودية الخلق، وهي الخصائص والقدرات التي تمكنه من اتخاذ القرارات الخاصة به وبمستقبله. إنها خصائص القدرة على التغيير والإصلاح. إنها قدرات تحويل النوايا والطموحات والخطط والأهداف إلى أفعال تؤدي إلى تحقيقها.
4. خصائص ومواصفات وقدرات الثبات في الاتجاه المؤدي إلى تحقيق رسالة الإنسان ودوره في الحياة وتحقيق أهدافه المستقبلية والمرحلية. إنها خصائص وقدرات المواظبة والمثابرة والمداومة والإصرار على مواصلة السير في الاتجاه المحدد[17]. وهي خصائص وقدرات التمسك بالثوابت

(16) بعيرة والمنصوري، 1986، ص221
(17) المرجع السابق، ص221

والقيم التي تساعد في تحقيق الرسالة والأهداف، كما أنها خصائص وقدرات الصبر والتحمل أثناء القيام بمهام التخطيط والتنفيذ والمراقبة من أجل تحقيق الأهداف القريبة والبعيدة[18].

5. خصائص ومواصفات وقدرات القيادة والإدارة الذاتية. وتشمل خصائص وقدرات التخطيط والتنفيذ والمراقبة لمسيرة الإنسان، والتي تشمل خصائص وقدرات تحديد الاتجاه أي تحديد الأهداف المصيرية والأهداف المؤدية إليها والمهام التي تحققها.

6. وهي خصائص الثقة بالله الخالق سبحانه أولاً ودائماً ثم الثقة بالنفس[19] في السير نحو تحقيق الأهداف، كما أنها خصائص وقدرة التوكل على الله الخالق سبحانه.

7. وهي خصائص وقدرات الشعور بالمسئولية أمام الله الخالق سبحانه أولاً ودائماً ثم أمام أصحاب المصالح المشروعة في المؤسسة. كما تشمل خصائص وقدرات التحكم والسيطرة الذاتية بما يكفل السير في الاتجاه المرسوم وفق الأهداف والخطط والمهام المحددة، وتشمل الدافعية الذاتية بكل عناصرها من تحفيز ذاتي وتقوية وتطوير ذاتي (Self-Empowerment)، والمراقبة والنقد والتقييم الذاتي للمسيرة وتصحيح الأداء بما يحقق الطموحات والأهداف القريبة والبعيدة.

ب. الخصائص والقدرات العقلية والجسمية:

وهي الخصائص والقدرات التي تمكن الإنسان من معرفة ذاته وحقائق الكون من حوله وأهدافه واحتياجاته واستعمال أدوات جسمه والموارد المسخرة له في بيئته من أجل تلبية احتياجاته والسير في هذه الحياة بما يحقق رسالته وأهدافه. فمن الخصائص والقدرات العقلية المهمة[20] والتي هي في الحقيقة خصائص وقدرات نفسية عقلية تسخر فيها النفسُ العقلَ المسخر لها لخدمة أهدافها ورغباتها وطموحاتها: خصائص وصفات وقدرات التفكير والتأمل والتدبر والتخيل وحب الاستطلاع.

(18) Adair, 1983, p55

(19) بعيرة والمنصوري، 1986، ص221
(20) توفيق، 1997، ص371

والبحث والدراسة والتحليل والابتكار والتدبير والتخطيط، وهي الخصائص والقدرات التي تمكن الإنسان من معرفة الحقائق في هـذه الحياة والسير فيهـا عـلى هـدى وبصـيرة لتحقيـق رسالته وأهدافـه الكبرى واحتياجاته ومتطلباته وأهدافه المرحلية المؤدية إليها. كما أن هذه الخصائص والمواصفات والقدرات تمكن الإنسان من تحديد رؤى وأهداف مستقبلية في إطار رسالته وأهدافه الكبرى، كما تمكنه من تحديد وإنجاز المهام التي تؤدي إلى تحقيق تلك الأهداف[21].

ومن هذه الخصائص والقدرات بُعد النظر، حيث أن الإنسان السوي العاقل لا يقصر تفكيره واهتمامه بالحاضر والعوامل والكائنات المحيطة به فقط، بل يهتم بمستقبله القريب والبعيد ويوسع اهتمامه في البيئة الكونية المحيطة به من خلال هذه الصفة. ومنها الاجتهاد في تكوين رأي أو حكم صائب مـن خـلال التفكر والتدبر والتمييز والمقارنة والقياس، ومنها أيضاً توخي الموضوعية من خـلال الالتزام بـالحق المجـرد عن الهوى والتحيز والزيغ.

ومن الخصائص والقدرات الجسمية قدرات السمع والبصر والقول، وخصائص وقدرات الفعل المسخر له سائر أدوات الجسم التي يلزم الاهتمام بها ورعايتها وتأكيد قوتها ونشاطها حيث أنها أدواته في العمل والسير في تحقيق احتياجاته وأهدافه ورسالته.

ثانياً: خصائص ومواصفات وقدرات التعامل الفعّال مع الآخرين:

وهي الخصائص والقدرات التي يتمتع بها العضو النـاجح في الفريـق الفعّـال والتي تؤهلـه لقيـادة الفريق بنجاح في حال تكليفـه بـذلك. وفي هـذا المسـتوى يتأكـد تفعيل الخصائص والقدرات الشخصية النفسية والعقلية الجسمية التي تم اكتسابها لتأخذ بعدها الجماعي والاستغلال الأمثل لها في التفاعـل مـع الآخرين في بيئة الفريق. وبالإضافة إلى تلك الخصائص والقدرات يتطلب من عضو الفريق اكتساب وتفعيل جملة من الخصائص والمواصفات والقدرات الأخرى التي تمكنـه مـن النجـاح في تأديـة مهامـه في الجماعـة كعضو فعّال أو قائد فعّال لمجموعة الفريق، ومن هذه الخصائص والقدرات ما يلي[22]:

(21) Adair, 1983, p13

(22) Adair, 1983, p54 - 55

1. خصائص ومواصفات وقدرات بناء الثقة والاحترام المتبادل. وتشمل خصائص وقدرات الاستقامة والصدق والإخلاص والوفاء بالعهد والأمانة، وتشمل الثقة بالزملاء والرؤساء وتقديرهم وتقدير أعمالهم وصفاتهم، كما تشمل احترام الآخرين في شخصياتهم ومشاعرهم وآرائهم ومقترحاتهم وأفكارهم وأقوالهم وأفعالهم، وإذا كانت مخالفة لقيم ومصالح المؤسسة أو المجتمع يجب التصدي لها بالحكمة والموعظة الحسنة. كما تشمل العدل والإنصاف وعدم التحيز في التقييم والحكم والتحفيز والتطوير والاختيار والتكليف بالمهام وفي سائر المعاملات مع الآخرين[23].
2. خصائص ومواصفات وقدرات متعلقة ببناء بيئة التعاون. ومنها التعاون والاعتماد المتبادل وهو الشعور باحتياج الجميع لبعضهم وأهمية اعتماد بعضهم على بعض، حيث أن الشعور بالاستقلالية التامة وعدم الحاجة للآخرين هو شعور زائف ويضعف العمل الجماعي. ومنها تقديم العون والمساعدة والنفع للآخرين، ومنها التشاور وطلب وتقديم النصيحة، ومنها تنسيق الجهود وتكاملها من أجل تحقيق أهداف الفريق، ومن هذه الخصائص وأهمها حب الخير والنجاح والتوفيق للآخرين.
3. خصائص ومواصفات وقدرات بناء الود والارتباط النفسي (الروحي) والقلبي. ومنها التواضع والود والرحمة والشفقة والرفق، ومنها روح المجاملة والملاطفة ومنها الكياسة والفطنة، ومنها رحابة الصدر إزاء الرأي الآخر، والتحرر من التحيز والسيطرة على الانفعال والغضب[24]، والعفو والصفح عن الأخطاء، ومنها حب الآخرين وأن تحب لهم ما تحب لنفسك من الخير، ومنها الجود والكرم والاهتمام بمصالح ومنافع الآخرين.
4. خصائص ومواصفات وقدرات الاتصال الفعّال[25]. ومن هذه الخصائص والقدرات النموذج والقدوة في حسن النوايا والقول السديد والعمل الصالح، ومنها الإصغاء الجيد والوضوح في الكلام والكتابة والعمل، ومنها الإخلاص والصدق في النية والقول والعمل، ومنها الإقناع بالحق والحكمة

(23) Pascale & others, 1984, P120

(24) توفيق، 1997، ص371

(25) المرجع السابق، ص372

والموعظة الحسنة والتشويق، ومنها الصراحة والشجاعة الأدبية، ومنها التكرار غير الممل.

5. خصائص وقدرات التوجيه والتحميس وتنمية روح المبادرة في الفريق. وتشمل القدرة على بث روح المبادرة والمبادأة في التغيير والإصلاح الشامل من خلال عمل الفريق، ومنها قدرات تحميس الزملاء وتشجيعهم على تحديد الرسالة والأهداف الكبرى المناسبة لعمل الفريق، ومنها قدرات وجهود تنبيه الآخرين وحثهم باستمرار على الثبات والمحافظة على الاتجاه وتركيز الجهود على تحقيق النتائج المستهدفة[26].
6. القدرات الفنية التخصصية والتي تشمل المعارف والمهارات والخبرات التخصصية التي تمكنه من مساعدة رفاقه العاملين معه في مجال تخصصه[27].

هذه هي الخصائص والمواصفات والقدرات التي تمكن العامل من أن يكون عضواً فعّالاً في فريق العمل ثم قائداً فعّالاً للفريق. ويمكن ملاحظة أن هذه الخصائص والمواصفات والقدرات عندما نستعملها في مكانها الصحيح أي في إطار منظومة القيم الإسلامية والمنهج الإسلامي العظيم فإنها تمكن الإنسان الفرد من التسيير الاستراتيجي لذاته، أي أنها تجعل كل عامل يبذل ما في وسعه في أن ينطلق ويسير في اتجاه المستقبل بقوة وحماس وثبات من أجل تحقيق طموحاته وأهدافه العظيمة.

التحقيق المتوازن لمتطلبات الأطراف ذات المصالح المشروعة في المؤسسة:

إن المؤسسة لا تعمل لوحدها في المجتمع الذي تخدمه وإنما تعمل مع مجموعة من الأطراف التي تربطها بها علاقات تعاون وتبادل مصالح وهي بذلك يطلق عليها الأطراف ذات المصالح المشروعة في المؤسسة كما أنهم جميعا يوفرون للمؤسسة مقومات استمرارها ونجاحها، وتشمل هذه الأطراف: المساهمون، العاملون، المنتفعون، الموردون، والمجتمع ومؤسساته العامة وبيئته[28].

إن المؤسسة في الأساس تتمثل في عامِلين وأصول وموارد. أما الأصول والموارد

(26) Adair, 1983, p54 - 55

(27) توفيق، 1997، ص373

(28) السيد، 1990، ص92

فهي ملك للمساهمين موضوعة تحت تصرف العاملين كأمانة لاستعمالها الاستعمال الأمثل في إنتاج وتقديم منتجات وخدمات للمنتفعين الذين يمكن أن يستفيدوا منها. بذلك يتمكن العاملون من تحقيق دخل للمؤسسة يستعمل في تسيير المؤسسة وتحقيق عوائد اقتصادية للمساهمين تؤدي إلى تنمية مواردهم وأصولهم بالإضافة إلى عوائد مالية مناسبة، كل ذلك مقابل مرتبات وحوافز مالية ومعنوية للعاملين.

والعاملون في تسييرهم لأصول وموارد المؤسسة يحتاجون إلى مواد ومستلزمات إنتاج يسعون للحصول عليها من الموردين المناسبين، كما أنهم يحصلون على بعض الموارد والخدمات من المجتمع وبيئته ومؤسساته العامة مقابل ضرائب ورسوم تدفع لخزينة المجتمع تستعمل في تحسين وتطوير مؤسساته وخدمة أفراده بما يعود على المجتمع بالتقدم والازدهار.

هذه هي الأطراف ذات المصالح المشروعة في المؤسسة: المساهمون، العاملون، المنتفعون، الموردون، والمجتمع وبيئته ومؤسساته. وكل هذه الأطراف ترتبط بالمؤسسة والعاملين بها في سلسلة من حلقات الشراكة التي يديرها ويسيرها العاملون بالمؤسسة. ويوضح الشكل رقم 1.4 حلقات الشراكة التي تمكن المؤسسة من القيام بنشاطاتها وتحقيق أهدافها[29].

إن هذه الأطراف لها مصالح مشروعة في المؤسسة لأنهم جميعا يوفرون لها مقومات استمرارها ونجاحها. وليس لأي كان سوى هذه الأطراف أن يدعي أن له مصلحة مشروعة في المؤسسة ويحاول أن يمارس ضغطاً على العاملين من أجل سلب الأمانات المؤتمنين عليها. فجماعات ومؤسسات وأفراد الضغط والابتزاز والسلب والنهب يجب أن تتحول إلى مؤسسات توريد أو تمويل أو انتفاع تُفيد وتستفيد من المؤسسة، أو يجب أن تُمنع من تلك الممارسات بقوة القانون، ذلك طالما أن المؤسسة تدفع الضرائب والرسوم لخزانة المجتمع وتلتزم بالتشريعات المنظمة لعمل المؤسسات الإنتاجية والخدمية. كل الأطراف ذات المصالح المشروعة يساهمون في نجاح المؤسسة، أما جماعات الضغط والابتزاز فهم يساهمون فقط في فشلها، وبالتالي يجب على العاملين خاصة وكذلك المساهمين وكل الأطراف ذات المصالح المشروعة في

(29) Goodstein & others. 1993, P164

المؤسسة التصدي لهذه الممارسات بكل الوسائل المشروعة.

إن المؤسسة لا تستمر في نشاطها ونموها لمصلحة طرف واحد أو بعض الأطراف على حساب مصالح بقية الأطراف، بل ينبغي التأكيد على التحقيق المنصف والمتوازن لمصالح كافة الأطراف ذات المصالح المشروعة في المؤسسة[30].

إن العاملين هم المعنيون قبل غيرهم بتحقيق النتائج التي تلبي متطلبات الأطراف ذات المصالح المشروعة في المؤسسة، وهم أيضاً المسئولون عن التوزيع العادل والمنصف والمتوازن لموارد المؤسسة ونتائجها على تلك الأطراف. فالاستغلال المتحيز وغير المنصف أو غير المتوازن لموارد المؤسسة ونتائج نشاطها يضر بمصالح الأطراف المتضررة الأمر الذي

الشكل رقم (1.4) - حلقات الشراكة بين العاملين ومؤسستهم وبقية الأطراف ذات المصالح المشروعة فيها

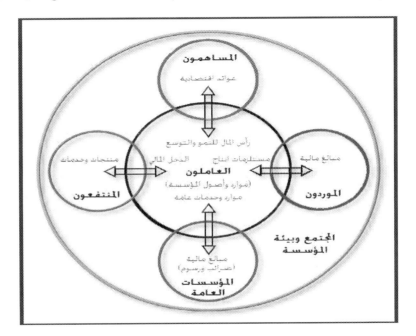

(30) Richards, 1986, p29

يؤدي إلى فقد ثقتهم وارتباطهم وولائهم للمؤسسة وتحولهم عنها أو السعي لمعاقبتها بمختلف الوسائل التي قد تؤدي إلى فشلها أو توقفها. أما الاستمرار في التلبية المنصفة والعادلة للمتطلبات المشروعة فإنه يعزز من ثقة تلك الأطراف ودعمهم لاستمرار المؤسسة ونشاطها بل ونموها وتوسعها، لذلك يجب على قادة وخبراء المؤسسة مراعاة التوازن المنصف لمصالح هذه الأطراف عند اعتماد وتنفيذ الخطط والقرارات الإستراتيجية والتسييرية [31]. وفي ما يلي بيان لدور وعلاقة كل طرف من هذه الأطراف بالمؤسسة.

1. المساهمون:

المساهمون هم المستثمرون أصحاب الأسهم التي تمثل الأموال المستثمرة في إنشاء المؤسسة وتنميتها وتوسعها. وفي بداية إنشاء المؤسسة يعتمد المستثمرون المؤسسون على أنفسهم في تحمل أعباء ومصاريف الإنشاء حتى بلوغ مرحلة الإنتاج والتسويق. عندها يبدأ تدفق الدخل الذي يغطي المصروفات ويساهم بالتدريج في در العوائد الاقتصادية المجزية على الأموال المستثمرة، وبذلك يحقق المساهمون العوائد والأرباح التي كانوا يطمحون إلى تحقيقها.

يتم ذلك في حالة نجاح المشروع في مختلف مراحله. وأول مراحل النجاح هي دراسة الجدوى التي تؤكد في جانبها الاقتصادي الجدوى الاقتصادية للمشروع والمدة الزمنية التي يتم فيها استرجاع رأس المال المستثمر والعوائد الاقتصادية السنوية المستهدفة خلال العمر الاقتصادي للمشروع.

وإذا كان المساهمون هم الذين أنشئوا المؤسسة من أساسها فهم المعنيون كذلك باستمرار نجاحها ونموها وتوسعها لمصلحتهم أولاً ولمصلحة بقية الأطراف ذات المصالح المشروعة فيها. وهذا ما يجب أن تضعه إدارة المؤسسة وكافة العاملين بها نصب أعينهم باستمرار باذلين أقصى ـ الجهود في تحقيق نجاح المؤسسة وتحقيق العوائد الاقتصادية التي ترضي المساهمين بالدرجة الأولى ثم بقية الأطراف ذات المصالح المشروعة في المؤسسة.

فإدارة المؤسسة تتلقى التوجيهات والدعم والاعتمادات اللازمة للمشروعات والخطط والقرارات الإستراتيجية والتسييرية الرئيسية من مجلس إدارة المؤسسة الذي

---

(31) Hunger & Wheelen, 1999, p42

يمثل المساهمين [32]. ويجب أن يدرك المعنيون في الطرفين أن تحقيق مصالح المساهمين لا يتم إلاّ من خلال تحقيق المصالح المشروعة لبقية الأطراف ذات العلاقة ابتداء من العاملين والمنتفعين مروراً بالموردين وانتهاءً بالمجتمع ومؤسساته وبيئته. وهذا ما يجب تأكيده في الخطط والأهداف الإستراتيجية والتسييرية الرئيسية للمؤسسة وسياساتها وأنظمة عملها والتي تضمن وتؤكد التحديد والتوزيع المتوازن والمنصف للنتائج الناجمة عن نشاط المؤسسة.

والمساهمون يدفعون المؤسسة ويدعمونها في النمو والتوسع وفي تنمية عناصر الحول والقوة اللازمة لتوفير قاعدة وأسس النمو والتوسع، كما أن نجاحها ونموها يجذب المزيد من المستثمرين الجدد الذين يدعمون عجلة النمو والتوسع. بذلك يتضح أهمية المساهمين وأهمية العلاقة بينهم وبين قيادة المؤسسة والعاملين بها، والتي يجب أن تتطور باستمرار بما يكفل تحقيق الخطط والأهداف الإستراتيجية للمؤسسة وهي من مسئولية الطرفين إلاّ أن قيادة المؤسسة تتحمل العبء الأكبر في تحسين وتطوير هذه العلاقة.

كما أن المساهمين ممثلين في مجلس الإدارة يتحملون المسئولية النهائية عن الأداء العام للمؤسسة والنتائج التي تحققها عبر سنوات ومراحل تحولها، وانطلاقا من هذه المسئولية فهم يراقبون عن كثب الأداء العام للمؤسسة ويلاحظون الانحرافات، ويتدخلون في الوقت المناسب لإنقاذ المؤسسة بدعم قيادتها أو تغييرها [33]. إن هذا ما يحصل عادة في الجمعيات العمومية التي تقدر ممتلكاتها ومجالس الإدارة التي تقدر المسئولية والأمانة الملقاة على عاتقها على عكس الكثير من مجالس الإدارة التي تقصر- بل وتخون أمانتها - وخاصة في القطاع العام في بعض المجتمعات - والتي تترك المؤسسات الإنتاجية والخدمية تتعثر لسنوات وربما لعقود وتستنزف ثروات المجتمع دون اتخاذ القرارات الحاسمة التي تدعم إدارتها أو تغييرها، أو التي تكفل إصلاح هذه المؤسسات أو إغلاقها.

---

(32) Andrews, 1987, p123

(33) المرجع السابق، ص 125

2. العاملون:

يخطئ من يقول أن العاملين هم مورد من موارد المؤسسة [34]، ولكنهم الطرف الرئيسي- في مجموعة حلقات الشراكة التي تتفاعل في تسيير المؤسسة، بل هم الطرف الذي يسير ويدير هذه التفاعلات التي تحقق النتائج المستهدفة.

عند إنشاء المؤسسة يوجد طرف واحد فقط: هم المستثمرون. إنهم الرّواد الذين يقومون بأعمال عظيمة بقيامهم بإنشاء المؤسسات الإنتاجية والخدمية. ثم إنهم يبدأون في الاستعانة بالعاملين حتى يسلمونها لهم بالكامل كأمانة في أعناقهم. بذلك تنتقل الريادة من المستثمرين إلى العاملين بقدر محافظتهم على الأمانة ورعايتها وتنميتها وتحقيق أهدافها التي ترضي أصحاب الأمانة والأطراف التي لديها مصالح مشروعة في استثمارها وإدارتها وتسييرها. ومن هنا تتضح حجم المسئولية الملقاة على العاملين - وفي مقدمتهم قادة وخبراء المؤسسة - في التسيير الاستراتيجي للمؤسسة بما يكفل نموها ونجاحها وتوسعها عبر برامج التحول المتوالية.

إنهم بالفعل هم صانعوا ومحققوا الأداء والنتائج المستهدفة استراتيجياً على المدى القريب والبعيد، وهم الذين يحققون الفعالية الشاملة على مستوى المؤسسة وعملياتها، وهم بذلك يمثلون الفارق الرئيسي- بين المؤسسة الناجحة والمؤسسة الفاشلة. وهم عندما يحققون النتائج المتنامية والمتزايدة فهم يحققون الدخل الذي ينتظرونه من المؤسسة والحوافز والمكافئات التشجيعية المادية والمعنوية المتنامية والمتزايدة [35].

إن الشراكة الإستراتيجية بين المساهمين والعاملين هي أهم حلقات الشراكة في المؤسسة، ذلك لأنهما الطرفان اللذان يدركان أنهما الشريكان الرئيسيان اللذان يهمهما فعالية ونجاح ونمو وتوسع المؤسسة. كما أنهما يدركان أن ذلك لا يتحقق إلاّ من خلال فعالية العاملين. لذلك يبدوا أن فعالية الشراكة تكمن في تحقيق نجاح المؤسسة من خلال تفعيل عناصر الحول والقوة لدى العاملين اللازمة لتحقيق ذلك النجاح.

وهنا يبرز جوهر الشراكة الإستراتيجية بين مجلس الإدارة وقيادة المؤسسة: تأكيد فعالية العاملين في التسيير الاستراتيجي للمؤسسة. إن هذه الإستراتيجية الدائمة يمكن أن تحقق فعالية العاملين بالتقوية الفعّالة لهم (Empowerment) وذلك من خلال

---

(34) Drucker, 1955 , p258

(35) المرجع السابق، ص261 - 264

عنصرين مهمين:

1. التطوير النوعي والمستمر للقلوب والعقول والقوى العاملة.
2. التحفيز المادي والمعنوي الفعّال.

ويمكن الارتقاء بالشراكة بين المساهمين والعاملين من خلال الحوافز المادية المشجعة في حال تحقيق النتائج المستهدفة أو أكثر، وفي ذلك شيء من التضحية من جانب المساهمين لصالح العاملين الذين يتوقع منهم شيء من التضحية أيضاً في أحوال الكساد والانكماش الاقتصادي أو في بعض الظروف الانتقالية للمؤسسة وذلك بتقليص بعض العلاوات والمزايا المادية.

3. المنتفعون بمنتجات وخدمات المؤسسة:

إن المنتفعين بمنتجات وخدمات المؤسسة هم من أهم الأطراف التي لديها مصالح مشروعة في المؤسسة والذين يعتمد عليهم نجاح المؤسسة بقدر تمكنها من تلبية حاجاتهم ورغباتهم وتوقعاتهم.

بل إن المؤسسة إنما أسست من أجل تحقيق متطلبات شريحة أو شرائح معينة من المنتفعين. وذلك ما حرص المؤسسون على تأكيده من خلال دراسة الجدوى الاقتصادية لمشروع المؤسسة ذاته قبل إنشائها والتي تعتمد على تحديد نوعية المنتفعين وعددهم وقدراتهم الشرائية وحجم الطلب والسعر المناسب لهم.

فلا تكون مؤسسة إلاّ لمنتفعين بنشاطها[36].. ولا يكون إنتاج إلاّ لمنتفعين بمنتجاتها وخدماتها.. فالمنتفعون هم الذين يحددون وجود المؤسسة من عدمه.. ويحددون نجاحها من فشلها.. ويحددون نموها وتوسعها أو انكماشها. وإذا كانت شراكة العاملين مع المساهمين تهتم بتحديد التوجهات والأهداف والنتائج المستقبلية وتقاسم العوائد الاقتصادية المستهدفة فإن شراكة العاملين مع المنتفعين يجب أن تؤدي إلى تحقيق هذه النتائج ذاتها من خلال إقبال المنتفعين على منتجات وخدمات المؤسسة التي تلبي حاجاتهم ورغباتهم وتوقعاتهم. فالمنتفعون هم وحدهم الذين يضمنون تدفق الدخل والعوائد الاقتصادية للمؤسسة بقدر نجاح العاملين في تزويدهم بالمنتجات والخدمات التي تلبي احتياجاتهم الحقيقة كماً ونوعاً وكيفاً وسعراً ومواعيد زمنية.

إن هذه الحقائق يجب أن يعيها كل العاملين بالمؤسسة، ويجب أن يساهم كل عامل

(36) Drucker, 1964, p85

وكل فريق عمل بفعالية في كسب رضاء المنتفعين الحاليين وجذب منتفعين جدد باستمرار وفقاً لخطط التوسع في الإنتاج والتسويق النابعة من الخطط الإستراتيجية للمؤسسة. وفيما يلي جملة من المهام التي تساهم في كسب رضاء المنتفعين وإقبالهم على التعامل مع المؤسسة:

- التحديد الدقيق لمتطلباتهم الفعلية وتوقعاتهم المستقبلية.
- تصميم وإنتاج المنتجات والخدمات التي تلبي هذه المتطلبات والتوقعات.
- الاتصال الفعّال والمستمر مع المنتفعين من قبل العاملين في العمليات ذات العلاقة بالمنتج والخدمات التي تهم المنتفعين وتؤثر في درجة رضاءهم.
- تزويد المنتفعين بالمنتجات والخدمات المناسبة بالجودة المناسبة والسعر المناسب في الوقت المناسب.
- الاستجابة السريعة والفعّالة لطلبات وتساؤلات المنتفعين ومساعدتهم في حل المشاكل ذات العلاقة.

ولا يتم كسب رضاء المنتفعين إلاّ من خلال الجهود الفعّالة لكل العاملين بالمؤسسة الذين يجب أن يقدروا أهمية المنتفع وأثره في نجاح المؤسسة. وتشمل هذه الجهود إجراء دراسات وبحوث السوق والمنتفعين والاستفادة منها في المحافظة على المنتفعين الحاليين واجتذاب المنتفعين الجدد في الأسواق الحالية والأسواق المستهدفة وفقاً للخطط الإستراتيجية والتسييرية للمؤسسة(37).

4. الموردون:

إن عمليات المؤسسة تحتاج إلى مدخلات وموارد، وتشمل هذه الموارد: المواد الخام، المواد شبه الجاهزة، المواد المساعدة، الآلات والأجهزة والأدوات، الأنظمة والبرامج وكافة المواد ومستلزمات تسيير العمليات والمشروعات والتي يتم توريدها من الموردين من خارج المؤسسة. إن هذه الموارد يجب تحديدها وتحديد مواصفاتها وخصائصها وكمياتها بدقة لتناسب عمليات المؤسسة ولتمكن من تحقيق الإنتاج الاقتصادي للمنتجات والخدمات التي تلبي متطلبات المنتفعين.

ثم لا بد من التعرف على الموردين الذين لديهم القدرة على الالتزام بتوريد هذه الموارد بالكميات والمواصفات المحددة في المواعيد المحددة وبالأسعار المناسبة،

---

(37) Drucker, 1964, p85 - 103

وذلك من خلال عملية تقييم لإمكانياتهم وقدراتهم وخبرتهم وسمعتهم وخبرة المؤسسة في التعامل معهم، واعتماد الموردين المناسبين منهم[38].

ومما يساعد على التعرف على الموردين واعتمادهم وجود وتطبيق أنظمة الجودة الشاملة في مؤسساتهم أو حصولهم على شهادات اعتماد عالمية مثل شهادة الأيزو 9001 التي عادة تؤكد الالتزام بجودة المنتجات والخدمات في مختلف مراحل عملياتهم الإنتاجية مع الحذر من الاعتماد على هذه الشهادات وحدها. وإجمالا فإنه من مسئولية قادة وخبراء المؤسسة التأكد من توفير الموارد المناسبة لأنشطة وعمليات المؤسسة والتي تضمن تسيير هذه العمليات بما يحقق الأهداف الإستراتيجية والتسييرية. ومن أجل بناء علاقات وثيقة وبعيدة المدى مع الموردين لا بد من مراعاة مصالحهم المشروعة والمنصفة وتأكيد الشراكة والتعاون الفعال لصالح الطرفين[39].

5. المجتمع ومؤسساته وبيئته:

تستعمل المؤسسة الإنتاجية أو الخدمية موارد عامة تعتبر ملكاً عاماً للمجتمع مثل المياه والمعادن والطاقة وكذلك الطرق والموانئ والمرافق العامة، ويمكن أن ينجم عن عملياتها تأثيرات سلبية للبيئة أو سلامة وصحة المجتمع على المدى القريب أو البعيد، كما يمكن أن ينجم عن عملياتها تأثيرات سلبية اجتماعية أو اقتصادية. ويحرص قادة وخبراء المؤسسة على تفادي هذه الآثار السلبية أو التقليل منها إلى أدنى حد ممكن.

ويعتبر من مهام ومسئوليات الجهات العامة الحرص على تنظيم عمل المؤسسات الإنتاجية والخدمية ودعم نشاطها ونتائجها الايجابية والمساعدة في الحد من الآثار السلبية لنشاطها، كما تؤكد على تعويض المجتمع عما تستهلكه المؤسسات الإنتاجية والخدمية من موارد ومرافق وخدمات عامة وعن الآثار السلبية لعملياتها وذلك عن طريق دفع الرسوم والضرائب لخزينة المجتمع التي يجب أن تُستغل الأموال المتراكمة فيها في خدمة المجتمع وتنميته ومعالجة مشاكله. يتم ذلك من خلال جملة من القوانين واللوائح التنظيمية التي تعمل المؤسسة على مراعاتها[40]. ولضمان نجاح المؤسسات الإنتاجية والخدمية يجب ألاّ تكون هذه القوانين واللوائح مجحفة في حقها

(38) السيد، 1990، ص120

(39) Pearce & Robinson, 1991, p67

(40) السيد، 1990، ص118 - 119

وألا تكون معرقلة لنشاطها ونموها وتوسعها بما يخدم نمو المجتمع وتطوره وازدهاره.

وفي الوقت الذي يجب أن تعتمد فيه الجهات العامة على نفسها من خلال الميزانيات التي تخصص لها من الضرائب والدخل العام للمجتمع، يجب ألاّ تقوم هذه الجهات العامة والقائمين عليها بابتزاز المؤسسات الإنتاجية والخدمية بدعوى قلة إمكانياتها وضرورة المساهمة في دعمها، الأمر الذي يثقل كاهل المؤسسات الإنتاجية والخدمية ويؤدي إلى فشلها وبالتالي تعثر المجتمع وتأخره.

إن أفضل ما تقدمه المؤسسات الإنتاجية والخدمية للمجتمع - بعد تطبيقها للقوانين واللوائح المنصفة والمشجعة - هو النمو المستمر في الإنتاج الاقتصادي الذي يوفر فرص العمل ويساهم في نمو وتطور المجتمع وازدهاره.

أسس ومبادئ التخطيط الاستراتيجي

إن فشل المجتمعات في تحقيق معدلات النمو المناسبة لتحقيق ازدهارها ونهضتها ترجع بالأساس إلى فشل مؤسساتها في تحقيق رسالتها وأهدافها. وعندما يكون الفشل هو السمة الغالبة لأكثرية هذه المؤسسات في المجتمعات المتخلفة فسيان أن يكون السبب في ذلك هو الفشل في التخطيط أو التخطيط للفشل أو مزيج من كلا الصنفين فالنتيجة دائماً واحدة. ومن أسباب الفشل في التخطيط الجهل به وبأساليبه، ومن مظاهر التخطيط للفشل فساد الذمم وخيانة الأمانة، وكل هذه الأسباب متوفرة في المؤسسات المتخلفة التي تعتبر عبئاً ثقيلاً على مجتمعاتها ومن عوامل تأخرها.

ومن مظاهر التسيير العشوائي للمؤسسة الإنتاجية عدم متابعة التطورات التقنية المتعلقة بالتقنية المستعملة في الوحدة الإنتاجية حتى تتقادم التقنية وتظهر تقنية جديدة ويعمُّ استعمالها في الصناعة وينتج عنها توفر منتجات جديدة في السوق تقضي- على منتجات المؤسسة الأمر الذي يؤدي إلى تكبيد المؤسسة خسائر كبيرة قد تنتهي بفشلها. فالتسيير العشوائي للمؤسسة يعتبر بحق وصفة جاهزة للفشل والخسارة والإفلاس، وما القرارات المزاجية والارتجالية إلاّ مؤشرا واضحا للتسيير العشوائي وغياب التخطيط الهادف والمنظم[41].

ولا بد للجمعيات العمومية ومجالس الإدارة والجهات المسئولة أمام المساهمين أو المواطنين من ممارسة مسئولياتهم المتمثلة في ضمان التزام قادة المؤسسة بمعالجة أسباب التخطيط للفشل، وضمان الارتقاء في ولاء وإخلاص قادة وخبراء المؤسسة وسائر العاملين لمؤسساتهم، والتأكد من توفر وتنامي الرغبة الصادقة والحماس اللازم لتحسين أدائهم وأداء مؤسساتهم.

وعندما تتوفر الرغبة والإرادة للإصلاح والتحسين فإن أول الخطوات هو التخطيط الجيد للإصلاح والتحسين الشامل للأداء على مستوى المؤسسة وكافة عملياتها. فالقيادة المخلصة للمؤسسة لا ترضى أن تقف مكتوفة الأيدي أمام المتغيرات السلبية وحتى الايجابية الداخلية والخارجية لذلك فهي تراقب مؤشرات الأداء الداخلية ومؤشرات أداء المؤسسة في بيئتها وكافة المتغيرات التي يجب الاستجابة المبكرة لها

(41) Pearson, 1990, p26

لتفادي المخاطر المحدقة واستغلال الفرص المتاحة. ولا بد لقادة وخبراء المؤسسة من اكتساب معارف ومهارات التخطيط الفعّال على المستوى الاستراتيجي والتخطيط لتسيير العمليات ومشروعات التحول التي تعمل على تحويل المستهدفات الإستراتيجية إلى واقع ونتائج محققة. إن التراخي في اكتساب هذه المعارف والمهارات أو القصور في استعمالها بكفاءة لا يقل في نتائجه عن التخطيط المتعمد للفشل ولو حسنت النوايا.

ومن المناسب هنا تقديم تعريفات توضح المقصود بالإدارة الإستراتيجية وعملية التخطيط الإستراتيجي.

الإدارة الإستراتيجية:

هي مجموعة القرارات والمهام التي تحدد أداء المؤسسة على المدى البعيد [42]. ويمكن تعريفها وفقا لهذا البحث أنها عمليات ومهام التخطيط والتسيير والمراقبة الإستراتيجية للمؤسسة التي تحدد وتنفذ الخطط والقرارات المصيرية التي تؤدي إلى التغيير والتحسين المستهدف للأداء عبر مراحل نمو المؤسسة وتقدمها.

التخطيط الاستراتيجي:

هو عملية منظمة لتحديد رسالة المؤسسة وأهدافها الإستراتيجية لمرحلة التحول القادمة ومعرفة العوامل والمتغيرات المهمة والمؤثرة في حاضر ومستقبل المؤسسة ثم القيام بناء على ذلك بتحديد مجموعة الإستراتيجيات والمشروعات والمهام الإستراتيجية التي تؤدي إلى تحقيق تلك الأهداف وتؤكد نجاح وازدهار المؤسسة خلال مراحل تحولها [43].

وحيث أن الخطط والقرارات المصيرية الناتجة عن هذه العملية تؤثر في كامل المؤسسة لسنوات عديدة وربما عقود من مسيرتها في اتجاه المستقبل المنشود، لذلك فإن المؤسسة بعد اتخاذ وتنفيذ هذه القرارات لن تكون المؤسسة المعروفة في السابق. إنها ستكون مؤسسة مختلفة بقدر الطموحات والنتائج الإستراتيجية المستهدفة والمحققة.

على قادة وخبراء المؤسسة أن يعرفوا أين تقف مؤسستهم الآن وأين يرغبون أن تكون مؤسستهم في نهاية المرحلة القادمة. إن التخطيط هو عبور وردم الفجوة بين

---

(42) Hunger & Wheelen, 1999, p3

(43) Argenti, 1989, p21,22

المستقبل المنشود والواقع المعاش. وقبل العبور الفعلي لا بد من وضع تصور لصورة المؤسسة في نهاية مرحلة الخطة الإستراتيجية[44]. وهذه الصورة هي ما يسمى **بالرؤية الإستراتيجية** للمؤسسة في نهاية مرحلة التحول والتي تعكس أهداف النمو والإصلاح والتوسع والتحسين النوعي لأداء المؤسسة.

الغرض والأهمية:

إن الغرض الأساسي من عملية التخطيط الاستراتيجي هو الوصول إلى قناعة مشتركة لقادة وخبراء المؤسسة بشأن الأهداف الإستراتيجية للتحول والمهام التي ينبغي القيام بها لتحقيق تلك الأهداف[45]. لذلك يعتبر التخطيط الاستراتيجي من أهم أدوات التغيير، فبواسطته يستطيع قادة وخبراء المؤسسة تحديد الإصلاح والتطوير الذي يحقق نجاح وازدهار المؤسسة على مدى مراحل التغيير المستقبلية.

فعملية التخطيط الاستراتيجي - وخاصة بآليتها المحددة في هذا البحث - تؤدي إلى تحقيق إجماع قادة وخبراء المؤسسة حول الأهداف والقرارات والإجراءات المصيرية التي عليهم اتخاذها من أجل تحقيق تلك الأهداف. كما أنه يوفر وسيلة للمعرفة الجيدة للمؤسسة وبيئتها الخارجية وذلك من خلال المراجعة الشاملة والتقييم الشامل لعمليات المؤسسة وقدراتها وأدائها، والمتغيرات المهمة في بيئتها الخارجية والتي تشمل الفرص المتاحة التي يمكن الاستفادة منها والمخاطر التي يجب مواجهتها. بذلك تساعد هذه العملية في تفادي الوقوع في مفاجئات ومخاطر مؤسفة، واقتناص فرص مهمة في مراحل مبكرة في عصر ـ يتسم بالمتغيرات الكثيرة والمتسارعة.

ومن أهم المزايا الأخرى لعملية التخطيط ما يلي[46]:

o التحديد السليم للأهداف والأنشطة والمشروعات والمهام التي توجه نحوها كل الجهود لتحقيق النتائج المرجوة.

o الاتفاق حول الجداول والمواعيد الزمنية التي ينبغي أن تنجز فيها الخطط وتحقق فيها الأهداف.

o تحديد الموارد اللازمة لإنجاز الخطط مما يمكن من الاستعداد للتنفيذ

---

(44) Pearson, 1990, p26

(45) Argenti, 1989, p24

(46) توفيق، 1997، ص156 - 157

الفعال للخطط ومواجهة مختلف الظروف والاحتمالات.

- يمكن التخطيط من الاستغلال الأمثل للقدرات والإمكانيات المتاحة.
- يساعد على التنسيق بين الأنشطة والعمليات والمشروعات والمهام من خلال التنسيق بين خطط وبرامج التحول.
- يقدم التخطيط الأساس الضروري لعملية ومهام المراقبة التي لا يمكن القيام بها في حال عدم وجود خطط معتمدة للتحول.

فالمراقبة الإستراتيجية المكملة للتخطيط الاستراتيجي توفر آلية لمراقبة ومتابعة المتغيرات المهمة وبالتالي توفر قدرا أفضل من المعلومات والمعرفة بالمتغيرات والعوامل المؤثرة في البيئتين الداخلية والخارجية، ويساعد ذلك في تلافي أغلب المفاجئات والمخاطر والاستعداد لمواجهتها بفعالية. وعموما فإن التخطيط الاستراتيجي يمكن قادة وخبراء المؤسسة من معرفة كيفية الانتقال من الحاضر إلى المستقبل المنشود.

التخطيط والتنفيذ:

وإذا كان التخطيط الاستراتيجي يحدد الخطط والأهداف والقرارات والإجراءات التي تستهدف التحسين النوعي المطلوب فإن التنفيذ الفعّال لهذه الخطط هو الذي يكفل تحقيق التحسين المطلوب وتحقيق الأهداف الإستراتيجية للتحول[47]. فالخطط المركونة والمحفوظة في الأرفف لا تساوي قيمة الحبر المكتوبة به بالرغم من الجهود والوقت والموارد المبذولة في إعدادها. كما أن حفظ الخطط وعدم تنفيذها يمكن أن يكون مؤشراً لضعف أو عدم فعالية آلية التخطيط، أو أنها نظرية غير قابلة للتطبيق قام بإعدادها مخططون بعيدون عن الواقع المعاش أو بعيدون عن الوضع المستهدف وعاجزون عن تحقيقه.

ففي الوقت الذي يجب أن تكون فيه الخطط والأهداف طموحة يجب أن تكون واقعية وقابلة للتطبيق. إن الآلية المقترحة في هذا البحث تؤكد على ذلك وتحققه من خلال الطريقة والكيفية ومن خلال الاختيار الجيد لمن يقوم بإعداد الخطط ومراجعتها وتنفيذها.

(47) Goodstein & Others, 1993 , p325

أسس ومبادئ مهمة للتخطيط الاستراتيجي:

إن نجاح التغيير والإصلاح الشامل والتحسين النوعي لأداء المؤسسة يعتمد على فعالية التخطيط الاستراتيجي، والتي يمكن تحسينها من خلال مراعاة جملة من الأسس والمبادئ المهمة التي يجب الاهتمام بها عند القيام بهذه العملية، وأهم هذه الأسس والمبادئ ما يلي:

1. تحديد الاتجاه: أي اتجاه التغيير والإصلاح الشامل في المرحلة القادمة.
2. التركيز: تركيز الجهود والموارد في الاتجاه المحدد.
3. الثبات: الثبات والالتزام بالتوجهات الإستراتيجية.
4. المرونة: في مواجهة المتغيرات المؤثرة.
5. التوافق والتوازن
6. ضرورة الاهتمام بالتخطيط الاستراتيجي.
7. أهداف ومهام التحول.
8. النظرة الشمولية في التخطيط.
9. هرمية التخطيط.

وفيما يلي توضيح لهذه الأسس والمبادئ.

1. تحديد الاتجاه:

يعني تحديد الاتجاه بصفة عامة تحديد نقطة الانطلاق والنقطة المستهدف الوصول إليها ومسار السير، وفي التخطيط الاستراتيجي يعني تحديد الوضع الراهن للمؤسسة والوضع المستهدف لها وكيفية الانتقال إلى الوضع المستهدف. ويتم تحديد الاتجاه العام المبدئي للتغيير والإصلاح انطلاقاً من معرفة والاتفاق على رسالة المؤسسة والمجالات التي تحقق تلك الرسالة. كما يعتمد اتجاه التحول على الوضع والأداء العام للمؤسسة في مرحلتها الحالية، والأهداف الإستراتيجية للتحول التي تحدد مستوى الطموح في التغيير والتحسين النوعي[(48)].

ثم يبدأ اتجاه التغيير في الوضوح تدريجيا مع التقدم في تنفيذ خطوات التخطيط الاستراتيجي عندما يتعرف قادة وخبراء المؤسسة على القوى الدافعة لمؤسستهم والقوى التي تشدها إلى الوراء، وعندما يتعرفون على الفرص المتاحة في البيئة

(48) Pearson, 1990, p22 - 23

الخارجية التي يُمكّن استغلالها من إنجاز التحول المستهدف.

إن الخطة الإستراتيجية في شكلها النهائي تحدد اتجاه وشكل التحول بوضوح بحيث يحصل اتفاق قادة وخبراء المؤسسة على اتجاه المؤسسة في مرحلتها المقبلة ويعملوا جميعاً في نفس الاتجاه حتـى لا يحصل التضارب والتعارض في استغلال الجهود والموارد. إن الاتفاق على الاتجاه يساعد في إعداد الخطة وتنفيذها ومراجعتها والتأكد من أن كل القرارات والنشاطات والإجراءات تصب جميعها في اتجاه واحد وهـو الاتجاه الذي تحدده الخطة الإستراتيجية للتحول والخطط التنفيذية المستمدة منها.

بدون اتجاه محدد ومتفق عليه لا يوجد توجه استراتيجي، ولا يمكن تركيز الجهود والموارد، ولا يتحقـق الثبات والالتزام بقرارات وإجراءات تحقق رسالة المؤسسة، وإنمـا يـتم بعـثرة الجهـود والمـوارد في اتجاهـات متعددة وقد تكون متعارضة ولا تؤدي محصلتها إلى تحقيق النجاح المطلوب [49].

2. تركيز الجهود والموارد:

يجب الاتفاق على الاتجاه العام أولاً وقبل كل شيء من خلال الاتفاق حـول رسالة المؤسسة وأهدافها ومجال عملها ونشاطاتها الرئيسية. إن الاتجاه العام يساعد على التركيز، كما أن التركيز ينبغـي أن يـؤدي إلى الاستغلال الأمثل للجهود والموارد في الاتجاه المحدد لمسيرة المؤسسة في مرحلتها المقبلة.

إن تركيز الجهود والموارد يبدأ من مرحلة التخطيط ويستمر أثناء مراحل التنفيذ، وإذا لم يُحسم أمره خلال مرحلة التخطيط فلـن يكون هنـاك تركيـز أثنـاء التنفيـذ. فـلا بـد مـن تحديد مجموعـة الأهـداف الإستراتيجية العليا التي تحقق المستقبل المنشـود للمؤسسة وعـدم التوسـع في الأهـداف الإسـتراتيجية. أي يُطلب تحديد أقل عدد ممكن من الأهداف الإستراتيجية التي تحقق الطموحات المستقبلية وبالتالي تحديد الإستراتيجيات والمهام والموارد المرشدة التي تكفل تحقيقها.

وابتداء من الشروع في التنفيذ وإلى انتهاء تنفيذ الخطة لا بد من الالتزام بمبـدأ التركيـز، فكـل القرارات واللوائح والنظم والمهام والإجراءات والنشاطات يجب أن تركز على تحقيق الأهداف الإستراتيجية والأهداف التسييرية التي تخدم مشروعات ومهام

(49) Pearson, 1990, p23

التحول. إن التوسع في الأهداف والمهام الإستراتيجية يمثل التخطيط لبعثرة الجهود والموارد وتشتيتها وبالتالي الفشل في تحقيق الأداء بالمستويات المستهدفة [50].

وفي الوقت الذي يحتاج فيه التركيز إلى قدر كبير من الجرأة والشجاعة في اتخاذ القرارات الطموحة التي تحقق الأهداف الإستراتيجية يحتاج كذلك إلى الجرأة والشجاعة في إيقاف وإزاحة العمليات والمهام والنشاطات التي تحد من فعالية المؤسسة، كما يحتاج أيضاً إلى الإحجام والامتناع عن اتخاذ أي قرارات من شأنها تشتيت الجهود والموارد. إن تحقيق المستويات العالية للأداء يتطلب التركيز والاستغلال الأمثل لكافة الجهود والموارد والقدرات في استغلال الفرص المتاحة ومواجهة المخاطر المؤثرة ومعالجة المشاكل المتعلقة بالحاضر والمستقبل.

ومن خلال بحوث السوق وبحوث المنتفعين وعملية التخطيط يتم تحديد السوق أو الأسواق المناسبة وشرائح المنتفعين المستهدف خدمتهم، والمنتجات المستهدف إنتاجها وتسويقها وقنوات التوزيع المناسبة. من خلال هذه المهام يتم تحديد الفرص المناسبة للمؤسسة في مرحلتها المقبلة واستبعاد أي فرص أخرى غير مناسبة أو غير مجدية. كما أن هذه الدراسات تحدد المخاطر التي يمكن أن تواجه المؤسسة في حال اختيار تلك الفرص أو أي مخاطر جوهرية أخرى مؤثرة. أي أن التركيز في البيئة الخارجية يعني تحديد واقتناص الفرص التي تحقق الأهداف الإستراتيجية وليس كل الفرص، وتحديد ومواجهة المخاطر ذات العلاقة وليس كل المخاطر.

وفي إطار البيئة الداخلية يجب تحديد عناصر القوة المهمة في المؤسسة وتنميتها واستغلالها الاستغلال الأمثل في تنفيذ الخطة الإستراتيجية. وبالرغم من أهمية تحديد المشاكل ومعالجتها إلاّ أنه يجب عدم الاستسلام للبحث عن كافة أنواع المشاكل وتبديد الجهود والموارد في معالجتها، لأن المشاكل الصغيرة قد تكون كثيرة وهي مرتبطة بالمهام التسييرية، كما أن الكثير من المشاكل مرتبطة بالماضي وعملياته ونشاطاته وأهدافه ولن تكون لها علاقة أو تأثير مهم في تنفيذ خطة التحول. لا تحاول أن تحل كل المشاكل، إن الماضي ينتهي بأغلب مشاكله الخاصة به. وبدلاً من ذلك ينبغي التركيز على المشاكل المؤثرة والتي يمكن أن تعرقل تحقيق النتائج المستهدفة في المستقبل القريب والبعيد.

(50) Drucker, 1964, p10 - 11

وماذا ينجم عن تشتيت الجهود والموارد على كل الفرص والمخاطر وكل عناصر القوة والضعف وكل العمليات والمهام، وكل المنتجات والأسواق التي تخطر في بال قادة وخبراء المؤسسة؟ لا ينجم عن ذلك إلاّ الفشل في تحقيق المستهدفات. إن الفعالية والنجاح يتطلبان تركيز الجهود والموارد عبر المراحل الزمنية من تطور المؤسسة[51].

إن العمليات الجارية والمنتجات الحالية يجب أن تُقيَّم على أساس مردودها الاقتصادي ومساهمتها في نمو وتطور وتوسع المؤسسة وبالتالي فإن أي منتج أو خدمة أو عملية تتجه هابطة نحو نقطة التعادل الاقتصادي يجب دراستها وتقييم أدائها واتخاذ الإجراءات التي تكفل تحسين أدائها الاقتصادي أو التخلص منها في وقت مبكر قبل أن تكبد المؤسسة خسائر تؤثر في الأداء العام للمؤسسة ومستقبلها.

وكذلك الحال بالنسبة للعمليات المساندة التي يجب أن تخضع للتحسين النوعي والمستمر في مدخلاتها وعملياتها ومخرجاتها والتأكد من مساهمتها بفعالية في تحقيق أهداف المؤسسة.

أما بالنسبة للعقول والقوى العاملة فيجب أن تركز قدراتها الحالية وقدراتها الكامنة التي ينبغي تحريرها في تحقيق التوجهات والأهداف الإستراتيجية وتنميتها في هذا الاتجاه. ويعني ذلك الاهتمام بالتنمية المستمرة للمهارات والمعارف والقدرات اللازمة لعمليات ومهام المستقبل التي تساهم في تلبية متطلبات خطط وأهداف التحول وإهمال مهارات ومعارف الأمس التي لم تعد مجدية[52].

وكذلك الحال بالنسبة لكافة عناصر القوة لدى المؤسسة من موارد وأصول مادية ومالية ومعدات ومباني ومرافق ومصانع، فيجب أن تستغل الاستغلال الأمثل في الاستفادة من الفرص المتاحة في البيئة الخارجية ومواجهة المخاطر المحتملة. ومن أجل ضمان الالتزام بالتركيز وفقا لمتطلبات خطة التحول ينبغي أن يتم تقييم أداء قادة وخبراء المؤسسة على أساس الأداء الاستراتيجي للمؤسسة، والنتائج التي تحقق أهدافها الكبرى على المدى القريب والبعيد، كما ينبغي أن تحدد وتمنح الحوافز التشجيعية لقادة وخبراء المؤسسة على هذا الأساس.

---

(51) Pearson, 1990, p187

(52) Drucker, 1964, p11

3. الثبات:

إن الثبات هو الرسوخ والاستقامة على مبدأي الاتجاه والتركيز، أي الثبات والاستقامة المستمرة على تركيز الجهود وكافة الموارد واستعمالها الاستعمال الأمثل في الاتجاه الذي ترسمه الخطة الإستراتيجية للمؤسسة [53].

لا بد من الثبات في الاتجاه والتركيز أثناء عملية التخطيط، ويجب أن يتم تضمينه في الخطة الإستراتيجية من خلال تضمينها للعناصر التي تؤكد على الثبات والاستقامة في تحقيق التوافق والتكامل والتناسق داخل المؤسسة وبيئتها. ثم لا بد من الالتزام بالثبات أثناء مرحلة التنفيذ على الاتجاه المرسوم وتركيز الجهود والموارد وفقا لمتطلبات خطة التحول.

وإذا فُقد الثبات يُفقد الاتجاه والتركيز اللذان هما من أهم العوامل التي تجتمع حولها جهود العاملين وقادتهم. إذا فُقد الثبات في الاتجاه والتركيز تصدر القرارات والتعليمات العشوائية، ويتغير الاتجاه باستمرار، بل ربما تسير كل أو بعض عمليات المؤسسة في اتجاهات متعارضة ومناقضة للتوجهات الإستراتيجية. وإذا فُقد الثبات في الاتجاه والتركيز تكثر المهام والمشروعات التي لا يربطها رابط ولا يجمعها هدف، فتُشتت الجهود وتُهدر الموارد وتقترب المؤسسة شيئاً فشيئاً من مستوى الفشل. [54]

ومن أجل النجاح في تخطيط وتنفيذ برنامج التحول والتحسين النوعي للأداء لا بد من الثبات والاستمرارية في ضمان توافق وتكامل وتناسق وانسجام وتعاضد كافة الأهداف والخطط والمهام والمشروعات والعمليات والقرارات والإجراءات والنشاطات والقيم واللوائح والأنظمة والجهود والقدرات والموارد وكل ذلك في جميع المستويات والعمليات، وفي جميع المراحل وبالمستوى الذي يحقق الأهداف الإستراتيجية للمؤسسة. إن ذلك يعني منع أي تعارض أو تناقض بين كل هذه العناصر رأسياً وأفقياً في جميع المراحل وعلى مدى المدة الزمنية المعتمدة لبرنامج التحول.

وما الذي يضمن كل ذلك سوى إرادة وعزيمة وصبر ومثابرة وثبات قادة وخبراء المؤسسة وسائر العاملين فيها على الاستمرارية في تسيير المؤسسة في الاتجاه المرسوم وتركيز كافة الجهود والموارد في نفس الاتجاه الذي يحقق الأهداف المصيرية

---

(53) Pearson, 1990, p24

(54) المرجع السابق، ص 24

للمؤسسة مع مراعاة الأخذ في الاعتبار مبدأ **المرونة** في مواجهة المتغيرات المهمة الايجابية والسلبية وبما يخدم أهداف التحول المنشود.

4. المرونة:

ولكن الثبات المتعلق بالخلق نسبي وليس مطلقاً. فالتغيير سواء كان مقصوداً أو قضاء وقدرا هو الغالب في الحياة. " وَتِلْكَ الأَيَّامُ نُدَاوِلُهَا بَيْنَ النَّاسِ "[55] أفراداً وجماعات وشعوباً وحضارات.

إن التميز المادي ليس حكراً على أحد، بل إن ذلك التميز يحمل في ذاته بوادر الانحدار وينطبق ذلك على المؤسسات كما ينطبق على الأفراد والشعوب والحضارات. فالعاملون بالمؤسسة المتميزة بنوا خبراتهم ومهاراتهم بطرق وأسباب معينة، واستغلوا الفرص المتاحة بطرق وأسباب معينة ولكنهم قد يصبحوا متعلقين بتميزهم وخصائصهم وبطرق وأسباب بناء هذا التميز الذي أدى إلى نجاحهم ونجاح مؤسساتهم في المراحل السابقة. قد ينشأ لديهم مرض الإعجاب بالذات والرضاء عما حققوه من نجاح، فيصيبهم الغرور والارتخاء في البحث عن المتغيرات والتفاعل معها في صنع التغيير الذي يحافظ على استمرار نجاح وتميز مؤسستهم. وقد يستمروا على ذلك حتى يفاجئوا بأن مؤسسة أو مؤسسات قد اجتازتهم في الجودة والسعر وكسب المنتفعين والسوق.

إن عمر الفرد محدد لا يزيد ولا ينقص: حدده الذي خلقه سبحانه. أما عمر المؤسسات فهو بيد الخالق أولاً وأخيراً ثم إنه جعله يعتمد على أداء العاملين في المؤسسة. إن من المؤسسات ما تموت في مهدها ومنها ما تموت في شبابها ومنها ما يطول عمرها.. والنجاح المتواصل للمؤسسة عبر عقود وقرون عديدة يرجع إلى إخلاص وتعاون وصدق واجتهاد العاملين فيها وأخذهم بأسباب التميز والنجاح وثباتهم واستمرارهم على هذا النهج.

ويعتمد عمر واستمرارية نجاح المؤسسات والدول والحضارات على مدى تعلق العاملين فيها بالقيم الإنسانية الراقية، وإنه مما لاشك فيه أن الإسلام هو الذي يملك أرقى وأسمى منظومات القيم الإنسانية على مدى التاريخ الإنساني بأكمله. ومن عظمة الإسلام مراعاته وتأكيده على تحقيق التوازن البديع بين الثوابت والمتغيرات وكيف

(55) آل عمران: 140

يغرس في أتباعه المخلصين القدرة على التمسك القوي بثوابت التميز والنجاح المستمر والقدرة الهائلة على التفاعل مع المتغيرات المتوالية والنجاح في التعامل معها بما يحقق الأهداف العليا في كل مرحلة.

قد ينجح قادة وخبراء مؤسسة في تحديد الاتجاه الاستراتيجي المناسب لمؤسستهم ويركزوا جهودهم ومواردهم في تحقيق أهداف هذا التوجه ويثبتوا على ذلك حتى يحققوا النجاح والتميز لمؤسستهم. ولكن عندما تحصل متغيرات مهمة قد لا يعيرونها الاهتمام جهلاً بها أو خوفاً منها أو تجنباً للصعوبات والتكاليف الناجمة عن المراجعة الإستراتيجية لتوجه المؤسسة في حال الاستجابة لهذه المتغيرات، والنتيجة أن النجاح والتميز لا يدوم طويلاً بسبب عدم توفر المرونة في الاكتشاف المبكر ومعرفة ودراسة ومواجهة المتغيرات المهمة التي تحصل خلال مرحلة التحول[56].

ويُقصد بالمرونة القابلية والقدرة على تعديل الخطط على ضوء العوامل والمتغيرات المستجدة[57]. عليه فإن المرونة هي صمام الأمان والنجاح الاستراتيجي في مواجهة المتغيرات التي قد تستَجِدّ في البيئة الداخلية للمؤسسة أو في بيئتها الخارجية، كما قد تستجد معلومات وحقائق مهمة في البيئتين لم تكن متوفرة سابقاً عند إعداد الخطة الإستراتيجية. كما أن نوعية وحجم وقوة تأثير هذه المتغيرات في المؤسسة إيجاباً أو سلباً هي عناصر مهمة يجب دراستها وتحليلها وتحديد مدى الحاجة إلى الاستجابة لها وأخذها في الاعتبار في الخطة الإستراتيجية التي هي تحت الإعداد أو التنفيذ أياً كانت مرحلة الإعداد أو التنفيذ. وينبغي ملاحظة أن المراجعة لا تعني الاستجابة لكل المتغيرات فالاهتمام والاستجابة لكل أو أغلب المتغيرات يعتبر تغييراً مستمراً للاتجاه وتشتيتاً للقدرات والجهود والموارد.

ويبدو أن هناك قدراً من التعارض بين مبدأ المرونة ومبادئ الثبات وتركيز الجهود والموارد في الاتجاه الاستراتيجي المرسوم. وذلك يستدعي إجراء التوازن والتوفيق المناسب بين متطلبات الثبات والتركيز من جهة وبين متطلبات المرونة والاستجابة للمتغيرات المهمة والتي فد تستدعي تعديلاً محدوداً أو جوهرياً في الخطة الإستراتيجية[58]. وخلاصة القول في ذلك هو العمل الجماعي المخلص في تحديد

---

(56) Pearson, 1990, p25

(57) توفيق، 1997، ص149

(58) Pearson, 1990, p25

الاتجاه الطموح والسليم والمناسب للمؤسسة في مرحلتها القادمة، ثم الثبات معاً في التركيز والاستغلال الأمثل لكافة الجهود والموارد والفرص لتحقيق الأهداف الإستراتيجية مع إظهار القدر الكافي من المرونة في التفاعل مع المتغيرات المهمة أثناء مسيرة المؤسسة بما يؤكد سلامتها ونجاحها في تحقيق أهدافها.

5. التوافق والتوازن - توازن وتوافق الماضي والحاضر والمستقبل:

لكل إنسان مسار حياة، ولكل مؤسسة مسار حياة ابتداء من تاريخ نشأتها إلى الحاضر إلى المستقبل المنشود. وفي ما مضى من عمر المؤسسة تحقق بناء الرصيد المتراكم من الحول والقوة، وفي الحاضر يجري تنمية هذا الرصيد لصالح أهداف المستقبل. لذلك لا بد أن نعيش الماضي والحاضر والمستقبل مع التركيز على الاستخدام الأفضل لجهود وقدرات الحاضر وتسخيرها لخدمة أهداف المستقبل.

الماضي والرصيد الإستراتيجي المتراكم:

إن نجاح المؤسسة في مسيرتها يعتمد على التخطيط والإعداد الفعّال لتحقيق أهداف المستقبل انطلاقاً من الرصيد المتراكم من الحول والقوة عبر المراحل السابقة من ماضي المؤسسة. وماضي المؤسسة هو تاريخ مسيرتها الذي لا يمكن نسيانه أو تجاهله لأنه يشتمل على عناصر غاية في الأهمية ومنها:

الدروس والعبر المستفادة من النجاحات السابقة والتي يمكن محاكاتها في صنع نجاحات المستقبل، والدروس والعبر المستفادة من أخطاء الماضي التي يستفاد منها في الحرص على عدم تكرارها أو تلافي الأخطاء المشابهة لها. ومنها تراكم الالتزامات والأمانات التي تتضمن أصول وممتلكات أصحاب الأسهم وتوقعاتهم بشأن تحقيق العوائد الاقتصادية، وكذلك الالتزامات المتعلقة ببقية الأطراف المستفيدة من المؤسسة.

وفي الماضي تكونت الثوابت المطلقة والمؤقتة. إن الماضي عمر قد انتهى، ولكن آثاره لم تنته بعد، كما أن بعضها لا ينتهي أبداً، والماضي بحسناته وسيئاته يحمل آثاراً لا يمكن أو لا يحسن تجاهلها. من الماضي نستقي الثوابت المطلقة العظيمة وهي القيم التي يحبها الخالق العظيم سبحانه وجعلها مناسبة للأفراد العظماء من البشر وللأمة العظيمة وجعلهم مناسبين لها. إنها الثوابت والقيم العظيمة العريقة التي آمن بها وعمل وفقها عظماء التاريخ الإنساني الذين يستحقون وصف العظمة الإنسانية ابتداء من آدم عليه السلام ومروراً بنوح وإبراهيم وموسى وعيسى عليهم السلام وانتهاء بمحمد عليه

الصلاة والسلام الذي هو خاتم وإمام الأنبياء والرسل ثم أصحابه الكرام البررة رضي الله عنهم. إنها قيم الإسلام عبر تاريخ الإنسان. فالثوابت العظيمة لا تتغير أبداً بمرور الزمن فهي القيم المتمثلة في الإيمان والعقيدة الإسلامية الراقية وقيم السلوك والأخلاق العظيمة، وهي القيم الخاصة بعبادة الخالق سبحانه، وهي قيم المسيرة الإنسانية الراقية حتى نهاية المسيرة.

ومن الماضي نستلم الثوابت المادية المؤقتة التي يجب تنميتها وتطويرها أو تغييرها واستبدالها أو التخلص منها في الوقت المناسب وبالحجم والكيفية المناسبة. وتتمثل الثوابت المادية المؤقتة في الآتي: الموارد المالية والموارد والأصول المعمرة في المؤسسة والتقنيات والأنظمة التي تكونت لديها خلال المرحلة الماضية، والمعارف والخبرات والمهارات والقدرات التي تكونت لدى المسيرين لها.

فكل هذه ثوابت مؤقتة يجب استغلالها الاستغلال الأمثل في تحديد وتحقيق الأهداف المستقبلية للمؤسسة، والقيام بتنميتها وتطويرها بما يؤدي إلى تحقيق أهداف وخطط التحول.

فهناك ما يجب أن يثبت عبر الماضي والحاضر وكل المستقبل. وهناك ما يجب أن يتغير. والنجاح العظيم يكمن في الثبات الراسخ والارتقاء بعناصر وقيم الثوابت المطلقة المحددة في المنهج الإسلامي العظيم، كما يكمن في التغيير الفعّال لعناصر التغيير المتعلقة بالثوابت المؤقتة. والفشل يكمن في التفريط في الثوابت، كما يكمن في الإفراط في التغيير أو عدم التغيير والقانون الفاصل في ذلك هو " إِنَّ اللّهَ لاَ يُغَيِّرُ مَا بِقَوْمٍ حَتَّى يُغَيِّرُواْ مَا بِأَنْفُسِهِمْ "(59).

بذلك تكون خطة التحول الاستراتيجي هي خطة الارتقاء في الثوابت والقيم المطلقة كما هي خطة التحسين النوعي وتنمية وتطوير الثوابت المؤقتة بما يخدم ويضمن تحقيق أهداف التحول. فالثوابت المطلقة يجب الارتقاء في فهمها واستيعابها والارتقاء في تطبيقها في بيئة المؤسسة الداخلية والخارجية. أما الثوابت المؤقتة فيجب المحافظة عليها وصيانتها طالما استمر إنتاجها الاقتصادي وطالما استمرت منفعتها المرجوة والتي تساهم في تلبية متطلبات الخطة الإستراتيجية وتحقيق أهدافها. ماعدا ذلك يجب تطويرها أو التخلص منها واستبدالها بالأصول أو العناصر التي تساهم

---

(59) الرعد: 11.

بفعالية في تحقيق أهداف التحول.

وفي الماضي تكوّن الرصيد المتراكم من الحول والقوة في المؤسسة وقدراتها وعناصر تميزها ونجاحها. إن قدرات وموارد وإنجازات المؤسسة ووضعها الحالي ليس وليد اللحظة. إنه ليس وليد الحاضر. إنه الرصيد المتراكم للمؤسسة خلال مسيرتها السابقة والذي يشمل رصيدها الداخلي والخارجي. وأهم عناصر الرصيد الاستراتيجي الداخلي:

1. القيم والسلوكيات الراقية التي ارتقى بها قادة وخبراء المؤسسة وسائر العاملين بها.

2. القدرات القيادية والإدارية المتنامية لدى قادة وخبراء المؤسسة.

3. القدرات والمعارف والمهارات والخبرات المهنية التخصصية في مجالات العمليات الرئيسية المتمثلة في الإنتاج، التسويق، البحث والتطوير وسائر العمليات المساندة.

4. الأصول والموارد المادية والمالية، والتقنيات والأنظمة والأساليب وطرق العمل وجودة المنتجات والخدمات.

ومن أهم عناصر الرصيد الاستراتيجي الخارجي:

1. سمعة المؤسسة وسمعة منتجاتها وخدماتها في بيئتها الخارجية.

2. وضع المؤسسة في السوق وخبراتها وقدراتها في كسب المنتفعين والتوسع في السوق، وقدراتها في إنتاج وتقديم المنتجات والخدمات التي ترضي المنتفعين وتحقق متطلباتهم الحالية والمتجددة.

3. القدرة على إرضاء المساهمين والمستثمرين في المؤسسة من خلال المحافظة على سلامة أصولهم وتحقيق العوائد الاقتصادية المرضية لهم والقدرة على اجتذاب رؤوس الأموال لغرض الاستثمار في توسع ونمو المؤسسة.

إن رصيد الماضي هو القاعدة التي تنطلق منها المؤسسة في برامج التغيير والإصلاح الشامل في كل مرحلة تحول. لا أحد يستطيع أن ينسلخ عن ماضيه، وإن حاول قادة المؤسسة الانسلاخ عن الماضي والقفز منه إلى مستقبل الآخرين فإنهم يعرضون مؤسستهم للفشل ويجعلونها هدفاً لأولئك الآخرين. الانطلاق نحو أهداف المستقبل لا بد أن يتم من خلال الاستفادة المثلى من الرصيد الاستراتيجي المتراكم لدى

المؤسسة خلال مسيرتها السابقة. وفي الانتقـال مـن المـاضي إلى الحـاضر والمسـتقبل يحصل التقـادم الـذي يستدعي التوقف عن استعمال العناصر والقدرات غير الفعالة وغير المناسبة والقيـام بالتجديد والتحـديث الفعال للقدرات والموارد، والذي يجعل من عملية الانتقال تَقَدُّم مستمر في تحقيق النتائج المستهدفة[60].

الحاضر والمستقبل:

إن الماضي زمن طويل له عمق في التاريخ، ومستقبل العمل الإنساني زمـن طويـل لـه امتـداد إلى نهاية المسيرة الإنسانية في هذه الدنيا، وأما الحاضر فليس له بعد يُذكر مقارنة بالماضي والمستقبل.

إنه لحظة عابرة يتم استلامها من المستقبل سرعان ما تتحول إلى ماضي. لـذلك لا بـد مـن افـتراض عمـر للحاضر يختلف باختلاف الغرض من استعماله. ولغرض هذا البحـث المخصص لتخطيط وتنفيـذ بـرامج التحول في المؤسسات نفترض أن الحاضر هو السنة الجارية، ولكن هـذه السـنة ذاتهـا واقعـة في المسـتقبل القريب، أي أنها مشتركة عمليـاً بـين الحـاضر والمستقبل القريب. ويمكـن افتراض أن الحاضر هـو السـنة الجارية وأن المستقبل القريب وهو مدى خطة التحول وهي خمس سنوات والمستقبل المتوسط مـن 5 - 10 سنة والبعيد من 10 - 20 سنة أو أكثر حسب طبيعة نشاط المؤسسة وطموحات العاملين بها.

إن نجاح المؤسسة المتنامي عبر مراحل وبرامج التحول يعتمد على الارتقاء بالرصيد الاستراتيجي المتراكم وتنميته والارتقاء به لتحقيق أهداف خطط التحول المتتالية، وفي ذلك تكمـن أهميـة التوافـق الفعّـال بـين رصيد الماضي وجهود الحاضر وأهداف وخطط المستقبل. وكل طرف مـن الأطراف ذات المصالح المشروعة في المؤسسة يتوقع تنامي مستوى الاستفادة التي يتوقعها من النتائج المتنامية لخطط التحول الأمر الـذي يستدعي التأكيد على التوازن والتوافق بين الخطة الإستراتيجية والخطط التسييرية مـن جهـة وبـين قـدرات وموارد وإمكانيات المؤسسة من جهة أخرى.

كل ذلك يعني الاهتمام والتركيز على المستقبل والنتائج المستهدفة فيه مـن خـلال الإحسان في تنميـة الرصيد المتراكم واستغلاله الاستغلال الأمثل في تحقيق تلك النتائج. فالاستغلال الأفضل للقدرات والجهود والموارد في السنة الجارية أو

---

(60) Drucker, 1967, p87.

المستقبل القريب يعني تحسين النتائج وتنمية الرصيد المتراكم لخدمة ودعم وتنفيذ خطة التحول، لذلك لا يجوز استنزاف الجهود والموارد على المدى القريب لتحقيق نتائج أو أرباح سريعة قد يقصد بها إرضاء أصحاب أسهم المؤسسة أو العاملين بها وذلك على حساب خطة التحول ومستقبل المؤسسة. كما لا يجوز - بدعوى تحقيق أحلام عظيمة في فترة قصيرة - أن تُخصص كل أو أغلب الجهود والموارد للعمل على مشروعات تحول كثيرة وضخمة دفعة واحدة، لأن ذلك يعرض العمليات الجارية وأهداف وخطط تسيير العمليات للفشل وقد يعرض المؤسسة ككل لخسائر كبيرة[61].

وأهم ما يضمن التوازن والتوافق عبر سنوات ومراحل التحول هو التوزيع والتنسيق الفعّال لأهداف ونشاطات ومشروعات ومهام خطة التحول على سنوات الخطة بحيث تحقق كل سنة مستهدفات الخطة لتلك السنة وبحيث يتم استكمال تحقيق أهداف خطة التحول مع انتهاء المدة المعتمدة لها. بذلك تكون مهام ونشاطات وجهود الحاضر والمستقبل القريب (السنة الجارية) وكافة سنوات الخطة هي خطوات عملية متتالية ومتوافقة ومتكاملة تؤكد جميعها وفي جميع المستويات وباستمرار تحقيق أهداف الخطة الإستراتيجية للمؤسسة.

التوازن والتوافق بين البيئة الداخلية والخارجية:

يدرك قادة وخبراء المؤسسة أن النتائج المستهدف تحقيقها متوفرة دائمًا في البيئة الخارجية وليس داخلها، ولا يفيدهم التركيز على الداخل على حساب الفرص الموجودة خارج المؤسسة إلا المزيد من الخوض في المشاكل والجهود الداخلية والتكاليف المتعلقة بها[62]. فقدرات المؤسسة وجهود العاملين بها يجب أن تسخر لخدمة المنتفعين بمنتجات وخدمات المؤسسة في البيئة الخارجية والاجتهاد في زيادة إقبالهم عليها من أجل توفير الدخل والعوائد الاقتصادية والتي يمكن أن تنموا أو تنكمش بمقدار إقبال المنتفعين على تلك المنتجات والخدمات أو إعراضهم عنها. إن تحديد واستغلال الفرص في البيئة الخارجية يعتمد على المعرفة الدقيقة والمتجددة لسوق المؤسسة والمنتفعين بمنتجاتها وخدماتها ومتطلباتهم الحالية والمتوقعة، ولا يمكن تحقيق ذلك إلاّ بمعرفة المنافع التي يبحث عنها المنتفعون وبالتالي تحديد

(61) Drucker, 1964, p183
(62) Drucker, 21st, p39

المنتجات والخدمات التي تلبي متطلبات تلك المنافع، ويعتبر ذلك سر النجاح في التنافس في السوق بين المؤسسات الإنتاجية والخدمية.

وإذا كانت الفرص والنتائج الاقتصادية موجودة في السوق أي في البيئة الخارجية إلاّ أن تحديدها واستغلالها بفعالية لا يتم إلا من خلال التوظيف الأمثل لعناصر الحول والقوة والتميز المتوفرة في بيئتها الداخلية. ويتبين من ذلك أن نجاح المؤسسة يكمن في التوافق الفعّال بين بيئتها الداخلية والخارجية. ومن مظاهر وجود الخلل أو النقص في هذا التوافق توفر فرص وجهود تسويقية مناسبة لأهداف خطة التحول ولكن بدون توفر قدرة إنتاجية كافية لاستغلال تلك الفرص، أو غزارة في الإنتاج يقابلها نقص في الفرص المتاحة في السوق أو ضعف في الجهود والإمكانيات التسويقية، وكلا الحالتين خلل في التوافق بين البيئتين يؤدي إلى نقص المبيعات والدخل والعوائد الاقتصادية وربما يؤدي إلى فشل المؤسسة.

عليه لا ينبغي التركيز على فرص السوق والجهود التسويقية وتطويرها على حساب عمليات الإنتاج ولا ينبغي التركيز على عناصر القوة والتميز في العملية الإنتاجية على حساب فرص السوق والعملية التسويقية، وإنما المناسب لخطة التحول هو التوافق الفعّال بين الاهتمام بالاستفادة من الفرص المتاحة في البيئة الخارجية والاهتمام بتنمية واستغلال القدرات التي تمكن من استغلالها وتحقيق النتائج والعوائد الاقتصادية المستهدفة في خطة التحول.

توافق الميول والرغبات الشخصية مع الأهداف والمصالح العليا للمؤسسة:

يعمل بالمؤسسة الكبيرة وربما المتوسطة السائرة في طريق النمو والتوسع أربعة شرائح رئيسية من العاملين وهم القادة والخبراء والعلماء الباحثون وبقية العاملين. كل هذه الشرائح لها أهواء ورغبات وميول شخصية قد تعمل لصالح المؤسسة أو ضد الأهداف والمصالح العليا للمؤسسة[63]. إن الأهواء والرغبات الضارة تقوى وتضعف بدرجة إيمان وصلاح الفرد والمجموعة العاملة.

إنها قد لا تكون مشكلة كبيرة في مؤسسات الإيمان ولكن لا بد من الحذر والحيطة والاهتمام بمعالجتها وتأكيد عدم تأثيرها السلبي في إعداد وتنفيذ خطة التحول. إن بعض قادة المؤسسة يعجبون بقوتهم وسلطتهم ويتكبرون ويصرون على اتخاذ قرارات

(63) Andrews, 1987, p53 - 61 بتصرف

مصيرية ارتجالية بدون دراسة وبدون التأكد من جدوى تلك القرارات ونتائجها. وهؤلاء يضربون بعرض الحائط بكل القدرات العلمية والخبرات والمعارف المتوفرة لدى زملائهم من العاملين معهم في المؤسسة. إنهم في الوقت الذي لا يستطيعون إيقاف مرتبات ومصاريف زملائهم التي تتحملها الأطراف المستفيدة من المؤسسة فهم يهدرون الجهود والقدرات الأهم لدى المؤسسة. إن مثل هؤلاء القادة يجرّون مؤسستهم للفشل بقراراتهم الارتجالية ومما يسرع من حصول الفشل فقد الخبراء والقادة المخلصين بسبب تلك التصرفات. وفي ظل ذلك النوع من القادة لا يمكن إعداد خطط تحول إستراتيجية مناسبة لطموحات الأطراف المستفيدة من المؤسسة على المدى البعيد.

أما الخبراء فإن بعضهم يتحيزون ويميلون لمجال تخصصهم وخبرتهم وقد يقترحون أو يشجعون أو يصرون على تنفيذ مشروعات أو القيام بمهام أو امتلاك أو استبدال موارد معينة لأنهم يميلون إليها بحكم خبرتهم وتخصصهم وليس لأنها من مصلحة المؤسسة.

كما أن بعض العلماء والبحاث قد يعدون دراسات علمية متميزة ولكن ليس لها علاقة مباشرة بمصالح المؤسسة، أو لا تخدم خطة التحول، أو لا تساهم في تحسين أداء المؤسسة أو عملياتها الرئيسية بالمستوى المطلوب، ولكنهم مع ذلك يصرون على أنها مناسبة ومفيدة، مثلهم في ذلك مثل بقية زملائهم ذوي الميول والأهواء الشخصية المنحرفة من القادة والخبراء. أما باقي العاملين فلن يكون سلوكهم أحسن من سلوك قادتهم وخبرائهم وعلمائهم.

وتكمن الخطورة في أنه كلما تميز واستقوى واستكبر الفرد في القيادة أو العلم أو الخبرة فإنه يتمكن من استعمالها في خدمة أهوائه وميوله ورغباته وربما لمصالحه الشخصية على حساب مصالح المؤسسة. لذلك فإن أسلوب النخب الجماعية المقترح في هذا البحث وما يدعمه من قيم ومبادئ للقيادة والإدارة والسلوك يمكن أن يؤدي إلى تلافي هذه السلبيات.

6. الاهتمام بعملية التخطيط الاستراتيجي:

كثير من المسئولين في بعض المؤسسات يتركون الحبل على الغارب ولا يتخذون قرارات جوهرية تمكن المؤسسة من تحقيق نجاحات في المستقبل ولا حتى تفادي المخاطر ومواجهة المتغيرات السلبية في بيئتهم. فهم يتصرفون كذلك لأسباب نفسية

مثل الخوف والتردد واللامبالاة أو أسباب ترجع لنقص القدرات الإدارية والقيادية والخبرة والمعرفة والدراية بعمليات المؤسسة وتفاعلاتها بالبيئة الخارجية. كما أن بعضهم يتخذ قرارات مصيرية ولكن بطريقة ارتجالية غير مدروسة تستنزف الجهود والموارد ولا تحقق المصالح العليا للمؤسسة. إن القرارات والمهام الإستراتيجية تحتاج إلى الشجاعة والجرأة كما تحتاج إلى المعرفة والدراية والخبرة وقدرا مناسبا من الحكمة[64]. ولأنها تحدد مصير المؤسسة ومستقبلها يجب ألاّ تُقرر في عجالة وبشكل عشوائي وارتجالي، وإنما يجب أن تتخذ كل القرارات المصيرية استنادا إلى نتائج عملية التخطيط الإستراتيجي، والتي تمنع قيادة المؤسسة من اتخاذ قرارات عشوائية أو منفصلة عن بعضها وغير مترابطة ولا متوافقة ولا متجانسة. إن نمو المؤسسة وتقدمها يعتمد على الاهتمام بمستقبلها والتخطيط الفعال لتحقيق ذلك المستقبل المنشود[65]. وعملية التخطيط الاستراتيجي تمكن قادة المؤسسة من تحديد الوضع الاستراتيجي للمؤسسة وأهدافها المستقبلية والمهام والنشاطات التي تمكن من تحقيق تلك الأهداف وبالتالي تحديد مجموعة القرارات المصيرية التي تؤدي إلى تحقيق تلك الأهداف.

ويعتمد مستقبل المؤسسة على عدد محدود من الأهداف والقرارات الإستراتيجية ولكنها في غاية الأهمية، لأنها توجه جهود وقدرات المؤسسة إلى إحداث التغيير الجوهري للمؤسسة والإصلاح الشامل بشرط أن تكون أهداف وخطط وقرارات التحول سليمة ومناسبة لطموحات المرحلة القادمة وإلاّ فإنها ستكون مضيعة للجهود والموارد، ومن هنا تكمن أهمية عملية التخطيط الاستراتيجي والتأكيد على القيام بها بعناية فائقة وكفاءة عالية.

7. أهداف ومهام التحول:

إن عملية التخطيط الاستراتيجي تعني بتحديد أهداف التحول والمهام الكبرى التي تؤدي إلى تحقيقها وهي غالباً تستفيد من المتغيرات الخارجية المتعلقة بالصناعة أو السوق أو التقنية أو مصادر الاستثمار أو التوجهات والمتغيرات العامة المحلية أو الإقليمية أو العالمية. كما تهتم بالمتغيرات في البيئة الداخلية مثل مؤشرات الأداء الاقتصادي وأداء المنتجات والخدمات، وجهود وتطوير الإنتاج والمنتجات والخدمات

(64) Argenti, 1989, p13
(65) Batten, 1978 , p42

وتسويق المنتجات، وتحرير الطاقات الكامنة لدى القوى العاملة، وتحقيق الفعالية الشاملة للمؤسسة.

إن عملية التخطيط الاستراتيجي لا تعني بكل المتغيرات والقضايا الخارجية والداخلية وإنما تهتم بالعناصر المهمة والمناسبة منها لبرنامج التحول. كما أنها تهتم بصنع التغيير الذي يُرحب به في البيئة الخارجية ويؤدي إلى تحقيق التحول.

إنها تعني بالمتغيرات والفرص والقضايا الأهم والأخطر داخلياً وخارجياً والتي تستحق أن تدرس بعناية على مستوى المؤسسة، أما العناصر والقضايا الأقل أهمية فقد تكون ملائمة لأهداف وخطط العمليات التنفيذية في حال أنها تتفق مع متطلبات خطة التحول التي يجري إعدادها. ومن أهم العناصر والقضايا التي ينبغي الاهتمام بها في هذه العملية هي الفرص المتاحة للتحسين النوعي للأداء والذي يشمل النمو والتوسع والتطور وتحقيق العوائد الاقتصادية المطلوبة، ومنها أيضا العناصر المتعلقة بحماية المؤسسة من مخاطر خارجية، أو دعم وتقوية وتطوير عناصر الحول والقوة والتميز الداخلية وفقا لمتطلبات التحول وربما معالجة بعض عوامل الضعف الداخلية التي يمكن أن تؤثر على خطة التحول. ومما يجدر التأكيد عليه أن كل العناصر الإستراتيجية المعتبرة يجب أن تكون متعلقة بمستقبل المؤسسة والأهداف والنتائج المستهدفة في خطة التحول. أي ليس بأهداف وعمليات وتقنيات وأساليب ونظم ومعارف ومهارات الماضي التي لم تعد مجدية أو التي ستصبح قريباً من قضايا الماضي وعناصره غير المجدية.

8. النظرة الشمولية في التخطيط:

إن التخطيط الإستراتيجي يعني بالصورة العامة والوضع العام للمؤسسة ككل وهي تتحرك من الماضي إلى الحاضر إلى المستقبل المنشود، وهو لا يعني مباشرة بالكم الهائل من التفاصيل المتعلقة بنشاط العمليات التنفيذية في هذه المسيرة. فلا بد لقادة وخبراء المؤسسة أن يركزوا في عملية التخطيط الاستراتيجي على النظرة الشمولية للمؤسسة ووضعها الاستراتيجي العام الحالي والمستهدف. فالموقف العام يجب أن يحدد ويُرى في مجمل الأداء والوضع الاستراتيجي للمؤسسة ككل وليس في تفاصيل مكوناتها وعملياتها[66].

(66) Argenti, 1989, p23

عليه فعملية التخطيط الاستراتيجي تهتم بالتخطيط للمؤسسة ككل وهي تشرع وتتحرك نحو المستقبل المستهدف من خلال خطة التحول التي هي من نتائج هذه العملية. أما خطط العمليات المفصلة فسيتم إعدادها وفقاً لمتطلبات الخطة الإستراتيجية الكلية للمؤسسة. وبناء على هذا المفهوم فإن الخطة الإستراتيجية الكلية هي خطة تحول عامة للمؤسسة ككل تُشتق منها الخطط التفصيلية لمشروعات التحول وأنشطة وعمليات المؤسسة الأخرى، كما يلاحظ أن الحاجة للتفاصيل تزداد كلما اتجهنا إلى إعداد خطط المشروعات والعمليات والمهام التنفيذية.

ولا بد في التخطيط والتنفيذ من النظرتين المكملتين لبعضهما: النظرة الشمولية والنظرة المتفحصة، ولكن التخطيط يعتمد على النظرة الشمولية مع دعم كلما دعت الحاجة بالنظرة المتفحصة، أما التنفيذ فهو يحتاج أكثر إلى النظرة المتفحصة مع الرجوع والاستناد إلى متطلبات النظرة الشمولية والمصالح العليا للمؤسسة حاضرا ومستقبلا. ومثل ذلك طائر يكتشف منطقة جديدة يبحث فيها عن الفرص المناسبة، فهو أولاً يطير بارتفاع عال ليقوم بمسح عام للمنطقة ويكون بذلك نظرة شمولية وتصور عام عن العناصر والمكونات الرئيسية للمنطقة، وعندما تتكون لديه صورة عامة عن المنطقة والفرص المناسبة يتحول إلى تحديد موقع الفرصة التي يبحث عنها ثم يهوي إليها للبحث المفصل عن أهدافه التي يسعى إلى تحقيقها.

9. هرمية الأهداف والخطط:

إن التغيير والإصلاح الشامل لا بد أن يبدأ بالتخطيط الاستراتيجي للمؤسسة ككل والذي ينتج عنه خطة التحول للمرحلة القادمة. إلاّ أن خطة التحول العامة لا تكفي لتحديد تفاصيل التحول، فلا بد من إعداد الخطط التنفيذية التي تتضمن خطط مشروعات التحول وخطط وحدات الأنشطة والعمليات التسييرية.

وتعتبر عمليتا الإنتاج والتسويق من أهم العمليات في المؤسسة اللتان تقومان بالمهام الكبرى والرئيسية في توفير الدخل اللازم لتسيير المؤسسة وتوفير العوائد الاقتصادية المناسبة لأصحاب الأسهم وتوفير الأموال اللازمة لتمويل مشروعات التحول. إلاّ أن التحديث والتطوير والتوسع والتحسين النوعي للأداء يحتاج إلى عمليات مهمة أخرى وهي عمليات البحث والتطوير والهندسة وتنفيذ المشروعات التي تعمل معا على تحويل الأفكار والدراسات والأبحاث إلى قدرات إنتاجية وتسويقية متنامية تحقق مستهدفات خطة التحول.

عليه فإن خطة التحول يتم توزيع أهدافها ومهامها على هذه العمليات الرئيسية على أن يضمن التوزيع توافق وتناسق أهداف ومهام العمليات التنفيذية وتعاضدها وتكاملها في تحقيق أهداف الخطة الإستراتيجية. لذلك فإن كل عملية رئيسية من عمليات المؤسسة تعد خطتها الإستراتيجية أو خطة تحولها التي تساهم بها بفعالية في تحقيق أهداف الخطة الإستراتيجية العامة للمؤسسة.

ويبين الشكل رقم (1.5) هرمية العلاقة بين عمليات وأنشطة المؤسسة وما ينجم عنه من هرمية للأهداف والخطط والعلاقات[67].

الشكل رقم (1.5) - هرمية الأهداف والخطط والعلاقات

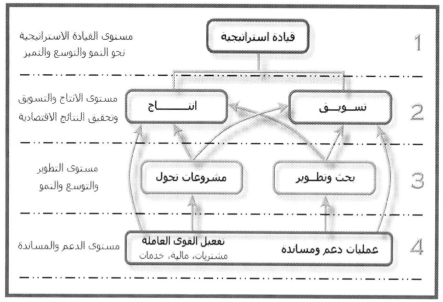

فعملية التخطيط الاستراتيجي لا بد أن تبدأ من أعلى، أي بإعداد الخطة الإستراتيجية للتحول على مستوى المؤسسة ككل، ثم يتم تباعا اشتقاق خطط تحول العمليات من أهداف ومهام الخطة الإستراتيجية العامة، وذلك على عكس ما تقوم به بعض الشركات من تكليف قادة العمليات بإعداد الخطط الإستراتيجية والتسييرية ثم يتم تجميعها لتكون الخطة الإستراتيجية الشاملة للمؤسسة. إن هذا الأسلوب الأخير مناقض لمفهوم ومبادئ وآلية التخطيط الاستراتيجي الذي يبدأ بالغرض من إنشاء

(67) بعيرة والمنصوري، 1986، ص58 - 59

المؤسســة ورسـالتها والرؤيـة المسـتقبلية للمؤسسـة وأهـدافها الإسـتراتيجية وفـق تصـور قـادة وخـبراء المؤسسة ⁽⁶⁸⁾.

ومن أجل التخلص من التأثيرات السلبية للماضي وتفاصيل وهموم وضغوط الحاضر ومـن أجـل التركيـز على مستقبل المؤسسة ككل لا بد من البدء بالنظرة الشـمولية والرؤيـة المسـتقبلية للمؤسسـة ككـل وفقاً لموقفها الاستراتيجي الراهن ووضعها الاستراتيجي المستهدف مع نهاية مرحلة التحول القادمة.

ذلك لأن خطة التحول تستهدف التغيـير والإصـلاح الشـامل للمؤسسـة ككـل وفقاً لطموحات قادتها وخبرائها وتوقعات الأطراف المستفيدة منها، ولا تستهدف الخطة إجـراء تغيـيرات جزئيـة غـير مترابطـة ولا متوافقة في بعض أو كل العمليات ولا تحقق طموحات التحول المطلوب.

إن ذلك لا يعني عدم مساهمة قاد وخبراء العمليـات في إعداد الخطة الإستراتيجية الشاملة، بـل يؤكد النموذج أهمية توسيع مساهمتهم في إعدادها لكي يكونوا قادرين بعد ذلك على تحويلها إلى خطط تحول أنشطتهم وعملياتهم والتي تكفل تحقيق الأهداف الإستراتيجية لخطة التحول الشاملة للمؤسسة ⁽⁶⁹⁾.

---

(68) Argenti, 1989, p6

(69) Goodstein & Others, 1993, p138

التخطيط والإعداد لعملية التخطيط الإستراتيجي

تتمثل هذه الخطوة التمهيدية في التخطيط والتمهيد والإعداد للقيام بمهام عملية التخطيط الإستراتيجي للتحول. أي أن التخطيط للتخطيط هو العمل التمهيدي الذي ينبغي القيام به قبل الشروع في تنفيذ عملية التخطيط الإستراتيجي وذلك وفقا لمتطلبات نموذج الإدارة المقترح في هذا البحث وبما يكفل نجاح هذه العملية[70]. وتتضمن هذه الخطوة القيام بالمهام التالية:

- تحديد مدى جاهزية المؤسسة للتغيير والتخطيط للتغيير.
- التهيئة للقيام بعملية التخطيط الإستراتيجي.
- التخطيط والإعداد لعملية التخطيط الإستراتيجي للتحول.

تحديد مدى جاهزية المؤسسة للتغيير والتخطيط للتغيير:

إلى أي مدى تعتبر المؤسسة جاهزة للتغيير والقيام بعملية التخطيط للتغيير؟

إن الإجابة على هذا السؤال الخطير ينبغي أن تصدر من نخبة قادة وخبراء المؤسسة قبل غيرهم، لذلك يجب تكليف فريق من هذه النخبة للقيام بدراسة وتقييم هذه القضية المهمة والتحديد المخلص والصادق لمدى جاهزية المؤسسة للتحول والتخطيط للتحول[71].

إن تقييم وتنمية جاهزية المؤسسة للتغيير والتخطيط للتغيير يعتبر غاية في الأهمية وأولوية عالية في هذه الخطوة التمهيدية. وتوجد عدة عوامل ينبغي أخذها في الاعتبار عند تحديد مدى جاهزية المؤسسة للتخطيط ومن أهمها مدى رغبة وقناعة وحماس والتزام نخبة قادة وخبراء المؤسسة في تحقيق التغيير والتخطيط الفعال للتغيير. كما تعتمد جاهزية المؤسسة على الوضع والأداء العام والوضع المالي، ووضع وسمعة منتجات وخدمات المؤسسة في السوق، والقيم والثقافة والسلوكيات السائدة في المؤسسة وقدرات وطموحات قادة وخبراء المؤسسة.

وفي حال أن المؤسسة غير جاهزة للقيام بالتخطيط المنظم للتغيير فلن تفيد أي آلية للتخطيط أيا كانت، فالقادة والخبراء غير المعنيين بالتغيير لن تنفعهم الوسائل والأدوات

(70) المرجع السابق، ص93

(71) المرجع السابق، ص96

المعدة لذلك. إنهم راضون عن المستنقع الذي يعيشون فيه ويشعرون أنهم ليسوا في حاجة للتغيير والإصلاح والتحسين لأدائهم وأداء مؤسستهم. لذلك فإن البحث لا يعني هؤلاء ولا يعنيهم التخطيط ولا التمهيد للتخطيط.

وقد يتضح من الدراسة والمسح الأولي في هذه الخطوة التمهيدية أن المؤسسة تعاني من مصاعب ومشاكل خطيرة وظروف صعبة تتطلب التركيز على معالجة هذه المصاعب والمشاكل من خلال إعداد وتطبيق خطة إنقاذ للمؤسسة في القريب العاجل وليس إعداد خطة إستراتيجية لنمو وتوسع المؤسسة في المدى المتوسط والبعيد[72].

وتوجد أمام الفريق المكلف بتحديد مستوى جاهزية المؤسسة للتغيير والتخطيط للتغيير ثلاث احتمالات وهي:

1. أن المؤسسة غير جاهزة للتغيير وأنه لا توجد قناعة ولا حماس للتغيير لدى نخبة قادة وخبراء المؤسسة.
2. أن المؤسسة جاهزة للتغيير ولكنها في حاجة إلى التمهيد والتهيئة قبل الشروع في القيام بمهام التخطيط والإعداد للتخطيط.
3. أن المؤسسة جاهزة للتغيير ويمكن الشروع في القيام بمهام التخطيط والإعداد لعملية التخطيط الإستراتيجي للتحول.

التهيئة للقيام بعملية التخطيط الإستراتيجي:

إن جاهزية المؤسسة للتغيير تبدأ وتعتمد أساسا على قناعة وحماس والتزام نخبة قادة وخبراء المؤسسة بتحقيق التغيير. وتنفع جهود التمهيد والتهيئة في حالة توفر هذه القناعة والحماس والالتزام. إن جزءا كبيرا من مقاومة أي تغيير يحصل نتيجة لعدم الفهم أو سوء الفهم لأهداف التغيير وطبيعته وكيفية تحقيقه، لذلك لا بد من تخصيص الجهد والوقت الكافي لتوعية وتعليم وتدريب قادة وخبراء المؤسسة حول التغيير والتخطيط للتغيير وأهمية التخطيط وآليته[73].

وتتحقق التوعية والتعليم من خلال ورش التدريب والندوات والملتقيات والمعلومات المكتوبة المعدة خصيصا لمختلف المستويات. ويمكن تقسيم شرائح العاملين الذين يلزم توعيتهم وتدريبهم في هذا المجال الشرائح الآتية:

(72) Goodstein & Others, 1993, p94

(73) المرجع السابق، ص106

1. القيادة العليا للمؤسسة.
2. القادة والخبراء المتوقع أن يكون لهم دور أساسي في القيام بعملية التخطيط الإستراتيجي.
3. القادة والخبراء الذين يمكن أن يساعدوا في إنجاز العملية.
4. بقية العاملين بالمؤسسة الذين ينبغي أن يعلموا بما يجري في المؤسسة وكيفية المساهمة في إنجاز عملية التخطيط للتحول.

وتختلف مكونات التعليم والتدريب وفقا لما يناسب كل شريحة ووفقا لمتطلبات كل خطوة من خطوات التخطيط. وتتدرج مكونات التعليم والتدريب من المعلومات العامة عن التغيير والتخطيط للتغيير إلى تفاصيل عملية التخطيط وكيفية إنجازها. وتهدف جهود التوعية والتعريف إلى بناء وتنمية المعرفة والمهارات المتعلقة بالتخطيط للتحول، كما تهدف إلى بناء وتنمية القناعة والحماس والالتزام بالمشاركة والمساهمة في إنجاز هذه العملية بفعالية. إن المشاركة والمساهمة في إعداد خطة التحول يعزز الشعور بملكية الخطة والتي بدورها تساعد في تنمية القناعة والحماس والالتزام بتنفيذها. وفي كل خطوة ينبغي إقحام الشريحة والمجموعة المناسبة من قادة وخبراء المؤسسة في إنجاز تلك الخطوة، ويجب تقديم التدريب اللازم لهم لبناء المعرفة والقدرات المناسبة لإنجازها بفعالية[74].

وعموما لا بد من بناء وتنمية ثقافة التغير والتخطيط الفعال للتغيير لدى قادة وخبراء المؤسسة ودعم هذه الثقافة بمعارف وقدرات الإدارة الحديثة والقيادة الفعالة وروح التعاون والعمل الجماعي الفعال، وذلك من خلال توفير الدوريات والمراجع والنشرات، ومن خلال طرق ووسائل التعليم والتدريب المختلفة.

التخطيط والإعداد لعملية التخطيط الإستراتيجي:

وعندما تكون المؤسسة جاهزة للتغيير فإنه ينبغي التخطيط والإعداد الجيد لعملية التخطيط الإستراتيجي للتأكد من القيام بها على أفضل وجه. ويتضمن التخطيط والإعداد للتخطيط الدراسة والقرارات التي يجب اتخاذها بشأن القضايا المهمة المتمثلة في مدة والمدى الزمني وتوقيت التخطيط للتحول، آلية التخطيط الإستراتيجي للتحول، من يقوم بمهام التخطيط للتحول (تحديد فريق التخطيط الإستراتيجي والفرق

(74) Goodstein & Others, 1993, p113 - 114

المساعدة)، تحديد وتوفير الموارد اللازمة للقيام بهذه المهام، الجدول الزمني للقيام بهذه المهام[75].

تحديد مدة وتوقيت وصلاحية خطة التحول الاستراتيجي:

تعتمد المدة اللازمة لإنجاز عملية التخطيط الإستراتيجي على حجم المؤسسة وتعدد وتنوع أنشطتها وعملياتها، ودرجة الوعي والمعرفة لواقع المؤسسة وأدائها والحاجة إلى التغيير والإصلاح والتحسين النوعي لأدائها، وتعتمد على مهارات وقدرات وفعالية التعاون والعمل الجماعي. كما تعتمد أيضا على مدى توفر البيانات والمعلومات الجاهزة لدراسة وتحليل البيئة الداخلية والخارجية للمؤسسة.

والمدة المتوقعة في مؤسسات العالم الصناعي المتقدم يمكن أن تستغرق 10 أيام إلى 20 يوما من الاجتماعات والمناقشات. وفي بعض الحالات يمكن إتمام أول محاولة لعملية التخطيط الإستراتيجي في غضون ستة أشهر يقوم خلالها فريق التخطيط الإستراتيجي بعقد اجتماعات كل شهر أو كل ستة أسابيع لمدة يومين أو ثلاثة في كل مرة[76]. أما التوقيت المناسب للقيام بهذه العملية فهو التوقيت الذي ينتهي باقتراب موعد إعداد الميزانيات السنوية ذلك لأن الخطة الإستراتيجية للتحول يجب أن تكون الأساس لإعداد ميزانيات سنوات التحول ابتداء من السنة الأولى لتنفيذ الخطة.

كما ينبغي تحديد المدى الزمني لتنفيذ برنامج التحول والذي يمكن أن يتراوح بين 3 - 5 سنوات وفقا لطبيعة ونشاط المؤسسة وطموحات قادتها وخبرائها. ويجب أن يكون المدى الزمني للخطة كافياً لإنجاز المهام الإستراتيجية لخطة التحول الشاملة للمؤسسة والمهام الإستراتيجية للعمليات والتي تحقق أهداف التحول مع نهاية المدة المعتمدة لبرنامج التحول[77].

ولتأكيد ذلك يقوم قادة وخبراء المؤسسة أثناء تنفيذ الخطة بمهام المراقبة الإستراتيجية لسير المؤسسة لتحديد الأداء العام لبرنامج التحول، والتي تشمل المراجعة الدورية وكلما لزم الأمر للأداء الاستراتيجي لمعرفة النجاحات التي تتحقق في تنفيذ الخطة ومعرفة المشاكل والمعوقات والمتغيرات التي تعرقل تقدم تنفيذها.

---

(75) المرجع السابق، ص93

(76) Goodstein & Others, 1993, p111&112

(77) توفيق، 1997، ص150

وقد يتوصل قادة وخبراء المؤسسة من خلال المراقبة والمراجعة إلى القناعة بأهمية إجراء تعديلات مناسبة للخطة الإستراتيجية أو كيفية تنفيذها بما يتفق مع المتغيرات المستجدة وبما يضمن تحقيق الأهداف المعتمدة في الخطة.

وقد يكون من نتائج المراقبة والمراجعة أيضا اكتشاف أو الاقتناع بوجود متغيرات ومؤشرات مهمة وخطيرة ايجابية أو سلبية تُحتِّم ضرورة القيام بإجراء المراجعة الشاملة للوضع الاستراتيجي العام للمؤسسة والذي قد يعني إعادة القيام بعملية التخطيط الاستراتيجي من بدايتها لإعداد خطة جديدة تتفق مع المعطيات المهمة والخطيرة المستجدة أو المتراكمة أثناء عملية التنفيذ(78).

آلية التخطيط الاستراتيجي:

يقدم هذا البحث آلية مبسطة وواضحة وواقعية لعملية التخطيط الاستراتيجي تتكون من خمس خطوات رئيسية تبدأ بعد التخطيط والإعداد الجيد للقيام بهذه العملية، وتتضمن الخطوات الرئيسية لهذه العملية ما يلي:

1. تحديد الأهداف الإستراتيجية لخطة التحول.
2. دراسة وتقييم البيئة الداخلية للمؤسسة.
3. دراسة وتحليل البيئة الخارجية للمؤسسة.
4. تحديد إستراتيجيات التحول.
5. تقييم واختيار المشروعات الإستراتيجية وإعداد خطة للتحول(79).

ويوضح الشكل رقم 1.6 خطوات هذه العملية وفي ما يلي توضيح موجز لهذه الخطوات.

(78) المرجع السابق، ص144

(79) Argenti, 1989, p47

الشكل رقم (1.6) - خطوات عملية التخطيط الإستراتيجي

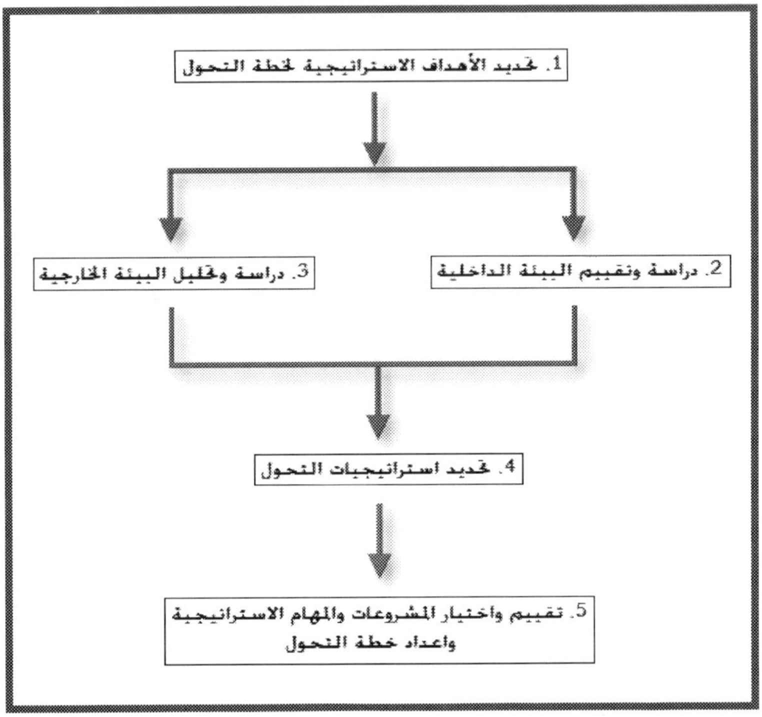

1. تحديد الأهداف الإستراتيجية:

من أجل إعداد خطة تحول مناسبة لطموحات قادة وخبراء المؤسسة وتحقق مصالح أصحاب الأسهم في المؤسسة وبقية الأطراف ذات المصالح المشروعة فيها، لذلك ينبغي أن تبدأ عملية التخطيط الاستراتيجي بتحديد الأهداف الاقتصادية والإستراتيجية للمرحلة القادمة، وذلك بناء على أداء المؤسسة خلال السنوات الماضية، ومقارنة بمتوسط الأداء في الصناعة[80].

ولكي تكون الأهداف الإستراتيجية مناسبة للرصيد الاستراتيجي المتراكم لدى المؤسسة المتمثل في عناصر الحول والقوة والتميز، ومناسبة كذلك للفرص المتاحة في البيئة الخارجية ومتغيراتها المهمة لذلك يلزم إتباع الخطوات التالية الممهدة لتحديد الأهداف وهي: معرفة الغرض من إنشاء المؤسسة ورسالتها، الأطراف ذات المصالح

---

(80) القطامين، 1996، ص95

المشروعة في المؤسسة والمنافع التي يتوقعونها، قيم وثقافة المؤسسة التي تدعم التطور والتوسع والنمو، تحديد الرؤية المستقبلية للمؤسسة، ثم تحديد الأهداف الإستراتيجية للمؤسسة في مرحلتها القادمة.

2. دراسة وتقييم البيئة الداخلية للمؤسسة:

تهتم هذه الخطوة بدراسة وتحليل وتقييم البيئة الداخلية للمؤسسة وتركز على تحديد العناصر المهمة للرصيد الاستراتيجي المتراكم لديها والمتمثلة في القدرات والقوى الدافعة للتحول التي يمكن الانطلاق بها في عملية التغيير والتحسين والإصلاح المستهدف للمرحلة القادمة[81]. وتشمل هذه العناصر: عناصر الحول والقوة والتميز لدى قادة وخبراء المؤسسة في مختلف المستويات والعمليات، وتتضمن قدرات سائر العاملين بها والأصول والموارد المالية والمادية والتقنيات والأنظمة وكافة القدرات المهمة لدى المؤسسة. كما يهتم فريق التخطيط في هذه الخطوة بتحديد عناصر الضعف المؤثرة التي تعاني منها المؤسسة والتي يمكن أن تعرقل برنامج التحول.

3. دراسة وتحليل البيئة الخارجية للمؤسسة:

إن متغيرات البيئة الخارجية لها تأثيرات ايجابية أو سلبية على مستقبل المؤسسة ولذلك يجب معرفتها وأخذها في الاعتبار في عملية التخطيط لبرنامج التحول. وتظهر أهمية دراسة وتقييم البيئة الخارجية في أن النتائج الاقتصادية المستهدفة إنما تتحقق من خلال العلاقة الفعّالة بين البيئتين الداخلية والخارجية. وتهدف هذه الخطوة إلى معرفة وتحديد الفرص المتاحة في عوامل ومتغيرات البيئة الخارجية للمؤسسة والتي تتضمن المتغيرات الاجتماعية والاقتصادية والسياسية والقانونية ومتغيرات بيئة الصناعة. كما تتضمن هذه الدراسة والتحليل معرفة وتحديد المخاطر المحتملة والمؤثرة التي يمكن أن تهدد المؤسسة وتعرقل برنامج تحولها[82].

4. تحديد إستراتيجيات التحول:

بتحديد الأهداف الإستراتيجية ومعرفة عناصر القوة والتميز لدى المؤسسة والفرص والمتغيرات المهمة في البيئة الخارجية يتضح الوضع الاستراتيجي العام للمؤسسة، والذي يمكّن فريق التخطيط من تحديد الخيارات الإستراتيجية الممكنة، والتي ينبغي

(81) المرجع السابق، ص73

(82) مرسي، 2006، ص 115 - 116

دراستها وتحليلها وتقييمها واختيار أفضل الإستراتيجيات التي تمكن من تحقيق أهداف التحول[83].

5. تقييم واختيار المشروعات الإستراتيجية وإعداد خطة التحول:

إن خطة التحول هي نتاج عملية التخطيط الاستراتيجي، ففي المرحلة الأخيرة من هذه العملية يتم مراجعة وتحديد الأهداف الإستراتيجية، والإستراتيجيات المناسبة للمرحلة القادمة، وتحديد وتقييم واختيار المشروعات والمهام الإستراتيجية التي تحقق أهداف التحول. كما تشمل هذه الخطوة إعداد الخطة الإستراتيجية الكلية للمؤسسة، والجدول الزمني لتنفيذ هذه الخطة في إطار المدة المعتمدة لتنفيذ برنامج التحول.

كما تقوم فرق تخطيط المشروعات والعمليات بإعداد الخطط الإستراتيجية للمشروعات والعمليات الرئيسية ثم العمليات المساندة مع التأكيد على ضمان توافق وتناسق وتعاضد وتكامل الأهداف والخطط والمشروعات والمهام الإستراتيجية أفقياً ورأسياً وفي جميع المستويات والعمليات بما يضمن التنفيذ الفعّال لخطة التحول[84].

الحالات التي يلزم فيها القيام بعملية التخطيط الاستراتيجي:

يلزم القيام بهذه العملية المهمة في المؤسسات الخدمية والإنتاجية في الحالات الآتية:

1. في المرحلة الأولى من تأسيس المؤسسة مع تأخير القيام بها لفترة كافية تسمح باستقرار المؤسسة واستكمال توفر القدرات القيادية والخبرات والموارد اللازمة لتسييرها.

2. عند الانتهاء من تنفيذ الخطة الإستراتيجية للمرحلة الحالية بنجاح.

3. عند تعذر تنفيذ الخطة الحالية لعدم ملاءمتها لقدرات المؤسسة أو الظروف المحيطة بها.

4. عند مواجهة مصاعب داخلية ومخاطر خارجية أو ظهور فرص ومتغيرات كبيرة لم تكن في الحسبان وتستدعي إعادة عملية التخطيط الاستراتيجي من جديد[85].

(83) السيد، 1990، ص208
(84) المرجع السابق، ص253

(85) Argenti, 1989, p349

من يقوم بعملية التخطيط الاستراتيجي للتحول؟

إن الأهداف والمهام ومشروعات التحول الإستراتيجية يجب ألاّ يحددها أحد أو بعض قادة المؤسسة بطريقة ارتجالية غير مدروسة، بل يجب أن يقوم بدراستها وتحديدها نخب من قادة وخبراء المؤسسة في مختلف المستويات. لا بد من المشاركة الواسعة والفعّالة لهذه النخب والتأكيد على الدراسة والإعداد الجيد لخطة التحول الأمر الذي يضمن الاقتناع العام بها والحماس الجماعي لتنفيذها[86].

وبمجرد التأكد من توفر القناعة العالية والالتزام التام من قبل قادة وخبراء المؤسسة بالتغيير والتخطيط للتغيير تكون المهمة التالية هي تحديد الفريق الأمثل الذي يستطيع القيام بمهام عملية التخطيط الإستراتيجي بأعلى فعالية ممكنة. ويمكن أن يكون عدد أعضاء الفريق ما بين 9 - 12 أو 7 - 9 أو 5 - 7 وفقا لحجم المؤسسة وتعدد وتنوع أنشطتها. كما يمكن أن يضم فريق التخطيط خبيرا في مجال التخطيط ليقوم بمهام الإرشاد والمساعدة وتسهيل وتذليل الصعوبات المتعلقة بآلية وكيفية التخطيط، وتنسيق الجهود ومتابعة إنجاز المهام بما يكفل إنجاز خطوات ومهام التخطيط على الوجه الأكمل[87].

لذلك تسند مهمة القيام بعملية التخطيط الاستراتيجي لفريق يتكون من نخبة من قادة وخبراء المؤسسة، كما تشكل ثلاث فرق تخطيط للعمليات الإستراتيجية وهي الإنتاج والتسويق والبحث والتطوير على أن يكون في حدود 60 - 70% من أعضاء كل فريق من خبراء العملية ذاتها أما بقية الأعضاء فيمثلون العمليتين الأخريين. ويتم توسيع المشاركة الفعالة في عملية التخطيط الاستراتيجي من خلال[88]:

- توسع فرق التخطيط في إقحام شريحة عريضة من خبراء العمليات في المساهمة في مهام التخطيط الاستراتيجي.
- تكليف لجان تخصصية لتجميع البيانات والمعلومات وإجراء التحليل والدراسة لعوامل أو مؤشرات أو متغيرات معينة في البيئة الداخلية والخارجية تهم عملية التخطيط الاستراتيجي.

(86) توفيق، 1997، ص154 - 155

(87) Goodstein & Others, 1993, p102 - 103

(88) المرجع السابق، ص100 - 103

-ثم لا بد من بناء روح الاهتمام والالتزام بالمساهمة الفعّالة من كل العاملين في تحديد الرؤى والطموحات المستقبلية للمؤسسة من خلال برامج التحول فيها. فكل عامل ابتداء من أبسط عامل في المؤسسة إلى مدير عام المؤسسة يجب أن تتولد لديه القناعة والالتزام بالتجميع المستمر للبيانات والمعلومات والأفكار عن المؤشرات والمتغيرات المهمة في البيئتين الداخلية والخارجية والمساهمة قدر المستطاع في عملية التخطيط الاستراتيجي للمؤسسة وفق النظام المعتمد لهذه العملية. ولا بد أن يتم في كل خطوة أو مهمة من خطوات ومهام عملية التخطيط الاستراتيجي تحديد دور هذه الفرق أو اللجان ومساهمتها في القيام بهذه المهام.

نتائج التخطيط والإعداد للتخطيط الإستراتيجي للتحول:

وفي نهاية هذه الخطوة التمهيدية يتوصل قادة وخبراء المؤسسة إلى تحقيق النتائج الآتية:

- بناء مستويات عالية من القناعة والحماس والالتزام بالتغيير والتخطيط للتغيير.
- بناء معارف وقدرات مناسبة للقيام بعملية التخطيط الفعال للتحول.
- تحديد أعضاء فريق التخطيط الإستراتيجي على مستوى المؤسسة وفرق تخطيط الأنشطة والعمليات.
- تحديد مهام فرق التخطيط الإستراتيجي.
- تحديد الجدول الزمني لإنجاز عملية التخطيط للتحول.
- تحديد المدى الزمني لخطة التحول.
- الاتفاق على آلية عملية التخطيط الإستراتيجي.
- تحديد وتوفير العوامل والموارد التي تدعم نجاح عملية التخطيط الإستراتيجي [89].

وبذلك يكون قادة وخبراء المؤسسة جاهزون للشروع في عملية التخطيط الإستراتيجي للتغيير والإصلاح الشامل لمؤسستهم بما يكفل التحسين النوعي لأدائها وتحقيق الأهداف الإستراتيجية للتحول.

---

(89) Goodstein & Others, 1993 , p116

الفصـل الثانـي

تحديد الأهداف الإستراتيجية
لخطة التحول

يتناول هذا **الفصل** الأسس والمبادئ التي ينبغـي أخـذها في الاعتبـار عنـد تحديد الأهـداف الرئيسـية للمؤسسة والتي تتضمن معرفة وتحديد رسالة المؤسسة والغرض من إنشائها، والأطـراف المسـتفيدة منهـا، وقيم وثقافـة المؤسسـة، والرؤيـة المسـتقبلية لمرحلـة التحـول، ويخلـص إلى تحديد الأهـداف الإسـتراتيجية للتحول.

وتضمن هذا الفصل مبحثين يهتمان بتحديد الأهداف الإستراتيجية المناسبة للتحول وهما:

1. الأسس العاملة لتحديد الأهداف الإستراتيجية العليا للمؤسسة.

2. تحديد الأهداف الإستراتيجية لتحول المؤسسة.

الأسس العامة لتحديد الأهداف
الإستراتيجية العليا للمؤسسة

يهتم هذا الفصل بتحديد الأهداف الإستراتيجية للتغيير والإصلاح الشامل للمؤسسة في مرحلة تحولها القادمة. ومن أجل أن يتمكن قادة وخبراء المؤسسة من تحديد الأهداف السليمة والمستويات المرضية من النتائج يتطلب ذلك قيامهم بالمزيد من التعرف على مؤسستهم والصناعة والمجالات التي تعمل فيها والغاية التي أنشئت من أجلها.

كما ينبغي لهم في هذه الخطوة الاتفاق على مفهوم مشترك لرسالة المؤسسة. ومن المفيد لهم ولمؤسستهم التعرف والتحلي بالقيم الراقية التي يجب أن تسود قناعاتهم وسلوكياتهم والتي تكفل الاجتهاد في تحديد وتحقيق الأهداف العليا المناسبة للمؤسسة عبر مراحل تحولها. وتتضمن هذه الخطوة أيضا القيام بتحديد أداء المؤسسة خلال المرحلة السابقة والتي تغطي مدة من أربع إلى ست سنوات ماضية.

ثم يحاول قادة وخبراء المؤسسة الوصول إلى تصور ورؤية مستقبلية مشتركة لوضع ومستقبل مؤسستهم في مرحلة التحول. واستنادا إلى الغرض من إنشاء المؤسسة ورسالتها وأدائها، وانطلاقا من الرؤية المستقبلية التي تتكون لدى قادة وخبراء المؤسسة وطموحاتهم وآمالهم الخاصة بتحقيق تنمية المؤسسة وتوسعها وتحقيق المزيد من التحسن في أدائها، بناء على ذلك كله يقوم قادة وخبراء المؤسسة بالاتفاق على الأهداف الإستراتيجية العليا للمؤسسة في مرحلة تحولها القادمة. وتقدم الدراسة فيما يلي توضيحا لهذه المهام التي تكون أول خطوة من خطوات التخطيط الإستراتيجي على مستوى المؤسسة.

غاية المؤسسة:

ينبغي أن يطرح فريق التخطيط الإستراتيجي في بداية هذه الخطوة الأسئلة الآتية: ما هي غاية المؤسسة والغرض من إنشائها؟ ما هو غرض المؤسسة وغايتها في الاستمرار في نشاطها الحالي؟ لمصلحة من أنشئت المؤسسة؟ من الذي أنشأها ولماذا؟؟ من هم المالكون لرأسمالها ومواردها؟ وماذا يتوقعون منها؟

إن المؤسسة الإنتاجية أو الخدمية الخاصة أنشئت من قبل فرد أو مجموعة من

الأفراد يريدون أن يستثمروا أموالهم فيها لغرض تحقيق عوائد اقتصادية مجزية ومتنامية على رأسمالهم. لذلك فالمعنيون بالدرجة الأولى بالمؤسسة هم ملاك الأسهم والموارد فيها؛ الذين لا تنتهي علاقتهم بها حتى تنتهي المؤسسة ويعود إليهم رأسمالهم وما نما منه أو ما بقى منه. هم الذين يهمهم بالدرجة الأولى سلامة المؤسسة ونموها وتوسعها ونجاحها في تحقيق العوائد الاقتصادية المتنامية عبر مراحل تحولها المتتالية. عليه فإن غرض المؤسسة الإنتاجية والخدمية الخاصة وغايتها الكبرى هي تحقيق عوائد اقتصادية متنامية من خلال برامج التحول والنمو والتوسع والتحسين النوعي للأداء وذلك لصالح المستثمرين الحاليين والمرتقبين. إن المساهمين يهمهم أداء المؤسسة لذلك فهم من خلال جمعيتهم العمومية ومجلس إدارتهم يراقبون سير المؤسسة وأدائها وبرامج تحولها الإستراتيجية. والمعيار الأساسي والأهم الذي يقيسون به أداء المؤسسة والعاملين بها هو مدى تحقيق غرض المؤسسة وغايتها والمتمثل أساسا في تحقيق الأرباح والعوائد الاقتصادية المرضية والمتنامية على رأسمالهم[90].

فغرض المؤسسة هو المعيار الأول والرئيسي الذي يحدد مدى نجاح المؤسسة أو فشلها. إنه الغاية الذي أنشئت المؤسسة من أجلها، وهو مبرر وجودها واستمرارها إلى حين انتهائها. إنه لا يتغير في ذاته لأنه تم تحديده من قبل أولئك الذين انشئوا المؤسسة منذ البداية، وهو ذاته الغرض الذي يهم المستثمرين في سائر الأوقات وفي جميع المراحل. وهو لا يتغير في نوعه وطبيعته، وتغيره في ذلك يعني تغير المؤسسة إلى هيئة اعتبارية أخرى ليس لها علاقة بالمؤسسة الأولى[91].

وإذا كان غرض المؤسسة لا يتغير في ذاته ونوعه فهو يتغير في حجمه ومستواه ومعدلاته من خلال الأهداف الإستراتيجية لخطط وبرامج التحول. فبنمو العوائد والمكاسب الاقتصادية يتحقق الغرض والعائد وتزدهر المؤسسة وتتقدم، وبانكماشها تضعف المؤسسة وتفشل. إن المستثمرين الحاليين والمرتقبين يراقبون الأداء العام للمؤسسة ومدى تحقيقها للغرض الذي أنشئت من أجله؛ وهو تحقيق عوائد ومكاسب اقتصادية تتمثل في العناصر الرئيسية التالية:

- تحقيق نمو في الأرباح (فائض الدخل).

(90) Argenti, 1989, p70

(91) المرجع السابق، ص55

- تحقيق معدلات مرضية في العائد على رأس المال المستثمر.
- نمو دخل المبيعات [92].

ويشاطر المساهمين في الاهتمام بهذا الغرض من بقية الأطراف الأخرى العاملون بالمؤسسة المسيرون لها، فالطرف الأول ربط أمواله الذي يمثل رصيد حياته المتراكم، ربطه في المؤسسة ووضعه تحت تصرف العاملين لتنميته، أما الطرف الثاني فربط رصيد حياته المتراكم والمتمثل في رصيد المعرفة والخبرة والمهارات وسائر القوى والقدرات الروحية والنفسية والعقلية والجسمية ربطها جميعاً للاستغلال الأمثل لموارد المساهمين من أجل مصلحة الطرفين التي تتمثل في العوائد الاقتصادية المتنامية على رأسمال المستثمرين والعوائد الاقتصادية المتنامية على جهود العاملين.

إن المنتفعين بمنتجات وخدمات المؤسسة والموردين والمؤسسات العامة للمجتمع يهمهم جميعا نجاح المؤسسة، ولكن هذا الاهتمام قد لا يتجاوز كثيراً حد التمنيات الحسنة، فالبدائل أمامهم كثيرة ولعل بعضهم لا تهمه البدائل. بذلك نلاحظ أن غاية المؤسسة تهم الطرفين الرئيسين اللذين تقوم عليهما المؤسسة: المستثمرون والعاملون. كلاهما يحرص أشد الحرص على العوائد الاقتصادية المتنامية التي تكمن فيها مصلحة الطرفين.

إن العلاقة بينهما مصيرية لدرجة عالية، وتبدوا هذه العلاقة جلية في أوقات الشدائد عندما يَنْفَضُّ بعض المنتفعين والموردين، وتكتفي المؤسسات العامة بالتفرج على الموقف، وتمر المؤسسة بضائقة ومرحلة حرجة، عندها يلتحم العاملون وقادتهم والمساهمون ممثلون في جمعيتهم العمومية ومجلس إدارتهم، يلتحمون معاً لإنقاذ المؤسسة والانطلاق بها في مرحلة من مراحل التغيير والإصلاح الشامل والتحسين النوعي للأداء. إن هذا الالتحام الفعّال كفيل بإنقاذ المؤسسات المتعثرة، ومطلوب استمراره للارتقاء بمستوى أداء المؤسسة من خلال برامج التحول الفعّالة.

إن العلاقة السلبية بين الطرفين لا يمكن أن تساهم في نجاح المؤسسة، عليه لا بد من تأكيد وضمان الشراكة الفعّالة بين العاملين والمساهمين من خلال:

1. فعالية مجلس الإدارة.
2. فعالية قادة وخبراء المؤسسة وسائر العاملين بها.

---

(92) Richards , 1986, p32

3. فعالية التعامل والتفاعل والتعاون بين الطرفين، وتأتي فعاليـة هـذه العلاقـة كنتيجـة لفعاليـة الطرفين.

إنها علاقة تفاعلية متنامية لصالح الطرفين والمؤسسة وكل الأطراف المستفيدة منها.

وماذا يعني تحقيق غرض المؤسسة؟ إنه يعني رضاء المستثمرين الحاليين وتولد الثقة العالية لديهم في العاملين، الأمر الذي يشجعهم على المزيد من دعمهم وتحفيزهم، كما يشجعهم أيضاً على المزيد من الاستثمار في توسع المؤسسة ونموها. كما أن هذه الحالة من رضاء الطرفين الناجم عن تحقيق العوائد الاقتصادية المتنامية - والذي يحمل في طياته رضاء بقية الأطراف - إن هـذه الحالـة تـؤدي إلى بنـاء سـمعة حسنة للمؤسسة يكون من نتائجها إقبال المزيد من المستثمرين للمساهمة فيها وتوفير الأموال التي تستعمل في زيادة معدلات نمو المؤسسة وتوسعها وتقدمها.

وماذا يعني عدم تحقيق غرض المؤسسة؟ إن تقلص العائدات والمكاسب الاقتصادية يفقد ثقة المساهمين في العاملين ويتوقفون عن دعمهم وعن الاستثمار في المؤسسة. بل إنهم قد يصلون إلى نقل استثماراتهم إلى مؤسسات أخرى ناجحة لتزداد نجاحاً، ويسحبونها من المؤسسة المتعثرة لتزداد تعثراً[93]. إن هذه النتيجة تؤكد حقيقة وأهمية الشراكة بين المستثمرين والعاملين، والني تعتمد على فعالية الطرفين في تحقيق الفعالية الشاملة للمؤسسة.

إن عدم تحقيق غرض المؤسسة وغايتها يعني انحراف المؤسسة عن مسارها السليم، وانحرافها يعني بالدرجة الأولى انحراف العاملين بقصورهم أو تقصيرهم في تحديد الأهداف الإستراتيجية المناسبة لبرامج التحول التي تحقق غرض المؤسسة، أو الفشل في تحقيق تلك الأهداف.

مفهوم الأمانة:

وهنا تبرز أهمية ودور الأمانة الملقاة على عاتق العاملين، والمتمثلة في واجب الاستغلال الأمثل لأموال وموارد المساهمين من أجل تحقيق الغرض الذي انشئوا المؤسسة من أجله، وهو تحقيق العوائد الاقتصادية المتنامية. إن فشل العاملين في تحقيق غاية المؤسسة وأهدافها هو خيانة للأمانة بدرجة مسؤوليتهم عن الفشل الناجم عن القصور أو التقصير في الارتقاء بفعاليتهم إلى المستوى الذي يمكنهم من التسيير

(93) Argenti, 1989, p90

الفعّال لمؤسستهم والنجاح في أداء مهمتهم.

وعليه فإن أي هدف أو خطة أو نشاط أو قرار أو إجراء لا يساهم في تحقيق غرض المؤسسة وأهدافها، أو يؤدي إلى عدم أو ضعف الاستفادة من جهود العاملين ومعارفهم وقدراتهم، وإلى سوء استعمال قدرات وأموال المؤسسة ومواردها، كل ذلك يعتبر انحراف بالمؤسسة في اتجاه لا يـؤدي بحـال إلى تحقيق رسالتها وأهدافها[94].

ويدخل تحت هذا الانحراف: القصور الذي لا تُبذل جهود صادقة في معالجته، والضعف المسـتمر في مستوى الأداء، وكذلك التقصير والإهمال وكافة التصرفات والسلوكيات السلبية المنكرة مثل السرقة والرشوة والغش والكذب والتزوير، كل ذلك خيانة للأمانة.

إن الانحراف والتقصير في أداء الأمانة والمسؤولية يعتبر نوع مـن الاختطاف والاسـتيلاء الجـزئي أو شبه الكامل والغير معلن من قبل بعض القيادات المنحرفة، أو لصالح ائتلاف خفي بين بعض القادة والعاملين في المؤسسة وبين بعض أفراد أو جهات الضغط والابتزاز الخارجي. ويمكن مشاهدة نماذج من هذا الاختطاف والانحراف في عدد كبير من المؤسسات الفاشلة أو مدعومة الفشل في المجتمعات المتخلفة أو النامية والتي يقودها مسئولون يتصرفون وكأن الأموال والموارد المستأمنة لديهم أصـبحت ملكهـم الخـاص، مدعومين في ذلك بمراكز القوى التي تحمي وترعى الفشل في المجتمعات المتخلفة حفاظاً على مصالحها الشخصية التي نمت وربت من نهب وسلب أموال وموارد مؤسسات المجتمع أياً كان نوعها. وهذا حال كل المجتمعات والمؤسسات التي تُفقد فيها الأمانة ويُفقد فيها الأمين.

بذلك تتضح الأهمية الفائقة للأمانة، ولا يمكن توقع التفكير الجاد والعزم عـلى التغيير أو الإصلاح الشامل والتحسين النوعي لأداء المؤسسة إلاّ من قبل القيادات والنخب الأمينة التي تقدر قيمة الأمانة والمسئولية أمام الله الخالق سبحانه أولاً ودائماً ثم أمام المستثمرين أصحاب الأسهم والمـوارد في المؤسسـة ثانياً ودائماً.

إن شعور القادة والعاملين بأهمية وخطورة المسئولية والأمانة يجعلهم يُكثرون من مراقبة أدائهم وأداء مؤسستهم.. إنهم يكثرون من النظر إلى المؤسسة مـن منظور المستثمرين الحاليين والمرتقبين ويراقبون أدائهم باستمرار، ويراجعون أنفسهم ودورهم

---

(94) Argenti, 1989, p57

وأدائهم من آن لآخر ليتعرفوا على مدى رضاء المساهمين ومدى نجاحهم في أداءهم لمسئولياتهم وأمانتهم.

إن هذه المراقبة الذاتية تدفع قادة وخبراء المؤسسة إلى العمل الجاد لمعرفة مواقف المساهمين والمستثمرين من المؤسسة وآرائهم وحكمهم حول وضعها وأدائها ومستقبلها، وذلك من خلال الاستبيانات والمقابلات والاتصالات الصادقة والمخلصة التي تُجري معهم بمختلف الوسائل، ثم استعمال تلك الآراء والأفكار والمقترحات والتوجيهات في تخطيط وتنفيذ برامج التحول التي تحقق غرض المؤسسة وغايتها(95).

إن الأمانة صفة سامية يسمُ بها العامل المؤمن الصالح إلى درجات سامية تجعله محل ثناء الله الخالق سبحانه الذي يحب المؤمن الأمين وفقا لقوله سبحانه: " وَالَّذِينَ هُمْ لِأَمَانَاتِهِمْ وَعَهْدِهِمْ رَاعُونَ. وَالَّذِينَ هُمْ عَلَى صَلَوَاتِهِمْ يُحَافِظُونَ. أُوْلَئِكَ هُمُ الوَارِثُونَ. الَّذِينَ يَرِثُونَ الفِرْدَوْسَ هُمْ فِيهَا خَالِدُونَ "(96)، كما يكره الخائن الأثيم وفقا لقوله سبحانه: إِنَّ اللهَ لا يُحِبُّ مَنْ كَانَ خَوَّانًا أَثِيمًا "(97).

ولا يزال العاملون يرتقون في تحمل وأداء الأمانة حتى يرتقوا إلى درجة من الفعالية الشاملة تمكنهم من المحافظة على أموال وموارد وأصول المستثمرين، وتمكنهم من تحقيق نمو وتوسع المؤسسة ونجاحها على المدى القريب والبعيد. وإذا كانت الأمانة بهذه الدرجة من الأهمية، فإنها ليست القيمة الروحية والنفسية الوحيدة التي يسم بها العاملون ويتمكنون بها من تحقيق الفعالية الشاملة والنجاح المتميز لمؤسستهم. إن منظومة القيم الإسلامية الراقية تتضمن عشرات من القيم النبيلة التي تمكن العاملين من الارتقاء في أدائهم إلى مستوى الطموحات العظيمة. ولكن تظل الأمانة في قمة هرم هذه القيم بل إنها مفتاح منظومة القيم الراقية. إن الأمانة هي عنوان الاستقامة، والاستقامة هي الالتزام بالأمانة وسائر القيم في المنظومة.

قيم وثقافة المؤسسة:

إن قيم وثقافة المؤسسة هي دستور المؤسسة، وهي المنهج الذي يهتدي به العاملون في تسيير مؤسستهم في اتجاه المستقبل لتحقيق الغاية والغرض من إنشائها والغاية

(95) Batten, 1978, p156

(96) المؤمنون: 8 - 11
(97) النساء: 107

والغرض من استمرارها. إنها مجموعة المبادئ والأسس التي يحتويها المنهج المنظم لسلوك العاملين أثناء تعاملهم وتفاعلهم داخل المؤسسة وتعاملهم وتفاعلهم مع شركائهم خارجها، وذلك من أجل التسيير الفعّال للمؤسسة بما يحقق غايتها وأهدافها وبما يحقق التلبية المتوازنة والمنصفة للحقوق المشروعة للأطراف ذات المصالح المشروعة فيها.

إن منظومة القيم الراقية بالمؤسسة تشتمل على القواعد الأساسية التي تنظم سلوكيات العاملين وهم يخططون ويعدون وينفذون التغيير والإصلاح الشامل لمؤسستهم عبر مراحل وبرامج تحولها. إنها القواعد والمبادئ التي تحدد كيفية السلوك والتصرف أثناء التخطيط للتغيير والتحول وأثناء التنفيذ وأثناء مراقبة وتحسين التخطيط والتنفيذ، وهي بذلك القواعد والمبادئ التي تكسب العاملين معارف ومهارات وسلوكيات العمل الفعّال والتعامل الراقي الداخلي والتفاعل المثمر والمفيد للجميع في إطار حلقات الشراكة مع الأطراف ذات المصالح المشروعة في المؤسسة. وهي تلك القواعد التي تؤكد على جلب النفع للجميع ودفع الضرر عن الجميع، وهي قيم وثقافة التعاون من أجل خير ومصالح كافة الأطراف ذات العلاقة. إنها مجموعة القيم التي تستند إلى القاعدة العظيمة: أن تحب للآخرين من الخير ما تحب لنفسك، وأن تكره أن يصيبهم مكروه كما تكرهه لنفسك، وذلك وفقاً لحديث نبي هذه الأمة محمد ﷺ عندما يقول: " لا يؤمن أحدكم حتى يحب لأخيه ما يحب لنفسه "[98].

ويتضح مما تقدم أن منظومة القيم الراقية تحث العاملين وتدفعهم إلى القيام بالأعمال والتصرفات الحسنة التي تتفق مع المعروف والخير والعدل والحق، والتي تنفع الذات وتنفع الآخرين. كما أنها تحثهم على اجتناب الأعمال والتصرفات السيئة التي تسيء إلى الذات والى الآخرين، والتي تقع في دائرة المنكر والشر والباطل والظلم. أي أن منظومة القيم الراقية للمؤسسة تؤكد على النوايا والأهداف والأقوال والأفعال الواقعة في دائرة الخير والحق بعيداً عن الشر والباطل والظلم. وبذلك فهي بحق منظومة القيم التي تدفع إلى الجهاد في الارتقاء بالفعالية الفردية والجماعية والشاملة من خلال النوايا والسلوكيات والأعمال الراقية. ولنا في تجارب المؤسسات

(98) صحيح البخاري، ج 1، ص 14، حديث رقم / 13، صحيح مسلم: ج 1، ص 67، حديث رقم / 45.

العصرية الناجحة عبر ودروس. فمن أنجح الشركات العالمية هي شركة ماتسوشيتا اليابانية التي حرص قادتها على غرس جملة من القيم النفسية في نفوس العاملين بالشركة والتأكيد على الالتزام بها وكان ذلك من أسباب نجاحها[99]. ويلاحظ المتتبع أن قيادات هذه الشركة وأمثالها تؤكد على هذه القيم الرفيعة التي تدفع وتحرك قلوب العاملين وتربط وتلحم غاياتهم وأهدافهم بغاية وأهداف مؤسستهم. وهم بذلك يتحركون بدافع من بقايا دينهم وتراثهم الذي لا يزال يؤكد على بعض قيم الخير والحق والعدل. ويلاحظ ذلك في التأثير القوي للدين في تكوين فلسفة ماتسوشيتا والتي تدعم العديد من القيم مثل الاتحاد والتوافق والالتزام والتعاون وغيرها[100].

وإذا كانت المدارس الأخرى المعاصرة لا ترقى إلى هذه الدرجة من الاهتمام بالقيم المقدسة أو الدينية إلاّ أنها جميعاً تتحرك في نفس الاتجاه الذي يؤكد على أهمية القيم الإنسانية الراقية ودورها في نجاح المؤسسات. فقيم وثقافة المؤسسة لدى بعضهم "تكون مقولات العقائد والقيم التي تلتزم بها المؤسسة في تسيير عملياتها والتي تشمل الإيمان بنظام المؤسسات الحرة، والأمانة والاستقامة في التعامل مع مكونات المؤسسة.."[101]. ويرى بعضهم "أن فلسفة المؤسسة يمكن أن تصنف على هيئة العقائد والقيم التي تحدد المبادئ والمعتقدات والقيم المهمة النابعة من المجتمع الذي تنتمي إليه المؤسسة"، ويرون "أن عقائد وفلسفة المؤسسة يمكن أن توفر منارة مهمة للعاملين فيها، كما تمهد الأساس لتحديد أهداف المؤسسة... وتساعد على تفادي التصرفات المسيئة والمضرة من قبل العاملين بها"[102].

وإذا كان الآخرون في مشارق الأرض ومغاربها قد استطاعوا أن يستفيدوا من بقايا أديانهم القديمة في بناء مؤسسات عصرية ناجحة، فما الذي ينتظره المسلمون وبين أيديهم أرقى منظومات القيم على الإطلاق؟!

إن منظومة القيم الإسلامية تعتبر بالفعل وبدون أدنى شك أرقى منظومات القيم المحركة والدافعة للطموحات الراقية والدافعة للتفكير والتخطيط والتحقيق الفعّال للإنجازات الإستراتيجية المتميزة. وهي بدون شك منظومة القيم الراقية المؤدية إلى

(99) Pascale & Athos, 1984, p51 - 82

(100) المرجع السابق، ص180

(101) Richards, 1986, p10

(102) Richards, 1986, p29

الفعالية الشاملة للعاملين والفعالية الشاملة للمؤسسة والنجاح المتميـز عـبر بـرامج التحـول المتواليـة. إن عاملين بإيمان وقيم ومواصفات وسلوكيات منظومة القيم الإسلامية الراقيـة يسـتطيعون تحقيـق نجاحـات باهرة ومتميزة تفوق توقعاتهم وحساباتهم وحسابات كافة الأطراف ذات العلاقة بالمؤسسة. وهم قـادرون على ذلك من خلال فهمهم العميق والتزامهم القوي بقيم وثقافة المنظومة التي هي منهج الإسلام العظيم.

وهم بهذه المنظومة العظيمة يُسخِّرون أرواحهم ونفوسهم وقلـوبهم وعقـولهم وأسـماعهم وأبصـارهم وكل أدواتهم ومعارفهم ومهاراتهم وقدراتهم وكل إمكاناتهم الظاهرة والكامنة في خدمة المؤسسة وتحقيـق غايتها وغرضها وأهدافها. وإننا لنؤكد في هـذا البحـث أن الميـزة التنافسـية العظمـى لمؤسسـة الإيمان في العقود والقرون القادمة تكمن في ارتقائها وتميزها في استيعاب وتطبيق منظومة القيم الإسلامية الراقية.

رسالة المؤسسة:

إن رسالة المؤسسة هي الغرض الأساسي من وجودها وهـي رسـالتها في المجتمـع الـذي تخدمـه والتـي تميزها عن غيرها وتحدد وتعرف مجال نشاطها. كما أنها تصف منتج المؤسسة وسـوقها والجوانـب التقنيـة المهمة الخاصة بها بطريقـة تعكـس قـيم وطموحـات وأولويـات قـادة وخـبراء المؤسسة[103]. تعـد رسـالة المؤسسة القاعدة التي تنطلق منها الخطـة الإسـتراتيجية للمرحلـة القادمـة، وفي حـال عـدم وجـود رسـالة للمؤسسة متفق عليها أو أنها غير مناسبة، فإنه لا يوجد حبل مشترك يمسك به الجميع ويساعد على توحيد جهود العاملين، وإنهـم بـذلك يفتقـدون إلى الرغبـة والحاجـة إلى التعـاون جميعـا في اتجـاه واحـد لصـالح مؤسستهم. فالأهداف والمهام يمكن أن تكون متناقضة والعمليات يمكن أن تكون متنافسة وغير مكملـة لبعضها، الأمر الذي يؤدي إلى ضعف المؤسسة ولا يسمح بحال أن تحقق غايتها وغرضها[104].

وبدون الاتفـاق عـلى رسـالة وأهـداف واضحة محـددة ومناسبة سـيظل العـاملون يسـيرون بـدوافع المتغيرات الداخلية والخارجية في اتجاهات عشوائية لا يربطهم رابط بغايتها وغرضها ومصالحها ومصالح الأطراف المستفيدة منها، وهم في ذلك مثل

---

(103) Pearce & Robinson, 1991, p13
(104) Hunger & Wheelen, 1999, p111

السفينة التي تتقاذفها الأمواج والرياح وفقد ربانها السيطرة عليها[105]. إن الاتجاه السليم للمؤسسة يتحقق بالتحديد السليم للعناصر الإستراتيجية الآتية:

○ غرض المؤسسة وغايتها.

○ رسالة المؤسسة.

○ الرؤية المستقبلية للعاملين لمؤسستهم خلال مرحلة التحول القادمة.

○ الأهداف الإستراتيجية لمرحلة التحول.

○ الخطة الإستراتيجية التي تحدد كيفية تحقيق الأهداف الإستراتيجية.

○ وكل ذلك في إطار وتوجيهات منظومة القيم الإسلامية الراقية للمؤسسة.

إن التحديد السليم للأهداف والخطط الإستراتيجية لا بد أن يبدأ من غرض المؤسسة وغايتها ورسالتها التي أنشئت وتستمر في البقاء من أجلها، كما أنها تستند إلى مجالات نشاطها التي كونت فيها رصيدها الاستراتيجي المتراكم عبر مراحل تحولها السابقة.

وقد تستمر الرسالة الأولى للمؤسسة التي حُددت عند إنشاءها صالحة لفترة طويلة من عمر المؤسسة التي تركز على نشاط محدد لا تتعداه، ولكنها قد تصبح عاملاً من عوامل تقييد المؤسسة وإعاقتها عن النمو والتوسع الذي يلبي طموحات المستثمرين والعاملين، حيث أنها يمكن أن تكون سبباً في جمود قادة وخبراء المؤسسة في بناء رؤى مستقبلية توسعية طموحة للمؤسسة في حال التشبث بها لعقود طويلة دون مراجعتها وتعديلها[106].

إن الرسالة الحالية للمؤسسة تؤكد على الاهتمام بالنشاطات الحالية، فأغلب الموارد والجهود مركزة عليها، وعناصر الحول والقوة والتميز نشأت وتطورت وفقاً للمتطلبات المتنامية لهذه الأنشطة، ولا يمكن ولا يجوز تغيير وجهة استعمال كل هذه العناصر والموارد فجأة بالقيام بنشاط أو مجموعة أنشطة جديدة مختلفة كلياً لا تتوفر للمؤسسة فيها متطلبات نجاحها.

لذلك لا بد من الانطلاق دائماً من الرصيد الاستراتيجي المتراكم المتمثل في عناصر الحول والقوة والتميز والموارد والنشاطات والخبرات والقدرات الحالية. بناءً عليه فإن

(105) Pearson, 1990, p181

(106) المرجع السابق، ص180

رسالة المؤسسة المعدلة تؤكد على التوسع والنمو والتحسين النوعي الذي ينطلق من النشاطات والإمكانيات الحالية. أي تؤكد على التحسين النوعي لأداء النشاطات الحالية التي تدر على المؤسسة بالعوائد الاقتصادية المجزية والتوسع والنمو في النشاطات الحالية أو القريبة وذات العلاقة بالرصيد الاستراتيجي المتراكم حيث يسهل فيها النقل والتوظيف الفعّال لعناصر الحول والقوة والموارد المتوفرة لدى المؤسسة.

إن رسالة المؤسسة الحالية أو المعدلة لا تحدد نشاطاً بعينه للتوسع فيه لأن ذلك يتحدد لاحقاً في المراحل المتقدمة من عملية التخطيط الإستراتيجي، ولكنها توفر دليلاً للاتجاه العام للنمو والتوسع، وتمنع الانحراف بها في الاتجاهات الغير مناسبة. أي أنها تحدد بشكل عام إطار الأنشطة المناسبة للتوسع والمتعلقة بقطاع الصناعة الذي تنتمي إليه المؤسسة وطبيعة نشاطاتها وعملياتها السابقة ورصيدها الإستراتيجي المتراكم.

لقد أنشأ المساهمون الأوائل المؤسسة بدافع من الحماس في تكوين مؤسسة إنتاجية أو خدمية توفر لهم العوائد الاقتصادية المتنامية على المدى القريب والبعيد. لقد أنشئوا المؤسسة ثم انسحبوا ليتركوا المجال للعاملين لتسييرها بفعالية بما لديهم من معارف ومهارات وخبرات وقدرات، أي سلموها لهم أمانة في أعناقهم لتحقيق هذا الغرض.

وتصبح بذلك رسالة المؤسسة هي رسالة العاملين المسيرين لها، والتي تتطلب الالتزام بالتسيير الفعّال للمؤسسة والاستغلال الأمثل لمواردها لتحقيق العوائد الاقتصادية المتنامية لصالح الطرفين، ولا يتحقق ذلك إلا من خلال التزام العاملين بتوفير وتقديم المنتجات والخدمات المناسبة والمتجددة لشرائح وأعداد متزايدة من المنتفعين في السوق المحلي والأسواق المستهدفة، عاملين في الوقت ذاته على مراعاة المصالح المشروعة للأطراف الأخرى ذات المصالح المشروعة في المؤسسة، وعاملين دائماً وفق مبادئ منظومة القيم الإسلامية الراقية بالمؤسسة. وفي ما يلي نموذج لرسالة إحدى شركات النقل الجوي:

من خلال الاجتهاد لتحقيق التميز والتفوق كخطوط جوية عالمية وبمساهمتنا في أحد أنجح التحالفات لشركات الخطوط الجوية العالمية فإن شركتنا تسعى لتحقيق منافع قيمة للمنتفعين بخدماتنا والمساهمين والعاملين بشركتنا[107].

(107) موقع شركة KLM على شبكة المعلومات الدولية - بشيء من التصرف

الرؤية المستقبلية للمؤسسة:

تحدد الرؤية المستقبلية صورة مستقبلية للمؤسسة تنبع من طموحات وآمال قادة وخبراء المؤسسة وتمثل أحد الدوافع المهمة التي تدفعهم للاجتهاد لتحقيق ذلك المستقبل المنشود[108].

ووفقاً لرسالة المؤسسة وفي إطار الصناعة والنشاط الذي تهتم به والأنشطة ذات العلاقة، يطلب من قادة وخبراء المؤسسة تحديد رؤية مستقبلية تلبي طموحات العاملين والمساهمين في النهوض بمؤسستهم والارتقاء بمستويات أدائها. فرسالة المؤسسة تؤكد على النمو والتوسع في الصناعة والمجالات التي تتخصص وتتميز فيها لتحقيق المزيد من المنافع للأطراف المستفيدة منها، أما الرؤية المستقبلية للمؤسسة فهي تحاول أن تحدد النشاط والمجال المقترح للتوسع والنمو ومستويات النمو المستهدفة في برنامج التحول.

ومن مهام قادة وخبراء المؤسسة تحديد الرؤية المستقبلية المتعلقة بتحسين المنتجات والخدمات والأسواق والعمليات والتقنيات والأساليب الحالية، وكذلك ابتكار واكتشاف منتجات وخدمات وأسواق وعمليات وتقنيات وأساليب وطرق عمل جديدة.

إن الأفكار والرؤى الجديدة يتم تجميعها في متسع من الوقت ويتم دراستها وتصنيفها وفق أهميتها الإستراتيجية، كما يتم اختبارها خلال الخطوات التالية من عملية التخطيط الاستراتيجي بحيث يتم التشكيل النهائي للرؤية المستقبلية للمؤسسة وفقاً للفرص الحقيقية المتاحة في البيئة الخارجية وعناصر الحول والقوة والتميز المتوفرة في البيئة الداخلية للمؤسسة. وقد تستغرق عملية دراسة واختبار بعض الرؤى والأفكار الابتكارية زمناً طويلاً حيث يؤجل النظر في بعضها إلى حين مراجعة الخطة وربما إلى وقت انتهائها والشروع من جديد في التخطيط لمرحلة التحول التالية. عليه فإن الرؤية المستقبلية للمؤسسة في هذه الخطوة تعتبر مبدئية يتم تعديلها أثناء التقدم في عملية التخطيط الإستراتيجي.

وإجمالا فإن الرؤية المستقبلية تخدم قادة وخبراء المؤسسة في الجوانب الرئيسية التالية:

توضيح الاتجاه المبدئي العام للتغيير.

(108) Kotter, 1996, p68

تحفيز قادة وخبراء المؤسسة للقيام بالمهام المناسبة في الاتجاه الصحيح.
تساعد في تنسيق مهام التحول[109].

وفي ما يلي نموذج للرؤية المستقبلية للتغيير المستهدف لدى إحدى المؤسسات الإنتاجية:

إن طموحاتنا ورؤيتنا لمستقبل مؤسستنا هي أن تكون إحدى المؤسسات الرائدة في الصناعة على المستوى المحلي والإقليمي خلال العشر سنوات القادمة. ومن أجل تحقيق هذه الرؤية سنجتهد لتحقيق مستويات الفعالية والابتكارات التي تلبي احتياجات المنتفعين بمنتجاتنا وخدماتنا وتحقيق الأرباح والعوائد والمنافع التي تلبي مصالح كافة الأطراف ذات المصالح المشروعة في مؤسستنا[110].

وإننا لنطمح إلى الارتقاء إلى مستويات عالية في فهم وتطبيق القيم الإسلامية الراقية في مؤسستنا وبناء وتفعيل نظام الفعالية الشاملة الذي يمكننا بإذن الله وتوفيقه من تحقيق طموحاتنا ورؤانا المستقبلية لمؤسستنا عبر مراحل تحولها القادمة. حينذاك ستكون مؤسستنا من أرقى المؤسسات التي يسعد العاملون بالعمل فيها ويشعرون بالاعتزاز والارتياح للنتائج التي يحققونها.

(109) Kotter, 1996, p68 - 69

(110) المرجع السابق، ص 78 بتصرف

تحديد الأهداف الإستراتيجية
لتحول المؤسسة

عُلم مما سبق أن غاية المؤسسة والغرض من إنشائها واستمرارها هو أصل أهدافها الإستراتيجية، وهو مبرر كل الخطط والجهود والقرارات والمشروعات والعمليات وكافة نشاطاتها طيلة حياتها. وحيث أن الأهداف الإستراتيجية العليا للمؤسسة تحدد النتائج الملموسة التي تحقق غاية المؤسسة، فإن تحقيق هذه الأهداف يؤكد على توفر مبررات استمرارها، وهي بذلك تعتبر المقاييس والمعايير الأعلى والأهم لقياس نجاح المؤسسة أو فشلها[111].

والخطوة الأولى في عملية التخطيط الإستراتيجي هي تحديد الأهداف الإستراتيجية العليا للمؤسسة، والمتمثلة في تحديد النتائج الأهم المستهدف تحقيقها من خلال الخطة الإستراتيجية للمؤسسة وبرنامج تحولها خلال المرحلة القادمة. إنها الخطوة الأولى التي يُبنى عليها ما بعدها، فإذا كانت الأهداف الإستراتيجية العليا للمؤسسة مناسبة لطموحات وتوقعات المساهمين بصفة خاصة، وسائر الأطراف ذات المصالح المشروعة في المؤسسة بصفة عامة، فإنه يمكن إعداد خطة إستراتيجية مناسبة لتحقيق تلك الأهداف. أما إذا كانت الأهداف خاطئة وغير مناسبة فإن كل ما بعدها سيكون في الاتجاه الخطأ، حيث ستكون كل أو أغلب الخطط والمهام غير ملائمة لمستقبل المؤسسة الأمر الذي يؤدي إلى إهدار الموارد والجهود والوقت في تحقيق نتائج لا تعود على المؤسسة بالعوائد المرجوة بل تؤدي إلى تعثر المؤسسة وربما فشلها.

ومجمل خطة التحول تتمثل في تحديد الأهداف الإستراتيجية العليا للمؤسسة في مرحلتها القادمة، ثم تحديد المهام الإستراتيجية التي تحقق تلك الأهداف. كما أن برنامج التغيير والتحول في مجمله يدور حول الأهداف الإستراتيجية العليا للمؤسسة وضرورة وأهمية تحقيقها.

وإذا كانت الأهداف الإستراتيجية بهذه الأهمية فلا بد من التأكيد على التحديد الفعّال لها، والذي يمكن أن يتحقق من خلال:

---

(111) Argenti, 1989, p89

o تحديد ماهية الأهداف الإستراتيجية العليا، وأهمية ودور كل منها في تحقيق غاية المؤسسة وتحقيق طموحات ومصالح الأطراف ذات المصالح المشروعة فيها.
o معرفة خصائص الأهداف الإستراتيجية الملائمة لبرنامج التحول والتأكيد على هذه الخصائص.
o تحديد المستويات المناسبة للأهداف الإستراتيجية العليا للمؤسسة في مرحلة التحول القادمة.
o مراعاة هرمية وتناسق وتوافق الأهداف الإستراتيجية.
o التحديد والتحقيق الجماعي للأهداف (تطبيق مبدأ الإدارة الجماعية بالأهداف).
o إتباع الطريقة المناسبة لتحديد الأهداف الإستراتيجية.

الأهداف الإستراتيجية العليا للمؤسسة:

وإذا كان غرض المؤسسة هو تحقيق عوائد اقتصادية مرضية ومتنامية، فإن أهـدافها الإسـتراتيجية هـي أيضاً أهداف اقتصادية بالدرجة الأولى، وتتمثل في مستويات ومواعيد تحقيق تلك العوائد ذاتها.

وأهم الأهداف الإستراتيجية المناسبة لأغراض وطبيعة نشاط المؤسسات الإنتاجيـة والخدميـة تتمثـل في أهداف البقاء والاستمرار والربحية والنمو[112]، أي أنها أهداف:

• حماية وصيانة المؤسسة والاجتهاد في العمل من أجل بقائها واستمرارها.
• تحقيق المستويات المرضية من الأرباح.
• تحقيق المستويات المرضية من العائد على رأس المال والعائد على كل سهم.
• نمو توسع المؤسسة بهدف تحقيق مستويات النمو المرضية في دخل المبيعات[113].

ولا بد أن تتضمن خطة التحول إستراتيجيات ومهـام تـؤدي إلى حمايـة المؤسسة، وفيما يـلي توضيح لأهمية أهداف الربحية والنمو ودورها في تحقيق غاية المؤسسة

---

(112) Pearce & Robinson, 1991, p 58.

(113) مرسي، 2006، ص 55

وطموحات ومصالح الأطراف ذات المصالح المشروعة في المؤسسة.

الأرباح والعوائد الاقتصادية:

إن تحقيق فائض الدخل يعني زيادة الدخل عن النفقات وهو بذلك مؤشر للنجاح والفعالية، وعدم تحقيق فائض يعني أن الدخل أقل من النفقات وذلك مؤشر خسارة وفشل. وتحقيق فائض الدخل والعوائد المرضية ونمو المبيعات تمثل الأهداف الإستراتيجية العليا التي ينبغي أن تؤدي إلى تحقيق رضاء كافة الأطراف ذات المصالح المشروعة في المؤسسة، خاصة عند استمرار نمو هذه الأهداف والمؤشرات عبر مراحل التحول الإستراتيجية المتتالية في بيئة يسودها التنافس الشريف ولا تسودها مافيات وعصابات الاحتكار المقيت.

إن ذلك يعني أن المؤسسة تنمو وتتوسع وتزدهر لصالح الجميع. فالمساهمون يحصلون على العوائد المرضية، هذه العوائد التي يمكن أن تصرف بعضها لهم نقداً ويتم إضافة الباقي إلى رأسمالهم في الشركة فتنمو استثماراتهم فيها وترتفع قيم الأسهم التي يمتلكونها. ويساعد تحقيق هذه العوائد على تشجيعهم على المزيد من الاستثمار في المؤسسة كما يشجع المستثمرين الآخرين على الإقبال على الاستثمار فيها. ويسهل بذلك الحصول على التمويل اللازم لعمليات ومشروعات التحول التي تهدف إلى التحسين النوعي للأداء، والذي يتضمن تحقيق المزيد من العوائد الاقتصادية. أما العاملون فترتفع معنوياتهم بتمكنهم من تحقيق النمو المستهدف للمبيعات والأرباح والعوائد الاقتصادية التي تعود عليهم بمنافع معنوية ومادية.

ويجد المنتفعون ضالتهم في منتجات وخدمات المؤسسة كماً ونوعاً وسعراً، ويزداد إقبالهم عليها مما يؤدي إلى تحسن سمعة المؤسسة ومنتجاتها وخدماتها، الأمر الذي يدفع المزيد من المنتفعين إلى الإقبال عليها فتنمو المبيعات ويزداد الدخل ويصبح تحقيق العوائد الاقتصادية المستهدفة أمراً ممكناً وكل هذه النتائج تتحقق من خلال تحسين قدرات وفعالية العاملين المؤدية إلى تحسين مستوى فعالية وكفاءة العمليات الإنتاجية والتسويقية.

كما تنمو استفادة الموردين من المؤسسة بقدر نمو نشاطاتها الإنتاجية والتسويقية وبقدر نمو مبيعاتها وعوائدها الاقتصادية، وذلك من خلال الموارد المالية التي يحصلون عليها من المؤسسة مقابل توفير مستلزمات الإنتاج ومستلزمات تسيير المؤسسة. ويستفيد المجتمع من نمو مبيعات المؤسسة ونمو أرباحها وعوائدها

الاقتصادية، وذلك من خلال تحصيل الضرائب التي يمكن أن تصرف في تحسين أداء المؤسسات العامة التي تخدم المجتمع، ومن خلال فرص العمل الإضافية التي توفرها مشروعات نمو المؤسسة وتوسعها، ومن خلال توفير منتجات وخدمات مناسبة لاحتياجات المجتمع.

إن تحقيق فائض الدخل هو العامل الإيجابي الفعّال الذي يشجع جميع أطراف الشراكة الناجحة في المؤسسة للعمل معاً من أجل نمو وتوسع وازدهار المؤسسة، أما الخسارة المالية للمؤسسات الخاصة فهي أيضا العامل السلبي الفعّال الذي يكشط المؤسسات الفاشلة ويوقف استنزاف موارد وجهود الشركاء التي هي أيضاً موارد المجتمع، وذلك على عكس ما يحدث في المؤسسات الفاشلة التي تستمر في استنزاف موارد المجتمع لعقود من الزمن دون توقف[114].

خصائص الأهداف الإستراتيجية:

تتصف الأهداف الإستراتيجية المناسبة بجملة من الخصائص التي يجب التأكيد عليها لضمان ملاءمتها لخطة التحول، وأهم هذه الخصائص ما يلي:

1. أن تحقق غرض المؤسسة بالمستوى الملائم لمرحلة التحول المستهدفة.
2. أن تكون واضحة ومحددة نوعاً وكماً وزمناً، فأهداف المبيعات والأرباح والعوائد محددة من ناحية النوع، ولا بد من تحديد مستوياتها التي يجب تحقيقها خلال المدة المعتمدة لخطة التحول.
3. أن تكون طموحة تلبي طموحات قادة وخبراء المؤسسة وتوقعات المساهمين بصفة خاصة وبقية الأطراف المستفيدة من المؤسسة بصفة عامة. وبقدر ما يجب أن تكون الأهداف طموحة بقدر ما يجب أن تكون واقعية من حيث الإمكانيات والقدرات المتاحة والظروف والبيئة المحيطة.
4. أن تكون متناسقة ومتوافقة ومتكاملة وغير متعارضة، وذلك فيما يتعلق بالأهداف الإستراتيجية العليا ذاتها أو توافق وتناسق وتكامل الأهداف الإستراتيجية والتسييرية لعمليات المؤسسة مع الأهداف الإستراتيجية العليا للمؤسسة.
5. أن تكون متفق عليها من قبل قادة وخبراء المؤسسة المعنيين بعملية

---

(114) Megill, 1981, p10

التخطيط الاستراتيجي والقيادة العليا للمؤسسة[115].

ومن مزايا الأهداف التي تحقق هذه الخصائص أنه يمكن أن يتفق حولها قادة وخبراء المؤسسة وسائر العاملين بها، ويتولد لديهم الحماس والدوافع التي تدفعهم للعمل معاً بجدية وإخلاص لتحقيق تلك الأهداف.

تحديد المستويات المناسبة للأهداف الإستراتيجية العليا للمؤسسة:

المهمة التالية في تحديد الأهداف هي تحديد المستويات المناسبة للأهداف الإستراتيجية لخطة تحول المؤسسة في مرحلتها الجديدة. ويعني ذلك تحديد مستوى الأداء المستهدف في كل عنصر من عناصر تلك الأهداف وهي الأرباح، العائد على رأس المال، والنمو المستهدف في المبيعات. ويجدر التذكير بأن المستويات المناسبة لهذه الأهداف هي المستويات التي ترضي المساهمين الذين هم أصحاب الأسهم والموارد والأصول في المؤسسة، ممثلين في مجلس الإدارة الذي تعرض عليه خطة التحول الاستراتيجي للمؤسسة للمناقشة والاعتماد.

وفي ما يلي عرض للخطوات الرئيسية لتحديد مستويات الأهداف الإستراتيجية العليا للمؤسسة في مرحلتها القادمة:

1. دراسة أداء المؤسسة في المرحلة السابقة في كل عنصر من عناصر الأهداف الإستراتيجية في تلك المرحلة.

2. مقارنة أداء المؤسسة بمتوسط الأداء في الصناعة في كل عنصر خلال المرحلة السابقة.

3. تحديد المستويات المستهدفة للأهداف الإستراتيجية العليا للمؤسسة لمرحلة التحول القادمة.

1. دراسة أداء المؤسسة في المرحلة السابقة:

قبل تحديد مستويات الأداء المستهدف خلال المرحلة القادمة لا بد من دراسة أداء المؤسسة خلال المرحلة السابقة في كل عنصر من عناصر الأهداف الإستراتيجية وذلك لمعرفة ما تمكنت المؤسسة بالفعل من تحقيقه منها خلال تلك الفترة.

فدراسة تطور ونمو أو تغير مستويات تلك الأهداف خلال السنوات السابقة - من 4

---

(115) Richards, 1986, p 20.

إلى 6 سنوات - تولد انطباعاً وحكماً عاماً لدى قادة وخبراء المؤسسة حول الأداء العام للمؤسسة خلال تلك الفترة والاتجاه العام لتغير مستويات الأداء إيجاباً أو سلباً، وبالتالي تولد قناعة مبدئية بمستويات الأهداف المناسبة للمرحلة القادمة والتي يمكن أن يتم تعديلها مع المزيد من الدراسة والبحث والمناقشة خلال الخطوات التالية من عملية التخطيط الاستراتيجي.

ويوضح الجدول رقم 2.1 مستويات الأداء في عناصر المبيعات والأرباح والعائد على رأس مال المؤسسة خلال السنوات الماضية من نشاط المؤسسة[116]، كما يحتوي الجدول نمو متوسط العائد على رأس المال على مستوى الصناعة خلال نفس الفترة. ويوضح الرسم البياني رقم (2.1) مسار نمو العائد على رأس مال المؤسسة خلال السنوات الماضية.

جدول 2.1 - مستويات أداء المؤسسة في المرحلة السابقة

الهدف	0	- 1	- 2	- 3	- 4	- 5
المبيعات (مليون د.ل)	17	16.2	14.7	14.56	11.76	13.75
الأرباح (مليون د.ل)	0.33	0.27	0.17	0.17	0.08	0.1
رأس المال (مليون د.ل)	5.9	5.8	5.7	5.6	5.6	5.5
العائد على رأس المال % (المؤسسة)	5.6	4.66	3	3.04	1.43	1.8
العائد على رأس المال % (الصناعة)	11	10	9	8.5	8	7

(116) Argenti, 1989, p159 بتصرف

رسم بياني رقم (2.1) يبين مسار نمو العائد على رأس مال المؤسسة خلال المرحلة السابقة

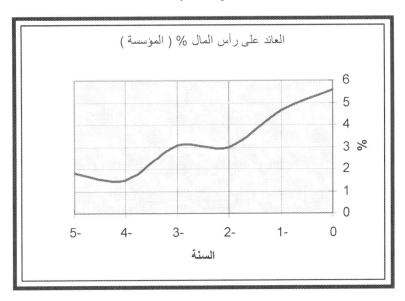

2. مقارنة أداء المؤسسة بمتوسط الأداء في الصناعة:

إن المؤسسة لا تعمل لوحدها في المجتمع، بل يعمل معها الكثير من المؤسسات المماثلة، التي تكوّن في مجملها الصناعة التي تنتمي إليها هذه المؤسسات، كما أن تلك المؤسسات التي تنتمي إلى نفس الصناعة تختلف في الحجم والعمر والأداء. لذلك من المفيد دراسة متوسط الأداء في الصناعة التي تنتمي إليها المؤسسة أو متوسط أداء المجموعة الإستراتيجية التي تنتمي إليها المؤسسة، وذلك لتوفير دليل ومرجع يمكن أن يقارن به أداء المؤسسة في السنوات والمراحل المختلفة[117]، ويوضح الجدول رقم 2.2 متوسط العائد على رأس المال لمجموعة من الصناعات سنة 2004 ومتوسط معدلات نمو مبيعات تلك المجموعة خلال الفترة من 2001 - 2004.[118]

(117) Richards, 1986, p61 بتصرف

(118) Richards, 1986, p61

جدول 2.2 - متوسط العائد على رأس المال ومتوسط نمو المبيعات لمجموعة من الصناعات

الصناعة	العائد على الاستثمار 2004 (%)	متوسط معدلات نمو مبيعات الصناعة 2001 - 2004 (%)
الخدمات الصحية	18	12
مرافق الكهرباء	10	20
المواد المنزلية	15	15
تقنية المعلومات	16	25
الأقمشة والملابس	7	6
الصناعات الكيماوية	10	8
النشر والطباعة	14	16
صناعة المركبات	4	3 -
الصناعات الغذائية	6	4.5

ويبين الرسم البياني رقم (2.2) نمو العائد على رأس مال المؤسسة خلال السنوات السابقة ونمو متوسط العائد على مستوى الصناعة خلال نفس الفترة. وبالرغم من وجود نمو لعائد المؤسسة خلال المرحلة السابقة إلا أنه نمو ضعيف يبين المؤسسة وكأنها تحاول بصعوبة الوصول إلى متوسط أداء الصناعة.

تحديد مستويات الأهداف الإستراتيجية العليا للمؤسسة خلال المرحلة القادمة:

والخطوة التالية هي تحديد المستويات المناسبة للأهداف الإستراتيجية لخطة تحول المؤسسة في مرحلتها القادمة، والتي تتضمن: الأرباح، العائد على رأس المال، ونمو المستهدف في المبيعات، وهي المستويات التي ترضي المستثمرين الذين هم أصحاب الأسهم والموارد والأصول في المؤسسة، ممثلين في مجلس الإدارة.

رسم بياني رقم (2.2): نمو العائد على رأس مال المؤسسة مقارنة بمتوسط الأداء في الصناعة خلال المرحلة السابقة

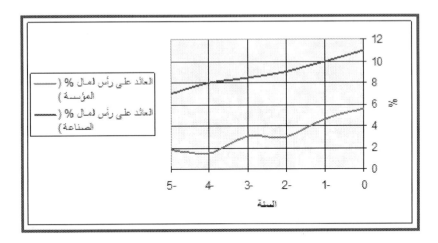

وعند القيام بمقارنة مسار أداء المؤسسة خلال السنوات الخمس السابقة بمتوسط أداء الصناعة تبين:

1. تدني مستويات العائد على رأس مال المؤسسة خلال السنوات الماضية.
2. الفرق الكبير بين أداء المؤسسة ومتوسط الأداء في الصناعة.

يتضح من خلال المقارنة أن المؤسسة متعثرة تحتاج إلى نقلة نوعية لردم الهوة الكبيرة بينها وبين متوسط الأداء في الصناعة، الأمر الذي يحتاج إلى خطة وبرنامج تحول يمكن المؤسسة من الارتقاء بأهدافها الإستراتيجية العليا إلى متوسط الأداء في الصناعة قدر الإمكان.

ويبين الجدول رقم (2.3) المستويات المستهدفة للأهداف الإستراتيجية العليا للمرحلة القادمة، ويوضح الرسم البياني (2.3) و(2.4) مسار نمو هذه الأهداف خلال مرحلة التحول لتقترب من متوسط الأداء في الصناعة وتبتعد عن مستوى أداء المؤسسات المتعثرة.

هذه هي الأهداف الطموحة للمؤسسة في مرحلة تحولها القادمة، ولا يمكن تصور أكثر من ذلك فالإصلاح والتغيير والتحسين النوعي إلى مستوى أداء المؤسسات المتميزة في الصناعة يحتاج إلى نقلات نوعية عبر سلسلة من برامج وخطط التحول

الناجحة.   وذلك لأن البناء

جدول 2.3 - المستويات المستهدفة لأهداف المرحلة القادمة

الهدف	1	2	3	4	5
المبيعات (مليون د.ل)	17	17.5	18.7	20	22
الأرباح (مليون د.ل)	0.42	0.53	0.71	0.80	1.00
رأس المال (مليون د.ل)	6	6.2	6.5	6.9	7.4
العائد على رأس المال %	7	8.5	10.9	11.6	13.5
معدل نمو العائد على رأس المال % (متوسط الصناعة)	10	11	12	12.5	13

رسم بياني رقم (2.3) يوضح النمو المستهدف للعائد على رأس مال المؤسسة خلال المرحلة القادمة

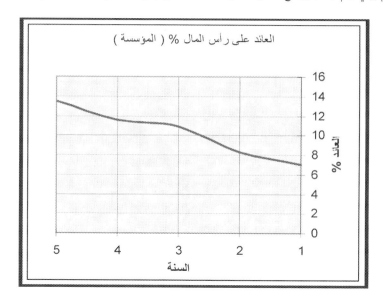

رسم بياني رقم (2.4) يبين مقارنة مستهدفات أداء المؤسسة بمتوسط الأداء المتوقع في الصناعة من حيث العائد على رأس المال خلال المرحلة القادمة

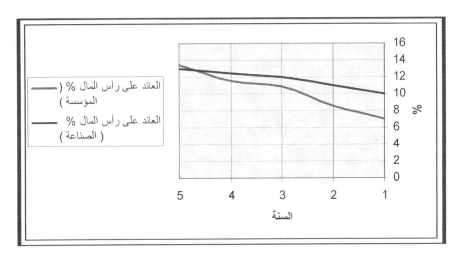

للمرحلة القادمة لا يتم إلاّ من خلال الرصيد الاستراتيجي المتراكم لدى المؤسسة، الذي يتم تقويته وتنميته في كل مرحلة لتتمكن المؤسسة من البناء عليه للمرحلة التي تليها. وانطلاقاً من الأداء الحالي ووصولاً إلى مستوى متوسط الأداء في الصناعة أو قريباً منه مع نهاية مرحلة التحول القادمة يتم تحديد المستهدفات السنوية لخطة التحول. أما في خطة التحول التالية فتكون مستويات الأهداف المطلوب تحقيقها مابين متوسط الأداء في الصناعة ومتوسط أداء المؤسسات المتميزة، وذلك وفقاً لمعدلات النجاح التي يتم تحقيقها في نهاية خطة التحول القادمة، علماً بأن تلك المتوسطات ذاتها متغيرة وفقاً لأداء المؤسسات في الصناعة ووفقاً لعوامل الرخاء والكساد في بيئة المؤسسة وصناعتها.

التوازن بين الأهداف الإستراتيجية العليا للمؤسسة:

لا بد من التوازن على المدى القريب والمتوسط والبعيد بين الأهداف الإستراتيجية للمؤسسة، حيث أن التركيز على تحقيق الأرباح فقط على المدى القريب قد يعني إهمال الصرف على صيانة وحماية الموارد والأصول وإهمال الاستثمار في تنمية وتطوير عناصر الحول والقوة والتقصير في الاستثمار في عمليات النمو والتوسع. كما أن التركيز على إرضاء المساهمين في المستقبل القريب من خلال تحقيق أرباح عالية

وتوزيعها بالكامل عليهم لا يكون إلاّ على حساب المستقبل المتوسط والبعيد [119].

والتوازن المقصود ينبغي أن يتحقق بين الأهداف الإستراتيجية العليا ذاتها، وكذلك في ما بين الأهداف الإستراتيجية للمشروعات والعمليات.

إن النجاح على المدى المتوسط والبعيد الذي يهم المساهمين والعاملين الواعين وخاصة في البيئة المستقرة والمحفزة للنشاط الاقتصادي، هو النجاح الذي يكون مؤشرا على أن المؤسسة تسير في الاتجاه الصحيح نحو مستقبل زاهر، ولا يكون ذلك إلاّ بالاهتمام بمجموعة من الأهداف الإستراتيجية مجتمعة، مع شيء من التركيز النسبي والمرحلي على بعضها وفقا لخطط التحول المتوالية.

---

(119) Drucker, 1989 , p83.

الفصـل الثالـث

دراسة وتقييم البيئة الداخلية للمؤسسة

يهتم هذا **الفصل** بدراسة وتقييم البيئة الداخلية للمؤسسة التي تتضمن تقييم أداء وقدرات المؤسسة وعملياتها الرئيسية وخاصة عمليتي الإنتاج والتسويق.، وتخلص الدراسة والتقييم في هذا الفصل إلى تحديد عناصر القوة الأهم التي تمثل القدرات والقوى الدافعة للتحول، وتحديد عناصر الضعف التي يمكن أن تعرقل برنامج التغيير والإصلاح الشامل.

وقد تضمن هذا الفصل المباحث التالية:

1. التقييم الذاتي لأداء وقدرات المؤسسة.

2. دراسة وتقييم قدرات العملية الإنتاجية.

3. دراسة وتقييم قدرات عملية التسويق.

4. تحديد القدرات والقوى الدافعة لتحول المؤسسة

التقييم الذاتي لأداء وقدرات المؤسسة

أهداف ومهام التقييم الذاتي:

تمثل مهمة التقييم الذاتي لأداء المؤسسة وقدراتها وإمكانياتها الخطوة التالية بعد تحديد الأهداف الإستراتيجية لخطة التحول. والغرض من هذا التقييم هو معرفة وتحديد عناصر القوة الإستراتيجية التي تمكن المؤسسة من النجاح في تسيير عملياتها وتحقيق مستهدفاتها الحالية والتي تمكنها من الانطلاق في إحداث التغيير والإصلاح الشامل من أجل تحقيق الأهداف الإستراتيجية الطموحة لمرحلة التحول القادمة. كما يهدف التقييم إلى تحديد عناصر الضعف المهمة التي تعرقل التسيير الفعال للمؤسسة والتي قد تعرقل مهام ومشروعات التحول القادمة[120].

أي أن جهود التقييم الذاتي تركز على تحديد العوامل الإستراتيجية الداخلية المتمثلة في عناصر القوة والضعف التي تحدد ما إذا كانت المؤسسة قادرة على استغلال الفرص المتاحة وتفادي المخاطر المحتملة[121]. وتتم عملية التقييم الذاتي من خلال المراجعة الشاملة لأداء المؤسسة وعملياتها الرئيسية والتي تعتبر في ذات الوقت تقييما عاما وشاملا لأداء وفعالية العاملين بصفة عامة وقادة وخبراء المؤسسة بصفة خاصة انطلاقا من القناعة بأن أداء المؤسسة هو أولا وأخيرا أداء العاملين المسيرين لها.

إن حجم المؤسسة ومواردها وقدراتها ومعارفها وخبراتها وسمعتها وفعاليتها الشاملة كل ذلك يمثل رصيدها الاستراتيجي المتراكم الذي يُمكّنها من الأداء الحالي والذي ينبغي تنميته لتحقيق المزيد من النجاحات المستقبلية التي تُرضي كافة الأطراف ذات المصالح المشروعة في المؤسسة. والتقييم الذاتي هو ذلك العمل الجاد لدراسة وتحليل وتقييم هذا الرصيد المتراكم وتحديد عناصره المهمة التي يجب أن تُبنى وتُؤسس عليها الخيارات الإستراتيجية المناسبة لخطة التحول القادمة.

وتتمثل عملية التقييم الذاتي في القيام بالمهام الآتية:

- الاجتهاد في معرفة:
  - الهدف من عملية التقييم الذاتي وأهميتها ودورها في عملية التخطيط

(120) Goodstein & Others, 1993, p227
(121) Hunger & Wheelen, 1999, p82

الاستراتيجي.

- كيفية القيام بعملية التقييم الذاتي[122].
- السلوكيات المناسبة للتقييم الذاتي.

• تحديد الأعمال المطلوب القيام بها لإنجاز عملية التقييم الذاتي والتي تشمل ما يلي:

- تحديد جوانب ومجالات التقييم على مستوى المؤسسة وعلى مستوى العمليات.
- تحديد العناصر المهمة المطلوب تقييمها على مستوى المؤسسة وعملياتها (وهي أهم عناصر الرصيد الاستراتجي المتراكم والعناصر التي تحد من فاعليته واستغلاله).
- تحديد البيانات والمعلومات اللازم تجميعها حول هذه العناصر.
- تجميع البيانات والمعلومات المناسبة.
- دراسة وتحليل البيانات والمعلومات المجمعة وفقا لأسس ومعايير التقييم التي يجب تحديدها.
- تحديد عناصر القوة والتميز التي تمثل القوى الدافعة للمؤسسة في اتجاه تحقيق أهدافها الحالية والمستقبلية وعناصر الضعف المؤثرة التي تشدها إلى الخلف.
- تحديد أولويات عناصر القوة والضعف وفقا لأهميتها ودرجة تأثيرها في حاضر ومستقبل المؤسسة.
- تحديد عناصر القوة الأهم التي تمثل القدرات والقوى الدافعة للتحول وعناصر الضعف الرئيسية التي يمكن أن تعرقل التحول.
- إعداد جدول زمني لإنجاز مهام التقييم والالتزام به حتى لا تسبب هذه الخطوة في تأخير إنجاز عملية التخطيط وتأخر إعداد خطة التحول.

من يقوم بمهام التقييم الذاتي وكيف؟

المعنيون بالدرجة الأولي بمهمة التقييم الذاتي من أجل الإعداد لمرحلة التحول القادمة هم ذاتهم المعنيون بعملية التخطيط الاستراتيجي وفي مقدمتهم فريق التخطيط

(122) Argenti, 1989, p210

الاستراتيجي على مستوى المؤسسة ثم فرق تخطيط العمليات التي تضم نخبة من قادة وخبراء العمليات الرئيسية وهي الإنتاج والتسويق والبحث والتطوير وكذلك فرق تخطيط العمليات المساندة[123].

وكما أن أهل مكة المكرمة أدرى بشعابها فإن خبراء وقادة العمليات هم الأدرى بعملياتهم. هم الأدرى بقدرات وإمكانيات وموارد تلك العمليات، وهم الأدرى بأدائها ونتائجها وهم الأدرى أيضا بعناصر القوة والضعف فيها.

لقد سبق الحديث عن فريق التخطيط الاستراتيجي الذي يضم قادة المؤسسة وقادة العمليات الرئيسية ونخبة من خبراء هذه العمليات بالإضافة إلى نخبة من خبراء المال والاقتصاد والتخطيط. أما فرق تخطيط العمليات فهي تتكون من قادة ونخبة الخبراء في كل عملية ويكون عدد أفرادها من 5 - 12 وربما أكثر أو أقل وفقا لحجم المؤسسة على أن يكون أعضاؤها من خيرة الخبراء ذوي القدرات المتميزة في كل عملية[124].

وقد يستدعي الأمر التوسع في فرق تخطيط العمليات خلال مرحلة التقييم الذاتي للبيئة الداخلية ومرحلة دراسة وتحليل البيئة الخارجية وذلك بالاستعانة بخبراء إضافيين للمساعدة في تجميع البيانات والمعلومات وتحليلها والمساهمة في تحديد عناصر القوة والضعف وكذلك الفرص المتاحة والمخاطر المحتملة، على أن تكون خبرة وقدرات الأعضاء الإضافيين متعلقة بالبيئة الداخلية في حالة التقييم الذاتي للبيئة الداخلية وأن يكون الخبراء الإضافيين على دراية بمتغيرات البيئة الخارجية في حالة دراسة وتحليل البيئة الخارجية.

خطوات تحديد عناصر القوة والضعف الداخلية للمؤسسة:

تعتمد فعالية تقييم قدرات المؤسسة وعملياتها على الطريقة المتبعة من قبل فرق التخطيط المكلفة بالقيام بهذه المهمة. والطريقة المقترحة في هذا البحث تؤكد على أهمية المشاركة الفعالة من قبل فرق التخطيط في مختلف المستويات والعمليات في التحديد السليم لعناصر القوة والضعف التي لها دور وأهمية إستراتيجية في المرحلة القادمة[125].

---

(123) المرجع السابق، ص 210 - 214.

(124) Goodstein & Others, 1993 , p102

(125) Argenti, 1989, p211 - 214

وتتضمن عملية دراسة وتقييم البيئة الداخلية من أجل تحديد عناصر القوة والضعف لـدى المؤسسة وعملياتها الرئيسية القيام بالمهام الآتية:

1. يقوم فريق التخطيط الاستراتيجي بتحديد أهداف ومجال التقييم الذاتي وإعداد توجيهـات وإرشادات بشأن كيفية القيام بهذه العملية وكذلك تحديد الأسس والمواعيـد الزمنية التـي يجب مراعاتها.

2. يشرع فريق التخطيط الإستراتيجي بتقييم قدرات المؤسسة ككل بهدف الوصول إلى تحديـد عناصر القوة والضعف المهمة على مستوى المؤسسة وتحديـد أولوياتها مـن حيث مـدى أهميتها وتأثيرها في حاضر المؤسسة ومستقبلها. ويعتمد تقييم فريق التخطيط الإستراتيجي لقدرات المؤسسة في البداية على النظرة الشمولية والتقييم العام لقـدرات المؤسسـة ككـل دون الخوض في تفاصيل تقييم العمليات المكونة لها وذلك انطلاقـا مـن المعرفـة والخبرة المتراكمة لدى قادة وخبراء المؤسسة المشاركين في عمل الفريق.

3. وفي ذات الوقت يُطلب إلى فرق تخطيط العمليات الرئيسية والمساندة الشروع في تقييم قدرات عملياتهم وتحديد عناصر القوة والضعف المهمة في كل عملية وتحديد أولوياتها من حيث مدى أهميتها وتأثيرها على مستوى العملية وعلى المؤسسة ككل.   وينبغي قيام جميع الفرق بما فيهم فريق التخطيط الإستراتيجي بعملية التقييم في نفس الوقت وذلك حتى لا يتأثر كل فريق في البداية بآراء وأحكام الفرق الأخرى.   وسيتم تناول تقييم عمليتي الإنتاج والتسويق بشيء من التفصيل في هذا الفصل، وعلى غرار ذلك يقوم فريق تخطيط البحث والتطوير وبقية العمليات بتقييم قدرات عملياتهم.

4. يقوم فريق التخطيط الإستراتيجي بتجميـع قوائم العناصر التـي حـددتها فرق العمليات ويُؤجل البث في توصيات فرق تخطيط العمليات المساندة ليركز الجهود على تحديد عناصر القوة والضعف المهمة في العمليـات الرئيسية الثلاث وهي الإنتاج والتسويق والبحث والتطوير.

5. يقوم فريق التخطيط الإستراتيجي بتوزيع النتائج الأولية التي توصلت إليها فرق تخطيط العمليات الرئيسية على الفرق الثلاث لكي يطلع الجميع على

كل عناصر القوة والضعف في العمليات الرئيسية.

6. يتم تشكيل 3 مجموعات نقاش مشترك تضم كل مجموعة ثلث أعضاء فريق التخطيط الاستراتيجي وثلث أعضاء كل فريق من فرق تخطيط العمليات الرئيسية. وتساعد هذه التشكيلة على تحقيق الاهتمام بالقضايا الأهم على مستوى المؤسسة والتخلص من التعصب أو التحيز للعملية. ومما يساعد على نجاح هذه التشكيلة هو اشتراط أن يكون أغلب قادة وخبراء المؤسسة وقادة وخبراء العمليات الرئيسية لديهم معارف وقدرات وخبرات جيدة في مجال عمليتي الإنتاج والتسويق بالمؤسسة وقدرا مناسبا من الدراية والمعرفة بأساليب البحث والتطوير لغير العاملين الرسميين في هذا المجال.

7. تقوم كل مجموعة باستعراض ومراجعة جميع عناصر القوة والضعف المحددة من قبل فرق تخطيط العمليات الرئيسية وتعمل على اختيار عناصر القوة والضعف الأهم على مستوى المؤسسة وترتيب أولوياتها وفقا لأهميتها الإستراتيجية، أي وفقا لأهمية ودور كل عنصر وتأثيره في حاضر ومستقبل المؤسسة حسب النظرة الجماعية الشمولية لأعضاء كل مجموعة.

8. يقوم فريق التخطيط الإستراتيجي بترتيب ملتقى للمجموعات الثلاث تحت إشرافه لمناقشة النتائج التي توصلت إليها هذه المجموعات والاتفاق على قائمة واحدة لأهم عناصر القوة والضعف التي لها التأثير الأكبر على حاضر المؤسسة ومستقبلها.

9. يقوم فريق التخطيط الإستراتيجي بمناقشة توصيات فرق تخطيط العمليات المساندة مع هذه الفرق وبحضور قادة ونخبة من خبراء كل عملية والتوصل إلى عناصر القوة والضعف المهمة في هذه العمليات والتي لها بعد استراتيجي خلال المرحلة التحول القادمة والاتفاق على أولويات تلك العناصر.

10. يقوم فريق التخطيط الإستراتيجي بمقارنة القائمة المتفق عليها في ختام ملتقى المجموعات الثلاث والمناقشات التي دارت مع فرق وقادة العمليات المساندة بقائمة عناصر القوة والضعف على مستوى المؤسسة

التي قام بتحديدها في الخطوة رقم 2 وإجراء ما يراه مناسبا من تعديل على قائمته تلك بناء على المعلومات والأفكار المستجدة الناجمة عن جملة المراجعات والمناقشات التي أجريت.

11. يُقدم فريق التخطيط الإستراتيجي تصوره إلى قادة المؤسسة لكي يتم مناقشته في اجتماع مشترك يُدعى إليه نخبة من قادة وخبراء المؤسسة والعمليات الرئيسية والمساندة. وينبغي أن ينتهي هذا الاجتماع بتحديد القائمة النهائية لعناصر القوة والضعف الأهم على مستوى المؤسسة والتي يجب الاستناد إليها عند استكمال بقية خطوات التخطيط الإستراتيجي للتحول والإصلاح الشامل، مع التأكيد على ترتيب أولويات هذه العناصر المختارة.

12. يُبلغ قادة وخبراء المؤسسة وقادة وخبراء العمليات وفرق تخطيط العمليات بالقائمة النهائية لعناصر القوة والضعف الأهم على مستوى المؤسسة مرتبة وفقا لأولوياتها المتفق عليها.

13. ينبغي مراجعة عناصر القوة والضعف الأهم على مستوى المؤسسة وفقا لنتائج الخطوة التالية من خطوات التخطيط الإستراتيجي والمتمثلة في تحديد الفرص المتاحة للمؤسسة في بيئتها الخارجية والمخاطر التي يمكن أن تحدق بها نتيجة لمتغيرات تلك البيئة، ذلك لأن فرص التحول والتهديدات الخارجية تتطلب قدرات مناسبة لاستغلال الفرص ومواجهة التهديدات. أي أن دراسة وتحليل البيئة الخارجية يستدعي المراجعة والاختيار النهائي لعناصر القوة والضعف التي تعبر فعلا عن الموقف الإستراتيجي للمؤسسة وهي تقبل على التغيير والإصلاح الشامل الذي يمكنها من تحقيق التحسين المستهدف للأداء على المدى المتوسط والبعيد.

14. تقوم فرق تخطيط العمليات بمراجعة تقييمهم لقدرات عملياتهم وفقا للمعلومات المستجدة من خلال المراجعات والمناقشات ووفقا للقائمة النهائية لعناصر القوة والضعف الإستراتيجية على مستوى المؤسسة. وينبغي أن تخلص فرق تخطيط العمليات في نهاية هذه الخطوة إلى تحديد مجموعة عناصر القوة والضعف في كل عملية والتي لها بعد

استراتيجي وكذلك مجموعة العناصر التي لها دور مهم في تسيير العمليات الجارية مع تحديد أولويات العناصر في كل مجموعة.

وينبغي التنبيه هنا إلى أهمية مراعاة وتوخي أعلى درجات الأمانة والصدق والإخلاص في تقييم وتحديد عناصر القوة والضعف الحقيقية والمهمة من منظور المؤسسة ومستقبلها ومن منظور العملية ودورها في تحقيق أهداف المؤسسة حاضرا ومستقبلا. ويجب التخلص من كل العُقد وعناصر التخلف النفسي ـ التي يمكن أن تؤدي إلى تشويه عملية التقييم والانحراف بها في اتجاه الأهواء الزائفة والأحكام الجائرة.

بذلك يتم الانتهاء من تحديد مجموعة القوى الدافعة للأمام التي يمكن أن تدفع المؤسسة في تقدمها نحو المستقبل المنشود ومجموعة القوى التي يمكن أن تشدها إلى الوراء وذلك لأخذها في الاعتبار عند إعداد خطة التحول.

سلوكيات التقييم الذاتي:

تعتبر عملية التقييم الذاتي من العمليات المهمة في التخطيط الاستراتيجي ويعتمد عليها نجاح ما بعدها من عمليات ومهام وخطط وقرارات مصيرية، وذلك بقدر ما ينجم عنها من تحديد صحيح ودقيق لعناصر القوة والضعف لدى المؤسسة. وفي بعض مؤسسات المجتمعات النامية يمكن أن تتعرض هذه المهمة لأنواع من الزيغ والقصور النفسي والانحراف الذي يتمثل في جملة من الصفات والسلوكيات السلبية لدى قادة وخبراء العمليات الرئيسية وقادة المؤسسة ذاتهم[126]، الأمر الذي ينتج عنه تحديد عناصر قوة وعناصر ضعف غير حقيقية أو غير واقعية مثل:

- إهمال العناصر المهمة المؤثرة في حاضر المؤسسة ومستقبلها.
- تفخيم وتزيين بعض عناصر القوة أو التقليل من أهميتها.
- التهوين أو التقليل من عناصر الضعف أو تكبيرها وتهويلها.

إن ذلك ناجم عن الصفات النفسية الذميمة والسلوكيات السلبية التي تؤدي إلى ارتكاب هذه الأخطاء والتي يجب معالجتها والتخلص منها على مستوى الفرد والفريق وسائر العاملين بالمؤسسة.

---

(126) K. Andrews , 1987, p45 - 46

ومن أهم تلك الصفات والسلوكيات المعوّقة والمعرقلة للتقييم الذاتي السليم ما يلي:

- الغش وخيانة الأمانة الملقاة على عاتق كل عامل في المؤسسة وخاصة قادتها وخبرائها.
- الأنانية والشللية التي يسودها النفاق والتحيز والمجاملة الكاذبة لصالح أطراف معينة والنقد الساخر والاستهزاء والاستهانة بأطراف أخرى.
- ضعف الثقة في النفس الناجم عن ضعف الإيمان والتقصير في التطوير الذاتي.
- التكبر والغرور والإعجاب بالذات وبإنجازات وهمية أو وقتية وقصيرة الأجل، أو أعمال أو مشروعات يُقصد بها المباهاة ومحاولة بناء أمجاد شخصية زائفة.
- الخوف والهروب من مواجهة الحقيقة.

وقد يتوهم البعض أن مثل هذه الصفات والسلوكيات السيئة يمكن أن تنفع صاحبها، وهي قد تجر عليه بعض النفع المؤقت ولكنها لا بد أن تضره وتلحق به ضرراً بالغا كما تضر العاملين الذين يتصفون بها والمؤسسة التي يعملون بها. إنها جميعا تشكل عناصر تدمير ذاتي للفرد والفريق وتمثل مصاعب جمة وعراقيل كبرى لهم في معرفة ذاتهم وقدراتهم وأدائهم وأداء مؤسستهم.

ولا يُرجى نجاح ولا فلاح لعامل أو فريق أو مؤسسة يتصف قادتها وخبراؤها بهذه الصفات، ولا تغيير ولا إصلاح إلا من خلال التغيير والإصلاح الذاتي الذي يبدأ بمعرفة الذات والتقييم الذاتي السليم لكل فرد عامل ولكل فريق، ثم اجتهاد كل عامل في التخلص من هذه العقد والصفات والسلوكيات المدمرة، كما يجب أن يساعد ويشجع العاملون بعضهم بعضا في التخلص من بقايا هذه الرواسب والصفات الذميمة[127].

وماذا تعني إساءة تحديد عناصر القوة والضعف في المؤسسة سواء أكان ذلك قصداً أو جهلاً؟

إن تزيين وتفخيم عناصر القوة أو التقليل من حجمها وأهميتها يعتبر غش وخيانة

(127) Argenti, 1989, p225 - 226

للأمانة والمسئولية. وكذلك التقليل والتهوين من عناصر الضعف أو تكبيرها وتهويلها، وذلك لما لها من تأثيرات سلبية على حاضر ومستقبل المؤسسة. وعلى قادة وخبراء المؤسسة التفكير جيداً في نتائج مثل تلك التصرفات. على كل قيادي وخبير وكل عامل أن يطرح من آن لآخر وخاصة عند القيام بمهام خطيرة مثل عملية التقييم الذاتي عليه أن يطرح الأسئلة التالية وأن يفكر جيداً في إجاباتها ونتائجها:

ماذا يعني محاولة تفخيم وتزيين عناصر القوة؟ إن ذلك يعني الاعتماد حاليا أو مستقبلا على قوى وقدرات غير موجودة، وعدم وجودها بالمستوى المزعوم قد يهدد العمليات الجارية وقد يُغري بتوسعات وتحسينات لا تستند إلى عناصر القوة الكافية.

وماذا يعني التقليل من حجم وأهمية عناصر القوة؟ إن ذلك يعني سوء استغلال عناصر القوة في العمليات الجارية، وعدم أو ضعف الاستفادة منها في تحقيق أهداف وإنجازات التحول.

وماذا يعني التقليل والتهوين من عناصر الضعف؟ إن ذلك يعني غض النظر عن احتمالات ونتائج قد تكون خطيرة تؤدي إلى فشل العملية أو المؤسسة ككل، كما يعني احتمال إقرار مشروعات تحول بالرغم من وجود عناصر ضعف رئيسية تحول دون نجاحها.

ماذا يعني تكبير وتهويل عناصر الضعف؟ إن ذلك يعني تبديد الموارد والجهود في معالجة عناصر ضعف وهمية لا تأثير كبير لها على حاضر ومستقبل المؤسسة، والذي قد يؤدي إلى استبعاد اختيار مشروعات اقتصادية طموحة بسبب تكبير بعض عناصر الضعف.

والمعرفة الحقيقة للذات هي هدف وجزء من عملية التقييم الذاتي الفعال الذي هو من المهام والخطوات الأولى نحو التطوير الذاتي وتحقيق الآمال والطموحات والنجاحات المستهدفة على كل المستويات، ولا يتم ذلك إلا بالتخلص من الصفات والسلوكيات السلبية واكتساب الصفات والسلوكيات الايجابية وعلى رأسها الأمانة والاستقامة [128].

الصفات والأخلاق الحميدة:

وفي ما يلي يتم تقديم بيان لجملة من الصفات والسلوكيات الحميدة التي يجب أن

---

(128) Goodstein & Others, 1993 , p225 - 267

يحرص قادة وخبراء المؤسسة على التحلي بها عند القيام بمهامهم التي من بينها القيام بالتقييم الذاتي للمؤسسة والعاملين بها:

- الأمانة والاستقامة النابعة من الإيمان بالله الخالق الواحد سبحانه ورجاء رحمته وفضله والخوف من سخطه وعقابه.
- الصدق والإخلاص في التقييم.
- النصيحة الصادقة الخالصة التي تناسب القيادي والخبير الذي يحترم نفسه ومهنته وعمله ومسئولياته.
- القدرة على طرح الأفكار والآراء بصراحة ووضوح وبشكل مباشرة وبدون تردد.
- الشجاعة والجرأة في قول الحق في كل الظروف.
- الشجاعة والثبات في تحمل النقد والنصح.
- العفو والصفح عند خطأ الرفاق.
- الحكمة والكياسة والأدب عند مخاطبة الآخرين وإقناعهم ونصحهم، ويتضمن ذلك اختيار العبارات والكلمات التي تعبر عن الحقيقة من جهة ولا تؤدي إلى إهانة أو إساءة من جهة أخري بل تؤكد الاحترام والتقدير المتبادل[129].
- التعاون الصادق المخلص في إنجاز عملية التقييم الذاتي بفعالية.
- التشاور والتناصح المخلص وفقا لمبدأ "**وَأَمْرُهُمْ شُورَىٰ بَيْنَهُمْ**"[130].

دواعي ودوافع التقييم الذاتي:

ويجدر الإشارة هنا إلى أهمية التأكيد على أن المقصود بعملية التقييم الذاتي ليس البحث عن أخطاء أفراد وفرق العمليات من أجل المحاسبة أو التشهير، وإنما المقصود هو البحث عن فرص التحسين والتطوير والتنمية التي هي هدف الجميع ومسئوليتهم وخاصة قادة وخبراء المؤسسة. ومما يدفع إلى ذلك واجب ورغبة المساهمة المثلي في التغيير والإصلاح الشامل المبني على الحقائق والمبني على التحديد والتقييم الفعال لعناصر القوة المهمة لتحقيق الأهداف الإستراتيجية للمرحلة القادمة وعناصر الضعف

(129) Argenti, 1989, p213

(130) الشورى:38

المؤثرة التي يمكن أن تمنع أو تعرقل تحقيقها.

ومن العوامل المهمة الداعية إلى التخلص من الصفات والسلوكيات السلبية واكتساب الصفات والسلوكيات الايجابية هما الخوف والرجاء، وهما في ذاتهما منازل ودرجات وأرقاها الخوف من الله الخالق سبحانه وتقواه وخشيته ورجاء حبه ورحمته وفضله في الدنيا والآخرة، ثم يليه ويجب أن يكون في إطاره الخوف من فقد المصالح والمكتسبات المتعلقة بالعمل في المؤسسة ورجاء الحصول على المزيد منها.

أسس ومعايير التقييم:

إن عملية التحليل والتقييم لا بد أن تقوم على أسس يمكن أن تؤدي إلى تحقيق نتائج يُعتمد عليها في تحديد عناصر القوة والضعف لدى المؤسسة. ويستعمل أسلوب تحليل النسب والقيم في تحديد العلاقة بين متغيرين هامين لغرض قياس الأداء مثل: حصة المؤسسة في السوق (نسبة مبيعاتها إلى مبيعات الصناعة)، هامش الربح، معدل العائد على رأس المال، نسبة المديونية (نسبة الديون إلى رأس المال المملوك)، تكلفة وحدة المنتج، نسبة النفقات على البحث والتطوير إلى المبيعات[131].

ولكن لا تكفي معرفة أن المؤسسة تحقق هامشا للربح مقداره 20%، وزيادة في المبيعات بنسبة 10%، أو نقصا في المبيعات بنسبة 5%، بل يتطلب التقييم الجيد مقارنة هذه المعدلات بمعايير قياسية لمعرفة مستوى واتجاه تغير الأداء. ويمكن تصنيف المعايير القياسية المستعملة في مقارنة وتقييم مؤشرات ومعدلات الأداء إلى الفئات الآتية:

1. معايير ومعدلات أداء المؤسسة في المرحلة السابقة.
2. معايير ومعدلات الصناعة التي تنتمي إليها المؤسسة.
3. معايير ومعدلات الحكم المعياري.

بذلك يمكن تقييم نسبة زيادة أو نقص الأداء الحالي مقارنة بالمستويات السابقة أو مقارنة بمتوسط الأداء في الصناعة، أو المستوى الذي يحدده الخبراء العارفون في المؤسسة ذاتها أو الصناعة أو التخصص.

ولا يكفي الاعتماد على النسب المالية أو معدلات الإنتاجية والتقييمات الرقمية للأداء وإنما يجب أيضا تقييم قدرات المؤسسة ومزاياها التنافسية والجوانب التي تفتقد

---

(131) السيد، 1990، ص 179

فيها إلى تلك القدرات والمزايا. ويستدعي تحقيق ذلك الاستفادة من نتائج دراسة وتحليل البيئة الخارجية في مراجعة عناصر القوة والضعف لدى المؤسسة من أجل التحديد الدقيق والسليم لعناصر القوة والضعف لدى المؤسسة مقارنة بمنافسيها.

تحديد وتجميع البيانات والمعلومات:

إن القيام بالبحوث والدراسات والتحاليل المفصلة هي غالبا من مهام عملية البحث والتطوير في المؤسسة. ويساهم قادة وخبراء البحث والتطوير والمراقبة الإستراتيجية ونظام المعلومات بالإضافة إلى قادة وخبراء التخطيط والعمليات الرئيسية يساهمون جميعا في توفير البيانات والمعلومات الجاهزة أو شبه الجاهزة اللازمة لعملية التخطيط الاستراتيجي والتي يتطلب استخدامها في تحديد الموقف الداخلي للمؤسسة وعناصر القوة والضعف المهمة لديها وتصنيفها وتحديد أولوياتها.

إن أغلب البيانات والمعلومات المهمة اللازمة لعملية التقييم ينبغي أن تكون جاهزة من خلال نظام فعال لمعلومات والذي يتم تحديثه باستمرار. وفي جميع الأحوال لا بد من تكليف فرق عمل من الخبراء المناسبين بالقيام بتحديد وتجميع البيانات والمعلومات المناسبة والصادقة والكافية لتحديد وتقييم عناصر القوة والضعف في المؤسسة[132]. ويعتمد حجم هذا العمل على جاهزية وكمال المعلومات المتوفرة في نظام المعلومات والمتوفرة لدى العمليات الرئيسية وعلى مستوى المؤسسة.

ومنذ شروع فرق التخطيط في القيام بمهام التقييم الذاتي يجب تحديد المجالات الرئيسية التي يلزم تجميع البيانات والمعلومات عنها، ثم تحديد البيانات والمعلومات المطلوبة والمناسبة لكل مجال، وتحديد الأفراد أو المجموعات المكلفة بتجميعها ودراستها وتحليلها، وتحديد فترات زمنية للقيام بهذه المهام، ومتابعة كل ذلك لتفادي أي تأخير مع التأكيد على صحة وملاءمة ودقة البيانات والمعلومات المطلوب تجميعها.

مصادر البيانات والمعلومات:

ويمكن تجميع البيانات والمعلومات من المصادر الرئيسية التالية:

- السجلات والملفات المتعلقة بالمجالات والمواضيع المحددة.
- المراجعات والتدقيقات الداخلية والخارجية ونتائج التقييم الذاتي السابقة.

(132) Goodstein & Others, 1993, p231

- آراء ومقترحات خبراء وقادة العمليات (من خلال المقابلة، الاستبيان...).
- نتائج وتوصيات دراسات البحث والتطوير والدراسات الخاصة بالعمليات والمشروعات والمهام الإستراتيجية على مستوى المؤسسة.
- التقارير الدورية والخاصة على مستوى العمليات الرئيسية والمؤسسة ككل.
- آراء وملاحظات نخب من خبراء المنتفعين والموردين والمساهمين والجهات ذات العلاقة.

التفاصيل:

لا أحد يستطيع أن يعد خطة كاملة ليس فيها نقص أو عيب[133]. ذلك لأن الكمال لله وحده ولا يعلم الغيب إلا هو سبحانه، وبعض المتغيرات والعوامل الخارجية يصعب تقديرها حتى على أكثر الخبراء علما ودراية.

لذلك يجب تفادي الخوض في التفاصيل الدقيقة قدر الإمكان عند القيام بالتقييم الذاتي وتحديد عناصر القوة والضعف (وفي سائر خطوات التخطيط الاستراتيجي)، كما أن عناصر القوة والتميز وعناصر الضعف المهمة عادة ما تكون واضحة ومعروفة لدى قادة وخبراء المؤسسة. إن الغرق في التفاصيل يشتت الأفكار ويفقد الاتجاه ثم إن تحديد واختيار عناصر قوة وضعف كثيرة يشتت الموارد والجهود عند توزيعها على جبهة عريضة من المشروعات والنشاطات والمهام، ويتعذر بذلك التركيز على التوجهات الإستراتيجية التي تحقق أهداف التحول[134].

وإجمالا ينبغي أن تكون الدراسات والبحوث المفصلة سابقة لعملية التخطيط الاستراتيجي أو مستقلة عنها حيث تكون نتائجها وتوصياتها جاهزة للاستفادة منها في مختلف خطوات التخطيط الاستراتيجي. وقد يتعذر ذلك في المؤسسات التي بدأت حديثا في تطبيق مهام التخطيط الإستراتيجي. والمهم في ذلك عزل جهود الدراسات والتحاليل المفصلة عن عملية وخطوات التخطيط الإستراتيجي والاكتفاء باستعمال نتائجها وتوصياتها وذلك تفاديا لتشتيت أفكار وتوجهات فرق التخطيط الإستراتيجي.

(133) Adair, 1983, p 91.
(134) Pearson, 1990, p62

قوائم عناصر القوة والضعف:

لقد تم الاعتماد في تكوين قوائم عناصر القوة والضعف في هذا الفصل على المراجع الآتية:

1. مرسي، 2006، ص203 نقلا عن: Aaker,D.A.,1989, p94

2. أبوقحف، 1991، ص144 - 147 نقلا عن: Rue and Holland

3. Argenti, 1989, p202 - 205 & 227

4. Ansoff, 1965 نقلا عن: Pearson, 1990, p59

5. J. Hunger, 1999, p108

ولغرض توضيح عناصر القوة والضعف على مستوى العمليات والمؤسسة ككل نفترض حالة تبين أنشطة ومنتجات مؤسسة تقوم بإنتاج وتقديم أربع مجموعات من المعدات والأجهزة الالكترونية والكهربائية وذلك كما يلي:

1. مجموعة الحواسيب: وتشمل منتجات الحاسوب الشخصي- آلة حاسبة الكترونية، منظم كهرباء.

2. مجموعة أجهزة الاتصالات: وتتضمن أجهزة الهاتف المحمول، وأجهزة الهاتف الأرضي.

3. مجموعة الأجهزة المرئية والمسموعة: جهاز مرئي (تلفزيون)، مذياع، مسجل سيارة.

4. مجموعة المعدات الكهربائية: جهاز تكييف منزلي، جهاز تكييف سيارة.

دراسة وتقييم قدرات العملية الإنتاجية

لكي تساهم العملية الإنتاجية مساهمة فعالة في تحقيق الأهداف الإستراتيجية للمؤسسة يجب أن تكون أهدافها مشتقة من الأهداف الإستراتيجية للمؤسسة وأن تكون متوافقة ومتكاملة مع أهداف التسويق والبحث والتطوير من أجل أن تؤدي جميعها إلى تحقيق رسالة المؤسسة وأهدافها الإستراتيجية. وتساهم عمليات الدعم والمساندة بتقديم الدعم الكافي للعمليات الرئيسية الذي يُمكّنها من تحقيق أهدافها وبالتالي تمكن المؤسسة ككل من تحقيق الأهداف العليا التي تلبي متطلبات وتوقعات كافة الأطراف ذات المصالح المشروعة في المؤسسة.

وتهدف الدراسة في هذه الخطوة إلى إجراء تقييم لقدرات العملية الإنتاجية من خلال تقييم أدائها ونتائجها، وتقييم قدرات وفعالية العملية الإنتاجية ذاتها، ثم تقييم قدرات وفعالية توفير الموارد والمدخلات المناسبة التي تمكن من تحقيق الأداء المستهدف للعملية الإنتاجية.

تقييم نتائج ومخرجات العملية الإنتاجية:

تعتمد النتائج التي تحققها المؤسسة اعتمادا أساسيا على نتائج ومخرجات العملية الإنتاجية الأمر الذي يستدعي أهمية وضرورة الارتقاء بمستوى فعالية هذه العملية الرئيسية إلى المستويات التي تكفل مساهمتها المطلوبة في تحقيق أهداف المؤسسة.

ومن أجل تحديد نوعية وحجم هذه المساهمة من خلال خطة التحول ينبغي القيام بتحليل وتقييم صادق ودقيق لنتائج ومخرجات العملية الإنتاجية والذي يتضمن تقييم النتائج الرئيسية للعملية المتمثلة في مستويات أداء ومساهمة هذه العملية في تحقيق مستهدفات الخطة الحالية، كما يتضمن تقييم المنتجات المقدمة ومدى مساهمتها في بناء سمعة المؤسسة ووضعها في الصناعة. ويخلص هذا التقييم إلى تحديد عناصر القوة المهمة وعناصر الضعف في نتائج ومخرجات العملية الإنتاجية.

ويطرح فريق تخطيط الإنتاج جملة من الأسئلة التي تساعد في قياس وتقييم عناصر القوة المتعلقة بنتائج ومخرجات العملية الإنتاجية وذلك من خلال تقييم مستوى نموها عبر السنوات الماضية، ومدى تحقيقها للمستويات المستهدفة، ومقارنة بالمستويات والمعدلات لدى المنافسين، ومقارنة بالمتوسط العام في الصناعة.

تقييم النتائج الرئيسية للعملية الإنتاجية:

من الأسئلة التي تساعد في تقييم نتائج ومخرجات العملية الإنتاجية من حيث مساهمتها في تحقيق أهداف المؤسسة الأسئلة التالية:

- ما هي الأهداف الإستراتيجية الحالية للمؤسسة ذات العلاقة بالعملية الإنتاجية؟

- ما هي الأهداف الإستراتيجية والأهداف التسييرية الرئيسية للعملية الإنتاجية في المرحلة الحالية؟

- ما هو مستوى تحقيق الأهداف الإستراتيجية والتسييرية للعملية الإنتاجية؟

- ما هو مستوى مساهمة العملية الإنتاجية في تحقيق الأهداف الإستراتيجية للمؤسسة؟

- ما هو حجم الإنتاج المحقق؟ ما هي معدلات الإنتاج الفعلية؟

- ما هو مستوى تحقيق حجم الإنتاج بالنسبة إلى الحجم المستهدف؟

- ما هو مستوى تحقيق حجم الإنتاج بالنسبة إلى حجم الطاقة الإنتاجية؟

- ما هي نسبة حجم الإنتاج إلى حجم الطلب على المنتج؟

- ما هو حجم المبيعات بالوحدة؟

- ما هي نسبة حجم المبيعات إلى حجم الإنتاج؟

- ما هو حجم المبيعات بالدينار؟

- ما هي تكاليف الإنتاج؟ (المواد، مستلزمات الإنتاج، العاملين، الطاقة، خدمات الدعم، الصيانة...)

- ما هي تكلفة وحدة المنتج؟

- ما هو حجم الأرباح بالدينار؟

- ما هي مساهمة العملية الإنتاجية في تحقيق حجم المبيعات وحجم الأرباح؟

- ما هو مستوى سمعة المنتج / تشكيلة المنتجات والخدمات المقدمة؟

- ما هي مساهمة العملية الإنتاجية في تكوين سمعة المؤسسة؟

- ما هو مستوى جودة المنتجات والخدمات المقدمة؟

تقييم المنتجات المقدمة:

إن المنتجات المقدمة تتنافس مع المنتجات المعروضة في السوق على تحقيق أعلى مستوى من الإقبال عليها من قبل المنتفعين لغرض تحقيق الحجم المستهدف من المبيعات وبالتالي تحقيق العوائد الاقتصادية المستهدفة. ومن هنا تتضح الأطراف المهمة التي يجب معرفة تقييمها وحكمها على المنتج أو تشكيلة المنتجات والخدمات المقدمة. وأهم هذه الأطراف هم المنتفعون، وقادة وخبراء المؤسسة وخاصة المسيرون للعمليات الرئيسية الثلاثة، ومن المهم أيضا تقييم المنتج مقارنة بالمنتجات المنافسة، أما المساهمون فيهمهم سمعة المنتج ونجاحه في السوق وسمعة المؤسسة والعوائد الاقتصادية التي تحققها.

وحيث إن لكل طرف من الأطراف ذات العلاقة مصالح ومنافع يسعى لتحقيقها لذلك فإن تقييمه للمنتج سيكون من منظوره الخاص به ووفقا للعناصر والمعايير التي تحقق مصالحه وتوقعاته من المنتج. وفي ما يلي عرض لتقييم المنتج من منظور المنتفعين ومقارنة بالمنتجات المنافسة وتقييمه من قبل خبراء المؤسسة.

تقييم المنتج من وجهة نظر المنتفع:

يعتبر المنتفع أهم المقيمين للمنتج فهو الحَكَم الذي لا يُرد قراره ولا يُستأنف عليه حكمه، وهو الصادق والصريح في حكمه، لا ينافق، ولا يقبل الرشوة، لأنه لا يُعقل أن يغش المنتفع نفسه.

وحيث إن المنتج المناسب للمنتفعين به هو المنتج الذي يرغب المنتفعون في شرائه، ويقبلون عليه أكثر من غيره، لذلك فإن المنتج يتم تقييمه وفقا لمدى تلبيته لاحتياجات ومتطلبات المنتفع. وبالتالي فإن تقييم المنتفع للمنتج يقوم على أساس تحديد المنافع والخصائص والمزايا التي يقدمها المنتج له، ودرجة تلبيتها لاحتياجاته، والتي يمكن تصنيفها إلى ثلاث فئات وفقا لأهمية الخصائص والمنافع والمزايا التي يقدمها المنتج[135]:

1. المنافع والخصائص والمزايا الرئيسية: وهي المنافع والخصائص الأهم بالنسبة للمنتفع وتشمل:
   - الجودة وهي المقياس الحقيقي لمدى مناسبة المنتج أو الخدمة

(135) السيد، 1990، ص 150

لاحتياجات المنتفع ومدى الاعتماد عليه والوثوق فيه في تلبية تلك الاحتياجات وتشمل التصميم، المتانة، الفعالية والكفاءة، سهولة الاستعمال، المرونة، السلامة، وكافة الخصائص التي تجعله مناسبا للغرض الأساسي من استعماله.

■ السعر: وهو السعر الذي يراه المنتفع مناسبا ومتوافقاً مع مستوى المنافع والفوائد التي يتحصل عليها نتيجة لاستعماله للمنتج في ظروف المنافسة وعدم الاحتكار.

■ توفر المنتج بالكميات الكافية وفي الوقت والمكان المناسبين.

2. المنافع والخصائص الثانوية: والتي يمكن أن يرقى بعضها في ظروف معينة إلى مستوى المنافع والمزايا الرئيسية، ومنها:

■ سرعة الاستجابة لتساؤلات وطلبات المنتفعين.

■ مستوى الخدمات المقدمة للمنتفعين قبل وأثناء وبعد الحصول على المنتج أو الخدمة والتي تشمل: خدمات استشارية، مساندة في معالجة المشاكل، توفر المعلومات..

■ توفير المواد وقطع الغيار، الصيانة، التركيب وبداية التشغيل أو الاستعمال.

3. منافع إضافية: وقد يرقي بعضها إلى مستوى المنافع الثانوية أو حتى الرئيسية في بعض الحالات ويمكن أن تتضمن هذه الفئة: التدريب، الضمانات، تقديم تسهيلات ائتمانية دون زيادات ربوية، التغليف، الشكل والمظهر.

أسئلة تقييم المنتج من منظور المنتفع:

4. ما هي الخصائص والمزايا الرئيسية للمنتج؟

5. ما وضع المنتج في السوق؟

6. هل المنتج فعلا مرغوب من قبل المنتفعين؟

7. ما هي درجة الإقبال عليه؟

8. هل الإقبال عليه مستقر أو في تزايد أو تناقص عبر السنوات السابقة؟

9. ما هي الوظائف التي يخدمها المنتج لدى المنتفع؟

10. ما هي المنافع التي يقدمها له؟[136]
11. ما هي الحاجات والمتطلبات الحقيقية للمنتفع المتعلقة بالمنتج؟ ما هي المنافع التي يبحث عنها المنتفع في المنتج؟
12. ما هي خصائص ومزايا المنتج المهمة لدى المنتفعين؟ لماذا هي مهمة لهم؟ كيف أنها ترضيهم بشكل أفضل؟
13. كيف تعمل هذه الخصائص والمزايا على إشباع حاجات المنتفع وتغطية المنافع التي يبحث عنها وإلى أي درجة تلبي هذه الحاجات؟
14. ما هي مؤشرات تحول المنتفعين للاهتمام بخصائص ومزايا أخري أنسب لاحتياجاتهم الحالية والمستقبلية؟
15. ما هي الوظائف والمنافع الإضافية التي يمكن أن يقدمها المنتج الحالي؟
16. ما هي الوظائف والمنافع الجديدة التي يمكن أن يقدمها المنتج المعدل أو المنتج الجديد؟
17. ما هو مستوى رضاء المنتفعين عن المنتجات والخدمات المقدمة؟
18. ما هي التعديلات والتحسينات التي يجب أن تدخل على المنتج لكي يلبي احتياجات المنتفع بشكل أفضل؟
19. ما هي خصائص ومزايا ومواصفات المنتج الجديد المطلوب تقديمه أو المنتج المحسن؟
20. ما هي نسبة المنتجات والخدمات التي يتم تسليمها للمنتفعين في المواعيد المتفق عليها؟
21. ما هو مستوى سمعة المنتج /المنتجات في السوق؟

تقييم المنتج مقارنة بالمنتجات أو الخدمات المنافسة:

إذا استطاع المنتجون في القطاع الصناعي تنظيم آلية محايدة لتقييم منتجاتهم أو خدماتهم وفق أسس ومعايير يضعونها لصناعتهم ومنتجاتهم تتفق مع احتياجات المنتفعين فإن ذلك يقدم خدمة عظيمة للمؤسسات العاملة في الصناعة. إن تلك الآلية والأسس والمعايير تمكن قادة وخبراء المؤسسة من إجراء التقييم الصادق والموضوعي للمنتجات والخدمات التي تقدمها مؤسستهم.

(136) Andrews , 1987, p51

إن علاقة المؤسسة بمنافسيها في البيئة الإسلامية يجب أن تكون علاقة تقدير واحترام ترقى تدريجياً إلى مستويات نافعة للجميع من خلال التعاون والتكامل المنظم وفق نشاط وقدرات كل طرف وبما يخدم مصالح المتنافسين في الصناعة. وهذا الارتقاء في مستويات التعاون والتكامل بين المتنافسين يؤدي إلى ازدهار صناعتهم ولا بد، كما يقلل من آثار الكساد أو المخاطر الناجمة عن العوامل الخارجة عن إرادتهم.

وتوجد فرص متعددة للتعاون من أجل تحقيق المصالح والمنافع المشتركة ودفع المخاطر المحدقة بالمؤسسات العاملة في الصناعة ومن هذه الفرص ما يلي:

1. إجراء البحوث العلمية الأساسية في مجال الصناعة.

2. معالجة المشاكل التي تعاني منها الصناعة.

3. المشروعات المشتركة التي تؤدي إلى الارتقاء في التعاون والتكامل.

4. المشروعات والأعمال التي تعمل على نمو الصناعة وازدهارها.

5. تنمية العلاقات المفيدة مع الصناعات ذات العلاقة.

6. مواجهة المخاطر المتمثلة في الكساد والقيود والمشاكل والصعوبات والقضايا السلبية المرتبطة بالجوانب الاقتصادية والسياسية والتقنية والقانونية والاجتماعية على مختلف المستويات المحلية والإقليمية والعالمية.

7. العمل المشترك مع المؤسسات والهيئات ذات العلاقة بشأن نمو وتوسع نشاط وأسواق الصناعة محليا وعالميا.

8. وضع المعايير والمواصفات القياسية لصناعتهم ومنتجاتهم.

9. تنمية وتطوير قدرات ومعارف ومهارات وقيم وسلوكيات قادة وخبراء المؤسسات العاملة في الصناعة.

وفي حال عدم توفر آلية للتقييم الموضوعي للمنتج من قبل المنافسين أو هيئات محايدة في الصناعة فإن البديل هو قيام خبراء المؤسسة بمقارنة خصائص ومزايا ومنافع المنتج بتلك الخصائص والمزايا التي تتمتع بها المنتجات المنافسة على أن تتم عملية التقييم والمقارنة بكل صدق وإخلاص وموضوعية.

لا بد من تحري الصدق والموضوعية في إجراء هذه المقارنة. ويكون هذا التقييم مفيدا عندما يتم قياس ومقارنة مستوى انطباق مزايا ومنافع المنتج ومزايا ومنافع المنتجات المنافسة مع الخصائص والمزايا والمنافع التي تلبي احتياجات المنتفعين. ثم

القيام بتحديد أي من المنتجات المتنافسة بما فيها منتج المؤسسة يلبي بدرجة أكبر احتياجات ومتطلبات المنتفعين والاستفادة من هذا التقييم في تحديد القصور في خصائص ومواصفات منتج المؤسسة والتي يجب معالجتها لكي يرقى في منافسته في تلبية الاحتياجات المطلوبة.

أسئلة تقييم المنتج أو الخدمة مقارنة بالمنتجات أو الخدمات المنافسة[137]:

1. ما هي الخصائص والمزايا الرئيسية للمنتج؟
2. ما هي الخصائص والمزايا الرئيسية للمنتجات المنافسة؟
3. ما هي الخصائص والمزايا المهمة لدى المنتفعين (سواء كانت في المنتج أو المنتجات المنافسة)
4. ما هي الخصائص والمزايا التي يتميز فيها المنتج عن المنتجات المنافسة؟
5. ما هي الخصائص والجوانب التي تجعل المنتج أقل سمعة وأقل إقبالا عليه من قبل المنتفعين بالمقارنة بالسلع أو الخدمات المنافسة؟
6. أي من مزايا المنتج تعتبر مزايا تنافسية تميزه عن غيره من السلع أو الخدمات المنافسة؟
7. أي من خصائص المنتج تعتبر عيبا أو نقصاً إذا ما قورنت بخصائص السلع أو الخدمات المنافسة؟
8. ما هو مستوى الإقبال على المنتج مقارنة بمستوى الإقبال على منتجات المنافسين؟
9. ما هو مستوى سمعة المنتج مقارنة بسمعة منتجات المنافسين؟

تقييم المنتج من منظور المؤسسة:

من الممكن تقديم منتجات أو خدمات للمنتفعين تشبع حاجاتهم بمستويات أفضل من المنتجات المنافسة ولكنها قد لا تحقق أهداف المؤسسة. لذلك لا بد من التأكد من أن المنتجات أو الخدمات المقدمة للسوق مرغوبة من قبل المنتفعين وفي ذات الوقت تحقق العوائد الاقتصادية التي تلبي متطلبات بقية الأطراف ذات المصالح المشروعة في المؤسسة.

إن نجاح المنتج هو بالدرجة الأولى ثمرة جهود قادة وخبراء العمليات الرئيسية

(137) السيد، 1990، ص162

الثلاثة، لذلك لا بد أن يشترك في تقييم المنتج نخبة منهم تكفل التقييم الدقيق والصادق والصحيح للمنتج من مختلف الجوانب التي تهم المؤسسة ككل والتي تهم كل عملية من تلك العمليات. وعلى هذا الفريق أن يقوم بإعداد التقييم النهائي للمنتج الذي يتضمن حصيلة تقييمه في كل الجوانب المتعلقة بالمنتفعين والمقارنة بالمنتجات المنافسة والتقييم من جهة قادة وخبراء المؤسسة للمنتج مع التأكيد على إجراء التوافق والتكامل بين هذه الجوانب بما يكفل التقييم الدقيق والصادق للمنتج.

ويشمل تقييم المنتج من منظور المؤسسة تحديد المزايا والمنافع والخصائص والعناصر المتعلقة بالمنتج التي تؤدي إلى تحقيق أهداف المؤسسة، ومن أهم هذه العناصر ما يلي:

1. حجم الإنتاج ونموه خلال السنوات السابقة.

2. حجم المبيعات من وحدات المنتج / حصة المؤسسة / نمو المبيعات خلال السنوات الماضية.

3. تكلفة الإنتاج / تكلفة وحدة المنتج.

4. سعر المنتج وتغيره خلال السنوات السابقة.

5. دخل المبيعات.

6. الأرباح والعوائد الاقتصادية الناجمة عن إنتاج وتسويق المنتج.

ومن المفيد عند إجراء هذا التقييم طرح مجموعة من الأسئلة التي تمثل إجاباتها تقييما للمنتجات أو الخدمات المقدمة من حيث المنافع والفوائد التي تقدمها للمؤسسة ومن أهم هذه الأسئلة ما يلي:

1. هل حجم الإنتاج الفعلي متطابق مع الحجم المستهدف؟ هل يتم تحقيق معدلات الإنتاج المستهدفة.

2. هل يوجد نمو في حجم الإنتاج خلال السنوات السابقة أو انكماش أو تذبذب؟ وما أسباب ذلك؟

3. هل حجم الإنتاج يعبر عن الاستغلال الأمثل للطاقة الإنتاجية للمصانع والخطوط والأصول الإنتاجية؟ (نسب استغلال الطاقة الإنتاجية)

4. ما هي حصة مبيعات المؤسسة في السوق؟

5. هل تم بيع كل الكميات المنتجة؟ أم أن هناك مخزون كبير راكد من المنتجات؟ ما هي العوامل التي أدت إلى ذلك في أي من الحالتين؟

6. هل تكلفة الإنتاج في حدود التكاليف المقدرة في الخطة؟ هـل يوجـد ارتفـاع أو انخفـاض في تكاليف الإنتاج خلال السنوات السابقة؟

7. هل تكلفة وحدة المنتجات تعادل متوسط التكلفة في الصناعة أو أعلى أو أقل؟

8. هل سعر المنتج مناسب مقارنة بأسعار السلع المنافسة؟ مقارنة بالتكاليف المقدرة؟ومقارنـة بالإيرادات المستهدفة؟

9. هل دخل المبيعات مطابق للمستويات المستهدفة؟ هل يوجد نمـو في دخـل المبيعـات خلال السنوات السابقة أو انكماش؟ وما سبب ذلك؟

10. أي مرحلة من مراحل حياة المنتج يمر بها المنتج حاليا؟

11. هل المنتج حاليا يساهم في تحقيق دخل المؤسسة وعوائدها الاقتصادية؟ مـا هـي نسبة مساهمته؟

12. متى تصبح مساهمته لا تبرر استمرار إنتاجه؟ متى يجب التوقف عن إنتاجه؟

دراسة وتقييم تشكيلة المنتجات المقدمة:

ومن القضايا الإنتاجية المهمة والتي تعتبر من القضايا المهمة المشتركة للعمليات الرئيسية الثلاثة هي تحديد التشكيلة المثلى من المنتجات المقدمة، أي تحديد الأصناف التي ينبغي إنتاجها من بين المجموعـات الواسعة من الأصناف التي يمكن إنتاجها، والكميات الملائمـة مـن كـل صنف. وتتمثل هـذه القضية في الاختيار الأفضل من بين المنتجات البديلة في ظل الفرص والظروف الخارجية والقدرات والإمكانيات والموارد والعوامل الداخلية[138]. وعموما فإن التشكيلة المثلى للمنتجات المقدمة هـي التـي تأخـذ في الاعتبار هـذه العوامل وتحقق أقصى قدر ممكن من العوائد الاقتصادية.

وعند تقييم مزيج المنتج ينبغي التوصل إلى الإجابات المناسبة للأسئلة التالية:

1. هـل تـؤدي التشـكيلة الحاليـة للمنتجـات إلى تحقيـق الإيـرادات والعوائـد الاقتصادية المستهدفة؟ وهل يمكن أن تؤدي إلى مستويـات أعلى من الإيرادات والعوائد الاقتصادية؟

2. هل تؤدي التشكيلة الحالية إلى إشباع حاجات ورغبات القطاعات

---

(138) فايد، 1990، ص427.

والشرائح المستهدفة من المنتفعين؟[139]

3. هل تساهم التشكيلة الحالية في تخفيض تكاليف الإنتاج؟ أم كانت سببا في ارتفاع هذه التكاليف؟
4. هل يوجد درجة عالية من التوافق والتكامل بين منتجات التشكيلة الحالية في الأسواق؟ أم يوجد تعارض بين بعضها؟ (زيادة حجم المبيعات لبعض المنتجات على حساب الآخر).
5. هل منتجات التشكيلة الحالية متوافقة من ناحية مراحل دورة الحياة التي يمر بها كل منتج فيها؟ وهل كل المنتجات مستهلكة وآيلة للانتهاء؟ وهل كلها في مرحلة النمو؟
6. هل توجد منتجات مستهلكة وفي حكم المنتهية وتمثل عبئا على المؤسسة أو ستصبح عبئا في المستقبل القريب؟
7. هل تساهم التشكيلة الحالية في الاستغلال الأمثل للطاقة الإنتاجية للمصانع وخطوط الإنتاج والأصول الإنتاجية؟
8. هل تتركز كل أو أغلب المنتجات في مجال تخصص المؤسسة ونشاطها الرئيسي؟ أم أنها تنتمي إلى مجالات وتخصصات مختلفة؟
9. هل تستفيد التشكيلة الحالية الاستفادة المثلي من القدرات والمعارف والمهارات والتقنيات والأنظمة المتاحة؟
10. هل يجب إدخال تغييرات على التشكيلة الحالية للمنتجات؟ وما هي هذه التغييرات؟

ويتوصل فريق التخطيط وفقا لهذا التقييم إلى تحديد عناصر القوة والضعف الخاصة بنتائج ومخرجات العملية الإنتاجية ويبين الجدول رقم (3.1) أمثلة لهذه العناصر.

تقييم قدرات العملية الإنتاجية:

يتطلب تحقيق مستهدفات الإنتاج توفر الأصول والتجهيزات التي تمكن من إنتاج المنتجات والخدمات التي تقدمها المؤسسة بالكميات والمواصفات المناسبة لاحتياجات المنتفعين بها والمناسبة لتحقيق أهداف المؤسسة. ويعتمد تحقيق مستهدفات الإنتاج على مدى القدرة على استغلال المصانع والأصول والتجهيزات

(139) السيد، 1990، ص151

والموارد المستعملة في العملية الإنتاجية ومدى حمايتها وصيانتها بما يكفل فعالية وكفاءة أداء هذه العملية. وفي ما يلي يتناول البحث دراسة وتقييم الأصول والتجهيزات الإنتاجية ومدى حمايتها وصيانتها واستغلالها في تحقيق مستهدفات الإنتاج.

تقييم قدرات ومستوى استغلال الأصول والطاقة الإنتاجية:

تعتبر الأصول الإنتاجية هي تلك الأصول الثابتة التي تم شراؤها وتركيبها أو اقتناؤها منذ إنشاء المؤسسة لغرض تسير العملية الإنتاجية وتحقيق نوع وحجم الإنتاج المستهدف. كما تشمل

كل الأصول التي تم استبدالها أو إضافتها خلال عمليات تحديث أو توسع ونمو المؤسسة. وتتضمن الأصول الإنتاجية ما يلي:

1. المصانع والخطوط الإنتاجية ومرافقها وما تتضمنه من معدات وآلات وتجهيزات خاصة بالعملية الإنتاجية أو تخدمها.
2. الأراضي المخصصة للوحدات الإنتاجية ومرافقها والخدمات التي تدعمها.

الجدول رقم (3.1) عناصر القوة والضعف الخاصة بنتائج ومخرجات العملية الإنتاجية

عناصر القوة	عناصر الضعف
1. حجم الإنتاج يصل إلى 85% من المستوى المستهدف والذي يعتبر مرضيا مقارنة بأداء المرحلة السابقة. 2. معدلات إنتاج جيدة. 3. دخل المبيعات يصل إلى 80% من المستويات المستهدفة. 4. معدلات تكلفة وحدة المنتج لأغلب المنتجات في حدود المتوسط في الصناعة. 5. مستوى جودة وسمعة جيدة لمنتجات الحاسوب الشخصي والهاتف	1. حجم الإنتاج نسبة إلى الطاقة الإنتاجية لبعض المنتجات يدل على تدني استغلال الطاقة الإنتاجية وذلك في وحدات إنتاج الجهاز المرئي ومكيف السيارة والمذياع. 2. تدني سمعة وجودة الآلة الحاسبة وتدني الطلب عليها. 3. تكرار شكاوي المنتفعين حول جهاز المذياع. 4. ارتفاع تكلفة إنتاج الجهاز المرئي ومكيف السيارة والمذياع.

المحمـول ومسـجل السـيارة والهـاتف الأرضي ومنظم الكهرباء وجهاز التكييف المنزلي. 6. وضع عام جيد في السوق بالنسـبة لــ 60% من المنتجات المقدمة يدل على مستوى جيد لثقـة ورضاء المنتفعين عن تلك المنتجات المؤسسة. 7. مستوى جيد للخدمات المقدمة مع أغلـب المنتجات. 8. حصة جيدة ومتنامية لـ 40% من منتجـات المؤسسة. 9. معـدلات تكلفـة وحـدة المنـتج مـن جهـاز الهاتف المحمول ومسجل السيارة أقل من متوسط الصناعة بنسبة 15%.	5. بعض المنتجات دخلت في مرحلـة الانحـدار وأصبحت الآلة الحاسبة عبئا على المؤسسـة، وربما يصبح جهـاز المـذياع غير مجـد اقتصـاديا خـلال مرحلة التحول. 6. عدد غـير متكامـل مـن تشـكيلة المنتجـات المقدمة. 7. مستوى أسـعار بعـض المنتجـات أعـلى مـن أسعار نظيراتها في الصناعة. 8. مستوى متدني للتقنية المستعملة في بعـض المنتجات.

3. المباني والإنشاءات المدنية المخصصة للعمليات الإنتاجية ومرافقها وخدماتها[140].

وجميع هـذه الأصـول الماديـة ملـك لأصحاب الأسـهم، وتوجـد أصـول أخـري مهمـة غـير ماديـة مثـل المعلومات المتراكمة لدى المؤسسة في مجالات نشاطها، والأسـاليب والأنظمـة والطـرق الإنتاجيـة والتقنيـات المستخدمة وهي نتاج تفاعل فكر وجهـود العـاملين في اسـتغلال مـوارد وأصـول المسـاهمين وبالتـالي فهـي ملكية مشتركة تحكمها المصالح المشـتركة ومبـدأ لا ضرر ولا ضِرار. وطاقـة الأصـول الإنتاجيـة هـي الطاقـة الإنتاجية للمؤسسة وهي أقصى كمية إنتاج يمكن إنتاجها خلال فترة زمنية محددة[141].

ويجب تحديد واستغلال الطاقة الإنتاجية من خلال تحديد وتحقيق الحجم الاقتصـادي الأمثـل للإنتـاج وهو ذلك الحجم الذي يتحقق عنده تخفيض تكلفة الوحدة

(140) Gaither, 1992, p212

(141) فايد، 1990، ص 37، 228

إلى أدنى حد ممكن.

ويتحقق الحجم الاقتصادي الأمثل من خلال:

1. الطاقة الإنتاجية المناسبة.
2. استعمال التقنية الحديثة المناسبة.
3. التخفيض إلى أدنى حد ممكن من حجم وتكاليف العمليات المساندة مع التأكد من تحقيق دعمها الكافي والمناسب للعملية الإنتاجية.
4. الارتقاء بمستوى أداء ومعارف ومهارات وسلوكيات العاملين.

العوامل المؤثرة على حجم الطاقة الإنتاجية:

وفي ما يلي عرض لأهم العوامل التي تؤثر في حجم الطاقة الإنتاجية في المؤسسة[142]:

1. طاقة الأصول الإنتاجية.
2. مستوى استغلال الأصول الإنتاجية.
3. طبيعة ودرجة حداثة وتقدم المعدات والآلات والتجهيزات المستعملة.
4. طبيعة وخواص المواد الخام والمواد الداخلة في الإنتاج.
5. طرق وأساليب الصنع والتقنية المستعملة.
6. درجة تخصص المشروع.
7. مستوى معارف ومهارات وقدرات وسلوكيات العاملين.
8. مستوى تنظيم العمل والإنتاج.

ومما يجدر الانتباه إليه هو أن الطاقة الإنتاجية الفعلية تحددها أضعف عواملها وليس أقواها، حيث أن العوامل الضعيفة تعمل على سحب العوامل القوية إلى مستواها. ويستدعي ذلك أهمية النظر في هذه العوامل وتقويتها إلى المستويات التي تحقق الطاقة الإنتاجية التصميمية أو الطاقة المثلى[143].

والتحسينات المتعلقة بالطاقة الإنتاجية يمكن تحقيقها بزيادة الطاقة الإنتاجية من خلال التوسع والنمو، وكذلك بتحسين مستوى استغلال الطاقة الإنتاجية الذي يتمثل في النسبة المئوية لحجم الإنتاج الفعلي إلى حجم الطاقة الإنتاجية وذلك من خلال:

---

(142) فايد، 1990، ص 372
(143) المرجع السابق، ص 377

- تخفيض وقت العمل اللازم لإنتاج وحدة المنتجات.
- تحسين مستوى استخدام وقت عمل الآلات والمعدات الإنتاجية وذلك بتخفيض معدلات العطلات والتوقفات، وتخفيض وقت التحميل غير المنتج.

ولتقييم مدى ملاءمة الأصول الإنتاجية ومدى فاعليتها في تحقيق أهداف العملية الإنتاجية يتم طرح الأسئلة التالية والبحث عن الإجابات الصحيحة لها[144]:

أ. المصانع والخطوط والمعدات والآلات والتجهيزات الإنتاجية.

1. هل المصانع والخطوط والمعدات والتجهيزات الإنتاجية في حالة جيدة؟
2. هل تعتبر هذه الأصول حديثة أم قديمة؟ (العمر، النوع، سنة الصنع)
3. هل توجد اختناقات وتدني في الإنتاج بسبب حالتها أو قدمها؟
4. هل يلزم استبدالها أو استبدال بعضها للمحافظة على معدلات وكميات الإنتاج المستهدفة؟
5. ما هو مستوى استغلال الطاقة الإنتاجية لهذه الأصول؟
6. ما هي العناصر التي مكنت المؤسسة من الاستغلال الأمثل للطاقة الإنتاجية؟
7. ما هي العناصر التي سببت في تدني استغلال الطاقة الإنتاجية؟
8. ما هي العناصر التي كانت سببا في ارتفاع تكاليف الإنتاج؟

ب. الأراضي والمباني والإنشاءات المدنية المخصصة للعملية الإنتاجية

1. هل موقع هذه الأراضي والمباني والإنشاءات مناسب من ناحية المواد الخام ومستلزمات الإنتاج ومن ناحية الأسواق؟
2. هل مساحة هذه الأصول كافية لنشاطات العملية الإنتاجية والعمليات المساندة لها؟
3. هل يتم استغلال هذه الأصول بشكل اقتصادي بأفضل ما يمكن؟
4. هل توجد اختناقات ومشاكل بسبب نقص هذه الأصول أو حالتها؟
5. هل يوجد فائض في هذه الأصول يمكن من توسع ونمو العملية الإنتاجية وزيادة الإنتاج؟

---

(144) السيد، 1990، ص162

التقنية المناسبة:

تعني تقنية الإنتاج المتقدمة استعمال أحدث الاكتشافات العلمية والهندسية في تصميم العمليات الإنتاجية[145]. لقد أدت التقنية والأتمته الحديثة إلى تغيير الاعتقاد بأن إنتاج الحجم الكبير لنفس المنتج أو منتجات متماثلة يمكن من تخفيض التكاليف، كما أدت إلى القناعة بأن أنظمة الإنتاج المرن قادر على إنتاج دفعات صغيرة من المنتجات المصممة خصيصا لتلبية احتياجات خاصة بالمنتفعين في أسرع وقت. إن التقنية والأتمته المتقدمة تمكن من تحقيق عناصر الأداء الآتية:

- فعالية ومرونة عالية للعملية الإنتاجية
- جودة عالية للمنتج
- خدمات أفضل للمنتفعين وفي وقت أسرع
- تقليل التكاليف وتحقيق الإنتاج الاقتصادي[146]

وفي أنظمة الإنتاج الحديثة التي تستعمل تقنيات متقدمة ومستويات عالية من الأتمتة يتم برمجة الآلات وخطوط الإنتاج أو الوحدات الإنتاجية بكاملها بمنظومات الحاسوب لتوفر الوقت والجهد وتؤدي إلى تحقيق فعالية وكفاءة عالية في الإنتاج وتخفيض التكاليف[147]. وينبغي اختيار وتحديد التقنية المناسبة التي يمكن أن تتدرج من التقنية البسيطة والمتوسطة إلى التقنية العالية وفقا لطبيعة نشاط المؤسسة والمجتمع الذي تعمل فيه، كما يجب تحقيق التوازن بين مستوى التقنية والأتمتة وإتاحة فرص العمل في المجتمعات التي تخدمها المؤسسة.

ومن الأسئلة التي تفيد في تقييم فعالية العملية الإنتاجية ومدى نجاحها في استغلال الأصول والقدرات والإمكانيات المسخرة لهذه العملية والتقنيات المستعملة فيها الأسئلة التالية:

1. هل التصميم الحالي للعملية الإنتاجية يحقق الاستغلال الأمثل للطاقات والقدرات الإنتاجية؟
2. هل حان الوقت للمراجعة الشاملة وإعادة تصميم العملية الإنتاجية أو

(145) Gaither, 1992, p174

(146) المرجع السابق، ص197
(147) المرجع السابق، ص190

إجراء تعديلات وتحسينات جزئية؟

3. هل يتم استعمال أساليب وطرق إنتاج مناسبة؟

4. هل يتم تطوير معارف ومهارات وقدرات قادة وخبراء الإنتاج بالمستويات التي تضمن تحقيق فعالية وكفاءة عالية للعملية الإنتاجية؟

5. هل يُعد تخطيط المصنع أو ورش الإنتاج ملائما للعملية الإنتاجية؟[148]

6. ما هو تقييم طول دورة إنتاج المنتج مقارنة بالمنافسين؟

7. هل يتم الاستفادة من مزايا التبسيط والتنميط عند تصميم العملية الإنتاجية وتصميم المنتج وأجزائه وتشكيلة المنتجات؟

8. هل توجد اختناقات في العملية الإنتاجية؟

9. هل يحدث تذبذب في جداول الإنتاج؟

10. ما هي أسباب هذا التذبذب والاختناقات؟ هل هي ناتجة عن تقلبات فصلية أو موسمية؟ أو تقلبات دورية، سوء تخطيط وتنظيم وتسيير العملية الإنتاجية، قِدم المعدات والتجهيزات، عدم ملاءمة تصميم العملية الإنتاجية...؟

11. ما هي المؤشرات التي تدل عليها نتائج تحليل تكلفة وحدة المنتج عبر السنوات الماضية ومقارنة بأداء المنافسين والمتوسط في الصناعة؟

12. ما هو مستوى واتجاه الفاقد المتمثل في القدرات المعطلة من الأصول والعاملين والفاقد في المواد والمنتجات تحت التصنيع والمنتجات النهائية؟

13. هل يوجد نظام معلومات جيد ومستغل ويخدم العملية الإنتاجية؟

14. هل يستخدم هذا النظام في مراقبة وتحسين فعالية العملية الإنتاجية؟ هل يتم تطويره باستمرار؟

15. هل يوجد نظام جيد لمراقبة وتخفيض تكاليف الإنتاج؟ هل يتم تطبيق بفعالية وتحسينه باستمرار؟

16. هل يوجد نظام فعال لضمان الفعالية الشاملة للعملية الإنتاجية؟

17. هل هو متوافق ومتكامل مع سياسات وإجراءات الفعالية الشاملة على

---

(148) السيد، 1990، ص 163

مستوى المؤسسة وعملياتها الأخرى؟ هل يتم تطبيقه بفعالية وتحسينه باستمرار؟

18. هل يتم إعداد طرق عمل قياسية تكفل فعالية العملية الإنتاجية؟ هل يتم الالتزام بالعمل لها؟ هل يتم مراجعتها وتطويرها باستمرار؟

19. ما هي درجة حداثة وتقدم الأنظمة والأساليب والطرق الإنتاجية المستعملة؟

20. ما هي درجة حداثة وتطور الآلات والمعدات والتجهيزات المستعملة في العملية الإنتاجية؟

21. ما هو مستوى حداثة وفعالية التقنية المستعملة؟

22. ما هو مستوى حداثة وتطور الآلية والتحكم والمراقبة والسيطرة في العملية الإنتاجية؟

23. ما مدى ملاءمة مستوى التقنية والأتمته المستعملة لنشاط ورسالة وأهداف واستراتيجيات المؤسسة؟

تقييم مستوى حماية وصيانة الأصول والممتلكات والمصانع:

من أهم مسئوليات قادة وخبراء المؤسسة وسائر العاملين بها حماية الأصول والممتلكات والمصانع. ويمكن تصنيف مستويات مسئولية الأمانة العظيمة الملقاة على عاتق العاملين بالمؤسسة في هذا الشأن إلى 3 مستويات رئيسية:

1. حماية وصيانة موارد ومصالح الأطراف المستفيدة من المؤسسة وفي مقدمتها أصول وممتلكات وأموال المساهمين.

2. الاستغلال الأمثل للقدرات والأصول والموارد الحالية من خلال التسيير الفعال لعمليات المؤسسة والوصول إلى النتائج المستهدفة التي تحقق الرضاء المتوازن لتلك الأطراف من خلال الالتزام بمبدأ: إيتاء كل ذي حق حقه. وتم في الفقرة السابقة تناول تقييم مستويات استغلال الأصول والتجهيزات الإنتاجية.

3. تنمية وتطوير الممتلكات والأصول والتجهيزات والقدرات الإنتاجية بهدف التوسع في نشاط المؤسسة ونتائجها المستهدفة وفقا لخطط التحول بما يلبي طموحات كافة الأطراف المستفيدة، وهذا ما سيتم تحديده من خلال عملية التخطيط الإستراتيجي للتحول التي يتناولها مجمل هذا البحث.

الحماية:

يتضمن التقييم الذاتي لأداء وقدرات المؤسسة تقييم مستوى حماية وصيانة مصانع وأصول وموارد المؤسسة. ويعني المفهوم الأشمل للحماية هنا حماية الأطراف ذات المصالح المشروعة في المؤسسة ومصالحهم وكل من وما له علاقة تأثير أو تأثر بعمليات المؤسسة. وتتضمن حماية الأفراد والممتلكات والبيئة، ويتم ذلك بتحقيق التوافق الأمثل بين شقي قاعدة "لا ضرر ولا ضرار" التي تؤكد على دفع ضرر الآخرين عن المؤسسة ومنع الأضرار التي يمكن أن تنجم عن نشاط المؤسسة عن الآخرين وأغلبها يتعلق بنشاط العملية الإنتاجية.

إن الشراكة الفعالة بين العاملين ومؤسستهم وبين بقية الشركاء تؤكد حماية الجميع، ولكن يتحمل العاملون مسئولية خاصة بشأن حماية البيئة والأفراد والممتلكات ذات العلاقة بنشاط المؤسسة. وفي ما يلي بيان للأطراف التي يتعين على العاملين حمايتهم أو حماية مصالحهم:

1. حماية العاملين لأنفسهم أثناء قيامهم بتسيير العملية الإنتاجية بمراعاة أسس وقواعد الصحة والسلامة في كل ما يتعلق بتصميم العملية الإنتاجية ومدخلاتها وتسييرها ومخرجاتها.

2. حماية أصول وموارد وأموال ومصالح المساهمين.

3. حماية الرصيد الاستراتيجي المتراكم والمتمثل في المعارف والمعلومات والتقنيات والأنظمة والأساليب المستعملة في المؤسسة.

4. حماية حقوق وموارد الأطراف الأخرى وفي مقدمتهم الموردين وذلك فيما يتعلق بالمواد والمعدات والأدوات المؤجرة أو المستعارة أو التراخيص وحقوق الملكية..الخ.

5. حماية المنتفعين من المنتج وحماية كل من له علاقة بتوزيع أو بيع أو مناولة أو استعمال المنتج أو معالجته أو التخلص من نفاياته.

6. حماية المجتمع والبيئة والكائنات المحيطة من نشاط العملية الإنتاجية ونتائجها مثل الغازات والغبار والمواد الكيماوية والإشعاعات وغيرها من العوامل التي تسبب تلوثا للبيئة وأضرارا لأفراد المجتمع والكائنات والممتلكات.

7. وفي حياة البشر لا يمكن منع الخطأ مطلقا كما لا يمكن منع الضرر مطلقا،

ولكن يجب أن يحرص الجميع على أن يكون الضرر في أدنى مستوى ممكن.

صيانة الأصول والموارد الإنتاجية:

تؤدي الأعطال التي تحصل لآلات وتجهيزات الإنتاج بسبب تدني مستوى أداء وفعالية الصيانة إلى تـدني الطاقة الإنتاجية وارتفاع تكاليف الإنتاج، وتدني جـودة المنتجـات والخدمات وبالتـالي تـدني مسـتوى رضـاء المنتفعين، كـما تـؤدي أيضـا إلى ارتفـاع مسـتوى المخـاطر واحتمالات حصـول الحـوادث الضـارة بـالأفراد والممتلكات[149]. لذلك تهدف أعمال الصيانة إلى تحقيق جملة من الأهداف التي تؤكد وتساهم في نجـاح العملية الإنتاجية وأهمها:

1. المحافظة على المنفعة والإنتاجية القصوى للأصول والموارد الإنتاجية.
2. منع تدني مستوى استغلال الطاقة الإنتاجية للأصول.
3. التقليل من التكاليف ومنع تدني مستوى الأداء الاقتصادي للأصول.
4. تأكيد كفاءة وفعالية استغلال الأصول وتحقيق مستويات الجودة المستهدفة.
5. التقليـل إلى أدنى حـد ممكـن مـن معـدل اسـتهلاك الأصول وبالتـالي إطالـة العمـر الإنتـاجي الاقتصادي للأصول.
6. تأكيد سلامة الأصول والتي تساهم سلامتها في تحقيق سلامة الأفراد والممتلكات والبيئة.

ولضمان نجاح أعمال الصيانة في تحقيق هذه الأهداف ينبغي تخطيط وتنظيم وتنفيذ مهام ونشـاطات الصيانة التي تتمثل في المزيج الأمثل من أنواع الصيانة الآتية:

1. الصيانة الدورية المخططة.
2. الصيانة الوقائية.
3. الصيانة التنبؤية.
4. الصيانة الشاملة والعمرات والإصلاح.

وفي المؤسسات الناجحة التي تحرص عـلى تحقيـق فعاليـة العمـل الجماعـي يشـترك خـبراء التشـغيل والصيانة في مراقبة أداء المعـدات والآلات ويتعـاونوا جميعـا في إجـراء مختلـف أنـواع الصيانة وفي تحليـل ومعالجة المشاكل ووضع الحلول الجذرية

---

(149) Gaither, 1992, p730

والاقتصادية لها. إنهم جميعا يعملون معا في القيام بمراقبة وفحص وتعديل وصيانة التجهيزات والمعدات الإنتاجية في مراحل مبكرة وقبل أن تحصل أعطال ومشاكل كبيرة تؤدي إلى توقف الإنتاج وتكبد خسائر [150].

إن مراقبة الأصول ومستوى أدائها واستعمال الأساليب والتقنيات الحديثة في الفحص والتفتيش ومراقبة الأداء لمعرفة الانحرافات في مرحلة مبكرة كل ذلك يساعد في التحديد المبكر لما يجب عمله من أعمال صيانة في المواعيد التي تتفق مع برامج وخطط الإنتاج الأمر الذي يقلل إلى أدنى حد من التوقفات الطارئة وغير المخططة ويساهم في زيادة الإنتاج وتحسين معدلات الأداء، وتقليل التكاليف. وبهذا المفهوم يمكن اعتبار أن وظيفة الصيانة جزءا لا يتجزأ من التسيير الفعال للعملية الإنتاجية.

أسئلة متعلقة بتقييم فعالية صيانة الأصول والقدرات الإنتاجية:

1. هل يتم اختيار وتطبيق المزيج الأمثل من أنواع الصيانة؟
2. هل تساهم الصيانة بفعالية في تحقيق مستهدفات العملية الإنتاجية؟
3. هل تساهم الصيانة بفعالية في تقليل التوقفات الطارئة والأعطال والفاقد والتكاليف؟
4. هل يتم استخدام الأساليب والطرق والتجهيزات والأدوات المتطورة والفعالة في أعمال الصيانة؟
5. هل يتم توريد قطع الغيار ومستلزمات الصيانة في الوقت المناسب؟
6. هل يوجد مخزون احتياطي مناسب من هذه المواد لمواجهة حالات الطوارئ؟
7. هل يتم استخدام الأساليب والطرق والتجهيزات والأدوات المتقدمة في إعمال الصيانة؟
8. هل يتم تطوير معارف ومهارات وقدرات خبراء الصيانة بالمستويات التي تضمن تحقيق فعالية وكفاءة عالية للصيانة [151]؟

أسئلة متعلقة بتقييم فعالية حماية الأفراد والأصول والقدرات الإنتاجية:

1. ما هو مستوى حماية العاملين لأنفسهم أثناء تسييرهم للعملية الإنتاجية

---

(150) Gaither, 1992. p729

(151) Applied Management Engineering, PC, and Kaiser, 1991, p37 - 73

ومستوى وحماية كل الأفراد ذوي العلاقة بالعملية الإنتاجية داخل المؤسسة وخارجها؟

2. ما هو مستوى حماية أصول وموارد وأموال ومصالح المساهمين وبقية الأطراف ذات المصالح المشروعة؟
3. ما هو مستوى حماية المنتفعين من المنتج؟ ومن نفاياته؟
4. ما هو مستوى حماية كل من له علاقة بالمنتج من خلال توزيعه أو نقله أو بيعه أو تخزينه أو مناولته أو استعماله أو معالجته أو صيانته أو التخلص منه أو من نفاياته؟
5. ما هو مستوى حماية المجتمع والبيئة من آثار العملية الإنتاجية؟

ويخلص فريق تخطيط الإنتاج إلى تحديد عناصر القوة والضعف المهمة المتعلقة بقدرات العملية الإنتاجية، ويبين الجدول التالي أمثلة لهذه العناصر.

تقييم مدخلات وموارد العملية الإنتاجية:

تعتمد نتائج العملية الإنتاجية على توفر المدخلات المناسبة لها. أي أن النتائج المستهدفة من العملية الإنتاجية لا يمكن تحقيقها إلا إذا توفرت المدخلات والموارد ومستلزمات الإنتاج بالأحجام والمواصفات المناسبة وفي الأوقات والتكلفة المناسبة.

وإذا تمكن قادة وخبراء الإنتاج من توفير المدخلات المناسبة بالشروط المشار إليها وتحقيق الفعالية الشاملة للعملية الإنتاجية فإنه يمكنهم تحقيق حجم الإنتاج المستهدف بالمواصفات

الجدول رقم (3.2) عناصر القوة والضعف الخاصة بالعملية الإنتاجية ذاتها

عناصر القوة	عناصر الضعف
1. 30% من الوحدات الإنتاجية تمتلك احدث المصانع والتجهيزات والتقنيات والأساليب الإنتاجية في الصناعة وهي وحدات إنتاج الحاسوب الشخصي- والهاتف المحمول ومسجل السيارة. 2. مستويات مقبولة لمعدلات الفاقد والأعطال والتوقفات في 70% من	1. مصانع الجهاز المرئي وجهاز مكيف السيارة متقادمان وتجهيزاتهما مستهلكة. 2. تكلفة وحدة المنتج من المذياع والجهاز المرئي ومكيف السيارة أعلى من متوسط الصناعة بنسبة 20%.

الوحدات الإنتاجية. 3. قدرات جيدة في التصميم والتصنيع والإنتاج باستعمال الحاسوب في 30% من الوحدات الإنتاجية. 4. معدلات تكلفة وحدة المنتج من جهاز الهاتف المحمول ومسجل السيارة أقل من متوسط الصناعة بنسبة 15%. 5. معارف وخبرات وقدرات وقيم وسلوكيات متميزة لدى الكثير من خبراء الإنتاج. 6. مستويات عالية لاستغلال الطاقة الإنتاجية في 60% من الوحدات الإنتاجية. 7. مستوى أداء جيد في صيانة الأصول والمصانع والتجهيزات الإنتاجية في 70 % من الوحدات الإنتاجية. 8. مستويات أداء جيدة في السلامة والنظافة والنظام والترتيب. 9. قدرات جيدة في التصميم والتصنيع والإنتاج باستعمال الحاسوب في 60% من الوحدات الإنتاجية. 10. توفر ظروف عمل جيدة في 70% من مواقع العمل الإنتاجية. 11. أغلب مواقع الوحدات الإنتاجية ملاءمة لأسواق المؤسسة.	3. تجهيزات وأنظمة حاسوب متقادمة في مصانع الجهاز المرئي وجهاز مكيف السيارة. 4. تدني مستوى استغلال الطاقة الإنتاجية المتاحة في مصانع المذياع والجهاز المرئي ومكيف السيارة. 5. تدني مستوى التقنية المستعملة في مصنع الآلة الحاسبة والمذياع والجهاز المرئي. 6. عدم وجود أنظمة فعالة للمعلومات والمراقبة ومحاسبة التكاليف في أغلب الوحدات الإنتاجية. 7. عدم وجود برامج فعالة لتخفيض التكاليف في 30% من الحدات الإنتاجية. 8. الافتقار إلى وجود نظام جيد لضمان الفعالية والجودة الشاملة في الوحدات الإنتاجية. 9. وجود اختناقات في وحدات إنتاج المذياع والجهاز المرئي ومكيف السيارة تؤدي إلى تدني حجم الإنتاج وارتفاع التكاليف.

والخصائص والمزايا المناسبة لاحتياجات المنتفعين وفقا للتكاليف والجداول الزمنية المحددة. وبذلك يمكن للعملية الإنتاجية أن تساهم بفعالية في تحقيق الأهداف الإستراتيجية للمؤسسة.

وتشمل مدخلات وموارد العملية الإنتاجية العناصر الآتية:

1. العقول والقوى العاملة المسيرة للعملية الإنتاجية.
2. المواد التي يتم استعمالها مباشرة أو غير مباشرة في إنتاج المنتجات والخدمات التـي تقـدمها المؤسسة[152]. وتتضمن هذه المواد وفقا لمجال الإنتاج ما يلي:
   ▪ مواد ومستلزمات البحث عن المواد الخام واستخراجها وتجهيزها.
   ▪ المواد الخام والمستلزمات المطلوبة لإنتاج منتجات نصف مصنعة.
   ▪ المواد الخام أو المستلزمات أو المنتجات النصف مصنعة اللازمة لإنتاج منتجات نهائية.
3. المعلومـات الكافيـة والصحيحة عـن المنتجـات المطلوبـة في الأسـواق المسـتهدف خـدمتها (المواصفات، الخصائص، المزايا، التصميم...).
4. الموارد المالية الكافية لتوفير المواد والموارد الأخرى وتغطية تكاليف الإنتاج.
5. موارد ومدخلات أخرى مطلوب نقلها واستعمالها في العملية الإنتاجيـة مـن خـلال الشـراء أو التراخيص أو الاستشارة أو التدريب أو التقليد والمحاكاة ويمكن أن تشمل:
   ▪ المعارف والمهارات المستجدة.
   ▪ التقنيات الحديثة.
   ▪ الأنظمة والأساليب والطرق الإنتاجية الجديدة.

وقد يصعب على قادة وخبراء الإنتاج تـوفير كـل هـذه المـوارد بأنفسـهم لـذلك يتبـين أهميـة وجـود عمليات دعم ومساندة تضمن تدفق المدخلات والموارد المناسبة في الوقت المناسب للعملية الإنتاجية وذلك من أجل تأكيد استمرارية الإنتاج بـالحجم والمواصـفات المسـتهدفة والتكاليف المقـدرة. ومـن العمليـات المساندة للعملية الإنتاجية: عملية شراء وتوريد المواد، وعملية تخزين ومناولة المـواد، وعمليـات الشـحن والنقل الخارجي والداخلي، وعمليات شئون العاملين والمالية والخدمات وغيرها.

ومما يساعد في تحسين فعالية الإنتاج التأكد من توريد المواد ومستلزمات الإنتاج

---

(152) Gaither, 1992. p548

بالمواصفات والخصائص والشروط المناسبة لتحقيق الفعالية والكفاءة المستهدفة. ويمكن تحقيق ذلك من خلال بناء وتنمية علاقات شراكة جيدة بين المؤسسة ومجموعة من الموردين المناسبين لتوريد المواد التي تحتاج إليها والتي يسودها الثقة المتبادلة والتعاون المخلص لصالح الطرفين[153].

تقييم قدرات عملية شراء وتوريد المواد ومستلزمات الإنتاج:

يطرح فريق العمل المكلف بهذه المهمة مجموعة من الأسئلة ويعمل جاهدا على الحصول على الإجابات الدقيقة والصحيحة لها، وتشمل هذه التساؤلات ما يلي:

1. هل تعتمد المؤسسة على مورد واحد في توريد المواد الخام ومستلزمات الإنتاج أم لديها عدة خيارات مناسبة لتوريدها؟
2. هل يتم تحديد الموردين المناسبين؟ هل يتم تحديد العدد المناسب منهم، وخاصة الموردين للمواد الرئيسية؟[154]
3. ما هو مستوى فعالية الشراكة والتعامل مع هؤلاء الموردين؟
4. ما هو مستوى الاستفادة من الموردين؟
5. هل توجد شراكة أو علاقة جيدة مع الموردين وخاصة منهم الموردين للمواد الرئيسية والمهمة للإنتاج؟
6. ما هي درجة الشراكة؟ هل تصل إلى حد الاستثمار والمشاركة في رأس المال أو بعض المشروعات؟
7. ما مدى الحاجة لإنشاء وحدة إنتاجية لإنتاج بعض مستلزمات الإنتاج الحرجة؟
8. ما مدى سهولة وسرعة الحصول على المواد والخدمات بالكميات والجودة والأسعار المناسبة؟
9. هل توجد اختناقات في توريد المواد وشحنها ونقلها؟
10. هل تؤدي هذه الاختناقات إلى انخفاض الإنتاج أو تعثره أو توقفه أو ارتفاع تكاليفه أو تدني جودة المنتجات؟
11. هل توجد آلية فعالة ومطبقة لضمان الحصول على المواد والخدمات

(153) Gaither, 1992. p558

(154) Drucker, 1989 , p72

المناسبة بأقل تكلفة ممكنة؟

12. ما مدى فعالية تعيين الخبراء المناسبين؟ ما مدى فعالية تطوير معارف ومهارات وقدرات القائمين بمهام التوريد والتخزين ومناولة المواد؟

13. ما مدى تأثير الحصارات والقيود التي تفرضها بعض الـدول عـلى الشـعوب وخاصـة عـلى شعوبنا العربية والإسلامية؟

14. ما مدى الاستفادة من التسهيلات المحلية والإقليمية والعالمية؟

15. ما مدى تأثير أسعار صرف العملات في تكلفة شراء وتوريد المواد؟

16. ما هي درجة الاستفادة من توريد كميات كبيرة من المواد من المورد الواحد؟ [155]

17. ما مدى نجاح المـورد في تطبيـق أنظمـة الجـودة الشـاملة التـي تضـمن جـودة المنتجـات والخدمات الموردة؟

18. هل يوجد نظام جيد ومطبق لتحديد الكميات والمواصفات المطلوبة ومستندات الشراء والدراسة والمفاضلة والاختيار الجيد للموردين وفقا لمعايير محددة ومناسبة؟

19. هل يوجد نظام جيد ومطبق لتأكيد الجودة وسائر المواصفات المطلوبة في المواد المطلوب توريدها؟

20. ما مدى فعالية الاتصال بالموردين؟

ولتفادي التوقفات والأعطال في العملية الإنتاجية لا بد من تخزين المستوى المناسب من المواد بالقرب من المصنع أو الخط الإنتاجي والقيام بتوزيعها في الوقت والمكان المناسب ومراقبة المخزون من حيث طرق وأساليب التخزين وسلامة المواد وتكاليف التخزين وغيرها مـن عناصر فعاليـة وكفـاءة التخـزين [156]. وفي إطار تقييم عملية التخزين يقوم فريق التقييم المكلف بهذه المهمـة بإيجاد الإجابات الصـادقة والدقيقـة والصحيحة للأسئلة التالية:

1. هل يوجد نظام جيد ومطبق لتنظيم ومراقبة المخزون؟ هل يوجـد نظام معلومـات جيـد ومطبق يخدم المراقبـة الجيدة للمخزون وتحسين أداء عملية

---

(155) Wootton & Horne, 2001, p32

(156) Gaither, 1992, p565

التخزين؟

2. ما مدى التوازن بين مستوى المخزون والتوريد المباشر للمصنع أو خط الإنتاج؟

3. ما هو مستوى جودة وسلامة التخزين؟ هل يتم مراعاة التخزين المناسب لمختلف أنواع المواد؟ هل يتم مراعاة الأمن والصحة والسلامة في عملية التخزين؟

4. هل يوجد نظام جيد ومطبق للاستلام يضمن استلام المواد الموردة وفق المواصفات المحددة وإرجاع أو استبدال أو معالجة المواد المخالفة؟

5. هل تتوفر معدات وآليات المناولة المناسبة للمواد؟ هل يتم إتباع الطرق الصحيحة والسليمة في مناولة المواد؟

6. ما هو مستوى التعاون والتنسيق بين فرق عمليات الإنتاج والشراء والتوريد والنقل والتخزين والمناولة في توفير مستلزمات الإنتاج للمصنع أو الخط الإنتاجي بالكميات والمواصفات والمواعيد والتكاليف المناسبة[157]؟

7. هل يتم تخزين الكميات المناسبة من المواد الأولية، مستلزمات الإنتاج، الأجزاء، المنتجات تحت التشغيل، والمنتجات النهائية؟

8. ما هو مستوى التكاليف السنوية لتخزين المواد؟

9. ما هو مستوى التكاليف الإجمالية السنوية لتوريد ونقل وتخزين وتوزيع المواد[158]؟

تقييم الموارد المالية المتاحة للعملية الإنتاجية:

ومن الموارد المهمة للعملية الإنتاجية الموارد المالية اللازمة لتوفر مستلزمات الإنتاج وتسيير العملية الإنتاجية ومواجهة الحالات الطارئة. وكذلك الأرصدة المالية لدى المؤسسة المتاحة للاستثمار في تحسين وتطوير العملية الإنتاجية وتحسين مخرجاتها ونتائجها والاستثمار في نموها وتوسعها.

ويطرح فريق التقييم عدة أسئلة تتعلق بالموارد المالية أهمها:

1. ما مدى توفر الاعتمادات المالية اللازمة لتغطية المصروفات الخاصة بتوفير

---

(157) Hunger & Wheelen, 1999, p256
(158) Gaither, 1992, p570

الموارد ومستلزمات الإنتاج وتسيير العملية الإنتاجية؟

2. ما مدى توفر السيولة اللازمة في الوقت المناسب لتغطية الالتزامات المالية المتعلقة بالعملية الإنتاجية وإمداداتها؟
3. ما مدى توفر الاعتمادات والسيولة اللازمة لتغطية مشروعات ومهام تحسين وتطوير العملية الإنتاجية؟
4. هل توجد مرونة في توفير واستخدام الموارد المالية بما يكفل فعالية العملية الإنتاجية وتحقيق أفضل النتائج؟
5. هل يوجد نظام جيد ومطبق لمتابعة ومراقبة المصروفات والأرصدة والتكاليف المتعلقة بالإنتاج؟

ويتوصل فريق التخطيط إلى تحديد عناصر القوة والضعف المهمة الخاصة بمدخلات العملية الإنتاجية، ويبين الجدول رقم (3.3) أمثلة لهذه العناصر.

الجدول رقم (3.3) عناصر القوة والضعف الخاصة بمدخلات وموارد العملية الإنتاجية

عناصر القوة	عناصر الضعف
1. تعدد وملاءمة الموردين للمواد الخام ومستلزمات الإنتاج في أغلب الأحوال. 2. شروط دفع ميسرة في أغلب أكثر الحالات. 3. علاقات جيدة مع أغلب الموردين. 4. الحصول على ضمانات ائتمانية بدون زيادات ربوية. 5. توفر المواد الخام وأكثر مستلزمات الإنتاج بسهولة وسرعة وجودة مناسبة. 6. توفر وسائل النقل الملائمة. 7. توفر المخازن وظروف التخزين الملائمة. 8. توازن جيد بين مستوى المخزون وحجم التوريد.	1. نقص حاد في توفر احد مكونات الحاسوب الشخصي بمستوى الجودة والتكلفة المناسبة. 2. ارتفاع كبير في سعر أهم مكونات أجهزة التكييف. 3. اعتماد كامل على مورد واحد في توريد بعض المواد، والاعتماد في توريد أحد أهم المواد من دولة غير مستقرة، وتوريد مادة أساسية من منافس لا يؤمن جانبه. 4. تذبذب في أسعار صرف العملات.

9. توفر السيولة الكافية لتغطية الالتزامات المالية. 10. القدرة على تعيين عاملين وخبراء مناسبين. 11. القدرة على الحصول واكتساب المعلومات والمعارف والتقنيات والأساليب والقدرات والأنظمة والأساليب والطرق الإنتاجية الجديدة المناسبة.	

قد يتوصل فريق تخطيط الإنتاج إلى تحديد عدد كبير من عناصر القوة والضعف الخاصة بنتائج وقدرات ومدخلات العملية الإنتاجية، الأمر الذي يستدعي تقييم تلك العناصر من عدة جوانب وخاصة من حيث:

- الأداء في المرحلة السابقة ودور كل عنصر في تحقيق النجاح أو دوره في تدني مستوى أداء المؤسسة.
- مقارنة قدرات ومستويات أداء وعناصر ضعف المؤسسة التي تم تحديدها بقدرات ومستويات أداء المنافسين في الصناعة وخاصة المنافسين في المجموعة الإستراتيجية التي تنتمي إليها المؤسسة.
- المقارنة بعناصر النجاح الرئيسية في الصناعة.

ويوضح الجدول رقم (3.4) أمثلة لعناصر القوة والضعف الخاصة بالعملية الإنتاجية. ومن المعلوم أن عملية التخطيط الإستراتيجي تهتم أساسا بالعوامل والعناصر والقضايا التي يُتوقع أن تكون مؤثرة ولها دور مهم في تحديد وتحقيق مستقبل المؤسسة. أي أنها تعني فقط بعناصر القوة والضعف التي ينبغي أخذها في الاعتبار عند إعداد خطة التحول.

لذلك يقوم فريق تخطيط الإنتاج بمراجعة القائمة التي توصل إليها وتحديد أولوياتها وفقا لأهميتها الإستراتيجية. ثم يقوم باختيار عدد 10 - 15 من عناصر القوة الأهم من حيث دورها في تحقيق مساهمة عملية الإنتاج في دفع برنامج التحول و7 - 10 من عناصر الضعف التي يمكن أن تعرقله.

جدول رقم (3.4) عناصر القوة والضعف الخاصة بالعملية الإنتاجية

المجال	عناصر القوة	عناصر الضعف
نتائج العملية الإنتاجية	1. حجم الإنتاج يصل إلى 100% من الطاقة الإنتاجية في 70% من المنتجات. 2. حجم ودخل مبيعات يصل إلى 80% من المستويات المستهدفة. 3. سمعة جيدة لـ 70% من المنتجات المقدمة. 4. مستوى جودة متميز لمنتجات الحاسوب الشخصي والهاتف المحمول ومسجل السيارة، ومستوى جيد لمنتجات المكيف المنزلي ومنظم الكهرباء والهاتف الأرضي. 5. معدلات إنتاجية في مستوى المتوسط في الصناعة. 6. معدلات تكلفة وحدة المنتج من جهاز الهاتف المحمول ومسجل السيارة أقل من متوسط الصناعة بنسبة 15%. 7. 80% من المنتجات تمر بمرحلتي النمو والنضج وتعتبر منتجات اقتصادية وتدر أرباحا مناسبة. 8. مستوى متميز للخدمات المقدمة مع المنتجات.	1. تدني مستوى استغلال الطاقة الإنتاجية لوحدتي إنتاج الجهاز المرئي ومكيف السيارة. 2. تدني جودة وسمعة الآلة الحاسبة وتدني الطلب عليها. 3. عدد اثنان من المنتجات دخلا في مرحلة الانحدار منذ سنوات وأصبحت الآلة الحاسبة تمثل عبئا على المؤسسة، ويُتوقع أن يصبح جهاز المذياع غير مجدي خلال سنوات معدودة في حالة عدم إجراء تحسينات عليه.

قدرات وفعالية العملية الإنتاجية	9. 60% من مصانع وتجهيزات المؤسسة من أحدث المصانع والتجهيزات في الصناعة. 10. استعمال تقنيات حديثة في 60% من الوحدات الإنتاجية. 11. تكلفة وحدة المنتج لـ 50% من المنتجات أقل من متوسط الصناعة بنسبة حوالي 10%. 12. قدرات جيدة في التصميم والتصنيع والإنتاج باستعمال الحاسوب في 60% من الوحدات الإنتاجية. 13. حداثة وفعالية نظام الفعالية والجودة في 60% من الوحدات الإنتاجية.	4. مصنع الجهاز المرئي ومصنع مكيف السيارة قديمان وتجهيزاتهما مستهلكة والتقنية المستعملة قديمة. 5. تكلفة وحدة المنتج من المذياع والجهاز المرئي وجهاز مكيف السيارة أعلى من متوسط الصناعة بنسبة 20%. 6. الافتقار إلى وجود أنظمة وبرامج حديثة وفعالة لضمان الفعالية والجودة الشاملة وتخفيض التكاليف، وأنظمة للمعلومات والمراقبة ومحاسبة التكاليف في 5 من الوحدات الإنتاجية. 7. تدني مستوى استغلال الطاقة الإنتاجية في مصنع جهاز المذياع والجهاز المرئي وجهاز تكييف السيارة ووجود اختناقات ومشاكل في هذه المصانع تؤدي إلى تدني حجم الإنتاج وجودة المنتج وارتفاع التكاليف.
مدخلات وموارد العملية الإنتاجية	14. تعدد وملاءمة الموردين للمواد الخام/ مستلزمات الإنتاج لأغلب المنتجات والعلاقات الجيدة معهم. 15. توفر أغلب مستلزمات الإنتاج بسهولة وسرعة وجودة وتكلفة مناسبة.	8. نقص حاد في توفر أحد مكونات الحاسوب الشخصي بمستوى الجودة والتكلفة المناسبة. 9. ارتفاع كبير في سعر أهم مكونات أجهزة التكييف. 10. اعتماد كامل على مورد واحد في توريد بعض المواد، والاعتماد في توريد أحد أهم المواد من دولة غير مستقرة، وتوريد مادة أساسية من منافس لا يؤمن جانبه. 11. تذبذب في أسعار صرف العملات.

دراسة وتقييم قدرات عملية التسويق

تمهيد:

تهدف العملية التسويقية إلى تحقيق المبيعات والعوائد الاقتصادية المستهدفة من خلال تلبية احتياجات المنتفعين في القطاعات والأسواق والمناطق التي تخدمها المؤسسة. إن عملية التسويق تعتبر غاية في الأهمية، ذلك لأن الإنتاج بالرغم من أهميته الفائقة ليس هدفا في حد ذاته، إنما يُقصد به توفير المنتجات والخدمات التي تشبع حاجات حقيقية لدى شرائح المنتفعين المستهدف خدمتهم في المجتمع [159].

عليه فإن كل المؤسسة وخاصة عملياتها الرئيسية وفي مقدمتها عملية التسويق يجب أن يركزوا جميعا على تلبية احتياجات السوق، أي احتياجات المنتفعين. كل المعنيين في العمليات الرئيسية يجب أن يكونوا على اتصال بالمنتفع بصفة خاصة والسوق بصفة عامة ويجب أن يكونوا على دراية بتفاصيل الاحتياجات المتجددة لدى المنتفعين والمتغيرات المهمة في السوق.

إن قادة خبراء العمليات الرئيسية يجب أن يعرفوا جيدا خصائص ومنافع المنتج المطلوب من قبل المنتفع وكيفية تصميمه وإنتاجه وتوصيله إليه في الوقت والمكان المناسبين والسعر المناسب. إنها مسئولية جماعية لكل العاملين بالمؤسسة أن يضمنوا تقديم المنتجات والخدمات المناسبة للمنتفعين والتي تكفل الإقبال عليها وتحقيق العوائد الاقتصادية المستهدفة. ولا بد من الحد إلى أدنى مستوى من الخطأ أو التقصير في حق المنتفع، وإن حصل الخطأ فيجب أن يُعالج فوراً وأن يتم تعويضه مع التأكيد على عدم تكرار الخطأ.

أهمية التسويق:

إن نجاح أي مؤسسة في تحقيق أهدافها يعتمد أساساً على قدرتها على تسويق منتجاتها أو خدماتها في الأسواق التي تخدمها [160]. وحيث أن نشاط العملية التسويقية موجه إلى المنتفع فهو يبدأ بالمنتفع وينتهي به في معاملات وتفاعلات مستمرة

---

(159) الصحن، 1998، ص 2
(160) المرجع السابق، ص79

لصالح الطرفين.

ويمكن تقسيم الوظائف الرئيسية للعملية التسويقية إلى ثلاث وظائف:

- تحديد الأهداف والنتائج والمخرجات: والتي تعتمد على احتياجات السوق وما يجب ويمكن تلبيته منها بما يحقق أهداف المؤسسة.

- قدرات ومهام العملية التسويقية: وتشمل قدرات التوزيع والنقل والتخزين ومنافذ التوزيع، وقدرات البيع والإعلان والترويج والتغليف وخدمات ما بعد البيع الخ.. كما تشمل قدرات تصميم وتخطيط المنتج والخدمة، الجودة /السعر، التنميط والتدريج.

- موارد ومدخلات العملية التسويقية: وتتضمن المعلومات التسويقية، التمويل اللازم لعملية ومشروعات ومهام التسويق، توفير المواد ومستلزمات تسيير نشاطات التوزيع والبيع والبحوث التسويقية.

تهتم العملية التسويقية بتنظيم تدفق المنتجات والخدمات من المنتجين إلى المنتفعين، وبمعنى آخر فإن التسويق هو النشاط الذي يتم بواسطته انتقال المنتجات والخدمات وبالتالي المنافع التي تقدمها المؤسسة إلى المنتفعين [161].

ويتم من خلاله تبادل ونقل ملكية المنافع المستهدفة من قبل المؤسسات الإنتاجية والخدمية، ومن قبل المنتفعين وتحويلها من طرف إلى آخر، بحيث يتم من خلال هذه العملية حصول المؤسسات الإنتاجية والخدمات على الموارد والعوائد الاقتصادية التي تبحث عنها وحصول المنتفعين على المنافع التي يبحثون عنها ويجدونها في المنتجات والخدمات المقدمة إليهم.

إنها الشراكة الفعالة بين المنتجين والمنتفعين والمفيدة لهم جميعا، وهي الشراكة التي تكفل تلبية احتياجات المنتفعين المتجددة وتحقق أهداف المؤسسة ومصالح كافة الأطراف المستفيدة منها.

عندما يُدفع المنتفعون بدافع الحاجة فإنهم يبحثون عن المنتجات والخدمات التي تقدم منافع تشبع حاجاتهم، وهم عندما يقومون بذلك يبحثون عن المعلومات التي تفيدهم في التعرف عن بدائل تلك المنتجات والخدمات. والمنتفعون الذين لا يعرفون شيئا عن المؤسسة ومنتجاتها وخدماتها لن يقبلوا عليها كثيرا، وعدم الإقبال قد يكون

---

(161) عبد الفتاح، 1987، ص 15

قبـل تقديم المعلومات أو عند تقديم معلومات تثير الريبة والشكوك في المؤسسة ومنتجاتها، لـذلك تظهـر أهمية تقديم المعلومات الكافية والدقيقة والصادقة لكل المنتفعين المستهدفين.

والمنتجـون والمنتفعـون كـل مـنهم يبحـث عـن الآخـر، فـالمنتفعون يهمهـم الاسـتفادة مـن المنتجـات والخدمات المقدمة، والمنتجون يهمهم إقبال اكبر عدد ممكن من المنتفعين على شراء منتجـاتهم وخـدماتهم من أجل تحقيق العوائد الاقتصادية وبقية النتائج المستهدفة. وكما أن المنتفعين يبذلون جهودا مستمرة في التسوق للحصول على المنتجات والخدمات التي تلبي احتياجاتهم فإن على المنتجـين بـذل جهـود مسـتمرة للتعريف بمؤسستهم ومنتجاتهم وخدماتهم. ولا يمكن التعرف الجيد عليها من قبل المنتفعين إلا مـن خـلال جهود التعريف المخلص والصادق التي تقدم المعلومات الصحيحة والدقيقة والتي تتطابق فيهـا المعلومـات المقدمة عن المنتجات والخدمات في الإعلانات والنشرات مع حقيقة خصائصها ومزاياها ومنافعها.

حينذاك يقبل المنتفعـون عـلى منتجـات وخـدمات المؤسسـة ويسـتمرون في شرائهـا واقتنائهـا وتتوثـق العلاقة مع الوقت بـين المؤسسـة والمنتفعـين بمنتجاتهـا وخـدماتها طالمـا حافظـت عـلى تلبيـة احتياجـاتهم الحقيقية والمتجددة.

وتعتمد صحة ودقة البيانات والمعلومات عن المنتفعين وحاجاتهم والمنافع التي يبحثون عنها وخصائص ومزايا المنتجات والخدمات التي تلبي احتياجاتهم، تعتمد أساسا على الصدق. إن تحري الصـدق مـن قبـل الطرفين يعتبر من أهم العوامل التي تكفل التحديد الجيـد للمنتجـات والخـدمات المطلوبـة في القطاعـات المستهدفة. ويتحقق الصدق عندما يقتنع الجميع بأهمية تحقيق مصالح كل الأطراف المعنيـة وحرصهم على نشر النفع والخير للجميع انطلاقا مـن المبـادئ والأسـس التـي تشـتمل عليهـا منظومة القيم الراقيـة للمؤسسة والمجتمع والمنبثقة من المنهج الإسلامي العظيم. إن الانطلاق من هذه القيم التزاما بمنهج الخالق سبحانه يرفع الحرج من الدخول في التفاصيل المعمقة والأسباب والدوافع الحقيقية لسلوك المنتفعـين عنـد بحثهم عن المنتجات والخدمات.

تقييم نتائج ومخرجات التسويق:

إن الأهداف التي تهم كل قادة وخبراء المؤسسة وكافة الأطراف المستفيدة منهـا هـي الأهـداف العليا للمؤسسة والتي يمكن تحقيقها من خلال تحقيق أهداف العمليات الرئيسية ودعـم العمليـات المسـاندة. وتساهم عملية التسويق في تحقيق الأهداف العليا

للمؤسسة والتي من أهمها:

1. تحقيق العوائد الاقتصادية المستهدفة: وتشمل الأرباح المستهدفة، العائد على رأس المال، العائد على الأسهم.

2. تعزيز وضع المؤسسة في الصناعة (حجم نشاط المؤسسة، أداء المؤسسة، الوضع المالي، مستوى الجودة، السعر، التنوع، التركيز)

3. تعزيز سمعة المؤسسة من خلال سمعة منتجاتها وخدماتها ورضاء كافة الأطراف المستفيدة منها.

4. نمو وتوسع المؤسسة وتقدمها.

وتتضمن الأهداف الرئيسية لعملية التسويق التي تساهم في تحقيق الأهداف العليا للمؤسسة الأهداف الآتية:

1. زيادة حجم المبيعات (بهدف تحقيق الأرباح، والعوائد الاقتصادية المستهدفة).

2. زيادة نصيب الشركة من السوق (إلى مستوى مناسب لا يصل إلى مستويا الهيمنة والاحتكار).

3. تخفيض تكاليف التسويق للمساهمة في تخفيض تكلفة وحدة المنتجات والخدمات.

4. تعزيز سمعة المؤسسة ووضعها في السوق وسمعة منتجاتها وخدماتها من خلال فعالية التسويق.

5. النمو والتوسع في خدمة المنتفعين في الأسواق والمناطق الجغرافية المناسبة.

يجب التأكد من أن زيادة حجم المبيعات ونصيب الشركة في السوق وأهداف التوسع والنمو في الأسواق لا بد أنها تؤدي إلى تحقيق الأرباح والعوائد الاقتصادية المستهدفة ليس على المدى القريب فقط وإنما أيضا على المدى المتوسط والبعيد. ونجاح التسويق في تحقيق هذه النتائج يستند إلى قدرات وعناصر القوة التي تمكنه أيضا من تحقيق مزايا تنافسية تكفل نجاح المؤسسة وتقدمها.

إن تحقيق النتائج التسويقية المستهدفة يُعد مساهمة فعالة في تحقيق أهداف

المؤسسة، ويقدم ذلك دليلا على توفر عناصر القوة لدى هذه العملية التي تمكنها من تحقيق النجاح. كما أن عدم تحقيق النتائج التسويقية المستهدفة يدل على وجود عناصر ضعف خطيرة أدت إلى الفشل في تحقيق تلك النتائج. ويمكن استعمال النموذج المبين في شكل رقم (3.1) في تسجيل تغير الأهداف والنتائج العليا للمؤسسة ونتائج التسويق على مدى السنوات السابقة بهدف تحديد مستوى مساهمة التسويق في تحقيق أهداف المؤسسة.

ولا يُكتفى عند تحليل وتقييم قدرات ومؤشرات الأداء التسويقية بمقارنة مستوياتها خلال السنوات السابقة وإنما يتم مقارنتها أيضا بالمستويات المستهدفة وبمتوسط الأداء في الصناعة. ويُمكّن هذا التقييم من التعرف على عناصر القوة والضعف التي أدت إلى هذه النتائج المحققة.

الشكل رقم (3.1) - نموذج لتقييم أداء العملية التسويقية ومدى مساهمتها في تحقيق أهداف المؤسسة خلال السنوات الماضية

السنة	-	-	-	-	-
إجمالي الأرباح					
صافي الأرباح					
العائد على رأس المال					
دخل المبيعات					
تكاليف التسويق					
متوسط تكلفة وحدة المبيعات					

أسئلة تقييم الأهداف والنتائج التسويقية:

1. ما هو مستوى مساهمة عملية التسويق في تحقيق الأهداف الإستراتيجية للمؤسسة؟
2. ما هو وضع المؤسسة وموقفها في السوق؟ هل هو في تحسن أو تدني؟
3. ما هو مستوى سمعة المؤسسة وسمعة منتجاتها وخدماتها؟ هل هي في تحسن أو تدني؟

4. ما هو مستوى قدرات وأداء التسويق مقارنة بالمنافسين؟

5. هل يوفر نشاط التسويق مزايا تنافسية للمؤسسة؟ ما هي المزايا التنافسية التي يوفرها[162]؟

6. ما هو حجم دخل المبيعات؟ هل يتفق مع الحجم المستهدف أو أعلى وأقل؟

7. هل دخل المبيعات في تنامي مستمر أو تدني؟ وما هي الأسباب؟

8. هل إجمالي الأرباح يتفق مع الأهداف؟ أو أعلى أو أقل؟ وما هي الأسباب؟

9. هل إجمال الأرباح في ازدياد مستمر أو تدني؟ وما هي الأسباب؟

10. هل نصيب المؤسسة في السوق يتفق مع المستوى المستهدف؟ أو أعلى أو أقل؟ وما هي الأسباب؟

11. هل تنمو وتتوسع المؤسسة في الأسواق أو تنكمش وتنحصر؟ وهل النمو مخطط أو عشوائي؟ وهل الانكماش مخطط أو بسبب الفشل؟

12. هل تعتبر تكاليف التسويق في إطار المستويات المحددة في الخطة؟ أو أعلى أو أقل؟ وما الأسباب؟

13. هل تعتبر تكلفة تسويق وحدة المنتجات والخدمات وفق المستوى المحدد في الخطة أعلى أو أقل؟ وما الأسباب؟

14. ما هو تقييم تكلفة تسويق وحدة المنتجات أو الخدمات مقارنة بمتوسط التكلفة في الصناعة ومقارنة بمتوسط التكلفة لدى المنافسين؟

15. ما هي القدرات والقوى الدافعة المهمة التي تدفع التسويق وتمكنه من تحقيق الأهداف والنتائج المستهدفة الحالية والتي يمكن أن تساهم بفعالية في مرحلة التحول القادمة؟

أسئلة تقييم وضع المؤسسة في السوق:

● هل يعرف قادة وخبراء المؤسسة وقادة وخبراء التسويق أسواق مؤسستهم وحجمها وخصائصها؟

(162) Hunger & Wheelen, 1999, p254

- هل أسواق المؤسسة في تنامي أو انكماش[163]؟
- ما مستوى سمعة المؤسسة في السوق وسمعة منتجاتها وخدماتها؟ هـل سـمعة المؤسسة ومنتجاتها في تحسن أو تدهور؟
- ما هو عدد وحجم المناطق والقطاعات السوقية التي تخدمها؟
- ما هي حصة المؤسسة في السوق؟ هل هي مناسبة لقدرات وإمكانيات وأهداف المؤسسة.
- ما هو حجم المبيعات؟ هل هو في تنامي أم انكماش؟ وما هي أسباب النمو والانكماش؟
- من هم منافسو المؤسسة؟
- ما هي أنشطتهم وتوجهاتهم وخططهم؟
- ما هي منتجاتهم وخدماتهم؟
- ما هي خصائص ومزايا منتجاتهم وخدماتهم التي يفضلها المنتفعـون في السـوق[164]؟
- هل تواجه المؤسسة في بعض المناطق أو القطاعات منافسـة شـديدة أو احتكارات الهيمنـة والاستغلال؟
- ما هو مستوى التعاون مع المنافسين في الصناعة؟
- هل للمؤسسة ميزة تنافسية في كل قطاع؟ أو بعضها؟

أسئلة تقييم تتعلق بالمنتفعين بمنتجات وخدمات المؤسسة:

- من هم المنتفعون الحاليون بمنتجات وخدمات المؤسسة؟
- ما هي المنطقة الجغرافية التي تضمهم[165]؟
- ما هو القطاع السوقي الذي يشملهم؟
- ما هو عددهم؟
- ما هي خصائصهم؟ (السن، الدخل،....)
- هل يتم دائما تلبية متطلباتهم وفق حاجاتهم ورغباتهم الحقيقية

---

(163) Argenti, 1989, p224

(164) المرجع السابق، ص 224
(165) السيد، 1990، ص 146 - 147

والمتجددة؟

- لماذا هم مرتبطون بالمؤسسة؟

- لماذا يفضلون منتجات وخدمات المؤسسة؟

- ما هي خصائص ومزايا المنتج أو الخدمة التي يفضلونها؟

- هل المؤسسة على اتصال مستمر وفعال بالمنتفعين؟

- هل يتم الاستفادة المثلى من الاتصال بهم في التحديد الدقيق والصحيح لاحتياجاتهم، بالتالي تحديد وتقديم المنتجات والخدمات المناسبة لهم؟

- هل يتم تجميع آرائهم ومقترحاتهم باستمرار بشأن تحسين المنتج والخدمة؟

- هل تتم الاستجابة الفورية لشكاويهم ويتم اتخاذ الإجراءات التصحيحية السريعة والصحيحة لمعالجة التقصير في حقهم؟[166]

- ما هو مستوى سمعة المؤسسة في المنطقة والقطاع الذي تخدمه؟

- ما هو مستوى ثقة المنتفعين في المؤسسة؟

- ما هو مستوى رضائهم عن منتجاتها وخدماتها؟

- هل مستوى سمعة المؤسسة وثقة المنتفعين بها في تحسن أو تدهور؟ ولماذا؟

- هل مستوى رضائهم عن منتجاتها وخدماتها في تحسن أو تدهور؟ ولماذا؟

أسئلة تقييم منتجات وخدمات المؤسسة:

1 - أسئلة تقييم المنتج المقدم[167]

- ما هو المنتج الذي تقدمه المؤسسة؟

- ما هي الوظائف التي يخدمها والمنافع التي يقدمها المنتج؟

- ما هي الحاجات الحقيقية للمنتفعين التي يلبيها المنتج؟

- ما هي الحاجات الحقيقية للمنتفعين التي لا يلبيها المنتج؟

- ما هي المزايا والمنافع التي تلبيها المنتجات المنافسة ولا يلبيها المنتج؟

(166) Wootton & Horne, 2001, p19

(167) Andrews , 1987, p51

- مـا هـي الاسـتخدامات والمنافع الأخـرى للمنـتج التـي يمكـن إن يُسـتفاد منهـا ولا يعرفهـا المنتفعون.
- ما هو مستوى تطابق المنتج المقدم والمنتج المطلوب في القطاع المستهدف؟
- هل يتم إشباع حاجات المنتفعين وتلبية رغباتهم بالمستويات التي تحقـق مصالح وأهـداف الطرفين؟
- هل يتم تحديد خصائص ومواصفات المنتج الذي يشبع هذه الحاجـات والرغبـات؟
- هل يتم في الوقت المناسب تحديد الخصائص والمواصـفات التـي يجـب تعـديلها أو إضـافتها للمنتج أو الخدمة؟
- ما هو مستوى الخدمات التي تقدمها المؤسسة للمنتفعين قبل وأثناء وبعد البيع؟

2 - أسئلة تقييم المنتج المطلوب:

- من هم المنتفعون الحاليون بالمنتج في القطاع المستهدف خدمته؟
- ما هي خصائص المنتفعين؟
- ما هو المنتج الذي يبحثون عنه؟
- لماذا يُقبل المنتفعون على المنتج الذي تقدمه المؤسسة؟
- ما هي الحاجات الحقيقية التي يبحثون عنها في المنتج الذي يطلبونه؟
- ما هي الحاجات الحقيقية للمنتفعين؟
- هل يتم التحديد والوصـف الـدقيق والصـحيح للمنتج المطلوب مـن قبـل المنتفعـين وفـق احتياجاتهم الحقيقية؟
- لماذا يعرض الآخرون عن المنتج؟
- ما هي المنافع والمزايا وبالتالي الخصائص والمنافع التي يفقدونها في المنتج؟
- ما هي الخصائص والمنافع والمزايا التي يفضلونها في المنتج؟
- ما هي المرحلة التي يمر بها المنتج في دورة حياته؟
- هل المنتج في طور النمو أو النضج؟
- هل المنتج مدر للعوائد الاقتصادية المستهدفة؟

- هل يحقق الحد الأدنى من العوائد الاقتصادية؟
- هل المنتج في حالة تدهور وسيصبح قريبا عبئا على المؤسسة؟
- هل تقوم المؤسسة بإدخال منتجات وخدمات جديدة من آن لآخر مطلوبة في السوق ومجدية اقتصاديا؟

وينتهي فريق تخطيط التسويق إلى تحديد عناصر القوة والضعف الخاصة بنتائج ومخرجات عملية التسويق، ويبين الجدول رقم (3.5) أمثلة لهذه العناصر.

تقييم قدرات التسويق:

تتلخص القدرات الأساسية التي يجب أن يتعاون قادة وخبراء العمليات الرئيسية الثلاثة في تنميتها وتفعيلها في قدرات تحديد وتغطية احتياجات الأسواق التي تحقق أهداف المؤسسة الإستراتيجية والتسييرية، وتشمل هذه القدرات ما يلي:

- القدرة على تحديد وضع المؤسسة في السوق من حيث سمعة المؤسسة، سمعة منتجاتها، ونصيبها في السوق.

الجدول رقم (3.5) عناصر القوة والضعف الخاصة بنتائج ومخرجات العملية التسويقية

عناصر القوة	عناصر الضعف
1. تحقيق مستويات الأرباح المستهدفة خلال السنوات السابقة. 2. تحقيق حجم ودخل المبيعات المستهدفة خلال السنوات السابقة. 3. تحقيق نمو وتوسع في الأسواق المحلية وبعض الأسواق الإقليمية بمستويات مقبولة. 4. خدمات متميزة مقدمة للمنتفعين 5. متوسط عام الأرباح خلال السنوات الخمس السابقة يقدر بـ 50% من الأرباح المستهدفة. 6. دخل المبيعات يصل إلى 80% من الدخل المستهدف.	1. تدني مبيعات الآلة الحاسبة وانخفاض الطلب عليها. 2. تدني مبيعات جهاز المذياع الناجم عن ارتفاع السعر وتدني جودة ومزايا المنتج مقارنة بالمنتجات المنافسة. 3. حصة ضعيفة لمنتجات المؤسسة في بعض دول المنطقة ب واغلب دول المنطقة ج.

7. مستوى جودة وسمعة جيدة لـ 60% من المنتجات المقدمة وهي الحاسوب الشخصي- والهاتف المحمول ومسجل السيارة والهاتف الأرضي ومنظم الكهرباء وجهاز التكييف المنزلي. 8. 80% من المنتجات تمر بمرحلتي النمو والنضج وتعتبر منتجات اقتصادية وتدر أرباحا مناسبة. 9. مستوى عام جيد لثقة ورضاء المنتفعين عن 60% من منتجات المؤسسة وعن الخدمات المقدمة لهم مع تلك المنتجات. 10. نمو وتوسع في السوق المحلي وبعض الأسواق الإقليمية. 11. حصة جيدة ومتنامية لـ 40% من منتجات المؤسسة.	

- القدرة على تحديد احتياجات السوق وتشمل القدرة على تحديد الأسواق والقطاعات المناسبة، تحديد الاحتياجات الحقيقية للمنتفعين في تلك الأسواق والقطاعات، قدرات المؤسسة في إجراء الدراسات والبحوث الجيدة للسوق وسلوك المنتفع، التحديد الدقيق للمنتجات والخدمات المطلوبة: (الكم والنوع، الجودة/السعر، المزايا، الخصائص والمواصفات، الخدمات والمزايا عند البيع وبعده...)
- القدرة على التقييم الجيد لمدى تغطية احتياجات السوق، وتعني القدرة على التقييم الصادق والدقيق للمنتجات والخدمات المقدمة من المؤسسة من منظور المنتفعين الحاليين والمستهدفين، القدرة على المقارنة الصادقة والدقيقة بين المنتجات المطلوبة والمنافسة والمقدمة، القدرة على تحديد المزايا والمنافع والخصائص والمواصفات الجديدة المطلوبة.

- القدرة على الارتقاء بمستوى تلبية احتياجات السوق والمنتفعين وتحقيق أهداف المؤسسة من خلال القدرة على تصميم المنتجات والخدمات التي تلقى المزيد من الإقبال عليها، القدرة على الاستفادة من أساليب التنميط والتدريج، القدرة على التحسين النوعي والمستمر لمنتجات وخدمات المؤسسة، القدرة على تحديد السعر المناسب لمختلف الشرائح المنتفعة بالمنتج، والقدرة على توزيع وتصريف منتجات وخدمات المؤسسة.
- ويتضمن تقييم النشاط التسويقي وفعالية العملية التسويقية تقييم مجموعة العناصر المهمة التي تمثل عناصر المزيج التسويقي وهي:المنتج، السعر، الترويج، التوزيع، والبيع.

القطاعات السوقية:

إن نجاح المؤسسة وتقدمها يعتمد على رضاء الأعداد الكافية والمتزايدة من المنتفعين بمنتجات وخدمات المؤسسة، وذلك لكونها تحقق لهم منافع يبحثون عنها. ويتواجد المنتفعون الحاليون في الأسواق التي تخدمها المؤسسة حاليا، أما المنتفعون المتوقعون فهم موجودون في الأسواق الحالية والمستهدفة مستقبلا. ويمثل السوق الذي تخدمه المؤسسة ذلك السوق الذي يشتمل على مجموع طلب كافة المنتفعين من منتجاتها وخدماتها ومنتجات وخدمات المنافسين. ويمثل ما تلبيه المؤسسة من تلك المنتجات والخدمات للمنتفعين بها تمثل حصتها في السوق على المستوى المحلي أو الإقليمي أو العالمي. ونظراً لاختلاف القدرات الشرائية لأفراد المجتمع واختلاف رغباتهم وميولهم فإنه لا يمكن تقديم منتج أو خدمة تلبي احتياجات ورغبات جميع

الأفراد في المجتمع، الأمر الذي يستدعي تقديم منتجات وخدمات لشرائح أو قطاعات محددة يتم تعريفها وتصنيفها وتحديدها بعناية[168].

ويتم تحقيق أهداف المؤسسة من خلال خدمة قطاعات سوقية محددة. وتركز المؤسسات الصغيرة المتخصصة على خدمة قطاع واحد بعينه، أما المؤسسات الكبيرة فهي تنمو وتتوسع من خلال تلبية احتياجات قطاعات وشرائح متعددة في الأسواق المحلية والخارجية.

وتعتمد الخطة التسويقية الناجحة على التقسيم الدقيق والسليم للأسواق المستهدفة،

(168) الصحن، 1998، ص 218

ويعني ذلك اختيار وخدمة القطاعات المناسبة لنشاطات وقدرات المؤسسة وأهدافها[169]. والقطاعات السوقية هي تقسيم السوق إلى قطاعات متجانسة من المنتفعين بمنتجات وخدمات المؤسسة، ويعتمد تحديد القطاع السوقي المناسب على التحديد السليم والدقيق لخصائص المنتفعين في القطاع وتحديد احتياجاتهم الحقيقية. ويخدم التحديد السليم للقطاعات السوقية المناسبة المؤسسة في عدة جوانب أهمها[170]:

1. التحديد الجيد لمنتجات وخدمات المؤسسة.
2. وضع الاستراتجيات والأهداف التسويقية المناسبة.
3. تحديد المزيج التسويقي المناسب لكل قطاع.
4. إنتاج وتقديم المنتجات والخدمات التي تناسب كل قطاع وتساهم في تحقيق أهداف المؤسسة.
5. الاستغلال الأمثل لموارد وإمكانيات وقدرات المؤسسة.
6. تسهيل مراقبة التغير في احتياجات المنتفعين والعمل على تلبيتها.
7. معرفة القطاعات التي يمكن للمؤسسة أن تنافس فيها بنجاح.
8. معرفة القطاعات التي يُفضّل أن تنمو وتتوسع المؤسسة في خدمتها من أجل تحقيق أهدافها الإستراتيجية.

أسس تقسيم السوق إلى قطاعات:

يمكن تقسيم السوق إلى قطاعات يسهل خدمتها وذلك وفقا لمجموعة الأسس والعوامل الآتية:

1. مجال نشاط المؤسسة: ذلك أن عمل المؤسسة وخبرتها وقدراتها تحدد المجالات والقطاعات العامة المناسبة لنشاطها ومن أمثلة المجالات العامة: الزراعة، البناء، النقل، الصناعة، الخدمات الطبية. وبعد اختيار المجال العام المناسب لنشاط المؤسسة يتم تحديد النشاط الفرعي الذي يعتبر الأنسب لقدراتها[171].
2. الخصائص الجغرافية: حيث يُقسّم المنتفعون وفقا لإقامتهم وذلك على

(169) عبد الفتاح، 1987، ص 114
(170) بعيرة، 1993، ص 55
(171) بعيرة، 1993، ص 51

المستوى المحلي أو الإقليمي أو العالمي أو المزيج المناسب من كل ذلك مع الأخذ في الاعتبار قدرات المؤسسة في التعامل مع الأسواق المختلفة.

3. الخصائص الاقتصادية: والتي تتضمن الدخل القومي، ومتوسط دخل الفرد والأسرة، القوة الشرائية للمنتفعين في القطاع، وحالة الرخاء والكساد، والقوانين والتشريعات المتعلقة بالجوانب الاقتصادية، والموارد الطبيعية.

4. العوامل الاجتماعية، مثل توزيع السن والجنس، متوسط حجم الأسرة، الحرف، التعليم، المعتقدات والعادات والتقاليد، الجنسية، المستويات الاجتماعية، عدد السكان، الهجرة، الأذواق العامة والخاصة، والأعياد والمناسبات والمواسم وما يتعلق بها من احتياجات.

5. العوامل والخصائص الشخصية: وتشمل الدوافع النفسية والعاطفية والغريزية والدوافع الرشيدة، والاحتياجات الشخصية والمنافع التي يقدمها المنتج أو الخدمة، واستخدامات المنتج التي يمكن أن تفيد المنتفع.

ولا يحدد القطاع على أساس جغرافي فقط، أو اجتماعي فقط وإنما وفقا لتوليفة من كل أو اغلب الأسس والعوامل التي سبق ذكرها والعناصر المناسبة في كل منها والتي تحدد القطاع وخصائصه بالقدر الكافي من الصحة والدقة.

اختيار القطاع السوقي المناسب:

تتم عملية الاختيار من خلال حصر مجموعة القطاعات السوقية التي يتوقع خبراء التسويق والبحث والتطوير ملاءمتها لنشاط وقدرات المؤسسة ثم تقييمها واختيار أفضل قطاع أو أفضل القطاعات التي يُتوقع أن تلاءم خدمتها أهداف التحول، ومن أهم المعايير التي يمكن أن يستفاد منها في اختيار القطاعات السوقية المناسبة ما يلي [172]:

• محددات القطاع: إمكانية تحديد وقياس الخصائص المحددة للقطاع مثل شريحة السن، المستوى الاجتماعي، المؤهل العلمي، المقيمون في الأرياف أو المدن.

• حجم القطاع: مدى توفر عدد كافي من المنتفعين في القطاع القادرين على شراء المنتجات والخدمات بالكميات والأسعار التي تحقق العوائد الاقتصادية المستهدفة.

(172) عبد الفتاح، 1987، ص 101

- قدرة المؤسسة على تلبية احتياجات القطاع وفق الخصائص والمنافع التي يبحث عنها المنتفعون في القطاع وبما يكفل تحقيق النتائج المستهدفة من قبل المؤسسة.

ولا يُكتفى بتحديد القطاعات السوقية المناسبة خلال مرحلة التخطيط بل لا بد من متابعة التغيرات التي تحصل في الأسواق والتي تعتمد في تحديد التغيرات في نوع وحجم وخصائص الطلب في القطاعات المختلفة، علما بأن التغيرات السوقية يمكن أن تحدث نتيجة لأي من العوامل الاقتصادية والاجتماعية والشخصية والجغرافية كما أن التغيرات المهمة في قدرات المؤسسة لا بد أن يكون لها انعكاسا على اختيار القطاعات السوقية.

أسئلة تقييم القطاعات السوقية [173]:

- هل يتم تحديد واختيار القطاعات السوقية وفقا لبحوث السوق؟

- هل يتم تحديد واختيار المناطق الجغرافية والقطاعات السوقية وفقا لقدرات وإمكانيات المؤسسة وقدرتها على تغطية احتياجات المنتفعين المستهدفين في تلك المناطق والقطاعات؟

- هل يتم تحديد واختيار المناطق والقطاعات وفقا لخصائص ومزايا المنتجات والخدمات المقدمة ومدى ملاءمتها لتلك المناطق والقطاعات؟

- هل توجد قدرات جيدة لتحديد المناطق والقطاعات السوقية الجديدة المناسبة والتي يجب أن تخدمها المؤسسة؟

- هل يقوم قادة وخبراء المؤسسة في الوقت المناسب بتحديد القطاعات التي لم تعد منافسة ولا مجدية والتخلص من خدمة هذه القطاعات؟

- هل يعرف قادة وخبراء التسويق أسواق مؤسستهم معرفة جيدة؟

- هل لديهم قدرات جيدة لتحديد المناطق الجغرافية والقطاعات السوقية المناسبة لتسويق منتجاتهم وخدماتهم [174]؟

- هل يقومون بالفعل بتحديد تلك المناطق والقطاعات المناسبة وتحديد حجمها وخصائصها؟

---

(173) Hunger & Wheelen, 1999, p90
(174) Argenti, 1989, p224

- هل المؤسسة متواجدة في كل المناطق والقطاعات السوقية المناسبة لها محلياً وإقليميا أو عالمياً؟
- ما هي مزايا وعيوب تسويق المنتجات والخدمات في كل من المناطق والقطاعات السوقية التي تخدمها المؤسسة؟
- هل تركز المؤسسة على قطاع واحد أم أنها تتوسع كثيرا في خدمة قطاعات كثيرة أم أنها تنتقي عدداً مناسبا من القطاعات السوقية؟
- هل الأسواق التي تخدمها المؤسسة في تنامي مستمر أو استقرار أو انكماش؟
- ما هي مؤشرات تغير الأسواق التي تخدمها المؤسسة؟

تقييم قدرات التوزيع:

التوزيع هو مجموعة الأنشطة التي تقوم بها المؤسسة بهدف تصريف منتجاتها وخدماتها وإيصالها للمنتفعين بها في المكان والزمان المناسبين[175]. وهو باختصار إدارة وتسيير عملية انتقال المنتجات والخدمات من المؤسسة إلى المنتفعين، وبذلك فهو يهدف إلى تحقيق مستوى محدد من المبيعات من خلال تلبية احتياجات المنتفعين في الأسواق والقطاعات والمناطق المستهدفة.

وتشمل أهم وظائف التوزيع: التخزين والنقل، والتنميط والتدريج، وتمويل عمليات التوزيع، كما يتضمن تحمل المخاطر وتجميع والاستفادة من المعلومات التسويقية[176]. والتوزيع الناجح من وجهة نظر المنتفعين هو الذي يوفر لهم احتياجاتهم بيسر في الأماكن والأوقات والكميات والأسعار التي تناسبهم خاصة في حالة تقديم تسهيلات تشجع الإقبال على المنتجات والخدمة المقدمة.

ويوجد نوعان رئيسيان من التوزيع: توزيع مباشر، وتوزيع غير مباشر. ويتم التوزيع المباشر من خلال القدرات والجهود الذاتية للمؤسسة، أما التوزيع غير المباشر فإنه يوكل إلى قنوات توزيع وسيطة للقيام بها وفقا لخطط وأهداف المؤسسة ووفقا لحاجات المنتفعين في القطاعات والمناطق المستهدفة[177]. ويعتبر التوزيع المباشر

(175) السيد، 1990، ص 152
(176) عبد الفتاح، 1987، ص586
(177) الصحن، 1998، ص 361 - 362

مناسباً في الحالات الآتية:

- عندما يتركز عدد كبير من المنتفعين في منطقة واحدة حيث يمكن تحقيق حجم كبير من المبيعات بجهود وموارد توزيع محدودة نسبياً.

- عندما تتوفر لدى المؤسسة قدرات بشرية كافية ومناسبة تمتلك القدرة والمعرفة والرغبة والحماس وتكفل نجاح التوزيع المباشر.

- عندما ترغب المؤسسة في التوسع في نشاط التسويق ليشمل كل النشاطات التسويقية معتمدة على خبرتها وقدرتها على ضمان كفاءة وفعالية التوزيع بالإضافة إلى النشاطات التسويقية الأخرى.

ويُمكّن التوزيع المباشر من الاحتفاظ بالأرباح والعوائد التي يمكن أن تذهب للوسطاء والموزعين، كما يمكن المؤسسة من الجمع بين نشاط الإنتاج والتسويق المتكامل الذي يوفر القدرات اللازمة لتلبية احتياجات الأسواق والقطاعات التي ترغب وتستطيع أن تخدمها المؤسسة بفعالية.

مزايا التوزيع المباشر:

ومن المزايا التي تشجع المؤسسة على استخدام أسلوب التوزيع المباشر:

- تحقيق مردود وعوائد اقتصادية أفضل في حالة القيام بهذا النشاط بفعالية أعلى من فعالية قنوات التوزيع الوسيطة.

- إمكانية الاستمرار في الاستغلال الأمثل للرصيد الاستراتيجي المتراكم في قدرات التسويق الكامل بما في ذلك التوزيع المباشر الذي يوفر للمؤسسة ميزة تنافسية لا يجدر بالمؤسسة أن تتنازل عنها للموزعين والوسطاء.

- امتلاك القدرة على المراقبة والتوجيه الفعال لجهود التوزيع بما يمكن من تحقيق المستهدف من حجم المبيعات وتلبية احتياجات السوق.

- بناء علاقات وشراكة مباشرة مع المنتفعين تمكن من معرفة حاجاتهم ورغباتهم الحقيقية والمتجددة والعمل على تلبيتها دون تأثير وربما عرقلة الوسطاء.

- تسهيل الحصول على المعلومات الحقيقية والكافية عن الأسواق والمنتفعين، كما يوفر التوزيع المباشر بيئة مناسبة للدراسات والبحوث والتطبيقات الجادة التي تؤدي إلى تحديد المنتجات والخدمات المناسبة لكل مرحلة وإعداد الخطط الكفيلة بتحقيق الأهداف الإستراتيجية والتسييرية.

- تمكين المؤسسة من اكتشاف والتوسع في الأسواق والقطاعات الجديدة[178].

الصعوبات التي تواجه التوزيع المباشر:

من أهم الصعوبات التي يمكن أن تواجه التوزيع المباشر ما يلي:

- يتطلب التوزيع المباشر جهود وموارد مالية كبيرة في التخـزين والنقـل والإجـراءات والتنظيـم والرقابة والتوجيه وتسيير هذه العملية.
- صعوبة وتكلفة الاحتفاظ بمخزون سلعي ضخم ووسائل نقل متعددة وكثيرة.
- صعوبة التعامل المباشر مع أعداد كبيرة من المنتفعين.
- ارتفاع تكاليف عمليات التوزيع المباشر.
- ضرورة تعيين أعداد كبيرة من العاملين لتسيير عمليات التوزيع المبـاشر ومـا ينجـم عنـه مـن نفقات المرتبات والمكافآت ومصاريف التدريب والتطوير[179].

طرق التوزيع المباشر:

وإذا كان التوزيع المباشر يتمثل في قيام المؤسسة بتوزيع منتجاتها وخـدماتها مبـاشرة إلى المنتفعين النهائيين دون الاعتماد على الوسطاء فلا بد من قنوات وطرق تستعملها لتحقيق ذلك وأهمها[180]:

- ○ متاجر التجزئة التابعة للمؤسسة.
- ○ مندوبو البيع التابعون للمؤسسة والذين يتجولون بين المنتفعين.
- ○ البيع عن طريق البريد.
- ○ البيع الآلي.

متاجر تجزئة تابعة للمؤسسة:

في التوزيع المباشر يتم تقـديم المنتجـات والخـدمات مبـاشرة إلى جمهـور المنتفعـين مـن خـلال متاجر التجزئة التابعة للمؤسسة المنتشرة في السوق الذي تخدمه، ويُفضل

(178) الصحن، 1998، ص 362
(179) عبد الفتاح، 1987، ص141
(180) بعيرة، 1993، ص 209

استعمال هذا الأسلوب في الحالات الآتية:

- عندما يكون المنتج قابل للتلف السريع بحيث يلزم توزيعه وبيعه للانتفاع به قبل تلفه.
- عندما ترغب المؤسسة في بناء علاقة اتصال مباشر بجمهور المنتفعين تمكنها من التعرف عـن حاجاتهم الحقيقية والمتجددة، وتوجهاتهم واتجاهات السوق والاستفادة مـن هـذه العلاقـة في إعادة تصميم المنتجات والخدمات أو تقديم منتجات وخدمات جديدة.
- عند تقديم منتجات وخدمات خاصة تحتاج إلى إرشادات وخدمات تخصصية مثل المعـدات والأجهزة والأنظمة التقنية المتقدمة.
- عندما تسعي المؤسسة إلى توزيع منتجات وخدمات جديدة قد لا يرغب الموزعـون الآخـرون في توزيعها.

مندوبو البيع:

وهم مندوبو التسويق التابعون للمؤسسة الذين يطوفون بعينات من المنتجات على المنتفعين في مقار عملهم أو سكنهم أو أماكن تجمعهم بهدف ترويج وبيع تلك المنتجات.

وعندما يقتنع بعض المنتفعين بشراء المنتجات والخدمات أثناء الزيارة وفقا للعينات المقدمة فإنـه يتم إجراء البيع، وقد يحتاج المنتفعون إلى المزيد من المعلومات والمفاوضات خاصـة في حالـة بعـض المنتجـات والخدمات التي تحتاجها الصناعة.

البيع بالبريد:

وفي المجتمعات التي تتمتع بخدمات بريدية جيدة يمكن أن يتم التوزيع المباشر من خلال البريد حيـث يتم إرسال المعلومات والنشرات من خلال وسائل الاتصال التـي تشـمل البريد العـادي أو الالكـتروني أو الهاتف أو البريد المصور، كما يمكن عرض المعلومات والتفاصيل عـن المنتجات والخـدمات عـلى صـفحات شبكة المعلومات العالمية. ويتم الاتفاق من خلال هذه الوسائل وتشحن المواد إلى المنتفع عن طريق البريـد أو وكالة شحن [181].

---

(181) بعيرة، 1993، ص 209

البيع الآلي:

يمكن من خلال تجهيزات البيع الآلي عرض بعض السلع الميسرة مثل معلبات المشروبات والمثلجات والشاي والقهوة وغيرها عن طريق آلات تعمل آليا، ويستفاد منها في مراكز تجمع المنتفعين في مواقع سكنهم وعملهم أو في محطات المواصلات ومراكز التجمع المختلفة.

التوزيع غير المباشر:

وهو الاعتماد على الوسطاء والموزعين الذين يعملون كحلقة وصل بين المؤسسة والمنتفعين بمنتجاتها وخدماتها. والوسطاء بحكم اختصاصهم يقومون بمهام التوزيع التي تكفل التدفق المستمر لمنتجات وخدمات المؤسسة إلى المنتفعين النهائيين وذلك بالمعدلات المناسبة وفي الأماكن والأوقات المناسبة. ويمكن أن تلجأ المؤسسة إلى خيار التوزيع غير المباشر في الحالات الآتية:

1. عندما تتوسع وتتعقد وظائف وعمليات التسويق لديها.
2. عندما يتبين أن التوزيع غير المباشر أجدى اقتصاديا من التوزيع المباشر.
3. عندما يكون الطلب على السلع موزع ومبعثر في مناطق جغرافية متباعدة.
4. عند وجود قنوات توزيع جيدة وموزعين ذوي قدرات وإمكانيات مناسبة في المناطق المطلوب خدمتها تفوق قدرات وإمكانيات المؤسسة.
5. عندما لا تتوفر لدى المؤسسة القدرات الكافية ويراد تعويضها من خلال الشراكة مع الموزعين المناسبين حيث يتم الاستفادة من قدراتهم وإمكانياتهم في توزيع وتصريف منتجات وخدمات المؤسسة[182].

قنوات التوزيع غير المباشر:

يتم التوزيع غير المباشر من خلال قنوات التوزيع الرئيسية التالية: الوكلاء، تجار الجملة، وتجار التجزئة[183].

والوكيل إما أن يكون وكيلاً خاصا بالمؤسسة، أو وكيل بيع مستقل، أو وكيل شراء. ويعتبر التاجر تاجر تجزئة إذا كانت أغلب مبيعاته تتم إلى المنتفعين النهائيين، ويعتبر تاجر جملة إذا كانت أغلب مبيعاته تتم إلى موزعين آخرين.

(182) الصحن، 1998، ص 363 - 368
(183) عبد الفتاح، 1987، ص 140

الوكلاء:

يقوم الوكلاء بالحصول على المنتجات ويوزعونها ويبيعونها لحساب المنتجين، فهم لا يشترونها لأنفسهم وإنما يقومون بإتمام عملية انتقالها من المؤسسة إلى المشترين مقابل مبالغ مالية معينة[184]. ووكيل المؤسسة هو الأكثر ارتباطا بها ويعمل وفقا لتوجهاتها ووفقا للأسعار والشروط التي تحددها، ويعمل في إطار الأسواق والمناطق الجغرافية التي تخدمها المؤسسة، وبالتالي فهو الأكثر التزاما بالأسس والشروط التي تكفل تحقيق المبيعات المستهدفة.

أما وكيل البيع فهو مستقل ولكنه بموجب الاتفاق يتحمل مهام التوزيع والبيع كاملة عن المؤسسة مقابل حصوله على نسبة من دخل المبيعات، ولذلك فهو لديه قدر من المرونة في تحديد الأسعار وشروط البيع ونطاق الأسواق التي يخدمها، ويمكن أن تؤدي فعاليته وكفاءته إلى أن يكون منافساً متميزاً لوكيل المؤسسة لصالحه ولصالح المؤسسة معاً. ويعمل وكيل الشراء كحلقة وصل بين المؤسسة والمنتفعين أو بعض الموزعين فهو يقوم بتجميع طلبات الشراء المتشابهة ويحيلها على المؤسسة وغيرها ثم يقوم بالإشراف على عملية تجميع المواد وتخزينها المؤقت والتفتيش عليها وشحنها وفقا للكميات والمواصفات المحددة من قبل المشترين[185].

تجار الجملة:

يعمل تجار الجملة كحلقة وصل بين المؤسسة وتجار التجزئة، لذلك فإنه توجد مصالح مشتركة بين المؤسسة وتجار الجملة، وكذلك بين تاجر الجملة وتجار التجزئة، والتحقيق المتوازن لهذه المصالح هو الذي يؤدي إلى تحقيق مصالح وأهداف المؤسسة على المدى القريب والبعيد، كما يؤدي إلى انتفاع الجميع من توزيع وبيع منتجات وخدمات المؤسسة.

ويوجد نوعان رئيسيان من تجارة الجملة: منشئات جملة تابعة، ومنشئات جملة مستقلة. وتخدم بعض منشئات الجملة التابعة تجار التجزئة الذين يملكونها، ويخدم بعضها الآخر المنتجين الذين يملكونها ويديرونها لصالحهم.. أما منشات الجملة المستقلة فهي إما وكلاء جملة مستقلون أو تجار جملة مستقلون، ويوضح الشكل رقم

---

(184) الصحن، 1998، ص 374

(185) عبد الفتاح، 1987، ص 176

(3.2) هيكلية منشئات الجملة [186].

شكل رقم (3.2) يوضح هيكلية منشئات الجملة [187]

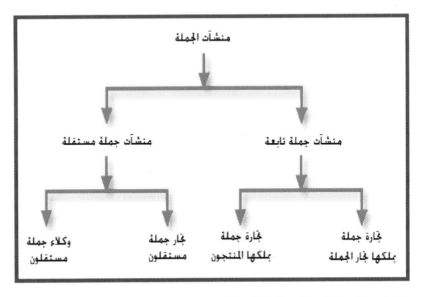

الخدمات التي يقدمها تاجر الجملة للمؤسسة:

تتمثل أهم هذه الخدمات في خدمات التوزيع المادي وخدمات البيع. وتشمل خدمات التوزيع المادي نقل ومناولة وتخزين المنتجات التي يشتريها تاجر الجملة بكميات كبيرة تحقق تخفيض في نفقات وجهود التوزيع [188].

ويقوم تاجر الجملة بالمهام الخاصة بخدمات البيع نيابة عن المؤسسة وذلك عندما يقوم بتوزيع وبيع المنتجات والخدمات المتفق عليها، ويتحمل في كل ذلك كافة الجهود والنفقات والمصاعب والمخاطر المتعلقة بالنقل والمناولة والتخزين والبيع لتجار التجزئة مقابل دخل يتحدد وفقا للكميات المباعة والفرق بين سعر البيع لتاجر الجملة وسعر البيع لتاجر التجزئة.

(186) عبد الفتاح، 1987، ص 174

(187) Bucklins, 1972, p205

(188) بعيرة، 1993، ص 211

تجار التجزئة:

يقوم تاجر التجزئة بتوزيع وبيع المنتجات والخدمات مباشرة إلى المنتفعين النهائيين، ويخدم تاجر التجزئة بذلك كلاً من المنتجين وهؤلاء المنتفعين مقابل الأرباح التي يحققها في عملية التجارة بالتجزئة المتمثلة في شراء منتجات وخدمات المؤسسة منها مباشرة أو من خلال القنوات الأخرى ثم بيعها للمنتفعين النهائيين [189].

خدمات تاجر التجزئة للمؤسسة:

حيث أن تجار التجزئة هم الأقرب إلى المنتفعين النهائيين ويتعاملون معهم مباشرة وكل قدراتهم ومواردهم مسخرة مباشرة لخدمة المنتفعين النهائيين لذلك فإنهم قادرون على تقديم خدمات مفيدة للمؤسسة وأهمها [190]:

- تجميع منتجات المؤسسة من مخازنها أو مخازن الوسطاء وعرضها في محالهم التجارية بأسلوب مناسب لتمكين المنتفعين من اختيار ما يتفق مع احتياجاتهم ورغباتهم.
- إمداد المؤسسة بمعلومات عن الاحتياجات والرغبات الحقيقية للمنتفعين.
- المساعدة في الترويج للمنتجات المحسنة أو الجديدة، أو تنشيط مبيعات المنتجات الراكدة.
- الإفادة عن مدى الإقبال على منتجات وخدمات المؤسسة أو الإعراض عنها مقارنة بالمنتجات والخدمات المنافسة والأسباب الكامنة وراء إقبالهم عليها أو إعراضهم عنها.

اختيار أسلوب وطرق التوزيع:

قد يرى البعض من قادة وخبراء المؤسسة أن قنوات التوزيع الوسيطة تضيف تكاليف إضافية كبيرة على تكاليف الإنتاج وأن الموزعين لا يرضون بالعوائد المحدودة، فترتفع بذلك أسعار البيع لدى المنتفع النهائي وتقل المبيعات. وهؤلاء يعتبرون أنه في إمكان المؤسسة القيام بمهام التوزيع مباشرة بفعالية أفضل وتكلفة أقل مما يؤدي إلى تحسين النتائج ومن بينها توفير الأرباح التي تذهب إلى الوسطاء. وقد

(189) المرجع السابق، ص207
(190) الصحن، 1998، ص 370

يري آخرون أن التخلص من أعباد التوزيع والبيع يُمكّن المؤسسة من التفرغ والتركيز على الإنتاج وتطوير المنتجات والخدمات وتقليل التكاليف.

ويرى فريق ثالث أهمية اختيار المزيج الأمثل من هذين الأسلوبين الذي يتم من خلاله الانتفاع بمزايا كل منهما والتخلص من عيوبهما قدر الإمكان[191]. وكل رأي من هذه الآراء يحتاج إلى دليل يؤكد مصلحة المؤسسة، والخيار الأفضل هو الذي يستند إلى دراسة ومقارنة دقيقة وصادقة للبدائل الثلاثة واختيار أفضلها لصالح المؤسسة على المدى القريب والبعيد.

إن وجود قنوات توزيع جيدة تغطي المناطق والقطاعات المستهدف خدمتها يجذب المؤسسة إلى الاستفادة من خدماتها. ولكن الموزعين لديهم مشاكل ونفقات ومخاطر، وفي النهاية يحاولون جهدهم لتحقيق أعلى ربح ممكن، وفي حال ضعف موقف المؤسسة أمامهم أثناء التفاوض والتعاقد أو من حيث التوجيه والرقابة على عمليات وأنشطة الموزعين فإنهم يمكن أن يلتهموا كامل أو أغلب هامش الربح الذي تستهدفه المؤسسة، وقد يهتموا بالنتائج الوقتية برفع أسعار المنتجات والخدمات فتقل المبيعات وتقل حصة المؤسسة في السوق.

كما يحاول الموزعون الأقوياء تخفيض سعر الشراء من المؤسسة إلى أدني حد ورفع سعر البيع لتجار التجزئة أو المنتفع النهائي إلى أعلى حد وكلاهما يؤدي إلى انخفاض العوائد الاقتصادية المستهدفة من قبل المؤسسة. لذلك لا بد أن يكون موقف المؤسسة قويا أمام الموزعين، ولا بد من الشراكة الفعالة والمفيدة للطرفين التي تكفل تحقيق مصالح كل الأطراف الأخرى ذات العلاقة وفي مقدمتها المنتفعين بمنتجات وخدمات المؤسسة والمساهمين.

ويمكن أن يتضح لقادة وخبراء المؤسسة من خلال الدراسة والتحليل والتقييم أفضلية الاحتفاظ بقدر مناسب من قدرات وجهود التوزيع المباشر وذلك للأغراض الرئيسية التالية:

- التخلص من تحكم وسيطرة وربما ابتزاز بعض الموزعين، وتوفير قدر من المرونة لدى المؤسسة في التعامل مع السوق، حيث يمكنها في الظروف

---

(191) الصحن، 1998، ص 387

الصعبة أو في حال محاولة الموزعين الابتزاز والتهام هامش الربح يمكنها أن تتوسع في نشاط التوزيع المباشر بناء على القاعدة التي لديها من قدرات وخبرات وموارد في هذا المجال.

- تحقيق أفضل مستوى من المبيعات والعوائد الاقتصادية من خلال اختيار أحد أو المزيج الأمثل من بدائل التوزيع.

- إن الارتقاء في القدرات الذاتية لنشاط التسويق بصفة عامة والتوزيع بصفة خاصة يمكن المؤسسة من توجيه ومراقبة قنوات التوزيع غير المباشر وتحسين مستوى الاستفادة منها أو التركيز والتوسع في التوزيع المباشر وفقا للتغيرات في الأداء لدى المؤسسة والموزعين ووفقا للمتغيرات ذات العلاقة في البيئة الخارجية.

- من أجل تحقيق القدر المناسب من المنافع والمزايا التي يقدمها التوزيع المباشر

كثافة التوزيع:

ولا بد لقادة وخبراء التسويق من تحديد مستوى كثافة التوزيع، والذي يعني تحديد عدد وتشكيلة أنواع وقنوات التوزيع التي يريدون الاعتماد عليها في توزيع وبيع منتجات وخدمات المؤسسة والتي تخدم وتساهم في تحقيق أهداف المؤسسة. وتوجد ثلاثة مستويات رئيسية لكثافة التوزيع وهي: التوزيع الشامل، التوزيع عن طريق الوكيل الوحيد، والتوزيع عن طريق عدد محدود من الموزعين. ويعني التوزيع الشامل بتوزيع المنتجات من خلال عدد كبير من قنوات التوزيع المتاحة وهو مناسب لتوزيع السلع الميسرة والمواد الأولية التي تكون عادة رخيصة وحيث يكون عدد مرات الشراء متكرر، ويُمكّن هذا النوع من إشباع السوق وتحقيق مبيعات كبيرة[192].

أما الاقتصار على الوكيل الوحيد فهو يتمثل في توزيع كل كميات المنتج والخدمة عن طريق وكيل وحيد في سوق محدد أو منطقة معينة ولا يوزع هذا المنتج أو الخدمة إلا من خلال وكيلها الوحيد. وفي هذا الأسلوب تعتمد المؤسسة والموزع كل منهما على الآخر اعتمادا كاملاً، ويعتبر كل منهما امتدادا للآخر، كما تعتبر العلاقة بينهما

---

(192) عبد الفتاح، 1987، ص 174

علاقة شراكة حقيقية. ويحتاج نجاح هذه الشراكة إلى التحديد المنصف لمصلحة كل منهما، ويعتمد ذلك على درجة الصدق والإخلاص والأمانة في تعاملهما فيما بينهما وفيما بين الوكيل وجمهور المنتفعين بالمنتج أو الخدمة لتحقيق مصالح كل الأطراف ذات العلاقة.

ويستخدم هذا الأسلوب في توزيع منتجات مثل الأجهزة المعمرة، الساعات القيمة، والسيارات، والآلات والمعدات الصناعية. وقد يكون أفضل الأساليب وفقا لحجم وطبيعة نشاط المؤسسة هو الاعتماد في التوزيع غير المباشر على العدد الأمثل من الموزعين المناسبين، حيث يتم اختيار عدد محدود من الموزعين ذوي القدرة والرغبة في توزيع المنتج أو الخدمة مع تدعيم وتفعيل الشراكة معهم بما يؤدي إلى تحقيق مصالح الطرفين. وتعتبر تكاليف هذا الأسلوب أقل من تكاليف التوزيع الشامل، ويناسب عدداً كبيراً من السلع مثل سلع التسوق والسلع الخاصة. ويبين الشكل رقم (3.3) أنواع قنوات التوزيع التي يمكن الاستفادة منها في تصريف منتجات وخدمات المؤسسة[193].

معايير اختيار طرق التوزيع:

مما تقدم يمكن استنتاج أهم المعايير التي تستعمل في تقييم بدائل التوزيع واختيار أفضل طريقة أو تشكيلة من طرق التوزيع لمنتجات وخدمات المؤسسة، وأهم هذه المعايير ما يلي[194]:

1. مدى المساهمة في تحقيق أهداف المؤسسة وخاصة المبيعات والعوائد الاقتصادية.
2. مدى القدرة على الرقابة والتحسين.
3. مستوى المرونة.

(193) عبد الفتاح، 1987، ص 178،179 بتصرف
(194) المرجع السابق، ص 598

شكل رقم (3.3) - قنوات التوزيع المباشر وغير المباشر

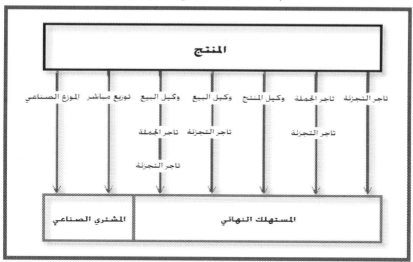

ويتم اختيار طريقة التوزيع عن طريق دراسة الجدوى الاقتصادية لكل قناة من قنوات التوزيع، أو لكل تشكيلة من هذه القنوات وذلك من حيث قدرتها وفعاليتها في تصريف منتجات وخدمات المؤسسة ومقارنة تكاليف التسويق وحجم ودخل المبيعات والأرباح لكل بديل، ثم اختيار أفضل البدائل. وتعتمد قدرة قادة وخبراء التسويق في الرقابة الفعالة على قنوات التوزيع وتحسين أداء التوزيع على عدد ونوعية هذه القنوات، كما تعتمد على درجة التوافق والتكامل في مصالح الطرفين وفعالية الشراكة بينهما. كما أن منافذ التوزيع التي تحد من حرية ومرونة المؤسسة في تسويق وتوزيع منتجاتها وخدماتها قد تحد كذلك من قدرتها على تحديد تشكيلة المنتجات والخدمات المناسبة للمنطقة والقطاع المستهدف، ويمكن أن تحد أيضا من تحديد الأسعار المناسبة. وقد تؤدي هذه العوامل إلى تقلص حجم ودخل المبيعات والفشل في تلبية احتياجات السوق، لذلك لا بد أن تضمن قنوات التوزيع قدراً مناسباً من المرونة للمؤسسة يمكنها من مواجهة المتغيرات وتحقيق المستهدفات[195].

وعموما ينبغي القيام بتحديد مجموعة البدائل المناسبة من طرق التوزيع ودراستها ومقارنتها من حيث المزايا والعيوب ثم اختيار أفضل الطرق أو مجموعة طرق التوزيع الأنسب والأفضل.

(195) الصحن، 1998، ص 388

وتفيد الإجابة الصحيحة على الأسئلة التالية في تحليل وتقييم البدائل المطروحة:

1. هل تم تحديد احتياجات المنتفعين في القطاع والسوق المستهدف؟
2. ما مدى التغطية الجغرافية لقنوات التوزيع؟
3. هل تم حصر قنوات التوزيع المتاحة وأكثرها نجاحاً في مجال التوزيع؟
4. هل تم تحديد عدد وحجم وخصائص هذه القنوات؟
5. ما مدى قدرة كل بديل على تلبية حاجات المنتفعين في المنطقة والقطاع المستهدف؟
6. كيف يمكن لكل بديل أن يؤدي إلى تقليل التكاليف وزيادة المبيعات والأرباح؟

وبعد اختيار قنوات التوزيع المناسبة لا بد من تحديد الموزعين الذين ستعتمد عليهم المؤسسة في توزيع وبيع منتجاتها وخدماتها. وفيما يلي مجموعة من الأسئلة التي تساعد إجاباتها في اختيار أفضل الموزعين [196]:

1. ما هو مستوى سمعة وفعالية الموزع؟
2. ما هي القدرات والإمكانيات الرئيسية التي تميزه وتمكنه من تقديم خدمات التوزيع للمؤسسة بفعالية؟
3. ما هو الوضع المالي للموزع حاليا وخلال المرحلة السابقة؟
4. هل يتعامل الموزع بسلع أخرى بديلة أو منافسه أو مكملة والتي يمكن أن تدعم أو تعرقل بيع منتجات وخدمات المؤسسة؟
5. هل لديه الرغبة والجدية في التعاون والشراكة؟
6. هل يقبل بنسبة أو هامش ربح منصف لا يمثل عبئاً على المؤسسة؟
7. هل لديه القدرة على تغطية القطاعات والأسواق المستهدفة؟
8. هل لديه أنظمة وطرق عمل قياسية وأنظمة جودة وأنظمة معلومات وأنظمة رقابة مناسبة ومطبقة؟

بناء وتفعيل الشراكة بين المؤسسة والموزعين:

منذ البداية لا بد أن تُبنى العلاقة بين المؤسسة والموزعين على أسس واضحة ومتينة وعادلة، على أن تؤخذ في الاعتبار العوامل والجوانب الآتية:

---

(196) المرجع السابق، ص 389

- تناسب المهام الموكلة للموزع مع قدراته وإمكانياته وخبراته التي تمكنه من الإيفاء بالتزاماته ومن ذلك قدرته على تصريف حجم المنتجات والخدمات المتفق عليه، وضعه المالي، والموارد المادية الأخرى المتوفرة لديه.
- سمعة الموزع من حيث المصداقية والالتزام في علاقاته مع المنتجين ومع بقية الموزعين أو المنتفعين الذين يخدمهم.
- توافق وتكامل المصالح: أي أن تتفق وتتكامل مصالح المؤسسة ومصالح الموزع وألا يكون هناك تعارضا أو تناقضا بين مصالحها. إن الشراكة لا بد أن تكفل توازن المصالح كلاً وفق مساهماته والتزاماته. ومن البداية لا بد من الاتفاق الواضح بين الطرفين على كافة الخدمات والمسئوليات المتبادلة التي تكفل التحقيق المنصف لمصالح الطرفين[197].

وعند تفعيل الشراكة توجد عدة اعتبارات مهمة تساعد على نجاحها وتحقيق أهدافها لصالح الطرفين وأهمها:

- التحلي بأخلاق وسلوكيات منظومة القيم الإسلامية الراقية في التعامل بين الطرفين أثناء تفعيل الشراكة ومن أهم عناصرها، الأمانة والصدق والإخلاص والنزاهة والإنصاف وغيرها.
- مراقبة وتحقيق التوازن في العلاقة بين الطرفين بما يحقق المصالح المشروعة لكل طرف ومنع ابتزاز واستغلال أي طرف لآخر خاصة في ظل المتغيرات الايجابية أو السلبية.
- تقاسم النجاحات والاشتراك في مواجهة المصاعب بدرجات تتلاءم وقدرات وإمكانيات وجهود ومساهمات كل طرف في علاقة الشراكة ومدخلاتها ومخرجاتها.
- من المصلحة أن ينعكس الرخاء على الجميع. إن الرخاء على المستوى العام أو على مستوى القطاع والتغيرات الايجابية والعوائد الإضافية الناجمة عنها من المفيد أن تنعكس على الطرفين بمستويات منصفة تؤدي إلى استمرار وتنمية الشراكة. ومن المصلحة أن ينعكس نجاح احد الأطراف على الطرف الآخر، وأن يهب الشريك إلى مساعدة شريكه عند الأزمات

(197) الصحن، 1998، ص389 - 390

مثل حالات الكساد ومختلف المتغيرات السلبية.

- مراعاة الشفافية والصدق في تبادل المعلومات.

ومن الجوانب المهمة التي يجب تغطيتها في الاتفاق الجوانب الآتية [198]:

- أنواع المنتجات والخدمات والكميات المستهدف توزيعها سنويا، والمنطقة أو مجموعة المناطق والقطاعات المستهدفة، والمنتفعين المستهدف خدمتهم في تلك المناطق والقطاعات.
- أسعار بيع المنتجات والخدمات من المؤسسة للموزع وأسعار البيع للمنتفع النهائي والتي تأخذ في الاعتبار التحقيق المنصف لمصالح الطرفين على المدى القريب والبعيد.
- شروط البيع وطرق الدفع والضمانات التي تمنحها المؤسسة والموزع.
- خدمات والتزامات ومسئوليات الطرفين التي تكفل فعالية ونجاح الشراكة.

دعم وتحفيز الموزعين:

ومن أهم مجالات الدعم والتحفيز التي يمكن أن تقدمها المؤسسة للموزعين الذين تتعاقد معهم على توزيع وتصريف منتجاتها وخدماتها بهدف تعزيز الشراكة وتنميتها ما يلي [199]:

1. تقديم تسهيلات مالية مثل منح ائتمانات مالية أو إرجاء الدفع بدون تحميل فوائد.
2. تقديم خصومات من آن لآخر، أو وفقا لحجم الطلبية، أو وفقا لظروف السوق أو ظروف الموزع.
3. الدفع على أقساط مريحة دون فوائد.
4. دعم الموزع في حالات الكساد وانخفاض الأسعار أو التضخم، ودعمه في حالات تقلبات السوق وتحول المنتفعين وتغير ميولهم.
5. المساهمة في تدريب وتطوير العاملين لدى الموزعين لضمان تقديم خدمات متميزة فيما يتعلق بمهام التوزيع وفيما يتعلق بالمنتجات مثل التركيب والصيانة والخدمة.

(198) عبد الفتاح، 1987، ص597
(199) الصحن، 1998، ص 390

التعاون في مجال الدراسات والتقييم وتبادل المعلومات:

من المفيد للمؤسسة بصفة خاصة والموزعين أيضا الاشتراك والتعاون في إعداد دراسات السوق ودراسات المنتفعين وتقييم أداء عمليات التوزيع ومخرجاتها والتحديد الدقيق للاحتياجات المتجددة للمنتفعين وتحديد خصائص ومزايا ومواصفات المنتج والخدمة التي تلبي هذه الاحتياجات وغيرها من المعلومات التي تفيد في تحسين أداء ومخرجات المؤسسة والموزعين.

قدرات التوزيع المادي:

يعني التوزيع المادي أو التوزيع الفعلي بتحريك المنتجات من مواقع إنتاجها حتى تصل إلى مراكز الانتفاع بها في الأوقات المناسبة[(200)]. ويعتمد التوزيع المادي أساسا على عمليات نقل وتخزين المنتجات الموجهة إلى قطاعات وأسواق ومناطق جغرافية محددة، وذلك من خلال قنوات التوزيع التي يتم اختيارها.

وكلما زاد عدد حلقات التوزيع بين المنتج والمنتفع النهائي تزداد الحاجة إلى المخازن وإعادة النقل والشحن. وتقل الحاجة إلى التخزين وتكرار الشحن في نظام إنتاج الدفعات والإنتاج المفرد حيث تنتج المنتجات وتشحن مباشرة إلى المنتفع النهائي، أما في نظام الإنتاج المستمر يصعب تحقيق التوافق بين معدلات الإنتاج ومعدلات التوزيع ومعدلات الانتفاع فتظهر الحاجة إلى سلسلة من المخازن لتخزين الكميات الزائدة انتظارا للطلب عليها، وعندما ينخفض المخزون السلعي إلى الحد الأدنى في أي منها يُرفع مستوى المخزون لضمان تغطية الطلب بدون تأخير. ومن مزايا الاحتفاظ بالمخزون الاحتياطي أنه يُمكِّن المؤسسة والموزعين من مواجهة الزيادة المفاجئة في الطلب أو لتغطية احتياجات الطلب الموسمي، أو الحصول على وفورات الشراء كبير الحجم.

وحيث إن المخزون يمثل أصول وموارد مجمدة يجب الاحتفاظ منها فقط بالحد الأدنى الذي يكفل استمرار تدفق المنتجات من المؤسسة إلى الموزعين والمنتفعين، وتتحدد مستويات الحد الأدنى من خلال الخبرة والتقديرات الجيدة لحجم ومعدلات الطلب المستقبلي.

ويؤدي التوافق والتكامل والتنسيق الفعال بين المؤسسة والموزعين إلى إجراء

---

(200) عبد الفتاح، 1987، ص 192 - 193

التعديلات المناسبة في معدلات الإنتاج ومستويات التخـزين التـي تحقـق فعاليـة وكفـاءة عمليات الإنتاج والتسويق التابعة للمؤسسة وعمليات التوزيع التابعة للموزعين. إن ذلك يعني تحقيـق الكفـاءة والفعاليـة على مستوى المؤسسة والموزعين الذين يخدمونها.

إن فعالية توزيع المنتجات تعتمد على إمكانيات وقـدرات التخـزين مـن حيـث عـدد المخـازن المتاحة للتوزيع وحجمها ومواقعها وتصميمها والتسهيلات المتوفرة فيها ومدى مناسبة وتوافق كل ذلـك مـع أنـواع المنتجات المقدمة وحجم الأسواق المستهدفة ومواقعها ومتطلباتها في الفصول والأوقات المختلفة(201).

وتعتمد فعالية التوزيع أيضا على إمكانيات وقدرات النقل الذي يكفل تـدفق المنتجات إلى المنتفعين، وكلما توسعت المؤسسة في تغطيـة أسـواق إضافية في مواقع جغرافيـة متباعـدة كلـما احتاجـت واحتـاج الموزعون الذين يخدمونها إلى وسائل نقل متعددة. وكما يمكن للمؤسسة أن تعتمد على قدرات وإمكانيات النقل المملوكة لها والموزعين الذين يخدمونها فإنه يمكنها أيضا الاستفادة بالمستوى الـذي يناسبها مـن وكالات أو شركات النقل والشحن أو المزيج الأمثل من هذه الأساليب(202).

وتحمس الكثير لفكرة التخلص من المخازن واستبدالها بالشحن المباشر من المصانع إلى المنتفعين خاصة المشترين الصناعيين الأمر الذي يؤدي إلى الارتفاع الكبير في كثافة حركة النقل، أي أن التخزين يصبح متحركا في الطرقات. وعندما تعتمد أكثر مؤسسات المجتمع هذا الأسلوب تزدحم الطرقات وتتعرقل حركة المـرور ويزيد التلوث. إن الحلول عندما تأخذ في الاعتبار التوافـق والتكامـل بـين الشركاء ومراعـاة مصالح كـل الأطراف بما في ذلك المجتمع والبيئة تصبح فعلاً حلولا ابتكارية، أما التحسينات التي تضع حلاً هنا لتخلق مشاكل هناك فهي مجرد إزاحة للمشاكل وتحميلها على أطراف أخرى ظلما وعدوانا وهو ما يتعارض مـع مصالح والتزامات الجميع، كما يتعارض مع قيم وثقافة المؤسسة والمجتمع النابعة مـن المنهـج الإسلامي العظيم.

---

(201) المرجع السابق، ص 613
(202) عبد الفتاح، 1987، ص 611 - 612

أسئلة تقييم قدرات وأداء مهام التوزيع والبيع [203]:

- هل يتم توفير المنتجات والخدمات في المواقع والأوقات المناسبة للمنتفعين في المناطق والقطاعات المستهدف خدمتها؟

- هل تعتمد المؤسسة على التوزيع والبيع المباشر؟ أم تعتمد على الموزعين والوسطاء أم أنها تستفيد من كلا النظامين معا؟

- هل تعد تشكيلة منافذ التوزيع الحالية ملاءمة وكافية وفعالة؟

- هل يتم مراجعة وتقييم أساليب ومنافذ التوزيع والبيع من آن لآخر وإجراء تغيير بعض المنافذ أو إضافة أو استبعاد بعضها الآخر؟

- هل هناك تنسيق بين بيع منتجات وخدمات المؤسسة وبيع المنتجات والخدمات ذات العلاقة؟

- هل يتم التحديد الدقيق والصحيح لمعايير وأسس وشروط الاتفاق مع الموزعين بشأن توزيع وبيع منتجات وخدمات المؤسسة؟

- هل يتم مراقبة وتقييم قدرات وأداء الموزعين من حيث تغطية المناطق والأسواق والقطاعات المستهدفة وحجم ودخل المبيعات، السعر، الترويج، وقدرات وأداء عمليات التخزين والنقل والبيع؟

- ما هو مستوى أداء كل موزع والأداء العام لقنوات التوزيع [204]؟

- هل يتم متابعة وتقييم مستوى رضاء المنتفعين عن الوسطاء والموزعين الذين يوزعون منتجات وخدمات المؤسسة؟

- هل يتم التحديد الجيد لمجال وشروط الشراكة بين المؤسسة والموزعين؟

- ما هو تقييم أداء هذه الشراكة من وجهة نظر الموزع؟

- ما هو مستوى فعالية الشراكة مع كل موزع؟ والمستوى العام لفعالية الشراكة مع الموزعين؟

- هل يتم التحديد والاختيار الجيد لقنوات التوزيع المناسبة لتوزيع منتجات وخدمات المؤسسة؟

- هل يتم التحديد والاختيار الجيد للموزعين؟

(203) السيد، 1990، ص 147
(204) عبد الفتاح، 1987، ص603

ترويج المنتجات والخدمات:

يهدف النشاط الترويجي إلى زيادة دخل المبيعات عن طريق زيادة حجم المبيعات مع الإبقاء على السعر أو رفع السعر والإبقاء على حجم المبيعات[205]. أي أن جهود الترويج ترمي إلى تنشيط المبيعات بهدف:

- زيادة حجم ودخل المبيعات.
- المحافظة على حجم المبيعات في حالة وجود كساد عام أو شدة المنافسة أو أية أسباب متعلقة بأداء المؤسسة أو العوامل الخارجية.
- التعريف بمنتج أو خدمة جديدة والإقبال على شرائه.

ويحاول خبراء التسويق تسخير قدرات وجهود الترويج في التعريف بخصائص ومزايا المنتج واستخداماته ومنافعه، وسعره، وأماكن عرضه، والضمانات والخدمات المتعلقة به وكل المعلومات الحقيقية والمفيدة التي تمكنهم من بناء تصور واضح وايجابي عن المنتج يشجعهم على شرائه. ويتم القيام بجهود الترويج على مستويات مختلفة، فمنها ما هو مستمر ومنها ما يتم في شكل حملات ترويج مكثفة لتحقيق الأهداف المشار إليها.

تشمل قدرات الترويج ثلاثة عناصر رئيسية وهي: الإعلان والنشر، البيع الشخصي، وتنشيط المبيعات. ويتحقق نجاح الترويج من خلال المزيج الأمثل لهذه العناصر والاجتهاد في تحقيق التوافق والتكامل والتنسيق بينها[206].

وأول شرط في نجاح وتميز قدرات الترويج هو المنتجات والخدمات ذاتها، فإذا كانت المنتجات والخدمات نفسها غير ملاءمة لحاجات ورغبات المنتفعين فلن تجدي معها قدرات الترويج أيا كانت. وإذا كانت المنتجات والخدمات ملاءمة لحاجاتهم ورغباتهم فإن قدرات الترويج المتميزة تمكن خبراء التسويق من إقناع المنتفعين بمزايا ومنافع تلك المنتجات والخدمات.

ويجب أن تكون جهود الترويج والإعلان والنشر والبيع الشخصي وغيرها كلها جهوداً صادقة تؤدي إلى بناء ثقة المنتفع بالمؤسسة ومنتجاتها وخدماتها. إن قدرات البيع الجذابة قد تدفع الكثير من المنتفعين إلى شراء المنتجات والخدمات ولكنهم لن

(205) المرجع السابق، ص511
(206) بعيرة، 1993، ص 68

يكرروا الشراء إلا إذا تطابقت المعلومات المقدمة في الإعلانات وحملات الترويج مع المزايا والمنافع الحقيقية المجربة جراء استعمال المنتج. وعند حصول هذا التطابق يبدأ نشوء الثقة وتتعزز مع الوقت، ثم تنشأ وتتعزز سمعة المؤسسة وسمعة منتجاتها وخدماتها ما استمر ذلك التطابق.

ويعتمد اختيار الأسلوب الأمثل للترويج على العوامل آلاتية:

1. هدف ومحتوى مهمة الترويج، خصائص المنتفعين، والنتائج المستهدفة.
2. أكثر الطرق فاعلية وخاصة في الحالة المحددة التي يُراد أن يُستفاد فيها من جهود الترويج في تحسين المبيعات أو الإقبال على منتجات وخدمات جديدة.
3. تكلفة الترويج، ويُعد الإعلان أقلها تكلفة إذا حُسبت التكلفة على أساس عدد المنتفعين الذين يمكن أن يشاهدوا ويتأثروا بالإعلان. أما أكثرها تكلفة فهو البيع الشخصي عندما يُقصد به الترويج. وتقل تكلفة الترويج عندما يتم من خلال قنوات التوزيع والبيع المباشر.

ويُقصد بفاعلية الترويج أو أي عنصر من عناصره مقدار الأثر الذي يحدثه في سلوك المنتفعين والذي يمكن قياسه بمستوى إقبالهم على منتجات وخدمات المؤسسة كنتيجة لجهود الترويج.

العوامل المحددة للمزيج الترويجي:

من أهم العوامل التي تؤثر في اختيار المزيج الترويجي المناسب لتشكيلة المنتجات والخدمات المقدمة هي نوع وخصائص المنتج أو الخدمة، والمرحلة التي يمر بها المنتج في دورة حياته، والموارد المتاحة.

1. نوع وخصائص المنتج أو الخدمة: ذلك لأن نوع وخصائص المنتج أو الخدمة تحدد شريحة المنتفعين بها وخصائصهم ودوافعهم، فالسلع الميسرة والمنتجات والخدمات العادية التي لا تتميز بمزايا خاصة وأسعارها محدودة يمكن أن يُروج لها عن طريق الإعلان. أما المنتجات الصناعية والخدمات الفنية التخصصية يفضل الترويج لها عن طريق جهود البيع الشخصي حيث إن أسعارها عالية وقرار الشراء يحتاج إلى

المعلومات والتوضيحات والضمانات التي يقدمها رجال البيع [207].

2. المرحلة التي يمر بها المنتج في دورة حياته. إن دورة حياة أي منتج تمر بمراحل رئيسية وهي مرحلة تقديم المنتج الجديد، مرحلة النمو، مرحلة النضج والتشبع، مرحلة التدهور [208].

- في مرحلة تقديم منتج جديد يستخدم الإعلان وجهود البيع الشخصي للتعريف به وتشجيع المنتفعين على الإقبال عليه، ويتم بذلك تحقيق الطلب الأولي.

- وفي مرحلة النمو والنضج يشتهر المنتج في السوق ويُستفاد من مختلف طرق الترويج لزيادة المبيعات وتحقيق العوائد الاقتصادية المستهدفة.

- وفي الفترة الأولى من مرحلة التدهور يتم التركيز على البيع الشخصي بما يكفل المحافظة على مستوى المبيعات الذي يحقق قدراً مقبولاً من الأرباح، وفي الوقت المناسب من هذه المرحلة يوقف نشاط الترويج للمنتج تمهيدا للتخلص منه.

3. الموارد والقدرات المتاحة للترويج: تعتمد طرق أو تشكيلة المزيج الترويجي على الموارد والقدرات المتاحة لهذا النشاط مثل الموارد المالية، القدرات والخبرات التسويقية وخاصة في مجالات البيع الشخصي والإعلان، كما يعتمد المزيج الترويجي على أسلوب التوزيع وفعالية قنوات التوزيع المتاحة، وفعالية الشراكة مع الموزعين.

الإعلان كأحد جهود وقدرات الترويج:

من خلال الإعلان والنشر يتم تعريف المنتفعين بمنتجات وخدمات المؤسسة على نطاق واسع وإقناعهم بالإقبال على شرائها. وأهم وسائط الإعلان هي الإذاعات المرئية والمسموعة وشبكة المعلومات والصحف والمجلات والملصقات والمطويات والكتيبات والنشرات الخاصة التي توزع شخصياً أو من خلال البريد. كما يمكن الاستفادة من نشر المقالات والتحقيقات والتقارير عن المؤسسة ومنتجاتها في

(207) عبد الفتاح، 1987، ص 520
(208) بعيرة، 1993، ص 90

المجلات العلمية والتخصصية التي تخدم معلومات ودراسات محايدة غالباً[209].

وأهم ما يجب التأكيد عليه لنجاح جهود الإعلان في الوصول إلى النتائج المستهدفة مراعاة الجوانب والعوامل الآتية:

1. أن يكون الإعلان هادفا يسعى لتحقيق نتائج تسويقية محددة.
2. تحديد المنطقة الجغرافية والقطاع المستهدف وخصائص المنتفعين المستهدف تعريفهم بالمنتج وإقناعهم بالإقبال على شرائه.
3. أن يكون الإعلان صادقاً ويقدم معلومات حقيقية للمنتفعين عن منتجات وخدمات المؤسسة تقنعهم بالإقبال عليها دون إغراء خادع ومضلل.
4. اختيار الوسيلة الإعلانية المناسبة.
5. قياس وتقييم فعالية ونتائج الإعلان وتحسين فعالية الإعلان وفقا لذلك[210].

قدرات البيع الشخصي:

يعتبر البيع الشخصي من الطرق والأساليب المهمة لترويج المنتج. والبيع الشخصي هو التعامل والتفاعل المباشر مع المنتفعين عند بيع المنتج في إطار ترويج أو تنشيط مبيعاته[211].

ويوفر التوزيع المباشر قدرات وفرص غير محدودة للقيام بمهام الترويج والبيع الشخصي- بمرونة تامة وهذه من مزايا التوزيع المباشر كأسلوب وحيد للتوزيع أو كأحد مكونات تشكيلة قنوات التوزيع. ويستدعي الاعتماد على قنوات التوزيع الوسيطة الإدارة الفعالة للشراكة مع الموزعين، والاستفادة المثلي من تلك القنوات في الترويج لمنتجات وخدمات المؤسسة. وبالرغم من أن برامج الترويج المشتركة مع الموزعين تخدم الطرفين إلا أنه من المفيد أن تقوم المؤسسة بتنظيمها والإعداد لها، وربما تحمل كل أو الجزء الأكبر من نفقاتها من أجل تحقيق النتائج المستهدفة منها.

وفي إطار السعي لتحقيق فعالية الترويج يفضل الاعتماد على رجال البيع العاملين بالمؤسسة في جهود البيع الشخصي التي تهدف إلى ترويج المنتجات والخدمات.

(209) المرجع السابق، ص69
(210) عبد الفتاح، 1987، ص 527
(211) بعيرة، 1993، ص69

ومن الأهمية بمكان مشاركة خبراء الإنتاج والتسويق والبحث والتطوير في جهود البيع الشخصي ـ والترويج للأغراض الآتية:

- الاختيار الجيد لرجال الترويج والبيع مـن بـين خـبراء المؤسسـة الـذين لـديهم درايـة واسـعة بمنتجات وخدمات المؤسسة وعملياتها الرئيسية وقدراتها ومواردها.

- الاتصال المباشر بالمنتفعين والتعرف على الصورة الأولية عن المنتج الجديد التي تتكون لـدى المنتفعين والتعرف على مدى تقبلهم له وإقبالهم عليه، وذلك للاستفادة مـن هـذه الصـورة والمعلومات التي تتجمع لديهم في تحسين وتطوير المنتج.

- المشاركة في تجميـع المعلومـات التسـويقية وإعـداد بحـوث ودراسـات وتقـارير التسـويق ودراسات المنتفعين وسـلوكهم وميـولهم وحاجـاتهم الحقيقيـة والمتجـددة، وذلـك مـن أجـل التحسين النوعي والمستمر لمنتجات وخدمات المؤسسة وتحسين أداء العمليات الرئيسية.

- المشاركة في إجراء التوضيحات والعروض والنصح والإرشاد الذي يقدم للمنتفعين أثناء البيـع الشخصي.

تنشيط المبيعات:

وهو جزء من نشاط الترويج الذي يعمل على تنشيط وتشجيع وتحفيـز المنتفعـين عـلى شراء المنتـج أو الخدمة بهدف زيادة المبيعات، وذلك من خلال جملة من المهام التـي يـتم تنسـيقها وتكاملهـا مـع جهـود الترويج الأخرى، ويتضمن تنشيط المبيعات استخدام الوسائل الرئيسية الآتية[212]:

1. توزيع عينات مجانية من المنتج خاصة عند ترويج منتجات جديدة أو دخول سوق جديد.
2. تقديم تخفيضات في السعر في مناسبات معينة أو تسهيلات مالية.
3. تقديم هدايا مرتبطة بشراء المنتج.
4. عرض المنتج في المعارض أو مراكز ومحال البيع، وذلك لتوفير

(212) الصحن، 1998، ص344

المعلومات الكافية عن المنتج وخصائصه، وتشجيع المنتفعين على شرائه، ويتم العرض في المعارض الخاصة بالمؤسسة أو مراكز ومتاجر البيع أو المعارض التجارية أو الصناعية المحلية أو الإقليمية أو العالمية التي تستهدف قطاعات وأسواقا ومناطق جغرافية معينة. وتقدم في هذه المعارض نشرات وشروح وتوضيحات كافية ومناسبة عن المؤسسة والمنتجات والخدمات المراد ترويجها.

5. تقديم شروح وتوضيحات عن استعمال السلعة وخصائصها ومزاياها وكافة المعلومات الحقيقية المتعلقة بها وذلك ليشاهد المنتفع بنفسه من خلال وسائل الإيضاح أو على أرض الواقع المزايا والمنافع التي يمكن أن يحققها له المنتج المعروض.

ومن قدرات وأساليب الترويج التغليف المناسب الذي يُقصد به الحفظ الجيد للمنتج وفقا لطبيعته وخصائصه عند تخزينه ومناولته وشحنه، وكذلك كتابة البيانات والمعلومات الكافية والمناسبة للتعريف بالمنتج ووزنه الصافي أو حجمه ومكوناته وصلاحيته ومكان صنعه واسمه التجاري واسم المؤسسة وعنوانها. كما يُعتبر إعداد الغلاف في شكل جذاب يتناسب مع جودة المنتج من أساليب الترويج للمنتج مع التأكيد على صحة ودقة البيانات والمعلومات المكتوبة عليه والحذر من الوقوع فيما تقع فيه بعض المؤسسات من خلل أو نقص أو عيب في التعبئة والتغليف أو المعلومات المقدمة[213].

ومن القدرات التي تكسب المؤسسة سمعة جيدة هي قدرتها على تقديم الخدمات المناسبة والكافية عند البيع وبعده، وتم الإشارة إلى الخدمات عند البيع أما خدمات ما بعد البيع فهي من الأهمية بمكان بالنسبة للمنتفع وأهمها التسليم في الموعد المحدد، وتسهيل إرجاع المنتج أو استبداله أو إصلاحه أو صيانته أو توفير قطع الغيار بسهولة ويسر وسعر مناسب، وتقديم الإرشاد والنصح والمساعدة في حل المشاكل في أسرع وقت وتكاليف مناسبة.

ولا يجوز لفريق التسويق أن يخاطب العواطف لدى المنتفعين. إن من يحرك عواطف الناس من أجل إغرائهم بشراء منتجاتهم وخدماتهم يعتبر مُتَّهما في نواياه

---

(213) بعيرة، 1993، ص164 - 166.

ومقاصده ويجب أن تُفحص منتجاته وخدماته للتعرف على مدى تطابق المزايا والمنافع الحقيقية مع المزايا والمنافع المعلنة. إن جهود البيع والترويج يجب أن تعتمد أسلوب الإقناع العقلي بالدليل والحجة والمعلومات الحقيقية وليس بتحريك العواطف والغرائز التي تدفع إلى اتخاذ قرارات غير رشيدة ليست في صالح المنتفع ولا في صالح المؤسسة على المدى البعيد.

إن تعزيز الثقة في المؤسسة وسمعتها وسمعة منتجاتها وخدماتها يعتمد على استمرارية المؤسسة في تقديم المنتجات المطلوبة المناسبة للحاجات الحقيقية والمتجددة للمنتفعين، كما تعتمد على صدق قادة وخبراء التسويق عند الإعلان والترويج لتلك المنتجات والخدمات.

وابتداء لا يُسمِح قادة وخبراء الإنتاج والتسويق والبحث التطوير لأنفسهم تصميم وإنتاج وتقديم منتجات أو خدمات ضارة بأفراد وجماعات الأمة وبيئتها ومواردها. إن تحقيق المصلحة لكافة الأطراف مسئولية فردية وجماعية لذلك فإنهم يحرصون جميعا على أن تكون المنتجات والخدمات نافعة ومفيدة لجمهور المنتفعين بها. ولضمان ذلك لا بد أن تكون مصممة ومصنعة ومقدمة وفقا للمواصفات والخصائص التي تحقق المنافع المناسبة لتلبية الاحتياجات الحقيقية للمنتفعين، ولا بد أن تكون جهود الترويج والإعلان في هذا الإطار وليس خارجه. وليس من صالح المؤسسة ولا المنتفعين ولا من صالح المجتمع وسائر الأطراف العمل على دفع المنتفعين إلى بناء تصور عن قيمة المنتج بأكثر من قيمته تحت تأثير جهود الإعلان والترويج الزائفة[214].

لذلك يحرص خبراء التسويق بالمؤسسة على تفادي أساليب الترويج والإعلان التي تخاطب العواطف وتمثل إغراء خادعا ومضللا لدفع البسطاء الذين تحركهم العواطف والغرائز إلى شراء المنتجات والخدمات التي لا تلبي احتياجاتهم الحقيقية وبالتالي لن يُقبلوا على شرائها مستقبلا. إن ما يقال أو يكتب في الإعلانات وحملات الترويج يجب أن يؤكد الحقائق التي تحدد الصفات والخصائص والاستخدامات والمنافع الحقيقية للمنتج أو الخدمة.

ومن المفيد للمؤسسة عاجلا وآجلا القيام بإجراء المقارنة المنصفة لمنتج وخدمة المؤسسة بمنتجات وخدمات المنافسين ومقارنة مدى تلبية كل منها للحاجات

(214) عبد الفتاح، 1987، ص512

والرغبات الحقيقية للمنتفعين وتحديد السعر وفقا لذلك والالتـزام بالتعريف والدعايـة والـترويج للمنـتج حسب خصائصه ومزاياه الحقيقية وبدون مبالغة.

وإذا قدمت المؤسسة وكل مؤسسة منتجاتها وخدماتها للسوق وروجـت لهـا بمختلـف وسائـل الإعـلان والترويج وتطابقت معلومات الترويج مع خصائص ومزايا المنتجـات والخـدمات في كـل الحـالات وحققـت بالفعل المنافع التي تلبي الاحتياجات الفعلية لشرائح المنتفعين بها دون ضَرر أو ضِرار، إذا تحقق كـل ذلك فماذا يريد المجتمع من مؤسساته بعد ذلك؟ إن تحقق قدر كبير من ذلك يدل على أن مؤسسات المجتمع تعمل على تحسين أدائها بما يحقق مصالح سائر الأطراف وأنها بذلك ترتقي بالمجتمع من حسن إلى أحسـن حتى يتحقق له التقدم والازدهار الذي ينشده.

أسئلة تقييم قدرات الترويج:

- هل تلقى حملات الترويج والإعلان تقديراً واهتماما من جمهور المنتفعين بمنتجات وخـدمات المؤسسة؟

- هل توجد استجابة ملموسة لجهود الترويج؟

- هل تحقق تلك الحملات والجهود النتائج المستهدفة من المبيعات؟

- هل تملك المؤسسة قدرات الاتصال والترويج الفعال لمنتجاتها وخدماتها؟

- ما هو مستوى أداء الترويج لمنتجات وخدمات المؤسسة؟

- هل يشعر المنتفعون أن لديهم معلومات كافية عن المؤسسة ومنتجاتها وخدماتها؟

- هـل يعتقـد المنتفعـون أنهـم يحصلـون عـلى معلومـات صـادقة عـن المؤسسـة ومنتجاتهـا وخدماتها؟

- هل يتم التحديد الجيد لعناصر المزيج الترويجي المتمثلة في الإعلان والبيع الشخصي وتنشـيط المبيعات؟

- هل يعد المزيج الترويجي الحالي هو الأنسب والأفضل لتحقيق الأهداف التسويقية؟

- هل يتم تقييم قدرات وأداء وطرق الترويج من آن لآخر ومراجعتها وتحسينها وفقا لمتطلبـات الخطط والأهـداف التسويقيـة والمتغيرات في بيئة

المؤسسة(215)؟

وفي ما يلي أسئلة تقييم قدرات العملية التسويقية في الجوانب المتعلقة بتشكيلة المنتجات والتسعير وقدرات قادة وخبراء التسويق.

أسئلة تقييم تشكيلة المنتجات:

- ما هي تشكيلة المنتجات والخدمات المقدمة حاليا؟
- هل تعتبر التشكيلة الحالية التشكيلة المثلى من ناحية تحقيق المبيعات والعوائد الاقتصادية المستهدفة؟
- هل تعتبر التشكيلة المثلى من ناحية متطلبات السوق والقطاعات التي تخدمها المؤسسة؟
- هل يتم دراسة ومراجعة تشكيلة المنتجات وفقا لأدائها وعوائدها في ضوء دورة حياة كل منتج؟
- هل تشكيلة المنتجات متوافقة ومتكاملة مع بعضها ولا تتنافس أو يعرقل بعضها تسويق بعضها الأخر؟
- هل تشكيلة المنتجات والخدمات متوافقة مع إستراتيجيات وأهداف المؤسسة؟

أسئلة تقييم السعر والتسعير:

- ما العلاقة بين السعر ودخل المبيعات المحققة؟
- ما الذي يمكن أن يحدث لدخل المبيعات والأرباح لو رُفع أو خُفض السـعر؟
- هل هناك توافق بين السعر وقيمة ومزايا ومنافع المنتج من وجهة نظر المنتفعين(216)؟
- هل هناك توافق بين سعر المنتج وسعر المنتجات المنافسة مقارنة بمزايا وخصائص المنتجات؟
- هل ارتفاع السعر ناتج بالدرجة الأولى عن قيمة وجودة المنتج أم ناتج عن ارتفاع التكاليف؟

(215) الصحن، 1998، ص340 - 346
(216) السيد، 1990، ص147

- هل يتم تحديد السعر وفقا لنوعية وجودة ومزايا ومنافع المنتج التي يقدمها للمنتفعين مقارنة بالمنتجات والخدمات المنافسة؟

- هل يتم تقديم تسهيلات مالية في إطار مساعدة المنتفعين أو شرائح معينة منهم ومن أجل ترويج المبيعات؟[217]

أسئلة تقييم قدرات قادة وخبراء التسويق:

- ما هو مستوى مساهمة قادة وخبراء التسويق في تحديد وتحقيق الخطط والأهداف الإستراتيجية للمؤسسة؟[218]

- هل تتوفر الخبرات والكفاءات العالية في مجال التسويق؟

- هل يتم الاستفادة المثلى من قدرات كل عامل في التسويق في تحقيق أهداف التسويق وأهداف المؤسسة؟

- هل يتم تأكيد وضمان التوافق والتكامل والتعاون العالي المستوى لجهود أفراد وفرق التسويق ومع بقية العاملين وخاصة في الإنتاج والبحث والتطوير؟[219]

- هل يتم التحديد والتطوير الفعال لقدرات ومعارف ومهارات العاملين في التسويق؟

- هل تمكن قادة وخبراء التسويق خلال السنوات السابقة من تحقيق الأهداف التسويقية المتمثلة في حجم ونمو المبيعات والدخل والأرباح والتوسع في الأسواق وفقا للخطط الإستراتيجية والتسييرية المعتمدة؟

- هل يلتزم قادة وخبراء التسويق باستعمال مفاهيم وأساليب وأنظمة حديثة ومناسبة لإدارة وتقييم وتحسين فعالية ونتائج التسويق؟

- هل تشمل هذه الأساليب والمفاهيم مفهوم دورة حياة المنتج، قطاعية السوق، بحوث السوق، الإدارة والقيادة الحديثة عامة وفي مجال التسويق بصفة خاصة، التخطيط الاستراتيجي، مفاهيم ونظم إدارة الفعالية والجودة الشاملة، نظم المعلومات التسويقية، ونظم المراقبة؟

(217) الصحن، 1998، ص289 - 317

(218) Hunger & Wheelen, 1999, p254

(219) Andrews , 1987, p46

ويتوصل فريق تخطيط التسويق من خلال هذا التقييم إلى تحديد عناصر القوة والضعف المهمة المتعلقة بقدرات العملية التسويقية، ويبين الجدول رقم (3.6) أمثلة لمثل هذه العناصر.

تقييم مدخلات وموارد العملية التسويقية:

إن تفعيل قدرات التسويق والاستغلال الأمثل لها بقصد تحقيق النتائج المستهدفة يحتاج إلى جملة من المدخلات والموارد المناسبة. ومن القدرات المهمة المطلوبة التحديد الجيد للموارد والمدخلات المناسبة لكل مرحلة والقدرة على توريدها وتوفيرها بالمستوى المناسب من حيث النوع والكم والتوقيت والتكلفة.

ومن أهم هذه المدخلات والموارد: الخبرات الجديدة، الموارد المالية، أصول ومواد ومستلزمات تسيير نشاطات التسويق (التوزيع /البيع / الترويج)، والمعلومات التسويقية.

وفي ما يلي توضيح للقدرات الخاصة بتحديد وتوفير هذه المدخلات أو الموارد.

الخبرات الجديدة:

تحتاج عملية التسويق إلى تعيين عناصر جديدة مؤهله وذات خبرة وذلك من آن لآخر لتغطية النقص في العقول والقوى العاملة في هذا المجال. ومن المفيد تعيين خبراء لديهم المعارف والمهارات والخبرات المناسبة للمساهمة في التحسين النوعي لأداء المؤسسة وتحقيق أهداف التحول الاستراتيجي، ويعتبر ذلك وسيلة من وسائل نقل المعارف والمعلومات والأساليب والطرق التسويقية الجديدة. كما يمكن الاستفادة من الخبراء الجدد في تدريب العاملين. ثم لا بد من تعيين دفعات من حديثي التخرج من المعاهد والجامعات وذلك لإعداد خبراء المستقبل بالطريقة التي تناسب نشاطات ومهام وقيم وثقافة المؤسسة وبيئتها وأهدافها.

أصول ومستلزمات التسويق:

إن عملية التسويق الجارية ومشروعات التحول والتحسين في مجال التسويق تحتاج إلى أصول جديدة تخدم تسويق المنتجات والخدمات الحالية والمستقبلية وتتعلق هذه الأصول بوظائف التخزين والنقل والبيع والتجهيزات التي تخدمها، وكذلك مستلزمات البحث والتطوير. إن القدرة على التحديد الدقيق والصحيح للأصول والتجهيزات والمواد المناسبة لمشروعات ونشاطات التسويق وتوفير هذه الأصول والمواد

بالمواصفات والخصائص والتكلفة المناسبة وفي الوقت المناسب يُمكِّن من نجاح العملية التسويقية ومشروعات التسويق وفقا لمتطلبات خطط التحول.

ولا يمكن الاعتماد التام على القدرات والجهود الذاتية في بناء وتفعيل الأنظمة والأساليب والتقنيات والمعارف والطرق الحديثة في مجالات التسويق، لذلك ينبغي الاستفادة من جهود الآخرين وما توصلوا إليه اختصارا للوقت والجهد والتكاليف.

لذلك يتبين أهمية قدرات التعرف على المؤسسات التي تمتلك هذه المدخلات وتحديد المناسب منها للمؤسسة حاضراً ومستقبلاً، والعمل على الحصول عليها من خلال الشراء والامتلاك أو الترخيص أو اتفاقيات التحديث والتطوير. ومن الطرق المفيدة في نقل هذه المدخلات إجراء الأبحاث والدراسات والمشروعات المشتركة، والمؤتمرات والندوات العلمية وورش العمل التخصصية التي تُعقد في مجالات التسويق وأساليبه وأنظمته الحديثة.

ومن القدرات المهمة في توفير الموارد المناسبة: التحديد الجيد للموردين الذين لديهم قدرات وخبرات وسمعة جيدة في إنتاج وتوفير تلك الموارد وضمان التزامهم بتوريدها وفقا للخصائص والشروط المتفق عليها والتي تكفل فعالية العملية التسويقية وتحقيق أهدافها.

جدول رقم (3.6) عناصر القوة والضعف الخاصة بقدرات العملية التسويقية

عناصر القوة	عناصر الضعف
1. تكاليف التسويق تعتبر في حدود المتوسط في الصناعة.	1. بعض الوكلاء لم يعودوا قادرين على تصريف الحجم المتزايد من منتجات المؤسسة.
2. التمكن من بناء تعاون وشراكة مع مجموعة من المؤسسات العاملة في الصناعة في مجال بحوث التسويق.	2. تدني مستوى الشراكة مع بعض الموزعين.
3. مستوى عام جيد لثقة ورضاء المنتفعين عن 80% من منتجات المؤسسة.	3. الاعتماد على عدد كبير من الموزعين في المنطقة ب والاعتماد على موزع واحد المنطقة ج.
4. مستوى عالي لجودة	4. ضعف قدرات وجهود الترويج والإعلان في المنطقة ج.

وسرعة الخدمات المقدمة للمنتفعين.

5. 80% من منتجات المؤسسة يمر بمرحلة النمو أو النضج وتدر أرباحا وعوائد اقتصادية مجزية.

6. ابتكار جيد في مجال المنتج

7. قدرات متميزة للقوى العاملة في مجال التوزيع والبيع.

8. توافق بين أسعار أغلب منتجات المؤسسة وأسعار المنتجات المنافسة وفقا للمزايا والمنافع التي تقدمها.

5. عدم التمكن من معرفة سوق المنطقة د من حيث الحجم والخصائص والعوامل المهمة المؤثرة في السوق مما أدى إلى تعثر جهود التسويق في المنطقة وتدني حجم المبيعات فيها.

6. عدم الوصول إلى المستويات المستهدفة من فعالية الاتصال بالمنتفعين وتحديد احتياجاتهم الحقيقية والمتجددة

7. تدني أداء الموزع في الدولة 2 في المنطقة ب.

8. ضعف وبطء الاستجابة لطلبات وتساؤلات أو شكاوي المنتفعين في ما يخص منتجات التكييف.

9. الآلة الحاسبة تمر بمرحلة الانحدار ومبيعاتها في تقلص مستمر وتدل المؤشرات أنه لا تجدي محاولات تحسينها لاستعادة جدواها الاقتصادية.

10. جهاز المذياع يمر أيضا بمرحلة الانحدار ويتطلب إجراء تحسينات عليه.

11. تدني الإقبال على شراء منتجات المؤسسة في بعض دول المنطقة ج.

12. ارتفاع أسعار منتجات التكييف مقارنة بالمنتجات المنافسة.

13. ضعف القدرات الخاصة بدراسة وتحليل المنتجات المنافسة لغرض الاستفادة منها في تنمية وتطوير منتجات المؤسسة.

وجود مؤشرات تدل على أن سوق إحدى دول المنطقة ب غير مجدي اقتصاديا

المعلومات التسويقية:

تعتمد فعالية التسويق وتحقيق النتائج المستهدفة منه على توفر المعلومات التسويقية الكافية والمناسبة. وتغطي المعلومات التسويقية المهمة واللازم توفيرها المعلومات المناسبة عن السوق والمنطقة الجغرافية والقطاع المستهدف، خصائص المنتفعين الحاليين واحتياجاتهم ورغباتهم الحقيقية الحالية والمتجددة، خصائص المنتفعين المتوقعين واحتياجاتهم ورغباتهم المتوقعة، مزايا وخصائص المنتجات والخدمات المطلوبة، حجم السوق، الطلب والعرض، نشاط المنافسين وتوجهاتهم، حجم وشدة المنافسة في السوق والقطاع، نوعية وخصائص وأسعار المنتجات والخدمات المنافسة، وضع المؤسسة في السوق، سمعتها وسمعة منتجاتها وحصتها في السوق ومؤشرات نموها أو تقلصها، والمتغيرات الاجتماعية والقانونية والاقتصادية والسياسية والتقنية المحلية منها والإقليمية والعالمية[220].

تُجَمَّع المعلومات التسويقية من واقع سجلات التسويق ومن خلال الدراسات والأبحاث التي تُجرى، والاستبيانات والمقابلات والاتصالات بالمنتفعين الأفراد وقادة وخبراء المؤسسات المستفيدة والنقاشات في الاجتماعات والندوات، وما يُكتب عن المؤسسة ومنتجاتها وأسواقها في الصحف والمجلات التخصصية، وتقارير المؤسسات العامة الاستشارية والرقابية.

أسئلة تقييم قدرات تحديد وتوفير المدخلات والموارد التسويقية:

- ما هو مستوى أداء فريق التسويق في الاختيار السليم للخبراء الجدد المناسبين للمساهمة الفعالة في النجاح المتنامي لعملية التسويق؟
- ما هو مستوى أداء فريق التسويق في تنمية وتطوير قدراتهم ومعارفهم ومهاراتهم التسويقية؟
- هل توجد قدرات التقدير السليم للموارد المالية اللازمة لمشروعات ومهام التحول في مجال التسويق والتسيير الفعال للعملية التسويقية؟
- هل تتوفر قدرات التحديد الدقيق والصحيح للأصول والموارد والمستلزمات الخاصة بعملية التسويق مثل الأصول والمواد والمستلزمات الخاصة بالتخزين والنقل والبيع وبحوث وتطوير السوق والتسويق؟

---

(220) عبد الفتاح، 1987، ص159

- هل تتوفر قدرات جيدة لتحديد وتطوير الأنظمة والأساليب والتقنيات والطرق التسويقية الحديثة بالجهود الذاتية أو التي يجب نقلها من مؤسسات أخرى بهدف الاستفادة منها في تحديث وتطوير نشاط التسويق وتحسين أداءه؟
- هل تتوفر قدرات الاختيار الجيد للموردين المناسبين؟
- هل تتوفر قدرات تضمن بالفعل توريد واستلام الأصول والمواد والمستلزمات والأنظمة والأساليب والتقنيات والطرق التسويقية الحديثة المناسبة والتي تكفل فعالية ونجاح العملية التسويقية؟
- هل توجد قدرات التحديد الصحيح والدقيق للمعلومات التسويقية اللازمة لضمان فعالية العملية التسويقية واللازمة لتحديد الأهداف والخطط التسويقية؟
- ما هو مستوى أداء فريق التسويق في البحث وتجميع المعلومات التسويقية المناسبة؟

جدول رقم (3.7) عناصر القوة والضعف الخاصة بمدخلات وموارد العملية التسويقية

عناصر القوة	عناصر الضعف
1. قدرات جيدة في تحديد وتوريد المواد ومستلزمات التسويق. 2. القدرة على تعيين خبراء مناسبين للعمل بمهام التسويق. 3. قدرات جيدة في تحديد وتوريد أنظمة وأساليب وتقنيات تسويقية حديثة من خلال عقود التعاون والتراخيص وغيرها.	1. وجود ضعف في تحديد والبحث وتوفير المعلومات التسويقية المناسبة والكافية للأغراض الإستراتيجية والتسييرية. 2. ضعف القدرات الخاصة بتحديد الاحتياجات الحقيقية والمتجددة للمنتفعين وتحويلها إلى مواصفات وتصميمات للمنتجات التي تلبي تلك الاحتياجات.

عناصر القوة والضعف الخاصة بعملية التسويق:

وينتهي فريق التخطيط الإستراتيجي وفريق تخطيط التسويق ونخبة قادة وخبراء

المؤسسة إلى تحديد أهم عناصر القوة الخاصة بالعملية التسويقية والتي يمكن استغلالها في تحقيق التحول وتحديد عناصر الضعف المهمة التي يمكن أن تعرقل الجهود التسويقية للتحول. ويبين الجدول رقم (3.8) أمثلة لهذه العناصر.

جدول رقم (3.8) عناصر القوة والضعف الخاصة بعملية التسويق

عناصر القوة	عناصر الضعف
1. دخل مبيعات يصل إلى 80% من المستويات المستهدفة وهو مستوى أفضل من أداء المرحلة السابقة.	1. تدني مبيعات الآلة الحاسبة وانخفاض الطلب عليها.
2. تحقيق نمو وتوسع في الأسواق المحلية وبعض الأسواق الإقليمية بمستويات مقبولة.	2. تدني مبيعات جهاز المذياع الناجم عن ارتفاع السعر وتدني جودة ومزايا المنتج مقارنة بالمنتجات المنافسة.
3. حصة جيدة ومتنامية لـ 50% من منتجات المؤسسة في أسواق المنطقة ا، ب.	3. بعض الموزعين في بعض دول المنطقة ب، ج لم يعودوا قادرين على تصريف الحجم المتزايد من منتجات المؤسسة.
4. الوضع الجيد للمؤسسة في أسواق المنطقة ا وأغلب أسواق المنطقة ب ودولتين من دول المنطقة ج.	4. صعوبات كبيرة تواجه تسويق منتجات المؤسسة في الدولة 2 بالمنطقة ب والدولة 5، 7 في المنطقة ج وارتفاع تكاليف التسويق في هذه الدول وانخفاض كبير في حصة المؤسسة في هذه الأسواق.
5. تكاليف التسويق تعتبر في حدود المتوسط في الصناعة في أغلب أسواق المنطقة ا، ب.	5. تدني مستوى الشراكة مع بعض الموزعين في بعض دول المنطقة ج بسبب تدني أدائهم.
6. التمكن من بناء تعاون وشراكة مع مجموعة من المؤسسات العاملة في الصناعة في مجال بحوث التسويق.	6. الاعتماد على عدد كبير من الموزعين في المنطقة ب والاعتماد على موزع واحد في المنطقة ج.

7 . مستوى عام جيد لثقة ورضاء المنتفعين عن 50% من منتجات المؤسسة.	6. ضعف قدرات وجهود الترويج والإعلان في المنطقة ج وبعض أسواق المنطقة ب.
8. مستوى عام جيد لسمعة وجودة 50% من المنتجات المقدمة.	8. شروط لم تعد ملاءمة للمؤسسة في عقود التوزيع مع بعض الموزعين في المنطقة ا، ب.
9. مستوى مرضي لجودة وسرعة الخدمات المقدمة للمنتفعين.	9. عدم الوصول إلى المستويات المستهدفة من فعالية الاتصال بالمنتفعين وتحديد احتياجاتهم الحقيقية والمتجددة
10. 80% من منتجات المؤسسة يمر بمرحلة النمو أو النضج وتدر أرباحا وعوائد اقتصادية.	10. ضعف وبطء الاستجابة لطلبات وتساؤلات المنتفعين في المنطقة ج وبعض أسواق المنطقة ب.
11. قدرات جيدة للقوى العاملة في مجال التوزيع والبيع.	11. ارتفاع أسعار أجهزة التكييف مقارنة بالمنتجات المنافسة.
12. توافق بين أسعار أغلب منتجات المؤسسة وأسعار المنتجات المنافسة وفقا للمزايا والمنافع التي تقدمها.	12. ضعف القدرات الخاصة بدراسة وتحليل المنتجات المنافسة لغرض الاستفادة منها في تنمية وتطوير منتجات المؤسسة.

تحديد القدرات والقوى الدافعة
لتحول المؤسسة

إن المؤسسة الإنتاجية أو الخدمية ما هي إلا المنتجات التي تنتجها والمنتفعين الـذين تخـدمهم، أي أن المؤسسة هي مؤسسة إنتاج وتسويق بالدرجة الأولى، فالمنتجات والخدمات التي تقدمها للسوق هـي الـتي تحصل من خلالها على دخل المبيعات الذي يُغطي مصاريف تسيير المؤسسة وتحقيـق العوائد الاقتصادية المستهدفة[221].

ومن أجل نمو المؤسسة وتوسعها لا بد من تطوير منتجاتها وأسواقها من خلال عملية البحـث والتطوير التي تهتم أساسا بتطوير عمليتي الإنتاج والتسويق ومخرجاتهما بما يكفل نمو المؤسسة وتقدمها عبر مراحل تحولها. لذلك فإن كل جهود قادة وخبراء المؤسسة ومواردها يجب أن تُسخَّر لخدمـة وتنميـة منتجاتها وأسواقها. ولضمان نجاح المنتجات والأسواق الحالية وتنميتها وتطويرها يجب تركيز الجهـود والمـوارد علـى تحسين فعاليـة العمليـات الرئيسـية الـثلاث وهـي الإنتاج والتسويق والبحـث والتطوير وفقـا لمتطلبـات الأهداف والخطط الإستراتيجية[222].

وتختلف الأهمية النسبية للعمليات الرئيسية من مؤسسة إلى أخرى حسب طبيعة نشاطها ورصيدها الاستراتيجي المتراكم، فبعض المؤسسات يغلُب على عملياتها النشاط التسويقي، وبعضها تركز عـلى النشـاط الإنتاجي، وبعضها يتخصص في البحث والتطوير.

كما تختلف الأهمية النسبية لهذه العمليات لدى المؤسسة الإنتاجية الواحدة عبر مراحل تحولها فقد تركز في بعض المراحل على البحث والتطوير لتحسين منتجاتها أو إنتاج منتجـات جديـدة، وتهتم في بعـض المراحل بدعم وتقوية العملية الإنتاجية، وفي مراحل أخرى تركز جهودهـا عـلى خدمـة أو تطوير أسـواقها الحالية والتوسع في قطاعات أو أسواق جديدة ودعم وتنمية القدرات التسويقية.

وأغلب عناصر القوة اللازم معرفتها وتحديدها توجد في العمليات الرئيسية الثلاث،

---

(221) تريجو وزيمرمان، ترجمة ابراهيم البرلسي، 1998، ص50
(222) المرجع السابق، 1998، ص54

بل إن إحدى هذه العمليات قد تمثل القدرة أو مجموعة القدرات المميزة للمؤسسة وتعتمد عليها في تحقيق أهداف المرحلة القادمة. وفي هذه الحالة تأخذ تلك العملية موقع الصدارة وتتخذ العمليات الأخرى موقع الدعم والمساندة. وينبغي أن تتبادل هذه العمليات الأدوار عبر مراحل تحول المؤسسة وفقا لتوجهات وأهداف وخطط كل مرحلة. إنه التداول الفعال لقيادة عمليات المؤسسة الرئيسية الذي يستدعي أخذه في الاعتبار من حيث التخطيط والتنفيذ والمراقبة، ومن حيث أولويات الاستثمار وتركيز الجهود والموارد، ومن حيث القيادة والدعم والتعاون.

يركز البحث في هذا الفصل على عملية التقييم والمراجعة الشاملة لقدرات المؤسسة ككل وعمليتي الإنتاج والتسويق بصفة خاصة. ثم لا بد من القيام بدراسة وتقييم أداء وقدرات بقية العمليات من أجل الوصول إلى تحديد القدرات والقوى الدافعة الأهم على مستوى المؤسسة وعناصر الضعف الرئيسية التي يمكن أن تعرقل التحول. وتمكن هذه الدراسة والتقييم من معرفة الوضع الاستراتيجي العام للمؤسسة الذي يتم الانطلاق منه إلى الوضع المستهدف في المرحلة القادمة.

تحديد عناصر القوة والضعف في بقية العمليات:

على غرار ما يقوم به كل من فريق تخطيط الإنتاج وفريق تخطيط التسويق من دراسة وتحليل وتقييم لقدرات هاتين العمليتين كذلك يقوم فريق تخطيط البحث والتطوير وفرق تخطيط العمليات المساندة بنفس المهمة التي تنتهي بتحديد عناصر القوة المهمة التي تمكن كل عملية من أداء مهامها وتحقيق أهدافها وعناصر الضعف التي تحد من تحقيق تلك الأهداف.

وتبين الجداول التالية أمثلة لعناصر القوة والضعف الرئيسية الخاصة بقدرات عملية البحث والتطوير والقدرات المالية وقدرات العقول والقوى العاملة.

جدول رقم (3.9) عناصر القوة والضعف الخاصة بعملية البحث والتطوير

عناصر القوة	عناصر الضعف
1. توفر قدرات ذاتية جيدة في مجال تحسين وتطوير بعض العمليات. 2. وجود علاقات تعاون جيدة	1. معامل وتجهيزات البحث والتطوير قديمة وغير مكتملة 2. ضعف القدرات الذاتية الخاصة بتنمية وتطوير منتجات جديدة.

مع مؤسسات أخرى بشأن تنمية وتطوير منتجات وتقنيات جديدة. 3. توفر تجهيزات وبرامج ومنظومات حاسوب جيدة وحديثة. 4. حماس قادة وخبراء البحث والتطوير واجتهادهم في تنمية وتطوير قدرات البحث والتطوير.	3. ضعف القدرات الخاصة بدراسة وتحليل المنتجات المنافسة بهدف الاستفادة منها في تحديد خصائص ومواصفات المنتجات الأكثر ملاءمة للمنتفعين. 4. انتهاء الترخيص المتعلق باستعمال تقنية إنتاج الحاسوب الشخصي خلال سنتين. 5. عدم الوصول إلى المستويات المستهدفة من فعالية الاتصال بالمنتفعين وتحديد احتياجاتهم الحقيقية والمتجددة

جدول رقم (3.10) عناصر القوة والضعف - القدرات المالية

عناصر القوة	عناصر الضعف
1. مستوى جيد للرصيد المالي المتراكم لدى المؤسسة. 2. مستويات مرضية لنمو الدخل والأرباح والعوائد الاقتصادية خلال السنوات السابقة. 3. الوضع المالي العام للمؤسسة في مستوى جيد. 4. توفر السيولة لتلبية الالتزامات المالية للمؤسسة في أغلب الأحوال. 5. مستوى جيد من التوازن بين ملكية الأسهم والأصول والديون المترتبة على المؤسسة. 6. مساهمة جيدة من قبل قادة وخبراء المال والاقتصاد في تحديد	1. صعوبة توفير الموارد اللازمة للاستثمار بدون فوائد ربوية. 2. صعوبات في مراقبة وتأكيد تحقيق التدفقات النقدية وفقا للخطط المرسومة. 3. قدرات الاستفادة قدر الإمكان من تذبذب أسعار الصرف والتقليل من مخاطرها. 4. ضعف القدرات المشتركة لقادة وخبراء العمليات والمالية في استعمال الأساليب المالية في تحسين فعالية وكفاءة العمليات والمؤسسة ككل. 5. ضعف فعالية النظام المالي والمحاسبي في ضمان التوازن المنصف في تحديد وتحقيق مصالح الأطراف ذات

وتحقيق الأرباح والعوائد الاقتصادية.	المصالح المشروعة في المؤسسة. 6. أهمية تحسين مساهمة قادة وخبراء المال والاقتصاد في مراقبة وتحسين الوضع والأداء المالي والاقتصادي للمؤسسة.

جدول رقم (3.11) عناصر القوة والضعف المتعلقة بقدرات العاملين

عناصر القوة	عناصر الضعف
1. الرصيد الإستراتيجي المتراكم من قدرات ومعارف وخبرات قادة وخبراء المؤسسة. 2. تحقيق قدر مقبول - ويحتاج إلى تحسين - من التوازن بين المركزية واللامركزية في الإدارة. 3. مستوى مقبول - ويحتاج إلى تحسين - من تشجيع روح المبادرة والابتكار. 4. القدرة على تعديل وتطوير التنظيم بما يتلاءم مع متطلبات التحول والإصلاح الشامل. 5. معدلات نمو مرضية لدخل المؤسسة وأرباحها عن العامل الواحد خلال السنوات السابقة. 6. معارف وخبرات وقدرات وقيم وسلوكيات متميزة لدى الكثير من قادة وخبراء المؤسسة والعمليات تتمكن من تحقيق التغيير والإصلاح	1. صلاحيات محدودة لقادة وخبراء العمليات في تسيير عملياتهم وتحسين أدائها. 2. ضعف مستوى معارف ومهارات وقدرات الكثير من العاملين في بعض الوحدات والعمليات. 3. عدم ملاءمة نظام التعليم والتدريب والتطوير لطموحات التحول. 4. عدم توفر منظومة تخطيط وتطوير المسارات والقدرات الوظيفية بالمؤسسة. 5. ضعف نظام الحوافز وعدم ملاءمة نظام المرتبات والمكافئات التشجيعية مع منظومة القيم الراقية التي تؤكد على الارتقاء بمستويات الحماس والدافعية الذاتية والفعالية الشاملة. 6. ضعف تشجيع روح الفريق وعدم تنمية فعالية العمل الجماعي. 7. التأخر في بناء وتفعيل منظومة القيم الإسلامية الراقية في المؤسسة. 8. التأخر في بناء وتفعيل نظام تحقيق الفعالية الشاملة.

الشامل للمؤسسة.	9. تدني مستوى إنتاجية العامل في العديد من الأنشطة والعمليات. 10. وجود رواسب لقيم وثقافة الشللية والمحسوبية والواسطة والتخلف السلوكي في بعض الوحدات والعمليات. 11. ظروف العمل في بعض الوحدات الإنتاجية غير ملاءمة. 12. تدني مستوى الشعور بضرورة وأهمية التغيير والإصلاح الشامل في بعض الوحدات الإنتاجية.

مجالات القدرات والقوى المهمة على مستوى المؤسسة:

تتضمن مجالات القدرة والقوة لدى المؤسسة المجالات المهمة التي تعتمد عليها ولها دور رئيسي في تحقيق أهداف المؤسسة وتتضمن المجالات الرئيسة الآتية[223]:

1. الوضع والأداء الاقتصادي والمالي للمؤسسة.
2. وضع وأداء المنتجات والخدمات المقدمة مقارنة بالمنتجات والخدمات المطلوبة وفقا لاحتياجات السوق ومقارنة بالمنتجات والخدمات المنافسة.
3. القدرات المهمة للعمليات الرئيسية التي تعتمد عليها المؤسسة في تحقيق أهدافها وهي عمليات الإنتاج والتسويق والبحث والتطوير.
4. الإمكانيات والموارد المهمة التي تمتلكها المؤسسة ككل وكل عملية من العمليات الرئيسية.
5. التقنيات والقدرات والإمكانيات التكنولوجية.
6. القيادات والخبرات المتميزة وما يتوفر لدى المؤسسة من خلالهم من معارف ومهارات وقدرات خاصة في العمليات الرئيسية ومستوى استغلال هذه القدرات.

(223) Andrews, 1987, p46

تحديد عناصر القوة المهمة على مستوى المؤسسة:

يقوم فريق التخطيط الاستراتيجي من خلال دراسة وتقييم البيئة الداخلية للمؤسسة بتحديد وتصنيف عناصر القوة المهمة على مستوى المؤسسة والتي تحدد وتصف القدرات التي تمتاز بها لمؤسسة في إنجازها لنشاطاتها الرئيسية وفي تحقيق أهدافها، وهي القدرات والقوى التي تتميز بالخصائص الآتية[224]:

- عناصر القوة التي تشكل أهم مكونات الرصيد الاستراتيجي المتراكم لدى المؤسسة والتي ساهمت بفعالية في تحقيق النجاحات السابقة.

- عناصر القوة التي لها بعد استراتيجي ويمكن أن تساهم في إنجاز مشروعات التحول المستقبلية وتحقيق الأهداف الإستراتيجية للمرحلة القادمة.

- عناصر القوة التي تمثل مزايا تنافسية تميز المؤسسة عن منافسيها

- عناصر القوة التي تمكن المؤسسة من إضافة قيم حقيقية لمنتجاتها وخدماتها تؤدي إلى تحقيق رضاء المنتفعين الحاليين وإقبال المزيد منهم[225].

إن عناصر القوة الدافعة الرئيسية لدى المؤسسة تتمثل في عناصر القوة والتميز لديها، وهي القوى الرئيسية التي تشمل قدراتها الظاهرة والكامنة والتي تمكنها من القيام بالنشاطات والمهام المؤدية إلى تحقيق رسالتها التي أنشئت من أجلها[226]. إنها القوى الدافعة الكبرى التي تحدد مجال نشاط المؤسسة ومنتجاتها وخدماتها وأسواقها والتي تُعد معرفتها وتنميتها المفتاح الحقيقي لتحقيق نجاح المؤسسة ونموها.

ولغرض تحديد عناصر القوى الدافعة الرئيسية يجتهد فريق التخطيط الاستراتيجي على مستوى المؤسسة في البحث عن إجابات صادقة وصحيحة للأسئلة التالية والتي تساعد إجاباتها على معرفة وتحديد تلك العناصر[227]:

1. ما مدى قدرة المؤسسة على تحقيق الأهداف الإستراتيجية العليا خلال السنوات السابقة؟

(224) Hunger & Wheelen, 1999, p83

(225) Argenti, 1989, p195

(226) Andrews , 1987, p45

(227) المرجع السابق ص51

2. ما هي القدرات الخاصة المميزة للمؤسسة وعملياتها الرئيسية.

3. ما الذي تستطيع المؤسسة إنجازه بتفوق؟ ما الذي تستطيع القيام به بشكل متميز؟

4. ما هي الأنشطة التي تتقنها المؤسسة وتنجزها بفعالية وتميزها عن المنافسين؟

5. في أي جانب تتفوق المؤسسة؟   في أي جانب قادرة على المنافسة بفعالية؟

6. ما هي المنتجات والخدمات التي تساهم في بناء سمعة جيدة للمؤسسة في المجتمع المنتفع الذي تخدمه؟

7. ما هي الموارد والإمكانيات والقدرات المتوفرة لدى المؤسسة ولها أهمية إستراتيجية؟

8. ما هي المزايا والخصائص التي لها أهمية خاصة وتمكن المؤسسة من النجاح في المنافسة؟

9. ما هي القدرات والمعارف والمهارات والخبرات والسلوكيات والقيم التي تميز قادة وخبراء المؤسسة والعاملين فيها؟

إن دراسة عناصر القوة في المؤسسة تهدف أساسا إلى محاولة زيادة قدرتها على المنافسة في الأسواق التي تعمل بها، والسؤال المهم الذي يجب طرحه هو كيف يمكن للمؤسسة أن تحول عناصر القوة لديها إلى مزايا تنافسية تستطيع بواسطتها أن تحقق وضعا متميزا لها في الصناعة؟   إن ذلك ما سيعمل فريق التخطيط على الإجابة عليه من خلال تحديد استراتيجيات ومشروعات التحول والقدرات والقوى اللازمة لإنجازها انطلاقا من القدرات والقوى المهمة التي يتم تحديدها كنتيجة لدراسة وتقييم قدرات المؤسسة [228].

ويوضح الشكل رقم (3.4) المجالات العامة لعناصر القوة الرئيسية على مستوى المؤسسة وعلى مستوى عمليتي التسويق والإنتاج وعملية البحث والتطوير التي يبين الشكل أنها تقدم الدعم الاستراتيجي لتنمية فعالية وقدرات ونتائج جهود الإنتاج والتسويق، ثم العمليات المساندة التي توفر الموارد والمدخلات المناسبة لمتطلبات العمليات الرئيسية.

_____

(228) السيد، 1990، ص199

المقدمة

الشكل رقم (3.4) - المجالات العامة لقدرات وقوى التحول

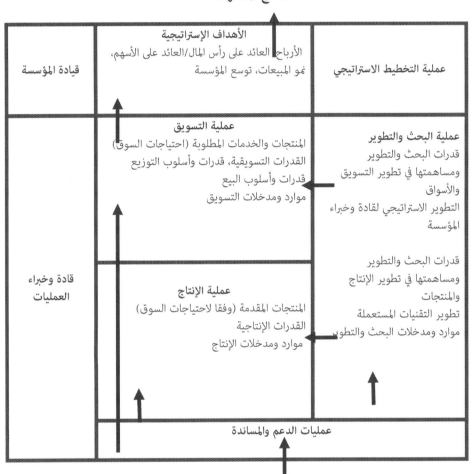

النتائج المستهدفة
الأهداف الإستراتيجية
الأرباح، العائد على رأس المال/العائد على الأسهم، نمو المبيعات، توسع المؤسسة
قيادة المؤسسة
عملية التخطيط الاستراتيجي
عملية التسويق
المنتجات والخدمات المطلوبة (احتياجات السوق)
القدرات التسويقية، قدرات وأسلوب التوزيع
قدرات وأسلوب البيع
موارد ومدخلات التسويق
عملية البحث والتطوير
قدرات البحث والتطوير
ومساهمتها في تطوير التسويق والأسواق
التطوير الاستراتيجي لقادة وخبراء المؤسسة
قدرات البحث والتطوير
ومساهمتها في تطوير الإنتاج والمنتجات
تطوير التقنيات المستعملة
موارد ومدخلات البحث والتطوير
قادة وخبراء العمليات
عملية الإنتاج
المنتجات المقدمة (وفقا لاحتياجات السوق)
القدرات الإنتاجية
موارد ومدخلات الإنتاج
عمليات الدعم والمساندة
الموارد / المــدخلات

ويبين الشكل رقم (3.5) التصنيف العام لمجالات عناصر القوة في كل عملية

وفقا للنتائج المستهدفة، وقدرات العملية ذاتها، ثم الموارد والمدخلات اللازمة[229].

شكل رقم (3.5) - التصنيف العام لمجالات عناصر القوة والضعف

القوى الدافعة الرئيسية	المنتجات والخدمات المقدمة			
القوى الدافعة على مستوى العمليات الرئيسية	قدرات التقنية وتنمية وتطوير المنتجات والخدمات	المنتجات والخدمات المقدمة	المنتجات والخدمات المطلوبة	النتائج
	قدرات البحث والتطوير	القدرات الإنتاجية	القدرات التسويقية	قدرات العمليات
	موارد ومدخلات البحث والتطوير	المواد الخام ومستلزمات الإنتاج	موارد ومدخلات التسويق	المدخلات
	البحث والتطوير	الإنتاج	التسويق	العمليات
خدمات الدعم والمساندة				

تحديد عناصر الضعف المهمة على مستوى المؤسسة:

لا تقتصر عملية التقييم الذاتي والمراجعة الشاملة لأداء المؤسسة ووضعها الاستراتيجي على تحديد عناصر القوة لديها، وإنما تهتم أيضاً بمعرفة وتحديد عناصر الضعف المهمة التي تعاني منها والتي يمكن تصنيفها إلى 3 أنواع رئيسية:

1. عناصر ضعف مهمة على مستوى المؤسسة.

(229) تريجو وزيمرمان، ترجمة ابراهيم البرلسي، 1998، ص54

2. عناصر ضعف مهمة على مستوى العمليات الرئيسية.

3. عناصر ضعف مهمة على مستوى العمليات المساندة.

ويتم معالجة اغلب عناصر الضعف الخاصة بالعمليات المساندة من خلال الخطط التسييرية، أما عناصر الضعف الخاصة بالعمليات الرئيسية فيتم تصنيفها إلى مشاكل ومصاعب وعناصر ضعف تسييرية تعالج أثناء تسيير هذه العمليات، وعناصر أهم لها تأثير كبير على حاضر المؤسسة ومستقبلها فيتم أخذها في الاعتبار في عملية التخطيط الاستراتيجي للمرحلة القادمة.

وإذا كانت المؤسسة متعثرة وتعاني من مشاكل كثيرة فلا بد من تحديد أولويات هذه المشاكل وفقا لدرجة تأثيرها على فعالية عمليات المؤسسة الرئيسية وخاصة عمليتي الإنتاج والتسويق، ثم تشكيل فرق عمل لدراسة ومعالجة المشاكل وفقا للأولويات المتفق عليها، ويجب في هذه الحالة عدم انتظار الانتهاء من عملية التخطيط الاستراتيجي للبدء في معالجة المشاكل ذات الأولويات العالية والعاجلة.

وإذا كانت تلك المشاكل خطيرة وكثيرة فينصح بتأجيل مباشرة العمل في عملية التخطيط الاستراتيجي وتركيز جهود قادة المؤسسة وقادة وخبراء العمليات على برنامج عاجل ومكثف لحل تلك المشاكل المؤثرة في سير العمليات الرئيسية[230].

ومن عناصر الضعف ما هو مهم ومؤثر لكنه مؤقت وبسيط - أي غير مركب - بمعنى أنه يؤثر سلباً في سير العمليات الجارية ويمنع تحقيق كفاءتها وفعاليتها، وهذه العناصر يجب أن تعالج في أسرع وقت من أجل تحسين أداء العمليات الرئيسية خاصة وسائر العمليات بصفة عامة.

ومن عناصر الضعف ما هو مركب ونهائي ويصعب معالجته، أي أن العنصر ـ ممثلاً في مصنع أو خط إنتاجي أو مبنى أو آلة أو منتج أو عملية أو تقنية، أو أسلوب أو طريقة أو مورد أو معرفة أو مهارة أو ربما أحد العاملين في أي مستوى كان... أيا من هذه العناصر قد انتهى دوره أو عمره، أو لم يعد مناسبا ولا مجديا اقتصاديا، بل أصبح عبئا أو خطراً.

ويعتبر مثل هذا العنصر عنصر ضعف مركب لكونه غير فعال ولا مجدي من ناحية، ومن ناحية أخرى فإن استمراره يعني المزيد من استنزاف جهود ووقت العاملين

---

(230) Argenti, 1989, p50

واستنزاف موارد وأموال المؤسسة بدون جدوى، فيكون الفاقد مركب والخسارة مضاعفة[231].

عليه يستدعي الأمر التخلص من ذلك العنصر وتحويل الجهود والموارد المخصصة له إلى عناصر أخرى تساهم بفعالية في تحقيق النتائج المستهدفة. ولا بد من وضع الحلول الجذرية لعناصر الضعف التي يجب أن تُعالج، كما يجب عدم انتظار الوقت الذي يتحول فيه عنصر القوة إلى عنصر ضعف، بل يجب تحسينه وتنميته وتطويره أو استبداله بعنصر قوة أفضل وأنسب للمرحلة الحالية والقادمة. ففي الوقت المناسب وربما قبله بمتسع من الوقت يجب التخلص من خط الإنتاج أو الآلة أو العملية أو المنتج أو الخدمة أو أي من العناصر التي ستصبح قريبا غير مجدية واستبدالها بما هو أجدى وانسب بما يخدم خطط التحول الجارية والمستقبلية. إن أي عنصر يُعتبر عنصر ضعف بقدر عرقلته للجهود والأنشطة التي تُنفذ لتحقيق أهداف المؤسسة. كما أن أي عنصر من عناصر القوة يمكن أن يتحول إلى عنصر ضعف في حال تدني مستوى مساهمته في تحقيق تلك الأهداف[232].

ومعلوم أن تظافر عناصر القوة المتعددة يؤدي إلى نجاح العملية الإنتاجية والمؤسسة، ولكن عناصر الضعف ولو كانت قليلة قد تعرقل كل عناصر القوة مجتمعة، بل إنها قد تسحبها جميعا إلى مستواها مؤدية إلى ظهور اختناقات أو قصور في أداء العملية أو المؤسسة ككل وربما إلى إحداث شلل في نشاطها والذي قد يؤدي إلى فشلها[233].

فعناصر الضعف المؤثرة تشد العملية الإنتاجية والمؤسسة ككل إلى الوراء وتمنع أو تعرقل تقدمها نحو المستقبل المنشود. لذلك لا بد من الحرص على التحديد الدقيق والصحيح لعناصر الضعف وتصنيفها وتحديد أولوياتها وأخذها في الاعتبار في الخطة الإستراتيجية والخطط التسييرية وفقاً لدرجة تأثيرها السلبي في حاضر ومستقبل المؤسسة.

(231) Drucker , 1989 , p72
(232) Hunger & Wheelen, 1999, p82

(233) فايد، 1990، ص 377

تصنيف وتحديد أولويات عناصر القوة والضعف على مستوى المؤسسة:

ولكي يتم تحديد عناصر القوة والضعف المهمة والمؤثرة يلزم القيام بتصنيفها إلى ثلاث مجموعات وهي:

1. عناصر ذات أهمية إستراتيجية يجب أخذها في الاعتبار في إعداد خطة التحول الاستراتيجي.

2. عناصر مهمة يجب أن تؤخذ في الاعتبار في الخطط التسييرية للعمليات في المرحلة القادمة (وربما بعضها في المرحلة الحالية).

3. عناصر غير مهمة تستبعد أو غير مهمة حاليا ويؤجل النظر فيها في الوقت المناسب.

ومن أجل ضمان التحديد الدقيق والسليم لعناصر القوة والضعف الأهم والتي يجب أن تؤخذ في الاعتبار عند إعداد خطة التحول الاستراتيجي ينبغي الاتفاق على جملة من الأسس والمعايير التي يجب الالتزام بها في تقييم عناصر القوة والضعف وتحديد أولوياتها[234].

وفي ما يلي بيان لأهم المعايير التي يمكن استعمالها في تصنيف وتحديد أولوية عناصر القوة وفق أهميتها الإستراتيجية:

1. دور عنصر القوة في تحقيق النتائج والأهداف الإستراتيجية للمؤسسة للمرحلة السابقة والحالية.

2. أهميته ودوره المتوقع في إنجاز وتحقيق أهداف التحول المستهدف.

3. دور العنصر في تحقيق التميز في قدرات ونتائج المؤسسة على مستوى الصناعة.

4. درجة القناعة لدى فرق التخطيط باعتبار عنصر القوة له أهمية إستراتيجية

أما عناصر الضعف فيتم تحديد أولوياتها وتصنيفها كذلك إلى عناصر ضعف ذات بعد استراتيجي وعناصر ضعف يجب معالجتها في الخطة التسييرية، وتحدد أهميتها وأولوياتها وفقا للأسس التالية:

1. مدى دورها في عرقلة تحقيق النتائج ومستهدفات المرحلة الحالية.

(234) Argenti, 1989, p195

2. مدى دورها في الحد من قدرة المؤسسة أو العملية على معالجة المشاكل المؤثرة.
3. مدى دورها في الحد من القدرة على تنمية عناصر القوة والتميز لدى المؤسسة.
4. مدى دورها في عرقلة تحقيق نمو وتوسع المؤسسة.
5. درجة القناعة لدى فرق التخطيط باعتبار عنصر الضعف له أهمية إستراتيجية.

أمثلة لعناصر القوة والضعف المبدئية على مستوى المؤسسة:

للتعرف على طبيعة عوامل القوة والضعف على مستوى المؤسسة والتي يمكن أن يتوصل إليها فريق التخطيط الإستراتيجي في بداية هذه الخطوة يوضح الجدول رقم (3.12) قائمة مبدئية لأمثلة عناصر القوة والضعف المهمة على مستوى المؤسسة والتي ينبغي دراسة مدى أهميتها وأولوية أخذها في الاعتبار في خطة التحول.

جدول رقم (3.12) القائمة المبدئية لعناصر القوة والضعف على مستوى المؤسسة

عناصر القوة	عناصر الضعف
1. متوسط عام الأرباح خلال السنوات الخمس السابقة يقدر بـ 50% من الأرباح المستهدفة. 2. حجم الإنتاج يصل إلى متوسط 90% من الطاقة الإنتاجية في 70% من الوحدات الإنتاجية. 3. دخل المبيعات يصل إلى 80% من الدخل المستهدف. 4. مستوى جودة وسمعة جيدة لـ 60% من المنتجات المقدمة وهي الحاسوب الشخصي- والهاتف المحمول ومسجل السيارة والهاتف الأرضي	1. تدني مبيعات الآلة الحاسبة وانخفاض كبير في الطلب عليها والتي يبدو أنها تمر بمرحلة الانحدار الذي لا يُرجى معه نفع للتحسين كمنتج مستقل. 2. تدني مبيعات جهاز المذياع الناجم عن ارتفاع السعر وتدني جودة ومزايا المنتج مقارنة بالمنتجات المنافسة. 3. مصنع الجهاز المرئي وخط إنتاج مكيف السيارة قديمان وتجهيزاتهما مستهلكة والتقنية المستعملة فيهما قديمة. 4. تدني مستوى استغلال الطاقة الإنتاجية لوحدات إنتاج الجهاز المرئي

ومنظم الكهرباء وجهاز التكييف المنزلي.

5. 80% من المنتجات تمر بمرحلتي النمو والنضج وتعتبر منتجات اقتصادية وتدر أرباحا مناسبة.

6. 30% من الوحدات الإنتاجية تمتلك أحدث المصانع والتجهيزات والتقنيات والأساليب الإنتاجية في الصناعة وهي وحدات إنتاج الحاسوب الشخصي والهاتف المحمول ومسجل السيارة.

7. مستوى عام جيد لثقة ورضاء المنتفعين عن 60% من منتجات المؤسسة وعن الخدمات المقدمة لهم مع تلك المنتجات.

8. نمو وتوسع في السوق المحلي وبعض الأسواق الإقليمية.

9. حصة جيدة ومتنامية لـ 40% من منتجات المؤسسة.

10. قدرات جيدة في التصميم والتصنيع والإنتاج باستعمال الحاسوب في 30% من الوحدات الإنتاجية.

11. معدلات تكلفة وحدة المنتج من جهاز الهاتف المحمول ومسجل السيارة أقل من متوسط الصناعة بنسبة 15%.

12. توفر قدرات ذاتية جيدة في مجال تحسين وتطوير بعض العمليات.

ومكيف السيارة والمذياع، ووجود اختناقات ومشاكل في هذه المصانع تؤدي إلى تدني الإنتاجية وجودة المنتج وارتفاع التكاليف.

5. وجود مؤشرات تدل على أن السوق ل غير مجد اقتصاديا ولا يُتوقع تحسن ظروف هذا السوق خلال السنوات القادمة.

6. بعض الموزعين لم يعودوا قادرين على تصريف الحجم المتزايد من منتجات المؤسسة.

7. ضعف القدرات الذاتية في مجالات بحوث السوق وبحوث تطوير المنتج.

8. تكلفة وحدة المنتج من المذياع والجهاز المرئي وجهاز مكيف السيارة أعلى من متوسط الصناعة بنسبة 20%.

9. ارتفاع تكاليف تسويق المنتجات في أسواق المنطقة س وانخفاض حصة المؤسسة في هذه الأسواق.

10. عدم وجود أنظمة وبرامج فعالة في أغلب الوحدات الإنتاجية والعمليات في مجالات مراقبة وتخفيض التكاليف وأنظمة المعلومات وأنظمة الجودة.

11. معامل وتجهيزات البحث والتطوير قديمة وغير مكتملة

12. ضعف القدرات الذاتية الخاصة بتنمية وتطوير منتجات جديدة.

13. وجود علاقات تعاون وشراكة فعالة مع مؤسسات أخرى بشأن تنمية وتطوير منتجات وتقنيات جديدة.

14. الوضع المالي العام للمؤسسة في مستوى جيد.

15. مستوى جيد للرصيد المالي المتراكم لدى المؤسسة.

16. توفر السيولة لتلبية الالتزامات المالية للمؤسسة في أغلب الأحوال.

17. الرصيد الإستراتيجي المتراكم من قدرات ومعارف وخبرات قادة وخبراء المؤسسة.

18. مستوى مقبول - ويحتاج إلى تحسين - من تشجيع روح المبادرة والابتكار.

19. معدلات نمو مرضية لدخل المؤسسة وأرباحها عن العامل الواحد خلال السنوات السابقة.

20. معارف وخبرات وقدرات وقيم وسلوكيات متميزة لدى الكثير من خبراء المؤسسة.

13. ضعف القدرات الخاصة بدراسة وتحليل المنتجات المنافسة بهدف الاستفادة منها في تحديد خصائص ومواصفات المنتجات الأكثر ملاءمة للمنتفعين.

14. انتهاء الترخيص المتعلق باستعمال تقنية إنتاج الحاسوب الشخصي خلال سنتين.

15. صعوبة توفير الموارد اللازمة للاستثمار بدون فوائد ربوية.

16. ضعف القدرات المشتركة لقادة وخبراء العمليات والمالية في استعمال النسب المالية في تحسين فعالية وكفاءة العمليات والمؤسسة ككل.

17. قدرات قادة وخبراء المؤسسة والعمليات بصفة عامة دون مستوى طموحاتهم في تحقيق نمو وتوسع وتطور المؤسسة.

18. مستوى متدني من التوازن بين المركزية واللامركزية في الإدارة والذي يبدو واضحا من محدودية الصلاحيات المخولة لقادة وخبراء العمليات في تسيير عملياتهم وتحسين أدائها.

19. عدم توفر منظومة تخطيط وتطوير المسارات والقدرات الوظيفية بالمؤسسة وعدم ملاءمة نظام التعليم والتدريب والتطوير لطموحات التحول.

20. التأخر في بناء وتفعيل منظومة

	القيم الإسلامية الراقية في المؤسسة. 21. التأخر في بناء وتفعيل نظام تحقيق الفعالية الشاملة. 22. تدني مستوى إنتاجية العامل في وحدات إنتاج الآلة الحاسبة وجهاز المذياع والجهاز المرئي. 23. ظروف العمل في بعض الوحدات الإنتاجية غير ملاءمة.

تحديد عناصر القوة والضعف المهمة على مستوى المؤسسة:

تقوم فرق التخطيط بتقييم قدرات المؤسسة وعملياتها وفقا للخطوات المحددة في بداية هذا الفصل والتي نذكر هنا ونوضح خطواتها الأخيرة التي تنتهي بتحديد عناصر القوة والضعف الأهم على مستوى المؤسسة[235].

عندما يستلم فريق التخطيط الإستراتيجي قوائم عناصر القوة والضعف من كل فرق التخطيط يقوم بتوزيعها على كل الفرق لكي يطلع كل فريق على قدرات المؤسسة وجوانب الضعف فيها ويستفيد الجميع من آراء وتقييمات الجميع فتعم الفائدة ويتوصل الجميع بالتدريج إلى فهم مشترك لمؤسستهم والقوى الدافعة لها والقوى التي تشدها إلى الوراء. ويُطلب من فرق التخطيط مراجعة قوائم عناصر القوة والضعف ومراجعة أولوياتها وفقا للمعلومات المستجدة عن مجمل تقارير التقييم.

ثم يدعو فريق التخطيط الإستراتيجي مجموعات النقاش الثلاث التي تم تشكيلها إلى حضور ملتقى لمناقشة نتائج دراسة وتقييم قدرات العمليات الرئيسية والاتفاق على قائمة عناصر القوة والضعف التي لها التأثير الأكبر على حاضر المؤسسة ومستقبلها. وتبرز هنا وفي كل موقف أهمية الالتزام بخصائص الأمانة والإخلاص وتحري الصدق في تحديد عناصر القوة والضعف الأهم والترتيب الصادق والسليم لأولوياتها.

وعندما تكون معارف ومهارات الإنتاج والتسويق هي القاسم المشترك لكل قادة

(235) Argenti, 1989, p210 - 214

وخبراء العمليات الرئيسية وأكثرية قادة وخبراء المؤسسة - وهذا ما يحرص البحث على التأكيد عليه - فإن ذلك يُسهل الوصول إلى فهم وتصور مشترك للقدرات الحقيقية للمؤسسة.

وهنا يقوم فريق التخطيط الإستراتيجي بمقارنة القوائم المعدلة في ختام الملتقى بقائمة عناصر القوة والضعف على مستوى المؤسسة التي قام هذا الفريق بتحديدها في بداية التقييم وإجراء ما يراه مناسبا من تعديل عليها بناء على المعلومات والأفكار المستجدة الناجمة عن جملة المراجعات التي أجريت.

وأخيرا يُقدم فريق التخطيط الإستراتيجي تصوره إلى قادة المؤسسة لكي يتم مناقشتها في اجتماع مشترك يُدعى إليه نخبة من قادة وخبراء المؤسسة والعمليات الرئيسية والمساندة لتحديد القائمة النهائية لعناصر القوة والضعف الأهم على مستوى المؤسسة.

ويبين الجدول رقم (3.13) قائمة موسعة لعناصر القوة والضعف المهمة على مستوى المؤسسة والتي يتم اختصارها بالتدريج من قبل فريق التخطيط الإستراتيجي بالطريقة التي سبق بيانها إلى أن يتم تحديد القائمة النهائية في الاجتماع المشترك مع قادة المؤسسة ونخبة من قادة وخبراء العمليات.

عناصر القوة والضعف الأهم على مستوى المؤسسة:

ويبين الجدول رقم (3.14) أمثلة للقائمة النهائية للقدرات والقوى الدافعة للتحول وعناصر الضعف التي يمكن أن تعرقل التحول على مستوى المؤسسة والتي يجب الاستناد إليها في بقية خطوات التخطيط الإستراتيجي للتحول والإصلاح الشامل.

وهكذا ينتهي فريق التخطيط الإستراتيجي والفرق المساعدة من دراسة وتقييم البيئة الداخلية لمؤسستهم ويتوصلون من خلالها إلى تحديد عناصر القوة الأهم لدى مؤسستهم والتي تمثل القدرات والقوى الدافعة للتحول كما يحددون عناصر الضعف التي يمكن أن تشد المؤسسة إلى الوراء وتعرقل التحول. وبذلك يكونوا جاهزين للانتقال إلى الخطوة التالية من خطوات التخطيط الإستراتيجي للتغيير والإصلاح الشامل من أجل التحسين النوعي لأداء مؤسستهم خلال المرحلة القادمة.

جدول رقم (3.13) قائمة موسعة لعناصر القوة والضعف المهمة على مستوى المؤسسة

عناصر القوة	عناصر الضعف
1. الوضع المالي للمؤسسة في مستوى جيد والذي يتمثل في قوة الرصيد المالي المتراكم، ومتوسط عام الأرباح خلال السنوات الخمس السابقة الذي يقدر بـ 60% من الأرباح المستهدفة، ودخل المبيعات الذي يصل إلى 80% من الدخل المستهدف. 2. حجم الإنتاج يصل إلى متوسط 95% من الطاقة الإنتاجية في 80% من الوحدات الإنتاجية. 3. مستوى عام جيد لسمعة وجودة 70% من المنتجات المقدمة. 4. 80% من المنتجات تمر بمرحلتي النمو والنضج وتعتبر منتجات اقتصادية وتدر أرباحا مناسبة. 5. 40% من الوحدات الإنتاجية تمتلك أحدث المصانع والتجهيزات والتقنيات والأساليب الإنتاجية في الصناعة وهي وحدات إنتاج الحاسوب الشخصي والهاتف الأرضي والهاتف المحمول ومسجل السيارة. 6. مستوى عام جيد لثقة ورضاء المنتفعين عن 70% من منتجات	1. تدني مبيعات الآلة الحاسبة وانخفاض كبير في الطلب عليها والتي يبدو أنها تمر بمرحلة الانحدار الذي لا يُرجى معه نفع للتحسين كمنتج مستقل. 2. تدني مبيعات جهاز المذياع الناجم عن ارتفاع السعر وتدني جودة ومزايا المنتج مقارنة بالمنتجات المنافسة. 3. مصنع الجهاز المرئي ومصنع مكيف السيارة قديمان وتجهيزاتهما مستهلكة والتقنية المستعملة فيهما قديمة. 4. تدني مستوى استغلال الطاقة الإنتاجية لوحدات إنتاج الجهاز المرئي ومكيف السيارة والمذياع، ووجود اختناقات ومشاكل في هذه المصانع تؤدي إلى تدني الإنتاجية وجودة المنتج وارتفاع التكاليف. 5. وجود مؤشرات تدل على أن السوق ل غير مجد اقتصاديا ولا يُتوقع تحسن ظروف هذا السوق خلال السنوات القادمة. 6. بعض الموزعين لم يعودوا قادرين على تصريف الحجم المتزايد من منتجات المؤسسة. 7. ضعف القدرات الذاتية في مجالات بحوث السوق وبحوث تطوير المنتج. 8. ارتفاع تكاليف تسويق المنتجات في

المؤسسة وعن الخدمات المقدمة لهم مع تلك المنتجات. 7. نمو وتوسع في السوق المحلي وبعض الأسواق الإقليمية. 8. وجود علاقات تعاون وشراكة فعالة مع مؤسسات أخرى بشأن تنمية وتطوير منتجات وتقنيات جديدة. 9. معدلات نمو مرضية لدخل المؤسسة وأرباحها عن العامل الواحد خلال السنوات السابقة. 10. معارف وخبرات متميزة يمكن الانطلاق بها في تحقيق التغيير والإصلاح الشامل للمؤسسة.	أسواق المنطقة س وانخفاض حصة المؤسسة في هذه الأسواق. 9. ضعف قدرات البحث والتطوير المتمثلة في تقادم وعم اكتمال معامل وتجهيزات البحث والتطوير وضعف القدرات الذاتية الخاصة بتنمية وتطوير منتجات جديدة وانتهاء الترخيص المتعلق باستعمال تقنية إنتاج الحاسوب الشخصي خلال سنتين. 10. قدرات قادة وخبراء المؤسسة دون مستوى طموحاتهم في تحقيق نمو وتوسع وتطور المؤسسة. 11. التأخر في بناء وتفعيل منظومة القيم الإسلامية الراقية في المؤسسة. 12. التأخر في بناء وتفعيل نظام تحقيق الفعالية الشاملة.

جدول رقم (3.14) قائمة عناصر القوة والضعف الأهم على مستوى المؤسسة

القدرات والقوى الدافعة للتحول	عناصر الضعف المقيدة للتحول
1. وجود قدرات متميزة لدى الكثير من قادة وخبراء المؤسسة والتي يمكن الانطلاق بها في تحقيق التغيير والإصلاح الشامل للمؤسسة. 2. الرصيد المالي القوي للمؤسسة. 3. منتجات الحاسوب ومنظم الكهرباء وأجهزة الاتصالات والتكييف	1. تدني مبيعات الآلة الحاسبة وانخفاض كبير في الطلب عليها ويلاحظ أن المنتج يمر بمرحلة الانحدار الذي لا يُرجى معه نفع للتحسين كمنتج مستقل. 2. تدني مبيعات جهاز المذياع والمسجل المنزلي وتدني جودة ومزايا وسمعة المنتج مقارنة بالمنتجات المنافسة. 3. تجهيزات مستهلكة وتقنيات قديمة في مصنع الجهاز المرئي ومصنع مكيف

المنزلي والجهاز المرئي ومسجل السيارة كلها منتجات تمر بمرحلتي النمو والنضج وهي جميعها ذات جودة مناسبة وسمعة جيدة وتعتبر منتجات اقتصادية وتدر دخلا وعوائد اقتصادية مجزية. 4. حداثة وفعالية التجهيزات والتقنيات والأساليب الإنتاجية المستعملة في وحدات إنتاج الحاسوب الشخصي وأجهزة الاتصالات والمكيف المنزلي ومسجل السيارة. 5. الوضع الجيد للمؤسسة في السوق المحلي أ وأغلب دول المنطقة ب ودولتين من دول المنطقة ج.	السيارة ومصنع المذياع والمسجل المنزلي، ووجود اختناقات ومشاكل في هذه المصانع تؤدي إلى تدني الإنتاجية وتدني جودة المنتج وارتفاع تكاليف الإنتاج. 4. انتهاء الترخيص الخاص باستعمال تقنية إنتاج الحاسوب الشخصي خلال سنتين. 5. ضعف قدرات البحث والتطوير المتمثلة في تقادم وعدم اكتمال معامل وتجهيزات البحث والتطوير 6. ضعف القدرات الذاتية في مجالات بحوث السوق وتنمية وتطوير منتجات جديدة. 7. بعض الموزعين في بعض دول المنطقة ب، ج لم يعودوا قادرين على تصريف الحجم المتزايد من منتجات المؤسسة. 8. صعوبات كبيرة تواجه تسويق منتجات المؤسسة في الدولة 2 بالمنطقة ب والدولة 5، 7 في المنطقة ج وارتفاع تكاليف التسويق في هذه الدول وانخفاض كبير في حصة المؤسسة في هذه الأسواق. 9. التأخر في بناء وتفعيل منظومة القيم الإسلامية الراقية وبناء وتفعيل نظام تحقيق الفعالية الشاملة.

الفصـل الرابـع

دراسة وتحليل البيئة الخارجية للمؤسسة

يتناول هذا **الفصل** تقييم البيئة الخارجية التي تعمل فيها المؤسسة بما فيها من متغيرات وفرص يمكن استغلالها لتحقيق الأهداف الإستراتيجية، وبما فيها من مخاطر يمكن أن تعرقل مسيرة المؤسسة وتوجهاتها المستقبلية.

ويتضمن هذا الفصل دراسة العناصر الرئيسية التالية:

1. دراسة وتحليل البيئة الخارجية للمؤسسة
2. دراسة وتحليل البيئة الخارجية العامة
3. دراسة وتحليل بيئة الصناعة
4. دراسة وتحليل بيئة عمل المؤسسة وتحديد الفرص المتاحة للتحول

دراسة وتحليل البيئة الخارجية للمؤسسة

تمهيد

في هذه الخطوة الثالثة من خطوات عملية التخطيط الإستراتيجي يعمل قادة وخبراء المؤسسة العاملون في فرق التخطيط الاستراتيجي على التعرف على بيئة مؤسستهم الخارجية التي تتضمن عوامل ومتغيرات مهمة تؤثر في نشاطها على المدى القريب والبعيد بصفة مباشرة أو غير مباشرة. وأهم هذه العوامل والمتغيرات والقوى المؤثرة هي[236]:

1. العوامل الاجتماعية: وهي القوى والعوامل التي تؤثر في قيم وسلوك وعادات وتقاليد المجتمع.
2. العوامل الاقتصادية: وهي القوى والعوامل التي تنظم تبادل المواد والأموال والمعلومات بين أفراد ومؤسسات المجتمع.
3. موارد الأرض والسماء: وهي الموارد المتمثلة في النعم والخيرات التي سخرها الخالق سبحانه للمجتمع في أرضه وسمائه.
4. عوامل المعرفة والتقنية: وهي العوامل المنتجة للمعارف والمنتجات والخدمات الجديدة المتطورة والتقنيات والأساليب والطرق الإنتاجية والخدمية الجديدة التي تساهم في تطور وتقدم المجتمع.
5. العوامل السياسية: هي القوى السياسية النابعة من تفاعلات المجتمع وهي القوى السياسية التي تصدر وتنفذ قوانين ولوائح لتنظيم وحماية المجتمع ومؤسساته ومصالحه.
6. العوامل الدولية: وهي القوى والعوامل الناجمة عن تفاعل وتعامل الشعوب والدول والحكومات والمؤسسات علي المستوى الإقليمي والعالمي.

تنشأ المؤسسة وتنمو في وسط بيئة خارجية محيطة بها تتفاعل معها أخذاً وعطاءاً لصالح الأطراف ذات المصالح المشروعة في نشاطها. ويمكن تقسيم البيئة الخارجية

---

(236) السيد، 1990، ص85

للمؤسسة إلى ثلاث بيئات رئيسية [237]:

- البيئة الخارجية العامة.
- بيئة الصناعة التي تنتمي إليها المؤسسة أو بيئة المجتمع الذي تخدمه.
- بيئة عمل المؤسسة

وتتضمن كل منهما عوامل ومتغيرات مهمة تؤثر في وجود المؤسسة ونشاطها ومستقبلها[238]، ذلك أن بعض تلك العوامل والمتغيرات يمكن أن يساهم في نمو المؤسسة ونجاحها وبعضها الآخر قد يؤدي إلى انكماشها أو نهايتها.

هذه المتغيرات لا بد أن تكون محلاً للدراسة والمتابعة المستمرة حتى يمكن تحديد أثرها على المؤسسة وأدائها، وتحديد الفرص المتاحة فيها والمخاطر القادمة منها. ويعتمد النجاح في إعداد الخطة الإستراتيجية المناسبة لتحقيق النجاح على قدر التوافق بين أنشطة المؤسسة والبيئة التي تعمل فيها[239].

ويوضح الشكل رقم (4.1) العوامل الرئيسية التي تشتمل عليها كل من البيئة الداخلية والخارجية للمؤسسة وهي كما يلي:

أ - عوامل ومتغيرات البيئة الخارجية العامة وتتمثل في العوامل الرئيسية الآتية:

1. العوامل الاجتماعية.
2. العوامل الاقتصادية.
3. العوامل التقنية.
4. العوامل السياسية.
5. العوامل الدولية.
6. موارد الأرض والسماء على المستوى العالمي والكوني.

ب - عوامل ومتغيرات بيئة الصناعة:

وتتضمن العوامل المتعلقة بالأطراف الرئيسية والمهمة في الصناعة التي تنتمي إليها المؤسسة وأهمها:

1. المساهمون ويمثلون المجتمع المساهم الذي يملك أسهم وأصول

---

(237) Hunger & Wheelen, 1999, p9

(238) المرجع السابق، ص9
(239) السيد، 1990، ص87

الصناعة.

2. العاملون ويمثلون المجتمع العامل والمنتج في الصناعة.

3. الموردون ويمثلون المجتمع المورد لموارد ومستلزمات الصناعة.

4. المنافسون وهم الرفاق والمؤسسات العاملة في الصناعة.

5. المجتمع المراقب والمنظم والداعم وهي مؤسسات وهيئات المجتمع العامة.

6. موارد بيئة المجتمع وهي موارد الأرض والسماء في المجتمع الذي تخدمه الصناعة حاليا[240].

ج - عوامل ومتغيرات بيئة عمل المؤسسة

وتتضمن العوامل المتعلقة بالأطراف الرئيسية والمهمة في الصناعة التي تنتمي إليها المؤسسة والتي لها علاقة مباشرة وغير مباشرة بحاضر ومستقبل المؤسسة وأهمها:

7. المساهمون ويمثلون المجتمع المساهم الذي يملك أسهم وأصول المؤسسة.

8. العاملون ويمثلون المجتمع العامل والمنتج في المؤسسة.

9. الموردون ويمثلون المجتمع المورد لموارد ومستلزمات الإنتاج في المؤسسة.

10. المنافسون وهم الرفاق والمؤسسات العاملة في الصناعة التي تنتمي إليها المؤسسة.

11. المجتمع المراقب والمنظم والداعم وهي مؤسسات وهيئات المجتمع العامة.

12. موارد بيئة المجتمع وهي موارد الأرض والسماء في المجتمع الذي تخدمه المؤسسة حاليا[241].

ويبين الشكل رقم (4.1) - العوامل الرئيسية في البيئة الخارجية العامة والخاصة بالمؤسسة. ومن أهم عوامل نجاح المؤسسة قدرة قادتها وخبرائها على معرفة العوامل الإستراتيجية في بيئتها الخارجية والاستفادة القصوى منها في تحقيق أهداف المؤسسة.

---

(240) القطامين، 2002، ص61

(241) القطامين، 2002، ص61

ويتم معرفة هذه العوامل من خلال المراقبة الفعالة والمسح الجيد للعوامل والمتغيرات والأحداث الناشئة أو المتوقعة في بيئة المؤسسة الخارجية والمرتبطة بنشاط المؤسسة[242].

إن آمال وطموحات قادة وخبراء المؤسسة وكافة الأطراف المستفيدة من نشاطها مرتبطة بمستقبل المؤسسة ومستقبل البيئة التي تعمل فيها.

الشكل رقم (4.1) - العوامل الرئيسية في البيئة الخارجية العامة والخاصة بالمؤسسة

(242) Hunger & Wheelen, 1999, p58

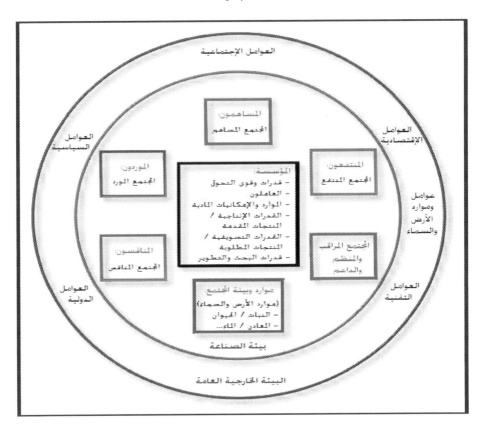

ذلك أن النتائج المتوقعة مستقبلاً هي نتاج تفاعل المؤسسة مع بيئتها في إطار المستقبل المتجدد، فالخيارات والخطط والمهام الإستراتيجية التي تحقق أهداف التحول كلها تتعلق بمهام عمل المؤسسة ونتائجها المستهدفة خلال المراحل القادمة[(243)].

وهي عندما تتفاعل مع البيئة الخارجية فإنها تتفاعل مع أحداث وعوامل بيئية متغيرة ومؤثرة يجب معرفتها وتحليلها جيداً ومعرفة كيفية استغلالها لصالح المؤسسة والأطراف المستفيدة منها. وتُمكّن مراقبة ودراسة وتحليل البيئة الخارجية من تحديد الفرص المتاحة فيها، وهي فرص متغيرة ومتجددة لأن عناصر وعوامل البيئة الخارجة دائماً في حالة تبدل وتغير، كما تُمكّن من تحديد المخاطر التي قد تهدد المؤسسة وتعرقل نموها وتطورها وربما تؤدي إلى فشلها وتصفيتها. أي أنه من خلال تحليل البيئة الخارجية العامة يتم التعرف على الفرص والمخاطر المحتملة كنتيجة للمتغيرات الاجتماعية والاقتصادية والتقنية والسياسية والدولية والعوامل والمتغيرات في موارد الأرض والسماء على المستوى المحلي والإقليمي والعالمي. كما يُفيد تحليل بيئة صناعة المؤسسة أو بيئة المجتمع الذي تعمل فيه المؤسسة وتخدمه يفيد في تحديد الفرص والمخاطر المحتملة من جانب المنتفعين والمساهمين والموردين والمنافسين ومن جانب المجتمع المراقب والمنظم والداعم ومن عوامل ومتغيرات موارد الأرض والسماء في بيئة المؤسسة الخاصة.

وتخلص دراسة البيئة الخارجية للمؤسسة إلى تجميع مجموعة الفرص والمخاطر المهمة المتاحة في البيئة الخارجية المتعلقة بمصير المؤسسة ومستقبلها وتحليلها وتقييمها وتحديد درجة أهميتها وملاءمتها لقدرات وقوى التحول المتوفرة لدى المؤسسة ووفقاً لتوجهات وأهداف المرحلة القادمة.

ويوضح الشكل (4.2) عوامل البيئة الخارجية التي تنتهي دراستها وتحليلها

(243) Andrews , 1987, p36

بتحديد الفرص والمخاطر المرتبطة بمستقبل المؤسسة.

وما يجدر الانتباه إليه أن بيئة المؤسسة متغيرة باستمرار وأنها تتغير بسرعة في عصرنا هذا، وتختلف معدلات التغير من مرحلة إلى أخرى ومن مكان إلى آخر، كما أن عوامل التغير الرئيسة تختلف في معدلات تغيرها، فمعدلات التغير التقني قد تكون في بعض المراحل وفي بعض المناطق أعلى من معدلات التغير الاقتصادي، وفي بعضها نجد أن معدلات التغير السياسي والاجتماعي أعلى من غيرها[244].

فلكل مجتمع بيئته وعوامل تغيره التي هي نتاج لتفاعل مجموعة المتغيرات السياسية والاجتماعية والاقتصادية والتقنية والدولية وتغيرات عوامل وموارد الأرض والسماء وما يفتح الله الخالق سبحانه على عباده وما يمسك وهو القائل سبحانه في كتابه الكريم: " ما يفتح الله للناس من رحمة فلا ممسك لها وما يمسك فلا مرسل له من بعده وهو العزيز الحكيم "[245].

ولا يوجد مجتمع معزول عن بقية المجتمعات وخاصة في عصرنا هذا الذي يتميز بتطور تقنيات ووسائل النقل والاتصال التي توفر للمجتمعات ومؤسساتها مجالاً أوسع للتفاعل والتعامل يتوفر من خلاله فرصاً عظيمة تحقق بها أهدافها كما ينشأ عنه مخاطر كبيرة يجب تلافيها أو الاستعداد لمواجهتها.

ونتيجة لتسارع التغير في العوامل البيئية المؤثرة يمكن معرفة السرعة التي يمكن لمؤسسة رائدة أن تنكمش وتتراجع بها إلى مواقع متأخرة في الصناعة عندما تفشل في معرفة ومواكبة المتغيرات الناشئة في بيئتها الخارجية بالسرعة والفعالية المناسبة.

(244) Hunger & Wheelen, 1999, p53

(245) فاطر : 2

الشكل رقم (4.2) تحليل البيئة الخارجية وتحديد الفرص والمخاطر المؤثرة في المؤسسة

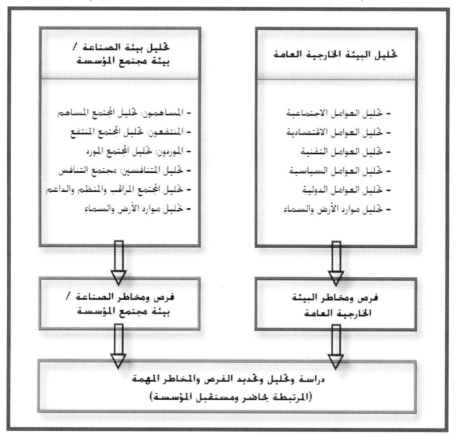

إن العوامل البيئية المتغيرة تُحدث تباعاً موجات وسلاسل من الفرص تتعرف عليها وتستغلها بعض المؤسسات وتجهلها أو تفشل في استغلالها مؤسسات أخرى، كما تُحدث موجات وسلاسل من المخاطر يمكن أن تصيب بعض المؤسسات التي تجهلها أو تفشل في مواجهتها[246]. ومعروف أن الفرص لا تلبث طويلاً ولا تتكرر بذاتها، فهي متجددة ومتغيرة وكذلك المخاطر. ومن الفرص والمخاطر ما ينشأ قضاء وقدراً مفاجئاً، ومنها ما ينشأ تدريجياً بحيث يمكن التعرف عليها مسبقاً وأخذها في الاعتبار عند التخطيط للمستقبل.

(246) Hunger & Wheelen, 1999, p53

ويتضح من ذلك أنه لتحقيق النجاح عبر سنوات وعقود المستقبل تحتاج المؤسسة إلى أن تعرف وتواكب بفعالية المتغيرات المهمة في بيئتها الخارجية العامة والخاصة. لذلك تعتبر المراقبة المستمرة والمسح والتحليل الفعال للبيئة الخارجية مهام في غاية الأهمية تقتضيها عملية التخطيط للمستقبل الأفضل، ذلك لأنها تُمكّن قادة وخبراء المؤسسة من تحديد الفرص المتجددة الملائمة لخطة التحول والمخاطر التي يمكن أن تعرقلها[247].

وهل يمكن معرفة وتحديد الفرص المتاحة والمخاطر المحدقة إلا من خلال المراقبة والمسح المستمر والتحليل الفعال لعوامل البيئة الخارجية المهمة والتي هي في حالة تغير دائم؟

إن التغير الحاصل في بيئة المؤسسة يتطلب المراقبة الدائمة والتقييم المستمر لنشاط المؤسسة ومدى تقدمها في تحقيق أهدافها والمواعيد المناسبة لمراجعة خططها الإستراتيجية وتعديلها أو إعداد خططا جديدة وفقاً للمتغيرات المستجدة في البيئة الخارجية.

الغرض من دراسة البيئة الخارجية:

تهدف دراسة البيئة الخارجية إلى التعرف على العوامل المهمة والتي يمكن أن تؤثر في مستقبل المؤسسة وتساهم في نجاحها أو العوامل التي يمكن أن تعرقل نموها وتطورها، أو قد تؤدي إلى فشلها. ومن الأهداف التي يمكن تحقيقها من خلال هذه الدراسة ما يلي[248]:

- تحديد العناصر الإستراتيجية الخارجية المتمثلة في الفرص المهمة المتاحة لنمو المؤسسة وتقدمها.

- تفادي المفاجآت الإستراتيجية التي تضع المؤسسة في موقف يصعُب فيه الاستفادة من الفرص المتاحة في هذه المفاجآت أو تجنب المخاطر الناجمة عنها.

- حماية المؤسسة ومكتسباتها وإنجازاتها ورصيدها الاستراتيجي المتراكم والمتنامي عبر مراحل تحولها المتلاحقة.

---

(247) Argenti, 1989, p343

(248) Hunger & Wheelen, 1999, p54

- التخطيط الجيد للتحول والتنفيذ الرشيد لخطط التحول من خلال معرفة المتغيرات البيئية وأخذها في الاعتبار عند التخطيط والتنفيذ.

وخلاصة القول في هذا أنه لكي تتمكن المؤسسة من النجاح عبر مراحل تحولها فهي تحتاج إلى الدراسة والتحليل الفعال لبيئتها الخارجية والذي يتحقق من خلال استعمال طرق أفضل لمراقبة وتجميع ودراسة وتحليل المعلومات المتعلقة بالبيئة الخارجية العامة والخاصة بالمؤسسة.

ما الذي ينبغي مراقبته ودراسته وتحليله في البيئة الخارجية؟

إن قادة وخبراء المؤسسة لا يستطيعون ولا يجب عليهم معرفة دقائق الأمور في كل المتغيرات في البيئة الخارجية العامة والخاصة. ومن العناصر التي تساعدهم في تحديد المجالات والعوامل المهمة في المتغيرات البيئية ذات العلاقة بمؤسستهم ومستقبلها المنشود ما يلي:

- رسالة المؤسسة وأهدافها العليا.
- نشاط المؤسسة الرئيسي والنشاطات القريبة منه والمتعلقة به.
- الرصيد الاستراتيجي المتراكم لدى المؤسسة والقدرات المهمة التي تم تحديدها من خلال دراسة وتقييم البيئة الداخلية للمؤسسة (قدرات وقوى التحول).
- إطار البيئة الجغرافية التي يرغبون مبدئيا العمل فيها والمجتمع الذي يريدون خدمته.

الطريقة المقترحة لمسح وتحليل البيئة الخارجية:

يوجه فريق التخطيط اهتمامه خلال هذه الخطوة من خطوات التخطيط الإستراتيجي إلى البيئة الخارجية ودراستها وتحليل المتغيرات والعوامل المهمة والتي لها بُعد وتأثير مهم على المؤسسة ونشاطها وأدائها في المرحلة القادمة. وفيما يلي عرض للطريقة المقترحة لمسح وتحليل البيئة الخارجية بهدف تحديد الفرص المتاحة والمخاطر المحتملة في هذه البيئة [249].

1. قيام فريق التخطيط الاستراتيجي على مستوى المؤسسة بإدارة وتوجيه المهام العامة لمسح ودراسة وتحليل البيئة الخارجية للمؤسسة وتحديد

---

(249) Argenti, 1989, p228 - 231

المدة الزمنية التي يجب أن تُنجز فيها هذه المهام.

2. تحديد المجالات الرئيسية في البيئة الخارجية العامة وبيئة المؤسسة الخاصة التي يجب دراستها وتحليلها وإعداد إرشادات وتوجيهات بشأن القيام بمهام دراسة وتحليل البيئة الخارجية.

3. تكليف فريق عمل متخصص لمسح وتجميع المعلومات عن كل مجال من مجالات البيئة الخارجية ودراستها وتحليلها بهدف تحديد الفرص والمخاطر المتعلقة بخطة التحول التي يجرى الإعداد لها[250]. وعند تشكيل هذه الفرق واختيار أعضائها يجب مراعاة ما يلي:

- مراعاة التركيز على التخصص والمجال المطلوب دراسته والخبراء المناسبين لذلك.

- أهمية التركيز على المشاركة الكثيفة لخبراء العمليات الرئيسية الثلاثة (الإنتاج / التسويق / البحث والتطوير) في كل فريق وذلك بنسب متفاوتة وفقاً لمجال مهمة كل فريق.

- أهمية أن يضم كل فريق خبير تخطيط وخبير اقتصادي أو مالي أو الاستعانة بهم حسب الحاجة.

4. قيام كل فريق بإعداد برنامج عمل يحتوي على الأهداف والمهام والطرق والأساليب المقترحة لمسح ودراسة وتحليل عوامل البيئة الخارجية المكلف بدراستها، والمدة المطلوب إنجازها فيها.

5. تحديد العناصر والمتغيرات الرئيسية في كل مجال والتي ينبغي تجميع المعلومات حولها ودراستها.

6. قيام كل فريق متخصص بمهام المسح وتجميع المعلومات والدراسة والتحليل للمجال وتحديد العوامل والعناصر البيئية المهمة في المجال.

7. قيام كل فريق بإعداد تقرير عن الدراسة والنتائج والتوصيات التي توصل إليها مشتملة على العناصر الإستراتيجية المتمثلة في الفرص والمخاطر المهمة في المجال المكلف بدراسته.

8. توزيع التقارير على جميع قادة وأعضاء الفرق المعنيين بعملية التخطيط

---

(250) Andrews, 1987, p40

الاستراتيجي وشريحة واسعة مـن قـادة وخبراء المؤسسة والعمليات للدراسة وتقـديم المقترحات والأفكار المتعلقة بها والاستعداد لمناقشتها.

9. استعراض ومناقشة أعمال الفرق ونتائجها وتوصياتها في ندوات وجلسات نقاش والعمل مـن خلالها على تحديد العناصر الإستراتيجية المهمـة بحيـث تشمل عـدد 15 - 20 فرصـة مـن الفرص المهمة وعدد 8 - 10 من المخاطر المحتمل أن يكون لها تأثيراً كبيراً على المؤسسة مـع ترتيب أولوياتها وفقاً لدرجة تأثير كل عنصر واحتمالية حدوثه.

10. قيام فريق التخطيط الاستراتيجي بمراجعة أولويـات الفرص والمخاطر واختيار عـدد 8 - 10 من الفرص الأهم، وعدد 4 - 6 من المخاطر الأكثر احتمالاً وتأثيراً.

11. القيام بإعداد وصف جيد لكل عنصر من عناصر الفرص والمخاطر (يعـد الوصف مـن قبـل الفريـق المخـتص ويـتم مراجعتـه ووضـعه في شكله النهـائي مـن قبـل فريـق التخطيط الاستراتيجي)[251].

نقاط مهمة متعلقة بدراسة البيئة الخارجية:

ولتأكيد جودة نتائج الدراسة والتحليل للبيئة الخارجية يجب الأخذ في الاعتبار النقاط المهمة التالية:

• أهمية مسح ودراسة البيئة الخارجية لسنوات عديدة في المستقبل تزيد على المـدة المعتمـدة لتنفيذ خطة التحول التي يجري إعدادها.

• أن بعض الأحداث والمتغيرات المؤثرة قد حصلت فعلاً ولها بعد وامتداد في المستقبل وأن بعضها لم يحدث بعد ولكن توجد مؤشرات لظهوره وتطوره[252].

• أهمية استعمال عدة طرق وأساليب لدعم عملية المسح والدراسة والتحليل للعوامل البيئية وتأكيد الوصول إلى أفضل النتائج والتوصيات.

• إن الطريقة المقترحة أعلاه يمكن أن تُعدل وتُبسط في حالة المؤسسات الصغيرة كما يمكن أن تكون أكثر تفصيلاً وتوسعاً حسب الحاجة.

(251) Argenti, 1989, p230

(252) المرجع السابق، ص228

- إن بعض الفرص والمخاطر لها علاقة بحاضر المؤسسة ويمكن أو يجب أخذها في الاعتبار في تسيير العمليات.

- ضرورة تحري درجات عالية من الإخلاص والصدق في تحديد ملامح البيئة الخارجية والعوامل والمتغيرات المهمة فيها، ومما يساعد على ذلك أن يجعل الجميع في أذهانهم دائماً رسالة المؤسسة وأهدافها ومجال نشاطها وطموحاتهم وآمالهم في تحقيق نجاح المؤسسة ونموها وتطورها. كما يجب أن يضع قادة وخبراء المؤسسة نصب أعينهم أن المؤسسة ومصيرها أمانة في أعناقهم مسئولون عنها أمام الخالق سبحانه أولا ثم أمام المساهمين المالكين لأسهم وأصول المؤسسة. هذه هي المقاييس المهمة التي يجب الرجوع إليها في مسح وتحليل متغيرات البيئة الخارجية وتحديد الفرص المتاحة والمخاطر المحتملة. ومما يساعد على ذلك التخلص من الغرور الناشئ عن النجاحات السابقة وعدم التعلق بالعوامل والمتغيرات والافتراضات القديمة التي ساهمت في تحقيق تلك النجاحات[253]، علما بأن النجاحات التي تحققت في ظروف ومتغيرات سابقة لن تكون هي ذاتها النجاحات المستهدفة في ظل ظروف ومتغيرات مختلفة.

- إن مهام مسح وتحليل البيئة الخارجية يمكن أن يستغرق أسابيع أو شهور، وذلك يعتمد على مدى توفر المعلومات الجاهزة عن البيئة الخارجية لدى المؤسسة وهنا تتضح أهمية بناء نظام فعال للمراقبة والمسح المستمر وتجميع البيانات والمعلومات عن البيئة الخارجية (والداخلية) وإدخالها لمنظومة المعلومات الداعمة للخطط والقرارات بالمؤسسة. إن وجود هذا النظام يوفر وقتاً وجهداً أثناء القيام بعملية التخطيط الاستراتيجي للمراحل القادمة.

الاجتماعات والندوات والعروض التوضيحية:

يتخلل مهام مسح ودراسة وتحليل البيئة الخارجية سلسلة من اللقاءات والندوات والعروض التوضيحية والمناقشات الخاصة بالدراسة لأجل الوصول إلى أفضل النتائج المؤدية إلى معرفة البيئة الخارجية والعوامل والمتغيرات الإستراتيجية التي يمكن أن

(253) Hunger & Wheelen, 1999, p58

تؤثر في المؤسسة في مرحلتها القادمة. وتشمل اللقاءات اجتماعات تمهيدية واجتماعات للمتابعة وجلسات نقاش وندوات تمثل جميعها فرصاً لقادة وخبراء المؤسسة للإطلاع على تفاصيل ما توصلت إليه الفرق المتخصصة ومناقشتها بكل موضوعية. إن مثل هذه اللقاءات والندوات والعروض ينبغي أن تكون أسلوب عمل مستمر لمسح وتحليل العوامل والمتغيرات في البيئة الداخلية والخارجية للمؤسسة. ثم لا بد من عقد اجتماعات نهائية لحوصلة النتائج والتوصيات الناجمة عن دراسة البيئة الخارجية وتحليلها، وهي اجتماعات لكل فريق تخصص على حده واجتماعات مشتركة مع فريق التخطيط الاستراتيجي على مستوى المؤسسة من أجل ضمان التنسيق والتكامل بين أعمال ونتائج عمل الفرق.

تجميع المعلومات عن البيئة الخارجية:

يقوم قادة وخبراء المؤسسة من خلال أعمالهم اليومية بتجميع المعلومات المتعلقة بالمؤسسة واستعمالها في تسيير المؤسسة وتحسين الإنتاجية وجودة مخرجاتها وتحسين أدائها. كما يجب عليهم من خلال أعمالهم اليومية ومن خلال مهام خاصة القيام بتجميع البيانات والمعلومات المتعلقة بمستقبل مؤسستهم والمتمثلة في العوامل والمتغيرات المهمة في البيئة الخارجية. ويعتبر اختيار المعلومات المناسبة غاية في الأهمية وذلك لأن التجميع العشوائي للمعلومات لا ينجم عنه إلا توجهات خاطئة وخططاً فاشلة ونتائج سيئة. عليه لا بد من القيام بالتحديد الجيد للمجالات المهمة في البيئة الخارجية ونوعية العناصر والعوامل والمتغيرات ذات العلاقة بنشاط المؤسسة، لكي تلتزم فرق التخطيط بتجميع المعلومات البيئية في إطارها. ومن اجل تحقيق مستويات متقدمة من تفاعل المؤسسة مع بيئتها ومواكبتها للمتغيرات المستجدة فيها والاستفادة منها في تحقيق نجاحات مستقبلية يُنصح بالاعتماد على كل العاملين في المؤسسة بدون استثناء في مراقبة الأحداث والعوامل والمتغيرات البيئية وتجميع البيانات والمعلومات منها المتعلقة بنشاط المؤسسة ومستقبلها والإفادة بآرائهم ومقترحاتهم بشأن كيفية الاستفادة المثلى منها. أما خبراء المؤسسة فعليهم التركيز على المجالات والعوامل والمتغيرات البيئية ذات العلاقة بأعمالهم واختصاصاتهم. ولغرض التأكد من فعالية تجميع المعلومات والاستفادة منها ينبغي مراعاة ما يلي:

1. تنظيم وتنسيق مهام تجميع المعلومات والتأكيد على تكامل جهود خبراء

المؤسسة في تجميع البيانات والمعلومات.

2. جعل المعلومات المجمعة متاحة لكل قادة وخبراء المؤسسة في شكلها الأصلي والمختصر ـ وكذلك الدراسات والأبحاث والنتائج والتوصيات المتعلقة بها[254]، وذلك حتى تعم المعرفة وتتحسن باستمرار مساهمات خبراء المؤسسة في عملية التخطيط الاستراتيجي لصنع مستقبل مؤسستهم.

3. وقبل القيام بمسح ودراسة البيئة الخارجية ينبغي أن يقوم فريق التخطيط الإستراتيجي بتحديد مجالات البيئة الخارجية التي يعد لمسحها وتجميع البيانات عنها ودراستها ومن أمثلتها ما يلي[255]:

- المعلومات المهمة عن الصناعة التي تعمل بها المؤسسة (بروفايل الصناعة).

- المعلومات المهمة عن المؤسسات العاملة في الصناعة (بروفايل المؤسسات الرئيسية العاملة في الصناعة).

- توزيع حصص المؤسسات العاملة في الصناعة في السوق (عن كل منتج).

- المنتجات والخدمات الجديدة.

- ازدياد أو نقص المنافسين عدداً وحجماً.

- ظروف السوق.

- قوانين ولوائح الحكومة.

ومن المعلومات ما هو متاح ويمكن الحصول عليه بسهولة ومنها ما يحتاج إلى جهد ووقت للبحث والتجميع وذلك وفقاً لنوع المعلومات ومصادرها.

مصادر المعلومات:

وفيما يلي قائمة بالمصادر التي يمكن الحصول منها على المعلومات المهمة عن البيئة الخارجية العامة وبيئة الصناعة التابعة لها المؤسسة[256].

- المنتفعون بمنتجات وخدمات المؤسسة.

(254) Andrews , 1987, p40

(255) Hunger & Wheelen, 1999, p72

(256) Goodstein & Others, 1993 ,p129

- الموردون الذين تستفيد منهم المؤسسة في توريد المواد الخام ومستلزمات الإنتاج.
- وكلاء المؤسسة والموزعون الذين يخدمون الصناعة.
- وكالات الإعلان والنشر.
- المؤتمرات والندوات والمحاضرات والعروض التوضيحية.
- الجرائد والمجلات المهنية، والصحفيون والمحللون في مختلف المجالات ذات العلاقة.
- الجامعات والمعاهد العليا المتخصصة.
- الهيئات والجمعيات التجارية،
- مراكز ومعاهد البحوث.
- خبراء ومؤسسات المصارف والاقتصاد.
- الوكالات والهيئات المحلية والدولية.
- الهيئات الاستشارية والبحثية التخصصية.
- هيئات ومؤسسات الحكومة.
- سجلات الابتكارات والاختراعات، وتقارير الهيئات والجهات المختصة.
- غرف التجارة والصناعة.

ويُعد المنتفعون بمنتجات وخدمات المؤسسة الحاليون منهم والمستهدف خدمتهم مستقبلاً من أهـم مصادر المعلومات عن المنتجات الحالية والمنتجات المطلوبة مستقبلاً. لقد أكدت أحـد الدراسـات أن 80% من ابتكارات المنتجات كانت نتيجة لمبادرات تستند إلى تساؤلات المنتفعين أو شكاويهم أو مقترحاتهم [257].

اجتناب أعمال الجوسسة:

تتمثل أعـمال الجوسسـة في محـاولات الحصـول عـلى معلومـات بـدون طـرق شرعيـة. إن بيئـة القيـم الإسلامية الراقية لا تسمح بالجوسسة، فالخالق سبحانه حرم التجسس عـلى النـاس في قولـه سبحانه: " ولا تجسسوا "[258]، وعليه لا يجوز السعي في محاولة

---

(257) Hunger & Wheelen, 1999, p72

(258) الحجرات: 12

التعرف على أخبار الناس ومعلوماتهم التي لا يريدون أن يطلع عليها غيرهم.

وقد يجوز البحث عن معلومات تفيد في حماية المؤسسة ومصالحها والمجتمع ومصالحه والقاعدة المفيدة هنا هي لا ضرر ولا ضرار، والحق في الدفاع وحماية الأنفس والممتلكات والمصالح الخاصة والمصالح المؤتمن عليها دون الإضرار بالآخرين.

وفي إطار الصناعة الواحدة التي تخدم المجتمع الواحد والأمة ككل لا يجوز التجسس، ولا بد من الاتفاق داخل الصناعة بين المؤسسات المكونة لها على:

- البيانات والمعلومات المشتركة التي يجوز تبادلها أو الإطلاع عليها.
- البيانات والمعلومات التي ينصح بالتعاون في البحث عنها والوصول إليها.
- البيانات والمعلومات الخاصة التي لا يجوز الإطلاع عليها من قبل الآخرين حماية لمصالح المساهمين وبقية الأطراف المستفيدة من المؤسسة.
- ولا بد للمؤسسات العاملة في الصناعة الواحدة أن تعمل معاً على سد مداخل وأسباب التجسس من خلال:
- التعاون في إجراء الدراسات والبحوث الأساسية المتعلقة بالصناعة وذلك بمساهمة المؤسسات الكبيرة والمتوسطة والصغيرة في جهود وتكاليف هذه الدراسات والبحوث كل وفق قدراته وإمكانياته.
- تيسير تراخيص استعمال المعرفة والتقنية والأساليب المتقدمة التي تتوصل إليها المؤسسات الكبرى لكي تستفيد منها المؤسسات الصغيرة وتعم الفائدة.
- مساهمة الدولة في جهود ومصاريف البحث والتطوير من خلال الدعم المالي لجهود البحث والتطوير التي تقوم بها الشركات الكبرى ودعم التراخيص للمؤسسات الصغيرة.

إن الجوسسة تدل على العجز والفشل في التحديد والقيام بمهام المؤسسة التي تحقق أهدافها، والبديل المشروع هو الاجتهاد في الارتقاء بمستويات أداء وفعالية المؤسسة وتحقيق مستويات عالية من التعاون بين المؤسسات العاملة في الصناعة ودعم الحكومة ومحاربة التجسس من خلال القوانين واللوائح المنظمة.

نظام المعلومات الداعم للخطط والقرارات:

من الأهمية بمكان بناء نظام فعال للمعلومات والذي يدعم عمليات التخطيط

الاستراتيجي والتسييري وعمليات اتخاذ القرارات في مختلف المستويات. ويعتمد هذا النظام على جهود قادة وخبراء المؤسسة في تجميع المعلومات وعلى وجود تجهيزات وبرامج الحاسوب التي تساعد في إدخال هذه المعلومات وتبويبها وتحليلها لكي تتضح أمام قادة وخبراء المؤسسة كافة العوامل والمتغيرات المهمة الداخلية منها والخارجية التي تساعدهم في التخطيط والتنفيذ والرقابة على المستوى الاستراتيجي والتسييري. ولضمان جودة النتائج لا بد من التأكد من ملائمة وجودة المدخلات وهي المعلومات المناسبة والصحيحة والمهمة المتعلقة بمختلف العوامل والمتغيرات الخارجية والداخلية. كما يجب التأكد من تحديثها باستمرار لمعرفة المستجدات في العوامل والمتغيرات المؤثرة. إن هذا النظام يسهل كثيراً من عملية مراقبة ومسح وتحليل البيئة الخارجية وتحديد الفرص المتاحة والمخاطر المحدقة التي يجب اعتبارها في الخطة الإستراتيجية للمرحلة القادمة(259).

طرق محاولة التعرف على المتغيرات المستقبلية:

من الطرق المستعملة في تقدير المتغيرات المستقبلية في البيئة الخارجية العامة والخاصة الطرق الآتية: طريقة تحديد اتجاه المتغيرات، النماذج الرياضية الإحصائية، العصف الذهني، رأي الخبراء، والمشاهد المحتملة(260). وفيما يلي توضيح موجز لكل منها.

تحليل الاتجاه:

هو دراسة السلوك والأداء الماضي والحاضر لمتغير ما وتقدير كيف سيتحرك ويتغير في المستقبل بناء على اتجاه ومعدلات تغيره في الماضي(261). ويهتم تحليل الاتجاه بمعرفة معدلات الزيادة والنقص في المتغير وتقدير اتجاه ومستوى تغيره في المرحلة القادمة حيث أن بعض المتغيرات تستمر في التغير بنفس المعدلات تقريباً، وبذلك فإن تحديد الاتجاه يتم من خلال تقدير امتداد مسار الاتجاه الحالي للمتغير في اتجاه المستقبل.

(259) السيد، 1990، ص 122 - 123
(260) المرجع السابق، ص132
(261) Argenti, 1989, p242

النماذج الإحصائية:

وهو أسلوب كمي يستعمل لمعرفة وفهم العوامل المسببة أو المفسرة (على الأقل) للعلاقة بين اثنين أو أكثر من السلاسل الزمنية. وكلما تغير نمط العلاقات بين المتغيرات فإن دقة التنبؤ باستعمال النماذج الإحصائية تضعف كثيراً(262).

العصف الذهني:

وهو أسلوب غير كمي شائع الاستعمال يقوم به مجموعة من الأفراد لديهم معرفة عن الوضع المطلوب تقديره. والقاعدة الأساسية في هذا الأسلوب هي اقتراح أفكار بدون قيود في بداية جلسات العصف الذهني حيث يمنع النقد والتعليق على الأفكار المطروحة. ويُلاحظ أن طرح أفكار جديدة يثير في الحاضرين سلسلة من الأفكار الأخرى كما أن الأفكار الجديدة تنتج بناءً على الأفكار المطروحة سابقاً وما يمكن أن يخطر في أذهان الحاضرين. ثم يُسمح بإبداء الرأي حول الأفكار المطروحة وتصنيفها وترتيبها وفقاً لأهميتها أو وفقاً لمعيار أو معايير الترتيب الذي يتفقون عليها بهدف الوصول إلى إجماع حول الأولويات. ويستخدم هذا الأسلوب عندما يرى المشاركون أن الحس والحكم الفردي والجماعي أفضل في الحالة التي هي قيد الدراسة من تفاصيل الأرقام والأساليب الرياضية(263).

رأي الخبراء:

وهو أسلوب غير كمي وشائع الاستعمال، وفيه يحاول خبراء متخصصون في المجال تقدير التغيرات والتطورات المتوقعة في عوامل ومتغيرات معينة يُطلب دراستها وتحليلها. ويعتمد هذا الأسلوب على قدرة ذوي المعرفة والخبرة في تحديد ووصف التطورات المستقبلية المحتملة وفقاً لتفاعلات المتغيرات الأساسية ووفقا لمعارفهم وخبراتهم السابقة حول الموضوع(264).

طريقة جولات طرح الآراء وتمحيصها:

ويسمى هذا الأسلوب طريقة دلفي(265) ويتمثل في طلب وجهات نظر عدد من

(262) Hunger & Wheelen, 1999, p73

(263) القطامين، 1996، ص77

(264) Hunger & Wheelen, 1999, p73

(265) بعيرة والمنصوري، 1986، ص56

الخبراء حول فكرة أو مقترح أو توقع معين أو قضية ما يجب الوصول حولها إلى فهم وتصور مشترك يمكن أن يستند إليه في تحديد وتوصيف عناصر وعوامل إستراتيجية معينة أو اتخـاذ قـرار يتعلـق باسـتراتيجيات ومشروعات ومهام التحول أو في تحديد وتوصيف مشاكل وقضايا تسييرية معينة والحلول المناسبة لها. وفي ما يلي توضيح موجز للخطوات المتبعة في هذه الطريقة:

1. تقديم سؤال محدد لمجموعة من الخبراء المختصين في مجال الموضوع وذلك لإبـداء رأي كـل منهم بشأن الفكرة أو المقترح مع ذكر الأسباب التـي تـدعم رأي كـل خبـير. يجـب أن يصـاغ السؤال بكل دقة. ويلاحظ أنه في هذه الجولة الأولى ستعكس ردود الخبراء اتساع واختلاف آراؤهم.

2. في الجولة الثانية يوزع تصور كل خبير على كل الخبراء الآخرين للدراسـة والتمحـيص في كـل المساهمات مع إعادة طرح نفس السؤال عليهم بهدف تقـديم إجابـة جديـدة تأخـذ في الاعتبار المعلومات الجديدة التي تحصل عليها كل منهم من ردود الآخرين في الجولـة الأولى. وفي هذه الجولة كل خبير سيكون أمامه عدد من الآراء والأفكار والحقائق تعرف عليها مـن إجابات الآخرين تثير فيه آراء وأفكارا جديدة يستفيد منها في إعـادة صياغة فهمـه وتصوره للموضوع.. وبذلك يحصل التقارب شيئاً فشيئاً.

3. يمكن إعادة العملية عدة مرات لتقترب وجهـات النظر أكـثر ويتم التوصـل إلى استنتاجات مفيدة يمكن أن تُبنى عليها خيـارات وأحكـام وقـرارات. ويمكـن اسـتعمال أو الاسـتفادة مـن تحاليل الإحصائيات أثناء استعمال هذا الأسلوب.

المشاهد:

تعتمد هذه الطريقة على تحديد وفحص مجموعة من الأحداث والمتغيرات، وتحديد اتجاهات تغيرهـا، والتي قد تشمل أحد أو مجموعة الاحتمالات المتوقعة مثل تحديد المخاطر والفرص الممكنة في حـال نجـاح كل طرف من الأطراف الثلاثة الذي يمكن أن ينجح في الانتخابات القادمة والتـي سـتكون نتيجـة للقرارات التي يُتوقع أن يتخذها كل منهم[266].

---

(266) Argenti, 1989, p245

المقدمة

إن المشاهد هي أوصاف لمجموعة من التطورات المحتملة في المرحلة القادمة كنتيجة لتأثير العوامل والمتغيرات المؤثرة في الصناعة أو المؤسسة. فمشهد الصناعة في المرحلة القادمة هو تقدير يحاول وصف مستقبل معين محتمل للصناعة يتم تحديده من خلال دراسة وتحليل التأثير المستقبلي لعوامل ومتغيرات البيئة الخارجية العامة والخاصة على الصناعة والمجموعة الإستراتيجية التي تنتمي إليها المؤسسة.

ويفضل أن تبنى مجموعة المشاهد المحتملة على المعلومات والنتائج التي يتم الوصول إليها من خلال الطرق الأخرى المستعملة في دراسة وتحليل الصناعة والمجموعة الإستراتيجية التي تنتمي إليها المؤسسة. كما أن قادة وخبراء الصناعة أو المجموعة الإستراتيجية أو المؤسسة الذين يقومون بإجراء الدراسة والتحليل يمكنهم المقارنة بين المشاهد المحتملة واختيار المشهد الأكثر أهمية واحتمالاً والاستفادة منه في تحديد الفرص والمخاطر وتحديد الاستراتيجيات الملائمة للمرحلة القادمة.

ومما يجدر الإشارة إليه هو أن أغلب المؤسسات لا تحتاج لإجراء التنبؤات والتقديرات السوقية والاقتصادية العامة بل توجد جهات عديدة تقوم بإجراء مثل هذه الدراسات والتنبؤات مثل الجرائد والمجلات المتخصصة والجامعات والمصارف والجهات الاستشارية، كما أن الصناعة والمؤسسات العامة فيها تدعم هذه الجهات والهيئات للقيام بمختلف الدراسات والتقديرات والإحصائيات التي تستفيد منها المؤسسات العاملة في الصناعة[267].

---

(267) المرجع السابق، ص237

دراسة وتحليل البيئة الخارجية العامة

العوامل والمتغيرات الاجتماعية

إن المتغيرات الاجتماعية تؤدي إلى إيجاد فرص جديدة في المنتجات والخدمات التي تناسبها كما تؤدي إلى إهمال وتجاوز منتجات وخدمات لم تعد مناسبة[268].

إن العوامل الاجتماعية التي يمكن أن تؤثر في المؤسسة تتضمن المعتقدات والقيم والسلوكيات والآراء والأفكار السائدة أو التي تتجه نحو التغير نتيجة للتغيرات الناشئة في ثقافة المجتمع أو عاداته والمستويات التعليمية. وكلما تغيرات المفاهيم والسلوكيات والتوجهات الاجتماعية كلما تغيرت احتياجاته الفعلية من المنتجات والخدمات التي ينبغي أن تلبي تلك الاحتياجات المتجددة[269].

وتختلف المتغيرات الاجتماعية من منطقة إلى أخرى ومن مجتمع إلى أخر، لذلك لا بد من تحديد المجتمع أو المنطقة المراد دراسة العوامل الاجتماعية فيها وهو المجتمع المستهدف خدمته أو البحث عن الفرص المتاحة فيه. ومما يفيد في معرفة الفرص المتاحة في المجتمع تقسيمه إلى شرائح وقطاعات وفق القدرات المالية، والقيم والسلوكيات، أسلوب الحياة، مراحل العمر، التعليم، المهن، الخ..

وتؤثر العوامل والمتغيرات الاجتماعية على نشاط المؤسسة بصفة مباشرة أو غير مباشرة وذلك من ناحية[270]:

1. درجة الإقبال على منتجات وخدمات المؤسسة الحالية.
2. الحاجة إلى تحديد وإنتاج وتقديم منتجات وخدمات محسنة أو جديدة تلائم المتغيرات الاجتماعية المستجدة أو المتوقعة.
3. العاملين الجدد الذين تحتاج إليهم المؤسسة (القدرات، القيم، السلوكيات، التعليم،..).

إن الفرص المطلوبة موجودة في المجتمع الذي تخدمه المؤسسة، وإذا كان المجتمع متغير فالفرص كذلك، حيث إن المنتفعين بمنتجات وخدمات المؤسسة هم

---

(268) المرجع السابق، ص239

(269) Pearce & Robinson, 1991, p79 - 80

(270) السيد، 1990، ص87

أفراد وشرائح معينة من المجتمع يتغيرون ويتأثرون بالمتغيرات الحاصلة في مجتمعهم وبيئتهم. لذلك يتطلب الأمر تحديد المجتمع المستهدف خدمته في المرحلة القادمة والذي يعيش في منطقة وبيئة جغرافية محددة، سواء كانت المنطقة محلية أو على مستوى القطر أو عدة أقطار.

المنهج المعتمد:

من المفيد دراسة القوى والدوافع الروحية والنفسية المؤثرة في المجتمع وسلوكيات أفراده وأهمها العقيدة والشريعة الإسلامية العظيمة ومدى فهمها وتطبيقها من قبل أغلبية أفراد المجتمع وفقا لما جاء في الكتاب والسنة، مع مراعاة الفروق في مستويات التدين والارتقاء الروحي والأخلاقي والسلوكي في المجتمعات المختلفة التي تخدمها المؤسسة أو ترغب في خدمتها ومعرفة الاتجاه السائد في كل منها من حيث الارتقاء في هذه المستويات أم التدني.

ومن مظاهر الارتقاء الأخلاقي المشجعة على الاستثمار ونجاح ونمو المؤسسات الإنتاجية والخدمية في المجتمع الصفات الخلقية الحميدة الأساسية ومنها الصدق والإخلاص والأمانة والوفاء بالعهد والثقة وحب الخير للآخرين، والتوفيق بين المصلحة الخاصة والعامة وروح التعاون والتكامل، والعمل الجماعي، والرقابة والمسئولية الذاتية، والاجتهاد والإخلاص في العمل.

وإذا فقدت هذه الصفات في مجتمع نجد أن الصفات السائدة في اغلب أفراده هي الكذب والتزوير والغش، والخيانة والغدر، والحسد والكيد وإيذاء الآخرين، والرشوة والسرقة وتحقيق المصلحة الفردية على حساب الآخرين، وتعاطي الخمور والمخدرات والتدخين. وإذا سادت الصفات السيئة في مجتمع يصعب أو يستحيل أن تنجح مؤسسة إنتاجية أو خدمية في تحقيق أهدافها في مثل هذا المجتمع ولو كثرت موارده وإمكانياته المادية. وبمقدار ارتقاء المجتمع في فهم وتطبيق المنهج الإسلامي العظيم والقيم الإسلامية الراقية فإنه يوفر البيئة المناسبة لنشؤ ونمو المؤسسات الإنتاجية والخدمية ولو قلت الموارد والإمكانيات المادية.

ومن المفيد أيضا دراسة مدى تأثير المدنية والرخاء والتقدم المادي والثقافات الأجنبية على سلوك الفرد والأسرة والعلاقات بين الأقارب والجيران والأصدقاء

والزملاء، وذلك لمعرفة تأثيرها على القيم والسلوكيات الأخلاقية في المجتمع[271].

التعليم:

للتعليم دور مهـم في نشر ـ الـوعي في المجتمـع وتحقيـق الصـحوة الإسـلامية الحقيقيـة ودفـع جهـود الانطلاقة الجادة لبناء نهضة الأمـة وحضـارتها الثانيـة. ومـن المفيـد معرفـة بيئـة التعليـم والتطـوير وبنـاء المهارات والقدرات المهنية في المجتمع المراد خدمته لما لها من تـأثير عـلى نشـاط المؤسسـة[272]. وفيمـا يـلي العناصر المهمة التي يمكن أخذها في الاعتبار في الدراسة:

- نظرة المجتمع للتعلم والتدرب.
- مدى الإقبال على التعلم من أجل الارتقاء في فهم العقيدة والمنهج الإسلامي والقيـم الإسـلامية الراقية
- مدى الإقبال على التعلم والتدرب لاكتساب معارف ومهارات مهنية تخصصية.
- وضع المتعلمين في المجتمع، دورهم القيادي، مكانتهم الاجتماعية، وضعهم المادي.
- نسبة الأمية في المجتمع.
- دور الأميين وأشباههم في المجتمع، دورهم القيادي، مكانتهم الاجتماعية، وضعهم المادي.
- نسبة العاطلين الأميين.
- نسبة العاطلين من ذوي المهارات الحرفية.
- نسبة العاطلين من ذوي الشهادات العلمية.
- نسبة العاملين الأجانب.
- عدد ونسبة المهندسين والفنيين والمهنيين المؤهلين في مجال الصناعة.
- الفرص المتاحة للتعليم والتربية والتدريب والتطوير في مختلف المجالات والمستويات.
- مستوى التعليم والتربية والتدريب والتطوير: الفعالية، الجودة، النتائج.

(271) Andrews , 1987, p38

(272) السيد، 1990، ص89

- دور القيـادات المسـئولة في المجتمـع عـن تقـدم أو انحطـاط التعلـيم والتربيـة والتـدريب والتطوير.

- ويمكن ملاحظة تأثير تحسن مستوى التعليم في المجتمع على المؤسسات الإنتاجيـة والخدميـة في الجوانب الآتية[273]:

- اكتساب المعارف والمهارات التي تمكنهم من العمل المثمر في مجالات الإنتاج والخدمات التـي يحتاج إليها المجتمع.

- الحصول على دخل أفضل وبالتالي زيادة القوة الشرائية في المجتمع التي تـؤدي إلى زيـادة الطلب على المنتجات والخدمات.

- رفع سقف طموحات الأفراد فيما يتعلق بظروف العمـل وشروطـه والمزايا والمنـافع وأسـلوب معاملتهم ومطالبهم بتحسينها[274].

- تمكن المؤسسة من الارتقاء في تطبيق منظومة القيم الإسلامية الراقية أثناء العمل وفي التعامـل مع مختلف الأطراف ذات العلاقة بالمؤسسة.

- تمكن المؤسسة من الاستفادة من معارف ومهارات الأفراد وتنميتها بمـا يعـود عـلى المؤسسـة وعلى الأفراد أنفسهم بالفائدة.

العمل:

حيث أن المؤسسات الإنتاجيـة والخدميـة هـي مؤسسـات عمـل وإنتـاج فهـي تحتـاج إلى عـاملين مـن المجتمع الذي تخدمه، ولا يمكن أن تنجح المؤسسة في مهامها إلا إذا كانت بيئـة المجتمع مشجعة للعمـل المنظم، لذلك تشمل دراسة العوامل الاجتماعية التعرف على نظرة أغلبيـة أفراد المجتمع إلى العمـل وسلوكهم تجاه مؤسسات الأعمال في بيئتهم[275]. ومن العوامل التي ينبغي دراستها في هذا الجانب ما يلي:

- نظرة أفراد المجتمع للزمن والوقت؟ هل هم متعلقون بالماضي؟ هـل يتشبثون بالحاضر؟ هل يطمحون إلى المستقبل؟ وما هو تقديرهم للوقت؟

- موقف أغلبية أفراد المجتمع ونظرتهم للعمل. هل يعتبرون أن العمل مهمة إنسانية راقية أم أنه ضرورة يلجئون إليها بدافع الحاجات الأساسية؟

---

(273) المرجع السابق، ص89

(274) Pearce & Robinson, 1991, p80

(275) السيد، 1990، ص89

- نظرة المجتمع إلى المؤسسات الإنتاجية والخدمية الخاصة والعامة.
- موقف العاملين وسلوكهم تجاه الإدارة والقيادة والتعامل مع الزملاء في العمل.
- موقف العاملين تجاه العمل الجماعي.
- شروط التوظيف وفق القوانين واللوائح الحكومية.
- البطالة ونسبة العاطلين عن العمل.
- الأسباب الرئيسية للبطالة.
- عدد ساعات العمل الرسمي في اليوم وفي الأسبوع.
- متوسط عدد ساعات العمل المنتج في اليوم في المؤسسات العامة والخاصة.
- دور القيادات الاجتماعية والتعليمية والدينية والسياسية في تكوين نظرة الناس إلى العمل.

وتفيد الدراسة في معرفة فرص توفر العمالة المناسبة، وسلوكيات المجتمع تجاه المؤسسة، والسلوكيات المتوقعة للعاملين، وإنتاجيتهم.

الطموحات والدوافع:

إن دراسة معنويات وطموحات ودوافع أفراد المجتمع المتعلقة بالعمل والمستقبل يمكن أن توفر مؤشرات حول مستوى حماس العاملين واجتهادهم في العمل والارتقاء في المعرفة والمهارات والأداء ومن العناصر التي ينبغي دراستها في هذا الجانب:

- الدوافع الحقيقية للعمل: دوافع الحاجات الأساسية، دوافع الضغوط الاجتماعية، دوافع ذاتية راقية نابعة من العقيدة والقيم الإسلامية الراقية التي تدفع دائما للطموح إلى أعلى المراتب الإنسانية الممكنة.
- مستويات الطموح والأهداف الحياتية والوظيفية: أهداف شخصية محدودة، أهداف شخصية وأسرية، أهداف ترقى إلى خدمة المجتمع والأمة، أهداف وظيفية محدودة، أهداف وظيفية عالية.
- موقف أفراد المجتمع بشأن العلاقة بين الطموحات والاجتهاد في العمل.
- معنويات أفراد المجتمع بشأن الحياة والعمل والمستقبل.
- الظروف والعوامل المشجعة على العمل.
- الظروف والعوامل المثبطة والمعرقلة للعمل.

- نظرة المجتمع للكسب وتجميع المال.
- نظرة المجتمع للاستثمار.
- مستوى الثقة بين الناس في الشراكة في العمل الإنتاجي والخدمي.
- مستوى الثقة والاحترام المتبادل بين العاملين وصاحب العمل في مؤسسات القطاع الخاص.
- مستويات الإنفاق في المجتمع على المواد الاستهلاكية، المواد المعمرة، معدات ومستلزمات الإنتاج.
- نشاطات حماية المستهلك.
- توزيع الدخل العام للدولة / توزيع ثروات المجتمع.
- مستوى تكافؤ الفرص والعدالة الاجتماعية.
- مدى وعي المجتمع وشعوره ومطالبته بالعدالة الاجتماعية وتكافؤ الفرص.
- مدى الاستغلال الذي تمارسه فئة قليلة من المجتمع وسيطرتها على ثروة المجتمع.

المتغيرات السكانية:

وهي المتغيرات المتعلقة بالعوامل الاجتماعية التالية:

- عدد السكان في المجتمع / المجتمعات المستهدف خدمتها.
- معدلات النمو السكاني.
- معدلات المواليد.
- توزيع الأعمار / نسب شرائح الأعمار في المجتمع.
- معدلات التقاعد.
- الهجرة من الريف إلى المدن.
- الهجرة إلى الخارج. هجرة الأجانب إلى المنطقة.

ومن آثار هذه التغيرات أن الزيادة في نسبة الشيوخ والعجزة تمثل فرص لبعض المؤسسات الإنتاجية والخدمية العاملة في مجالات التمريض والعلاج الطبيعي والخدمات الصحية [276] وكذلك الحال بالنسبة لزيادة نسبة المواليد والأطفال في المجتمع.

---

(276) Argenti, 1989, p240

إن زيادة عدد السكان بصفة عامة تؤدي إلى زيادة الطلب، وتقلص معدل المواليد يقلص القطاع السوقي الخاص بمنتجات وخدمات الأطفال في المستقبل القريب وقطاع الشباب في مرحلة لاحقة[277].

العوامل الصحية:

إن الوضع الصحي للمجتمع يهم كل المؤسسات ويهم بصفة خاصة المؤسسات الإنتاجية والخدمية في القطاع الصحي والمؤسسات ذات العلاقة. ومن العوامل التي يمكن أن تكون موضع الدراسة الاجتماعية في هذا الجانب ما يلي:

- الوضع الصحي العام للمجتمع.
- مدى انتشار أمراض معينة / الخبيثة / المستعصية / السارية / الأوبئة.
- مدى انتشار تعاطي الخمور والمخدرات والتدخين.
- مدى توفر الخدمات الصحية والأدوية.
- جودة الخدمات الصحية.
- أسعار الأدوية والخدمات الصحية.
- مدى مساهمة الإدارة الصحية في تحسن أو تدني الوضع الصحي للمجتمع.

العوامل الأمنية:

يعتبر توفر الأمن والاستقرار من الشروط الأساسية لازدهار العمل الإنتاجي والخدمي في أي مجتمع ويتقلص نشاط الأعمال بقدر فقد الأمن والاستقرار، وفي ما يلي بعض العناصر المهمة التي ينبغي دراستها وتحليلها في هذا الجانب:

- مستوى الأمن العام في المجتمع.
- معدلات الجرائم بصفة عامة ومؤشرات تغيرها.
- مستويات احترام القوانين ودرجة الالتزام بتطبيقها.
- معدلات جرائم الرشوة والابتزاز وفساد الذمم في المؤسسات العامة.
- معدلات جرائم التزوير والكذب والغش.
- معدلات جرائم السرقة الجلية المحدودة.
- معدلات جرائم السرقة ونهب المال العام وأموال المؤسسات بالجملة.

---

(277) السيد، 1990، ص88

- معدلات السلب والنهب والحرابة.
- معدلات الاعتداء الجسمي والقتل.
- معدلات حوادث السيارات.
- معدلات النزاعات القبيلة والجهوية والطائفية.
- مدى مساهمة قيادات المجتمع في تحسن أو تدني الوضع الأمني في المجتمع.

ومن آثار هذه المتغيرات على سبيل المثال أن انتشار ظاهرة الرشوة يحمل المشروعات تكاليف إضافية كبيرة ويعرضها للخسارة، أما سرقة ونهب الأموال من المؤسسات فإنه يعمل على فشل هذه المؤسسات وربما انتهاء دورها في المجتمع أو أنها تبقى عبئاً على المجتمع دون فائدة ترجى منها. ولا يخفى على أحد مدى الصعوبة التي يمكن أن تواجه أي مؤسسة تعمل في بيئة تنتشر فيها كل الجرائم المذكورة أعلاه، حيث أنها بيئة مليئة بالمخاطر المحدقة بالمؤسسات القائمة المتعثرة والفاشلة أو المهددة بالفشل، ومن الطبيعي أن يقل فيها الإقبال على الاستثمار في النشاطات الإنتاجية والخدمية في مثل تلك الظروف.

العوامل الإسكانية والبنية التحتية:

والتي تشمل ما يلي: مدى توفر الوحدات السكنية للإيجار، مدى قدرة الفرد المتوسط الدخل على بناء سكن عائلي، مدى دعم الدولة لبناء مساكن للمواطنين، مدى توفر القروض غير الربوية لبناء المساكن، فرص قيام المؤسسات الخاصة بالاستثمار في بناء مساكن وتأجيرها أو بيعها بالتقسيط، مدى توفر مواد البناء وأسعارها، متوسط دخل الفرد في المجتمع، معدلات البطالة، معدلات حصول الخرجين والعاطلين على فرص عمل في القطاعات العامة والخاصة، قدرة ورغبة الشباب في تكوين أسرة، معدلات تكوين الأسر، الوضع العام للبنية التحتية المادية في المجتمع، مستوى شبكات الطرق / الكهرباء / وسائل المواصلات، مستوى أنظمة الاتصالات، مدى توفر ومستوى الفنادق[278].

الفرص المتاحة والمخاطر المحدقة من جهة العوامل الاجتماعية:

من خلال دراسة وتحليل العوامل والمتغيرات الاجتماعية يخلص فريق التخطيط

(278) Argenti, 1989, p233 - 240

إلى تحديد القائمة المبدئية للفرص المتاحة للمؤسسة والمخاطر المحدقة بها من جهة العوامل والمتغيرات الاجتماعية في المجتمع الذي تخدمه المؤسسة. ويبين الجدول رقم (4.1) أمثلة لهذه العناصر التي ينبغي القيام بتحديد أولوياتها حسب أهميتها ودرجة تأثيرها على حاضر المؤسسة ومرحلة تحولها القادمة.

جدول رقم (4.1): الفرص المتاحة والمخاطر المحدقة من جهة العوامل الاجتماعية

الفرص المتاحة من جهة العوامل الاجتماعية	المخاطر المحدقة من جهة العوامل الاجتماعية
1. النظرة والموقف الإيجابي من قبل أغلب مجتمعات المنطقة ب بشأن التعاون والاستفادة من المؤسسات الإقليمية العاملة في المنطقة. 2. ارتفاع مستوى التعليم والتدريب المهني في العديد من دول المنطقة ب. 3. تحسن مستويات الدوافع والحوافز للتعلم والعمل في المنطقة ا. 4. تحسن مستوى الالتزام الديني والخلقي في المنطقة ا، وأغلب مجتمعات المنطقة ب. 5. توفر الاستقرار والأمن في مجتمعات المنطقة ا، ب. 6. توفر العمالة المناسبة بشروط توظيف ملائمة في أغلب دول المنطقة ب. 7. التوجه للعمل من خلال البيوت والعمل الجزئي الذي يُمكن من تخفيض تكاليف المؤسسات الصغيرة في بعض دول المنطقة ب.	1. تنامي المواقف السلبية تجاه المؤسسات الإقليمية العاملة في بعض دول المنطقة ج. 2. تدني مستوى الاستقرار والأمن في عدد من مجتمعات المنطقة ج وتزايد حالات الإتلاف والإفساد وإلحاق الضرر بأصول وموارد وممتلكات المؤسسات في تلك المنطقة. 3. تدني مستوى الالتزام الديني والخلقي في بعض مجتمعات المنطقة ج وتفشي الظواهر والسلوكيات السلبية وخاصة منها فساد الذمم والرشوة والنهب والسلب والسرقة والتحايل والغش والتزوير والكذب. 4. تدني أداء الخدمات الصحية وانتشار بعض الأمراض المعدية في إحدى دول المنطقة ج. 5. تدني مستويات الدافعية للتعلم والتدرب والعمل في العديد من دول المنطقة ج. نقص العمالة المناسبة في بعض دول المنطقة ج.

العوامل الاقتصادية:

يـتم معرفـة العوامـل الاقتصاديـة المهمـة مـن خـلال دراسـة المتغـيرات الاقتصاديـة في بيئـة المجتمـع المستهدف خدمته. وبالنسبة لأغلب المؤسسات الصغيرة يهمها المتغيرات الاقتصادية المحلية وعـلى مسـتوى القطر الذي تعمل في نطاقه، أما المؤسسات الكبيرة فهي تهتم بالمتغيرات الاقتصادية عـلى المسـتوى المحـلي والإقليمي والعالمي. وتركز مهمة دراسة البيئة الخارجية في هذا الجانب عـلى تحديـد العوامـل والمتغـيرات الاقتصاديـة المهمـة في المجتمـع أو المجتمعـات التـي تخـدمها المؤسسـة حاليـا والتـي ترغـب في التوسـع في خدمتها[279].

ولا بد أن تهتم المؤسسات العامة والخاصة على مستوى الدولة وعلى مستوى الصناعة الواحـدة بـإجراء البحوث والدراسات والتجميع المستمر للبيانات والمعلومات وتحليلها لمعرفة المؤشرات الاقتصادية المختلفـة واتجاهات تغيرها المتوقعة خلال السنوات القادمة، وذلك حتـى لا تحتـاج المؤسسـة الواحـدة إلى القيـام لوحدها بإجراء تلك الدراسات والبحوث المتكاملة والتي تحتاج إلى جهودا كبيرة وتكاليف عاليـة. وبـذلك تتاح الفرصة للمؤسسة أن تقوم بتجميع البيانات والمعلومات المناسبة لها من خـلال البيانـات والمعلومـات التـي تعـدها الجهات المختصة مثل الجامعات، والمؤسسـات المصرفيـة، ومؤسسـات الاستثمار والهيئـات الاستشارية والهيئات العامة المختصة.

ويجب ألا يغرق الباحثون والمخططون في تفاصيل كثيرة ومتشعبة ليس لها علاقـة مباشرة بالمؤسسـة ونشاطاتها، ويمكن الاكتفاء بدراسة وتحليل العناصر والمتغيرات التي يُتوقع أنها تدل عـلى الفـرص المهمـة المتاحة للمؤسسة في مرحلتها القادمة والمخاطر التي يمكن أن تؤثر سلبا في نشاطها.

العوامل الاقتصادية المهمة:

ومن العوامل الاقتصادية المهمة التي ينبغي دراستها وتحليلها في إطار دراسة وتحليل البيئـة الخارجيـة العامة للمؤسسة العوامل الآتية:

---

(279) Argenti, 1989, p237

معدل النمو الاقتصادي للمجتمع، مؤشرات الناتج القومي الإجمالي، طرق توزيع الدخل القومي. متوسط دخل الفرد في المجتمع، معدلات التضخم، حالة الرخاء أو الكساد الاقتصادي وتأثيرها من حيث زيادة أو انخفاض الإقبال على السلع المعمرة والاستثمار والمنافسة في نشاطات العمل الإنتاجي والخدمي [280].

ومنها أيضا السياسات المالية والنقدية للدولة المتعلقة بالميزانيات والنفقات الحكومية والضرائب وحجم العملة المتداولة وقيمتها والقوانين واللوائح المنظمة للنشاط الاقتصادي، ومستوى الرقابة وتنظيم الأسعار والأجور ومعدلات صرف العملات الأجنبية [281]، وكذلك القيود والإجراءات المنظمة لحركة التجارة الدولية لتعديل ميزان المدفوعات أو دعم وحماية المنتجات والخدمات المحلية وتوفر فرص العمل.

ومن العوامل الاقتصادية أيضا الضغوط والمنافسة الدولية، الحصار وأعمال الابتزاز والعقوبات التي تفرضها بعض الدول الكبرى على الشعوب، وكذلك مستويات الأسعار السائدة مثل أسعار النفط والغاز والمواد الغذائية الأساسية والمواد ذات العلاقة بنشاط المؤسسة، ومدى توفر الموارد الطبيعية والمواد الخام والمستلزمات الإنتاج والطاقة وأسعارها.

ومنها أيضا مدى توفر رأس المال المتاح للاستثمار والمشاركة، ومدى توفر القروض غير الربوية وأسواق السندات المالية، ومدى توفر العمالة الماهرة ومستويات الأجور والمرتبات ومعدلات البطالة، وحجم الطلب، والبنية التحتية المادية والمعلوماتية. وتشمل أيضا مستوى المعارف والمهارات والتقنيات المحلية وسهولة نقل واستغلال التقنيات الخارجية، منع استيراد أو تصدير سلع وخدمات معينة أو تقيد استيرادها أو تصديرها، نظام توزيع الدخل القومي وفق النظام الاقتصادي المتبع ومدى فرص التطبيق لنظام العدالة الاجتماعية النابع من منهج الإسلام العظيم والابتعاد على الأنظمة العلمانية التي تعمم الفقر أو التي تتيح للأقلية استغلال الأكثرية.

حالة الرخاء الاقتصادي التي يشتد فيها التنافس على الموارد والعاملين المهرة في المجتمع وتقل البطالة وترتفع الأجور والمرتبات وترتفع أسعار الإيجار والمواد

(280) السيد، 1990، ص105
(281) Argenti, 1989, p233

ومستلزمات الإنتاج وحالة الكساد الاقتصادي التي يقل فيها النشاط الإنتاجي والخدمي وتزداد البطالة وتتوفر العمالة وتنخفض الأجور والمرتبات وتهبط أسعار الإيجار والمواد الخام[282].

ومن أمثلة تأثير بعض المتغيرات الاقتصادية أن حالات التضخم واضطراب أسعار صرف العملات الأجنبية في المنطقة المستهدف خدمتها يضع قيودا على التوسع في النشاط الإنتاجي أو الخدمي فيها. كما أن ارتفاع مستويات إيجار السكن العائلي والصعوبات الكبرى التي يواجهها الشباب في بناء سكن عائلي لغرض تكوين أسر عائلية يؤدي إلى تقلص مبيعات الأجهزة المنزلية كالثلاجات والغسالات وغيرها[283].

الفرص المتاحة والمخاطر المحدقة من جهة العوامل الاقتصادية:

وينتهي الفريق المكلف بدراسة وتحليل المتغيرات الاقتصادية في البيئة الخارجية للمؤسسة إلى تحديد الفرص المتاحة من جهة تلك المتغيرات والمخاطر المحدقة من جانبها. ويبين الجدول رقم (4.2) قائمة مبدئية لهذه الفرص والمخاطر التي يتطلب القيام بتحديد أولوياتها وفقا لدرجة أهميتها وتأثيرها في تحقيق التحول المستهدف.

جدول رقم (4.2): الفرص المتاحة والمخاطر المحدقة من جهة العوامل الاقتصادية

الفرص المتاحة من جهة العوامل الاقتصادية	المخاطر المحدقة من جهة العوامل الاقتصادية
1. ازدياد معدل النمو الاقتصادي في بعض دول المنطقة ب.	1. ارتفاع مرتبات القوى العاملة في بعض دول المنطقة ب.
2. تراجع حالة التضخم في المنطقة ا.	2. تغير سلبي في أسعار صرف العملات الأجنبية في بعض دول المنطقة ب.
3. توفر العمالة الماهرة في العديد من دول المنطقة ب.	3. كساد وركود اقتصادي في بعض دول المنطقة ج.
4. انخفاض مستوى المرتبات في المنطقة ج.	4. ارتفاع حالات الرشوة والابتزاز

(282) مرسي، 2006، ص116

(283) Hunger & Wheelen, 1999, p55

في العديـد مـن دول المنطقـة ج وإحـدى دول المنطقة ب.	5. أسـعار صرف مناسـبة في أغلـب دول المنطقة ج.
5. نقص الطلب عـلى منتجات المؤسسة في عدد من مجتمعات المنطقة ج.	6. ارتفاع الطلب عـلى منتجات الصـناعة في المنطقة ب.
6. ارتفـاع أسـعار المعـدات الرأسـمالية في المنطقة ا.	7. جـودة العلاقـات التجاريـة مـع دول المنطقة ب وأغلب دول المنطقة ج.
7. ارتفاع أسعار النفط والطاقة في المنطقة ب، ج.	8. تـوفر مصـادر التمويـل غـير الربـوي في بعض دول المنطقة ب.

العوامل التقنية:

ومن المتغيرات التقنيـة المهمـة في البيئة الخارجية التي ينبغي دراستها وتحليلها العوامل الآتية: منتجات ومواد جديدة، أساليب وطرق وتقنيات إنتاجية وتسـويقية جديدة للمنتج، تقنيـات قديمـة تستغل في مجالات إنتاجية وخدمية جديدة، استعمالات جديدة للمنتج، المستجدات في مجالات الهندسـة والإنتاج والتوزيع [284].

ومن التطورات والتحسينات التقنية ما هي تدريجية تراكمية ومنها ما هي قفـزات نوعيـة واختراعـات واكتشافات جديدة في العلوم والتقنية والمنتجات والمواد والعمليات. ومن أمثلة هذه المتغيرات ما يلي: حجم وتكاليف البحـث والتطوير، مستويات اهتمام وإنفاق الحكومة على البحـث والتطوير، مستويات اهتمام وإنفاق الصناعة على البحـث والتطوير [285]. ومنها معدلات نقـل وتوطين التقنية، سرعة تطبيـق التقنيات والابتكارات الجديدة، مدى استعمال الهندسـة العكسـية وإعادة هندسـة العمليات والمنتجات والاستفادة من ابتكارات المؤسسات الأخرى، استعمال التقنيـات عـن طريـق الترخيص، تحسـين الجـودة والإنتاجية وتقليل التكاليف من خلال تقنيات جديدة، تقادم التقنيات والمنتجات وطرق

---

(284) Argenti, 1989, p234, 240

(285) Andrews , 1987, p36, 39

وتجهيزات الإنتاج، التطور في تقنيات المعلومات والاتصالات.

ومنها أيضا الاستعمال الاقتصادي للطاقة، التطور في صناعة النقل والمواصلات، والتطور في مراقبة والتحكم والتقليل إلى أدنى حد من تلوث البيئة (تلوث الماء، الهواء، الضوضاء)، والسلامة المتعلقة بالمنتجات والمواد وطرق وتقنيات الإنتاج.

إن التقدم العلمي المستمر يؤدي إلى ظهور قوى دافعة للتغيير ليس فقط في مجالات التقنية ولكن أيضا في مختلف الصناعات والأنشطة الإنتاجية والخدمية. ويمكن التقدم العلمي والتقني المجتمع من النهوض والتحول الشامل إذا أحسن قادة وخبراء المجتمع ومؤسساته الاستفادة منه في مختلف المجالات.

لقد أصبحت نادرة تلك المؤسسات المحمية من التقادم الذي يؤدي عاجلا أو أجلا إلى الفشل لكونها تعتمد على تقنيات يعتقد قادة وخبراء تلك المؤسسات أنها تقنيات مستقرة، ذلك لأن التقنيات لم تعد مستقرة وأصبحت المؤسسات معرضة بشكل متسارع لأساليب وطرق وعمليات إنتاجية جديدة في ذات الصناعة، أو منافسة من قبل مؤسسات إنتاجية وخدمية عاملة في صناعات أخرى تقدم منتجات وخدمات وتقنيات بديلة. ومن مزايا العوامل والمتغيرات التقنية أنها لا تعرف الحدود، فهي عابرة للقارات والحدود لكل من يبحث عنها ويحاول ويجتهد في نقلها وتوظيفها. ولكن التقنية تنتقل من مجتمع متقدم إلى مجتمع آخر متقدم بسهولة ويمكن للمجتمع الآخذ في النمو أن يعمل على نقلها والاستفادة منها على قدر توفر الإمكانيات والموارد المادية والعقول والقوى العاملة والأنظمة الإدارية المناسبة.

وتعتبر التغيرات التقنية من أسرع عوامل البيئة الخارجية تغيرا حيث يلاحظ التسارع في التقدم التقني خلال العقود الأخيرة لدرجة أن التطورات والاكتشافات الجديدة أصبحت تظهر قبل التمكن من استيعاب وتطبيق التقنيات التي ظهرت بالأمس القريب. ويمكن للمؤسسة أن تتغلب على هذه المشكلة في حالة أنها تنمو بنفس معدلات ارتفاع تكاليف التقنيات الجديدة[286].

ومن العوامل التي تؤدي إلى تسارع التقدم التقني: الرخاء والازدهار الاقتصادي، شدة المنافسة، الإقبال على الاستثمار من طرف الحكومة والأفراد والمؤسسات

(286) Argenti, 1989, p240

الخاصة في مشاريع التنمية والبحث والتطوير، انخفاض واستقرار أسعار الطاقة[287]. ومن العوامل المؤدية إلى تهدئة أو تخفيض سرعة التقدم التقني: الركود الاقتصادي، التضخم، الصعوبات في الاستثمار، اضطراب أسعار الطاقة، وهي عوامل تحد من النمو وتدفع الدولة والمؤسسات إلى التوجه إلى تخفيض التكاليف وتحسين العمليات الجارية والإجراءات التي تحمي المؤسسات من الفشل.

ومن آثار تسارع التغير التقني على المؤسسات القائمة زيادة حدة المنافسة وازدياد معدلات تقادم المنتجات والطرق الإنتاجية المستعملة وتقادم المؤسسات وعدم قدرة بعضها على مواكبة المتغيرات التقنية.

وهناك ثلاث احتمالات لمجابهة المخاطر الناجمة عن التسارع في التغير التقني:

1. البحث على الفرص الناجمة عن السبق التقني واستغلالها بأفضل ما يمكن.
2. اللحاق السريع بالمؤسسات الرائدة عن طريق الحصول على تراخيص منها باستعمال تقنياتها الجديدة أو تكثيف جهود البحث والتطوير للوصول إلى تقنيات أو منتجات أو طرق إنتاجية تمكن من الاستمرار في إنتاج منتجات أو خدمات مشابهة أو بديلة أو مقدمة لشرائح معينة في المجتمع.
3. التخطيط والإعداد المبكر للخروج من السوق تفاديا للخسائر الكبيرة.

وللفريق المكلف بدراسة المتغيرات والعوامل التقنية الاستفادة من المصادر الآتية[288] في تجميع المعلومات عن المتغيرات التقنية ذات العلاقة بالمؤسسة:

- خبراء التقنية من داخل المؤسسة وخارجها.
- المجلات العلمية والمهنية التخصصية.
- المطبوعات والمنشورات العلمية والتقنية.
- هيئات البحوث الصناعة.
- وكالات وهيئات البحث العلمي والتقني المحلية والعالمية.

ومن أثار التغير التقني على المؤسسات الإنتاجية والخدمية التغير في نوع وحجم الطلب فالتطور الذي حصل في الحاسبات الآلية الصغيرة وانخفاض أسعارها أدى في مراحل سابقة إلى انتشار استعمالها في مختلف المكاتب والمدارس والمعاهد والبيوت

(287) Andrews , 1987, p36 , 37
(288) Argenti, 1989, p240

بالإضافة إلى المؤسسات الإنتاجية والخدمية والهيئات العامة. وقد يؤدي التغير التقني إلى تقلص الطلب فتطور تقنيات استكشاف واستخراج النفط والغاز أدت إلى إغلاق مناجم الفحم والتحول إلى الاعتماد على النفط والغاز، وقد يؤدي التغير التقني إلى التحول إلى استعمال الطاقة الشمسية أو النووية، كما أن تطور تقنيات الطيران أدت إلى التقليل من الاعتماد على القطارات. أي أن التقنية المستجدة تؤثر في الطلب على المنتجات والمواد والخدمات إما بالتوسع والزيادة أو التقلص والانخفاض أو انتهاء الطلب نهائياً والتحول إلى المنتجات والمواد والخدمات البديلة[289].

كما تؤدي التغيرات التقنية إلى استعمال تقنيات إنتاج جديدة لإنتاج نفس المنتجات بجودة أفضل وتكلفة أقل أو إنتاج منتجات ومواد بديلة. وكلما تقدمت التقنية والمنتجات والتجهيزات والموارد اللازمة للبحث والتطوير تصبح التقنية معقدة ومكلفة لدرجة قد يصعب فيها على المؤسسة استعمالها.

بذلك يتضح أن التقدم التقني والمتغيرات العلمية والتقنية المؤثرة والمتسارعة تؤدي إلى إتاحة فرص جديدة أمام بعض المؤسسات الإنتاجية والخدمية كما تقضي على الفرص أمام بعضها الأخر، أي أنها تمثل فرص حقيقية للنمو لبعض المؤسسات وتمثل مخاطر حقيقية للمؤسسات الأخرى.

لذلك يجب على قادة وخبراء المؤسسة القيام بالمتابعة المستمرة للتطورات التقنية المتعلقة بصناعتهم بصفة خاصة والصناعات ذات العلاقة، ومتابعة التغيرات التقنية بصفة عامة بهدف الاكتشاف المبكر لهذه المتغيرات ومعرفة تأثيراتها الايجابية والسلبية على الصناعة وعلى المؤسسة. ذلك مع الأخذ في الاعتبار أن بعض المتغيرات التقنية لها تأثير على كل الصناعات أو أغلبها وأن بعضها يخص صناعات محددة أو صناعة واحدة بعينها، فالتحسن الكبير الذي طرأ على معالج الحاسوب لم يؤد فقط إلى انتشار استعمال الحاسوب الشخصي وإنما أدى أيضا إلى تحسين كفاءة محرك السيارة فيما يتعلق بالطاقة المحركة والاقتصاد في الوقود من خلال استعمال هذه المعالجات في تنظيم حقن الوقود للمحرك[290]، كما أدى إلى تحسين فعالية وكفاءة العمليات الصناعية المختلفة.

(289) السيد، 1990، ص98 - 100

(290) Hunger & Wheelen, 1999, p55

الفرص المتاحة والمخاطر المحدقة من جانب العوامل التقنية:

في نهاية المهمة الخاصة بدراسة وتحليل المتغيرات التقنية ينبغي أن يتوصل الفريق المكلف بها إلى تحديد قائمة مبدئية للفرص المتاحة من جهة العوامل والمتغيرات التقنية والمخاطر التي يمكن أن تواجه المؤسسة من قبلها. ويبين الجدول رقم (4.3) مثالا لهذه القائمة التي ينبغي مراجعتها وتحديد أولوياتها وفقا لأهميتها الإستراتيجية ومدى تأثيرها المتوقع في خطة التحول.

جدول رقم (4.3): الفرص المتاحة والمخاطر المحدقة من جهة العوامل التقنية

الفرص المتاحة من جهة العوامل التقنية[291]	المخاطر المحدقة من جهة العوامل التقنية
1. تقدم ملحوظ في التقنية يؤدي إلى تخفيض سعر المنتج. 2. أنظمة التصميم والإنتاج باستعمال الحاسوب المتطورة تمكن من تخفيض تكاليف الإنتاج. 3. مواد جديدة داخلة في تصنيع معدات التكييف تساهم في تحسين جودة المنتج. 4. تطور تقني جديد يمكن من تحسين فعالية وحدة إنتاج الجهاز المرئي. 5. توفر قدرات وتسهيلات جيدة للبحث والتطوير في المنطقة ب.	1. تغير جوهري في تقنية الصناعة في مجال الهاتف المحمول قد يصعب على المؤسسة مواكبته. 2. ظهور مؤشرات لمواجهة صعوبة في تجديد الترخيص الخاص باستعمال تقنية إنتاج الحاسوب الشخصي- التي تنتهي خلال أقل من سنتين. 3. ارتفاع تكاليف البحث والتطوير على مستوى الصناعة في المنطقة ا وبعض دول المنطقة ب.

(291) Argenti, 1989, p234 - 240

موارد الأرض والسماء على المستوى الإقليمي والعالمي:

وينبغي تكليف فريق مناسب لدراسة وتحليل الموارد والنعم التي سخرها الخالق سبحانه للمجتمعات التي تخدمها المؤسسة حاليا والتي ترغب في خدمتها مستقبلا.

ومعلوم أن الله الخالق العظيم سبحانه خلق السماوات والأرض، وخلق التربة والمعادن والنبات والحيوان في الأرض، ثم خلق الإنسان من تربة الأرض وكرّمه وفضله على كثير مما خلق، وسخر له كل ما في الأرض وكثيراً من الكائنات والمخلوقات التي في السماء، كلها تخدمه وتنفعه.

وقدر الخالق سبحانه أن يكون هناك قدراً من الاختلاف بين قارات ومناطق الأرض من حيث المناخ والموارد واختلاف ألوان الناس ولغاتهم لتكون عوامل ودوافع للتعارف المؤدي إلى التعاون والتكامل وتبادل المصالح، حيث قال الخالق العظيم سبحانه في آخر رسالاته للبشرية: ﴿وَجَعَلْنَاكُمْ شُعُوبًا وَقَبَائِلَ لِتَعَارَفُوا إِنَّ أَكْرَمَكُمْ عِندَ اللَّهِ أَتْقَاكُمْ إِنَّ اللَّهَ عَلِيمٌ خَبِيرٌ﴾ (292)، **وقال جل من قائل: ﴿وَمِنْ آيَاتِهِ أَنْ خَلَقَكُم مِّن تُرَابٍ ثُمَّ إِذَا أَنتُم بَشَرٌ تَنتَشِرُونَ﴾** (293)، وقال آخر رسله وأنبيائه محمد ﷺ: **"والناس بنو آدم وآدم من تراب"** (294).

فالله الخالق سبحانه واحد لا إله إلاّ هو، والأب الأول واحد وهو آدم عليه السلام، والأصل واحد وهو التراب، لذلك كانت تربة الأرض والماء هما المصدران الأساسيان لكل الموارد والنعم والخيرات التي يعيش عليها الإنسان أفرادا وجماعات وشعوب.

وتتضمن الموارد الرئيسية التي سخرها الخالق سبحانه للناس في هذا الكون: التربة والمعادن، والنبات، والحيوان، والماء، والهواء، والطاقة الشمسية وغيرها. وفي ما يلي توضيح موجز للمنافع الرئيسية في هذه النعم والموارد:

المعادن: تحتوي تربة الأرض الجوفية والسطحية على العناصر والمركبات والمعادن التي يستفيد منها الإنسان وينتفع بها في مختلف نشاطات حياته وتلبية

---

(292) الحجرات: 13

(293) الروم: 20

(294) من حديث أبي هريرة، ينظر: سنن الترمذي، ج 5، ص 735، حديث رقم / 3956، والكلمة الأولى في سنن أبي داود: ج 4، ص 331، حديث رقم / 5116: " أنتم ".

مختلف احتياجاته، فهي تحتوي على خامات الحديد والنحاس والألمونيوم والذهب والفضة وخامات النفط والغاز، وغيرها من العناصر والمركبات. وتستعمل بعض أنواع التربة في صناعة الزجاج والخزف والفخار، كما أنها تحتوي على كافة العناصر والمعادن والمركبات التي تستعمل في صناعة الأدوات والمعدات والتجهيزات الخاصة بوسائل النقل، والمواد المتعلقة بالبناء والسكن، والأدوات والمعدات اللازمة للإنتاج الزراعي والحيواني والصناعي وكافة المواد اللازمة لمختلف الأنشطة المتعلقة بحياة الإنسان أفرادا وجماعات.

التربة السطحية: ويعتمد عليها الإنتاج النباتي الذي بدوره يعتمد عليه الإنتاج الحيواني وكلاهما يعتمد عليه الإنسان في مختلف شئون حياته.

الموارد النباتية: ويستخلص النبات المواد والعناصر والمركبات والأملاح والمعادن اللازمة لحياة الإنسان يستخلصها له من التربة بمساعدة الماء والهواء والطاقة الشمسية. فالإنسان يعتمد اعتماداً كبيراً في غذائه على الموارد النباتية التي سخرها له الخالق سبحانه، كما جعل له فيها منافع أخرى حيث أنها موارد مهمة لصناعة الملابس والسكن والأثاث والورق وغيرها.

الموارد الحيوانية: وما يعجز النبات في استخلاصه مباشرة للإنسان من التربة يقوم الحيوان باستخلاصها له من النبات لصالح الإنسان غذاء ولباسا. وتعتمد على الموارد الحيوانية الكثير من الصناعات مثل صناعة الأغذية، وصناعة المنسوجات والملابس، والصناعات الجلدية وغيرها.

المياه: ويعتبر الماء أهم عناصر الحياة كما قال الخالق سبحانه: " وَجَعَلْنَا مِنَ المَاءِ كُلَّ شَيْءٍ حَيٍّ أَفَلا يُؤْمِنُونَ)[295]. فشرابه نقياً بكميات كافية يومياً لازم لقيام الجسم بمهامه الوظيفية والمحافظة على نشاط الإنسان وحيويته وقوته ونموه. والماء بدوره يزود الإنسان بالكثير من الأملاح والعناصر والمركبات التي ينقلها له من تربة الأرض، كما أنه مطلوب للطهارة والنظافة. ولكونه ضرورة لكل الكائنات الحية يعتمد عليه الإنتاج النباتي والحيواني اعتماداً مباشراً، وهو ضروري أيضاً لمختلف العمليات الصناعية والخدمية. ويختلف حجم احتياج الصناعة للمياه من صناعة إلى أخرى. وحيث أن الماء هو المورد الأهم يجب المحافظة عليه وترشيد استعماله قدر الإمكان.

(295) الأنبياء: 30

ومياه الأرض تشمل مياه الأمطار والأنهار والمياه الجوفية والبحيرات والعيون وتشمل البحار والمحيطات.

الهواء: وخلق الله الهواء بوفرة وهو لازم لتنفس الإنسان والحيوان والنبات، ولازم لعمليات الإنتاج الصناعي وإنتاج الطاقة، وهو مورد غاية في الأهمية يستفيد منه الناس وكل الكائنات الحية، لذلك جعله الخالق متوفرا بكميات هائلة وسهل الاستفادة منه إلا أنه ينبغي المحافظة عليه وتجنب تلويثه بكل الوسائل الممكنة.

الطاقة: تشمل مصادر الطاقة النفط والغاز والفحم المستخرج من المناجم وهي مصادر قابلة للنضوب. وتمثل الشمس مصدراً مهماً من مصادر الطاقة وكذلك الرياح. وتعتبر الموارد النباتية والأخشاب والمخلفات النباتية والشمس والرياح مصادر متجددة للطاقة. ومن أهم هذه المصادر هي الطاقة الشمسية التي يجب على مؤسساتنا الإنتاجية التركيز على الاستفادة منها، وعلى كل المؤسسات والهيئات المعنية تشجيع الاستثمار في البحث والتطوير للاستفادة المثلى من هذه الطاقة والنعمة الهائلة. إن هذه الثروة الهائلة المتمثلة في الطاقة الشمسية المتوفرة في بيئة مجتمعاتنا لا بد أن تدفع المؤسسات الإنتاجية والصناعية إلى التوسع في تصنيع الأجهزة والمعدات التي تعمل بالطاقة الشمسية والاهتمام باستغلالها في مختلف المجالات، فالمخاطر الناجمة عن نضوب النفط أو ارتفاع أسعاره تزيد من الضغوط شيئاً فشيئاً على المؤسسات العلمية والبحثية والإنتاجية للإسراع في استغلال الطاقة الشمسية.

القدرات البشرية: ومن المنافع والمصالح التي جعلها الخالق سبحانه للناس من خلال الناس أنفسهم والتي يقدمها بعضهم لبعض حيث تختلف معارفهم ومهاراتهم وقدراتهم وإمكانياتهم، وهم يرتقون في خدمة بعضهم بقدر ارتقائهم في معرفة المنعم ومنهجه ومعرفة أسباب وقوانين خلقه وأمره والارتقاء في تطبيقها.

وحيث إن الخالق سبحانه سخر للإنسان ما في الأرض والسماء فعلى الإنسان أن يبحث ويرتقي في أسباب الأرض والسماء وينتفع بخيراتها وفق الأسباب والقوانين العلمية التي جعلها الخالق سبحانه تحكم الخلق ووفق منهج الكتاب والسنة الذي ينظم حياة الإنسان ويسم بها ويمنع انحرافها وانحطاطها.

الفرص المتاحة والمخاطر الممكنة من جهة موارد الأرض والسماء على المستوى الإقليمي والعالمي:

في نهاية المهمة الخاصة بدراسة وتحليل موارد الأرض والسماء في بيئة المجتمعات التي ترغب المؤسسة في خدمتها خلال مرحلة التحول القادمة ينبغي أن يتوصل الفريق المكلف بهذه المهمة إلى تحديد قائمة الفرص المتاحة من جهة موارد الأرض والسماء في بيئة تلك المجتمعات والمخاطر التي يمكن أن تواجه المؤسسة من قبلها. ويبين الجدول رقم (4.4) مثالا لهذه القائمة التي ينبغي مراجعتها وتحديد أولوياتها وفقا لأهميتها الإستراتيجية ومدى تأثيرها المتوقع في إعداد خطة التحول.

جدول رقم (4.4): الفرص المتاحة والمخاطر الممكنة من جهة موارد الأرض والسماء

الفرص المتاحة من جهة موارد الأرض والسماء	المخاطر الممكنة من جهة موارد الأرض والسماء
1. توفر مواد خام في عدد من دول المنطقة ا، ب مناسبة لتصنيع بعض المكونات الالكترونية الداخلة في إنتاج الأجهزة الالكترونية التي تنتجها المؤسسة. 2. ظهور تقنية جديدة يمكن الاستفادة منها في استغلال الطاقة الشمسية في العمليات الإنتاجية. 3. توفر مصادر هائلة للطاقة المتجددة وخاصة الطاقة الشمسية في المناطق ا، ب، ج. 4. توفر المياه بكميات مناسبة للنشاط الإنتاجي.	1. ضعف القدرات الخاصة باستخراج واستغلال المعادن والمواد الخام المتوفرة في المنطقة ا، ب. 2. نقص وارتفاع تكاليف الطاقة في بعض دول المنطقة ب، ج. 3. حصول الجفاف ونقص الموارد المائية في بعض دول المنطقة ب، ج. 4. ارتفاع معدلات الحرارة في المناطق التي تعمل بها المؤسسة حاليا.

المتغيرات السياسية:

إن المؤسسات الإنتاجية والخدمية في أي مجتمع تعمل في ظل بيئة سياسية ذات

قوى متغيرة ومتعددة من ناحية التنوع وقوة التأثير[296]. فالقوى السياسية المهمة التي يمكن أن تؤثر في المؤسسة كثيرة ومعقدة وفي مقدمتها العلاقة بين الحكومة والقطاع الخاص، وبين القوى الداعمة للتأميم والقوى المؤيدة للخصخصة، والعلاقات والتفاعلات بين المجتمعات الغنية والفقيرة، وبين الإدارة والعاملين[297].

وعلى قادة وخبراء المؤسسة الأخذ في الاعتبار القوى السياسية المؤثرة ومحصلة تأثيرها الحالي والمتوقع على المجتمع عامة وعلى صناعتهم ومؤسستهم بصفة خاصة. وتشمل العوامل السياسية المؤثرة تلك المتغيرات السياسية المهمة على المستوى المحلي والقطري والإقليمي والدولي. وتهتم المؤسسات الصغيرة بالمتغيرات السياسية في بيئتها المحلية والقطرية، أما المؤسسات الكبيرة فإنها تهتم بالمتغيرات السياسية على كل المستويات خاصة المناطق التي تركز عليها في نشاطاتها الإنتاجية والخدمية والتسويقية.

وفي ما يلي جملة من التساؤلات التي تمكن إجاباتها من معرفة المتغيرات السياسية المهمة التي يمكن أن يكون لها تأثير على مسار الصناعة والمؤسسة في المرحلة القادمة والتي تدور حول مستوى الاستقرار والأداء السياسي، والتوجهات السياسية العامة، وتوجهات التيارات والقوى السياسية المؤثرة:

- ما هو مستوى الوعي السياسي للمجتمع واتجاهات نموه؟
- ما هي مستويات المشاركة السياسية؟ ما هي نسبة المشاركة وفعالية المشاركة؟
- هل يوجد اختلاف وتنوع سياسي نابع عن قناعات وتوجهات أفراد وفئات المجتمع؟
- هل يسمح بالاختلاف وتسخيره لمصلحة المجتمع، أم أنه يتم توسيعه وتعميقه وتحويله إلى صراع سياسي سلبي؟
- هل الاختلاف والتنوع السياسي في إطار الإسلام وثوابته؟ أم أن جُلّه أو بعضه خارج عن إطار الإسلام؟
- ما هو مستوى تعاون القيادات السياسية في تحقيق مصالح المجتمع؟
- ما هو مستوى حدة الاختلاف والصراع بين القيادات السياسية على السلطة والثروة؟

(296) السيد، 1990، ص101

(297) Andrews, 1987, p38

- هل الأولوية لدى جميع أو اغلب القيادات السياسية هي مصلحة المجتمع والأمة؟

- هل الأولوية لـدى جميع أو اغلـب القيادات السياسية هـي مصـلحة الحـزب أو الفئـة أو الطائفة أو القبيلة؟ أم هي موجهة أساسا لمصلحة الملك أو الرئيس الحاكم وأسرته وعشـيرته وأعوانه؟

- هل يتم تسخير ثروة المجتمع وسلاحه وقدراته في تحقيق العدل والتعاون من أجل التنميـة أم يتم تسخيرها في الصراع والتسلط والاستحواذ على السلطة والثروة؟

ومن العوامل السياسية المهمة التي تدل على استقرار ونجاح الدولة أو فشلها يتمثل في مـدى نجاحهـا في التوزيع الجيد للسلطات والاختصاصات الرئيسية في الدولة وفعالية هذه السلطات، وللتحقـق مـن ذلك ينبغي معرفة ما يلي:

- مدى استقلالية وفعالية السلطة القضائية.

- مدى استقلالية وفعالية السلطة التشريعية ومدى تمثيلها الحقيقي للمجتمع، ومدى موافقـة التشريعات والقوانين للكتاب والسنة ومصالح المجتمع.

- مدى إخلاص وقدرة وفعالية السلطة التنفيذية في تحديد وتحقيق طموحات المجتمع.

ومن العوامل السياسية المهمة حرية التعبير والإعلام والصحافة، وللتحقق مـن مـدى تـوفر المسـتويات المناسبة من حرية التعبير والإعلام ومستوى تسـخيرها لخدمـة المجتمع يتطلب التعـرف عـلى الإجابات الصحيحة للأسئلة التالية:

- ما مدى حرية الإعلام والصحافة؟

- هل توجد فرص كافية لحرية التعبير؟

- هل هذه الفرص تستغل في إطار ثوابت الأمة وقيمها الإسلامية؟

- هـل تسـتغل هـذه الفـرص في النقـد البنـاء والهـادف إلى الوصـول إلى أفضل التوجهـات والقرارات؟

- هل تستغل الفرص الخاصة بحرية التعبير والإعلام والصحافة في تنمية روح التعاون من أجل المصالح العليا للمجتمع أم في تصعيد وتعميق النزاعات والصراعات السياسية؟

ويجب التنويه هنا إلى أهميـة السـماح بالاختلاف السياسي ولكـن في إطار ثوابت وعقيـدة وشريعـة المجتمع. إن الاختلاف السياسي المنظم أفضل من الصراع السياسي، والصراع السياسي السلمي أهون مـن الاقتتال والصراع المدمر. ولو اهتدى المسلمون

في مراحل اختلافهم بعد انتهاء الخلافة الراشدة إلى نظام التعددية السياسية والاختلاف السياسي المنظم في إطار عقيدة وشريعة الإسلام لكان أنفع للمسلمين ولأمكن تجنب الكثير من الفتن والصراعات المدمرة، ولكنه التطور التاريخي الذي لا بد أن تمر به الشعوب عبر تجاربها المريرة. وها هي شعوبا عربية وإسلامية في عصرنا الحاضر تعيش أزمات الصراع المدمر ومصائب الظلم والغبن السياسي المؤدي إلى أنواع وأصناف من القهر والتخلف. إن ذلك يحدث بالرغم من انتمائها إلى الإسلام وبالرغم من المصائب المترتبة على الصراعات والظلم والقهر، وبالرغم من إطلاع نخب القيادات السياسية على التجارب الإنسانية الناجحة في تنظيم الاختلاف السياسي وتسخيره لخدمة الشعوب، وهي تجارب ستكون في ظل الإسلام أعظم وأرقى نفعا للشعوب والمجتمعات والأفراد.

وحيث أن الظلم والغبن السياسي هو المصدر الأساسي لكل ظلم وغبن في المجتمع فلا بد من معرفة مستويات الظلم والقهر السياسي في المجتمع الذي تخدمه المؤسسة أو الذي ترغب في خدمته وذلك من خلال الإجابة على التساؤلات الآتية:

- هل تتسلط فئة واحدة في المجتمع على كل الفئات الأخرى؟
- هل يتم الاستحواذ على السلطة والثروة بالقوة من قبل فئة واحدة في المجتمع؟
- هل يتم إلغاء التوجهات السياسية الأخرى بالقتل أو التهديد أو إيقاع الضرر الجسيم؟
- هل يتم إقصاء بعض القيادات السياسية بالسجن أو النفي أو الدفع إلى الهجرة؟
- هل يتم تهميش بعض القيادات السياسية بعدم منحهم الفرصة لإبداء الرأي ومنع المشاركة السياسية؟
- هل يعتبر التسلط سمة عامة في المجتمع؟ أي تسلط القوي على الضعيف وتسلط الغني على الفقير وتسلط الرئيس على المرؤوس؟
- هل يتسلط أفراد أو مجموعة من الأفراد في تحديد مصير المجتمع؟
- هل يتسلط أفراد أو مجموعة من الأفراد في السيطرة على الهيئات والمؤسسات العامة؟
- هل يتسلط أفراد أو مجموعة من الأفراد في السيطرة على الهيئات والمؤسسات الخاصة؟
- ما هو مستوى المشاركة والعمل الجماعي في اتخاذ القرارات في مختلف

التنظيمات السياسية ومختلف الهيئات والمؤسسات العامة والخاصة؟

- ما هو مستوى الاقتناع والالتزام بدوران القيادة وتداول السلطة في مختلف المستويات في المؤسسات العامة والخاصة؟

- ما مدى الالتزام بمبدأ اختيار الشخص المناسب للمهمة المناسبة في مختلف مؤسسات المجتمع العامة والخاصة؟

- ما هي الطرق والمعايير المتبعة في اختيار القياديين السياسيين والإداريين؟ ما هو مستوى ارتقاء هذه الطرق والمعايير أو تدنيها؟

ولا بد من التعرف على نظرة وموقف الحكومة والقيادات السياسية من المؤسسات الإنتاجية والخدمية الخاصة واحتمالات التغير في مواقفهم[298]. لذلك ينبغي معرفة عقائد وقيم وسلوكيات القيادات السياسية الحاكمة والمؤثرة في المجتمع، وحجم ونوع تدخل الحكومة والقيادات السياسية في مجال أعمال المؤسسات الإنتاجية والخدمية عامة والمؤسسات العاملة في صناعة المؤسسة بصفة خاصة خلال المرحلة الحالية وتوجهاتهم المتوقعة للمرحلة القادمة.

ويجد قادة وخبراء المؤسسة أنفسهم أنهم يعملون في بيئة يسودها أحد النماذج السياسية الآتية أو مزيجا منها:

- نموذج القوى السياسية التي ترفع شعار العدالة الاجتماعية والمساواة المطلقة أو شبه المطلقة. ولقد رأى العالم كيف أن التطبيقات الفعلية لأكثر حالات هذا النموذج إنما أدت إلى تعميم الفقر على أفراد المجتمع ما عدا قيادات هذا النموذج ومعاونيهم الذين يستحوذون على السلطة والتصرف في الثروة. ويحاول هذا النموذج حشر ـ الناس حشرا في وظائف المؤسسات العامة التي يسيطر عليها قادة هذا النموذج ومعاونيهم فتكتظ المؤسسات بالعاملين وتقل الحوافز المادية والمعنوية وتضعف الدوافع الذاتية الدافعة إلى الاجتهاد والابتكار وتقل الفعالية والكفاءة الإنتاجية والجودة وتقل نتيجة لكل ذلك العوائد الاقتصادية وتفشل المؤسسات في أداء رسالتها.

- وترفع القوى السياسية التي تتبنى مبادئ الرأسمالية شعار الحرية الفردية في الاستثمار والامتلاك والتصرف ولو كان ذلك على حساب العاملين وعلى حساب المجتمع في كثير من الأحيان.

- ونظرا للتجارب المريرة والنتائج المأساوية لكلا النظامين تضغط الشعوب

(298) Andrews, 1987, p39

المنكوبة بويلاتهما وتتحرك للتخلص من الشيوعية الحمراء والرأسمالية المستغلة أو على الأقل تعديل مبادئ أو تطبيقات كل نظام من هذين النظامين في محاولة للتقليل من مساوئهما.

- أما النموذج الثالث فهو المنهج الإسلامي العظيم الذي يمثل النموذج الأمثل لكل المجتمعات الإنسانية في كل عصر وفي كل مكان. فهو النموذج الذي يعتمد على الحق والعدل والإنصاف وإيتاء كل ذي حق حقه، وهو بذلك يحقق التوازن الأمثل بين حق الفرد والجماعة فلا يُبخس حق الفرد ولا يُطمس طموحه وسعيه للارتقاء روحيا وماديا وعقليا، كما تنمو الجماعة في ظله وتسود روح التعاون والتآزر النابعة من القناعات الذاتية ويرتقي بذلك العمل الجماعي ونتائجه في مختلف المستويات والمجالات.

وحيث إن قادة وخبراء المؤسسة وسائر العاملين فيها ملتزمون بتحقيق النمو المتوازن في المنافع والمصالح التي تحققها المؤسسة لسائر الأطراف ذات المصالح المشروعة في نشاطها لذلك فإن النموذج الإسلامي هو الوحيد الكفيل بدعم هذا الاتجاه وتشجيعه بل ومنع الإخلال في تحقيقه، بينما نجد أن النماذج الأخرى تعمل على تأكيد الإخلال في هذا التوازن لصالح رؤوس الأموال المتحكمين في الدولة وثرواتها أو أصحاب رؤوس الأفكار الذين يدّعون تحقيق مساواة الجميع ويتحكمون في الجميع ويسخرونهم وفق أهوائهم وأفكارهم.

إن الحكومة ليست هدفا في حد ذاتها. فالأصل أن ينطلق الناس وينتشروا في الأرض يبتغون من فضل الله لا حاكم ولا محكوم، إلا أن تعقد الحياة وميل البعض إلى الظلم واستغلال الآخرين وتوفر الرغبة العامة في الارتقاء بالحياة الإنسانية كل ذلك يتطلب أن يتفرغ البعض من عقلاء القوم لإدارة شئون المجتمع ومؤسساته العامة والخاصة. وكلما ارتقى أفراد المجتمع في التزامه بالمنهج الإسلامي وقيمه الراقية كلما قلت الحاجة إلى الحكام ومعاونيهم وتقلصت الحكومة وقلت الضرائب والإتاوات والرسوم التي ترهق كاهل الناس وانطلق الناس من جديد ليتوسعوا في العمل الإنتاجي والخدمي ويقترب المجتمع شيئا فشيئا من المجتمع المثالي السعيد الذي لا يشعر فيه الناس بوجود حاكم ومحكوم.

إذا فالحكومة هي أداة لتنظيم ودعم نشاطات المجتمع وحمايته وضمان تقدمه ورخاءه وازدهاره الذي تساهم المؤسسات الإنتاجية والخدمية في تحقيقه. ومن صالح المجتمع أن تتاح الفرص كاملة أمام أكبر عدد ممكن من أفراده لكي يستثمروا أموالهم

ومدخراتهم في إنشاء وتنمية المؤسسات الإنتاجية والخدمية الخاصة، فيعود هذا الاستثمار بالفائدة على كل الأطراف المستفيدة من المؤسسة، ويرتقي مستوى وفرة وجودة المنتجات والخدمات في المجتمع، وتنشط المؤسسات الموردة لاحتياجات مختلف الصناعات، وتتوفر فرص العمل، وينشط العاملون وتفتح لهم آفاقا رحبة للارتقاء في المعرفة والخبرة والمنفعة، ويستفيد المستثمرون ذاتهم من العوائد الاقتصادية الناجمة على استثماراتهم، ويتحسن مستوى دخل الفرد في المجتمع، ويسهل تمويل الخدمات الخاصة بالضعفاء والفقراء، ويتقدم المجتمع ويتمكن من بناء نهضته الجديدة على هدي المنهج الإسلامي العظيم.

إن القوى السياسية والاجتماعية التي تعمل بدوافع من القيم الإسلامية الراقية تشجع وتدعم الاستثمار في إنشاء المؤسسات الإنتاجية والخدمية ونموها وتوسعها، ولا يمكن أن تسمح لنفسها بعرقلة عمل هذه المؤسسات أو تحد من نشاطها ونموها إلا بقدر ما يدفع الضرر عن الجميع ويحقق النفع المنصف لمختلف الأطراف ذات المصالح المشروعة في المؤسسة.

ولا بد لفريق التخطيط المكلف بدراسة البيئة السياسية من التعرف على القوانين واللوائح الجديدة والتوجهات السياسية المحتملة المؤثرة في المجتمع عامة وصناعة المؤسسة بصفة خاصة. ومن القوانين واللوائح والتوجهات السياسية المهمة التي يجب التعرف عليها ما يلي[299]:

- تشجيع أو تقييد الاستثمار في المؤسسات الإنتاجية والخدمية الجديدة.

- مستوى دعم التوسع في المنافسة ومنع الاحتكار

- قوانين ولوائح وقرارات الضرائب والرسوم

- القوانين واللوائح المنظمة للصحة والسلامة وحماية البيئة

- القوانين واللوائح المنظمة لاستغلال موارد بيئة المجتمع

- القوانين واللوائح المنظمة للتوظيف وحماية حقوق العاملين

- القوانين واللوائح التي تؤكد على حماية حقوق المنتفعين بمنتجات وخدمات الصناعة

وتخلص دراسة وتحليل العوامل والمتغيرات السياسية إلى تحديد الفرص المتاحة في تلك المتغيرات والتي يمكن أن تستفيد منها المؤسسة، وتحديد المخاطر المتعلقة

---

(299) السيد، 1990، ص 102

بنشاط الحكومة والتيارات والقوى السياسية التي يمكن أن تعرقل خطة التحول. ويبين الجدول رقم (4.5) أمثلة للفرص المتاحة والمخاطر المحتملة من جهة العوامل والمتغيرات السياسية[300].

جدول رقم (4.5): الفرص المتاحة والمخاطر المحتملة من جهة العوامل السياسية

الفرص المتاحة من جهة العوامل السياسية	المخاطر المحتملة من جهة المتغيرات السياسية
1. الوعود التي قدمتها الحكومة الجديدة بشأن دعم وتشجيع الصناعة في المنطقة ا. 2. نمو سريع في عدد المنتفعين وحجم الطلب بسبب دعم الحكومة في المنطقة ا. 3. التغيرات الإيجابية المتوقعة في الضرائب والرسوم في المنطقة ا. 4. الاستقرار السياسي والأمني الذي تتميز به المنطقة ا، ب. 5. فرص تشجيع الاستثمار في القطاع الخاص في العديد من دول المنطقة ا، ب. 6. الاستفادة من التسهيلات الممنوحة للاستثمار في بعض دول المنطقة ب.	1. توقع إلغاء التخفيضات الضريبية عن الصناعة في إحدى دول المنطقة ب. 2. احتمال ارتفاع الرسوم الجمركية للسلع المستوردة في إحدى دول المنطقة ب. 3. توقع الحصار والحظر على التجارة مع إحدى دول المنطقة ب. 4. بوادر القيام بالتأميم والتضييق على القطاع الخاص في إحدى دول المنطقة ج. 5. تدني مستوى الأمن والاستقرار في بعض دول المنطقة ج.

(300) الصحن، 1998، ص103

نظرة مستقبلية بعيدة المدى:

في ما يتعلق بالمتغيرات السياسية والاجتماعية المستقبلية المتوقعة خلال القرون القادمة يمكن محاولة التعرف على ملامحها العامة من خلال ملاحظة التطورات الحضارية خلال الحقبة التاريخية الماضية والحالية والمؤشرات التي تدل على نوعية وحجم وسرعة التغيرات الحاصلة في البيئة العربية والإسلامية وعلى مستوى العالم.

إن النمو والانحدار الحضاري لأي أمة هو الإطار العام الذي يحدد نمو وانحدار مجموعات المؤسسات العاملة في المجتمع والذي يساهم نموها وانحدارها في بناء ونمو وانحدار الحضارة. وتؤكد الحقائق القرآنية والتاريخية على تداول الحضارات والتقدم والرخاء بين الشعوب. وتبدو مؤشرات وبوادر النهضة الإسلامية الثانية واضحة للعيان، وستكون بإذن الله وتوفيقه نهضة عظيمة روحية ومادية تستند إلى المنهج الإسلامي العظيم، وتستمر ما شاء الله لها أن تستمر، ثم يضعف الإيمان في قلوب الناس ويُقبض المؤمنون فيموت كل من في قلبه ذرة من الإيمان فتقوم الساعة على شرار الخلق وقد تقدموا ماديا بما تساهم به الحضارة الإسلامية الثانية حتى تزين الأرض ويظن أهلها أنهم قادرون عليها وأنهم قد ملكوا أسباب السماء والأرض وأصبحت بأيديهم وتحت تصرفهم فيأتيها أمر الله وتقوم الساعة وتنتهي خلافة الإنسان على هذه الأرض وينتهي التخطيط والتدبير ويرجع الأمر كله لله الخالق الواحد سبحانه.

ومن خلال هذه القراءة يمكننا ملاحظة بداية الدورة الأخيرة الناقصة - والله أعلم - في تاريخ الحضارات والمدنيات الإنسانية، وهذه الدورة الناقصة الموضحة في الشكل رقم (4.3) تحتوي على 4 مراحل رئيسية هي:

1. مرحلة نشوء ونمو الحضارة الإسلامية الثانية والتي بدأت تباشيرها تظهر تباعا.
2. مرحلة ازدهار الحضارة الإسلامية الثانية روحيا وعلميا وماديا.
3. مرحلة انحدار الحضارة الإسلامية الثانية والأخيرة.
4. مرحلة النمو السلبي للمدنية المادية الأخيرة وازدهارها والتي في قمة ازدهارها تظهر العلامات الكبرى للقيامة، ثم تقوم القيامة وتنتهي الخلافة وتبدأ مراحل جديدة هي أعظم فرصا أو أشد خطرا.

الشكل رقم (4.3): الدورة الأخيرة الناقصة لتبادل الحضارات

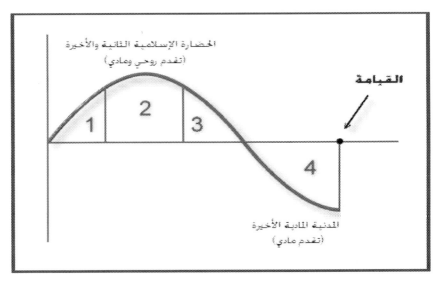

وسواء كانت الفرصة الأخيرة لتدول الحضارات فرصة واحدة ناقصة أو أكثر - فالله الخالق سبحانه أعلم - فإن ما يهم المؤسسات الإنتاجية والخدمية القائمة على منهج الإسلام التغيرات السياسية والاجتماعية في المراحل الثلاثة الأولى من كل دورة، ذلك لأن لكل منها أنواع من القوى والخصائص تؤثر تأثيرا مختلفا في كل مرحلة.

فالمرحلة الأولى يسودها شيء من الصراع بين التيارات والقوى الإسلامية وبين التيارات والقوى السياسية الوطنية الأخرى، وأفضل ما يؤمل فيها هو تحقيق قدر مقبول من التوافق بينها لوجود قواسم مشتركة وفي مقدمتها الالتزامات والارتباطات الوطنية والثقافية والمصالح المشتركة، وفي هذه المرحلة يتم بناء المؤسسات تدريجيا رغم الصعوبات وفقا لمتطلبات القيم الإسلامية.

أما مرحلة ازدهار الحضارة الإسلامية الثانية فهي مرحلة التفاعل والتوافق بين القوى الإسلامية ذاتها وفي هذه المرحلة يتوقع أن تكون التوجهات والقوانين واللوائح إسلامية راقية مع مراعاة حقوق الأقليات التي يكفلها الإسلام أكثر من أي نظام آخر.

وفي المرحلة الثالثة ونتيجة للازدهار والرخاء المادي تبدأ الدوافع الإيمانية في الضعف، ويحن المترفون إلى القيم المادية، ويتقوى الماديون والعلمانيون بأنصارهم في المجتمعات الأخرى، ويهتم الناس باللهو واللعب والترف، وتضعف القيادات الإسلامية وتنشط قيادات التيارات المناهضة لدولة الإسلام فتضعف الدولة الإسلامية

شيئا فشيئا حتى تفشل وتنتهي معها المؤسسات الإنتاجية والخدمية القائمة على الأسس الإسلامية.

وتمثل المراحل الثلاثة السابقة الإطار العام والغلاف الذي تنمو في إطاره المؤسسات الإنتاجية والخدمية الإسلامية وتزدهر بسبب سمو وارتقاء قادة وخبراء المؤسسات في فهم وتطبيق المنهج الإسلامي العظيم، ثم تضعف وتنتهي بسبب تخلي قادتها وخبرائها تدريجيا عن منهج الإسلام وقيمه وبسبب تخلي الأمة عن هذا المنهج، وذلك وفقا لقوله سبحانه " إِنَّ اللَّهَ لا يُغَيِّرُ مَا بِقَوْمٍ حَتَّى يُغَيِّرُوا مَا بِأَنْفُسِهِمْ "[301]، أكان ذلك في اتجاه السمو الارتقاء أو في اتجاه النكوص والتخلف والانحطاط.

وفي المرحلة الرابعة من الدورة الختامية الناقصة يبقى الإسلام والإيمان في قلوب القلة من المسلمين وهمٌّ كل واحد منهم أن ينجُ بدينه، وينبهر الناس بالتقدم والازدهار المادي، ويقبض الخالق سبحانه أرواح المسلمين ويقل عددهم حتى لا يبقى منهم على وجه الأرض أحد، فتقوم الساعة على شرار الخلق إيذانا بانتهاء الحياة الدنيا وبدء الحياة الآخرة الدائمة وفقا لقوله سبحانه "حتى إذا أخذت الأرض زخرفها وازينت وظن أهلها أنهم قادرون عليها أتاها أمرنا ليلا أو نهارا فجعلناها حصيدا كأن لم تغن بالأمس"[302]. عندها ينتهي التخطيط والتدبير وتُفتح أبواب الفرص العظمى والمخاطر الكبرى.

المتغيرات الدولية:

إن شعوب العالم كانت ولا تزال ترغب في التعاون التجاري وتبادل المنافع والمصالح، ذلك لأن خيرات العالم متنوعة وحاجات الإنسان متماثلة والخالق سبحانه يقول "وجعلناكم شعوبا وقبائل لتعارفوا إن أكرمكم عند الله أتقاكم "[303] والتعارف ينجم عنه الرغبة في التعاون والتكامل.

ومما يساعد في تنشيط التعاون الدولي ما فتح الله سبحانه به على الإنسان من تطور في ميادين تقنية المعلومات ووسائل الاتصال والمواصلات، وذلك يلتقي تماماً مع مقاصد المنهج الإسلامي العظيم في التواصل والتعاون والتراحم بين الأفراد والجماعات والشعوب.

(301) الرعد: 11

(302) يونس: 24

(303) الحجرات: 13

إن عصر العولمة قد بدأ بالفعل وهو ليس قراراً غربيًا ولا شرقيا ولكنه قراراً إلهياً وتمهيداً وإيذانا لنهضة الإسلام الثانية. إن العولمة ستصبح بالتدريج مطلبا إسلاميا ملحا على أساس تحقيق وتعميم الخير لكل الشعوب وليس لهيمنة واستغلال بعضها لبعض. هذا ما يجب أن يضعه قادة وخبراء المؤسسات الإنتاجية والخدمية في اعتبارهم خلال المراحل القادمة. فالعولمة وفق المفاهيم والأسس والقيم الإسلامية تعني التعاون الإنتاجي والخدمي والتجاري من خلال أعمال المؤسسات الإنتاجية والخدمية المشتركة لصالح الأطراف المساهمة في هذه النشاطات على مستوى مجتمعات وشعوب العالم.

إن متطلبات العولمة تعني أولاً ضرورة ارتقاء المؤسسات الإنتاجية والخدمية المحلية في مستويات أدائها[304]. ولها أن تتدرج في ذلك بأن تحقق نجاحا في خدمة مجتمعها المحلي أمام منافسة المنتجات والخدمات الواردة من دول نامية، ثم عليها الارتقاء تدريجيا بأدائها لتحقيق مستويات الأداء العالمية المتقدمة لكي تتمكن من تحسين خدمة مجتمعها وتوسيع دائرة نشاطها. عليها أن تهيئ نفسها للعمل في كل المستويات المحلية والإقليمية والعالمية لخدمة مجتمعات محلية وإقليمية ودولية من خلال التعاون والتكامل مع مؤسسات إنتاجية وخدمية في تلك المجتمعات.

وهي عندما تهيئ نفسها لتلك المراحل لا بد أن تأخذ في اعتبارها أن منتجاتها وخدماتها المستقبلية تتكون من ثلاثة أنواع رئيسية[305]:

- منتجات وخدمات تقدم لمجتمع محدد تغطي احتياجات خاصة به.
- منتجات وخدمات تقدم لمجموعة من المجتمعات المتماثلة أو المتشابه في احتياجاتها.
- منتجات وخدمات يمكن أن يستفيد منها الإنسان في أي مكان.

والمهم هو الاجتهاد في تلبية الاحتياجات الحقيقية للمنتفعين بمنتجات وخدمات المؤسسة أيا كان موقعهم وأيا كانت ظروفهم وعاداتهم وتقاليدهم مع مراعاة التوازن المنصف لمصالح الأطراف ذات المصالح المشروعة في المؤسسة العاملة في أي مجتمع وأي بلد.

(304) Drucker, 21 st , p 62
(305) Hunger & Wheelen, 1999, p65, 66

ومن أجل النجاح في العمل في ظل العولمة الصاعدة على قادة وخبراء المؤسسات الصغيرة والمتوسطة والكبيرة أن تتعرف على المتغيرات الدولية الإقليمية والعالمية وتبحث فيها عن الفرص المتاحة وتتعرف على المخاطر القادمة لتأخذها في الاعتبار في حماية مؤسساتها وتنميتها وتحسين خدمة مجتمعاتها[306]. عليهم اعتبار ذلك بالإضافة لكون مؤسساتهم تعمل في البيئة الإسلامية والعربية التي هي محل تنافس القوى الكبرى من ناحية ومن ناحية أخرى فهي تعيش مراحل التغيير والإصلاح الذاتي الدافع للنهضة المنشودة. ومن العوامل والمتغيرات الدولية المهمة التي يجب دراستها وتحليلها: التجمعات الاقتصادية، التكتلات والأحلاف السياسية، والاختلافات الحضارية[307].

فالتجمعات الاقتصادية التي تكونها بعض الدول تهدف إلى تسهيل حركة التجارة فيما بينها وتحقيق قوة اقتصادية كبرى تساعدها في تحقيق أهدافها السياسية الجماعية والقطرية. وتهدف التكتلات والأحلاف السياسية إلى تشكيل قوى سياسية وعسكرية لتحقيق أهدفها السياسية وخدمة أهدافها الاقتصادية وهي غالبا ما تكون مدفوعة بالعقائد والمصالح السياسية أو الاقتصادية للدول المشاركة في الحلف. أما الاختلافات الحضارية فهي ناشئة عن اختلاف المعتقدات الدينية والفكرية والمؤثرات التاريخية والعادات والتقاليد والثقافة واللغة.

ولا بد لقادة وخبراء المؤسسة من دراسة وتحليل هذه العوامل والمتغيرات لمعرفة الفرص المتاحة فيها وكيفية الاستفادة منها ومعرفة المخاطر المحتملة فيها وكيفية مواجهتها.

الفرص المتاحة والمخاطر المحدقة من جهة المتغيرات الدولية:

في نهاية المهمة الخاصة بدراسة وتحليل العوامل والمتغيرات الدولية ينبغي أن يتوصل الفريق المكلف بهذه المهمة إلى تحديد قائمة مبدئية للفرص المتاحة من جهة العوامل والمتغيرات الدولية والمخاطر التي يمكن أن تواجه المؤسسة من قبلها[308]. ويبين الجدول رقم (4.6) مثالا لهذه القائمة.

---

(306) Drucker, 21 st, p64

(307) السيد، 1990، ص106 - 108

(308) Hunger & Wheelen, 1999, p77

جدول رقم (4.6): الفرص المتاحة والمخاطر الممكنة من جهة العوامل الدولية[309]

الفرص المتاحة من جهة المتغيرات الدولية	المخاطر المحدقة من جهة المتغيرات الدولية
1. مؤسسات سياسية ومالية مستقرة وفعالة في أغلب دول المنطقة ب. 2. تشجيع النشاطات الإنتاجية والخدمية الخاصة في جميع دول المنطقة ب وبعض دول المنطقة ج. 3. قيام العديد من دول المنطقة ب، ج بتخفيض الحواجز والقيود الجمركية على مواد وتجهيزات من ضمنها عدد من منتجات المؤسسة. 4. الإعلان عن توقيع اتفاقية تعاون اقتصادي بين مجموعة دول المنطقة ب بما فيها دولة المنطقة ا.	1. تدهور العلاقات السياسية بين حكومة الدولة التي يوجد بها المقر الرئيسي للمؤسسة والدولة المستهدف الاستثمار فيها في المنطقة ج. 2. توقع اتخاذ إجراءات من قبل إحدى دول المنطقة ب بشأن تشديد الحواجز والقيود الجمركية على بعض السلع من بينها بعض منتجات المؤسسة. 3. ارتفاع مستوى التضخم في إحدى دول المنطقة ب. 4. الركود والكساد الذي تعاني منه العديد من دول المنطقة ج.
5. تشجيع الاستثمار الخارجي في أغلب دول المنطقة ب وبعض دول المنطقة ج. 6. الموارد والنعم المسخرة لمجتمعات[310] دول المنطقة د وخاصة النفط والغاز، وتشجيع حكومات بعض تلك الدول للتعاون والشراكة مع مؤسسات إقليمية في الأنشطة الإنتاجية. 7. اكتشافات جديدة للنفط والغاز في بعض دول المنطقة ج. تمتع العديد من دول المنطقة ب بنظام تعليم جيد ينتج عنه توفر كفاءات علمية ومهنية جيدة.	5. الحصار السياسي والاقتصادي الموجه من بعض الدول الكبرى إلى بعض الدول النامية وخاصة الدول العربية والإسلاميه. 6. تعقد الأزمات السياسية الإقليمية في بعض دول المنطقة ج. توجهات الحكومة الجديدة في إحدى دول المنطقة ب بشأن التأميم ومنع النشاط الخاص.

(309) المرجع السابق 1999, ص77

(310) Andrews, 1987, p37

دراسة وتحليل بيئة الصناعة

إن دراسة وتحليل البيئة الخارجية العامة تؤدي إلى التعرف على المتغيرات والعوامل المهمة في الجوانب الاجتماعية والاقتصادية والتقنية والسياسية والدولية وموارد الأرض والسماء في البيئة الخارجية العامة والتي يمكن من خلالها معرفة وتحديد الفرص المتاحة للمؤسسة والمخاطر التي يمكن أن تواجهها في بيئتها العامة.

وتكتمل دراسة البيئة الخارجية بدراسة وتحليل بيئة الصناعة التي تنتمي إليها المؤسسة ودراسة وتحليل بيئة عمل المؤسسة بهدف التعرف على المتغيرات والاتجاهات والأحداث والعوامل الإستراتيجية المهمة والمؤثرة على حاضر ومستقبل المؤسسة، حيث أن هذه العوامل أكبر تأثيرا على المؤسسة لارتباطها بها ارتباطا مباشرا ومستمرا.

والصناعة هي مجموعة المؤسسات الإنتاجية أو الخدمية التي تتشابه منتجاتها في العديد من الصفات والخصائص وتتنافس فيما بينها في تقديم نفس المنافع تقريبا التي تلبي احتياجات المنتفعين بمنتجات وخدمات الصناعة[311]. وبالرغم من أن قادة وخبراء المؤسسة قد يعرفون الكثير عن صناعة مؤسستهم والمتغيرات المتعلقة بها إلا أنهم بحاجة إلى القيام بدراسة ناقدة وتحليل معمق لنشاط وخصائص صناعتهم ووضعها ومستقبلها والموقف التنافسي لمؤسستهم في هذه الصناعة.

ولكي تؤدي هذه الجهود إلى تحديد الفرص المتاحة في بيئة الصناعة ومخاطرها ينبغي أن تتضمن دراسة وتحليل الصناعة ذاتها، ثم دراسة وتحليل عوامل ومتغيرات بيئة عمل المؤسسة وهي العوامل المتعلقة بالأطراف صاحبة المصالح المشتركة في الصناعة بصفة عامة والمؤسسة بصفة خاصة والمبينة في الشكل رقم (4.4)، وهذه الأطراف هي[312]:

1. مجتمع المتنافسين وهم المكونون للصناعة بصفة عامة والمجموعة الإستراتيجية الخاصة التي تنتمي إليها المؤسسة.
2. المجتمع المنتفع بمنتجات وخدمات الصناعة والمؤسسة.

---

(311) مرسي، 2006، ص124

(312) Argenti, 1989, p247

3. المجتمع المورد للمواد الخام ومستلزمات الإنتاج اللازمة للصناعة والمؤسسة.

4. موارد بيئة المجتمع (موارد الأرض والسماء).

5. المجتمع المساهم في نشاط الصناعة والمؤسسة.

6. المجتمع المراقب والمنظم والداعم للصناعة والمؤسسة.

الشكل رقم (4.4): الأطراف الرئيسية صاحبة المصالح المشتركة في الصناعة

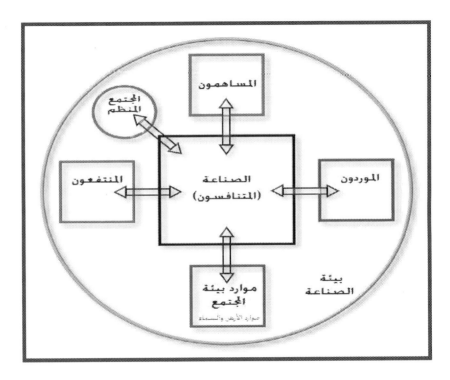

أي أن صناعة المؤسسة تتكون من ستة أطراف رئيسية لها مصالح مشتركة في الصناعة ولكل طرف حقوق وعليه واجبات. وتمثل مجمل الحقوق والواجبات المصالح المشتركة التي تحدد التعامل والتفاعل المفيد والمتوازن والمنصف لكل طرف.

فالمساهمون هم المالكون للأصول والموارد المادية للمؤسسات العاملة في الصناعة، فهم يوفرون رأس المال اللازم للنمو والتوسع وينتظرون عائداً مجزيا عن استثمارهم. والمنتفعون بمنتجات وخدمات الصناعة هم الذين يوفرون ذلك الدخل المستهدف للصناعة وفقا لمدى تحقيق المنافع التي تلبي حاجاتهم. والموردون هم المزودون للصناعة بالمواد الخام ومستلزمات الإنتاج مقابل الموارد المالية التي

يحتاجونها. وموارد بيئة المجتمع هي موارد الأرض والسماء التي سخرها الخالق سبحانه للمجتمع منها ما يمكن أن تستفيد منه الصناعة في صورة مواد خام أو مصنعة جزئيا عن طريق الموردين، وفي مقابل ذلك ينتظر أن تلتزم المؤسسة بالمساهمة في المحافظة على موارد المجتمع، واستغلالها الاستغلال الأمثل وعدم استنزافها.

أما المجتمع المراقب والمنظم والداعم فيتمثل في مؤسسات الدولة والهيئات العامة للمجتمع التي تعمل على مراقبة الأنشطة الإنتاجية والخدمية ومختلف نشاطات المجتمع وتعمل على تنظيمها بما يكفل التحقيق المتوازن لمصالح المجتمع كما تعمل على توفير الدعم المناسب للصناعة والمؤسسات العاملة بها.

إن المتغيرات والقوى المؤثرة في بيئته الصناعة تنجم عن تفاعل هذه الأطراف مع بعضها وتفاعلها أو تأثرها بالمتغيرات والقوى المؤثرة في البيئة الخارجية العامة. لذلك يجب دراسة وتحليل الصناعة ككل ودراسة وتحليل كل طرف من الأطراف المكونة لها بهدف تحديد خصائص الصناعة ووضعها ومدى قوتها وجاذبيتها والفرص والمخاطر الموجودة في بيئتها والتي يمكن أن تؤثر تأثيرا مباشرا في المؤسسة ومستقبلها والتي يجب أن تؤخذ في الاعتبار في إعداد الخطة الإستراتيجية للمؤسسة في مرحلتها القادمة.

دراسة وتحليل خصائص ووضع الصناعة:

من أجل التعرف على الصناعة التي تنتمي إليها المؤسسة وخصائصها ينبغي تعريف وتحديد حدود الصناعة، ومعرفة الهيكلية العامة للصناعة، والمنافسون للمؤسسة في الصناعة، والمحددات الرئيسية للتنافس [313]، كما يتضمن التعريف والتحديد الجيد للصناعة تحديد العوامل والمؤشرات الاقتصادية، وخصائص ووضع سوق الصناعة، والقدرات الإنتاجية للصناعة [314]، وقدرات البحث والتطوير. كما ينبغي دراسة الداخلين للصناعة والخارجين من الصناعة وأسباب الدخول والخروج، ودراسة المنتجات والخدمات البديلة حاليا أو المتوقعة. ومن المفيد أيضا تحليل منحنى الخبرة كأحد عناصر دراسة بيئة الصناعة وتحديد المرحلة التي تمر بها الصناعة ومنتجاتها. وفي ما يلي بيان لأهم العناصر التي تكون دراسة وتحليل بيئة الصناعة.

---

(313) Pearce & Robinson, 1991, p95

(314) مرسي، 2006، ص124 - 127

تعريف وتوصيف وبيان حدود الصناعة:

الصناعة هي تجمع المؤسسات التي تقدم منتجات أو خدمات متشابهة من وجهة نظر المنتفعين بها. فمجموعة المؤسسات المنتجة لأجهزة الحاسوب الشخصي تكوّن صناعة واحدة، وفي حالة أن المؤسسة تعمل في هذه الصناعة ينبغي بيان حدود هذه الصناعة وهل تتضمن مثلا إنتاج وتقديم أجهزة الحاسوب المحمول أو الحواسيب المنزلية. إن توصيف الصناعة وبيان حدودها مهم للتحديد الجيد لمجال عمل ونشاط المؤسسة وتحديد المؤسسات المنافسة لها في نفس النشاط بقدر مناسب من الدقة. ويساعد أيضا في تحديد العوامل والقدرات المهمة للنجاح في الصناعة ومدى توفرها لدى المؤسسة ومدى القدرة على تنميتها بالمستويات المناسبة للمنافسة الفعالة في حدود الصناعة التي يتم توصيفها وتحديدها. كما يساعد في تحديد المنتفعين بمنتجات وخدمات المؤسسة وتقدير الطلب عليها وتحديد الأهداف المناسبة للتحول وفقا لتلك التقديرات. ويوضح الشكل رقم (4.5) مجموعات الصناعات الفرعية التي تشكل صناعة الحاسوب[315].

هيكلية الصناعة:

يتضمن تحليل ومعرفة هيكلية الصناعة دراسة وتحليل الخصائص الرئيسية المميزة للصناعة ويشمل تحليل مستوى تركز وكثافة المنافسة في الصناعة، ومستوى اقتصاديات الحجم الكبير، ومستوى تميز منتج الصناعة، وموانع الدخول للصناعة. وتمكن هذه الخصائص والعوامل قادة وخبراء المؤسسة من معرفة القوى والعوامل التي تحدد المنافسة في الصناعة وتمهد الطريق لتحديد المنافسين المباشرين للمؤسسة وتحديد وضع المؤسسة في السوق[316].

---

(315) Pearce & Robinson, 1991, p96 - 98

(316) Pearce & Robinson, 1991, p99

الشكل رقم (4.5): مجموعات الصناعات الفرعية التي تشكل صناعة الحاسوب

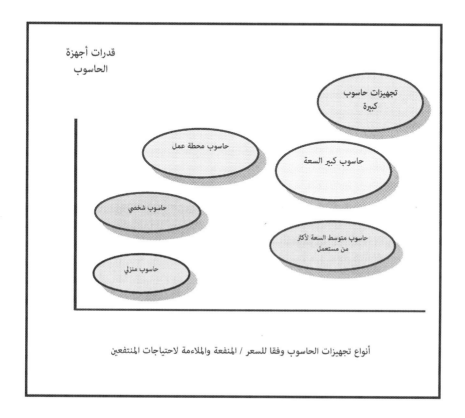

أنواع التجهيزات المنتجة والمقدمة في صناعة الحاسوب

كثافة المنافسة: تحديد المؤسسات العاملة في الصناعة، عدد المتنافسين في الصناعة وأحجامهم النسبية، نوع التنافس في الصناعة: شركة واحدة محتكرة لنشاط الصناعة، احتكار القلة وهو احتكار نشاط الصناعة من قبل عدد قليل من المؤسسات، وقد يكون التنافس في الصناعة على مستوى واسع ويقوم به عدد كبير من المتنافسين في الصناعة.

اقتصاديات الحجم الكبير: والذي يمكن من تحقيق وفورات اقتصادية ناجمة عن تزايد حجم الإنتاج الذي يؤدي مع الوقت إلى تخفيض تكلفة وحدة المنتج نتيجة للخبرة المتراكمة لدى المؤسسة. ويعتبر اقتصاد الحجم الكبير محدد رئيسي لكثافة المنافسة في الصناعة حيث أن المؤسسات القليلة المتحكمة في الصناعة تستطيع

تخفيض أسعارها مؤقتا أو دائما بهدف منع دخول مؤسسات جديدة للصناعة.

تميز منتج الصناعة: ويهدف تحليل الصناعة إلى تحديد مستوى تميز منتج الصناعة وفقا لقناعة المنتفعين بتميز ذلك المنتج. وكلما تميز منتج الصناعة أدى إلى تزايد شدة المنافسة وكلما زاد من صعوبة دخول مؤسسات جديدة للصناعة.

موانع الدخول: وكلما قويت موانع الدخول للصناعة كلما تركزت الصناعة في أيدي القلة المحتكرة للصناعة، وأدت إلى نمو اقتصاديات الحجم الكبير وتميز منتج الصناعة وهذه العوامل بدورها تؤدي إلى تقوية احتكار القلة للصناعة ومنع دخول مؤسسات جديدة إليها[317].

وتتضمن دراسة وتحليل الصناعة التعرف على الجوانب الآتية: نوع النشاط الذي تمارسه الصناعة، النطاق الجغرافي لعمل الصناعة، وتتضمن أيضا معرفة الطاقة الإنتاجية الإجمالية للصناعة، حجم مبيعات الصناعة، المدى الذي تتراوح فيه حصص المؤسسات في السوق، المؤسسات الكبرى التي تقود الصناعة، المجموعات الإستراتيجية المكونة للصناعة، المجموعة الإستراتيجية التي تنتمي إليها المؤسسة، موقع المؤسسة في هذه المجموعة.

العوامل والمؤشرات الاقتصادية:

ويمكن التعرف على وضع الصناعة وأدائها من خلال المؤشرات التالية: معدل نمو الصناعة، إيرادات الصناعة، إجمالي أرباح الصناعة. حجم رأس المال المستثمر في الصناعة، حجم الاحتياجات الرأسمالية لبناء الوحدات الإنتاجية، مدى توفر رأس المال المحلي اللازم لتنمية الصناعة، مدى توفر رأس المال الخارجي للمساهمة الجزئية في تنمية الصناعة، متوسط العائد على رأس المال على مستوى الصناعة، مستويات حجم التكاليف الثابتة، إجمالي تكاليف الصناعة، متوسط تكلفة الوحدة المنتجة.

خصائص ووضع سوق الصناعة:

ويتطلب معرفة الصناعة ووضعها معرفة خصائص أسواقها والمنتفعين بمنتجاتها وخدماتها وتشمل هذه الخصائص ما يلي: النطاق الجغرافي لسوق الصناعة، القطاعات والفئات التي تخدمها الصناعة، أنواع وخصائص المنتجات المطلوبة والمنتجات

(317) المرجع السابق، ص100

والخدمات التي تغطيها الصناعة والمنتجات والخدمات التي لا تغطيها الصناعة ويغطيها المنافسون من صناعات أخرى محلية وخارجية، حجم مبيعات الصناعة، حجم السوق ومعدلات نموه، هيكلية المنافسة، سهولة الدخول، ربحية الصناعة، التقنية المستعملة في الصناعة ومستجدات التقنية، مستوى التضخم، القيود الحكومية على السوق والاستثمار، مدى توفر العقول والقوى العاملة المناسبة للصناعة، العوامل الاجتماعية المؤثرة في الصناعة، العوامل السياسية والقانونية المؤثرة في الصناعة، وضع المواد الأولية والمواد الخام ومستلزمات عمليات الصناعة، هيكل المشترين في السوق، عددهم وأحجامهم النسبية، أنواع المنتفعين: منتفعون صناعيون، منتفعون مباشرون، حجم الطلب الكلي والأحجام النسبية لطلبات المنتفعين، طبيعة نشاطهم، التغير في عدد ونوع المنتفعين، تغير احتياجاتهم وتفضيلاتهم، تحولهم نحو منتجات أخرى منافسة أو بديلة، المنافع الحالية / التغير في المنفعة، المنتجات والخدمات المطلوبة خلال المرحلة القادمة، سمعة الصناعة لدى المنتفعين ثقة المنتفعين في إعلانات ومعلومات ومنتجات وخدمات الصناعة[318].

القدرات الإنتاجية للصناعة:

وتشمل القدرات الآتية: حجم الطاقة الإنتاجية للصناعة، إجمالي إنتاج الصناعة، قدرة الصناعة على تلبية احتياجات المجتمع الذي تخدمه المؤسسة (كما ونوعا وسعرا)، حجم الطلب، حجم صادرات الصناعة / عوامل نجاح الصناعة في التصدير، حجم واردات المجتمع من منتجات وخدمات الصناعة، أسباب عجز الصناعة في تغطية احتياجات المجتمع. كما تشمل أيضا مستوى استغلال الطاقة الإنتاجية، فعالية وكفاءة العمليات الإنتاجية، قدرة الحصول على المواد الخام ومستلزمات الإنتاج بالكميات والمواصفات والأسعار الملائمة، قدرة الحصول على القوى والعقول الملائمة والقدرة على تطويرها لتحقيق نجاح ونمو الصناعة وازدهارها، القدرة على إيجاد التمايز في منتجات الصناعة لتلبية احتياجات مختلف الفئات والقطاعات ومنافسة المنتجات المستوردة[319]. أنواع وخصائص المنتجات المقدمة حالياً، أنواع وخصائص المنتجات المطلوبة خلال المرحلة القادمة، سمعة منتجات الصناعة، جودة وسعر

(318) مرسي، 2006، ص124 - 125

(319) المرجع السابق، ص125 - 127

المنتجات والخدمات المقدمة.

قدرات بحوث وتطوير الصناعة:

ومـن خصـائص وقدرات الصـناعة المهمـة التـي ينبغـي دراسـتها وتحليلهـا قـدرات البحـث والتطويـر والتقنيات المتوفرة لدى الصناعة. ودراسة هذا الجانب تشمل دراسة وتحليل العناصر الآتية:

قدرات وإمكانيات الصناعة في مجال البحث والتطوير، القدرات العلمية والبحثية في الصناعة، قدرات وإمكانيات الصناعة في مجال ابتكار المنتجات والخدمات، قدرات وإمكانيات الصناعة في مجال ابتكار العمليـات الإنتاجيـة والتسـويقية، قـدرات وإمكانيـات الصـناعة في مجـال تصـميم وهندسـة العمليـات والمنتجات والخدمات، قدرة وسمعة الصناعة في تقديم منتجات جديدة أو محسنة، سـرعـة وفعاليـة نقل وتطبيق المعارف والتقنيات الجديدة، مستوى الآلية والتحكم الآلي المستعملة في الصناعة، مستوى التقنيات والابتكارات المستعملة بترخيص من مؤسسات عالمية، مستوى تقنية الصناعة مقارنة بالتقنيات المسـتعملة لدى الصناعات الأخرى في المجتمع. مستوى تقنية الصناعة مقارنة بالصناعات المناظرة في دول أخرى.

كما تشمل أيضا التعرف على مستوى الاستثمار في البحـث والتطويـر في الصـناعة، مستوى الـدعم مـن المجتمع المراقب والمنظم في الارتقاء بمجهودات ونتائج البحث والتطوير في الصناعة، ومستويات التعـاون والشراكة بين مؤسسات الصناعة في تنمية وتطوير وتحديث قدرات وجهود البحث والتطوير في الصناعة.

الداخلون للصناعة والخارجون منها:

وتتضمن دراسة وتحليل الصناعة التعرف علـى الـداخلين للصـناعة والخـارجين منها خـلال السـنوات الماضية ومؤشرات التغير في الدخول والخروج خلال المرحلة القادمة، وتشمل هذه الدراسة العناصر الآتيـة: عدد الداخلين وحجمهم، نوع الداخلين إلى الصناعة (منتفعون، موردون، آخرون)، وأسباب ودوافع الـدخول إلى الصناعة، عدد الخارجين وحجمهم، وأسباب ودوافع الخروج من الصناعة، نسبة الداخلين إلى الخارجين، تفسير نسبة الداخلين إلى الخارجين، نجاح ونمو وجاذبية الصناعة، انكماش أو كساد الصناعة أو كسـاد اقتصادي عام، هل يوجد آخرون يرغبون في الـدخول؟ مـن هم ولماذا؟ هـل يوجد آخرون يرغبون في الخروج؟ من هم ولماذا؟

وتتطلب معرفة مستوى سهولة أو صعوبة الدخول إلى الصناعة دراسة الجوانب الآتية: حجم الاستثمار وقدرة الحصول على التقنية المناسبة والقدرة على استعمالها، تكاليف التحول، القدرة على الوصول إلى قنوات التوزيع، رد فعل مؤسسات الصناعة، مستوى استعداد المؤسسات الحالية لتخفيض السعر من أجل المحافظة على حصتها في السوق، القوانين واللوائح التي تحمي الصناعة[320]. أما سهولة أو صعوبة الخروج فإنه يعتمد على حجم الأصول والاستثمارات التي ينبغي تحويلها وتكلفة الخروج.

والداخلون الجدد للصناعة يرغبون في الحصول على حصة في سوق الصناعة ويحملون معهم موارد وقدرات إنتاجية وتسويقية قد تكون هائلة. ودخول مؤسسات عملاقة للصناعة يمكن أن يشكل تهديدا كبيرا للكثير من المؤسسات العاملة في الصناعة. وفي مثل هذه الحالة ينبغي تنظيم عملية الدخول وفقا للوائح وتوجيهات يساهم في إعدادها المؤسسات العاملة في الصناعة والهيئات المختصة في الدولة[321].

إن تزايد عدد الداخلين وتقلص عدد الخارجين يعتبر مؤشرا من مؤشرات قوة وازدهار الصناعة التي تجذب المستثمرين إليها. وقد يكون تزايد عدد الخارجين وعدم الإقبال على الدخول في الصناعة مؤشرا على أن الصناعة تعاني من مشاكل حقيقة يجب دراستها من قبل المؤسسات المتبقية في الصناعة وكافة الأطراف الأخرى المعنية وفي مقدمتها الجهات الحكومية ومؤسسات المجتمع التي تعني بوضع وأداء المؤسسات الإنتاجية والخدمية التي تخدم المجتمع وتساهم في تقدمه وازدهاره.

المنتجات والخدمات البديلة:

وهي منتجات أو خدمات تقدمها مؤسسات من صناعات أخرى قد تبدو مختلفة ولكنها تلبي نفس الحاجة لدى المنتفع كما تلبيها المنتجات التي تقدمها الصناعة حالياً. من المهم تحديد المنتجات البديلة لأنها تؤدي نفس الوظائف للمنتفع وتقلل من قدرة المؤسسة على الحصول على السعر التي ترغبه، حيث أن رفع السعر يؤدي إلى تحول المنتفع إلى المنتجات البديلة[322].

وقد يمثل تهديد المنتجات البديلة تهديدا كبيرا ومباشر وهو يعتمد على العوامل

(320) Hunger & Wheelen, 1999, p62

(321) Pearce & Robinson, 1991, p89

(322) السيد، 1990، ص116

الآتية: السعر البديل مقارنة بسعر المنتج، المقارنة الفنية للبديل، قيمة البديل في نظر المنتفع، تكلفة التحول بالنسبة للمنتفع، سرعة التطور التقني في صناعة المنتج البديل[323].

إن المنتج البديل المقدم من صناعة أخرى قد يمثل خطراً كبيراً على منتج الصناعة في حالة أنه يلبي نفس الحاجات وبأسعار منافسة وربما بمزايا أفضل. وتتمثل خطورته في أنه يحدد سقف لسعر منتج الصناعة الذي قد يؤدي إلى تدني الأرباح والعوائد وتقلص معدلات النمو. ولذلك يجب الرصد المبكر للمنتجات البديلة وتقييمها واتخاذ الإجراءات اللازمة لحماية الصناعة والمؤسسة والتي قد تتضمن إجراء تحسينات على مستوى جودة المنتج أو تمييزه بالقدر الذي يمكن الصناعة والمؤسسة من المحافظة على وضعها وأدائها في السوق[324].

منحنى الخبرة كأحد عناصر دراسة وتحليل الصناعة:

تبين نظرية منحنى الخبرة أنه كلما اكتسبت المؤسسة خبرة في إنتاج منتج ما فإن تكلفة إنتاجه تقل، وذلك يعني أن المؤسسة الأولى التي تنتج منتج لأول مرة في الصناعة تكون متقدمة في منحنى الخبرة عن غيرها أي أن إنتاجها أكبر وخبرتها أعلى وتكاليف إنتاجها اقل من أي مؤسسة أخرى تحاول اللحاق بها[325].

وكلما تمكنت المؤسسة من تحسين فعاليتها وكفاءتها مقارنة بالمؤسسات الأخرى فإنها ستحافظ على ميزة تنافسية وهي إنتاج أفضل وبأقل تكلفة في الصناعة. إلا أنه على المدى المتوسط والبعيد فإن عوامل أخرى مهمة تؤثر على التنافس في الصناعة مثل استعمال تقنيات أحدث في الإنتاج وتحقيق فعالية وكفاءة عالية للعاملين أو فعالية وكفاءة متميزة في تسويق وتوزيع المنتجات.

وإذا كانت المؤسسة صغيرة ودخلت متأخرة للصناعة فقد يتعذر عليها الحصول على ميزة إنتاج نفس المنتج بتكاليف أقل من تكاليف المنافسين الكبار. وإذا كانت بيئة المنافسة عدائية ربما يعمل المنافسون الكبار على تخفيض أسعارهم لغرض إخراج أكبر عدد ممكن من المنافسين والسيطرة على السوق وهذا ما تحرص مؤسسات

(323) Pearson, 1990, p96

(324) Pearce & Robinson, 1991, p 89 & 94

(325) Argenti, 1989, p248

الصناعة على تفاديه في البيئة الإسلامية لأجل تحقيق مصالح مختلف الأطراف المستفيدة في الصناعة والمجتمع.

وعندما تجد المؤسسة صعوبة في المنافسة يمكن لها أن تبحث عن شريحة معينة في المجتمع المنتفع وبعض المنافع التي يمكن أن يحققها المنتج لتلك الشريحة بعد إجراء تعديلات وتحسينات عليه لصالح تلك الشريحة وذلك تفاديا لمنافسة المؤسسات الكبرى على المنتج الأصلي. وفي بعض الصناعات عندما تكون تكاليف وحواجز الدخول محدودة قد لا تؤثر الأسبقية في الدخول للصناعة كثيرا في التنافس. ويبين الشكل رقم (4.6) أثر الخبرة وازدياد الحجم الإجمالي للإنتاج على السعر عبر مراحل تطور الصناعة.

ويمكن توضيح العلاقة التي تبين أثر الخبرة وازدياد الحجم الإجمالي للإنتاج على السعر كما يلي(326):

1. تعمل المؤسسة المبتكرة للمنتج على تحديد سعر الوحدة أقل من تكلفة الوحدة متحملة بذلك خسائر مؤقتة من أجل تحقيق إقبال المنتفعين على المنتج.
2. في حال نجاح الإنتاج ورواج المنتج في السوق تبدأ تكلفة الوحدة في الانخفاض إلى نقطة التعادل ثم تحقيق أرباح مجزية، وتحاول المؤسسة المبتكرة المحافظة على السعر مرتفع لتحقيق أرباح كبيرة قبل دخول المنافسين. وكلما كان الربح مرتفع شجع ذلك عدد أكبر من المنافسين للدخول في الصناعة.

(326) Pearson, 1990, p77

الشكل رقم (4.6) توضيح أثر الخبرة وازدياد الحجم الإجمالي للإنتاج على السعر

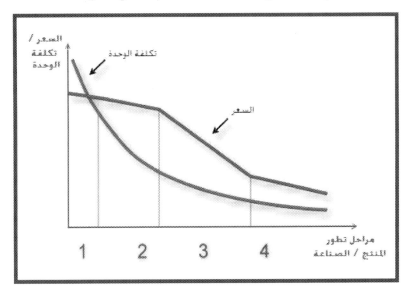

3. ويؤدي تزايد عدد المتنافسين في الصناعة وانخفاض تكلفة الإنتاج إلى تخفيض السعر إلى مستويات تمنع دخول المزيد من المنافسين، وتظل إمكانية أن يحقق المبتكر أرباحا أعلى من الآخرين بسبب الخبرة والكفاءة قائمة.

4. وأخيرا يدخل المنتَج في مرحلة استقرار وهامش ربح منخفض، عندها يتوقف ازدياد عدد المنافسين ويحصل التشبع في الصناعة، وفي هذه المرحلة يكون هامش الربح محدود، وتتمكن من تحقيقه فقط المؤسسات ذات الفاعلية والكفاءة العالية.

وتبدأ مؤسسات في الانسحاب من إنتاج المنتج أو تعديله وتحسينه لصالح شريحة معينة أو إنتاج منتج جديد لتبدأ دورة حياة الصناعة من جديد [327]. والسؤال المهم هو أين يقع منتج الصناعة والمؤسسة على منحنى الخبرة؟ ففي حالة أن المنتج يمر بالمرحلة الرابعة فقد يكون من المناسب للمؤسسة البحث عن منتج معدل أو جديد للاستفادة منه في قطاع جديد.

(327) المرجع السابق، ص71

دورة حياة الصناعة / المنتج:

تماما مثل نشوء ونمو واكتمال قوة الكائن الحي ثم شيخوخته وانتهائه فكذلك الصناعات والمنتجات والحضارات والتقنيات والدول، وتلك هي سنة الله في خلقه، أي أن الكائنات والصناعات والمنتجات تمر بمراحل ومنعطفات تاريخية مهمة خلال دورة حياتها ابتداء من مرحلة النشوء ثم النمو ثم النضج والتشبع ثم الانحدار والنهاية المحتومة. ومما يساعد في معرفة الصناعة أو منتج الصناعة ووضعه دراسة دورة حياته وتحديد المرحلة التي يمر بها حالياً وتقدير الفترة الزمنية المستغرقة للانتقال إلى المرحلة التالية.

ويمثل الشكل رقم (4.7) منحنى دورة حياة الصناعة أو المنتج والتي تشمل مراحل النشوء والنمو للمبيعات والنضج والتشبع والانحدار في حجم المبيعات إيذانا بانتهاء المنتج وظهور منتج جديد ليحل مكانه[328].

يولد المنتج على هيئة فكرة ثم من خلال جهود البحث والتطوير يولد منتجا جديدا يطرح في الأسواق ويباع ببطء شديد لأن الناس لا يعرفونه. وعندما يجد قبولا في السوق تنمو المبيعات بسرعة لعدة سنوات ثم ينضج السوق ويقل الطلب ويحصل التشبع ويصل الطلب إلى مستوى استبدال المنتجات التي تم شرائها ثم يبدأ الانحدار في المبيعات ويظهر منتج جديد وينتهي الطلب ويتوقف إنتاج المنتج القديم.

---

(328) Argenti, 1989, p243 , 250

الشكل رقم (4.7): منحنى دورة حياة المنتج أو الصناعة

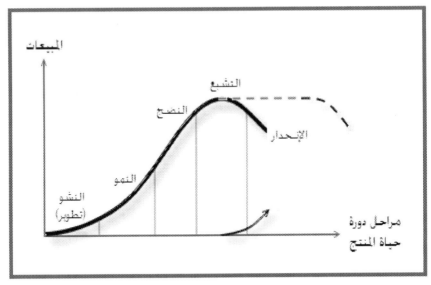

مرحلة النشوء والتطوير وتقديم المنتج:

في هذه المرحلة أجريت بحوث ودراسات الجدوى والتصاميم الهندسية وتم إنتاج المنتج واختباره في معامل المؤسسة. كما يتم خلال هذه المرحلة اختبار المنتج في السوق لمعرفة مستوى الإقبال وتسجيل ملاحظات المنتفعين والعمل على تحسين المنتج بما يكفل زيادة الإقبال على شرائه. وفي هذه المرحلة يكون النمو بطيء ثم يأخذ في الصعود بمعدلات تعتمد على قيمة المنتج وسعره والمنافع التي يحققها للمنتفعين [329].

والنمو البطيء ناجم عن أن المنتفعين الذين لديهم الرغبة والجرأة في شراء منتجات جديدة عادة قليلون وأكثرهم من فئات المجتمع ذات الدخل المرتفع أو أولئك الذين يرغبون دائما في التجديد والتحديث والابتكار. كما أن المؤسسات الصناعية التي تبادر إلى إنتاج المنتج الجديد هي المؤسسات الرائدة التي تهتم بجهود البحث والتطوير وتحرص على تلبية الاحتياجات المتجددة للمنتفعين خاصة تلك الفئات المشار إليها أعلاه وهم المستعدون دائما لدفع الأثمان العالية للمنتج التي تغطي تكاليف البحث

(329) السيد، 1990، ص185

والتطوير لدى المؤسسة الرائدة.

مرحلة النمو:

وعندما يشتهر المنتج في السوق تأخذ المبيعات في الصعود بمعدلات تعتمد على قيمة المنتج وسعره والمنافع التي يحققها للمنتفعين به، ويمكن للمؤسسة الرائدة تحقيق أرباح كبيرة خلال هذه المرحلة، إلا أن ذلك يحفز المؤسسات الأخرى العاملة في الصناعة وغيرها في الأقدام على إنتاج نفس المنتج وتظل المؤسسة الرائدة لها ميزة الخبرة وحجم الإنتاج الذي يمكنها من تخفيض التكاليف والأسعار. وكلما دخل منافس جديد كلما زاد حجم الإنتاج والعرض وانخفضت الأسعار إلى مستويات تؤدي إلى الحد من المنافسة وتتجه المؤسسات العاملة في الصناعة خلال هذه المرحلة إلى تحسين المنتج والحصول على تقنية جديدة لإنتاج منتجات محسنة بمزايا أفضل وأداء أعلى وتقنية أحدث [330].

مرحلة النضج والتشبع:

وفيها يقترب حجم المبيعات من الذروة ويقل نمو المبيعات إلى أن يتوقف ويحصل التشبع في المبيعات. كما أن استقرار الصناعة ومبيعات المنتج لمدة من الزمن تعتمد على ظهور منتجات بديلة أو عوامل أخرى تؤثر في الطلب مثل العوامل الاقتصادية أو الاجتماعية أو غيرها. وفي بعض الصناعات قد يحصل استقرار طويل يمكن أن يستمر عقوداً أو حتى قرون. أي أن بعض المنتجات يتم تطويرها وتحسينها ولكنها مستمرة وتغطي نفس الاحتياجات لدى المنتفعين. يصبح المنتفعون في هذه المرحلة أكثر معرفة ودراية بالمنتج وتكون قراراتهم مبنية على معلومات أفضل ويصبح السعر هو العامل المهم لديهم مع توفر المستويات المقبولة من الجودة والمزايا في مختلف المنتجات المقدمة من قبل مختلف المؤسسات في الصناعة [331].

وتعتبر هذه المرحلة مرحلة تحقيق أقصى فائض في التدفقات النقدية على مستوى المؤسسة وعلى مستوى الصناعة. إلا أن ارتفاع حجم الإنتاج في الصناعة وتوفر العرض في السوق إلى مستويات أعلى من الطلب يؤدي إلى انخفاض الأسعار والأرباح. ويتجه الجميع نحو تحسين فعالية وكفاءة العمليات وتخفيض التكاليف. ومما يساعد على تخفيض التكاليف

---

(330) Pearson, 1990, p72

(331) السيد، 1990، ص188 - 190

وتحسين الفعالية والكفاءة على مستوى الصناعة والمؤسسات جهود التعاون والشراكة والتكامل مع الموردين والموزعين. كما تهتم المؤسسات العاملة في الصناعة بتمييز منتجاتها خلال هذه المرحلة لتلبي متطلبات شرائح وقطاعات محددة في المجتمع الأمر الذي يساعد في التقليل من حدة المنافسة. ويجب خلال هذه المرحلة القيام بالمراقبة والمتابعة المستمرة لمؤشرات الاستقرار أو الانحدار من أجل اتخاذ القرارات المناسبة في الوقت المناسب.

مرحلة الانحدار:

إن مرحلة النضج والتشبع قد تستمر طويلا تستقر فيها الصناعة وتعمر كما هو الحال في محرك البنزين وقد تكون قصيرة ما تلبث أن تظهر مؤشرات وبوادر الانحدار وأهمها توقف نمو المبيعات ثم انخفاض المبيعات والأرباح ومعدلات العائد على الاستثمار والتدفقات النقدية وهذا ما يجب التخطيط والاستعداد له مسبقا في متسع من الوقت. ومهما كانت حواجز الخروج فإن معظم المؤسسات تشرع في الانسحاب من خلال تحويل أصولها وتجهيزاتها ومواردها لاستعمالات مختلفة أو يحصل الاندماج والتكامل من أجل التمكن من الاستمرار لأطول فترة ممكنة[332]. وتركز المؤسسات المتبقية في الصناعة على تحقيق معدلات عالية من الكفاءة وتقليل التكاليف وترشيد الاستثمار في التحسين والتطوير والصرف على مختلف العمليات.

وقد تواجه مرحلة الانحدار نهاية حاسمة عند ظهور تقنية جديدة أو منتج جديد يجد قبولا ورواجا لدى المنتفعين به ويقضي على التقنية أو المنتج القديم الذي لم يعد مجديا اقتصاديا بسبب ظهور البديل الأفضل. ومع أن الشيخوخة تعتبر مؤشرا لقرب النهاية إلا أن النهاية لا تكون دائما عند الشيخوخة فقط بل فقد ينتهي المخلوق أو المصنوع في أي مرحلة قبل ذلك بل أنه قد يولد ميتا أو يموت وهو في مرحلة النمو.

ودورة الحياة بالنسبة لبعض التقنيات أو المنتجات متسارعة أكثر من غيرها وتتميز أعمار الكثير من المنتجات في العقود الأخيرة بأنها أقصر ـ من سابقتها فبدالة الهواتف اليدوية استمرت لمدة 50 سنة، والبدالات الكهروميكانيكية عاشت لمدة 20 سنة وتتجدد البدالات الالكترونية خلال سنوات معدودة[333].

---

(332) Hunger & Wheelen, 1999, p65

(333) Argenti, 1989, p243, 244

كما أن التقنيات والمنتجات الجديدة يمكن أن تقفز ولا تنتظر نضج وانحدار التقنيات القديمة، فصناعة الترانزستور لم تنتظر حتى تصل صناعة الصمامات إلى مرحلة النضج والتشبع والانحدار. لقد ظهر الترانزستور على منحنى أخر مختلف وأنهى صناعة الصمامات وهي في مرحلة نموها.

إن المشكلة تكمن في معرفة أين تقع التقنيات والمنتجات على المنحنى، وإلى أي مدى ستستمر مرحلة النمو والنضج ومتى ستبدأ مرحلة الانحدار التي تستدعي الإعداد للانسحاب في الوقت المناسب وقبل تكبد الخسائر. ويجب توخي الحذر في تقدير المرحلة التي تمر بها الصناعة لتجنب مخاطر الخسارة من جهة وتجنب إضاعة الفرص من جهة أخرى.

إن تصنيف النشاط بأنه في مرحلة الانحدار وهو في الحقيقة ليس كذلك يحرم المؤسسة من تحقيق المزيد من العوائد الاقتصادية وينتهي نشاطها أو تستبدله قبل وقت الانحدار الحقيقي للصناعة أو التقنية أو المنتج[334]. ولو صنف المنتج على أنه لا يزال في مرحلة النضج وسيظل لمدة طويلة في هذه المرحلة ورصدت وصرفت أموال لتعديل المنتج وتمييزه في الوقت الذي تدل فيه المؤشرات الفعلية على أن المنتج يتجه نحو الانحدار والنهاية المحتومة فإنه في هذه الحالة ستتكبد المؤسسة خسائر مضاعفة.

(334) Pearson, 1990, p75

دراسة وتحليل بيئة عمل المؤسسة وتحديد الفرص
المتاحة للتحول

تتضمن دراسة وتحليل بيئة عمل المؤسسة دراسة الأطراف الرئيسية في الصناعة والتي لها علاقة مباشرة بنشاط المؤسسة. أي أنها تشمل دراسة وتحليل المنافسة، ودراسة المجتمع المنتفع بمنتجات وخدمات المؤسسة، والموردين للموارد اللازمة لأنشطة وعمليات المؤسسة، ودراسة المجتمع المساهم الذي يملك أصول وأسهم المؤسسة والذي يمكن أن يمول برامج ومشروعات التحول، وكذلك دراسة موارد الأرض والسماء في بيئة المجتمع الذي تخدمه المؤسسة ودراسة المجتمع المنظم والداعم لنشاط المؤسسة.

المنافسة وتحديد الوضع التنافسي للمؤسسة:

من أجل تحديد الفرص المناسبة للتحول والمخاطر المحتملة لا بد من دراسة وتحليل مستوى ووضع المنافسة في الصناعة ككل ثم التركيز على دراسة وتحليل المنافسة في إطار المجموعة الإستراتيجية التي تنتمي إليها المؤسسة. وتتضمن الدراسة: تحديد شدة المنافسة، تحديد المجموعات الإستراتيجية العاملة في الصناعة والخصائص الرئيسية لكل مجموعة، دراسة المجموعة الإستراتيجية التي تنتمي إليها المؤسسة وخصائص هذه المجموعة، دراسة المنافسين للمؤسسة في هذه المجموعة وتحديد خصائص كل منافس فيها وتحديد الوضع التنافسي للمؤسسة مقارنة بوضع وقدرات وأداء المنافسين لها. ومن المفيد دراسة فعالية المنافسة والتعاون في إطار الصناعة ككل وفي إطار المجموعة الإستراتيجية التي تعمل فيها المؤسسة. وتخلص الدراسة إلى تحديد الفرص المتاحة للمؤسسة والمخاطر المحتملة من جهة المنافسين لها.

حدة وشدة المنافسة: تزداد شدة المنافسة في الصناعة في الحالات الآتية:

- عندما يكون عدد المتنافسين في الصناعة كبير أو أنهم متقاربون كثيرا في الحجم والقدرات.

- عندما يتدنى مستوى نمو الصناعة وتزيد شدة المنافسة على حصة كل منهم في السوق خاصة من قبل الذين يُصرون على معدلات نمو عالية حتى في ظل الكساد أو النمو البطيء للصناعة والذي لا يكون إلا على حساب

حصص بعضهم البعض. وفي البيئة الإسلامية ينبغي ألا يكون القصد هـو الهيمنة وإخـراج مؤسسات من الصناعة، وإنما يكون النمو والتوسع نـاجم عـن الأداء الجيـد مـع الاجتهـاد في تغليب المصلحة العامة المتضمنة لمصلحة المؤسسة وذلك مـن خـلال التعـاون والشراكة مـع المؤسسات العاملة في الصناعة بصفة عامة وفي إطار المجموعة الإستراتيجية التي تنتمي إليهـا المؤسسة.

- عند تزايد الطاقة الإنتاجية للصناعة بكميات كبيرة تؤدي إلى زيادة العرض عـلى الطلـب ومـا ينجم عنه من تخفيض للسعر قد يكون غير ملائم لبعض المؤسسات. وتستدعي هذه الحالة تدخل وتعاون قادة وخبراء المؤسسات العاملة في الصناعة والهيئات الحكومية لمعالجة هـذه المشكلة.

- تزايد تأثير موانع الخروج مـن الصناعة والتي قـد يكون عـلى رأسـها تعلـق قـادة وخـبراء المؤسسات العاملة في الصناعة بنشاطها ومنتجاتها حتى ولو كانت العوائـد متدنية وذلـك نتيجة لعوامل القصور والتقصير النفسية التي تجعلهـم يتشبثون بالمـاضي ويحجمـون عـن التغيير والنمو في الاتجاه الذي يحقق التحسين النوعي لأداء مؤسساتهم.

- عند وصول الصناعة إلى مرحلة التشبع تعتمد النتائج على فعالية وكفاءة المؤسسة ويصعـب عـلى الكثير مـن المؤسسات تحقيـق مسـتويات كافيـة مـن الأداء تمكنهـا مـن الاستمرار في المنافسة وتحصل بذلك الغربلة للمؤسسات العاملة في الصناعة وفي المجموعة الإستراتيجية بسبب شدة المنافسة وتدني أداء المؤسسات التي تضطر إلى الخروج من الصناعة [335].

تحديد المجموعات الإستراتيجية العاملة في الصناعة:

يتضح من دراسة وتحليل الصناعة القوى والعوامل الإستراتيجية المهمة والمؤثرة فيها، كما تتضح المجموعات الإستراتيجية التي تتكون منها الصناعة والمتمثلة في المؤسسات المتجانسة في خصائصها وإستراتيجياتها والتي تتخذ قرارات متشابهة حول هذه القوى والعوامل المهمة والمؤثرة في الصناعة [336]. ويعتبر تصنيف المؤسسات

(335) Pearce & Robinson, 1991, p 95

(336) Andrews , 1987, p38

المقدمة

العاملة في الصناعة الواحدة إلى عدة مجموعات إستراتيجية مفيد جداً لمعرفة البيئة التنافسية التي تعمل فيها المؤسسة، ذلك لأن المؤسسات التي تنتمي إلى مجموعة إستراتيجية واحدة في إطار نفس الصناعة تعتبر مؤسسات متنافسة مباشرة في نشاطاتها وأنها متشابهة أكثر من المنافسين في المجموعات الأخرى في ذات الصناعة [337].

إن القوى والعوامل المهمة المؤثرة في الصناعة تهم كل المؤسسات العاملة في كل المجموعات الإستراتيجية في الصناعة إلا أن القوى والعوامل المؤثرة في المجموعة الإستراتيجية الواحدة لها خصائص معينة قد تختلف قليلاً أو كثيراً عن القوى والعوامل المؤثرة في الصناعة ككل. ويوضح الشكل رقم (4.8) خريطة المجموعات الإستراتيجية لإحدى الصناعات والتي يتم فيها تصنيف المؤسسات العاملة في الصناعة على أساس اتساع تشكيلة المنتجات والأسعار التي تقدم بها منتجات كل مجموعة، كما توضح مساحة الدائرة التي تحمل اسم كل مجموعة حجم مبيعات المجموعة بالنسبة لحجم مبيعات الصناعة.

الشكل رقم (4.8): المجموعات الإستراتيجية في الصناعة

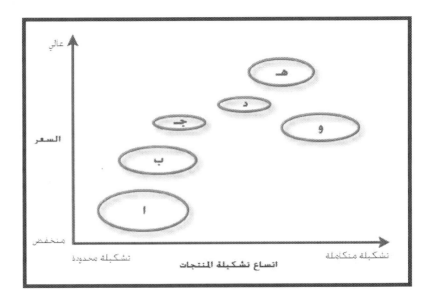

(337) Hunger & Wheelen, 1999, p67 - 68

تشابه مؤسسات المجموعة الإستراتيجية الواحدة:

تتصف المؤسسات التي تنتمي إلى المجموعة الإستراتيجية الواحدة بسمات وخصائص تجعلها متقاربة ومتماثلة كما تملي عليها أنماط معينة من التعاون أو التنافس في ما بينها. وتشمل هذه الخصائص ما يلي[338]:

اتساع تشكيلة المنتجات، خصائص المنتج، استعمال تقنيات متطابقة وعمليات إنتاج متماثلة، تقديم منتجات أو خدمات في إطار نفس مدى الجودة / السعر، خدمة فئات وقطاعات سوقية متشابهة ومتقاربة، جاذبيتها للمنتفعين بمنتجاتها وخدماتها، استخدام نفس منافذ التوزيع، والتغطية الجغرافية والقطاعية.

تحديد ودراسة المجموعة الإستراتيجية التي تنتمي إليها المؤسسة:

بعد تحديد المجموعات الإستراتيجية العاملة في الصناعة يقوم قادة وخبراء المؤسسة بتحديد المجموعة الإستراتيجية التي تنتمي إليها المؤسسة وتعمل في المنافسة في إطارها، كما يقومون بدراسة وتحليل هذه المجموعة ووضع المؤسسة فيها مقارنة بأداء وخصائص المؤسسات العاملة معها في المجموعة[339]. وتهتم الدراسة بتجميع وتحليل المعلومات المنشورة والمتاحة عن المؤسسات المتنافسة في المجموعة الإستراتيجية والتي تشمل الجوانب التالية:

النطاق الجغرافي لتنافس المؤسسات العاملة في المجموعة، من هم المتنافسون في المجموعة (المؤسسات العاملة في إطار المجموعة)، عددهم وأهدافهم وتوجهاتهم، استراتيجياتهم الحالية والمتوقعة، افتراضاتهم حول أنفسهم وافتراضات وانطباعات الآخرين عنهم، قدراتهم وإمكانياتهم[340].

وفي الوقت الذي تتعاون فيه مؤسسات الصناعة ومؤسسات المجموعة الإستراتيجية الواحدة لصالح الجميع فإن المؤسسة الواحدة تهتم بتحديد وضعها في الصناعة وفي المجموعة الإستراتيجية وتحدد المنافسين الأكثر تشابها بعملياتها ونشاطاتها وخصائصها وطموحاتها وخاصة منهم الذين يتميزون عنها بخصائص ومزايا تسعى إلى محاكاتهم وتقليدهم فيها. ويهتم قادة وخبراء المؤسسة بالإطلاع على التقارير

---

(338) مرسي، 2006، ص140
(339) مرسي، 2006، ص140
(340) Argenti, 1989, p253

والمعلومات المنشورة من قبل تلك المؤسسات وشراء منتجاتهم والتعرف على خدماتهم من أجل دراستها وتحليلها والاستفادة منها في تطوير وتحسين منتجات المؤسسة وخدماتها. إنهم بذلك يحددون النموذج أو مجموعة النماذج التي يرون أهمية محاكاتها من أجل الارتقاء بمستوى أداء مؤسستهم. فالتقليد جزء من المنافسة، وعندما يبتكر بعض المنافسين منتجا أو تقنية أو أسلوبا أو طريقة من طرق الإنتاج والتسويق فإن الآخرين يحذون حذوهم ويقلدونهم بقدر ما يستطيعون. حتى الرواد من المتنافسين يستفيدون من أفكار وتجارب منافسيهم، بل إنهم يحرصون على معرفة أخطائهم لكي يستفيدوا منها. ومن الأفضل للجميع التعاون في البحث والتطوير إلى أعلى قدر ممكن، وخاصة بين المؤسسات العاملة في المجموعة الإستراتيجية الواحدة.

ومن أجل التحديد والتوصيف الجيد للصناعة والمجموعة الإستراتيجية التي تعمل في إطارها المؤسسة ينبغي دراسة تحليل العوامل الآتية:

1. ما هو الجزء من الصناعة الذي يشابه ويتوافق مع نشاط المؤسسة ورسالتها؟
2. ما هي العوامل الرئيسية للنجاح في ذلك الجزء من الصناعة؟
3. هل تملك المؤسسة القدرات اللازمة للمنافسة في ذلك الجزء من الصناعة؟
4. هل تمكن القدرات الحالية والممكن تنميتها من استغلال الفرص المتاحة ومواجهة المخاطر المحتملة؟
5. هل توصيف وتحديد حدود الصناعة مرن بدرجة تسمح بتعديل نشاط المؤسسة الذي يتوافق مع نمو الصناعة[341]؟

الوضع التنافسي للمؤسسة:

يتضمن دراسة وتحليل الوضع التنافسي- للمؤسسة في الصناعة دراسة وتقييم وتحديد خصائص (بروفايل) المنافسين المباشرين للمؤسسة ومقارنته بخصائص وقدرات المؤسسة بهدف تحديد المزايا والقدرات التنافسية للمؤسسة وتحديد الفرص المتاحة والتهديدات والمخاطر المحتملة من جهة المنافسين للمؤسسة. ويساعد تحديد خصائص المنافسين في إعداد تقديرات أكثر دقة لنمو المبيعات والعوائد الاقتصادية على المدى القريب والبعيد، كما يساعد معرفة الموقف التنافسي للمؤسسة في تحديد

---

(341) Pearce & Robinson, 1991, p98

الإستراتيجيات الأكثر ملاءمة للاستفادة من الفرص المتاحة في البيئة الخارجية[342]. ولا بد من اختيار الخصائص والمعايير المناسبة لتقييم قدرات المنافسين والمؤسسة وتحديد وزن نسبي لكل معيار ثم تقييم مستوى القدرة أو الأداء في كل عنصر. ويُمكّن التقييم الصادق والدقيق من مقارنة وضع المؤسسة التنافسي ـ بالأوضاع التنافسية للمنافسين المباشرين للمؤسسة بما يمكن من تحديد الفرص المتاحة والمخاطر المحتملة من جهة المنافسين وبالتالي تحديد الإستراتيجيات والمهام الإستراتيجية التي ينبغي القيام بها للنجاح في المنافسة[343].

وفي ما يلي مجموعة من المعايير التي يمكن الاختيار من بينها ما هو مناسب لتوصيف وتقييم قدرات وأداء كل منافس والمؤسسة لغرض تحيد الوضع التنافسي ـ للمؤسسة في الصناعة والمجموعة الإستراتيجية التي تنتمي إليها: سمعة المنافس، حصة المنافس في السوق، اتساع خط المنتجات، قدرات وفعالية توزيع المنتجات، الميزة التنافسية للسعر، قدرات وفعالية الترويج والإعلان، موقع وحداثة الوحدات الإنتاجية، الطاقة الإنتاجية ومستوى استغلالها وإنتاجية الخطوط الإنتاجية، الخبرة المتراكمة في إنتاج وتقديم المنتج، تكلفة المواد الخام ومستلزمات الإنتاج، الوضع المالي، الجودة النسبية للمنتج، مزايا وقدرات البحث والتطوير، قدرات القادة والخبراء والعاملين بصفة عامة، الصورة العامة للمنافس[344].

وبعد الانتهاء من تحديد وتقييم قدرات وخصائص المنافسين وتحديد الوضع التنافسي ـ للمؤسسة ينبغي الاستفادة من نتائج هذه الدراسة والتحليل في مراجعة عناصر القوة والضعف لدى المؤسسة من أجل التحديد الدقيق والسليم لهذه العناصر مقارنة بمنافسيها.

تحليل فعالية المنافسة والتعاون:

تعتمد فعالية الصناعة على فعالية المؤسسات المكونة لها كما تعتمد على فعالية التعاون والتنافس فيما بينها لصالح كل منها وصالح الصناعة ككل. ولا يوجد تناقض بين التعاون والتنافس الراقي الذي هو من نتائج الالتزام بالقيم الإسلامية الراقية والمنهج الإسلامي العظيم. بل إن الأفراد والقيادات والخبراء العاملين في البيئة

---

(342) Pearce & Robinson, 1991, p102

(343) المرجع السابق، ص103
(344) المرجع السابق، ص102 - 103

الإسلامية يتنافسون في التعاون الفعال لصالح الجميع.

ويحدد مستوى التعاون بين المؤسسات العاملة في الصناعة والمجموعة الإستراتيجية مستوى نجاح ونمو وتقدم الصناعة وكافة المؤسسات العاملة بها وكافة الأطراف المستفيدة منها. لذلك لا بد من الارتقاء بفاعلية التعاون والشراكة بين مؤسسات الصناعة ومؤسسات المجموعة الإستراتيجية الواحدة، وبينها وبين الأطراف الرئيسية المكونة لبيئة الصناعة التي تربطها بها مصالح مشتركة وهم المساهمون، والمنتفعون بمنتجات وخدمات الصناعة، والموردون، والمجتمع المراقب والمنظم والداعم، وموارد بيئة المجتمع.

فعالية التعاون: ومما يجدر الاهتمام به تحديد مجالات التعاون والشراكة وفعالية تبادل المصالح على مستوى مؤسسات الصناعة ومؤسسات المجموعة الإستراتيجية، والتي تتضمن المجالات الآتية:

- المساهمة في إنشاء ودعم المؤسسات العلمية التطبيقية التي تخدم الصناعة مثل المعاهد والكليات التخصصية.

- الاستثمار المشترك والتعاون في جهود البحث والتطوير، والقيام بالبحوث والدراسات المشتركة من خلال مراكز بحوث الصناعة أو فرق العمل المكلفة بمهام محددة.

- عقد المؤتمرات والندوات العلمية والتقنية المشتركة المتعلقة بمختلف قضايا الصناعة.

- عقد ورش العمل وحلقات النقاش التي تهتم بقضايا الصناعة.

- إنشاء وتسيير مراكز التدريب والتطوير التي تعني بالارتقاء بمعارف ومهارات وسلوكيات قادة وخبراء الصناعة.

- التعاون المشترك مع مؤسسات وهيئات المجتمع الأخرى ذات العلاقة في بيئة الصناعة لصالح كافة الأطراف ذات المصالح المشروعة في الصناعة والمجموعة الإستراتيجية.

- تحديد المعايير والمواصفات وطرق العمل المثلى ومؤشرات الأداء الفعال وكيفية الارتقاء في تحقيقها.

- تحديد عوامل وعناصر نجاح الصناعة وكل مجموعة إستراتيجية والتعاون في المجالات المتعلقة بهذه العوامل.

الفرص المتاحة والمخاطر المحتملة من جهة المنافسين:

في نهاية المهمة الخاصة بدراسة وتحليل المنافسين في بيئة المجتمع الذي تخدمه المؤسسة أو المستهدف خدمته ينبغي أن يتوصل الفريق المكلف بهذه المهمة إلى تحديد قائمة مبدئية للفرص المتاحة من جهة المنافسين والمخاطر التي يمكن أن تواجه المؤسسة من قبلهم. ويبين الجدول رقم (4.7) مثالا لهذه القائمة التي ينبغي مراجعتها وتحديد أولوياتها وفقا لأهميتها الإستراتيجية ومدى تأثيرها المتوقع في إعداد خطة التحول.

المجتمع المنتفع:

يعتبر معرفة وتحديد المنتفعين بمنتجات وخدمات المؤسسة من أهم نتائج دراسة وتحليل بيئة عمل المؤسسة. ويساعد تحديد خصائص المنتفعين الحاليين والمتوقعين في تحسين القدرات الخاصة بالتخطيط للمشروعات الإستراتيجية، وتقدير التغيرات في الأسواق والطلب، وإعادة توزيع الموارد وفقا لدواعي التغير في الطلب[345].

جدول رقم (4.7): الفرص المتاحة والمخاطر الممكنة من جهة المنافسين

الفرص المتاحة من جهة المنافسين	المخاطر المحتملة من جهة المنافسين
1. مستوى جيد من سلوكيات وفعالية المنافسة في الكثير من دول المنطقة ا، ب. 2. توجهات الكثير من المؤسسات العاملة في المنطقة ا، ب للتعاون في مجالات البحوث الأساسية وبحوث السوق التي تهم الصناعة. 3. إمكانية التوصل إلى اتفاقية تعاون تضم المؤسسة ومجموعة من المؤسسات العاملة في الصناعة	1. تعدد حالات الاندماج التي تنذر بتسلط الاحتكار وانقسام الصناعة إلى عمالقة وأقزام في إحدى دول المنطقة ب. 2. حالات فشل كثيرة وخروج من الصناعة في المنطقة ج. 3. مستوى متدني من فعالية المنافسة وتدني سلوكيات التنافس في المنطقة ج. 4. ظهور منافسة من صناعة

(345) Pearce & Robinson, 1991, p103

والمؤسسات ذات العلاقة في المنطقة ا بشأن حل المشاكل الرئيسية ومواجهة	أخرى تقدم منتجات وخدمات بديلة. 5. التكاليف التي يمكن أن تترتب
التهديدات التي تواجه المجموعة. 4. التعاون على مستوى الصناعة والمؤسسات ذات العلاقة في المناطق التي تخدمها المؤسسة في الارتقاء بالمعارف والمهارات والقدرات التي تخدم المؤسسات المتعاونة في تحسين أدائها. 5. فرصة الاندماج بين المؤسسة وأحد المؤسسات المناظرة العاملة في المنطقة ب.	على الخروج من إنتاج وتقديم أجهزة الآلة الحاسبة. زيادة منافسة المؤسسات الأجنبية في السوق المحلي والإقليمي والنمو المتزايد لحصتهم في السوق في بعض دول المنطقة ب. 6. مؤسسة عامة تتحصل على الإذن من الحكومة في المنطقة ا لتقديم منتجات مماثلة لمنتجات المؤسسة لنفس شرائح المنتفعين بأسعار أقل من أسعار المؤسسة[346].

إن الفرص كل الفرص موجودة في المجتمع الذي تخدمه الصناعة حاليا والمجتمع المستهدف خدمته في المرحلة القادمة. فالفرص تظهر من خلال التفاعل وتبادل المنافع بين مؤسسات الصناعة والأفراد والجماعات والمؤسسات المستفيدة من منتجاتها وخدماتها.

ويعلم خبراء المؤسسة أن المنتفعين لا يهتمون كثيرا بالجهة التي يشترون منها عندما تكون المنتجات أو الخدمات التي تعرضها الصناعة قياسية ومتماثلة ولا توجد بينها اختلافات جوهرية في الجودة والسعر وسائر الخصائص المهمة وبالتالي فإن انتقال المنتفع من مورد إلى أخر لا يكلف أي تكلفة إضافية.

إن فرص المرحلة القادمة ستكون موجودة عند المنتفعين الحاليين إذا تمكنت المؤسسة من الاستمرار في المحافظة على تلبية احتياجاتهم ورغباتهم المتوقعة خلال

(346) Argenti, 1989, p235 , 257

المرحلة القادمة. كما أنها موجودة أيضا عند أفراد وفئات ومؤسسات أخرى في ذات المجتمع أو مجتمعات في مناطق وبلدان أخرى الذين يمكن أن يقبلوا على منتجات وخدمات الصناعة عندما يقتنعون بأنها تلبي احتياجاتهم ورغباتهم. فالمنتفعون الحاليون هم الـذين يوفرون للصناعة والمؤسسة الـدخل والعوائد الاقتصادية التي تمكن من تسيير عملياتها وتحقيق أهدافها في المرحلة الجارية والمنتفعون خلال المرحلة القادمـة هـم الـذين يحـددون مصير الصـناعة ومصير المؤسسة وفقـا لمـدى النجاح في تلبية توقعـاتهم واحتياجاتهم المستقبلية وليس احتياجاتهم ورغباتهم الحالية.

إن خطة التحول تعتمد على الفرص المناسبة للتحول. والمنتفعون هم الذين يملكون هذه الفرص التـي يعتمد استغلالها على مدى قدرة المؤسسة على تقديم المنتجات والخدمات التي تمثل قيم ومنافع حقيقية ومهمة تلبي احتياجاتهم. ويعني ذلك أن نشاط المؤسسة يحدده المنتفعون بمنتجاتها وخـدماتها عنـدما يقدمون على شرائها أو يُعرضون عنها. فالذي يراه المنتفع ويعتقده ويريده ويرغبه يجب أن يقبله قـادة وخبراء المؤسسة ويجب اعتبار تلك الرغبات أهدافا حقيقية يجب تلبيتها[347].

وعندما لا يكون هناك طلب في المجتمع على منتجات وخدمات بسبب أنه لا يوجد احتياج لها فإنه لن يكون هناك معنى لتقديم تلـك المنتجات وعرضها للمجتمع. لـن ينفع العـرض ولا الإعـلان ولا تنشـيط المبيعات في تسويق منتجات وخدمات لا حاجة للمجتمع إليها، فالإقبال عليها يتم فقط بمقدار الرغبـة في شرائها لتلبية احتياجات محددة. إن منجم النحاس ينتج خام النحاس، وفي حالـة انـه لا يوجـد طلب عـلى خام النحاس أو أن حجم الطلب غير اقتصادي فلا بد أن يتوقف المنجم. وفي كل الأحـوال فإن المنتفـع هـو الحكم النهائي الذي يحكم على المنتجات والخدمات المقدمة حاليا وهو المستشار الأول والأهم الذي ينبغي استشارته ومعرفة رأيه وقناعاته حول احتياجاته المستقبلية والمنتجات والخدمات التـي تحقـق توقعاتـه وتطلعاته[348].

ومن أجل معرفة العوامل والمتغيرات المهمة في المجتمع المنتفع والفرص المتاحة لديه والمناسبة لخطـة التحول التي يجري إعدادها لا بد من الاستفادة من دراسات وأبحاث السوق المعدة عـن الصـناعة ككـل والتي تشمل: دراسة المنتفعين في النطاق

---

(347) Drucker , 1955, p47 - 49

(348) المرجع السابق، ص47

الجغرافي للمجتمع الذي تخدمه الصناعة ككل وخصائص المنتفعين بمنتجات وخدمات الصناعة في هذا النطاق والمجتمع المستهدف خدمته خلال المرحلة القادمة، الفئات والقطاعات التي تخدمها الصناعة والمتوقع أن تخدمها خلال المرحلة القادمة، معدل نمو المجتمع المنتفع / معدل نمو السوق، الهيكل الحالي للمشترين ومؤشرات تغيره، عدد المشترين ككل، إجمالي الطلب، عدد المشترين الكبار، نسبة إجمالي مشترياتهم إلى إجمالي الطلب على منتجات أو خدمات الصناعة، نسبة مشتريات كل منهم إلى إجمالي الطلب، طبيعة نشاط المشترين، مؤشرات التغير في كل هذه العوامل.

كما ينبغي إجراء أو استكمال الدراسات والأبحاث التسويقية الخاصة بالمؤسسة لتشمل العوامل والمتغيرات المهمة لدى المجتمع المنتفع بمنتجات وخدمات المؤسسة والتي يمكن أن يكون لها تأثير مباشر في إعداد خطة التحول والتي يمكن أن تتضمن العوامل الآتية:

النطاق الجغرافي للمجتمع الذي تخدمه المؤسسة حالياً والمستهدف خدمته خلال المرحلة القادمة (على المستوى المحلي القطري الإقليمي أو العالمي)، الفئات والقطاعات التي تخدمها المؤسسة حاليا والمستهدف خدمتها من قبل المؤسسة خلال المرحلة القادمة، حجم الطلب المتوقع ومعدل نمو الطلب، عدد المنتفعين بمنتجات وخدمات المؤسسة حاليا وخلال المرحلة القادمة، خصائص كل فئة أو قطاع من الفئات والقطاعات المنتفعة بمنتجات وخدمات المؤسسة، ذلك لأن معرفة هذه الخصائص يساعد في دراسة وتحديد الحاجات الحقيقية للمنتفعين وبالتالي في تحديد المنتجات والخدمات المناسبة لكل فئة أو قطاع[349].

دراسة وتحليل المنتفعين الكبار:

كبار المنتفعين هم مجموعة المشترين الصناعيين أو تجار الجملة الذين يشترون بكميات كبيرة من إنتاج المؤسسة وتمثل مشترياتهم نسبة كبيرة من إنتاجها. ويرتبط هؤلاء المنتفعون بعلاقة خاصة بالمؤسسة والتي يجب أن تبنى على أساس الشراكة والثقة وتحقيق المصالح المشتركة والتي من أهم عناصرها الاتفاق حول الخصائص والقيم الحقيقية للمنتجات والخدمات المطلوبة والتي تحقق المصالح المتوازنة للطرفين.

وعند تحليل ودراسة هذه الفئة يجب التأكيد أيضا على تحديد وتلبية المزايا

(349) السيد، 1990، ص117

والمنافع التي يسعى لتحقيقها المنتفع النهائي بمنتجات وخدمات المؤسسة الذي يعتبر الحكم النهائي على ملائمة وأفضلية هذه المنتجات والخدمات.

وتتطلب دراسة المنتفعين الكبار معرفة وتحديد العناصر الآتية كما هي في المرحلة الجارية ومؤشرات تغيرها:

تحديد أهم المنتفعين الكبار المستفيدين من منتجات وخدمات المؤسسة الحالية والآخرين الذين يمكن أن يستفيدوا منها خلال المرحلة القادمة، العدد الكلي للمنتفعين بمنتجات وخدمات المؤسسة، عدد المنتفعين الكبار، نسبة إجمالي مشترياتهم إلى إجمالي الطلب على منتجات وخدمات المؤسسة، نسبة مشتريات كل منهم إلى إجمالي مبيعات المؤسسة، معرفة أهدافهم وطبيعة نشاطهم، معرفة توجهاتهم واستراتجياتهم للمرحلة القادمة، معرفة إمكانياتهم وقدراتهم الإنتاجية وقدراتهم الشرائية، معرفة وضع صناعتهم والنجاحات التي تحققها والمشاكل التي تعانيها، عناصر القوة والضعف لديهم، احتياجاتهم الفعلية، والجوانب التي تلبيها منتجات وخدمات المؤسسة والجوانب التي لا يتم تلبيتها.

ومن العوامل المهمة التي يجب معرفتها ومعرفة مؤشرات التغير فيها العوامل الآتية المتعلقة بالمنتفعين الكبار خاصة وسائر المنتفعين بصفة عامة [350]:

وجود منتجات بديلة للمنتفعين، تكلفة تحول المنتفعين إلى منتجات وخدمات أخرى بديلة، درجة التركيز في صناعة المنتفعين، المعلومات المتوفرة لدى المنتفعين عن المنتج أو الخدمة أو عن المؤسسة، أهمية المنتج أو الخدمة لدى المنتفعين، مدى تأثير الجودة على عملياتهم ومنتجاتهم وخدماتهم، حساسية السعر بالنسبة لهم.

وعندما يتم الانتهاء من معرفة وتحديد المجتمع المنتفع بمنتجات وخدمات المؤسسة حاليا والمرحلة القادمة يجب تعميق الدراسة والتحليل لمعرفة الاحتياجات والرغبات الحقيقية المستقبلية للمنتفعين بتلك المنتجات والخدمات في مختلف فئاتهم وقطاعاتهم ومناطقهم الجغرافية.

ولتحديد هذه الاحتياجات والرغبات لا بد من البحث الدقيق عن القيم والمزايا التي يبحث عنها المنتفعون ويجدونها في المنتج وتجعلهم يقدمون على شرائه أو يعرضون

---

(350) Pearson, 1990, p95

المقدمة

عنه بسبب عدم توفرها فيه[351]. ومعلوم أنه لا يمكن لخبراء المؤسسة مهما أوتوا من علم وخبرة أن يحددوا بأنفسهم القيم والمزايا المناسبة لتلك الاحتياجات والرغبات، ذلك لأن هذه القيم والمزايا تخص المنتفعين ونشاطهم وأهدافهم وعملياتهم وحاضرهم ومستقبلهم ولا يجوز لغيرهم أن يحددها بالنيابة عنهم. ومن المفيد التعاون والشراكة بين المؤسسة والمنتفعين في البحث الجاد عن الحاجات الحقيقية والمنافع والمزايا التي يبحثون عنها ثم تحديد خصائص المنتجات والخدمات التي تلبي تلك الحاجات.

والمنتفعون يبحثون عن منتجات بمستويات معينة من الجودة وخصائص ومزايا ملائمة لاستعمالاتهم واحتياجاتهم وبأسعار متفقة مع القيم والمنافع التي يحققونها من المنتج أو الخدمة. وبالنسبة للمنتجات المعمرة فإنهم يتوقعون الحصول على قطع الغيار ومستلزمات التشغيل والإنتاج وخدمات الإصلاح والمساعدة في حل المشاكل كما يهتمون بجودة هذه الخدمات وسرعة توفيرها وتكلفتها. إن معرفة الحاجات الحقيقية للفئة أو القطاع الذي تخدمه المؤسسة ومعرفة مدى تحقيق المنتج أو الخدمة لهذه الاحتياجات تعتبر الأساس لتحسين المنتج أو الخدمة أو تقديم منتج جديد أو خدمة جديدة.

ويستفيد فريق التخطيط من دراسة هذه العوامل والمتغيرات في تحديد الفرص المتاحة في السوق في المرحلة القادمة والمستهدفة في السوق الحالي والأسواق والقطاعات الجديدة.

دراسة المنتجات والخدمات المقدمة على مستوى الصناعة والمؤسسة:

وتمهيدا لتحديد الفرص المتعلقة بمنتجات وخدمات المؤسسة المناسبة للمرحلة القادمة يتطلب الأمر دراسة المنتجات والخدمات التي تقدمها الصناعة، والتي تتضمن دراسة الجوانب الآتية: مجال نشاط الصناعة، تشكيلة منتجات وخدمات الصناعة على المستوى المحلي / الإقليمي / العالمي، خصائص منتجات وخدمات الصناعة، درجة النمطية والتماثل في منتجات وخدمات الصناعة، درجة التميز والاختلاف في منتجات وخدمات الصناعة، خصائص منتجات وخدمات الصناعة المتوقعة خلال المرحلة القادمة وفق توقعات خبراء الصناعة، دورة حياة المنتج الرئيسي في الصناعة والمرحلة التي يمر بها منحنى الخبرة في الصناعة ومؤشرات الإنتاج والكفاءة، مستوى تشبع الصناعة، مستويات التكلفة والسعر، مستويات جودة المنتجات

(351) Drucker, 1955, p51,53

والخدمات.

وفيما يتعلق بمنتجات وخدمات المؤسسة ينبغي دراسة وتحليل العوامل والجوانب الآتية:
تحليل محافظ المؤسسة (وضع منتجات وخطوط المنتجات الحالية وفرص المستقبل). خصائص منتجات المؤسسة. درجة تمييز منتجات وخدمات المؤسسة. فرص المنتجات والخدمات الحالية لسوق أوسع. فرص منتجات وخدمات
محسنة أو جديدة للسوق الحالي. فرص منتجات وخدمات محسنة أو جديدة لأسواق جديدة.

الفرص المتاحة والمخاطر المحتملة من جهة المجتمع المنتفع:

في نهاية المهمة الخاصة بدراسة وتحليل المجتمع المنتفع الذي تخدمه المؤسسة أو المستهدف خدمته خلال مرحلة التحول القادمة ينبغي أن يتوصل الفريق المكلف بهذه المهمة إلى تحديد قائمة مبدئية للفرص المتاحة من جهة المجتمع المنتفع والمخاطر التي يمكن أن تواجه المؤسسة من قبله. ويبين الجدول رقم (4.8) مثالا لهذه القائمة التي ينبغي مراجعتها وتحديد أولوياتها وفقا لأهميتها الإستراتيجية ومدى تأثيرها المتوقع في إعداد خطة التحول.

موارد بيئة المجتمع (موارد الأرض والسماء):

تقدم بيان جملة من الموارد الرئيسية التي سخرها الخالق سبحانه للناس عامة في أرضه وسمائه ووزعها على مناطق الأرض بدرجات متفاوتة ليحصل التكامل والتعاون بين المجتمعات والشعوب. والمجتمع الواعي الراشد هو الذي يتعرف على الموارد والخيرات في بيئته ويحاول جهده أن يستغلها الاستغلال الأمثل لصالح أفراد المجتمع، ولا مانع من الاستفادة من تجارب وخبرات المجتمعات الأخرى في كيفية الارتقاء في استغلال موارد الأرض والسماء.

وفي إطار دراسة وتحليل بيئة صناعة المؤسسة يركز الفريق المكلف بدراسة وتحليل الموارد والنعم التي سخرها الخالق للناس على الموارد والنعم الموجودة في المنطقة التي تخدمها المؤسسة في المرحلة الحالية وخاصة في الدولة التي تعتبر المقر الرئيسي للمؤسسة ثم المناطق الأخرى التي تخدمها المؤسسة والتي ترغب في خدمتها خلال المرحلة القادمة. إن توفر موارد الأرض والسماء تمثل فرصا عظيمة للنشاطات الإنتاجية والخدمية وكلما تحسن مستوى استغلالها كلما زادت الفرص المتاحة للنشاط الإنتاجي والخدمي وكلما ضعف مستوى استغلالها قلت الفرص المتاحة له.

جدول رقم (4.8): الفرص المتاحة والمخاطر الممكنة من جهة المجتمع المنتفع

الفرص المتاحة من جهة المجتمع المنتفع	المخاطر الممكنة من جهة المجتمع المنتفع
1. ازدياد عدد المنتفعين بمنتجات وخدمات المؤسسة وازدياد حجم طلبهم عليها. 2. اكتشاف استعمال جديد لأحد المنتجات الحالية يتوقع أن يؤدي إلى ارتفاع دخل المبيعات. 3. تقديم منتج جديد يمكن أن يساهم في تحقيق العوائد الاقتصادية المستهدفة خلال المرحلة القادمة. 4. طرق وأساليب جديدة في التسويق والتوزيع والبيع تؤدي إلى التحسين النوعي لأداء ونتائج تسويق منتجات وخدمات الصناعة. 5. فرص التوسع في أسواق أخرى محلية وإقليمية خاصة في المنطقة ب، د. 6. معدلات عالية لنمو سوق الصناعة محليا وإقليميا وعالميا تشجع على الاستثمار في إنتاج وتقديم كميات كبيرة من بعض المنتجات التي تقدمها المؤسسة. 7. نضج سوق بعض المنتجات يؤكد على أهمية التركيز على تمييزها لتلبي احتياجات قطاعات وفئات مناسبة. 8. استغلال سمعة منتجات	1. تغير احتياجات وميول المنتفعين المتعلقة بالآلة الحاسبة وجهاز المذياع وتأخر المؤسسة في الاستجابة لهذه التغيرات الأمر الذي يؤدي إلى انخفاض الطلب والمبيعات والعوائد الاقتصادية وتكبد بعض الخسائر. 2. ظهور تجمعات لمؤسسات المنتفعين في إحدى دول المنطقة ب تحاول أن تشكل قوى تفاوضية قد تعمل على فرض شروط غير منصفة للمؤسسة. 3. ظهور منتج بديل تقدمه صناعة أخرى ومؤشرات تدل على ارتفاع نسبة المنتفعين الذين يتحولون إلى استعمال المنتج الجديد بسبب انخفاض تكاليف التحول. 4. تغيرات تقنية يمكن أن تؤدي إلى تقلص دور منتجات وخدمات الصناعة في تحقيق مستويات الجودة والأرباح التي تستهدفها مؤسسات المنتفعين. 5. توسع صناعة المنتفعين في التكامل الخلفي قد يؤثر على وضع الصناعة خلال المرحلة القادمة. 6. ارتفاع تكاليف الإنتاج في

المؤسسة في التمهيد والإعداد للدخول لسوق جديد في المنطقة د.	الصـناعة أدى إلى ارتفـاع أسـعار منتجاتهـا وخدماتها الأمـر الـذي يتوقـع أن يـدفع الكثير من مؤسسات المنتفعين إلى البحـث عن بـدائل أخرى لمنتجات وخدمات الصناعة.

إن مجموع الأنشطة الإنتاجية والخدمية القائمة في المجتمع تعتمـد مباشـرة وغير مباشرة على مـوارد الأرض والسماء المسخرة للمجتمع في بيئته. فصناعات الإنتاج الزراعي والحيواني وإنتاج خامـات المعـادن والنفط والغاز كلها تعتمد على موارد الأرض والسماء الأساسية المتمثلـة في التربة والماء والهواء والشمس والنبات والحيوان والمعادن والخامات الموجودة في الأرض.

ثم يتوسع النشاط الإنتاجي باستغلال المواد المصنعة الأولية لإنتاج مواد جاهزة للاستعمال مثل صناعة الأثاث ووسائل النقل ومعدات وأدوات الإنتاج وغيرها. أي أن الصناعة تتدرج وتتوسع في المجتمع ابتداء من إنتاج المواد الأولية ثم المواد المصنعة منها والمـواد المصـنعة جزئياً لصـالح مختلـف الصـناعات المركبـة والمعقدة، وينشأ عن التوسع في النشاط الإنتاجي ويرافقه توسـع في النشـاط الخـدمي مثل نشـاطات الإنشاءات والصيانة والنقل والتوزيع والاتصالات والتعليم والتدريب والبحث والتطوير وغيرها.

بذلك يلاحظ أن الفرص كلها موجودة في المجتمع وموارد بيئته. في بيئة المجتمع توجـد المـوارد والـنعم المسخرة له والتي تستخدمها المؤسسة مباشرة أو غير مباشرة في إنتاج منتجاتها التـي ينتفع بهـا أفـراد في المجتمع. فالمنتجون في الصناعة والمنتفعون بمنتجاتها هم أفـراد وفئـات مـن المجتمـع ومـوارد البيئـة هـي موارد المجتمع.

ويهم المؤسسة موارد بيئة المجتمع التي تعتمد عليها في عملياتها الإنتاجيـة والخدميـة اعتمـاداً مباشـراً كما يهما موارد البيئة التي يعتمد عليها الموردون للمنتجات المصنعة أو نصف مصنعة التي تعتبر مـوارد ومستلزمات الإنتاج في المؤسسة. فإذا واجهت صناعة الموردين صعوبة في الحصول عـلى المـواد الأوليـة أو مستلزمات إنتاجها فستنتقل آثار تلك الصعوبات لصناعة المؤسسة. لـذلك لا بـد مـن مراقبـة ومتابعـة التغيرات المتعلقة بالمواد الأولية في بيئة المجتمع ومستلزمات الإنتـاج الخاصـة بالمؤسسـة وأسـعارها ومـدى توفرها والفرص المتاحة فيها والمخاطر الناشئة عنها.

وقد تدفع المخاطر المتوقعة بشأن احتمال نقص واردات المواد الأولية أو مستلزمات الإنتاج تدفع المؤسسة أو مجموعة المؤسسات العاملة في الصناعة إلى الدخول في المزيد من التعاون أو الشراكة مع المؤسسات العاملة في صناعة الموردين من أجل العمل معاً على مواجهة المخاطر المؤثرة على الصناعة وصناعة الموردين.

و تستدعي ندرة الموارد أو صعوبة الحصول عليها الاستغلال الأمثل للموارد والثروات المسخرة في بيئة المجتمع على المدى البعيد، كما تستدعي المحافظة عليها وتجنب استنزافها والعمل على سلامة ونظافة البيئة ومكوناتها. ولا بد عند تصميم وتنفيذ العمليات الإنتاجية والخدمية واختيار التقنيات والتجهيزات المستعملة فيها مراعاة الاستفادة المثلى من موارد الأرض والسماء وحمايتها وعدم إفسادها. إن من الفرص المهمة ما يكمن في موارد الأرض والسماء المتوفرة في بيئة المجتمع، ومن المخاطر المحتملة ما هو متعلق بتلك الموارد التي يجب تحديدها وأخذها في الاعتبار عند إعداد خطة التحول.

ومما يجب دراسته هو تحديد تأثير متغيرات البيئة الخارجية على موارد المجتمع المستهدف خدمته، أو المجتمع المستفاد من موارده حالياً في صناعة المؤسسة. فالعوامل والمتغيرات السياسية والدولية والاقتصادية والتقنية والاجتماعية لها جميعاً أو بعضها تأثير على مدى توفر واستغلال الموارد والمواد الأولية للمؤسسة وصناعتها وعلى أسعارها مما يكون له أثر كبير على الفرص المتاحة والمخاطر المحتملة في المرحلة القادمة.

كما يعتمد الاستغلال الأمثل لموارد الأرض والسماء في بيئة المجتمع على مدى الارتقاء العلمي والتقني والارتقاء في أساليب وطرق استكشاف الموارد والثروات المودعة في هذه البيئة، وكيفية استخراجها وإنتاجها واستغلالها لإنتاج مواد ومنتجات أخرى تضيف كثيراً إلى المنافع التي تحقق الحاجات والمصالح المتجددة للمجتمع، وذلك مع تفادي التأثيرات السلبية على البيئة وبأقل التكاليف الممكنة.

ولا بد أن توجد في المجتمع مؤسسات عامة وخاصة علمية وبحثية واستشارية تعمل على إجراء المسوحات والدراسات لأجل تحديد الموارد والثروات

المتاحة في بيئة المجتمع واحتياطيات المخزون منها وكيفية استغلالها. وعلى الخبراء المختصين في المؤسسة المساهمة في تلك الجهود، ومتابعة المعلومات المستجدة عن تلك الموارد التي تهم المؤسسة بصفة خاصة والمتغيرات المهمة في الموارد والثروات المتاحة في بيئة المجتمع والمجتمعات التي تخدمها المؤسسة أو ترغب في خدمتها سواء على المستوى القطري أو الإقليمي أو العالمي.

إن الموارد والثروات المتاحة متوفرة وأكثرها متجدد ويحتاج إلى جهود مكثفة لاكتشافها وتنميتها واستغلالها مع التوكل على الله الخالق سبحانه والاستعانة به فهو سبحانه القائل في كتابه العزيز: (مَا يَفْتَحِ اللَّهُ لِلنَّاسِ مِن رَّحْمَةٍ فَلَا مُمْسِكَ لَهَا وَمَا يُمْسِكْ فَلَا مُرْسِلَ لَهُ مِن بَعْدِهِ وَهُوَ الْعَزِيزُ الْحَكِيمُ)[352]

الفرص المتاحة والمخاطر المحتملة من جهة موارد بيئة المجتمع:

في نهاية المهمة الخاصة بدراسة وتحليل موارد بيئة المجتمع الذي تخدمه المؤسسة أو الذي يمكن أن تخدمه خلال مرحلة التحول القادمة ينبغي أن يتوصل الفريق المكلف بهذه المهمة إلى تحديد قائمة الفرص المتاحة من جهة موارد بيئة المجتمع والمخاطر التي يمكن أن تواجه المؤسسة من قبلها. ويبين الجدول رقم (4.9) مثالا لهذه القائمة التي ينبغي مراجعتها وتحديد أولوياتها وفقا لأهميتها الإستراتيجية ومدى تأثيرها المتوقع في إعداد خطة التحول.

جدول رقم (4.9): الفرص المتاحة والمخاطر الممكنة من جهة موارد بيئة المجتمع

الفرص المتاحة من جهة موارد بيئة المجتمع	المخاطر الممكنة من جهة موارد بيئة المجتمع
1. اكتشافات نفط وغاز كبيرة في المنطقة ا وبعض دول المنطقة ب، ج وقدرات إنتاجية متنامية ينجم عنها ازدياد دخل تلك المجتمعات وتحسن القدرة الشرائية وتوفر المزيد من الموارد للاستثمار.	1. ارتفاع أسعار النفط والغاز في بعض دول المنطقة ب، ج وما يؤدي إليه من ارتفاع في أسعار الطاقة وارتفاع تكلفة الإنتاج.
2. ظهور تقنيات جديدة تمكن من استغلال الطاقة الشمسية على مستوى أوسع في العمليات الإنتاجية والخدمية.	2. ازدياد معدلات استنزاف الموارد المائية في المنطقة ا بالرغم من نقص احتياطيات المياه الجوفية الصالحة للشرب والزراعة والأنشطة الإنتاجية والخدمية الأمر الذي يُنذر بأن تواجهه

---

[352] فاطر: 2

3. توفر مصادر هائلة للطاقة المتجددة وخاصة الطاقة الشمسية في أغلب المناطق التي تخدمها المؤسسة. 4. تشجيع ودعم بعض الحكومات في المنطقة ا، ب لاستكشاف وإنتاج المواد الخام التي تعتمد عليها صناعة الموردين للمكونات الداخلة في منتجات الصناعة مما يؤدي إلى تحسن وضع التوريدات للصناعة.	تلك الأنشطة صعوبات كبيرة في المدى البعيد. 3. الشروط غير العادلة في عقود بعض شركات الاستثمار الأجنبية في استغلال موارد بيئة المجتمع والاستنزاف المتسارع لهذه الموارد الذي يمكن أن يصاحب تنفيذ تلك العقود. 4. تفاقم مشاكل التلوث في بعض الدول التي تعمل بها المؤسسة والالتزامات المتزايدة للمؤسسات العاملة في الصناعة بشأن معالجة تلك المشاكل. 5. توالي الجفاف لعدة سنوات في بعض دول المنطقة ج وتأثيراته على الأنشطة الإنتاجية والخدمية في حال استمراره خلال السنوات القادمة. 6. ارتفاع معدلات الحرارة في أغلب المناطق التي تعمل فيها المؤسسة.

الموردون:

يمكن اعتبار كل صناعة أو مؤسسة أنها مُورِّد وأنها مُنتِج، وأنها مُنتفِع في نفس الوقت فكل مؤسسة تعتمد في عمليات إنتاجها على موارد ومستلزمات إنتاج تتحصل عليها من الموردين وهي بذلك تنتفع بتلك المنتجات وتستعملها في إنتاج وتقديم منتجات وخدمات للمنتفعين بها في المجتمع.

وهكذا يتبين أن المجتمع يتكون من سلسلة أو مجموعات من سلاسل الصناعات والمؤسسات الإنتاجية والخدمية المسخرة لخدمة بعضها بعضاً، يتميز كل منها ويتفاضل عن الآخر بقدرات تمكنها من تقديم المنافع للمؤسسات المنتفعة بمنتجاتها

وخدماتها، وهي في ذاتها منتفعة بمنتجات

وخدمات المؤسسات الموردة للمواد ومستلزمات عملياتها الإنتاجية والخدمية. فمؤسسات المجتمع وأفراده يخدمون بعضهم بعضاً بما ميز به الخالق سبحانه الأفراد والجماعات من مواهب وقدرات وإمكانيات وفقاً لقوله سبحانه: ﴿ أَهُمْ يَقْسِمُونَ رَحْمَةَ رَبِّكَ نَحْنُ قَسَمْنَا بَيْنَهُم مَّعِيشَتَهُمْ فِي الْحَيَاةِ الدُّنْيَا وَرَفَعْنَا بَعْضَهُمْ فَوْقَ بَعْضٍ دَرَجَاتٍ لِيَتَّخِذَ بَعْضُهُم بَعْضاً سُخْرِيّاً وَرَحْمَتُ رَبِّكَ خَيْرٌ مِّمَّا يَجْمَعُونَ ﴾ [353].

ويبين الشكل رقم (4.9) سلسلة التسخير والانتفاع في المجتمع من خلال التفاعل والتعاون بين مؤسساته وصناعاته وأفراده لصالح الجميع.

إن هذه السلاسل تؤكد على اعتماد مؤسسات المجتمع على بعضها في جهود ونتائج الارتقاء والتنمية والتطوير وكذلك في حالات التدهور والانحطاط. والمؤمنون جماعات وأفراد كالبنيان المرصوص يدعم بعضهم بعضاً ويتعاونوا من أجل نجاح الجميع. ولا يتحقق ازدهار ونجاح الصناعة والمؤسسة إلا في حال نجاح صناعة الموردين في توريد احتياجات الصناعة والمؤسسة بالكميات والخصائص والأسعار المناسبة. ويُعد الموردون من أهم عناصر البيئة في صناعة المؤسسة والتي ينبغي دراستها فهي تعتمد عليهم في مدخلاتها، حيث أن نوع وحجم ومدى وسرعة توفر تلك المدخلات تؤثر كثيراً في نجاحها، وذلك يستلزم التحقق من درجة توافرها وجودتها وأسعارها والتغيرات المتوقعة بشأنها خلال المرحلة القادمة [354].

الشكل رقم (4.9): سلسلة التسخير والانتفاع في المجتمع

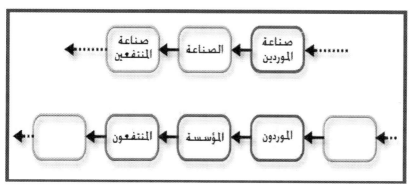

(353) الزخرف: 32
(354) السيد، 1990، ص120

سلسلة التسخير والانتفاع في المجتمع:

إن وفرة وجودة وأسعار منتجات الصناعة عامة والمؤسسة خاصة يعتمد كثيراً على وفرة وجودة وأسعار المواد ومستلزمات الإنتاج المستلمة من الموردين العاملين في الصناعة الموردة. وتمكن جهود التعاون والشراكة الفعالة بين مؤسسات الصناعة ومؤسسات الصناعة الموردة من تحقيق وفرة المواد وتخفيض التكاليف وتحسين الجودة والوصول إلى تقنيات جديدة[355]. وهذه الشراكة الفعالة ستكون سمة من سمات التعاون بين الصناعات والمؤسسات في البيئة الإسلامية الناشئة والصاعدة بإذن الله وتوفيقه.

وتمكن دراسة وتحليل وضع صناعة الموردين من معرفة المتغيرات والفرص والمخاطر المتعلقة بالتوريدات اللازمة للصناعة والمؤسسة. ومن العناصر المهمة التي ينبغي دراستها:[356] النجاحات والمزايا التي تتمتع بها الصناعة الموردة والمشاكل التي تعاني منها، مدى توفر وتكلفة المواد الخام ومستلزمات الإنتاج للصناعة الموردة، مستوى التعاون والتوافق والتكامل بين المؤسسات المكونة لصناعة الموردين، مستوى الهيمنة والاحتكار، ومؤشرات التغير في عوامل النجاح الخاصة بها.

ومن المفيد دراسة وتحليل هيكلية صناعة الموردين من خلال معرفة عدد الموردين في الصناعة الموردة، وعدد المؤسسات الكبيرة والمتوسطة، والحجم النسبي لها، والمجموعات الإستراتيجية في صناعة الموردين، وتجمعات الموردين التي تهدف إلى تحقيق قوى تفاوضية[357]. كما تتضمن دراسة الموردين: حجم مشتريات الصناعة والمؤسسة من الموردين ومؤشرات تغيرها، والموردون الرئيسيون الذين تتعامل معهم المؤسسة حالياً ومؤشرات أدائهم، والموردون الذين يمكن الاستفادة منهم مستقبلاً.

ومن المهم أيضا معرفة مدى توفر وجودة وأسعار المواد المستلمة من الموردين ومؤشرات تغيرها ودرجات التمايز والاختلاف في منتجات وخدمات الموردين ومدى توفر مواد ومنتجات بديلة. كما يلزم دراسة العلاقة بين الصناعة والصناعة الموردة من حيث فعالية ونتائج التعاون والشراكة بينهما، وأهمية المواد ومستلزمات الإنتاج الموردة

---

(355) Hunger & Wheelen, 1999, p69

(356) Pearson, 1990, p95

(357) مرسي، 2006، ص151

بالنسبة للصناعة والمؤسسة، ومدى مساهمة الموردين ومنتجاتهم في تحقيق جودة وتخفيض تكاليف المنتجات والخدمات التي تقدمها الصناعة والمؤسسة. وأهمية الصناعة في تحقيق مبيعات ودخل وأرباح للموردين.

ومن المجالات المهمة التي تتطلب التعاون والشراكة بين الصناعة والمؤسسة والموردين اكتشاف وتحديد وتطوير التقنيات والأساليب والطرق المستعملة في الإنتاج والتسويق والبحث والتطوير.

كما يلزم دراسة وتحليل تأثير متغيرات البيئية الخارجية العامة على الصناعة الموردة ومدى انعكاسها على الصناعة بصفة عامة والمؤسسة بصفة خاصة. فقد تؤثر المتغيرات الاجتماعية أو الاقتصادية على الموردين بدرجة أكبر من تأثيرها على المؤسسة إلا أن ذلك التأثير قد ينتقل إليها من الموردين إيجاباً أو سلباً وذلك في درجة توفر المواد ومستلزمات الإنتاج وجودتها وسعرها.

كما أن المتغيرات السياسية والقانونية قد يكون لها تأثير على الصناعة عبر صناعة الموردين، أما المتغيرات الدولية والحصارات والأعمال العدائية وجهود العولمة السلبية الدافعة إلى تغليب مصالح بعض الدول والقضاء على فرص التعاون المثمر والمنصف والمتوازن بين الشعوب يمكن أن يكون لها تأثير على الصناعة مباشرة وتأثير غير مباشر من خلال الموردين.

والمؤسسات العاملة في البيئة الإسلامية تحرص على تحقيق التوازن والإنصاف في التعامل بين المجتمعات وتسعى إلى تحقيق الخير ونشره بين الأمم من خلال التعامل التجاري والصناعي والعلمي والتقني وفي مختلف المجالات وفقاً للقيم الإسلامية الراقية ولكنها لا تقبل بمحاولات الهيمنة والاستغلال والاحتكار من قبل المؤسسات المدفوعة بروح الاستعلاء والاستكبار والهيمنة على موارد الشعوب.

إن العلاقة الوثيقة بين المؤسسة والموردين للموارد اللازمة لعمليتها تعتبر مهمة للبقاء والنمو على المدى البعيد. وتشمل هذه الموارد المواد والمعدات والتجهيزات والخدمات المتنوعة. وقد تحتاج المؤسسة حسب دواعي الطلب المتغيرة بسرعة إلى توريد مواد ومستلزمات بصفة عاجلة أو خدمات غير عادية، أو تسهيلات مالية وكل ذلك يتطلب مستويات عالية من الثقة والتعاون والشراكة بين المؤسسة والموردين[358].

(358) Pearce & Robinson, 1991, p104

الفرص المتاحة والمخاطر المحتملة من جهة الموردين:

في نهاية المهمة الخاصة بدراسة وتحليل الموردين الذين تستفيد منهم المؤسسة في الحصول على مستلزمات إنتاجها الحالية والمتوقعة خلال مرحلة التحول ينبغي أن يتوصل الفريق المكلف بهذه المهمة إلى تحديد قائمة مبدئية للفرص المتاحة من جهة الموردين والمخاطر التي يمكن أن تواجه المؤسسة من قبلهم. ويبين الجدول رقم (4.10) مثالا لهذه القائمة التي ينبغي مراجعتها وتحديد أولوياتها وفقا لأهميتها الإستراتيجية ومدى تأثيرها المتوقع في إعداد خطة التحول.

جدول رقم (4.10) الفرص المتاحة والمخاطر المحتملة من جهة الموردين

الفرص المتاحة من جهة الموردين	المخاطر الممكنة من جهة الموردين
1. توفر مواد ومستلزمات الإنتاج بالكميات والمواصفات والأسعار المناسبة في المنطقة ا وأغلب دول المنطقة ب.	1. سيادة روح الهيمنة والاحتكار من قبل المجموعة الرئيسية المتحكمة في صناعة الموردين والتي قد تؤدي إلى ارتفاع تكاليف الإنتاج في الصناعة والمؤسسة وما يتسبب عنه من ارتفاع الأسعار وانخفاض المبيعات والأرباح.
2. وجود تعاون وتوازن في تبادل المصالح بين المؤسسة وعدد مناسب من الموردين في مختلف المناطق التي تعمل بها المؤسسة.	2. ظهور توجه لدى العديد من الموردين نحو الاستثمار في صناعة المؤسسة عن طريق التكامل أو الاندماج مع المؤسسات العاملة في الصناعة[359].
3. ظهور فرص للتعاون مع مؤسسات عاملة في بعض دول المنطقة ب، ج في إنتاج المواد الخام وبعض المكونات الداخلة في منتجات المؤسسة.	3. نقص مواد ومستلزمات الإنتاج وارتفاع أسعارها في بعض دول المنطقة ب.
4. توصل أحد الموردين إلى تقنية جديدة يمكن الاستفادة منها في تحسين	4. انصياع بعض الموردين في المنطقة ب للقرارات الظالمة المتعلقة

(359) Argenti, 1989, p246

أداء بعض عمليات المؤسسة وبعض المنتجات التي تقدمها المؤسسة.	بالحصار الذي تعودت بعض دول الاستكبار العالمي على ممارسته على شعوب الأمة العربية والإسلامية. 5. ظهور مؤشرات لاحتمال حصول خلاف كبير مع المورد الرئيسي- لأحد المكونات المهمة للجهاز المرئي.

المجتمع المساهم والممول:

إن المساهمين هم المبادرون إلى إنشاء المؤسسات الإنتاجية والخدمية والتي يشجع نجاحها على المزيد من الاستثمار فيها وفي مؤسسات مماثلة في الصناعة. إن هذه الحقيقة تحدد أنواع المستثمرين في المجتمع المساهم والذين يمكن تقسيمهم إلى فئات يتقدمهم المبادرون والمجتهدون في الاستثمار ثم يتبعهم المقلدون. ومن المجتهدين من يملك الجرأة والشجاعة على الاستثمار في الظروف الصعبة، ومن المقلدين من يحتاج إلى توافر عوامل كثيرة تبعث في أنفسهم الثقة والاطمئنان إلى أن أموالهم محمية والعوائد مجزية.

وينبغي الحرص على الاستفادة المثلى من الاستثمار المتاح في المجتمع الذي تخدمه المؤسسة وتشجيع تنميته حتى يحصل التكامل الأمثل بين عناصر الصناعة الواحدة ومجموعة الصناعات العاملة في المجتمع ويتحقق أكبر قدر ممكن من التوازن في مصالح الأطراف ذات المصالح المشروعة في الصناعة والمؤسسات العاملة فيها في ذات المجتمع.

ومما يؤدي إلى اختلال هذا التوازن الاعتماد على استثمارات خارجية لأفراد وهيئات من بلدان بعيدة عن المجتمع الذي تخدمه المؤسسة، حيث تكون الممتلكات والعوائد لتلك الجهات على حساب المستثمرين في المجتمع. وإذا دعت الحاجة إلى الاستفادة من استثمارات خارجية فلا بد أن تكون في حدود معينة تكفل مصالح المجتمع وتقلل من مخاطر الاعتماد على الموارد الأجنبية.

ونظرا لأهمية الموارد المالية اللازمة للاستثمار في النمو والتوسع المستهدف في خطة التحول فإنه يلزم دراسة وضع الاستثمار الحالي ومؤشرات تغيره في المجتمع

الذي تخدمه المؤسسة حالياً والذي ترغب في خدمته خلال المرحلة القادمة.

الاقتراض لغرض تمويل مشروعات التحول:

ولا مانع من الاقتراض لتمويل مشروعات التحول على ألا تكون نسبة القرض إلى إجمالي قيمـة المشروع عالية. ولا يخطر في بال قادة وخبراء المؤسسة الاقتراض الربوي وهو ما يجب تجنبه مطلقاً وفي كل الأحوال التزاماً بالمنهج الإسلامي العظيم، ذلك أولاً لأنه من الكبائر العظمى الموجبة لغضب الخالق سبحانه وعقابـه في الدنيا والآخرة، ثم لأنه استغلال جشع من طرف لآخر لا مبرر له. والبديل الأمثل للاقتراض هو الشراكة في الاستثمار والعوائد الاقتصادية الناجمة عنه.

الصدقات الجارية المتنامية:

ومن الفرص ما يمكن النظر في إتاحته من قبل المؤسسة أمام أفراد المجتمع الذين يتقربون إلى الخالق سبحانه بالصدقات الجارية. والصدقة في هذا الإطار بدلاً من أن تكون الصدقة جامدة وربما تحتاج إلى مصاريف إلى صيانتها وإدامتها تكون صدقة جارية ومتنامية من عدة أوجه: منها تنامي الأسهم من خلال العوائد الاقتصادية الناجمة عن استثمارها في المؤسسة، واستعمال الأسهم والعوائد في تنمية المؤسسة، وإتاحة المزيد من فرص العمل أمام أفراد المجتمع العاطلين عن العمل، بالإضافة إلى تحقيق المزيد من المصالح لمختلف الأطراف ذات المصالح المشروعة في المؤسسة. كما يمكن أن يتم استغلال بعض العوائد الاقتصادية الناجمة عن أسهم الصدقات الجارية في مساعدة الأيتام والفقراء والمساكين وغيرها من مجالات البر والإحسان في المجتمع.

تأثير عوامل ومتغيرات البيئة الخارجية على المجتمع المساهم:

إن عوامل ومتغيرات البيئة الخارجية العامة تتفاعل مع عوامل ومتغيرات بيئة صناعة المؤسسة ومنهـا المجتمع المساهم الذي يملك الموارد والأصول التابعة للصناعة ويعمل على تنمية وتوسع المؤسسات العاملـة فيها، ويكون من نتائج تفاعل تلك العوامل نمو مستويات الاستثمار في المجتمع أو تقلصه. وفي مـا يـلي نعرض لتأثير عوامل البيئة الخارجية على المجتمع المساهم ومستويات الاستثمار في الصناعة:

تأثير العوامل والمتغيرات الاجتماعيـة والثقافيـة: عنـدما يتفشى فسـاد الـذمم وتـدني الأخـلاق وانتشار النهب والسلب والسرقة والرشوة والتزوير والكذب ومختلف

أنواع الإفساد في الأرض يسود المجتمع حالة من عدم الثقة بين أفراده، وبين الأفراد والحكومة والمؤسسات العامة والخاصة. ويؤدي ذلك إلى إحجام الأفراد عن الاستثمار خوفاً على مواردهم المالية وخاصة في المؤسسات والشركات المساهمة.

وعلى العكس من ذلك يؤدي الارتقاء في الالتزام بالأخلاق والقيم الإسلامية الراقية إلى تعزيز الثقة بين أفراد المجتمع، وكذلك بين الأفراد والمؤسسات، وينجم عنه نمو روح المبادرة في الاستثمار في المؤسسات والشركات الإنتاجية والخدمية.

كما أن تحسن مستوى وعي المجتمع بأهمية ودور الاستثمار في نهضة المجتمع وتقدم الأمة وصالح الأفراد يشجعهم على الاستثمار، ويجعلهم يدركون أن اكتناز الأموال يضيع فرص على الفرد والأسرة والمجتمع. ويتحمل قادة وخبراء المؤسسة قدراً كبيرا من المسؤولية في التوعية بأهمية الاستثمار وذلك بالإضافة إلى العلماء والمرشدين والهيئات المختصة.

تأثير العوامل السياسية والدولية: ومن العوامل والمتغيرات السياسية التي تؤثر في حجم الاستثمار في الصناعة توجهات الحكومة والقيادات السياسية المؤثرة وقراراتهم المتعلقة بالتأميم والمصادرة والضرائب والرسوم.

كما أن سيطرة الاحتكار والهيمنة الرأسمالية وتركزها في أيدي قلة من أفراد المجتمع يحول دون اتساع دائرة الاستثمار، كما أن لتوجهات الحكومة الخاصة بدعم الصناعة دور مهم في تشجيع الاستثمار، كذلك الأمن والاستقرار السياسي.

تأثير العوامل الدولية: وأهمها ضغوط العولمة الظالمة ومزاحمة أو سيطرة الاستثمار الأجنبي على المؤسسات الإنتاجية والخدمية وكذلك الأعمال العدائية من قبل دول أجنبية مثل الحصار والتهديد والعدوان والتخريب والتدمير.

ومن العوامل الاقتصادية المؤثرة في حجم الاستثمار فتتضمن: مستوى الرخاء الاقتصادي السائد في المجتمع أو الصناعة، أسعار صرف العملات الأجنبية، مدى توفر موارد بيئة المجتمع المتمثلة في موارد الأرض والسماء التي سخرها الخالق سبحانه للمجتمع مثل النفط والحديد والموارد الزراعية والحيوانية.

ومن عوامل الصناعة المؤثرة في مستوى الإقبال على الاستثمار مستوى نمو وازدهار ونجاح الصناعة، معدلات نمو السوق، مرحلة دورة حياة الصناعة والمنتج الرئيسي ـ في الصناعة، المتغيرات والمستجدات في التقنيات المستعملة في الصناعة.

أما العوامل المهمة للاستثمار في المؤسسة فهي: مستوى نجاح المؤسسة خلال المراحل السابقة، التوقعات المستقبلية لاستمرار نجاحها، سمعة المؤسسة وسمعة منتجاتها وخدماتها، وكذلك الجدوى الاقتصادية لمشروعات التحول للمرحلة القادمة.

وأسوأ ما يمكن أن يحصل في بيئة المؤسسة الخارجية هو أن يُحجم الأغنياء أنفسهم عن الاستثمار عندما يسيطر أصحاب رؤوس الأفكار وعصابات النهب والسلب على المؤسسات الإنتاجية والخدمية. والأسوأ منه أن تسيطر القلة القليلة من عصابات رؤوس الأموال على مؤسسات المجتمع وتقضي على المؤسسات المتوسطة والصغيرة، وتعمل على إفشالها وإخراجها من السوق ويُمنع متوسطوا ومحدودوا الدخل من الاستثمار والمساهمة في المؤسسات الإنتاجية والخدمية وتصبح حكراً على عصابات رأس المال وأعوانهم.

وأفضل ما يمكن أن يزدهر فيه الاستثمار عندما يرتقي المجتمع في الالتزام بالمنهج العظيم فتسود القيم الإسلامية الراقية، وتنجح المؤسسات الإنتاجية والخدمية، وتحقق عوائد مجزية، وتسود الثقة والطمأنينة، ويقبل الناس على الاستثمار أغنياء ومتوسطوا الدخل وربما حتى الفقراء. وفي هذه البيئة الإنسانية الراقية سوف يتجرأ الشيوخ والعجائز في استثمار مدخراتهم وتقبل النساء على استثمار حليهن وذلك لتحقيق منافع لهن خاصة ومنافع للمجتمع عامة، وستكون هذه من المؤشرات الدالة على ارتقاء مستوى الاستثمار في المجتمع في المراحل القادمة من نهضة المجتمع والأمة.

ومما يساعد على تحقيق التعاون والارتقاء في المنافسة الإيجابية ويحد من المنافسة السلبية هو تشجيع المستثمرين على توزيع استثماراتهم بين المؤسسات العاملة في الصناعة لكي يصبح مجموع المستثمرين في الصناعة هم المالكون لأسهم جميع أو اغلب المؤسسات العاملة فيها، مع مراعاة تشجيع مختلف شرائح وأفراد المجتمع على الاستثمار في تنمية هذه المؤسسات.

الفرص المتاحة والمخاطر المحتملة من جهة المجتمع المساهم:

في نهاية المهمة الخاصة بدراسة وتحليل المجتمع المساهم الذي تستفيد منه المؤسسة في الحصول الموارد المالية اللازمة للاستثمار ينبغي أن يتوصل الفريق المكلف بهذه المهمة إلى تحديد قائمة مبدئية للفرص المتاحة من جهة المساهمين والمخاطر التي يمكن أن تواجه المؤسسة من قبلهم. ويبين الجدول رقم (4.11) مثالا

لهذه القائمة التي ينبغي مراجعتها وتحديد أولوياتها وفقا لأهميتها الإستراتيجية ومدى تأثيرها المتوقع في إعداد خطة التحول.

جدول رقم (4.11)الفرص المتاحة والمخاطر المحتملة من جهة المجتمع المساهم

الفرص المتاحة من جهة المجتمع المساهم	المخاطر المحتملة من جهة المجتمع المساهم
1. صدور قوانين وقرارات ولوائح حكومية في المنطقة ا تشجع الاستثمار في النشاطات الإنتاجية والخدمية وتكفل حقوق المستثمرين. 2. مؤشرات تؤكد تحسن مستوى ثقة المواطنين في بعضهم البعض في المنطقة ا وثقتهم في الصناعة والحكومة، وتؤكد تزايد اهتمامهم بالاستثمار في النشاطات الإنتاجية والخدمية. 3. إقبال متزايد للمساهمين على الاستثمار في الصناعة في العديد من دول المنطقة ب. 4. صدور قوانين ولوائح في المنطقة ج تشجع الاستثمار الأجنبي بشروط منصفة وعادلة. 5. توقيع اتفاقية تعاون بين بعض دول المنطقة ا، ب، ج تساهم في دعم وتشجيع الاستثمار المشترك والتعاون بين المؤسسات الإنتاجية والخدمية	1. تدني مستوى ثقة أفراد المجتمع في المنطقة ج في المؤسسات الإنتاجية والخدمية مما أدى إلى تدني مستوى الإقبال على الاستثمار في الصناعة. 2. صدور قرارات ولوائح في إحدى دول المنطقة ب تؤدي إلى تخوف أفراد المجتمع المساهم من المساهمة في الاستثمار في الصناعة ويتوقع نتيجة لذلك تناقص مستوى الإقبال على الاستثمار في تلك الدولة. 3. هجرة أو تهريب أموال الاستثمار إلى الخارج لأسباب اقتصادية أو سياسية في إحدى دول المنطقة ب وبعض دول المنطقة ج.

المجتمع المراقب والمنظم والداعم:

إن المجتمع المراقب والمنظم والداعم للصناعة ومؤسساتها يشمل المنظمات والهيئات التي تتأثر بنشاط المؤسسة وتحاول التأثير عليها من غير المساهمين منها

والمنتفعين بمنتجاتها وخدماتها والموردين للموارد ومستلزمات إنتاجها والمنافسين لها في الصناعة. وتتمثل منظمات وهيئات المجتمع المراقب والمنظم والداعم في فئتين رئيسيتين وهما:

- الحكومة والمنظمات العامة التابعة لها.
- هيئات ومنظمات المجتمع غير الحكومية(360).

والمجتمع بحكومته وهيئاته ومنظماته إما أن يكون داعماً للمؤسسات الإنتاجية والخدمية أو أن يكون معرقلا لها. ولا يُعقل أن يُعرقل المجتمع الذي يسعى في اتجاه النمو والتقدم مؤسساته الإنتاجية والخدمية، وكونه مراقباً لها فهو يراقبها من اجل دعمها ومنع وإزالة العراقيل التي تقف أمام نموها ونجاحها.

كما أن عمل الحكومة وهيئاتها العامة وهيئات ومنظمات المجتمع غير الحكومية المتعلق بتنظيم عمل المؤسسات الإنتاجية والخدمية لا يكون إلا لدعم هذه المؤسسات ومساعدتها في تحقيق أهدافها. ولا يمكن أن تكون القوانين والقرارات والمطالب التي تحث على تنظيم عمل المؤسسات الإنتاجية والخدمية إلا لدعمها ومساعدتها في تحقيق المصالح المنصفة والمتوازنة للأطراف ذات المصالح المشروعة فيها وتجنب الإخلال بالتوازن في تحقيق تلك المصالح.

إن المنظمات والهيئات الحكومية وغير الحكومية لا يجوز لها أن تدفع المؤسسات الإنتاجية والخدمية إلى دفع أموال أو موارد أو مواد أو خدمات أو منافع أياً كانت لأفراد أو جهات ليست طرفاً من الأطراف ذات المصالح المشروعة في المؤسسة أو تدفعها إلى تغليب مصلحة طرف على حساب الأطراف الأخرى. ويمكن ملاحظة ذلك في المقارنة بين المجتمعات المتقدمة ولو مادياً فقط والمتأخرة حيث يلاحظ أن أفراد وحكومات وهيئات ومنظمات المجتمع المتقدم يدعم بعضها بعضا من أجل أن يتقدم الجميع، بينما يتصارع أفراد وحكومات ومنظمات المجتمع المتأخر من أجل المصالح الخاصة الجائرة وبذلك تفشل مؤسساته ويتأخر المجتمع.

ولا بد من متابعة ومراقبة ودراسة اهتمامات المجتمع(361) ومنظماته وهيئاته الحكومية وغير الحكومية ومعرفة توجهاتها الحالية والمتوقعة تجاه النشاط الإنتاجي

(360) السيد، 1990، ص118 - 121

(361) Andrews, 1987, p39

والخدمي ومدى حرصها واهتمامها بالأهداف والقضايا المتعلقة بالصناعة عامة وبالمؤسسة خاصة. كما

يجب التعرف على مطالب المجتمع المراقب والمنظم والداعم والتي يمكن أن تتبلور في شكل قوانين ولوائح

وقرارات ومطالب وتوقعات والتي ينبغي أن تهدف إلى تحقيق ما يلي:

- تحقيق نهضة الأمة والتأسيس لحضارتها الثانية.
- زيادة الإنتاج وتحسين إنتاجية وفعالية المؤسسات الإنتاجية والخدمية.
- تحسين جودة المنتجات والخدمات.
- تحقيق العوائد والمصالح المجزية والمنصفة والمتوازنة لجميع الأطراف ذات المصالح المشروعة في الصناعة وفي المؤسسة وهي:
  - مصالح المساهمين والمنتفعين والموردين والعاملين والمجتمع الذي تخدمه المؤسسة.
  - حماية المؤسسة ومصالح الأطراف ذات المصالح المشروعة فيها.
  - دفع المفاسد والأضرار عن المجتمع وبيئته وموارده والاستغلال الأمثل لهذه الموارد.
  - تحقيق التوافق والتكامل والتعاون بين المؤسسات العاملة في الصناعة تشجيعاً للتنافس الراقي ومنعاً للتنافس الهدام.

وفي مقابل ذلك يتوقع المجتمع وهيئاته الحكومية وغير الحكومية ارتقاء العاملين في الصناعة والمؤسسة بصناعتهم ومؤسستهم من خلال ارتقائهم في تحسين الفعالية الشاملة والتحسين النوعي والمستمر للنتائج المستهدفة لصالح الجميع. ولا يجد قادة وخبراء المؤسسة وسائر العاملين فيها صعوبة في العمل لتحقيق هذه الأغراض والأهداف عندما تكون قناعاتهم واهتماماتهم نابعة من المنهج الإسلامي العظيم.

الحكومة كأهم مصدر من مصادر الدعم للصناعة والمؤسسات العاملة فيها:

تحرص الحكومة الرشيدة على دعم النشاطات الإنتاجية والخدمية للصناعة وذلك من خلال مراقبتها ومتابعتها وتنظيمها ودعمها وتوفير البيئة المناسبة لها. وفيما يلي توضيح لبعض الجوانب المهمة في هذه الاهتمامات[362]:

تنظيم الصناعة: وتشمل الإجراءات التي من شأنها أن تؤدي إلى تنظيم نشاطات

---

(362) السيد، 1990، ص119، 111

الصناعة وتكفل تحقيق أهدافها ومن هذه الإجراءات:

- منح التراخيص لمزاولة النشاطات الإنتاجية والخدمية في الصناعة وفقا لقوانين ولوائح مناسبة.

- إقرار وحماية حقوق الملكية المادية والفكرية والتي تشمل براءات الاختراع والعلامات التجارية.

- سن القوانين وإصدار القرارات واللوائح المنظمة لنشاط الصناعة.

- الحرص على تحقيق المصالح المتوازنة والمنصفة لصالح الأطراف ذات المصالح المشروعة في الصناعة والمؤسسة.

- منع الاندماجات والتحالفات التي تؤدي إلى احتكار القلة واتخاذ الإجراءات التي تكفل توسيع دائرة المنافسة وفعالية المنافسة والتعاون على مستوى الصناعة والمجتمع.

- وضع القيود التي تمنع المؤسسات ومختلف الجهات من مزاولة الأنشطة الغير مشروعة.

توفير البيئة المناسبة لازدهار الصناعة: وتشمل توفير وتأكيد ما يلي:

- توفير الأمن والاستقرار والنظام داخل المجتمع.
- تأكيد الارتقاء بمستوى الالتزام بالمنهج الإسلامي والقيم الإسلامية الراقية.
- تأكيد الارتقاء بمستوى القيادة والإدارة.
- تأكيد الارتقاء بمستويات المعارف والمهارات والقدرات التخصصية المناسبة للصناعة.
- المساعدة في إزالة العراقيل والصعوبات التي تواجه الصناعة.
- دعم وتشجيع الاستثمار من قبل أفراد المجتمع في مختلف فئاته وشرائحه.

الدعم المادي المباشر: ويشمل تقديم أنواع الدعم الآتية:

- الإعفاءات الضريبية والجمركية والرسوم.
- تقديم قروض غير ربوية.
- تقديم مساعدات مالية في حالات وظروف معينة مثل الجفاف والزلازل والفيضانات والكساد الاقتصادي وغيرها.

- توفير الدعم المركز بصفة دورية على صناعة أو مجموعة صناعات معينة لتمكينها من المنافسة العالمية.
- تقديم مساعدات من خلال دعم السعر الخاص ببعض المنتجات لتشجيع بعض الصناعات.
- تقديم أموال للإنفاق على البحوث وتطوير منتجات أو تقنيات مهمة في مراحل معينة.

لقد اتضح مما سبق نوعية المهام والإجراءات التي يمكن أن تقوم بها الحكومة الناجحة في تنظيم ودعم النشاط الإنتاجي والخدمي في الصناعة. ولا يمكن القيام بتلك المهام إلا عندما يقوم على توجيه سير الحكومة ومنظماتها نُخب من المجتمع وعقلائه وحكمائه، أي أن يكون قادة وخبراء الحكومة ومنظماتها هم الصفوة إيماناً وعلماً وعملاً وسلوكاً.

أما إذا تحكم في العباد والرقاب أصحاب رؤوس الأموال المترفين وأعوانهم، أو أصحاب رؤوس الأفكار المنحرفة وعصاباتهم فلن تقوم للمجتمع ومؤسساته قائمة. إنه في ظل الحكومات الفاسدة في البلدان المتأخرة لا يتوقع حرصها ولا نجاحها في توفير البيئة المناسبة لنجاح النشاط الإنتاجي والخدمي ولا يتوقع منها القيام بالتنظيم الجيد لهذا النشاط ولا يرتقب منها الدعم المباشر للمؤسسات الإنتاجية والخدمية إلا إذا كانت تابعة لعصابات رؤوس الأموال القذرة أو الأفكار المنحرفة.

ويظل أمر مثير للجدل وهو مدى الفائدة من قيام الحكومة ذاتها بممارسة النشاطات الإنتاجية والخدمية وذلك على الأقل لصالح الفئات محدودة الدخل في المجتمع، إن مهام الحكومة الأساسية هي تنظيم ودعم النشاطات الإنتاجية والخدمية وليس القيام بها. وفي البيئة الإسلامية الراقية لن يكون هناك حاجة لمساهمة الحكومة في هذه النشاطات حيث ستتكفل المؤسسات الإنتاجية والخدمية الخاصة التي تملكها شرائح واسعة من المستثمرين في المجتمع ستتكفل بسد حاجات المجتمع، كما أن الدعم المباشر الذي يمكن أن تقدمه الحكومة للفقراء سيقلل من إساءة استخدامه إلى أدنى حد ممكن في ظل البيئة الإسلامية، ويوفر هذا الدعم البديل الأمثل في تلك البيئة لممارسة الحكومة للنشاط الإنتاجي والخدمي.

منظمات المجتمع غير الحكومية ودورها في دعم أو عرقلة الصناعة:

وتشمل المنظمات والهيئات التي يمكن أن يكون لها علاقة وتأثير على الصناعة

والمؤسسة، وأهمها المنظمات والهيئات الآتية[363]: الجمعيات والمنظمات المهنية والتخصصية في مجال الصناعة والمجالات ذات العلاقة. نقابات العمال. جمعيات وهيئات تجارية ذات علاقة. مؤسسات الإعلام والصحافة. الهيئات التشريعية. جمعيات ومنظمات حماية بيئة وموارد المجتمع. جمعيات وهيئات أخرى مثل جمعيات الدفاع عن المنتفعين بالمنتجات والخدمات، وهيئات الدفاع عن حقوق الملكية المادية والفكرية وغيرها.

وكل هيئة ومنظمة من هذه الهيئات والمنظمات لها وظائف وأهداف تسعى لتحقيقها، وهي جميعاً تعمل معاً في البيئة الإسلامية إلى تحقيق التعاون والتكامل والتوافق بين مختلف مؤسسات المجتمع، وتحقيق المصالح المتبادلة والمشتركة بين مختلف الصناعات والمؤسسات العاملة فيها.

وهي بالإضافة إلى التأكيد علي ضمان حقوق الأطراف التي تمثلها فهي تسعى إلى تحقيق المزيد من الكفاءة والفعالية والتوازن في تحقيق المصالح، كما تسعى معاً إلى تحقيق الارتقاء بالمعايير والمواصفات القياسية للمنتجات والخدمات وطرق العمل المثلى والاهتمام بعوامل وعناصر النجاح في كل صناعة وتحديد مؤشرات الأداء الفعال، والارتقاء بالعلوم والتطبيقات الإنتاجية والخدمية، وغيرها من العوامل والقضايا المهمة لنجاح الصناعة والمؤسسات العاملة فيها.

يحصل هذا بمقدار ارتقاء قادة وخبراء هذه المنظمات في العلوم التطبيقية والمهارات والخبرات العملية في مختلف المجالات، وبمقدار الارتقاء في فهم وتطبيق المنهج الإسلامي والقيم الإسلامية الراقية التي تحث على التعاون والتكامل لتحقيق مصالح كل الأطراف المعنية وعدم الإضرار بأي طرف منها.

أما في حالة تدني المستويات العلمية والخبرة لدى قادة وخبراء هذه المنظمات وتدني أخلاقياتهم وسلوكياتهم وبُعدهم عن منهج الخالق سبحانه فإنه لا يتوقع منهم إلا الصراع والأعمال الكيدية والتصرفات المؤدية إلى عرقلة النشاطات الإنتاجية والخدمية وإفشالها، حتى إذا ظهرت الرشوة والتزوير وانتشرت السرقة والنهب والسلب بدأت عجلة تأخر المجتمع ومؤسساته في التسارع حتى تصل إلى حافة الانهيار إذا لم يغير القوم ما بأنفسهم قبل الوصول إلى هذه المرحلة.

وتعتبر دراسة وتحليل المتغيرات المهمة في المجتمع المراقب والمنظم والداعم

(363) Hunger & Wheelen, 1999, p61

ضرورية لمعرفة توجهات المجتمع بصفة عامة وتوجهات الحكومة والمنظمات غير الحكومية بصفة خاصة، ومعرفة القوانين والقرارات والتصرفات الإيجابية والسلبية والتي سيكون لها تأثير في تحديد واختيار الفرص الملائمة ومعرفة المخاطر التي يمكن أن تؤثر على مسيرة المؤسسة خلال المرحلة القادمة.

الفرص المتاحة والمخاطر المحتملة من جهة المجتمع المراقب والداعم:

في نهاية المهمة الخاصة بدراسة وتحليل المجتمع المراقب والمنظم والداعم الذي تستفيد منه المؤسسة في الحصول على التوجيه والدعم المناسب ينبغي أن يتوصل الفريق المكلف بهذه المهمة إلى تحديد قائمة مبدئية للفرص المتاحة من جهة المجتمع المراقب والمنظم والداعم والمخاطر التي يمكن أن تواجه المؤسسة من قبله. ويبين الجدول رقم (4.12) مثالا لهذه القائمة التي ينبغي مراجعتها وتحديد أولوياتها وفقا لأهميتها الإستراتيجية ومدى تأثيرها المتوقع في إعداد خطة التحول.

جدول رقم (4.12)الفرص المتاحة والمخاطر المحتملة من جهة المجتمع المراقب والمنظم والداعم

الفرص المتاحة من جهة المجتمع المراقب والمنظم والداعم	المخاطر المحتملة من جهة المجتمع المراقب والمنظم والداعم
1. صدور قوانين ولوائح لحماية الصناعة في المنطقة ا. 2. تحسن أسعار صرف العملات الأجنبية. 3. تنظيم الاستثمارات الأجنبية في المنطقة ا، ب. 4. استقرار واتساق السياسات الحكومية في العديد من دول المناطق التي تخدمها المؤسسة. 5.الدعم المقدم لتصدير المنتجات	1. توقف الدعم المقدم للصناعة في بعض دول المنطقة ب. 2. عدم تدخل الحكومة في حماية الصناعة من المنافسة الأجنبية، بل ربما مساعدة المؤسسات الأجنبية على حساب المؤسسات المحلية. 3. التوسع في الاستثمارات الأجنبية إلى درجة تؤثر تأثير سلبياً كبيراً في نشاط ونتائج مؤسسات الصناعة المحلية.

المحلية. 6. تخفيضات الرسوم الجمركية على مواد ومستلزمات الإنتاج في المنطقة ا. 7. المساعدات المباشرة المقدمة للمؤسسات الصغيرة والمتوسطة في أغلب دول المنطقة ب. نضج ووعي قيادات وخبراء منظمات وهيئات المجتمع غير الحكومية في أغلب مجتمعات المنطقة ا، ب ودعمها لنشاطات الصناعة ومعالجة المشاكل، ومساهمة هذه المنظمات والهيئات في مهام البحث والتطوير لصالح الصناعة والأطراف المستفيدة منها.	4. صدور قوانين ولوائح في إحدى دول المنطقة ب تؤدي إلى تقييد نمو وازدهار الصناعة. 5. ارتفاع الضرائب والرسوم التي تؤدي إلى ارتفاع كبير في تكاليف الإنتاج وتدني الأرباح. 6. الضغوط السلبية التي تمارسها بعض المنظمات والهيئات غير الحكومية في بعض دول المنطقة ب، ج.

الفرص المتاحة للمؤسسة والمخاطر التي يمكن أن تواجهها خلال المرحلة القادمة:

لقد توصل فريق التخطيط الإستراتيجي حتى الآن في إطار دراسة وتحليل البيئة الخارجية للمؤسسة إلى تحديد الفرص المتاحة للمؤسسة في بيئتها الخارجية والمخاطر التي يمكن أن تواجهها من قبل نفس البيئة في مرحلة تحولها القادمة.

وآخر مهمة له في هذه الخطوة هي القيام بتحديد أهم الفرص التي ينبغي استغلالها من أجل تحقيق أهداف التحول وتحديد المخاطر المؤثرة والتي يمكن أن تعرقل جهود التحول أو ربما تؤدي إلى الإضرار بالمؤسسة لو تم تجاهلها. ونظرا لأهمية هذه المهمة لا بد أن يشترك في القيام بها بالإضافة إلى فريق التخطيط الإستراتيجي نخبة من قادة وخبراء المؤسسة من خلال ملتقى يتم تنسيقه لهذا الغرض. ومن المناسب تقسيم الملتقى إلى ثلاث جلسات يتم في الجلسة الأولى اختيار عدد واحد أو اثنين من الفرص والمخاطر الأهم في كل مجال من مجالات عوامل ومتغيرات البيئة الخارجية. ثم يتم في الجلسة الثانية تجميع الفرص والمخاطر المختارة في قائمة واحدة والاجتهاد

في اختيار أفضل الفرص المتاحة لتحقيق التحول، وتحديد أكثر المخاطر تأثيرا من حيث توقع عرقلتها للتحول. ويبين الجدول رقم (4.13) قائمة موسعة للفرص المهمة للتحول والمخاطر التي يمكن أن تعرقله، كما يبين الجدول رقم (4.14) قائمة لأهم الفرص والمخاطر التي ستبنى عليها بقية خطوات التخطيط الإستراتيجي.

أهم الفرص المتاحة للتحول والمخاطر والتهديدات المعرقلة للتحول:

قد يتوصل فريق تخطيط الإنتاج إلى تحديد عدد كبير من الفرص والمخاطر، الأمر الذي يستدعي تقييمها خاصة من حيث:

- ملاءمتها وعلاقتها بقدرات المؤسسة الرئيسية الحالية والتي يمكن تنميتها وتطويرها.

- تأثير عناصر الضعف التي تعاني منها المؤسسة في اختيار الفرص المناسبة ومواجهة التهديدات التي تم تحديدها.

- تقييمها من حيث توجهات المنافسين في الصناعة والمجموعة الإستراتيجية التي تنتمي إليها المؤسسة.

جدول رقم (4.13): القائمة الموسعة للفرص المتاحة لتحول المؤسسة والمخاطر التي يمكن أن تعرقل التحول

المخاطر المعرقلة للتحول	الفرص المتاحة للتحول
1. الخطر الذي يواجه العمل والاستثمار في العديد من دول المنطقة ج وإحدى دول المنطقة ب، ويتمثل هذا الخطر في: تنامي المواقف السلبية تجاه المؤسسات الإقليمية العاملة في المنطقة ج وإحدى دول المنطقة ب. تدني مستوى الاستقرار والأمن وتزايد حالات الإتلاف والإفساد وإلحاق الضرر بأصول وممتلكات المؤسسات. تدني مستوى الالتزام الديني والخلقي وتفشي- الظواهر والسلوكيات السلبية وفساد الذمم	1. توفر فرص للاستثمار والتوسع في خدمة مجتمعات بعض دول المنطقة ب، وذلك لتوفر العوامل المشجعة الآتية: جودة العلاقات التجارية مع تلك الدول، تحسن مستويات الالتزام الديني والخلقي، النظرة الإيجابية للتعاون والاستفادة من المؤسسات الإقليمية العاملة في تلك الدول، توفر العقول والقوى العاملة المناسبة، توفر مصادر التمويل غير الربوي في بعض دول تلك المنطقة.

<table>
<tr><td>

2. ارتفاع حجم الطلب على منتجات المؤسسة في المنطقة ا، وأغلب دول المنطقة ب.

3. ظهور تقنية جديدة يمكن أن تساهم في تحسين فعالية وحدة إنتاج الجهاز المرئي وتحسين جودته وتخفيض تكلفة إنتاجه.

4. مادة جديدة تدخل في تصنيع معدات التكييف يمكن أن تساهم في تحسين جودة المنتج.

5. تطور تقني جديد يمكن من تحسين فعالية وحدة إنتاج جهاز المذياع.

6. أنظمة وتجهيزات إنتاج باستعمال الحاسوب تمكن من تخفيض تكاليف الإنتاج.

7. الاستقرار السياسي والأمني الذي تتميز به أغلب دول المنطقة ا، ب والتشجيع الذي توليه أغلب حكومات تلك الدول للاستثمار في الصناعة.

8. توفر مواد خام في المنطقة ا، وبعض دول المنطقة ب، ج مناسبة لتصنيع بعض المكونات الالكترونية الداخلة في إنتاج الأجهزة الالكترونية التي تنتجها المؤسسة.

9. ظهور فرص للتعاون مع مؤسسات عاملة في بعض دول المنطقة ب، ج في إنتاج المواد الخام وبعض المكونات الداخلة في منتجات

</td><td>

وخاصة الرشوة والابتزاز والنهب والسلب والسرقة والتحايل والغش والتزوير والكذب.

2. ارتفاع أسعار النفط والطاقة في بعض دول المنطقة ب، ج وارتفاع مرتبات القوى العاملة في بعض تلك الدول.

3. ركود اقتصادي في عدد من دول المنطقة ج، وإحدى دول المنطقة ب.

4. تغير جوهري في تقنية صناعة الهاتف المحمول قد يتطلب موارد مالية كبيرة لمواكبته.

5. ظهور مؤشرات تدل على احتمال مواجهة صعوبة كبيرة في تجديد الترخيص الخاص باستعمال تقنية إنتاج الحاسوب الشخصي- التي تنتهي خلال سنتين.

6. توجهات الحكومة الجديدة في إحدى دول المنطقة ب بشأن التأميم والتضييق على النشاط الخاص.

7. توقع اتخاذ إجراءات من قبل إحدى دول المنطقة ب بشأن تشديد الحواجز والقيود والرسوم الجمركية على بعض السلع من بينها بعض منتجات المؤسسة.

8. تغير احتياجات وميول المنتفعين المتعلقة بالآلة الحاسبة وجهاز المذياع وتأخر المؤسسة في الاستجابة لهذه

</td></tr>
</table>

المؤسسة. 10. الإعلان عن توقيع اتفاقية تعاون اقتصادي بين مجموعة دول المنطقة ا، ب وبعض دول المنطقة ج، وتشمل الاتفاقية تخفيض تدريجي للحواجز والرسوم الجمركية على سلع ومواد كثيرة من ضمنها أغلب منتجات المؤسسة إلى أن تصل إلى الحد الأدنى المستهدف. 11. فرصة تقديم منتج جديد يتمثل في جهاز مدمج لجهازي الحاسوب والجهاز المرئي لشرائح معينة من الأسر في المجتمعات التي تخدمها المؤسسة. 12. نضج السوق بالنسبة لبعض المنتجات يؤكد على أهمية التركيز على تمييز تلك المنتجات لتلبية احتياجات قطاعات معينة في المجتمعات التي تخدمها المؤسسة.	التغيرات الذي أدى إلى انخفاض الطلب والمبيعات والعوائد الاقتصادية وتكبد بعض الخسائر. 9. التكاليف التي يمكن أن تترتب على الخروج من إنتاج وتقديم أجهزة الآلة الحاسبة. 10. زيادة منافسة المؤسسات الأجنبية في السوق المحلي والإقليمي والنمو المتزايد لحصتهم في السوق في بعض دول المنطقة ب، ج وعدم تدخل بعض الحكومات لحماية الصناعة من المنافسة الأجنبية، بل ربما تعمل بعضها على مساعدة المؤسسات الأجنبية على حساب المؤسسات المحلية والإقليمية. 11. الضغوط السلبية التي تمارسها بعض المنظمات والهيئات غير الحكومية في بعض دول المنطقة ب، ج.

وينبغي أن يتوصل فريق التخطيط الإستراتيجي إلى تحديد واختيار أهم الفرص المتاحة في البيئة الخارجية والتي تمكن من تحقيق الأهداف الإستراتيجية للتحول وتحديد التهديدات والمخاطر المتوقع أن تكون الأقوى تأثيرا على خطة وبرامج التحول.

ويتطلب الاختيار النهائي للفرص والتهديدات القدر المناسب من التشاور والمناقشة بين الفريق ونخبة من قادة وخبراء المؤسسة ثم اعتماد القائمة النهائية من قبل القيادة العليا للمؤسسة. ويلاحظ أن تحديد فرص ومخاطر التغيير يتطلب جهودا كبيرة وقدرا كبيرا من التشاور والعمل الجماعي الفعال، ذلك لأن الإعداد الجيد لخطة وبرامج التغيير والإصلاح والنجاح في تحقيق الأهداف الإستراتيجية للمؤسسة يعتمد أساسا

على الاختيار الصادق والسليم للفرص المناسبة للتحول والتحديد الصادق والسليم للتهديدات والمخاطر التي تواجه المؤسسة خلال مرحلة التحول، كما أن إعداد خطة التحول بناء على فرص غير مناسبة وتهديدات ومخاطر ليس لها علاقة بالتحول لن يؤدي إلا إلى بعثرة وتشتيت جهود وموارد المؤسسة في مشروعات ومهام لن تؤدي إلى تحقيق الأهداف الإستراتيجية للتحول. ويبين الجدول رقم (4.14) أمثلة للفرص والمخاطر التي يمكن اختيارها لتلاءم التغيير والإصلاح الشامل المستهدف.

وعند استعراض الخطوات التي أنجزت حتى الآن في عملية التخطيط الإستراتيجي نجد أن فريق التخطيط الإستراتيجي قد قام بالتخطيط والإعداد لعملية التخطيط، وقام بتحديد أهداف التحول، ثم حدد القدرات والقوى الدافعة للتحول وعناصر الضعف التي يمكن أن تعرقلها، ثم انتهى إلى تحديد فرص التحول والمخاطر التي يمكن أن تعرقله.

بذلك يكون فريق التخطيط الإستراتيجي جاهزا للانتقال إلى الخطوة التالية وهي تحديد استراتيجيات التحول التي تمكن المؤسسة من تحقيق الأهداف الإستراتيجية للمرحلة القادمة.

جدول رقم (4.14): الفرص المتاحة لتحول المؤسسة والمخاطر
التي يمكن أن تعرقل التحول

الفرص المتاحة للتحول	التهديدات والمخاطر المعرقلة للتحول
1. توفر فرص للاستثمار والتوسع في خدمة المجتمع المحلي ومجتمعات بعض دول المنطقة ب وذلك لتوفر مجموعة من العوامل المشجعة 2. فرصة تقديم منتج جديد يتمثل في جهاز مدمج لجهازي الحاسوب والجهاز المرئي لشرائح معينة من المنتفعين في المجتمعات التي تخدمها المؤسسة. 3. وجود فرصة للاستفادة من تقنية حديثة يمكن أن تساهم في تحسين فعالية	1. تغير جوهري في تقنية صناعة الهاتف المحمول قد يتطلب موارد مالية كبيرة لمواكبته. 2. ظهور مؤشرات تدل على احتمال مواجهة صعوبة كبيرة في تجديد الترخيص الخاص باستعمال تقنية إنتاج الحاسوب الشخصي- التي تنتهي بعد سنتين. 3. التكاليف التي يمكن أن تترتب

وحـدة إنتـاج الجهـاز المـرئي وتحسـين جودتـه وتخفيض تكلفة إنتاجه.	علـى الخـروج مـن إنتـاج وتقـديم أجهـزة الآلـة الحاسبة.
4. تطور تقني جديد يمكن من تحسين فعالية وحدة إنتاج جهاز المذياع والتسجيل.	**4.** تغير احتياجات وميـول المنتفعـين المتعلقـة بالآلة الحاسبة وجهاز المـذياع وتـأخر المؤسسـة في الاستجابة لهذه التغيرات الـذي أدى إلى انخفـاض الطلب والمبيعات والعوائد الاقتصادية وربما تكبد بعض الخسائر.
5. توفر مـواد خـام في المنطقـة ا، وبعـض دول المنطقـة ب، ج مناسـبة لتصـنيع بعـض المكونـات الالكترونية الداخلـة في إنتـاج الأجهـزة الالكترونيـة التي تنتجها المؤسسة وذلك من خلال التعـاون مـع مؤسسات عاملة في تلك الدول.	**5.** الخطـــــر الـــــذي يواجـــــه العمل والاستثمار في بعض دول المنطقة ج.
6. وجود فرصة للاندماج مع أحد المؤسسـات المماثلـة العاملـة في المنطقـة ب تتميـز بقـدرات بحث وتطـوير جيـدة وقـدرات ومنافـذ تسـويقية متميزة في تلك المنطقة.	**6.** توجهات الحكومة الجديدة في إحـدى دول المنطقة ب بشأن التأميم والتضـييق عـلى النشـاط الخـاص وتشـديد الحـواجز والقيـود والرسـوم الجمركيـة عـلى بعـض السـلع مـن بينهـا بعـض منتجات المؤسسة.
7. وجـود فرصـة للتعـاون تضـم المؤسسـة ومجموعـة مـن المؤسسـات العاملـة في الصـناعة والمؤسسات ذات العلاقـة في المنطقـة ا، ب بشـأن حل المشاكل الرئيسية ومواجهـة التهديـدات التـي تواجـه المجموعـة والارتقـاء بالمعـارف والمهـارات والقـدرات التـي تخـدم المؤسسـات المتعاونـة في تحسين أدائها.	**7.** زيـادة منافسـة المؤسسـات الأجنبيـة في السوق المحلي والإقليمي والنمو المتزايد لحصتهم في السـوق في بعـض دول المنطقـة ب، ج وعـدم تـدخل بعـض الحكومـات لحمايـة الصـناعة مـن المنافسة الأجنبية.

الفصل الخامس

تحديد إستراتيجيات التحول

يهدف هذا **الفصل** إلى تمكين قادة وخبراء المؤسسة من تحديد الموقف الإستراتيجي العام لمؤسستهم، والانطلاق منه في تحديد إستراتيجية الاتجاه العام للمؤسسة في مرحلة تحولها القادمة، وتحديد استراتيجيات النمو والإعداد للنمو الملائمة لتحقيق أهداف التحول.

وتضمن هذا الفصل مبحثين يقدمان دراسة العناصر المتعلقة بتحديد لإستراتيجيات التحول وهما:

1. إستراتيجيات الاتجاه العام للمؤسسة.

2. تحديد إستراتيجيات التحول.

تمهيد

بانتهاء دراسة وتحليل البيئة الداخلية والخارجية تكون مرحلة تجميع وتحليل البيانات والمعلومات قد أشرفت على الاكتمال[364]. ومن خلال تلك الدراسة يكون قادة وخبراء المؤسسة قد تعرفوا على العناصر الإستراتيجية في بيئتهم الداخلية والخارجية المتمثلة في الفرص المهمة والتهديدات والمخاطر المؤثرة، وكذلك القدرات والقوى المهمة المتوفرة لدى المؤسسة، وعناصر الضعف التي تعاني منها. أي أنهم قاموا بتحديد العوامل والعناصر الإستراتيجية وتوصيفها وتحديد أولوياتها من حيث درجة أهميتها ودرجة احتمال حصولها ومستوى تأثيرها المحتمل على برنامج التحول. وبمعرفة هذه العوامل الإستراتيجية يمكن تحديد الإستراتيجيات المتاحة التي تمكن من تحقيق أهداف التحول في المرحلة القادمة.

وقبل الشروع في تحديد إستراتيجيات التحول ينبغي الاتفاق على إستراتيجية الاتجاه العام للتحول والتي تحدد مستوى التركيز أو التنويع في نشاط المؤسسة ومنتجاتها وخدماتها حتى تكون إستراتيجيات ومشروعات ومهام التحول في الإطار والاتجاه الصحيح والمناسب لتحقيق أهداف المرحلة القادمة والمناسب أيضا لقدراتها ورصيدها الإستراتيجي المتراكم ووضعها في الصناعة والمجتمع الذي تخدمه. وفي ما يلي استعراض لإستراتيجيات الاتجاه العام للتحول التي ينبغي القيام باختيار الاتجاه المناسب منها لخطة التحول.

(364) Argenti, 1989, p 261

إستراتيجيات الاتجاه العام للمؤسسة

مراحل نمو المؤسسة وإستراتيجية الاتجاه العام المناسبة لكل مرحلة:

تمر المؤسسة بمراحل نمو من مؤسسة ناشئة صغيرة إلى متوسطة إلى مؤسسة كبيرة، ويجب أن تستخدم المؤسسة إستراتيجية الاتجاه العام المناسبة لكل مرحلة ولكل موقف استراتيجي، وفيما يلي عرض لإستراتيجيات النمو العامة:

1. إستراتيجية التركيز الكامل.
2. إستراتيجية التركيز الموسع.
3. إستراتيجية التنويع المترابط.
4. إستراتيجية التنويع غير المترابط.

وتعتمد المؤسسة الناشئة والصغيرة إستراتيجية التركيز الكامل حتى تتمكن من بناء رصيد استراتيجي قوي يمكنها من التوسع تدريجيًّا. ومهما نمت المؤسسة وتوسعت يُفضل أن تبقى نشاطاتها مترابطة قدر الإمكان وذلك من أجل الاستغلال الأمثل للقدرات والقوى المتراكمة والمتنامية لدى المؤسسة عبر مراحل نموها وتوسعها. وفي ما يلي توضيح لهذه الإستراتيجيات والاستعمالات المناسبة لها.

إستراتيجية التركيز:

تهدف إستراتيجية التركيز إلى بناء ميزة مهمة تميز المنفعة أو مجموعة المنافع التي تقدمها المؤسسة إلى المنتفعين بمنتجاتها وخدماتها وتؤدي إلى تحقيق وضع أفضل للمؤسسة في المجتمع الذي تخدمه. إن ذلك يعني التركيز على تلبية احتياجات ورغبات خاصة بمجموعة معينة من المنتفعين في مواقع جغرافية محددة. ويتضح من ذلك أن السمة المميزة لإستراتيجية التركيز هي تخصص المؤسسة في خدمة قطاع معين من المجتمع وليس المجتمع كله وذلك بمستوى أعلى من الفعالية والكفاءة مما هو عليه عند قيامها بخدمة المجتمع بكل المنتجات أو الخدمات التي تقدمها الصناعة[365].

ولمعرفة كيفية استعمال إستراتيجية التركيز يجب مبدئيا القيام بما يلي:

---

(365) مرسي، 2006، ص235 - 241

1. اختيار القطاع المستهدف خدمته.
2. تحديد كيفية بناء وتقديم مزايا مهمة تميز منتجات وخدمات المؤسسة للمنتفعين في القطاع.

ولتقرير أيًا من قطاعات المجتمع يجب التركيز عليه لا بد من التعرف على خصائص هذا القطاع والتي تتضمن العناصر الآتية: حجم القطاع، ربحية القطاع، مدى ونوع التنافس في القطاع، الأهمية الإستراتيجية للقطاع بالنسبة للمؤسسات الرئيسية العاملة فيه، مدى التوافق بين مجال نشاط المؤسسة وقدراتها وبين حاجات القطاع المستهدف خدمته.

ويمكن تحقيق مزايا مهمة للمؤسسة تميز منتجاتها وخدماتها من خلال منهجين رئيسين[366]:

1. تحقيق تخفيض في التكلفة يمكنها من تخفيض السعر وزيادة المبيعات والأرباح وهو ما يمكن أن يكون مناسبًا لاحتياجات وظروف شرائح معينة في المجتمع.
2. تمييز المنتجات والخدمات بخصائص ومنافع مميزة مناسبة لاحتياجات شرائح محددة قادرة ومستعدة لقبول أسعار أعلى مقابل المزايا والمنافع التي تتحصل عليها من تمييز المنتجات والخدمات المقدمة.

ويمكن تحقيق التفوق والتميز في منتجات وخدمات المؤسسة من خلال إستراتيجية التركيز ويصعب تحقيق ذلك كلما توسعت المؤسسة في تنويع منتجاتها وخدماتها[367].

إن تسخير كافة الإمكانيات والقدرات والموارد في نشاط واحد يُمكِّن من تحقيق التفوق والتميز والمحافظة عليه، أما تشتيت الجهود والموارد في منتجات وأسواق كثيرة ومختلفة لا يؤدي إلى تحقيق التميز المرتبط بإستراتيجية التركيز[368].

إستراتيجية التركيز التام:

إن إتباع إستراتيجية التركيز التام يمكن المؤسسة من النمو مع الاحتفاظ بقدرٍ عالٍ من البساطة والمرونة في تسيير وتنمية عملياتها. وفي ظل هذه الإستراتيجية يكون

(366) Pearce & Robinson, 1991, p 224
(367) Drucker, 1964, p 38
(368) القطامين، 2002، ص104

التركيز كاملاً على منتج واحد أو مزيج واحد من المنتج كما يتم التركيز على قطاع معين وتقنية محددة. وتسمح هذه الإستراتيجية للمؤسسة بأن تصبح ذات معرفة وخبرة عالية في مجال نشاطها الأمر الذي يُضفي عليها سمعةٌ جيدة في المجتمع المنتفع بمنتجاتها وخدماتها. كما تُمكن قادة وخبراء المؤسسة من المتابعة والاكتشاف السريع والمبكر للمتغيرات والاتجاهات المستجدة في البيئة الخارجية وبيئة الصناعة وتمكنهم من الاستجابة السريعة لتلك المتغيرات(369).

ويمكن النجاح في استخدام إستراتيجية التركيز التام المؤسسة من تحقيق موقع مهم لها في الصناعة ومن ثم المساهمة بفعالية في تنمية وتوجيه الصناعة بما يعود بالفائدة على المؤسسة والعاملين بالصناعة وسائر الأطراف المستفيدة منها. ومن خلال تركيز الجهود والموارد على نشاط وتخصص محدد يسهل تحقيق مستويات عالية من الفعالية والكفاءة في مختلف عمليات المؤسسة وبالتالي سهولة تحقيق العوائد الاقتصادية المستهدفة.

وتعتبر إستراتيجية التركيز التام من أكثر أنواع الإستراتيجيات فعالية خاصة في المراحل الأولى من نشأة المؤسسة وتطورها، وذلك أنها عادة تبدأ نشاطها بالتركيز على مجال وتخصص محدد يتطلب معرفة وقدرات ومهارات تخصصية مهنية محددة يتم توجيهها لإنتاج منتج واحد أوخط إنتاجي واحد وتسويق المنتج إلى قطاع محدّد(370).

وفي أعلى درجة من درجات التركيز التام ينحصر التركيز على عملية الإنتاج فقط ويتم الاستفادة من الموردين في تلبية متطلبات الإنتاج ويُعتمد على الموزعين في تسويق منتجات المؤسسة، وقد تحقق هذه الإستراتيجية في بعض الأحوال أفضل العوائد الاقتصادية الممكنة.

المشاكل التي يمكن أن تواجه استخدام التركيز التام:

إن توجيه المؤسسة لكل مواردها وقدراتها إلى نشاط واحد يمكن أن يعرضها للخطر خاصة في الحالات التالية:

1. عند تقلص أو توقف الطلب على المنتج أو الخدمة التي تقدمها المؤسسة.
2. عند ظهور منتج بديل للمنتج الذي تقدمه المؤسسة.

---

(369) السيد، 1990، ص217

(370) Drucker, 1964, p 197

3. عند حصول عجز في توريد المواد الأولية أو مستلزمات الإنتاج للمنتج الوحيد.
4. عندما تواجه المؤسسة مصاعب كبيرة في النشاط الحالي ويتعذر عليها الانتقال إلى نشاط آخر.

ويصعب على المؤسسة الانتقال إلى نشاط آخر بسبب التركيز التامّ على نشاطِ أعمال واحد وعدم توفر المعرفة والخبرات والقدرات اللازمة للتغيير إلى نشاط آخر[371].

إستراتيجية النمو بالتركيز الموسع:

وهي إستراتيجية مناسبة لنمو المؤسسة التي تركز نشاطها على إنتاج منتج واحد أوخط إنتاجي لتشكيلة من المنتج في إطار الصناعة الواحدة، حيث يمكنها أن تنمو وتتوسع في نشاطها من خلال نوعين رئيسيين من التركيز الموسع وهما:

- النمو والتوسع (أو التكامل) الأفقي.
- النمو والتوسع (أو التكامل) الرأسي والذي يشمل التوسع الأمامي أو الخلفي[372].

وعندما تعتمد المؤسسة إستراتيجية التركيز التام فهي بذلك تعمل في إطار حلقة واحدة من حلقات سلسة المنافع التي تنتهي بمجموعة المنافع المقدمة للمنتفعين النهائيين. ويعتبر استكشاف وإنتاج المواد الخام والمواد الأولية التي سخرها الخالق سبحانه وتعالى للمجتمع في بيئته يعتبر الحلقة الأولى في الصناعة. وتليها في السلسلة الصناعات التحويلية التي تقوم بتحويل المواد الخام إلى منتجات ينتفع بها أفراد المجتمع مباشرة أو إنتاج مواد نصف مصنعة تقوم صناعات أخرى بتحويلها إلى منتجات وخدمات تحقق المنافع التي تلبّي حاجات المنتفع النهائي وهي الحلقة الأخيرة في سلسلة المنافع.

ولا تزال المؤسسة تنمو وتتوسع حول نفس النشاط في اتجاهِ المواد الخام وفي اتجاه المنتفع النهائي حتى تغطي كافة نشاطات السلسلة الخاصة بالصناعة. وبذلك

(371) السيد، 1990، ص221
(372) أبوقحف، 1991، ص295

يحصل تكامل النشاط الإنتاجي بدءًا من إنتاج خام الحديد مثلا وانتهاء بالقضبان والصفائح الحديدية، أو ابتداء من صيد السمك وانتهاء بإنتاج وتقديم التن والسردين المعلب، أو ابتداء بغرس أشجار الغابات وتنميتها وانتهاء بإنتاج وتقديم الأثاث والورق(373).

وهكذا يكون التكامل الرأسي بالتوسع في عدة مواقع من حلقات سلسلة المنافع وهو وإن كان في إطار إستراتيجية التركيز على الصناعة الرئيسية التي تنتمي إليها المؤسسة فهو أيضًا يعتبر قدرًا من التنويع المترابط الذي يمكنها من الانطلاق نحو النمو والتوسع في نشاطات المؤسسة في المراحل القادمة.

ويعتبر النمو والتوسع الرأسي توسعًا في إطار إستراتيجية التركيز على نفس النشاط الحالي في ذات الصناعة التي تعمل فيها المؤسسة، ويهدف إلى تخفيض التكاليف وضمان توريد المواد الخام ومستلزمات الإنتاج وتحسين فعالية وأداء التسويق والتوزيع. ويوجد نوعان من النمو والتوسع الرأسي:

- توسّع رأسي أمامي وهو توسع المؤسسة إلى الأمام في اتجاه المنتفعين بمنتجاتها وخدماتها.
- وتوسعها إلى الخلف في اتجاه الموردّين لها بمستلزمات إنتاجها(374).

ويتم التوسع الأمامي من خلال إنشاء وتسيير قنوات توزيع وبيع خاصة بالمؤسسة توفر لها وسيلة للتحكم المباشر في تسويق منتجاتها وخدماتها بفعالية وكفاءة أعلى من الموزّعين الحاليّين وهو شرطٌ أساسي في التوسع الأمامي. أمّا إذا كانت قنوات التوزيع الحالية أو البديلة اقتصادية وفعّالة من منظور المؤسسة فإنه يضعف المبرر للتوسّع الرأسي الأمامي. ويتم التوسّع الخلفي من خلال توسّع النشاط من التسويق إلى التصنيع أومن التصنيع إلى إنتاج المواد الخام ومستلزمات الإنتاج الخاصة بالصناعة. ومثال ذلك عندما تتوسع مؤسّسة الغزل والنسيج في إنشاء قنوات تجميع وتوريد القطن من مختلف المناطق المنتجة للقطن، أو إجراء نوع من الشراكة والتعاون مع

(373) Hunger & Wheelen, 1999, p197 & 138

(374) المرجع السابق، ص85

المزارعين[375].

ويتحقق التوسع الأفقي عند تقديم منتجات وخدمات في إطار نفس الصناعة وذلك من خلال زيادة تشكيلة المنتجات والخدمات للأسواق الحالية أو التوسع في خدمة أسواقٍ جديدة في مناطق جغرافية أخرى سواء كان ذلك بالنمو والتوسع الذاتي أومن خلال الاندماج أو الشراكة معَ مؤسسات أخرى.

ويعني التكامل الأفقي بالتوسع في نشاطات أخرى قد تعتبر مكملة أو منافسة للنشاط الحالي أو التوسع في أسواق أخرى يمكن أن تستغل فيها قدرات وإمكانيات المؤسسة[376].

وتمكن هذه الإستراتيجية من تحسين مستويات جودة المواد الأوليّة ومستلزمات الإنتاج وتخفيض التكلفة وضمان التوريد بالكميات والمواصفات المناسبة في المواعيد المناسبة وتحسين فعالية ونتائج التسويق. وإن لم تستطع المؤسسة تحقيق مزايا النمو من خلال التركيز الموسع فإنه لا مبرّر للتوسع الرأسي أو الأفقي وعليها العودة إلى إستراتيجية التركيز التام بدلاً من التركيز الموسع.

إستراتيجية التنويع:

تهدف إستراتيجية التنويع إلى تحقيق نمو وتوسع المؤسسة من خلال توسيع نشاطاتها في صناعات أخرى ولكنّها ناميةٌ وجذابةٌ تمكّن المؤسسة من تحقيق عوائد اقتصادية مجزية يتعذر الوصول إليها من خلال إستراتيجية التركيز[377].

ويعمل قادة وخبراء المؤسسة في ظل هذه الإستراتيجية على الدخول في صناعة جديدة وتنويع منتجاتهم وخدماتهم وتقديمها إلى أسواق متنوعة أخرى، ويعني ذلك إضافة عمليات إنتاج جديدة مختلفة واستعمال تقنيات جديدة وقنوات توزيع إضافية تخدم الأسواق الجديدة. وفي الوقت المناسب وقبل أن يتآكل الرصيد الإستراتيجي المتراكم ويضعف يمكن للمؤسسة أن تتجه إلى تنويع نشاطاتها بناء على هذا الرصيد وانطلاقا من عناصر قوتها الفنية والمالية والتسويقية وذلك من أجل الاستفادة من مزايا

(375) أبوقحف، 1991، ص295

(376) Johnson & Scholes, 1997 , p296

(377) السيد، 1990، ص222

التنويع قبل فوات الأوان[378].

أمّا إذا وصلت المؤسسة إلى مرحلة الانحدار في إطار النشاط الواحد وتآكل رصيدها الإستراتيجي وأصبحت تعاني من مصاعب مالية أو مشاكل فنية أو تسويقية كثيرة فليس لها أن تخوض في إستراتيجيات ومهام التنويع حتى يتحسن موقفها العام في الصناعة التي تعمل فيها. إن التنويع يجب ألا تخوضه المؤسسة إلاّ من موقف قوة في نشاطها الرئيسي الذي ركزت عليه خلال المراحل الأولى من نموها وإلا فإنها ستواجه صعوبات كبيرة في بناء وتسيير نشاطاتها الجديدة. كما يجب أن تكون خطوات التنويع تدريجية عبر مراحل التحول المتلاحقة وأن تُوجه جهود التنويع نحو الصناعات النامية والقريبة من نشاط المؤسسة الرئيسي أو النشاطات ذات العلاقة والتي يمكن أن تستغل فيها عناصر القوة والقدرة المتوفرة لديها.

ومن الخطوات التي يمكن أن تمهد لنجاح إستراتيجية التنويع التأكد من نجاح سياسة التركيز في تنمية الرصيد الإستراتيجي وتقويته والذي سيتم استغلاله في النمو والتوسع من خلال التنويع، والقيام بالتوسع في خدمة قطاعات جديدة في المجتمع الذي تخدمه المؤسسة حاليا، ثم التوسع في خدمة أسواق جديدة، كل ذلك يعتبر خطوات في اتجاه التنويع.

مبررات ودوافع التنويع:

ومن أهم الدوافع التي يمكن أن تدفع قادة وخبراء المؤسسة في التفكير جديا في إتباع إستراتيجية التنويع الدوافع التالية:

1. تعاظم الرصيد الإستراتيجي المتراكم من القدرات العلمية والفنية والخبرات والتقنيات والموارد المالية التي تغري قادة وخبراء المؤسسة وتدفعهم إلى العمل على تنمية وتوسع المؤسسة في اتجاه الصناعاتِ الأخرى[379].
2. تقلص الفرص الموجودة في النشاطات والمنتجات والأسواق الحاليّة وظهور بوادر كساد وركود على مستوى الصناعة.

(378) Argenti, 1989, p 276

(379) Johnson & Scholes, 1997 , p306

3. الحوادث والمتغيرات الخارجية التي تؤثر سلبًا على نشاط الصناعة بصفة عامة ونشاط المؤسسة بصفة خاصة.
4. وصول الصناعة إلى مرحلة متقدمة من مرحلة النضج والتشبع وظهور مؤشرات بدء الانحدار الذي يدفع إلى التنويع أو التحول إلى نشاط آخر.
5. دعم الدولة لصناعة أخرى ذات علاقة بنشاط المؤسسة يمكن أن يشجع على التوسّع في تلك الصناعة.
6. تحقيق مستويات عالية من المرونة في عالم متغير بسرعة في التقنيات والأسواق[380].

ومن العوامل التي قد تمنع المؤسسة من التوجه نحو التنويع ما يلي:

1. عدم توفر القدرات والإمكانيات المادية اللازمة للتنويع.
2. عناصر الضعف الداخلية الحادة التي تمنع المؤسسة من التنويع مثل المشاكل المالية أو الفنية أو النقص الشديد في العقول والقوى العاملة.
3. التهديدات والمخاطر الخارجية التي تستدعي التركيز على النشاط الحالي وحمايته ودعمه.
4. ضعف الأداء الإداري وتدني مستوى القيادة في المؤسسة وتدني مستوى السلوكيات والقيم في المؤسسة.

أشكال إستراتيجيات التنويع:

يوجد نوعان عامّان من التنويع يمكن أن يدفعا المؤسسة بعيدا عن نشاطاتها ومنتجاتها وأسواقها الحالية وهما: التنويع المترابط، والتنويع غير المترابط[381].

وفي التنويع المترابط يكون مجال الأعمال الجديد مرتبط ارتباطا وثيقا بمجال الأعمال الحالية ويعتبر امتدادًا لإستراتيجية التركيز الموسع. ووفقًا لهذا المفهوم يمكن الشروع والتوسع في التنويع المترابط من خلال التكامل الأفقي وكذلك التوسع/التكامل الرأسي الأمامي من خلال ملكيّة قنوات التوزيع أو التكامل الرأسي الخلفي من خلال ملكية مصادر المواد الأولية ومستلزمات الإنتاج أو بعضها. أما التنويع غير المترابط فهو يتعلق بالدخول في أنشطة ليست لها علاقة بالنشاطات الحالية إلا من حيث

(380) Drucker, 1964, p196

(381) السيد، 1990، ص222

مساهمتها في تحقيـق العوائـد الاقتصـادية المسـتهدفة. ويبيـن الشـكل رقـم (5.1) أنـواع إسـتراتيجيات التنويع[382].

ويتحقق النمو بإتبـاع إسـتراتيجية التنويـع غـير المـترابط في مستويات متعـددة وفقـا لدرجـة التوسـع والتعمق في التنويع، وتشمل المستويات الرئيسية الآتية:

1. التوسع في إنتـاج منتجـات جديـدة (في صناعات أخرى) لخدمـة أسـواق جديدة باستعمال القدرات الحالية.
2. إيجاد أسواق جديدة من خلال استغلال القدرات الحالية.
3. تطوير وتمكين قدرات إضافية جديدة لاستغلال فرص جديدة[383].

ويشمل التنويع المترابط التكامل الأفقي الذي يتجـه بتوسـع نشـاط المؤسسـة في نشـاطات منافسـة أو مكملة أو منتجات وخدمات ثانوية تعتمد على المنتجات والخدمات الحالية، كما يشمل استغلال فـرص في أسـواق أخرى يمكن أن تستغل فيها قدرات وإمكانيات وموارد المؤسسة بسهولة[384].

ويعني التنويع المترابط من خلال التكامل الأمامي النمو والتوسع في نشاطات تتعلق بمخرجات المؤسسة وهي درجة أخرى متقدمة في سلسلة المنافع الخاصة بالصناعة وذلك في مجالات التوزيع، النقل، الإنشاءات والتركيبات، الصيانة، الإصلاح، ومختلف الخدمات الذي يحتاج

(382) المرجع السابق، ص223

(383) Johnson & Scholes, 1997 , p 294 - 301

(384) المرجع السابق، ص294 - 299

الشكل رقم (5.1): أنواع إستراتيجيات التنويع

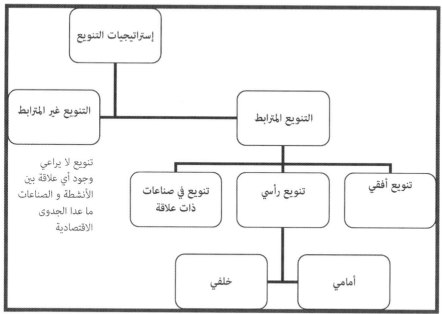

إليها المنتفعون بمنتجات وخدمات المؤسسة. ومثال ذلك توسع موزع السيارات في تقديم خدمات الصيانة والإصلاح وتوفير قطع الغيار للمنتفعين بخدماته. أما التنويع من خلال التكامل الخلفي فهو التوسع في النشاطات المتعلقة بمدخلات المؤسسة أي في اتجاه الخلف في سلسلة المنافع التي تقدمها الصناعة. ومن أمثلة التنويع الخلفي:التوسع في إنتاج المواد الخام أو المواد نصف المصنعة، إنتاج مستلزمات الإنتاج، توريد المواد، التطوير الذاتي للتقنية المستعملة وذلك وفقًا للجدوى الاقتصادية لهذه التوسعات. لقد اتضح أن التنويع المترابط يعمل على تحقيق التوسع خارج إطار المنتجات والأسواق الحالية للمؤسسة ولكنه لا يزال في إطار النشاطات القريبة من نشاط المؤسسة والتي ترتبط ارتباطا وثيقا بها. ويهدف التنويع المترابط إلى توفير قدر أكبر من التكامل في نشاطات المؤسسة بما يؤدي إلى تحسين الفعالية الشاملة وتحقيق المزيد من العوائد الاقتصادية[385].

ويمكن أن يحصل التنويع المترابط من خلال التطوير الذاتي لقدرات ونشاطات

_____

(385) السيد، 1990، ص224

المؤسسة كما يمكن أن يتم من خلال التعاون أو الشراكة أو الاندماج مع مؤسسة أخرى لديها قدرات تسويقية متميزة يمكن أن تحقق التكامل للقدرات المتميزة للمؤسسة في مجال الإنتاج، فيحصل بـذلك التكامل المؤدي إلى إنتاج وتسويق منتجات وخدمات أكثر تنوعا وتسويقها في أسواق متعددة الأمـر الـذي ينجم عنه زيادة المبيعات والعوائد الاقتصادية إلى المستويات التي تحقق أهداف التحول.

ويعتبر النمو والتوسع باستخدام إستراتيجية التنويع في مجالات ذات علاقة وثيقة بنشاط المؤسسة اختيارا موفقا في حالة استناده إلى قدرات وقوى ذاتية كافية ومناسبة، كما يمكن أن يكون الخيار الوحيد في حالة أن الصناعة التي تعمل فيها المؤسسة تعاني مـن صعوبات أو مشاكل أو تتجه بسرعة نحو الانحدار[386].

مزايا التنويع المترابط:

ومن أهم مزايا التنويع المترابط التي يحققها للمؤسسة ما يلي:

1. منافع متعلقـة بالتوريدات: تأكيد استمرارية توريد المـواد الخـام ومستلزمات الإنتـاج بالكميات والمواصفات والأسعار المناسبة في المواعيد المناسبة ومن أمثلة ذلك توسع مؤسسة الحديد والصلب في إنتاج خام الحديد.

2. منافع متعلقـة بالتسويق: امتلاك قنـوات توزيع وبيع خاصة بالمؤسسة لضمان تسويق منتجاتها بفعالية وكفاءة عالية وتكلفة أقل.

3. الاستفادة الأفضل من الرصيد الإستراتيجي المتراكم مثل استغلال القدرات والمهارات والخبرات المتراكمة لدى المؤسسة العاملة في صناعة المعدات الكهربائيـة الصناعية وتوسعها في إنتاج الأدوات الكهربائية المنزلية.

4. مواجهة المخاطر الناجمة عن المنتَج الوحيد والعمل على تنويع المنتجات والأسواق للاستفادة من المنتجات والخدمات الرائجة والتقليل من الاعتماد على المنتجات الراكـدة والتخلص مـن المنتجـات والنشاطات التـي لا يرجى تحسـن أدائهـا وعوائدها الاقتصادية إلى المستويات المستهدفة[387].

(386) Hunger & Wheelen, 1999, p138
(387) Johnson & Scholes, 1997 , p300

تدرج التوسع في التنويع:

تمثل إستراتيجية التنويع تحديا كبيرا لقادة وخبراء المؤسسة، وتعتمد صعوبة اتخاذ القرارات الخاصة بالتنويع على درجة وحجم التنويع المستهدف والذي قد يتدرج في تنوعه واختلافه وصعوبته عن العمليات الحالية كما يلي:

- إدخال إضافات محددة إلى خط المنتجات الرئيسي ـ الحالي من خلال القدرات والجهود الذاتية.
- إضافة خط منتج جديد مترابط مع تشكيلة المنتجات الحالية أو مكمل لها.
- شراء أفكار وتصميمات وأعمال هندسية خاصة بمنتجات جديدة أو عمليات إنتاجية جديدة.
- الحصول على تقنيات حديثة.
- امتلاك مؤسسات إنتاجية جديدة مختلفة عن نشاطاتها الحالية ويكون ذلك بالاندماج أو الشراكة أو شراء الأصول والموارد [388].

التنويع غير المترابط:

إن إستراتيجية التنويع غير المترابط تتمثل في الدخول في أنشطة جديدة متنوعة في صناعات مختلفة ليس لها علاقة مباشرة أو غير مباشرة بالصناعة التي تعمل فيها المؤسسة حاليا [389].

فعندما يقوم قادة وخبراء المؤسسة بدراسة وتحليل البيئة الداخلية لمؤسستهم والبيئة الخارجية العامة وبيئة الصناعة التي تنتمي إليها المؤسسة وعندما يتأكدون من خلال هذه الدراسات أن الاستمرار في تركيز النشاط في صناعة واحدة أو في نشاطات متقاربة لم يعد مجديا اقتصاديا، وأن الفرص المجدية متوفرة في صناعات أخرى مختلفة تماما عن صناعتهم وأن المؤسسة تمتلك رصيدا استراتيجيا كبيرا من القدرات والموارد يمكنها من الخوض في إستراتيجية التنويع غير المترابط فإنه قد يتبين لهم أنه من المفيد التوسع والنمو في صناعات أخرى مختلفة يمكن أن تحقق الأهداف الإستراتيجية للمؤسسة في مرحلة تحولها القادمة.

وتتلخص المبررات المهمة الدافعة إلى التنويع غير المترابط في ما يلي:

---

(388) Andrews , 1987, p24

(389) السيد، 1990، ص226

المقدمة

1. أن الصناعة الحالية لم تعد جذابة بالمستوى المطلوب واقتصار نشاط المؤسسة على الصناعة الحالية سوف لن يكون مجديا اقتصاديا ويتعذر تحقيق معدلات النمو المستهدفة من خلال الفرص المتاحة في الصناعة الحالية والصناعات القريبة منها.
2. وجود فرص نمو في صناعات أخرى ليس لها علاقة بالنشاط الحالي للمؤسسة.
3. الرغبة أو الحاجة إلى تحقيق تدفقات نقدية وعوائد اقتصادية كبيرة لا يمكن تحقيقها إلا باستغلال فرص جيدة في صناعات أخرى مختلفة.
4. تخفيض مستوى الخطر الذي يهدد المؤسسة في اعتمادها على منتجات صناعة واحدة خاصة في حالة وجود مؤشرات تدل على أنها تتجه نحو الانحدار.
5. الاستخدام الأفضل للرصيد الإستراتيجي المتراكم المتمثل في الموارد المالية المتراكمة لدى المؤسسة أو القدرات العلمية والإدارية والتّقنية أو الإنتاجية أو التسويقية التي يمكن استغلالها وفقا لدراسات الجدوى في صناعة جديدة مختلفة.
6. تحقيق التكامل الأمثل بين الوحدات الإنتاجية العاملة في صناعات مختلفة مما يقلل إلى أدنى حد من التّأثيرات السلبية الناجمة عن تعاقب حالات الركود والكساد في مختلف الصناعات والتدني في أداء بعض الوحدات الإنتاجية لأسباب داخلية أو خارجية[390].

ويساعد التنويع غير المترابط على استمرار تدفق الدخل والعوائد الاقتصادية على المؤسسة العابرة للصناعات والتي تركز في توسعها وتنويع نشاطاتها في الصناعات النامية ذلك أنه في حالة حصول كساد أو اضطراب في بعض الأنشطة فإن الأنشطة الأخرى تغطي العجز وتحقق العوائد المستهدفة التي لم يكن في الإمكان تحقيقها لو اقتصر نشاط المؤسسة على تلك الصناعة التي تعمل فيها عندما تمر تلك الصناعة بمرحلة كساد أو تشبع أو انحدار.

(390) Johnson & Scholes, 1997 , p302

التنويع الناجح:

لقد أكدت بعض الدراسات أن من أنجح المؤسسات التي تنمو وتتوسع من خلال إستراتيجية التنويع هي تلك المؤسسات التي تقوم بتنويع عملياتها حول مجال أو تخصص واحد، أي المؤسسات التي تنمو وتتوسع في تنويع نشاطاتها ولكنها تبقى قريبة من مجال تخصصها الرئيسي[391].

ويليها في مستوى النجاح المؤسسات التي تنمو في مجالات ذات علاقة وثيقة بنشاطها الأساسي. أما أقلها نجاحا فهي تلك المؤسسات التي تُنوِّع نشاطاتها في مجالات مختلفة ومتباعدة. إن إستراتيجية التنويع المترابط المحكم والموجه تعتبر هي الأفضل للمؤسسة التي نمت وتوسعت من خلال إستراتيجية التركيز الموسع وذلك لأن التنويع الناجح يمثل الدخول في المجالات والأنشطة التي تستند إلى قدرات وقوى المؤسسة الحالية وتستفيد منها في بناء وتسيير نشاطاتها الجديدة. وفي الوقت التي تنوع فيه هذه المؤسسات نشاطاتها بإنتاج منتجات وخدمات جديدة وتدخل أسواق جديدة فإنها دائما تبتعد عن الاستثمار في مجالات ليست مألوفة لديها ولا تمتلك الخبرة المناسبة لإدارتها وتسييرها. إن هذه المؤسسات الناجحة تبني توسعها وتنوعها دائما حول قدرات وإمكانات المؤسسة ومعارف ومهارات وقدرات قادتها وخبرائها.

وينطبق هذا على العمل في البيئة الإسلامية الناشئة، وبقدر ارتقاء قادة وخبراء المؤسسة في فهم وتطبيق المنهج الإسلامي العظيم فإنه تُفتح لهم كل الأبواب المغلقة ويمكنهم الخوض بلا حدود في تنويع نشاطاتهم وتحقيق أفضل مستويات النجاح في تحقيق التفاضل لكل منتج وخدمة ونشاط وتحقيق التكامل الأمثل على مستوى المؤسسة. والمؤسسات الناجحة تتحرك بالتدريج في تنويع نشاطاتها من خلال التنويع الداخلي خطوات متدرجة وحذرة وفي حالة فشل بعض الخطوات فإنها تنسحب منها بسرعة بدون تأثير سلبي كبير على المؤسسة[392].

ويمكن أن يستمر نجاح المؤسسة وتحقيق النمو في الأرباح والعوائد الاقتصادية في ظل إستراتيجية التنويع إلى أن تتعدد نشاطاتها ومجالاتها إلى درجة التعقيد حيث يصعب ضمان القدر المناسب من التكامل بين وحداتها الإنتاجية وتبدأ الفعالية الشاملة

(391) Peters & Waterman, 1984, p293 - 295

(392) المرجع السابق، ص299

في الانحدار وتبعا لذلك تنخفض العوائد الاقتصادية[393].

لذلك ينبغي أن يقوم قادة وخبراء المؤسسة بمراقبة وقياس مستوى التعقيد الناجم عن توسع المؤسسة وتنوع نشاطاتها وتحديد مدى الجدوى من الاستمرار في التنويع أو التوقف عنه أو حتى تقليص بعض النشاطات أو منح الاستقلال لبعض الوحدات الإنتاجية الأقل ارتباطا بمجالات نشاط المؤسسة الرئيسية والمهمة. وهنا تتضح عيوب ومشاكل التوسع المفرط في التنويع غير المترابط والتي يمكن إيجازها فيما يلي:

- تعقد عمليات المؤسسة بسبب تعددها واختلافها وعدم ترابطها وصعوبة إدارتها وتسييرها.
- صعوبة العمل كفريق واحد بسبب اختلاف الخبرات والمعارف والخلفيات المهنية.
- تنافس قادة وخبراء الوحدات الإنتاجية والعمليات المختلفة على موارد المؤسسة وخاصة الموارد المالية الأمر الذي يؤدي إلى الفشل في تحقيق التكامل بين وحدات وعمليات المؤسسة وبالتالي تدني الفعالية الشاملة للمؤسسة وأدائها[394].

إن نجاح المؤسسة من خلال أية إستراتيجية وخاصة إستراتيجية التنويع يعتمد على قدرة قادة وخبراء المؤسسة على الارتقاء في تحقيق أعلى مستويات التفاضل والتكامل. أي تحقيق أعلى مستويات التفاضل على مستوى كل نشاط وكل عملية وتحقيق أعلى مستويات التكامل على مستوى المؤسسة ككل. ويؤدي انخفاض مستوى الإخلاص والاجتهاد في العمل الفردي والجماعي وتدني مستوى التعاون والتنسيق بين قادة وخبراء وفرق العمل بالمؤسسة يؤدي إلى أن يهتم قادة وخبراء كل وحدة إنتاجية أوكل نشاط إنتاجي بعملياتهم ونشاطهم على حساب المؤسسة. أي أنهم يتعصبون للجزء على حساب الكل مما يؤدي إلى انخفاض مستوى التكامل والفعالية الشاملة للمؤسسة وأدائها. ولا يزال قادة وخبراء الوحدات الإنتاجية والعمليات ينحدرون في مستويات إخلاصهم واجتهادهم وصدقهم حتى يتبعوا أهوائهم وينحرفوا بوحداتهم الإنتاجية وعملياتهم في اتجاه مصالحهم الشخصية ويحصل ذلك بقدر ضعف إيمانهم ونقص

(393) Johnson & Scholes, 1997 , p305

(394) السيد، 1990، ص266

تقواهم وخوفهم من ربهم وبقدر إحساسهم بضعف الرقابة المركزية للقيادة العامة للمؤسسة التي تشعبت نشاطاتها وتعددت وأصبح من الصعب عليها إدارة المؤسسة بكفاءة وفعالية.

ولا يزال القادة والخبراء المؤمنون المخلصون يرتقون في إيمانهم وإخلاصهم واجتهادهم وتعاونهم حتى يتمكنوا من تحقيق التفاضل الأمثل لكل وحدة إنتاجية وكل عملية وتحقيق التكامل الأرقى لكل أنشطة المؤسسة وعملياتها مهما اختلفت وتنوعت وتشعبت.

تحديد إستراتيجيات التحول

تعتبر إستراتيجيات التركيز والتنويع إستراتيجيات الاتجاه العام لحركة المؤسسة في اتجاه المستقبل كما يطمح إليه قادة وخبراء المؤسسة. ذلك الاتجاه الذي ينطلق من التركيز التام مرورا بالتركيز الموسع والتنويع المترابط وانتهاء بالتنويع غير المترابط وهي المراحل التي تمر بها المؤسسة منذ نشأتها خلال نموها وتطورها وتوسعها حتى تصبح مؤسسة كبيرة متعددة النشاطات عابرة للصناعات كما هي عابرة للدول والقارات. ووفقا للموقف الإستراتيجي العام للمؤسسة ينبغي لقادة وخبراء المؤسسة القيام بتحديد مستوى التركيز أو التنويع الذي يحدد إطار واتجاه المؤسسة في مرحلة تحولها القادمة.

ومع افتراض أن المؤسسة قد نمت وتوسعت وحققت قدرا من التنويع المترابط في منتجاتها وخدماتها ونشاطاتها فإنه وفقا للموقف الإستراتيجي العام للمؤسسة ينبغي لقادة وخبراء المؤسسة أن يحددوا هل يريدون المضي قدما في المزيد من التنويع، أو التوسع في إطار المستوى الحالي من التنويع أو التقليل من التنويع والاتجاه نحو التركيز على منتجات وخدمات وأنشطة معينة.

لا بد من تحديد الاتجاه العام الذي يمثل مستوى التركيز أو التنويع المناسب للمرحلة القادمة ثم الشروع في تحديد الإستراتيجيات التي تحقق التحول المنشود. وفي جميع الأحوال يجب ألا تخرج إستراتيجيات التحول عن إستراتيجيات تحقق نمو المؤسسة أو إستراتيجيات تحمي المؤسسة وتكفل إعدادها للنمو أو مزيج من هذين النوعين من الإستراتيجيات التي تشمل الإستراتيجيات الآتية:

ا. إستراتيجيات النمو:

وتشمل إستراتيجيات نمو المؤسسة الإستراتيجيات الآتية:

1. دعم المنتجات والأنشطة المدرة حاليا في إطار الأسواق الحالية.

2. توسع المنتجات والأنشطة المدرة حاليا في إطار الأسواق الحالية وأسواق جديدة.

3. تقديم منتجات وخدمات جديدة يُرجى أن تكون مدرة خلال المرحلة القادمة وذلك للأسواق الحالية أو أسواق جديدة.

ب. إستراتيجيات الإعداد للنمو:

وتشمل الإستراتيجيات الرئيسية الخاصة بحماية المؤسسة والإعداد لنموها الإستراتيجيات الآتية:

1. التخلص من الأنشطة والمنتجات غير المجدية (بهدف تحرير القدرات والموارد المقيدة).
2. التحسين النوعي لفعالية وأداء المؤسسة
3. تنمية وتطوير منتجات وخدمات وتقنيات وأساليب جديدة.
4. مواجهة التهديدات والمخاطر المحدقة بالمؤسسة من أجل حماية أنشطتها وأصولها ومواردها الحالية وحماية برامج ومشروعات تحولها.

إن ذلك يعني أنه لا استقرار بمعنى الركود والاطمئنان والرضاء بمستويات الأداء الحالية بل ينبغي السعي الجاد من أجل النمو والاستعداد للنمو مع التركيز على أي منهما وفقا للموقف الإستراتيجي العام للمؤسسة وما يُمليه من توجهات. إن سياسة الاستقرار والنمو البطيء لا يمكن أن تكون سياسة عامة مقنعة لقادة وخبراء المؤسسة الذين يطمحون إلى تحقيق رسالة المؤسسة وأهدافها العليا، ولكنهم في ظروف وأوضاع خاصة قد يكونوا مضطرين للتركيز على حماية المؤسسة وتقويتها استعدادا لاستغلال الفرص التي ستظهر في بيئتها الخارجية في المراحل اللاحقة[395].

وسياسة الاستقرار والنمو البطيء وإن اعتمدت لا بد أن تكون مؤقتة وإلا فإن المؤسسة قد تواجه مخاطر التقادم الذي يمكن أن يصيب أنظمتها وتقنياتها وعملياتها ومنتجاتها وما ينجم عنه من تآكل للرصيد الإستراتيجي المتراكم وانحدار في مستويات حماس وفعالية العاملين بها وما يؤدي ذلك كله إلى تراجع أداء المؤسسة وفشلها في تحقيق أهدافها.

توليفة إستراتيجيات التحول:

يلاحظ أنه كلما نمت المؤسسة وتوسعت وتنوّعت نشاطاتها فإنها تحتاج إلى إتّباع مجموعة مختلفة من الإستراتيجيات المناسبة والتي تحقق أهداف تحولها، وذلك لأنها تعمل في عدة مجالات وصناعات تختلف في مستوى جاذبيتها وازدهارها ومراحل حياتها كما تختلف مستويات جدوى وأداء منتجاتها وخدماتها ومستويات فعالية وأداء

(395) Hunger & Wheelen, 1999, p143

الوحدات الإنتاجية التابعة للمؤسسة والعاملة في تلك الصناعات[396].

ووفقا لدراسة وتحليل البيئة الداخلية والخارجية ووفقا لما يمليه الموقف الإستراتيجي العام للمؤسسة يتعين على قادة وخبراء المؤسسة اختيار مجموعة من إستراتيجيات النمو التي تحقق النمو المستهدف في الدخل والعوائد الاقتصادية ومجموعة من إستراتيجيات الإعداد للنمو التي تعمل على حماية المؤسسة وتقوية قدراتها وإمكانياتها. ويبين الشكل (5.2) توضيح للمراحل التي تمر بها منتجات وأنشطة المؤسسة في دورة حياتها والإستراتيجيات المناسبة لها في كل مرحلة[397].

ويلاحظ أن الإستراتيجيات الخاصة بالمنتجات والأنشطة الواقعة أعلى مستوى الخط (**اب**) تمثل إستراتيجيات النمو والاستغلال الأمثل للمنتجات والأنشطة المدرة حاليا في إطار الإستراتيجية العامة للتنويع. أما الإستراتيجيات الواقعة تحت الخط (**اب**) فإنها تمثّل إستراتيجيات الإعداد للنمو التي تشمل إستراتيجية التخلص من بعض المنتجات والأنشطة غير المجدية لأجل تحرير الموارد والقدرات المقيدة فيها وتحويلها إلى المنتجات والأنشطة المجدية، وكذلك إستراتيجية التحسين النوعي للمنتجات والأنشطة الحالية، وإستراتيجية تنمية وتطوير منتجات وأنشطة جديدة، وإستراتيجية مواجهة التهديدات والمخاطر.

ولتأكيد نجاح المؤسسة ونموها يجب أن تغطي العوائد الاقتصادية الناجمة عن المنتجات والأنشطة المدرة للأرباح والسيولة النقدية يجب أن تغطي النفقات والموارد اللازمة لمشروعات

---

(396) السيد، 1990، ص247

(397) Pearce & Robinson, 1991, p262 - 264

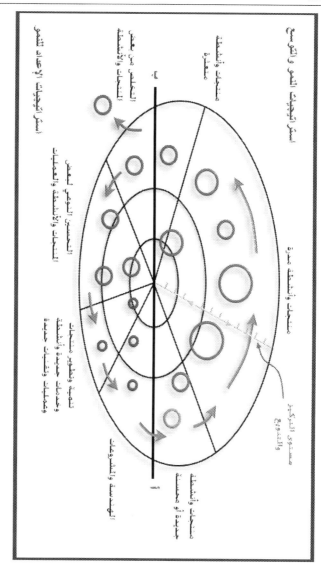

الشكل رقم (5.2) : المراحل التي تمر بها منتجات وأنشطة المؤسسة في دورة حياتها والإستراتيجيات المناسبة لكل مرحلة

التحسين النوعي وتنمية وتطوير المنتجات الجديدة وكذلك الموارد اللازمة لمواجهة التهديدات والمخاطر المتوقعة وذلك بالإضافة إلى الأرباح والعوائد الإضافية المستهدفة. أي أن عوائد إستراتيجيات النمو يجب أن تغطي نفقات تنفيذ إستراتيجيات ومشروعات النمو وإستراتيجيات ومشروعات الإعداد للنمو ثم يجب أن يتبقى بعد

ذلك الأرباح والعوائد الاقتصادية المستهدفة في خطة التحول.

إن ارتفاع عدد وحجم ونتائج المنتجات والأنشطة المدرة للعوائد الاقتصادية والأرباح والسيولة النقدية مقابل انخفاض عدد وحجم المنتجات والأنشطة المتعثرة والتي تتطلب تحسين نوعي أو تنمية وتطوير يدل على أن الوضع الإستراتيجي العام للمؤسسة جيد ويمكنها من التركيز على إستراتيجيات النمو. أما في حالة تقلص عدد وحجم ونتائج المنتجات والأنشطة المدرة وازدياد عدد وحجم المنتجات والأنشطة المتعثرة فيجب في هذه الحالة التركيز على إستراتيجيات الإعداد للنمو والتخلص من كل المنتجات والأنشطة المتعثرة والتي لا يرجى تحسنها، وإجراء التحسين النوعي للمنتجات والأنشطة التي يرجى تحسن أدائها، وتقديم منتجات جديدة يرجى أن تكون مدرة خلال المرحلة القادمة.

فالحالة الأولى: تدع إلى إتباع استراتيجيات طموحة وتقدمية تهدف إلى تحقيق المزيد من النمو والتوسع والتنمية. أما **الحالة الثانية** فإنها تتطلب إستراتيجيات حماية للمؤسسة وإعدادها لفرص النمو في المرحلة القادمة والمراحل اللاحقة.

إن الحالة الأولى تعني إيجابية الموقف الإستراتيجي العام للمؤسسة الذي يسمح بالاستمرار في نمو المؤسسة في مستوى درجة التنويع المناسبة لها، أما الحالة الثانية فإنها تدع إلى التقليص من نشاطاتها والتركيز على أهم المنتجات والأنشطة المدرة والمربحة والبحث عن منتجات وخدمات وأسواق جديدة مترابطة مع منتجاتها وأنشطتها الحالية ويمكن أن تحقق لها النتائج المستهدفة.

وفي أغلب الأحوال يستدعي الموقف الإستراتيجي إتباع مزيج من بعض أو كل إستراتيجيات النمو والإعداد للنمو وفقا لوضع المؤسسة وحجمها وطبيعة أنشطتها.

ويبين الشكل (5.3) وضع المنتجات والخدمات (أو الأنشطة) وفقا لمستوى نمو السوق/ جاذبية الصناعية، ومستوى مساهمة المنتج أو النشاط في تحقيق العوائد الاقتصادية للمؤسسة[398].

ويلاحظ أنه يمكن تقسيم المنتجات والخدمات والأنشطة وفقا لذلك إلى ثلاث فئات:

1 - المنتجات والخدمات والأنشطة المدرة التي يجب دعمها والتوسع في

(398) Pearce & Robinson, 1991, p268 - 269

إنتاجها وتسويقها.

2 - المنتجات والخدمات والأنشطة التي يجب تحسينها.

3 - المنتجات والخدمات والأنشطة التي يجب التخلص منها.

الشكل رقم (5.3): وضع المنتجات والأنشطة وفقا لمستوى مساهمتها في تحقيق العوائد المستهدفة ومستوى نمو السوق / جاذبية الصناعة

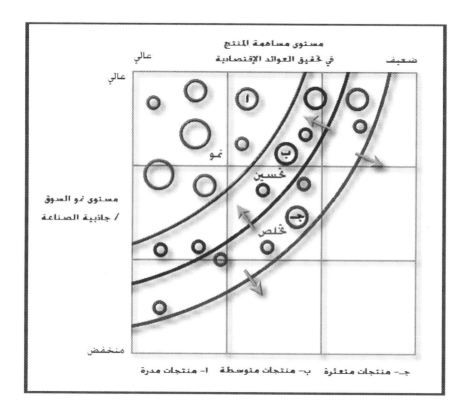

ويمكن تصنيف هذه الفئات إلى ثلاث مجموعات رئيسية وهي:

1. مجموعة أولوية عليا متعلقة بالفرص المهمة والثمينة والتي تتمثل في المنتجات والخدمات والأنشطة المدرة حاليًا والمنتجات والخدمات والأنشطة والعمليات والأسواق وقنوات التوزيع والتقنيات المرتبطة بالفرص الثمينة والتي تساهم جميعها في تحقيق أفضل النتائج.

2. مجموعة أولوية عليا من حيث ضرورة وأهمية التخلص منها. وهي تتمثل في منتجات وخدمات وأسواق وعمليات وأنشطة (وأصول وتقنيات

وقنوات توزيع وطرق وأساليب عمل ومهارات ومعارف...) غير فعالة ومعرقلة لنجاح ولنمو المؤسسة بسبب استنزافها للموارد وتقييدها لقدرات وقوى وموارد المؤسسة والتي يجب تخليصها وتحريرها واستغلالها في المجموعة الأولى.

3. مجموعة أداء متوسط يجب دراستها وتحليلها وتقييمها واتخاذ قرار بشأنها إما بالتخلص منها أو إجراء تحسينات عليها في حالة توقع الارتقاء بمستوى فعاليتها وأداءها إلى المستوى المطلوب [399].

إن التوليفة المثلى من الإستراتيجيات هي التي تمكن قادة وخبراء المؤسسة من تحديد برامج النمو والإعداد للنمو المناسبة لتحقيق أفضل النتائج الاقتصادية المستهدفة. إنها التوليفة الإستراتيجية التي تؤكد على انتقال التركيز عبر مراحل التحول إلى حيث يوفر التركيز أفضل المساهمات الممكنة من قبل الوحدات الإنتاجية ومختلف الأنشطة والمنتجات والخدمات التي تقدمها المؤسسة عبر مراحل تحولها.

ويعتمد ذلك على الوضع الإستراتيجي العام للمؤسسة، فعندما تكون الفرص المتاحة جذابة ولدى المؤسسة من القدرات والإمكانات ما يمكنها من استغلالها ولا توجد تهديدات خطيرة ولا عناصر ضعف معرقلة فإن هذا الوضع يقدم لقادة وخبراء المؤسسة فرص ثمينة في تحقيق طموحاتهم في نمو وتوسع وتطور المؤسسة. وفي حالة أن التهديدات وعناصر الضعف كبيرة وأن الفرص محدودة أو غير مشجعة فلا مناص لها في هذه الحالة من التركيز على إستراتيجيات الإعداد للنمو من أجل حماية المؤسسة وتقوية الرصيد الإستراتيجي المتراكم لديها والاستعداد للتمكن من استغلال الفرص القادمة في المراحل اللاحقة. ووفقا لهذه المعطيات ينبغي تحديد نسبة التركيز على كل مجموعة من مجموعتي توليفة الإستراتيجيات [400].

ثم لا بد من تحديد مستوى التركيز على كل إستراتيجية في إطار كل مجموعة، ففي حالة مجموعة إستراتيجيات النمو يجب تحديد مستوى التركيز على دعم المنتجات والأنشطة الحالية وتوسعها وتقديم منتجات جديدة. وفي حالة مجموعة إستراتيجيات الإعداد للنمو يجب تحديد مستوى التركيز على تنمية وتطوير منتجات جديدة

---

(399) Drucker, 1964, p134

(400) Pearce & Robinson, 1991, p260 - 261

والتحسـين النـوعي للمنتجـات والأنشـطة الحاليـة أو عـلى إسـتراتيجية وإجـراءات مواجهـة التهديـدات والمخاطر [401].

ومهما كان حجم المؤسسة ومواردها فإنه لن يتوفر لديها من الموارد والإمكانيات ما يكفي لاستغلال كل الفرص المتاحة ومواجهة كل التهديدات والمخاطر ومعالجة كل عناصر الضعف. لذلك لا بـد أن يطرح قادة وخبراء المؤسسة السؤال المهـم التـالي: مـا هـو المـزيج الأفضل أو التوليفـة المثلى مـن الإسـتراتيجيات المناسبة لمرحلة التحول القادمة؟ والإجابة الكاملـة لهذا السـؤال تتمثـل في الاتفـاق عـلى تحديد واختيـار إستراتيجيات التحول ومستوى التركيز النسبي على مجموعة إستراتيجيات النمو ومجموعـة إسـتراتيجيات الإعداد للنمو، والاتفاق على مستوى التركيز على كل إستراتيجية داخل كل فئة [402].

إستراتيجيات النمو:

وهي مجموعة الإستراتيجيات التي تهتم بالدعم والاستغلال الأمثل للمنتجات والأنشطة المدرة حاليا والتي يتوقع استمرار تدفق عوائدها الاقتصادية خلال المرحلة القادمة بالمستويات المستهدفة. كما تهتم هذه المجموعة بالتوسع في إنتاج الخدمات والمنتجات المدرة والتوسع في تسويقها في الأسواق الحاليـة وأسواق جديدة [403]. وتشمل هذه المجموعة أيضا تقديم منتجات وخدمات جديدة للأسواق الحالية. وفي ما يلي توضيح لهذه الإستراتيجيات التي تستند إلى إستراتيجية الاتجاه العام المتمثلة في التنويع المترابط الذي يمكن للمؤسسة أن تنطلق منه إلى المزيد من التنويع أو التقليل منه بما يحقق أهداف التحول.

1. إستراتيجية دعم المنتجات والخدمات والأنشطة المدرة حاليا وخلال المرحلة القادمة:

وهي إسـتراتيجية لـدعم المنتجـات والخدمـات والأنشـطة الحاليـة المـدرة للدخل والعوائـد والأربـاح والسيولة النقدية، وهي التي تعتمد عليها المؤسسة في حاضرها وفي مرحلة تحولها القادمة. إن هذه الإستراتيجية تؤكد أهمية تقديم الدعم الكافي

---

(401) Andrews , 1987, p43

(403) Drucker, 1964, p49 - 50

(402) مرسي، 2006، ص194

والمناسب لتلك المنتجات والخدمات والأنشطة التي تعود على المؤسسة بالنتائج المستهدفة وبالتالي فهي تعتمد عليها في حاضرها ومستقبلها.

وتنقسم المنتجات والأنشطة المدرة إلى ثلاثة أنواع رئيسية:

1. منتجات وخدمات وأنشطة جديدة صاعدة.
2. منتجات وخدمات وأنشطة مدرة حاليا، ويتوقع استمرار جدواها الاقتصادية خلال المرحلة القادمة.
3. منتجات وخدمات وأنشطة مدرة لكنها متعثرة.

وفيما يتعلق بالمنتجات والأنشطة الصاعدة فهي تلك المنتجات والخدمات والأنشطة الجديدة والمجدية اقتصاديا والتي تجاوزت نقطة التعادل وبدأت تساهم في تحقيق العوائد الاقتصادية للمؤسسة، وهذه المنتجات والأنشطة تحتاج إلى دعم يمكنها من تنمية مساهماتها في تحقيق أهداف المؤسسة وفقا للمستويات التي تحددها خطة التحول[404].

إن منتجات هذه الفئة دخلت مرحلة النمو وأصبحت تولد قدرا كبيرا من المبيعات إلا أنها لا تزال تحتاج إلى القدر المناسب من الاستثمار والإنفاق على تنميتها وتحسينها من أجل تحقيق النمو المستهدف في مبيعاتها وعوائدها. وبالرغم من أن مساهمتها في تحقيق الأرباح تعتبر محدودة حاليا إلا أنها تمثل فرصا جيدة للتوسع في المبيعات والأرباح خلال المرحلة القادمة. وكلما تأكد لدى قادة وخبراء المؤسسة جدوى وعوائد وفوائد هذه المنتجات والخدمات كلما تأكد أهمية دعمها بل والتوسع في إنتاجها وتسويقها في الأسواق الحالية والأسواق الجديدة.

أما المنتجات والخدمات والأنشطة المدرة حاليا للدخل والأرباح والسيولة بالمستويات المستهدفة والتي يتوقع استمرار تحقيقها لهذه النتائج خلال المرحلة القادمة فهي المنتجات التي تعتمد عليها المؤسسة اعتمادا كبيرا في توفير الدخل اللازم لتسيير عملياتها ونشاطاتها بل والمساهمة في إنجاز مشروعات التحول التي سيتم تحديدها وفقا لإستراتيجيات النمو والإعداد للنمو. إن هذه المنتجات والخدمات والأنشطة تعتبر في ذروة قوتها وذروة مساهمتها، فهي المنتجات والأنشطة التي تساهم بقوة في بناء الرصيد الإستراتيجي المتراكم والمتنامي للمؤسسة من حيث الرصيد

---

(404) السيد، 1990، ص264

المالي والمعارف والمهارات والخبرات والتقنيات والأصول والإمكانيات والموارد المميزة[405]. لقد ثبت مركزها في الأسواق ونمت مبيعاتها بسبب إقبال المنتفعين على شرائها بما فيها من مزايا ومنافع كما أنها لا تحتاج إلى قدر كبير من الإنفاق. كما أن حجم الإنتاج الكبير الذي حققته وتحققه المؤسسة منها يمكنها من جني ثمار منحنى الخبرة. فمع حجم السوق الكبير الذي تتمتع به، والإنفاق المحدود، وانخفاض التكاليف يمكن لهذه المنتجات والأنشطة أن تدر دخلا كبيرا من السيولة النقدية والأرباح. كما أنه لا يزال أمام هذه الأنشطة فرص للمساهمة في تحقيق العائدات حتى تلك التي اجتازت ذروة قوتها وبدأت تقترب من مرحلة الانحدار وذلك بعد قدر من التغيير في التصميم والسعر والترويج وطرق البيع والخدمة[406]. على أن تكون تلك التغييرات والإنفاق عليها بقدر العوائد وإلا سوف يكون ذلك إهدارا للموارد. إن إستراتيجية دعم المنتجات والخدمات والأنشطة المدرة حاليا وخلال المرحلة القادمة يجب أن تعمل على تحقيق أفضل العوائد والأرباح والتدفقات النقدية خلال مرحلة التحول. أي يجب أن توفر الدعم المناسب والكافي لهذه المنتجات والأنشطة لتحقيق أفضل النتائج.

وبالنسبة للمنتجات والخدمات والأنشطة المدرة التي دخلت في مرحلة الانحدار فإنه يُنظر في أمرها بدقة. يجب دراسة وتحليل نوع الانحدار وأسبابه. هل هو انحدار حتمي ونهائي والذي من مؤشراته ظهور بدائل، والانخفاض المستمر للطلب وبمعدلات قد تكون عالية، فإنه في هذه الحالة يجب الإعداد للتخلص من المنتج أو النشاط. أما إذا كان الانحدار مؤقت بسبب تدني المزايا والمنافع التي يقدمها المنتج مقارنة بالمنتجات المنافسة أو بسبب تدني كفاءة وفعالية الإنتاج والتسويق فإنه في هذه الحالة يمكن دراسة الجدوى من إجراء التحسين النوعي للمنتج والعملية الإنتاجية أو التسويقية بما يؤدي إلى إعادة أداء المنتج إلى مستوى أداء المنتجات المدرة التي تساهم بفعالية في تحقيق النتائج المرجوة.

وفي كلا الحالتين يجب خلال مرحلة التدهور الاستغلال الأمثل للمنتج بما يُمكّن من تحقيق أكبر قدر ممكن من التدفقات النقدية الداخلة في الأجل القصير والتقليل إلى

---

(405) Rowe and Others, 1993, p240

(406) Drucker, 1964, p49

أدنى حد ممكن من الإنفاق ريثما يتم اتخاذ قرار بشأن التخلص من المنتج أو النشاط أو إجراء تحسين نوعي في إطار إستراتيجيات الإعداد للنمو[407]. إن إستراتيجية دعم المنتجات والخدمات والأنشطة المدرة حاليا تهتم بتقديم الدعم المناسب والكافي لإنتاج وتسويق المنتجات والخدمات للمنتفعين بها في الأسواق الحالية الذين يعرفون مزاياها ومنافعها أو يجب تعريفهم بها. كما يمكن أن يشمل الدعم إجراء بعض التحسينات على المنتجات والخدمات ودعم العمليات وتحسين الفعالية والكفاءة وتوفير الموارد اللازمة لها. وقد تتضمن هذه الإستراتيجية دعم قنوات التوزيع الحالية وجهود الإنتاج والتسويق التي تمكن هذه المنتجات والخدمات والأنشطة من تحقيق النتائج المطلوبة.

2. إستراتيجية التوسع في إنتاج وتقديم المنتجات المدرة:

ومن الاستنتاجات التي يمكن التوصل إليها من خلال الموقف الإستراتيجي العام للمؤسسة تحديد المنتجات المدرة حاليا والتي يتوقع أنها ستستمر خلال المرحلة القادمة في المساهمة بفعالية في تحقيق النتائج والعوائد المستهدفة. وهذه المنتجات والخدمات هي التي تلقى حاليا إقبالاً كبيرا ويمكن زيادة مستوى الإقبال عليها من طرف المنتفعين بها في المناطق الجغرافية والأسواق الحالية والتي يمكن أيضا أن يتم تسويقها في أسواق جديدة في مناطق أخرى من القطر أو الإقليم أو العالم من أجل تنمية المبيعات والدخل بالمستويات التي تحقق أهداف المؤسسة وخاصة أن تلك المنتجات والخدمات هي التي تعتمد عليها المؤسسة اعتمادا أساسيا في تحقيق الأهداف.

ولا بد من تحديد مستويات النمو المستهدف في المبيعات في الأسواق الحالية والأسواق الجديدة. كما أن الزيادة المستهدفة في المبيعات تستدعي زيادة حجم الإنتاج من خلال زيادة الطاقة والقدرات الإنتاجية في الخطوط الإنتاجية التي تنتج تلك المنتجات المدرة المطلوب التوسع في إنتاجها وتسويقها أو إنشاء وحدات إنتاجية جديدة في المواقع المناسبة من ناحية الأسواق أومن ناحية المواد الخام ومستلزمات الإنتاج. إن التوسع في تسويق المنتجات والخدمات المدرة لا بد أن يقابله توسع مناسب في دعم القدرات والإمكانيات التي تدعم إنتاج وتسويق وتوزيع الكميات

(407) السيد، 1990، ص265

المتنامية من تلك المنتجات والخدمات لصالح الأسواق الحالية والجديدة. ويعني ذلك إن استمرار النجـاح في الأسواق الحالية وتحقيق التوسع في أسواق جديدة لا يمكن أن يـتم إلا مـن خـلال تنميـة قـدرات وإمكانيات التحول في عمليات الإنتاج والتسويق التي تكفل إنتاج وتقديم المنتجات والخدمات التـي تحتاجها تلك الأسواق [408].

التوسع في خدمة الأسواق الحالية:

إن الزيادة المستهدفة في المبيعات للمنتفعين في المجتمع الذي تخدمه المؤسسة حاليا يـتم عـن طريق زيادة مشتريات المنتفعين الحاليين وإقبال المزيد من المنتفعين في الأسواق الحالية. ويستدعي التوسع في خدمة المجتمع المنتفع في إطار المنطقة الجغرافية الحالية جملة من الإجراءات والاستعدادات أهمها:

1. تحسين الخدمات المقدمة للمنتفعين في الأسواق الحالية.
2. تخفيض مناسب في السعر لا يؤدي إلى إثارة المنافسين.
3. الاهتمام بعمليات وحملات الترويج والإعلان والارتقاء بمستويات فعاليتها ومصداقيتها.
4. التوسع في قنوات التوزيع والبيع أو تحسين فعالية القنوات الحالية منها.
5. اكتشاف استعمالات أخرى للمنتج وتعريف المنتفعين بها.
6. بناء سمعة وعلاقات وثيقة مع المنتفعين [409].

التوسع في خدمة أسواق جديدة:

في حال نجاح تسويق منتجات وخدمات المؤسسة يمكن لها أن تتوجه إلى التوسع في خدمة قطاعـات أو مجتمعات أخرى في مناطق جغرافية مناسبة. والتوسع في تسويق منتجات وخدمات المؤسسة يمكن أن يـتم بالطرق الآتية:

1. التوسع في خدمة قطاعات جديدة في المجتمع الذي تخدمه المؤسسة حاليا، وقد يتطلب ذلك إجراء بعض التعديلات على المنتج ليلائم احتياجات الشريحة أو القطاع الجديد.
2. تطوير استعمالات جديدة للمنتج الحالي.

---

(408) Johnson & Scholes, 1997 , p292

(409) السيد، 1990، ص228

3. التوسع لخدمة مجتمعات في مناطق جغرافية [410].

إن حاجات الإنسان في مختلف بقاع العالم متشابهة وبعضها متطابقة، ويعني ذلك أن بعض المنتجات والخدمات يمكن أن تُقدم كما هي لقطاعات وشرائح معينة في مختلف الدول والمجتمعات وأن بعضها يحتاج إلى قدر من التعديل في الخصائص والمواصفات. ومن المهم التحديد الجيد للأسواق والقطاعات الجديدة المستهدف خدمتها وتحديد المنتجات والخدمات الملائمة لها وهي المنتجات والخدمات التي تلبي حاجات ورغبات المنتفعين في تلك الأسواق والقطاعات.

وقد يكون التوسع الجغرافي محليا أو إقليميا أو عالميا وفقا لقدرة المؤسسة على تصريف منتجاتها وخدماتها في تلك المناطق ومدى ملاءمتها لها. وقد يستدعي التوسع في أسواق جديدة مجموعة من المشروعات والإجراءات والمهام التي يمكن أن تكفل نجاح الجهود التسويقية في المناطق الجديدة وأهمها:

1. إنشاء قنوات توزيع جديدة.
2. إنشاء مكاتب ومقار لنشاط البيع المباشر.
3. إنشاء فروع لوحدات وأنشطة إنتاجية وتسويقية.
4. إبرام عقود مع مؤسسات توزيع وبيع بالجملة.
5. منح تراخيص إنتاج وتسويق.
6. تنمية قدرات وإمكانيات تسويقية إضافية ومن بينها اكتساب وتنمية قدرات متعلقة بتحليل أسواق معينة ومعرفة لغات وثقافات المجتمعات المستهدفة خدماتها [411].

وقد يستدعي التوسع في خدمة مجتمعات أخرى إجراء بعض التعديلات على بعض خصائص المنتج أو طرق تسويقه، ويفضل التوسع في الأسواق المترابطة مع الأسواق الحالية وذلك لغرض:

● أن يكون النمو والتوسع طبيعيا بدون مصاعب كبيرة.
● الاستغلال الأفضل للقدرات والإمكانات الإنتاجية والتسويقية الحالية.
● أن تكون المتطلبات المالية اللازمة للتوسع أقل ما يمكن [412].

(410) Johnson & Scholes, 1997 , p292

(411) مرسي، 2006، ص182

(412) Rowe and Others, 1993, p241

3. إستراتيجية تقديم منتجات جديدة:

يشمل تطوير المنتج إجراء تعديلات جوهرية على المنتج الحالي أو تصميم وإنتاج منتج جديد يوفر منافع مماثلة للمنتج الحالي ويقدم لنفس المنتفعين من خلال قنوات التوزيع الحالية[413].

والمنتجات والخدمات الجديدة التي يمكن أن تنتجها المؤسسة وتقدمها للمنتفعين بها قد تكون من نتاج جهود البحث والتطوير الذاتي بالمؤسسة أومن خلال الحصول على تراخيص من المؤسسات التي سبقتها في تنمية وتطوير وإنتاج تلك المنتجات والخدمات. وفي كلتا الحالتين يفضل تقديم المنتجات والخدمات الجديدة للمنتفعين في الأسواق الحالية وتفادي تقديمها لأسواق جديدة ذلك لأن تقديم منتج جديد لسوق جديد يعتبر أكثر الإستراتيجيات مخاطرة لما تتطلبه من استثمارات كبيرة في تنمية وتطوير وإنتاج وتسويق تلك المنتجات الجديدة التي لا تملك المؤسسة خبرة في إنتاجها كما لا تملك خبرة في تسويقها في الأسواق الجديدة[414].

ويعني ذلك أنه كلما كانت المنتجات والخدمات الجديدة مترابطة مع مجموعة المنتجات والخدمات الحالية، وكلما كانت الأسواق الجديدة مترابطة مع الأسواق الحالية كلما قلت المخاطر والموارد والإمكانيات اللازمة للنمو وأمكن الاستفادة الأفضل من القدرات والإمكانيات المتاحة حاليًا في خدمة التوسع. ويرجع ذلك إلى ما تراكم لدى المؤسسة من دراية ومعرفة كبيرة بالأسواق الحالية وما لديها من قنوات توزيع وربما منافذ ومقار للبيع المباشر يمكن استغلالها في تسويق المنتجات الجديدة، وعقول وقوى عاملة في مجالات التسويق في إطار الأسواق الحالية، لذلك يُنصح بالتركيز على تقديم المنتجات والخدمات الجديدة للمنتفعين المستهدف خدمتهم في الأسواق الحالية كخطوة أولى، ثم يتم التوسع في تسويقها لأسواق جديدة وفقا لمعدلات نجاحها. ولا بد من تحديد القطاع أو شريحة المنتفعين المستهدف التوسع في خدمتهم من حيث الخصائص والمنافع والمزايا ومن حيث السعر المناسب لكل قطاع.

إن المنتجات والخدمات الجديدة لا بد أن يتم تنميتها وتطويرها وإنتاجها وتقديمها

(413) Pearce & Robinson, 1991, p234

(414) السيد، 1990، ص228

للمنتفعين بها وفقا لإستراتيجية التميز التي تبرر السعر المرتفع المناسب لقطاع ما أو وفقا لإستراتيجية تخفيض التكلفة والسعر المناسب لشرائح أخرى. ويمكن تقسيم المنتجات الجديدة إلى ثلاث فئات وفقا للمرحلة التي تمر بها، ووفقا لمساهمتها في تحقيق العوائد أو حاجتها للدعم والإنفاق:

1. منتج تحت التطوير.
2. منتج ناجح وبدأ يساهم في الدخل والعوائد الاقتصادية.
3. منتج متعثر.

والنوع الأول هو منتج تحت التطوير وفي بداية تقديمه للسوق أي أنه تحت الاختبار والتقييم لإثبات مستوى أدائه وهو في هذه المرحلة يحتاج إلى دعم كبير من حيث الموارد والإمكانات المادية والمالية ومن حيث الاهتمام والدعم الفني ومن حيث جهود الترويج والإعلان والتوزيع والبيع والخدمة[415].

كما يتضمن دعم المنتج الجديد القيام بتنمية وتحسين الوحدات الإنتاجية وتحسين المنتج ذاته وتوفير أو تحسين منافذ التوزيع المناسبة للتسويق. وفي البداية وإلى أن يثبت نجاح المنتج الجديد لا بد أن يكون عدد العاملين عليه عدد محدود، ولا بد أن يكون الإنفاق عليه مرشدا وذلك للتأكد من جدوى الجهود والموارد المسخرة للمنتج الجديد.

والمنتج الناجح هو المنتج المدر للدخل والأرباح. إنه المنتج الذي تم تطويره وأصبح مربحا وتنمو مبيعاته وأصبح لديه سمعة وقبولا واسعا. كما أنه المنتج الذي أمامه فرص النمو الكبير بدون تغيير جوهري في تصميمه. وإذا كانت كل أو أغلب فرص المؤسسة وعوائدها تأتي من هذا النوع من المنتجات بالإضافة إلى المنتجات والخدمات المدرة حاليا ويتوقع أن تستمر مساهمتها الفعالة خلال المرحلة القادمة فإنه لا بد من تقديم الدعم الكافي والمناسب لها لتحقيق أفضل النتائج المرجوة منها.

وقادة وخبراء المؤسسة يعلمون جيدا كيف سيكون مصير مؤسستهم في حالة توجيه الموارد والجهود للمنتجات والأنشطة الفاشلة وحرمان المنتجات والأنشطة المدرة والمبشرة من الموارد والجهود الكافية لتحقيق أفضل النتائج منها[416]. إن المنتجات

---

(415) Drucker, 1964, p50 - 51
(416) Drucker, 1964, p51

والخدمات والأنشطة والبرامج والمشروعات المتعثرة يجب أن يَحسِم أمرها نخبة من قادة وخبراء المؤسسة المخلصين من أولي الحزم والحسم، وسواء كانت تلك المنتجات والأنشطة المتعثرة جديدة أو قديمة يجب دراستها وتحليلها وتقييمها وتحديد فرص التحسين النوعي لفعاليتها وأدائها أو التخلص منها فورا وبدون تأخير لإيقاف النزيف المستمر الذي تسببه في الموارد والجهود والإمكانيات.

إستراتيجيات الإعداد للنمو:

تهدف إستراتيجيات هذه المجموعة إلى حماية المؤسسة وتحسين موقفها في الصناعة وتقوية قدراتها ومواردها بما يُمكنها من النمو والتوسع في المرحلة القادمة والمراحل اللاحقة. وتتضمن إستراتيجيات الإعداد للنمو: إستراتيجية التخلص من المنتجات والأنشطة غير المجدية، إستراتيجية التحسين النوعي، إستراتيجية تنمية وتطوير منتجات وخدمات وتقنيات جديدة، وإستراتيجية مواجهة التهديدات والمخاطر وحماية المؤسسة.

ومن العوامل التي تدفع إلى إتباع إستراتيجيات الإعداد للنمو على مستوى المؤسسة ككل أو على مستوى بعض الوحدات الإنتاجية ما يلي:

1. تدني فعالية المؤسسة أو بعض وحداتها الإنتاجية أو بعض عملياتها وأنشطتها ويشمل ذلك تدني المبيعات والعوائد الاقتصادية وتدني مستوى جودة المنتجات والخدمات.
2. عوامل البيئة الخارجية مثل سوء الأحوال الاقتصادية وعوامل الأمن والاستقرار والأداء السياسي.
3. عوامل بيئة صناعة المؤسسة وخاصة تدني معدلات نمو الصناعة ومواجهتها لمشاكل وظروف صعبة مثل النقص في المواد الخام ومستلزمات الإنتاج أو ارتفاع أسعارها، وسيادة عصابات الاحتكار وتدني ممارسات المنافسة في ظل انهيار القانون أو تدني فعالية تطبيقه.

وباختصار فإن المخاطر والتهديدات الخارجية وعناصر الضعف الداخلية المحددة في الموقف الإستراتيجي العام للمؤسسة هي التي تستدعي اختيار إستراتيجيات الإعداد للنمو المناسبة ونسبة التركيز على هذه الإستراتيجيات[(417)].

(417) Pearce & Robinson, 1991, p261

1. إستراتيجية التخلص:

تهدف هذه الإستراتيجية إلى التخلص من أحد أو بعض المنتجات أو الانسحاب من بعض الأنشطة التي لم تعد مجدية أو سوف لن تكون مجدية خلال المرحلة القادمة، وذلك من أجل تحويل القدرات والموارد المسخرة لها إلى دعم وإنجاز بقية إستراتيجيات التحول. ومن الأسباب الدافعة إلى التخلص من أحد أو بعض الأنشطة أو المنتجات ما يلي:

1. الصعوبات التي تواجه المؤسسة في توفير القدرات والموارد اللازمة للتسيير الاقتصادي للنشاط.
2. ارتفاع تكاليف التحسين النوعي لفعالية وأداء النشاط.
3. عدم توقع تحقيق الجدوى الاقتصادية للنشاط خلال المرحلة القادمة حتى في حالة إجراء تحسينات عليه.
4. ظهور منتج بديل يؤدي إلى تدني المبيعات إلى مستويات غير مجدية اقتصاديا[418].

ويمكن أن يتم التخلص من المنتج أو النشاط في أي مستوى من مستويات التنويع حتى الوصول إذا دعت الحاجة إلى مستوى التركيز التام على نشاط واحد وذلك كما يلي:

1. تقليص التنويع غير المترابط والانتقال منه إلى وضع التنويع المترابط.
2. التخلص من نشاطات التنويع والتركيز على النشاطات الرئيسية التي تتميز بها المؤسسة في إطار التركيز الموسع.
3. التخلص من كل الأنشطة الجانبية والتركيز التام على نشاط إنتاجي أو خدمي محدد تتميز المؤسسة في القيام به.

وبذلك يلاحظ أن المؤسسة يمكن لها أن تنطلق من موقف التركيز على مجال ونشاط محدد وتتوسع في تنويع نشاطاتها وقد تلجأ إلى تخفيض مستوى التنويع إلى أن تعود إذا دعت الحاجة إلى مستوى التركيز الذي بدأت منه حفاظا على استمرار المؤسسة ونشاطاتها المجدية. وبذلك ينمو لدى المؤسسة عنصر المرونة وقدرات وخبرات التغيير والتحول والحركة بين مستويات التركيز والتنويع والتي تمكنها من

---

(418) السيد، 1990، ص243

الانكماش والانسحاب من صناعات ومجالات غير مجدية لها والنمو في صناعات ومجالات أخرى مجدية. ولا يخفى على قادة وخبراء المؤسسة الفرص الكبيرة التي تقدمها لهم تلك القدرات والخبرات في بناء معارف ومهارات وسلوكيات راقية لا يحصلون عليها عند جمودهم وتركيزهم الدائم على نشاط واحد لا يتجاوزونه إلى غيره.

إن المؤسسة تستمر في نموها برصيدها الإستراتيجي المتراكم والمتنامي الذي يتمثل في العقول والقوى العاملة والمعارف والمهارات والخبرات والسلوكيات الراقية التي تكونت لدى قادة وخبراء المؤسسة والذي يشمل أيضا الأصول والموارد المادية المتراكمة لدى المؤسسة.

ومعلوم أن هذه القدرات والقوى والموارد محدودة مهما عظمت، لذلك وجب استغلالها الاستغلال الأمثل في تحقيق أهداف المؤسسة وذلك يستدعي مراجعة الأولويات في تخصيص واستخدام تلك القدرات والموارد [419].

إن نمو المؤسسة والارتقاء في الفعالية الشاملة وتحقيق المزيد من النجاحات عبر مراحل النمو المتلاحقة لا يتحقق إلا من خلال الاهتمام بالمنتجات والأنشطة المدرة والتخلص من المنتجات والأنشطة التي لم تعد مدرة ولا مجدية أو سوف تكون قريبا غير مجدية. ذلك هو الانكماش الهادف من أجل النمو الذي يعمل باستمرار أو في الوقت المناسب على تحرير الإمكانيات والقدرات المستنزفة والمعطلة وتحويلها إلى حيث يمكن أن تساهم بفعالية في تحقيق النتائج المرجوة. وإذا كان النمو يعني استغلال الفرص الثمينة التي يتيحها المجتمع فإن ذلك يعني أيضًا تقديم المنتجات والخدمات التي يبحث عنها المجتمع والتي تلبي حاجاته ورغباته أما المنتجات والخدمات التي لا تلبي حاجات ورغبات المجتمع فإنها لن تجد من يقبل عليها، أو أن حجم الإقبال عليها لن يحقق النتائج المستهدفة.

إن القيام بالأنشطة الخطأ وتقديم المنتجات والخدمات الخطأ هو خطأ كبير يؤدي إلى خسارة وفشل المؤسسة بمقدار حجم واستمرارية ذلك الخطأ. إن أي منتج أو خدمة أو نشاط لا يساهم بفعالية في تحقيق النتائج والعوائد المستهدفة يجب أن يُحسّن أداءه ليقوم بذلك أو يجب التخلص منه مبكرًا وفي الوقت المناسب لصالح المنتجات

---

(419) Johnson & Scholes, 1997 , p282

والأنشطة المجدية. ويعتبر إجمالي تكاليف المنتجات والأنشطة هزيلة العوائد أكبر بكثير من التكاليف الظاهرة ولا يمكن لأي نظام محاسبي أن يكتشف مدى حجم تلك التكاليف الإجمالية للأنشطة والمنتجات الفاشلة[420].

لذلك فإن قادة وخبراء المؤسسة المؤمنون المخلصون لا يتحرجون أبدا في التخلص في الوقت المناسب من تلك المنتجات والأنشطة سواء كانت قديمة أو جديدة وذلك من أجل التركيز على المنتجات والأنشطة المفيدة والنافعة. إن ذلك يعد أولا ودائما من متطلبات الإخلاص لله الواحد الخالق سبحانه ثم من متطلبات الأمانة الملقاة على عاتقهم تجاه أصحاب المصالح المشروعة في المؤسسة.

وتشمل **مجالات التخلص** مجالات رئيسية وأخرى ثانوية وهي كما يلي:

أ. المجالات الرئيسة وتشمل:

1. منتجات وخدمات قديمة غير مجدية.
2. عمليات وأنشطة قديمة غير مجدية.
3. منتجات وخدمات جديدة غير مجدية.
4. عمليات وأنشطة جديدة غير مجدية.

ب. المجالات الثانوية وقد تصل بعضها في مراحل أو حالات معينة إلى أهمية المجالات الرئيسية وتشمل:

1. أصول غير مجدية.
2. تقنيات غير فعالة قديمة أو جديدة.
3. أنظمة ولوائح غير مناسبة.
4. أساليب وطرق عمل غير مجدية.
5. معارف ومهارات متقادمة أو غير نافعة.
6. سلوكيات لا ترقى إلى متطلبات منظومة القيم الإسلامية الراقية.
7. أسواق وقطاعات سوقية غير مجدية.
8. قنوات توزيع غير فعالة[421].

(420) Drucker, 1964, p48 - 60

(421) Drucker, 1964, p118 بتصرف

ويمكن أن يرقى أي من هذه المجالات في بعض الحالات إلى مستوى الأهمية الإستراتيجية ومنها ما يجب معالجته من خلال تسيير العمليات الجارية. ومن أهم ما يجب النظر في ضرورة وجدوى التخلص منه هو المنتجات والخدمات التي كانت مدرة خلال المرحلة السابقة ولكنها تمر بمرحلة الانحدار ولا يرجى تحسنها أو لا تجدي عمليات التحسين التي يمكن أن تجرى عليها لأنها تقترب من انتهاء دورة حياتها. كما يجب النظر في ضرورة وجدوى التخلص من المنتجات والخدمات الجديدة التي شرعت المؤسسة في تقديمها وتدل المحاولات والدراسات الدقيقة والمخلصة بأنها فاشلة ولا يمكن أن تكون ناجحة بشهادة نخبة من قادة وخبراء المؤسسة.

ولا بد من إجراء دراسات جدية للتخلص من المنتجات الحالية التي كانت تدر دخلاً كبيرًا وأرباح كبيرة خلال المرحلة السابقة وبدا انخفاض مساهمتها في الأرباح وتقترب من مستوى نقطة التعادل التي لا يتوقع تحقيق أرباح بعدها بسبب إعراض المنتفعين عن شرائها لظهور منتجات وخدمات بديلة تحقق نفس المزايا والمنافع بسعر أقل أو مزايا ومنافع أفضل بنفس السعر تقريبا، أو لأي سبب آخر[422]. على قادة وخبراء المؤسسة تجنب محاولات المحافظة على هذه المنتجات والخدمات في السوق من خلال تخفيض الأسعار وتكثيف الإعلانات وتقديم خدمات خاصة، أي بزيادة المصاريف والنفقات التي لن تجدي أبدًا في إقناع المنتفعين بالعودة إلى منتجات وخدمات يجدون أنهم قد وجدوا البدائل الأفضل منها.

إن تركيز تخصيص الموارد الرئيسية للمنتجات التي كانت مدرة بالأمس يعتبر أمر شائع، فالكثير من قادة وخبراء المؤسسة يحبونها ويعتبرونها المنتجات التي ساهمت في نجاح ونمو المؤسسة. ولكن بعض تلك المنتجات تتقادم وتنحدر ولن يستطيع أحد أن يمنع انحدارها. إن محاولة إيقاف انحدار بعض المنتجات لن يكون مجديا، ذلك لن عمرها قد انتهى أو على وشك أن ينتهي. لقد أحسن بذلك الآخرون في وقت مبكر، وبدأوا بتطوير منتجاتهم وخدماتهم أو استبدالها بمنتجات وخدمات جديدة.

إن إستراتيجية التخلص يمكن تلتقي مع إستراتيجية التحسين في العمل على تخفيض التكاليف مثل التوجه نحو تأجير المعدات والأصول بدلا من شرائها، أو صيانة

---

(422) Drucker, 1964, p52

المعدات والأصول بهدف استعمالها أطول فترة ممكنة. كما أنها قد تتضمن تقليص الأصول مثل بيع بعض الأراضي والمباني وبعض الآلات التي يمكن الاستغناء عنها من خلال ترتيبات معينة أو لأنها غير مجدية أو أنها تعتبر من مظاهر البذخ والإسراف مثل السيارات الفارهة وغيرها[423].

وخلاصة القول في هذا أن الدعم يجب أن يقدم للمنتجات والخدمات المدرة بالفعل والتي يتوقع استمرار جدواها الاقتصادية خلال المرحلة القادمة، وإن الأنشطة والمنتجات والخدمات المتعثرة ولا يرجى استعادة فعاليتها وأدائها بالمستويات المطلوبة وفقا لدراسات الجدوى الاقتصادية تلك الأنشطة والمنتجات والخدمات يجب التخلص منها قبل أن تصبح سببا من أسباب استنزاف قدرات وموارد المؤسسة. أي يجب التخلص منها في متسع من الوقت وقبل أن تصبح عبئًا على المؤسسة، وذلك بهدف تحرير الإمكانيات والعقول والقوى والقدرات والموارد التي لا يمكن استغلالها بفعالية في تلك المنتجات والخدمات والأنشطة وتحويلها إلى حيث يمكن تحقيق النتائج المفيدة للمؤسسة.

التخلص من المنتجات والخدمات والأنشطة الجديدة الفاشلة:

ينبغي أن يبذل قادة وخبراء المؤسسة ما في وسعهم للتأكيد على اختيار المنتجات والخدمات والأنشطة المجدية والنافعة والتي تعود بالنتائج المستهدفة. وبالرغم من الإخلاص والاجتهاد فقد يواجه أحد المنتجات أو الخدمات أو الأنشطة الجديدة مصاعب كبيرة ويتعثر كثيرا في تحقيق النتائج المرجوة منه.

إن المنتج أو النشاط الجديد الفاشل يجب التخلص منه، لكن قادة وخبراء المؤسسة استثمروا فيه كثيرا من الجهود والموارد لدرجة أنهم يرفضون مواجهة الحقيقة. إنهم يظنون أن المنتج سيكون ناجحًا غدًا لكن هذا الغد لا يأتي أبدا. وكلما طالت مدة فشل المنتج كلما تعلق به القادة والخبراء المغرورون وضخوا له المزيد من الموارد... وكلما طالت مدة رعاية الفشل وحمايته كلما استنزف الرصيد الإستراتيجي للمؤسسة. وقد تستمر بعض المؤسسات التي يقودها قادة وخبراء مغرورون ومعاندون في ضخ الموارد والجهود للمنتجات والأنشطة الفاشلة سواء كانت قديمة أو جديدة إلى أن يتآكل الرصيد الإستراتيجي وينضب وتشرف المؤسسة على الإفلاس. كل ذلك بسبب الغرور

(423) Pearce & Robinson, 1991, p241

والاستكبار والتعالي على الاعتراف بالحقيقة وهو ما يمكن أن يتجنبه بسهولة القـادة والخـبراء المؤمنـون المخلصون. كل منتج جديد يجب أن يمنح فرصة محددة للوصول إلى تحقيق الأهـداف المحـددة لـه، كـما يمكن منحه فرصة إضافية مدروسة إذا كان ذلك مجديا اقتصاديا، وإلا فيجب ألا يُسـمح لـه بالاستمرار في استنزاف موارد وقدرات المؤسسة (424).

إن الإخلاص والأمانة يقتضيان إيقاف المزيد من المـدخلات قبـل أن تتراجـع العوائـد عـن كـل زيـادة في المدخلات. يجب التخلص من المنتج أو النشاط قبل أن تصبح المخرجات أقـل مـن المـدخلات، بـل قبـل أن تتساوى المخرجات والمدخلات عندما يكون المنتج أو النشاط متجها في اتجاه الانحدار الـذي لا يرجـى فيـه فائدة من التحسين أو التجديد (425). إن التقاعس عن إيقاف المنتجـات والخـدمات والأنشـطة المتعـثرة وفي الوقت المناسب يعتبر تقصير كبير، ويظل التقصير يتنامى تدريجيا كلما استمر التقاعس حتى يقـترب بسرعة إلى مستوى الخيانة المتمثلة في إهدار الموارد والقدرات والإمكانيات المـؤتمن عليهـا قـادة وخـبراء المؤسسة. لذلك لا بد من تقوية وتنمية الاستعداد النفسي من قبل قـادة وخـبراء المؤسسة لاتخـاذ القـرارات الصـعبة والمناسبة في الوقت المناسب من أجل التخلص من المنتجـات والأنشـطة غـير المجديـة وأفضـل مـا يكون ذلـك من خلال الارتقاء في فهم وتطبيق القيم الإسلامية الراقية، والارتقاء في استعمال دراسات الجدوى والمنفعـة للمشروعات والمهام الاقتصادية.

لا بد من تكليف نخبة من قادة وخبراء المؤسسة من أولي الإيمان والإخلاص والحـزم والحسـم بالقيـام بالدراسة المتفحصة للأنشطة والمنتجات والخدمات المتعثرة القديم منها والجديد والتي لا يرجـى تحسـنها من خلال برامج التحسين النوعي واتخاذ القرار المناسب بشـأن التخلص منهـا في الوقـت المناسب. مـن الأهمية بمكان أن يرتقي قادة وخبراء المؤسسة في استعمال الأسـاليب الناجحـة والفعالـة في التخلص مـن الأنشطة والمنتجات الفاشلة وتحرير الموارد المسخرة لها وتحويلها إلى الأنشطة والمنتجـات والخـدمات المـدرة أو التي يرجى أن تكون مدرة خلال مرحلة التحول.

ويمكن أن تتفادى المؤسسة بذلك التجارب المريرة التي تعانيها بعض الشعوب

---

(424) Drucker, 1964, p56 - 62

(425) المرجع السابق، ص62

جراء إيقاف الأنشطة وتسريح العاملين بها وما يصاحب ذلك من معاناة وآثار سلبية على المؤسسة والمجتمع.

وكلما نجح إحداث التغيير والتحول من الأنشطة والمنتجات والخدمات غير المجدية في الوقت المناسب كلما تمكنت المؤسسات من تجنب تلك التجارب المريرة والخسائر والمشاكل المصاحبة لها.

إستراتيجية التصفية:

وعندما يفشل قادة وخبراء المؤسسة في استخدام إستراتيجيات النمو وإستراتيجيات وبرامج التحسين النوعي لأداء الوحدات الإنتاجية وعندما يفشلون أيضا في تحديد وتنفيذ برامج التخلص وتحويل الموارد والجهود من الأنشطة الفاشلة إلى الأنشطة المدرة أو التي تُعد لأن تكون مدرة للعوائد الاقتصادية، عندما يفشلون في ذلك ويتتابع بتر وتصفية أجزاء المؤسسة دون تحقيق نمو ونجاح في الأنشطة الأخرى فإن ذلك يدل على أن المرض العضال قد سرى في المؤسسة وإنه لا بد من إعلان حالة الطوارئ - الذي تأخر إعلانه - من قبل مجلس الإدارة وقادة وخبراء المؤسسة للنظر في البدائل الإستراتيجية الفورية الآتية:

1. عقد اتفاقيات التعاون والشراكة التي تكفل تصريف منتجات وخدمات المؤسسة ولو بشروط صعبة ولكن يمكن تحملها.
2. الاندماج في مؤسسة أخرى من مؤسسات المنافسين أو المنتفعين أو الموردين.
3. بيع المؤسسة بالكامل.
4. بيع الأصول والممتلكات.
5. إعلان إفلاس المؤسسة[426].

وكلما تأخر قادة وخبراء المؤسسة ومجلس إدارتها في إصلاح المؤسسة تآكل رصيدها الإستراتيجي وقلت قيمتها ولن يجدوا من يقبل التعاون والشراكة معها، ولا من يندمج معها ولا حتى من يشتريها كمؤسسة متكاملة، خاصة في حالة أن الصناعة ذاتها غير جذابة وتمر بظروف صعبة[427].

(426) Andrews, 1987, p23
(427) Hunger & Wheelen, 1999, p146

وهنا لن يبقى أمامهم إلا بيع أصولها وممتلكاتها[428] وتسديد الديون وتقييم الالتزامات التي عليها حتى يتحصل المساهمون على ما يتبقى من ثمنها. وإن لم يقوموا بذلك فإن المؤسسة ستصل إلى مرحلة الإفلاس حيث توضع تحت إشراف القضاء ليقوم بتصفيتها والذي سيعطي الأولوية لتسديد الديون والالتزامات الخارجية وقد لا يبقى للمساهمين شيء يذكر لأنهم ساهموا في التقصير والتقاعس الذي أدى إلى الوصول إلى هذه النتيجة.

وهكذا نلاحظ أن حيوية وحركة التحول والتغيير والإصلاح تقتضي تلازم النمو والتجديد مع التخلص من القديم الذي أصبح أو سيصبح قريبا عبئا على المؤسسة ومعرقلا لنجاحها ونموها. أي أن توليفة إستراتيجيات التحول لا بد أن تحتوي على هذين الصنفين من الإستراتيجيات: إستراتيجيات النمو وإستراتيجيات الإعداد للنمو التي تشتمل على إستراتيجيات التخلص والتحسين والتنمية والتطوير ومواجهة التهديدات والمخاطر.

2. إستراتيجية التحسين النوعي للفعالية والأداء:

تهدف إستراتيجية التحسين النوعي للفعالية الشاملة أو الأداء العام للمؤسسة إلى دعم إستراتيجيات النمو أو الإعداد للنمو أو دعم كلا التوجهين وفقا لدرجة التركيز على كل منهما، أي وفقًا لإستراتيجية الاتجاه العام وتوليفة إستراتيجيات التحول التي سيتم اختيارها. وتهتم إستراتيجيات التحسين النوعي بالمجالات الرئيسية الآتية:

1. إستراتيجية التحسين النوعي للفعالية الشاملة للمؤسسة.
2. إستراتيجيات التحسين النوعي للمنتجات والخدمات التي تقدمها المؤسسة.
3. إستراتيجيات التحسين النوعي للعمليات والأنشطة التي تهتم بإنتاج وتسويق منتجات وخدمات المؤسسة.

فجوانب التحسين قد تتعلق بالمنتج ذاته وخصائصه وتصميمه ومدى ملاءمته لحاجات ورغبات المنتفعين به، وقد يتعلق بفعالية وكفاءة العمليات الإنتاجية والتسويقية وعناصر الضعف والمشاكل التي تؤدي إلى وجود عيوب في المنتج أو ارتفاع تكلفة إنتاجه وتسويقه. أي أن التحسينات قد يلزم إجراؤها على المنتج ذاته أو

(428) Pearce & Robinson, 1991, p242

العمليات الإنتاجية والتسويقية المتعلقة به، والفيصل في إجراء أي تحسين هو مدى الجدوى والمنفعة من التحسين المقترح.

التحسين النوعي للفعالية الشاملة للمؤسسة:

يعتمد مستوى الفعالية الشاملة للمؤسسة على فعالية قادة وخبراء المؤسسة وسائر العاملين بها، ولذلك تهدف هذه الإستراتيجية إلى تحقيق التحسين النوعي للفعالية الشاملة للمؤسسة من خلال الارتقاء بفعالية وأداء العاملين عن طريق نوعين من برامج التغيير والإصلاح الشامل التي ينبغي أن تتضمنهما خطة التحول وهما:

- **بناء وتفعيل منظومة القيم الإسلامية الراقية بالمؤسسة**، والتي تؤكد على ارتقاء العاملين في طموحاتهم وأهدافهم وأخلاقهم ومعارفهم وقدراتهم والتي تمكنهم من تحقيق الفعالية الشاملة للمؤسسة.

- **بناء وتفعيل نظام الفعالية الشاملة في المؤسسة**، الذي يؤكد على تحقيق أعلى مستويات الإنتاجية والجودة والكفاءة وتقليل التكاليف وتحسين كافة عناصر الفعالية الشاملة التي تؤدي إلى تحقيق رسالة المؤسسة وأهدافها الإستراتيجية.

التحسين النوعي للمنتج أو الخدمة:

ويشمل التحسين النوعي إجراء تحسينات على منتجات قديمة أو منتجات جديدة. والمنتجات القديمة التي يطلب تحسينها هي المنتجات المدرة والتي تعاني من بعض العيوب أو أنها دخلت مرحلة الانحدار إلا أنه يُتوقع أن يكون إجراء تعديلات وتحسينات عليها مجديًا. أما المنتجات الجديدة فهي المنتجات التي تم تقديمها حديثا للسوق ولكنها متعثرة ويرجى أن يؤدي إجراء تحسينات عليها إلى تحسن أدائها بالمستويات المستهدفة.

وعند الشروع في دراسة إستراتيجية التحسين النوعي ومشروعات التحسين للمنتج المتعثر يجب طرح سؤال مهم وهو: هل المشكلة متمثلة في منتج المؤسسة فقط أوفي المنتج الذي تقدمه الصناعة ككل؟ فأما منتج الصناعة الذي وصل إلى مرحلة الانحدار ويسير مسرعا في اتجاه النهاية التي لا يجدي معها تعديل ولا تحسين يجب التخلص منه كما سبق الإشارة إليه في إستراتيجية التخلص. أما إذا كانت المشكلة منحصرة في منتج المؤسسة فيجب طرح السؤال التالي: هل المشكلة في المنتج ذاته أم في العمليات والأنشطة المتعلقة بإنتاجه وتسويقه؟ إن الإجابة على هذا السؤال تحدد ما إذا

كانت التعديلات والتحسينات يجب تركيزها على المنتج أو العملية الإنتاجية أو التسويقية أو إجراء تحسينات شاملة. ويوضح الشكل رقم (5.4) هذه التساؤلات والحلول المناسبة.

الشكل رقم (5.4): تحديد الإستراتيجية المناسبة للتحسين

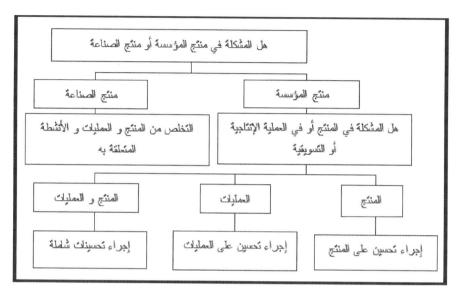

ولا بد من تحديد وتوصيف المشكلة التي يعاني منها المنتج. إن المشكلة النهائية تتمثل في انحدار أداء المنتج في صورة تدني المبيعات والتي بدورها تدل على عزوف المنتفعين عن شراء المنتج. فالمعيار والمؤشر الحقيقي لأداء المنتج هو مستوى إقبال المنتفعين على شرائه مقارنة بالمستويات المستهدفة ومقارنة بالمنتجات المناظرة المعروضة في السوق. إن إعراض المنتفعين عن منتج المؤسسة يدل على أن المنتج لم يعد يلبي حاجاتهم ورغباتهم الحقيقية [429].

فالمنتج الناجح هو الذي يلبي بشكل أفضل حاجات ورغبات المنتفعين به في المجتمع الذي تخدمه المؤسسة. وكلما ضعف أداء المنتج كان ذلك ناتجاً عن عدم قدرته على تلبية تلك الرغبات والاحتياجات، ولا يزال يضعف ويبتعد عن تلبيتها حتى تنكمش مبيعاته وأرباحه ويصبح عبئا على المؤسسة. عندئذ يجب ألا يلوم قادة وخبراء

(429) Drucker, 1964, p38

المؤسسة إلا أنفسهم، ولا يجوز مطلقا إلقاء اللوم على المنتفعين عندما يعرضون عن شرائه. لذلك يصبح القيام بإجراء تعديلات وتحسينات على المنتج مطلبا ملحا لكي يعود إلى تلبية رغبات وحاجات المنتفعين الحقيقية والمتجددة(430).

وقبل الشروع في تحديد التحسين اللازم إجراؤه على المنتج لا بد من تقرير التوجه المتعلق بتمييز المنتج أو تخفيض تكلفة إنتاجه وتسويقه. ويتحكم في ذلك عدة اعتبارات ومن أهمها موقع المنتج في دورة حياته، فعندما يكون المنتج في مرحلة الانحدار ولا يرجى تحقيق التجديد الذي يعيد أداءه إلى مستويات الأداء في مرحلة النضج فإنه من الأفضل إتباع إستراتيجية تخفيض التكلفة وتحديد التعديلات والتحسينات التي تحقق هذا التوجه.

وكذلك الحال عندما لا يتوفر للمؤسسة قدرات البحث والتطوير والتقنيات والقدرات والموارد اللازمة لتمييز المنتج فإنه لا مناص من إجراء التحسينات على أساس تخفيض التكلفة. ويمكن تخفيض التكلفة والبيع بنفس السعر لزيادة الأرباح، أو تخفيض التكلفة والسعر بهدف زيادة المبيعات والأرباح تبعا لذلك. وقد يصاحب تخفيض التكلفة تقليص في بعض القيم والمزايا التي يقدمها المنتج لقطاع معين في المجتمع. وتتمثل إستراتيجية التكلفة المنخفضة في تقديم منتج يؤدي نفس الغرض ولكنه بتكلفة أقل من خلال تحسين فعالية وكفاءة عمليات الإنتاج والتسويق بهدف تخفيض التكلفة إلى أدنى حد ممكن مع الاحتفاظ بتوفير المزايا والخصائص المهمة التي تناسب شريحة واسعة من المنتفعين(431).

أما إستراتيجية تمييز المنتج فتتمثل في القدرة على تقديم قيم ومزايا ومنافع مميزة للمنتفعين في شكل جودة المنتج أو خصائص ومزايا خاصة أو خدمات مميزة. وفي حال توفر قدرات وإمكانيات التطوير اللازمة لتمييز المنتج وثبت جدوى التمييز فإنه يمكن إجراء التحسينات على المنتج وتقديمه بسعر أعلى لقطاعات وأسواق معينة رغبة في زيادة الدخل من هذا المنتج في ذلك القطاع المستهدف خدمته(432).

وينبغي مراعاة حقيقة مهمة وهي أن التحسين النوعي للمنتج لا يمكن أن ينطلق من معامل البحث والتطوير ولكنه ينطلق أولا من الدراسة والتحليل الدقيق والصادق

(430) مرسي، 2006، ص235

(431) Hunger & Wheelen, 1999, p113

(432) Pearce & Robinson, 1991, p225

والسليم للاحتياجات والرغبات الحقيقية للمنتفعين بالمنتج. ويقتضي ذلك تكليف نخبة من خبراء البحث والتطوير والإنتاج والتسويق للقيام بمهمة دراسة وضع المنتج في السوق وتحديد التحسين المطلوب إجراؤه على المنتج بهدف استعادة مكانته في السوق واستعادة دوره في المساهمة في تحقيق أهداف المؤسسة.

ويتضمن القيام بهذه المهمة تحديد القطاع المستهدف خدمته بعد تحسين المنتج، هل هو القطاع الذي يخدمه المنتج حاليا، أو قطاع آخر ولكنه مترابط مع هذا القطاع، أو قطاع آخر مختلف. وتشمل دراسة القطاع دراسة المنتفعين بالمنتج في هذا القطاع وحاجاتهم ورغباتهم الحالية وميولهم ورغباتهم المستقبلية المتعلقة بالمنتج. ويُقصد بمعرفة الحاجات والرغبات الحقيقية للمنتفعين التي يجب أن يلبيها المنتج الوصول إلى القيم والمزايا التي يسعون إلى الحصول عليها لتلبية تلك الحاجات والرغبات.

ويمكن معرفة القيم والمزايا الكلية التي يبحث عنها المنتفعون من جراء استعمالهم للمنتج من خلال المشاهدة وإجراء المناقشات معهم، والحصول على ملاحظاتهم وآرائهم ومقترحاتهم بشأن المنتج والخدمات المتعلقة به، وكذلك من خلال استنتاج تلك المعلومات وعرضها على معارفهم وخبراتهم ونتائج بحوثهم السابقة. ويمكن لهم تحقيق ذلك أيضا من خلال إجراء دراسات المقارنة بين قيم ومزايا واستعمالات المنتج وقيم ومزايا واستعمالات المنتجات المماثلة له في السوق.

ومن المفيد طرح أسئلة مهمة أثناء دراسة السوق والمنتفعين بالمنتج، ومن هذه الأسئلة:

- من هم المنتفعون الذين لا يزالون يقبلون على شراء المنتج، ولماذا؟
- ما هي القيم والمزايا التي تجعلهم يستمرون في الإقبال عليه؟
- من هم المنتفعون الذين كانوا يقبلون على شرائه ولكنهم أعرضوا عنه؟
- لماذا أعرضوا عن شراء المنتج؟ ما هي القيم والمزايا التي يبحثون عنها ولا يجدونها في المنتج الذي تقدمه المؤسسة؟

ويمكن أن تطرح أسئلة مماثلة على شريحة من المنتفعين الذين يستعملون منتجات مشابهة ولا يقبلون على منتج المؤسسة لمعرفة القيم والمزايا التي يبحثون عنها ويجدونها في منتجات أخرى مناظرة ولا يجدونها في المنتج الذي تقدمه المؤسسة، ولمعرفة لماذا يعرض الآخرون عن شرائه، وما هي القيم والمزايا التي يبحثون عنها ولا يجدونها في المنتج؟

ويمكن اختصار هذه التساؤلات في سؤالين رئيسيين:

1. ما هي القيم والمزايا المتوفرة حاليا في المنتج والتي تؤدي إلى جذب شريحة كبيرة من المنتفعين والتي يجب المحافظة عليها؟

2. ما هي القيم والمزايا المفقودة في المنتج والتي يبحث عنها عدد كبير من المنتفعين ولا يجدونها في المنتج والتي يجب العمل على توفيرها لزيادة الإقبال عليه بالمستويات المستهدفة؟[433]

إن القيم والمزايا الكلية التي يسعى المنتفعون إلى تحقيقها يجب أن يغطيها المنتج والخدمات المتعلقة به قبل وعند الشراء وأثناء الاستعمال والتي تتضمن المعلومات المهمة عن المنتج، وقيم ومزايا المنتج نفسه، ومستوى المنفعة التي يحققها خلال استعماله، وعمر الاستعمال الاقتصادي للمنتج، وخدمات الدعم والمساعدة المقدمة أثناء الاستفادة من المنتج. وغني عن القول أنه كلما تحسن مستوى القيم والمزايا الكلية التي تقدمها المؤسسة في المنتج وما يتعلق به من خدمات دعم ومساعدة مقابل السعر المقرر مقارنة بالمنتجات المناظرة كلما سهل تسويق المنتج ووجد إقبالا أكبر لدى المنتفعين به حاليا وتحسنت سمعته وزادت تبعًا لذلك مبيعاته والعوائد الاقتصادية الناجمة عنه[434]. وفي ما يلي نعرض لبيان أهم القيم والمزايا التي يمكن أن تلبي حاجات ورغبات المنتفعين بالمنتج والخدمات المتعلقة به.

القيم والمزايا المتعلقة بالمنتج:

القيم والمزايا المقدمة قبل الشراء: وتشمل المعلومات الواضحة والصادقة عن المنتج ومنافعه، ومزاياه وخصائصه ومواصفاته، وكيفية استعماله والاستفادة المثلى منه. إن هذه المعلومات يجب أن تكون متاحة بسهولة لأكبر عدد ممكن من أفراد المجتمع الذين يمكن أن ينتفعوا بالمنتج وذلك عن طريق الإعلان والنشر والترويج وغيره.

القيم والمزايا المقدمة عند الشراء: وهي التسهيلات المقدمة في إجراءات البيع وطرق الدفع والائتمان والخصومات، وتوفير قنوات التوزيع والبيع المناسبة، وسرعة التوريد[435].

---

(433) Johnson & Scholes, 1997 , p263

(435) Rowe and Others, 1993, p234 - 235

(434) المرجع السابق، ص289

القيم والمزايا المقدمة بعد الشراء: وتشمل القيم والمزايا التي تُقدم للمنتفعين أثناء استعمال المنتج، والتي تتمثل في جودة المنتج ومتانته ومستوى أدائه وفعاليته وكفاءته ودرجة الاعتماد عليه، وعمره الاقتصادي، ومدى مطابقته للمواصفات والمعايير القياسية في الصناعة والمواصفات والمعايير التي يحددها المنتفعون به. وتشمل كذلك سهولة الاستعمال والصيانة والإصلاح، واعتبارات السلامة، كما تتضمن أيضا المظهر والنواحي الجمالية، ومدى سرعة وفعالية المساعدة الفنية ومنها المساعدة في معالجة المشاكل، وفي إجراء التعديلات والتحسينات، وفي توفير قطع الغيار بالكميات والأسعار المناسبة والمواعيد المناسبة.

وكل القيم المشار إليها هي القيم الإجمالية للمنتج قبل الشراء وعند الشراء وأثناء الاستعمال إلى نهاية العمر الاقتصادي للمنتج، وحتى في التخلص من المنتج إذا تطلب ذلك قدرا من الدعم والمساعدة. إنها القيم والمنافع الكلية التي تبرر السعر وتجعل المنتفعين يقبلون على شراء المنتج بالكميات التي تحقق الدخل والعوائد المستهدفة. وهم يقبلون على شرائه وسيستمرون في شرائه بالدرجة التي سيظل فيها السعر مناسبا بالفعل للقيم والمنافع التي يقدمها لهم المنتج والتي تقدمها لهم المؤسسة فيما يتعلق بهذا المنتج.

يتجمع لدى قادة وخبراء المؤسسة من خلال دراسة وضع المنتج في السوق مجموعة من القيم والمزايا التي يجب الاهتمام بها وفقا لتوجه التمييز أو تخفيض التكلفة وعندما يتفقون على القيم والمزايا الكلية النهائية التي يجب أن يوفرها المنتج عليهم بناء على ذلك تحديد خصائص ومواصفات المنتج المحسن الذي يقدم تلك المنافع والقيم والمزايا ويلبي من خلالها الاحتياجات والرغبات الحقيقية للمنتفعين في القطاع الذي تم تحديده.

وبمقارنة الخصائص والمواصفات الجديدة للمنتج بالمواصفات والخصائص القديمة يتبين مستوى وحجم التعديلات والتحسينات التي يجب إجراؤها على المنتج، وهي قد تكون تعديلات بسيطة أو تعديلات جوهرية. وربما ينجم عن الدراسة اكتشاف استعمال جديد للمنتج يمكن استغلاله بدون تعديل يذكر أو تعديل محدود. المهم هو أن تقدم الخصائص والمواصفات الجديدة للمنتج والخدمات المتعلقة به للمنتفعين مزايا وقيم ومنافع كلية حقيقية تشجعهم على الإقبال عليه.

وقد تكون القيم والمزايا والمنافع الإضافية التي يجب إضافتها للمنتج والخدمات

المتعلقة به قد تكون متعلقة بالمنتج وحده أو بالعمليات الإنتاجية والتسويقية أو بمختلف العمليات والأنشطة ذات العلاقة. يعني ذلك أن التحسين المطلوب قد لا يقتصر على تحسين المنتج فقط وإنما يتطلب تحسين فعالية وكفاءة العمليات والأنشطة ذات العلاقة.

التحسين النوعي لأداء العمليات والأنشطة:

يهدف التحسين النوعي للعمليات والأنشطة تحسين فعاليتها وكفاءتها وأدائها إلى المستويات التي تحقق أهداف تلك العمليات والأنشطة وفقا لخطة التحول. وتركز جهود التحسين وفقا لذلك على ضمان مستوى المخرجات والنتائج المستهدفة من خلال التحديد والاستخدام الأمثل للموارد والقدرات المتاحة والتي ينبغي تنميتها. وتغطي مهام التحسين النوعي الأنشطة والعمليات القديمة والجديدة المتعثرة وهي إما أن تكون مصاحبة أومن متطلبات تحسين المنتج، أو تتعلق بتحسين فعالية وأداء العمليات والأنشطة بحيث تنتج وتقدم منتجات وخدمات تتمتع بالقيم والمزايا المطلوبة وبأقل تكلفة ممكنة. وإجمالا يتمثل التحسين النوعي في تحقيق أفضل النتائج باستخدام أقل ما يمكن من الموارد والجهود والتكاليف.

ويعمل فريق التخطيط أو فريق متخصص على تحديد وتوصيف المشكلة وهي في مجملها يمكن أن تتلخص في تدني الأداء أو الفعالية أو الكفاءة وفي ارتفاع تكلفة المنتج أو تدني مستوى المخرجات، سواء كانت مرتبطة بالمنتفعين من حيث مجموعة القيم والمزايا والمنافع التي تحقق احتياجاتهم ورغباتهم، أو متعلقة بالمساهمين من حيث حجم الإنتاج والمبيعات وحجم الدخل والأرباح، أو متعلقة بالمدخلات وندرتها أو صعوبة الحصول عليها، كما يمكن أن تكون متمثلة في ارتفاع التكاليف الناجمة على ارتفاع تكلفة المدخلات أو لأسباب متعلقة بفعالية وكفاءة العملية التسويقية والإنتاجية.

إن دراسة السوق والمنتفعين وتحديد القيم والمزايا والمنافع الكلية التي يقدمها المنتج والخدمات المتعلقة به ومستويات هذه القيم والمنافع مقارنة بالمستويات المستهدفة ومقارنة بالمنتجات المناظرة في السوق، إن تلك الدراسة تمكن من تحديد القيم والمزايا والمنافع المتدنية كما تساعد في تحديد أي منها متعلق بالعملية الإنتاجية أو العملية التسويقية، أو عملية البحث والتطوير أو أي جهة أخرى. إن تصميم ومحتوى الدراسة والأسئلة التي تطرحها يجب أن تمكن من تحديد عناصر المشكلة وأسبابها والعملية والنشاط المختص بإجراء التحسين المطلوب. وفيما يلي مجموعة

من العناصر التي يمكن أن تساهم في تدني أداء وفعالية العمليات والأنشطة الرئيسية:

المواد الخام ومستلزمات الإنتاج، تصميم العملية، التقنيات والأنظمة المستعملة، أساليب وطرق العمل، الأصول التي يمكن أن تكون غير كافية أو متقادمة، الأنظمة واللوائح غير المناسبة، معارف ومهارات متقادمة وغير نافعة، سلوكيات لا ترقى إلى المستويات المطلوبة، أسواق وقطاعات سوقية غير مجدية، قنوات توزيع غير فعالة، مراكز بيع غير كافية أو غير مجدية، وبرامج ونشاطات إعلان وترويج غير فعالة[436].

وعلى رأس العمليات التي قد تحتاج إلى تحسين نوعي تأتي عملية الإنتاج وعملية التسويق وقد تكون التعديلات والتحسينات محدودة وبسيطة وقد تكون جوهرية تستدعي إعادة تصميم وهندسة العملية أو النشاط. وهنا ينبغي التأكيد على أن إعادة تصميم وهندسة العملية يعتبر تغيير جذري يجب ألا يتم إلا في ظل توليفة إستراتيجيات التحول التي تحدد وتؤكد على اتجاه ونوع وحجم التحول المستهدف للمرحلة القادمة وجدوى ذلك التحول.

إن إعادة تصميم وهندسة العملية الإنتاجية أو التسويقية يجب ألا يتم بشكل مزاجي بل يجب أن يتم في إطار التوجه الإستراتيجي، وفي حالة أن المنتج من المنتجات المدرة أو التي يرجى تحسن أدائها، أو منتج جديد يُرجى أن يكون من المنتجات الناجحة. كما يجب إجراء دراسة الجدوى الاقتصادية للتحسين النوعي الذي يتضمن إعادة تصميم وهندسة العمليات، والتأكد من أن هذه التحسينات ستكون مجدية اقتصاديا، وأنها ستؤدي إلى تطوير عملية إنتاجية وتسويقية تعمل على إنتاج وتقديم منتج ناجح يساهم بفعالية في تحقيق أهداف المؤسسة. إن المعيار النهائي لتحسين المنتج أو العملية أو النشاط أو التقنية أو أي عامل آخر هو مدى مساهمته في التحسين النوعي للأداء على مستوى المنتج والوحدة الإنتاجية والمؤسسة ككل.

ومن أوجه التحسين في إطار توجه تخفيض التكاليف هو العمل على التخلص من المصروفات التي لا تساهم في تحقيق الفعالية والأداء المطلوب، مع العلم بأن هذه المصروفات قد تكون مصروفات عامة، أو متعلقة بالعملية الإنتاجية وأسلوب وطريقة العمل أو التقنية المستعملة، أو المواد الخام. كما يمكن تخفيض التكاليف من خلال التخلص من الفاقد في الموارد والجهود، والاستغلال الأمثل للقدرات والمعارف

(436) Drucker, 1964, p 118

والخبرات.

وينبغي الاهتمام بتحسين وتطوير وتنمية المعارف والمهارات والقدرات والسلوكيات الخاصة بقادة وخبراء المؤسسة وسائر العاملين بها بما يحقق الفعالية الشاملة والوصول إلى تحقيق أفضل المستويات الممكنة من الأداء، ويمكن أن تكون هذه المستويات عالية وقياسية بقدر ارتقائهم في فهم وتطبيق نموذج الإدارة الإسلامية الذي يستند إلى المنهج الإسلامي العظيم والقيم الإسلامية الراقية.

3. إستراتيجية التنمية والتطوير:

يمكن للمؤسسة في مراحل نموها الأولى أن تعتمد على الاستفادة من اتفاقيات الشراكة والتعاون والتراخيص في استعمال تقنيات وأساليب وعمليات متطورة تنتجها مؤسسات أخرى سبقتها في المجالات التي تعمل فيها أو المجالات ذات العلاقة. وكلما نمت المؤسسة وتوسعت تصبح في حاجة إلى تنمية وتطوير قدرات ذاتية في البحث والتطوير تمكنها من إنتاج وتقديم منتجات جديدة وتمكنها من القيام بمهام التحسين الذاتي لمنتجاتها وعملياتها ونشاطاتها وتقنياتها وطرق وأساليب العمل في المجالات التي تعتبر متخصصة فيها.

وتعتمد إستراتيجية تنمية وتطوير منتجات جديدة أو تحسينها بالقدرات الذاتية على قدرات خبراء المؤسسة في التحليل والتحديد الدقيق والسليم للاحتياجات المتجددة لشريحة أو قطاع محدد في المجتمع الذي تخدمه المؤسسة. وفي الحقيقة ينبغي أن تستند كل إستراتيجيات ومشروعات ومهام التحول إلى هذه القدرات للتأكد من أن كل جهود وموارد وقدرات التحول ستؤدي إلى تلبية الاحتياجات المتجددة بالمستويات التي تحقق أهداف المؤسسة. وكلما نمت قدرات البحث والتطوير لدى المؤسسة كلما كان ذلك مشجعا لقادتها وخبرائها على الاهتمام بإستراتيجية التنمية والتطوير لمنتجات جديدة من خلال الجهود الذاتية [437].

وتشمل المجالات الرئيسية لإستراتيجية التنمية والتطوير ما يلي:

1. تنمية وتطوير منتجات أو خدمات جديدة أو إجراء تحسين نوعي على المنتجات والخدمات الحالية أو بعضها.

2. تنمية وتطوير عمليات أو تقنيات جديدة أو إجراء تحسينات نوعية

---

(437) Johnson & Scholes, 1997 , p290

على العمليات والتقنيات الحالية.

3. تطوير أساليب وطرق العمل في عمليات الإنتاج والتسويق.

ويمكن أن تكون إستراتيجية البحث والتطوير قائدة وفي مقدمة إستراتيجيات التحول أو داعمة وتابعة لها وفقا لإستراتيجية الاتجاه العام للمؤسسة وتوليفة إستراتيجيات التحول. ويجدر التنبيه دائما على أن تقديم منتجات جديدة أو إجراء تحسين نوعي على المنتجات والعمليات الإنتاجية والتسويقية هي من مهام خبراء البحث والتطوير الذي كانوا ولا يزال بعضهم خبراء للإنتاج والتسويق. إنهم الخبراء الذين اكتسبوا معارف وخبرات كبيرة في مجالات الإنتاج والتسويق ثم إنهم يتفرغون بعد ذلك للقيام بمهام البحث والتطوير أو يقومون بمهام مؤقتة في مجالات التخطيط الإستراتيجي والبحث والتطوير.

ويُقصد بهذا التوضيح التأكيد على أن قادة وخبراء البحث والتطوير في المؤسسة يجب أن تجتمع لديهم قدرات ومعارف ومهارات وخبرات الإنتاج والتسويق بالإضافة إلى قدرات البحث والتطوير لكي يكونوا قادرين على الابتكار والتحسين الذي يحقق النتائج التي تلبي الرغبات والاحتياجات الحقيقية للمنتفعين بمنتجات وخدمات المؤسسة وفقا لأحدث طرق وأساليب وتقنيات الإنتاج والتسويق في مجالات نشاط المؤسسة، ووفقا لمتطلبات الأهداف الإستراتيجية العليا للمؤسسة.

4. إستراتيجية مواجهة التهديدات:

تتضمن إستراتيجيات التحول مواجهة التهديدات العامة القادمة من البيئة الخارجية أيا كان التوجه العام للمؤسسة أو الإستراتيجيات التي ستتبعها لتحقيق التحول. والتهديدات المقصودة هي التهديدات التي تم تحديدها خلال دراسة وتحليل البيئة الخارجية، وهي التهديدات الخارجية المؤثرة التي يتوقع حدوثها في كل الأحوال وهي إما سياسية أو اقتصادية أو اجتماعية أو دولية. أما المخاطر فهي المخاطر التي ستواجه المؤسسة في حالة اختيار وتنفيذ إستراتيجية تحول معينة أو توليفة من إستراتيجيات التحول. إنها المخاطر المتعلقة بخيارات ومشروعات ومهام التحول.

وبالنظر إلى الموقف الإستراتيجي العام للمؤسسة يمكن تقسيم التهديدات الخارجية إلى نوعين رئيسيين: أحدهما يتعلق بعناصر القوة المهمة لدى المؤسسة والنوع الآخر يتعلق بعناصر ضعفها.

وتعتبر التهديدات المتعلقة بقدرات وقوى المؤسسة المميزة لها مطمئنة نسبيا من

المقدمة

حيث قدرة المؤسسة على مواجهتها، ولكنها من جهة أخرى قد تعتبر مخيفة جدا من حيث احتمال تمكنها من القضاء على أحد أو بعض عناصر القوة المهمة للمؤسسة الأمر الذي قد يؤدي إلى إحداث خسارة كبيرة. أما التهديد المتعلق بعناصر الضعف فهو ذلك التهديد الـذي يواجـه المؤسسـة وليس لـديها مـن القدرات والقوى المناسبة لمواجهته بها. إنه تهديد موجه إلى نقاط الضعف لـديها وهـو قد يكون مـن أخطـر التهديدات التي يمكن أن تواجه المؤسسة والتي تستدعي حشد الجهود والقدرات لمعالجة الضعف الـذي يمكن أن يحصل منه الاختراق واتخاذ ما يلـزم لمواجهة التهديد المحتمل للتقليل إلى أدنى حـد مـن آثـاره المتوقعة.

لا شك أن تركيز توليفة إستراتيجيات التحول سيكون على الاستغلال الأمثل للفرص المتاحة في البيئة الخارجية، ولكن لا بد أن تحتوي هذه التوليفة على القـدر المناسب مـن الاهتمام بمواجهة التهديدات والمخاطر الرئيسية المتوقع حدوثها حسب حجم تأثيرها على برامج التحول.

إنه من الخطأ اعتماد توليفة إستراتيجيات لا تتضمن علـى إستراتيجيـة لمواجهـة التهديدات والمخاطر الخارجيـة وحمايـة المؤسسـة ووحـداتها الإنتاجيـة وكافة أنشـطتها وقدراتها وإمكانياتهـا مـن تـأثير تلـك التهديدات والمخاطر [438].

إن التوجه العام للمؤسسة يحتوي في ذاته قدرا من المخاطر، فالتوجه نحو التركيز التام يحمل مخاطر وضع كل البيض في سلة واحدة، والتوجه نحو التنويع غـير المـترابط يحمل معـه مخاطر تشتيت الجهود والموارد والسير نحو المجهول. كما أن مستوى وحجم المخاطر يعتمـد علـى طمـوح وأهـداف قـادة وخـبراء المؤسسة، فكلما ارتقى مستوى هذه الطموحـات والأهـداف الخاصة بنمو وتوسـع المؤسسـة يمكن توقـع ازدياد حجم ومستوى المخاطر التي قد تـؤدي إلى تعـذر اسـتغلال فـرص معينـة أو تعـذر تنميـة القدرات المناسبة لاستغلال تلك الفرص [439].

وحيث إن كل إستراتيجية أو مشروع من إستراتيجيات ومشروعات التحول يحمل في ذاته قدرا مـن المخاطر فإنه يجب تحديد طبيعة تلك المخاطر وحجمها ودرجة تأثيرها وأخذها في الاعتبار في دراسات الجدوى الاقتصادية لإستراتيجيات

(438) Argenti, 1989, p300

(439) Andrews , 1987, p19

ومشروعات التحول. إن درجة تأثير الخطر على المشروع أو مجموعة المشاريع التي تكوّن إستراتيجية ما هي التي تحدد مدى القبول النهائي لتلك الإستراتيجية أو المشروع [440].

ويعتمد ذلك كثيرا على إخلاص قادة وخبراء المؤسسة وحرصهم على الأداء الجيد لأماناتهم الملقاة على عاتقهم في التأكد من عدم اختيار إستراتيجية أو مشروع أو مهمة إستراتيجية تعرض المؤسسة للخطر المفضي للخسارة الجسيمة. ويجب أن تؤدي دراسات الجدوى الاقتصادية إلى اختيار الإستراتيجيات والمشروعات المجدية مع الأخذ بعين الاعتبار التهديدات والمخاطر المتعلقة بها، وإعداد خطة تحوطية لكل إستراتيجية ولكل مشروع يتم اختياره.

إن إستراتيجية مواجهة التهديدات والمخاطر لا بد أن تُدعم بمجموعة من الخطط والمهام التحوطية التي يمكن أن تشمل:

1. كل إستراتيجية وكل مشروع من مشروعات الإستراتيجية.
2. مواجهة التهديدات الخارجية العامة غير المرتبطة بإستراتيجية الاتجاه العام أو إستراتيجيات التحول.
3. خطة تحوطية لمعالجة آثار قضاء الله الخالق سبحانه وتعالى وقدره الذي لا رادّ لقضائه.

وليس بالضرورة رصد الموارد والإمكانيات لمواجهة جميع التهديدات والمخاطر مجتمعة، لأن ذلك قد لا يبقى شيئا لمشروعات وجهود التحول. ومن المفيد تجميع التهديدات والمخاطر في مجموعات متجانسة ويخصص لها قدرا مقبولا من الموارد. ويبرز هنا أهمية تعاون المؤسسات العاملة في الصناعة في إنشاء ودعم صندوق تضامني للمساعدة في مواجهة الكوارث والتهديدات والمخاطر العامة أو التهديدات والمخاطر المتعلقة بالصناعة.

إستراتيجيات التعاون والشراكة:

وهي إستراتيجيات تخدم وتدعم إستراتيجية الاتجاه العام للمؤسسة وإستراتيجيات النمو والإعداد للنمو من خلال اتفاقيات وبرامج التعاون بين المؤسسة والمؤسسات الأخرى العاملة في الصناعة أو المستفيدة من الصناعة أو الداعمة لها. وتشمل تلك

---

(440) Argenti, 1989, p283

المؤسسات: المنافسين، الموردين، الموزعين، والمنتفعين بمنتجات وخدمات المؤسسة.

دوافع ودواعي التعاون والشراكة:

إن التحليل الجيد لبيئة المؤسسة الداخلية والخارجية يمكن أن يدل إلى اكتشاف فرص تعاون أو شراكة تساعد على دعم قدرات المؤسسة، وتساهم في استغلال الفرص المتاحة، كما تساعد في معالجة المشاكل ومواجهة المخاطر المحددة في الموقف الإستراتيجي العام للمؤسسة [441].

ومن الأسباب والدوافع الداعية للتعاون والشراكة ما يلي:

1. تحقيق النمو والتوسع بمستويات يصعب تحقيقها بالموارد والجهود الذاتية.
2. التمكن من دخول أسواق معينة.
3. التنويع في منتجات وخدمات وأنشطة جديدة.
4. تأكيد الحصول على المواد الخام ومستلزمات الإنتاج.
5. تأكيد الحصول على التقنية والمعرفة المتعلقة بنشاط معين أو منتج ما.
6. المشاركة في التكاليف العالية والمخاطر الكبيرة المرتبطة بتقديم منتج جديد أو فتح أسواق خارجية جديدة.
7. تجميع المهارات والقدرات والموارد التي تكمل بعضها حين لا تستطيع المؤسسة توفيرها بمفردها.
8. الوصول إلى تحقيق طاقة إنتاجية كبيرة في وقت قصير [442].

هذا ويمكن الاستفادة من إستراتيجيات وجهود التعاون في دعم وتنفيذ إستراتيجيات النمو والتي تشمل دعم المنتجات والأنشطة المدرة حاليا، والتوسع في هذه المجالات، وتقديم منتجات وخدمات جديدة، كما تفيد في دعم وتنفيذ إستراتيجيات الإعداد للنمو التي تشمل التخلص، والتحسين النوعي، والتنمية والتطوير، ومواجهة التهديدات والمخاطر.

---

(441) Argenti, 1989, p277

(442) مرسي، 2006، ص209

أنواع التعاون والشراكة:

ويشمل التعاون والشراكة من أجل النمو والتوسع نماذج وأنواع متعددة تتدرج من ترتيبات التنسيق والتعاون الغير رسمي إلى مستويات الاندماج والإتحاد الكامل، أو الشراء والامتلاك، وفي ما يلي بيان لهذه الأنواع:

1. علاقات التنسيق والتعاون غير الرسمي.
2. عقود تعاون قصيرة المدى أو طويلة المدى.
3. الترخيص وحق الامتياز.
4. تحالف أو ائتلاف استراتيجي قوي قصير أو طويل المدى.
5. مشروعات استثمار مشترك.
6. الاندماج أو الإتحاد الكامل.
7. الشراء والامتلاك[443].

ونتعرض فيما يلي إلى توضيح موجز لهذه النماذج التي يمكن أن تستعمل في تحقيق إستراتيجيات النمو أو الإعداد للنمو وفق توليفة الإستراتيجيات التي سيتم اعتمادها.

1. علاقات التنسيق والتعاون غير الرسمي:

وهي ترتيبات يتم بموجبها تعاون اثنين أو أكثر من المؤسسات بدون اتفاقيات رسمية ولكن من خلال آليات تنسيق وتعاون تعتمد على الثقة والمصالح المشتركة[444]. أي أنها ترتيبات تهدف إلى أنواع من التنسيق والتعاون لا تحتاج إلى عقود رسمية وإنما تمليها المصالح المشتركة. ومثال ذلك التنسيق والتعاون بين مجموعة من الخطوط الجوية لإيجاد ترتيبات تؤدي إلى تحقيق منافع ومزايا للمنتفعين بخدماتهم وتؤدي إلى إقبال المزيد من المنتفعين عليها مثل اعتماد استعمال تذاكر السفر فيما بينها والتعاون في مجالات التموين وخدمات الشحن وخدمات المسافرين في المطارات وغيرها. ومن أمثلة ذلك أيضا التنسيق والتعاون بين مؤسسة تصنيع أجهزة كهربائية ومؤسسة خدمات تركيب وإنشاء وصيانة تلك الأجهزة في مناطق وأسواق معينة لما في ذلك من مصالح مشتركة لهما وللمنتفعين بمنتجاتهما

(443) Johnson & Scholes, 1997 , p311
(444) Johnson & Scholes, 1997 , p312

وخدماتهما.

2. عقود التعاون:

تحتاج المؤسسة إلى دعم ومساعدة بعض الجهات والمؤسسات الأخرى بهدف التمكن من إنجاز مشروعات وبرامج التحول سواء كانت في إطار إستراتيجيات النمو أو إستراتيجيات الإعداد للنمو. ذلك لأنه لا يمكن لأي مؤسسة إنجاز كافة إستراتيجيات ومشروعات وبرامج التحول بجهودها الذاتية الصرفة. كما أن إنجاز بعض الأعمال والمهام بالجهود الذاتية يمكن أن يكون أكثر كلفة من تكلفة الحصول عليها من مؤسسات أخرى. إن توفير موارد أو خدمات معينة أو القيام بإنجاز مهام معينة أو توفير قنوات توزيع ملائمة قد يحتاج إلى إبرام عقود قصيرة المدى أو طويلة المدى وفقا لحاجة كل مشروع أو برنامج ووفقا لظروف ومتغيرات البيئة الخارجية.

3. الترخيص وحق الامتياز:

الترخيص هو اتفاق يتم بموجبه شراء حقوق تصنيع وتسويق منتج ما مقابل مبالغ مالية تحسب على أساس عدد الوحدات المباعة[445]. ومن مزايا الترخيص بالنسبة للمؤسسة المانحة هو أنها لا تتحمل أي تكاليف أو مخاطر مرتبطة بإنتاج وتسويق المنتج في موطن وأسواق المرخص له. وهو أيضا مناسب للمؤسسة عندما ينقصها رأس المال اللازم للقيام بإنتاج وتقديم المنتج في دول أخرى، أو عندما لا تكون مستعدة للاستثمار في أسواق معرضة للاضطرابات السياسية أو الاجتماعية. وفي حالة حق الامتياز تقوم المؤسسة المانحة للامتياز ببيع حقوق محدودة لاستخدام علامتها التجارية أو تقنيتها من قبل المنتفع بحق الامتياز وذلك مقابل مبلغ مالي إجمالي وحصة من الأرباح. ويلتزم المنتفع بحق الامتياز بقواعد وشروط يتفق عليها تحدد كيفية أداءه للنشاط أو استعماله للتقنية والمعرفة المنتفع بها[446].

4. تحالف إستراتيجي:

هو تحالف بين مؤسستين أو أكثر لتحقيق أهداف إستراتيجية مفيدة للطرفين أو لكل الأطراف المتحالفة. ويمكن أن يكون التحالف محدد بهدف يمكن تحقيقه خلال فترة

(445) مرسي، 2006، ص203 - 204

(446) مرسي، 2006، ص204

قصيرة ومنها التحالف الطويل المدى [447].

ويمكن أن يتم التحالف بين مؤسسات متشابهة في نفس الصناعة أو صناعات مترابطة لتجميع القدرات والموارد من أجل تحقيق منافع يصعب تحقيقها بالجهود الذاتية للمؤسسة الواحدة. كما يمكن أن يتم التحالف بين المؤسسة وبعض الموردين أو الموزعين المهمين من أجل:

● تحسين المواد والقطع ومستلزمات الإنتاج.

● التعاون مع الموردين الرئيسيين والاستفادة منهم في تصميم المنتجات والعمليات.

● الحصول على تقنية جديدة واستعمالها في منتجات المؤسسة أو عملياتها.

● تسهيل وضمان تسويق منتجات المؤسسة في أسواق معينة من خلال موزعين لديهم قدرات مناسبة.

5. الاندماج:

الاندماج هو الاتحاد الكامل الذي يتم بين مؤسستين أو أكثر بهدف تكوين مؤسسة واحدة جديدة بالحجم المستهدف [448]. ويتم وفقا لذلك حل المؤسستين أو المؤسسات الداخلة في الاندماج لتحل محلها المؤسسة الجديدة وتصبح كل الأصول والممتلكات والأسهم والأنشطة وكافة الموارد مملوكة للمؤسسة الجديدة التي تتعهد بكافة الالتزامات التي كانت ملتزمة بها المؤسسات المنحلة.

وعادة يتم الاندماج بصفة ودية بين مؤسسات ذات أحجام متقاربة، ويحدث عادة عندما تبحث كل مؤسسة عن منافع ومصالح مشتركة يمكن تحقيقها من خلال الاندماج، وقد تدفع إليها أسباب متشابهة ومؤثرات ومتغيرات البيئة الخارجية المتمثلة في الفرص والتهديدات ذات العلاقة المباشرة بنشاط تلك المؤسسات [449].

ويتطلب الاندماج موافقة مجالس إدارات وحملة أسهم المؤسسات الداخلة في الاندماج وفقا لعدد الأصوات وعادة ما يكون ثلثي الأصوات. ويتم بموجب الاندماج

(447) Hunger & Wheelen, 1999, p125 - 128

(448) Drucker, 1964, p200

(449) Johnson & Scholes, 1997 , p308

تبادل الأسهم بين المؤسسات أو شراؤها لتأكيد أن المؤسسة الجديدة تصبح ملكية واحدة وأن المساهمين في كل منها أصبحوا هم المساهمون في المؤسسة الجديدة[450].

6. الشراء:

وهو شراء مؤسسة أخرى بحيث يتم دمجها في المؤسسة وتصبح جزءا منها ويتم عادة بين مؤسسات مختلفة الحجم حيث يمكن للمؤسسة الكبيرة شراء مؤسسة صغيرة ويصعب الشراء كلما تقارب حجم المؤسستين. ويتم ذلك عن طريق شراء أصول المؤسسة المراد شراؤها أو شراء الأسهم الخاصة بها. ويمكن أن يكون الشراء في إطار إستراتيجية التركيز من أجل دعم قدرات المؤسسة الإنتاجية أو قدرات البحث والتطوير، ومن أجل التوسع في تقديم نفس المنتجات والخدمات إلى أسواق أخرى من خلال شراء مؤسسة تعمل في تلك الأسواق[451].

كما يمكن أن يكون الشراء في إطار تنويع المنتجات والخدمات والتوسع في أسواق جديدة. ويجب ألا يكون الشراء لغرض النمو السريع والكبير بهدف الاحتكار والسيطرة على المنتفعين، ولذلك توجد قوانين ولوائح تمنع الاحتكار وتنظم عملية شراء ممتلكات المؤسسات الصغيرة التي يقرر مالكوها الأفراد أو المساهمون فيها بيعها، أو عندما تكون المؤسسة على حافة الإفلاس[452].

وفي بعض المجتمعات يحدث الاستيلاء العدائي على مؤسسة ضد رغبة قادتها وخبرائها العاملين بها عندما تتم الصفقة مباشرة بين الجهة الراغبة في الشراء وكبار المساهمين المهيمنين على المؤسسة المراد شراؤها. وعندما يكون الشراء عدائيا فإنه يمكن أن يكون كارثياً أو على الأقل مكلف جدا ومضيعا لحقوق ومصالح بعض الأطراف المستفيدة من المؤسسة. وإذا كان الشراء يتم عدائيا أو وديا في المجتمعات الأخرى فإنه يجب ألا يكون إلا وديا في البيئة الإسلامية.

إن شراء المؤسسة وبيعها في البيئة الإسلامية فيه حرج كبير ذلك أن الالتفاف حول توجهات وآراء ورغبات قادة وخبراء المؤسسة المراد شراؤها والاتصال المباشر بالمساهمين المؤثرين بهدف شراء مؤسستهم بدون التشاور مع قادة وخبراء تلك

---

(450) Hunger & Wheelen, 1999, p135

(451) المرجع السابق، ص 135

(452) Andrews , 1987, p23

المؤسسة يمثل حرجا كبيرا لما فيه إلحاق الضرر بالعاملين بها وبعض الأطراف الأخرى المستفيدة منها.

إن عملية الشراء في البيئة الإسلامية يمكن أن تكون في حالتين:

1. في حالة تفاهم مجلس إدارة المؤسسة المتعثرة مع قادتها وخبرائها ووصولهم إلى اتفاق مع المؤسسة الراغبة في الشراء وذلك قبل أن تصل المؤسسة المتعثرة إلى مرحلة الإفلاس. إن هذه الحالة تؤول إلى حالة من حالات الاندماج أو الاتحاد الاختياري وبرغبة جميع الأطراف ذات العلاقة ولصالحهم جميعا.

2. في حالة وصول المؤسسة المتعثرة إلى مرحلة الإفلاس ويتم إيقاف العمل فيها وفي هذه الحالة فإن المؤسسة التي ترغب في شرائها إنما تشتري الأصول والممتلكات مثل المصانع والمعامل وقنوات التوزيع ومراكز البيع والتقنيات والتصاميم الهندسية وغيرها من الموارد والأصول والممتلكات.

وبدلا من الشراء فإن اتفاقيات التعاون والتنسيق والتكامل في الصناعة بصفة عامة يمكن أن تحقق منافع لمختلف الأطراف وتنقذ الكثير من المؤسسات من الفشل.

7. الاستثمار المشترك:

وهو مشروع تعاوني يتم إنجازه من قبل مؤسستين أو أكثر ويؤدي إلى تكوين نشاط مستقل من حيث تسيير عملياته ولكنه مملوك للمؤسسات التي قامت بإنشائه بهدف تحقيق أهداف إستراتيجية يصعب تحقيقها من قبل كل مؤسسة على حدة. وتحدد اتفاقية الاستثمار المشترك حجم ونسب ملكية الأسهم والأصول والموارد والقدرات التي يجب أن يساهم بها كل طر ف وأسس الإدارة والرقابة المشتركة للمشروع وكيفية توزيع الأرباح[453].

وتهدف مشروعات الاستثمار المشترك إلى جملة من الأهداف أهمها ما يلي:

1. الدخول إلى أسواق دولية جديدة يصعب دخولها بدون إيجاد نوع من الشراكة مع إحدى المؤسسات العاملة في تلك الأسواق.

2. التخفيض من تكاليف التسويق من خلال المشاركة في تحمل التكاليف.

(453) Johnson & Scholes, 1997 , p311

3. التقليل من مخاطر العوامل السياسية المتعلقة بالتأميم، والاضطرابات السياسية والقوانين واللوائح التي تجعل المشروعات المشتركة هي الطريق الوحيد أو الأفضل للدخول إلى السوق [454].

ومن أمثلة مشروعات الاستثمار المشترك إنشاء سكة حديد تربط مناطق متباعدة ومشروعات الأعمال المدنية الكبيرة والمجمعات الصناعية الضخمة. كما يمكن أن تكون مشروعات متوسطة أو صغيرة تهتم بإنتاج منتجات أو تقديم خدمات معينة أو تنمية وتطوير منتجات وتقنيات جديدة.

إن إستراتيجيات ومهام التعاون والشراكة بمختلف أنواعها يمكن أن تخدم أو تدعم أيا من إستراتيجيات التحول في مجالات النمو المختلفة أو الإعداد للنمو وذلك كما هو مبين في الفقرات التالية.

التعاون في تحقيق دعم المنتجات والأنشطة المدرة حاليا:

حيث أن المنتجات والأنشطة المدرة حاليا هي التي تعتمد عليها المؤسسة في تحقيق العوائد المستهدفة، فإن استمرارية النجاح في تحقيق تلك العوائد يحتاج إلى دعم هذه المنتجات والأنشطة من خلال الجهود الذاتية للمؤسسة وكذلك من خلال التعاون والشراكة مع المؤسسات المناسبة في الصناعة أو المؤسسات المتخصصة في المجالات ذات العلاقة.

ومن مجالات التعاون والشراكة من أجل دعم المنتجات والأنشطة المدرة حاليا ما يلي:

- تأكيد توريد المواد الخام ومستلزمات الإنتاج بالكميات والمواصفات والتكاليف والمواعيد المناسبة والتعاون في تحسين فعالية وكفاءة التوريد.
- التعاون في القيام بعمليات الصيانة الشاملة والإصلاح ومعالجة المشاكل المعقدة.
- التعاون في تحسين الفعالية الشاملة والكفاءة والجودة.
- التعاون من أجل تخفيض التكاليف وإنتاج وتسويق المنتجات.
- التعاون والشراكة في امتلاك واستعمال قنوات التوزيع ومراكز البيع وتحسين فعاليتها.

---

(454) السيد، 1990، ص237

- التعاون في القيام ببحوث السوق والتسويق في الأسواق الحالية والمستهدف خدمتها.
- التعاون في الارتقاء بمستويات معارف وقدرات ومهارات وسلوكيات قادة وخبراء المؤسسة في مجالات الإنتاج والتسويق والمجالات ذات العلاقة.

ومن المفيد إجراء التعاون والشراكة مع مؤسسات لديها قدرة وأنظمة إنتاجية وتسويقية متميزة ومتقدمة في منحنى الخبرة والتي يمكن أن يفيد التعاون معها في تحقيق مستويات عالية من الفعالية والكفاءة وتحسين الجودة وتخفيض التكاليف بمستويات يصعب تحقيقها في المؤسسة بالجهود الذاتية [455].

كما يمكن الاستفادة من اتفاقيات التعاون في دعم المنتجات والأنشطة المدرة حاليا باستعمال مختلف أنواع التعاون والشراكة ابتداء من العقود وانتهاء بالاندماج والشراء.

التعاون في تحقيق توسع المنتجات والخدمات والأنشطة المدرة حاليا:

وهو نمو وتوسع المؤسسة في إنتاج وتسويق المنتجات المدرة حاليا في الأسواق الحالية وأسواق جديدة. ويشمل التعاون في هذه المجالات التوسع المشترك في الوحدات الإنتاجية والتوسع في الأسواق وقنوات التوزيع ومراكز البيع. ويمكن للمؤسسة أن تحقق زيادة سريعة في الطاقة الإنتاجية من خلال استعمال أحد طرق التعاون والشراكة مع مؤسسات لديها قدرات وأنظمة إنتاجية متميزة، كما يمكّنها التعاون الخارجي من التوسع في إنتاج المواد المكملة لنشاطاتها كتصنيع بعض المواد نصف المصنعة ومستلزمات الإنتاج مثل المكونات والعناصر الإلكترونية.

إن التوسع في الأسواق العالمية يمكن أن يتم من خلال الاندماج أو المشروعات المشتركة أو شراء مؤسسة صغيرة في نفس مجال نشاط المؤسسة. ذلك لأن قادة وخبراء تلك المؤسسة لديهم معرفة وخبرة بالسوق المحلي ويعتبر ذلك من أسرع الطرق في تحقيق التوسع في الدخول إلى أسواق جديدة في دول أخرى [456].

وقد تقتصر الشراكة والتعاون على الاستفادة المشتركة من قنوات توزيع أو مراكز

(455) Johnson & Scholes, 1997 , p308
(456) Andrews , 1987 , p23

بيع محددة في أسواق جديدة مستهدفة. ويؤدي التعاون والشراكة إلى تقاسم التكاليف والمخاطر من خلال الإنتاج والتسويق في دول أخرى حيث أن الفروع المملوكة بالكامل للمؤسسة في دول أخرى تعتبر مكلفة وقد تواجه مخاطر كبيرة سياسية أو اجتماعية وخاصة في الدول التي تعاني من اضطرابات وتقلبات في سياساتها.

التعاون في تقديم منتجات وخدمات جديدة:

عندما لا يتوفر الوقت الكافي والقدرات والمعرفة اللازمة للمؤسسة لتنمية وتطوير منتجات وخدمات جديدة بالجهود الذاتية، يمكن استخدام رصيدها المالي في الاكتساب السريع لتلك المنتجات والخدمات من خلال المشروعات المشتركة أو الاندماج أو الشراء أو غيرها من طرق التعاون والشراكة من أجل النمو والتوسع [457].

كما أن الحصول على تراخيص الإنتاج أو استعمال التقنيات من مؤسسة أخرى قد يكون أجدى وأفضل بكثير من شراء تلك المؤسسة بأكملها بما فيها من عيوب ومشاكل وأصول غير مناسبة للمؤسسة.

ومما يدخل في الاستفادة من المؤسسات الأخرى من خلال التعاون والشراكة الحصول على معدات وتجهيزات وأنظمة وتقنيات إنتاج متميزة أو الحصول على خدمات التصميم والأعمال الهندسية وأنظمة المعلومات المتعلقة بتنويع خط المنتجات أو تقديم منتجات وخدمات جديدة. إن من الأسباب القوية والدافعة إلى التعاون والشراكة بمختلف أنواعها هو السرعة التي يمكن أن تتمكن المؤسسة بها من تقديم منتجات وخدمات جديدة وخاصة عندما يكون معدلات تغير المنتج أو السوق عالية تتجاوز قدرات المؤسسة في اللحاق بالصناعة في تقديم المنتج الجديد [458].

التعاون في التخلص من المنتجات والأنشطة غير المجدية:

وكما يكون شراء أصول أو مؤسسات صغيرة مجديا رغم ما تعانيه من بعض المشاكل فإن بيع أصول أو مصانع أو ممتلكات أو مراكز بيع أو قنوات توزيع أو غيرها قد يكون هو الأجدى والأنفع. وقد يكون من المناسب أو الضروري الاستعانة

---

(457) Drucker, 1964, p199

(458) Johnson & Scholes, 1997 , p308

بعض المؤسسات في عمليات التخلص من الأصول والوحدات الإنتاجية لأسباب فنية أو بيئية أومن حيث دواعي السلامة أو عدم توفر العقول والقوى العاملة الكافية والمناسبة.

التعاون في تحقيق التحسين النوعي لمنتجات وخدمات وأنشطة متعثرة:

ويمكن تحقيق التحسين النوعي لأداء منتجات وخدمات وأنشطة متعثرة من خلال التعاون والشراكة مع مؤسسات عاملة في ذات الصناعة أو مؤسسات أخرى لديها قدرات معينة يمكن الاستفادة منها في عملية التحسين. وفيما يلي أهم المجالات التي يمكن التعاون فيها في إطار إستراتيجية التحسين النوعي:

- التحسين النوعي لمنتجات وخدمات متعثرة يرجى أن تساهم بفعالية في تحقيق النتائج المستهدفة عند إجراء التحسينات عليها.
- التحسين النوعي لفعالية وكفاءة وإنتاجية وأداء الوحدات والعمليات الإنتاجية المتعثرة المجدي تحسينها.
- الحصول على تقنيات وأساليب وطرق وأنظمة إنتاج متقدمة وفعالة.
- إعادة تصميم وهندسة عملية الإنتاج في إطار تمييز المنتج أو تخفيض التكاليف.
- تحديد وتوفير تجهيزات ومعدات الإنتاج الحديثة.
- الحصول على تجهيزات وأنظمة مراقبة وتحكم حديثة.
- توفير مواد خام ومستلزمات إنتاج بالكميات والمواصفات والأسعار المناسبة.
- التحسين النوعي لفعالية وأداء نشاط التسويق الخاص بالمنتج.
- التحسين النوعي لفعالية وأداء قنوات التوزيع ومراكز البيع.
- تحسين الخدمات المقدمة للمنتفعين.

ويمكن الاستفادة من التعاون والشراكة في إنجاز التحسين النوعي للمنتجات والخدمات والأنشطة الإنتاجية والتسويقية باستعمال أيا من طرق التعاون المتاحة مثل: عقود التعاون قصيرة المدى، أو مشروعات مشتركة أو الترخيص وغيرها.

التعاون في تنمية وتطوير منتجات وخدمات وأنشطة جديدة:

وتعتمد درجة الاحتياج إلى التعاون في مجال البحث والتطوير على مدى تقدم

المؤسسة في القيام بهذا النشاط مقارنة بالمؤسسات المنافسة في الصناعة , كم تعتمد على القدرات والإمكانيات والعقول والقوى والخبرات العاملة لديها في هذا المجال. وأيا كان موقف المؤسسة في ذلك فإنه من المفيد إجراء التعاون والشراكة في بعض أنشطة ومجالات البحث والتطوير والتي من أهمها:

- تنمية وتطوير منتجات وخدمات جديدة.
- تنمية وتطوير عمليات وطرق وأساليب إنتاجية وتسويقية جديدة.
- تنمية وتطوير تقنيات وتجهيزات جديدة ومعارف وأنظمة جديدة.
- التحسين النوعي للمنتجات والخدمات والعمليات والأنشطة والتقنيات والتجهيزات الحالية.
- تنمية وتطوير معارف وقدرات ومهارات وسلوكيات قادة وخبراء المؤسسة التي تمكنهم من تحقيق أهداف وإستراتيجيات وبرامج ومشروعات التحول.

ويمكن أن تتحقق التنمية والتطوير بالجهود الذاتية وبمختلف أنواع التعاون والشراكة. إن توليفة إستراتيجيات المؤسسة التي يتم اختيارها ومشروعات التحول التي تحقق تلك الإستراتيجيات هي التي تحدد طرق التعاون والشراكة التي يمكن أن يستفاد منها في تحقيق التنمية والتطوير والتحسين بما يساهم بفعالية في إنجاز التحول المنشود.

التعاون في مواجهة التهديدات والمخاطر:

وقد يكون من المفيد وأحيانا من الضروري عقد نوع من الشراكة والتعاون لمواجهة التهديدات والمخاطر التي يمكن أن تكون مشتركة لبعض المؤسسات العاملة في المجالات ذات العلاقة بنشاطات المؤسسة. وسواء كانت التهديدات والمخاطر مشتركة أو غير مشتركة فإنه يمكن الاستفادة من طرق وأساليب التعاون والشراكة في التقليل إلى الحد المقبول من تأثير

التهديدات الخارجية العامة وكذلك المخاطر المتعلقة بالإستراتيجيات والبرامج والمشروعات التي سيتم اعتمادها في خطة التحول الإستراتيجي.

ويمكن الاستفادة من قدرات المؤسسات الأخرى في مواجهة التهديدات والمخاطر عن طريق عقود التعاون والمشروعات المشتركة والتحالف والاندماج وربما شراء بعض الأصول أو الوحدات الإنتاجية أو قنوات التوزيع أو غيرها.

ومن أكبر المشاكل التي يمكن أن تصاحب الاندماج أو الاستثمار المشترك أو اتفاقيات التعاون هي المشاكل السلوكية التي تحصل بين قادة وخبراء المؤسسات الداخلة في التعاون أيا كان نوع التعاون. وكلما ارتقى قادة وخبراء المؤسسات في فهم واستيعاب وتطبيق القيم الإسلامية الراقية كلما سهلت عليهم مهام التعاون وأثمرت وأدت إلى أفضل النتائج الممكن تحقيقها لصالح جميع الأطراف المساهمة في التعاون والأطراف المستفيدة من نشاطات المؤسسات الداخلة في التعاون.

ولا يمكن في البيئة الإسلامية توقع حصول التعاون إلا في إطار البر والتقوى وما يرضى الخالق سبحانه وتعالى وما ينفع الناس، ولا يجوز التعاون على الإثم والعدوان. فلا يتوقع مثلا التنسيق والتعاون المشترك بين مؤسسات معينة على تخفيض الإنتاج ورفع الأسعار وأي من الأعمال الكيدية التي يقصد بها الاحتكار والهيمنة والإضرار ببعض المؤسسات العاملة في الصناعة والإضرار بمصالح المنتفعين في الصناعة أو غيرهم من الأطراف.

جدول رقم (5.1) : نموذج لتحديد طرق التعاون والشراكة المناسبة لإستراتيجيات التحول

إستراتيجية الاتجاه العام	استراتيجيات التحول		الجهود الذاتية	عقد تعاون	ترخيص/ حق امتياز	تحالف استراتيجي	مشروع مشترك	اندماج إتحاد	شراء
تنويع مترابط	إستراتيجيات النمو	دعم المنتجات والأنشطة المدرة							
		توسع المنتجات والأنشطة المدرة							
		تقديم منتجات وخدمات جديدة							
	إستراتيجيات الإعداد للنمو	التخلص							
		التحسين النوعي							
		التنمية والتطوير							
		مواجهة التهديدات والمخاطر							

المهام الرئيسية لتحديد إستراتيجيات التحول:

لقد توصل فريق التخطيط الإستراتيجي وقادة وخبراء المؤسسة من خلال دراستهم

وتحليلهم لبيئة المؤسسة الداخلية والخارجية إلى تحديد الموقف الإستراتيجي العام للمؤسسة الذي يبين فرص التحول المتاحة للمؤسسة وقدرات المؤسسة وقواها الدافعة للتحول، وكذلك العوامل التي يمكن أن تعرقل التحول في البيئتين. ثم تعرفوا على استراتيجيات الاتجاه العام وإستراتيجيات التحول التي يمكن أن تعتمدها المؤسسة الإنتاجية أو الخدمية في إعداد خطة التحول. ولكي يتمكن فريق التخطيط الإستراتيجي من تحديد واختيار المشروعات والمهام الإستراتيجية وإعداد خطة التحول ينبغي لهم القيام في هذه الخطوة القيام بالمهام التالية:

1- تحديد الموقف الإستراتيجي العام للمؤسسة.
2- تحديد إستراتيجية الاتجاه العام للتحول.
3- تحديد إستراتيجيات التحول للمرحلة القادمة.

وفيما يلي توضيح لهذه المهام وكيفية الوصول من خلالها إلى تحديد إستراتيجيات التحول التي تمكن المؤسسة من تحقيق الأهداف الإستراتيجية للمرحلة القادمة.

1. تحديد الموقف الإستراتيجي العام للمؤسسة

إن تحديد العوامل والعناصر الإستراتيجية يُمكِّن قادة وخبراء المؤسسة من تحديد الوضع الإستراتيجي العام للمؤسسة الذي يجب الانطلاق منه لإعداد الخطة الإستراتيجية للتحول[459]. وتتضح ملامح الوضع الإستراتيجي العام للمؤسسة من معرفة العوامل الدافعة للتحول والعوامل المقيدة للتحول. وتشمل الأولى الفرص المهمة المتاحة في البيئة الخارجية وقدرات وقوى التحول. وتشمل العوامل المقيدة أو المعرقلة للتحول التهديدات والمخاطر الخارجية وعناصر الضعف الداخلية. ومن المفيد بيان هذه العوامل في لوحة واحدة تبين الوضع الإستراتيجي العام للمؤسسة كما في الشكل رقم (5.5).

القدرات والقوى الدافعة للتحول:

وحيث أنه لا يمكن الانطلاق بالمؤسسة في برنامج التحول إلا بالرصيد الإستراتيجي المتراكم لديها والمتمثل في قدرات وقوى التحول التي يمكن البناء عليها في تنمية وتطوير المؤسسة وتوسعها، لذلك ينبغي الآن مراجعة واعتماد القائمة النهائية للقدرات والقوى الدافعة

(459) Argenti, 1989, p263

الشكل رقم (5.5): لوحة تقييم واختيار فرص التحول

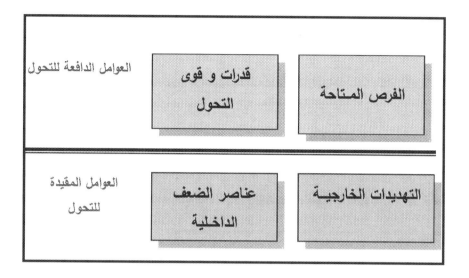

عناصر الوقف الإستراتيجي العام للمؤسسة

للتحول ذلك لأن الخطوات التالية من هذه العملية ونتائجها تعتمد على هذه القوى التي يمكن أن تدفع عجلة التحول.

ينبغي مراجعة عناصر القوة والضعف الأهم على مستوى المؤسسة وفقا للفرص المتاحة للمؤسسة في بيئتها الخارجية والمخاطر التي يمكن أن تحدق بها نتيجة لمتغيرات البيئة الخارجية، ذلك لأن فرص التحول والتهديدات الخارجية تتطلب قدرات مناسبة لاستغلال الفرص ومواجهة التهديدات. إن دراسة وتحليل البيئة الخارجية ومعرفة العوامل والمتغيرات المهمة في تلك البيئة والتي تؤثر تأثيرا كبيرا في صياغة وتشكيل مستقبل المؤسسة يستدعي المراجعة والاختيار النهائي لعناصر القوة والضعف التي تعبر فعلا عن الموقف الإستراتيجي للمؤسسة وهي تقبل على التغيير والإصلاح الشامل الذي يمكنها من تحقيق التحسين المستهدف للأداء على المدى المتوسط والبعيد.

فرص التحول:

إن برنامج التحول يعتمد أساسا على تحديد الفرص الإستراتيجية المتاحة في البيئة الخارجية والتي تكون مناسبة لتحقيق أهداف التحول من جهة والتي يمكن استغلالها من خلال قدرات وقوى المؤسسة من جهة أخرى. إن الفرصة التي لا تستند إلى قدرات وقوى مناسبة لا يمكن أو يصعب استغلالها، والمجازفة في محاولة استغلالها

قد تعرض المؤسسة إلى تكاليف وخسائر قد يصعب تحملها. وكلما تطابقت الفرصة مع قدرات وقوى المؤسسة ازدادت فرصة النجاح في استغلالها وتحقيق أهداف المؤسسة من خلالها[460].

وعليه يجب على فريق التخطيط الإستراتيجي القيام بتقييم الفرص المتاحة للتحول وتحديد أولوياتها من حيث ملاءمتها لقدرات المؤسسة الحالية والتي ينبغي تنميتها، وفيما يلي عرض لكيفية اختيار الفرص المناسبة وفقا لملاءمتها للقدرات والقوى الدافعة للتحول:

1. الاتفاق على القائمة النهائية للقدرات والقوى الدافعة للتحول.
2. الاتفاق على قائمة الفرص الأهم المتاحة للمؤسسة في بيئتها الخارجية.
3. تقييم كل فرصة من الفرص من حيث مدى ملاءمتها وتوافقها مع عناصر القوة.
4. ترتيب أولويات الفرص وفقا لدرجة توافقها مع قدرات وقوى التحول والذي يعني مدى قدرة المؤسسة على استغلال تلك الفرص من خلال التسخير والاستغلال الأمثل للقوى والقدرات المتوفرة لديها حاليا والقدرات والقوى الكامنة التي يجب إطلاقها وتنميتها من أجل تحقيق التحول.

ومن المفيد عرض الفرص المناسبة لقدرات وقوى التحول في اللوحة المعدلة لتقييم واختيار أولويات هذه الفرص التي يُحدَّد أسفلها عناصر الضعف التي يمكن أن تحد من استغلال الفرص والتهديدات والمخاطر التي يمكن أن تعرقل استغلالها. ويبين الشكل رقم (5.6) نموذجا لهذه اللوحة.

وعندما يتوصل فريق التخطيط الإستراتيجي إلى تحديد قائمة الفرص المعدلة مرتبة حسب ملاءمتها من حيث إمكانية استغلالها من خلال عناصر الرصيد الإستراتيجي المتراكم والمتنامي للمؤسسة، يتجه الفريق بعد ذلك إلى تقييم الفرص المناسبة وفقا لمدى تأثير عناصر الضعف الموجودة في بيئة المؤسسة الداخلية على مستوى استغلال تلك الفرص، ثم القيام بعد ذلك بتقييم تلك الفرص وفقا لمدى تأثير التهديدات العامة والمخاطر الخارجية التي يمكن أن تعرقل استغلال الفرص المختارة.

---

(460) Pearson, 1990, p 61

ولا بد من الحرص في تحديد مدى تأثير عناصر الضعف والتهديدات والمخاطر على اختيار فرص التحول وذلك بمراعاة الواقعية والاعتدال في التقييم والأخذ في الاعتبار أن

الشكل رقم (5.6): اللوحة المعدلة لتقييم واختيار فرص التحول

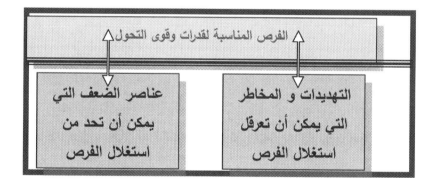

المشاكل والصعوبات خلال مرحلة التحول لن تكون هي ذاتها المشاكل والصعوبات الحالية، وكذلك التهديدات والمخاطر في حالة تغير وأنه يمكن أن تُدفع بأسباب خارجية، أو تؤخذ في عين الاعتبار عند إجراء دراسات الجدوى والدراسات الفنية لمشروعات ومهام التحول.

كما يمكن أن تؤدي هذه المراجعة والمناقشات إلى استبعاد أو تعديل بعض القدرات أو عناصر الضعف أو التهديدات أو إعادة ترتيب أولوياتها وفق ما يتبين من هذا التقييم. وقد ينجم عنها أيضا استبعاد بعض الفرص أو إعادة ترتيب أولوياتها وتوصيفها ودرجة التركيز عليها في برنامج التحول. ويبين الجدول الآتي لوحة قائمة الفرص المناسبة للتحول بعد إجراء التقييم.

المقدمة

الجدول رقم (5.2): قائمة الفرص المناسبة للتحول

قائمة الفرص المناسبة لقدرات و قوى التحول

(والتي تم مراجعتها وفقا للقيود التي تفرضها عناصر الضعف الداخلية والتهديدات والمخاطر الخارجية المرتبطة بتلك الفرص)

بذلك ينتهي فريق التخطيط الإستراتيجي إلى تحديد فرص التحول والقدرات والقوى الدافعة للتحول والعوامل المقيدة للتحول والتي توضح في مجملها الموقف الإستراتيجي العام للمؤسسة الذي تنطلق منه لتحقيق أهدف التغيير والإصلاح الشامل. ويبين الشكل رقم (5.7) لوحة الموقف الإستراتيجي العام للمؤسسة.

الشكل رقم (5.7): لوحة الموقف الإستراتيجي العام للمؤسسة

أهداف المؤسسة للمرحلة القادمة
الفرص المناسبة للتحول
القدرات والقوى الدافعة للتحول
العوامل المقيدة للتحول
التهديدات والمخاطر
عناصر الضعف

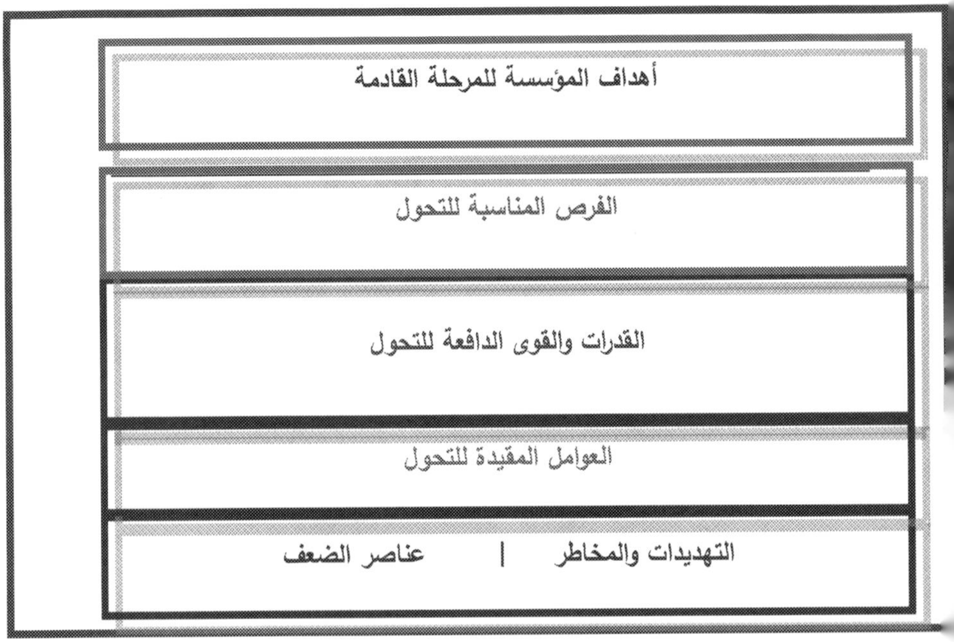

2.تحديد إستراتيجية الاتجاه العام للتحول:

لقد حان الوقت لتقرير ما إذا كان قادة وخبراء المؤسسة يرغبون في الاستمرار في إتباع إستراتيجية الاتجاه العام الحالية أم أنهم يرغبون في إجراء تعديل عليها، علما بأن إستراتيجيات الاتجاه العام تتدرج ابتداء من التركيز التام ومرورا بالتركيز الموسع ثم التنويع المترابط وانتهاء بالتنويع غير المترابط [461]. ويعتبر من المخاطرة القيام بالانتقال الفجائي من التركيز التام إلى التنويع غير المترابط ولا حتى التنويع المترابط لأن في ذلك مخاطر وتكاليف كبيرة قد تؤدي إلى فشل المؤسسة.

الشكل رقم (5.8): الانتقال بين إستراتيجيات التركيز والتنويع

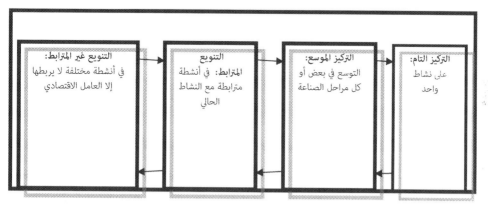

كما يمكن أيضا التغيير العكسي التدريجي ابتداء من التنويع غير المترابط في اتجاه التركيز التام. إن تقييم البيئة الداخلية والخارجية ومعرفة العوامل المهمة والمؤثرة في هاتين البيئتين والاتفاق على الوضع الإستراتيجي العام للمؤسسة يساعد فريق التخطيط في تحديد الاتجاه الأفضل للمرحلة القادمة. فعندما يكون التركيز الموسع هو المعتمد حاليا فقد تشجع العوامل والمتغيرات الإستراتيجية في البيئتين على الاتجاه نحو التنويع المترابط أو ربما تدفعهم في اتجاه التركيز التام.

وقد يرى قادة وخبراء المؤسسة وفقا لمعطيات الموقف الإستراتيجي العام للمؤسسة أنه من الأفضل الاستمرار في إتباع **إستراتيجية التنويع المترابط** وتحقيق النمو المستهدف خلال المرحلة القادمة في إطار هذا الاتجاه. ويبين الشكل رقم (5.8) الانتقال التدريجي من التركيز التام في اتجاه التنويع غير المترابط والعكس.

(461) Pearce & Robinson, 1991, p254

3. تحديد إستراتيجيات التحول للمرحلة القادمة:

تبين مما سبق أن المؤسسة إما أن تكون في حالة نمو أو إعداد للنمو أو تعمل في الاتجاهين معا ولكن بمستويات متفاوتة من التركيز، وتبين أيضا أن إستراتيجيات النمو تشمل: دعم وتوسع المنتجات والأنشطة المدرة حاليا، وتقديم منتجات وخدمات جديدة. أما إستراتيجيات الإعداد للنمو فتشمل: التخلص من المنتجات والأنشطة الغير مجدية، التحسين النوعي للمنتجات والخدمات والأنشطة والعمليات المتوقع أنها ستكون مجدية، تنمية وتطوير منتجات وخدمات جديدة، وإستراتيجية مواجهة التهديدات والمخاطر.

وفي هذه الخطوة الحساسة والمهمة يقوم فريق التخطيط بدراسة ومناقشة الموقف الإستراتيجي العام للمؤسسة واستنتاج الدلالات والمؤشرات التي يدل عليها هذا الموقف. إن حجم وقوة تأثير الفرص المتاحة وعناصر القوة لدى المؤسسة مقارنة بحجم وقوة تأثير التهديدات والمخاطر وعناصر الضعف المؤثرة تؤدي إلى تحديد مستوى التركيز على إستراتيجيات النمو أو إستراتيجيات الإعداد للنمو. أي تحديد ما إذا كانت الإستراتيجيات الملائمة للمرحلة القادمة يغلب عليها طابع النمو أو الإعداد للنمو.

وكلما زاد حجم وقوة تأثير الفرص وعناصر القوة وقل حجم وقوة تأثير التهديدات والمخاطر وعناصر الضعف كلما مكّن هذا الوضع من التركيز على إستراتيجيات النمو من خلال التوسع في إنتاج وتسويق المنتجات المدرة، وتقديم منتجات وخدمات جديدة. وربما يكون حجم وقوة تأثير التهديدات والمخاطر وعناصر الضعف كبيرا جدا لدرجة تستدعي التركيز على إستراتيجيات الإعداد للنمو من اجل حماية المؤسسة والإعداد لنموها خلال المراحل اللاحقة.

إن الوضع الإستراتيجي العام للمؤسسة هو الذي يحدد طبيعة واتجاه إستراتيجيات التحول ومستوى التركيز على النمو والإعداد للنمو مع الأخذ في الاعتبار الملاحظات التالية:

1. أنه لا مناص من دعم المنتجات والأنشطة المدرة حاليا وهي التي تعتمد عليها المؤسسة في تحقيق إيراداتها التي تمكنها من تمويل إنجاز إستراتيجيات ومشروعات التحول سواء كانت في إطار النمو أو الإعداد للنمو.

2. إن التخلص من المنتجات والأنشطة غير المجدية لا بد من القيام به بدون تأخير لأنه يسبب أو سيسبب قريبا إهدارا للموارد والقدرات التي يجب أن تستعمل في منتجات وأنشطة مجدية.

3. إن التحسين النوعي لمنتجات وأنشطة يرجى أنها ستكون مدرة يمكن أن يكون أيضا من الأولويات.

4. إن تقديم منتج جديد قد تمت تجربته والتأكد من جدواه الاقتصادية من المفيد إنتاجه وتسويقه بالجهود والقدرات الذاتية أو من خلال التعاون والشراكة.

5. إن مواجهة التهديدات الخارجية الخطيرة لا بد منه، وكذلك المخاطر المتعلقة بإستراتيجيات ومشرعات التحول التي سيتم اختيارها.

6. في الحالات والظروف الصعبة وعندما يكون التركيز على حماية المؤسسة والإعداد لاستئناف النمو هو الاتجاه المعتمد فربما تكون المؤسسة مضطرة إلى تقليص الصرف في مجالات البحث والتطوير والتخلص من الأنشطة والتكاليف التي يمكن أن تكون سببا في تعثر المؤسسة.

وقد يرى قادة وخبراء المؤسسة أن الموقف الإستراتيجي العام لمؤسستهم يدعوهم إلى إتباع توليفة متكاملة من إستراتيجيات النمو والإعداد للنمو مع ملاحظة درجات متفاوتة من التركيز على كل منهما. وفي جميع الأحوال عليهم تحديد مجموعة من الإستراتيجيات التي تشكل توليفة الإستراتيجيات المثلى وفقا للموقف الإستراتيجي العام للمؤسسة مع مراعاة أنه لا بد لهم من واقع ودلالات الموقف الإستراتيجي العام للمؤسسة من تحديد نسبة التركيز على كل منهما مثل: تخصيص 70% من الموارد والجهود لإستراتيجيات النمو، و30% لإستراتيجيات الإعداد للنمو، وربما 50 % - 50% أو وفق ما يرونه مناسبا. ويمكن أو ينبغي أن تشمل إستراتيجيات التحول الإستراتيجيات الآتية أو بعضا منها:

أ - إستراتيجيات النمو وتشمل:

1- دعم المنتجات والأنشطة المدرة حاليا.

2- توسع المنتجات والأنشطة المدرة حاليا.

3- تقديم منتجات وخدمات جديدة.

ب - إستراتيجيات الإعداد للنمو:

1- التخلص من المنتجات والأنشطة غير المجدية.

2- التحسين النوعي لمنتجات وخدمات يرجى أنها ستكون مجدية.

3- تنمية وتطوير منتجات وخدمات جديدة.

4- مواجهة التهديدات والمخاطر.

وبانتهاء فريق التخطيط من إنجاز هذه الخطوة يكون قد توصل إلى تحديد الوضع الاستراتيجي العـام للمؤسسة الذي تنطلق منه في برنامج التغيير والإصلاح الشامل وتم الاتفاق على إستراتيجية الاتجاه العام للتحول وتحديد إستراتيجيات التحول التي تخدم نمو وتوسع المؤسسة وحمايتها وإعـدادها للنمـو والتوسـع للمرحلة القادمة والمراحل التي تليها.

وبذلك يكون فريق التخطيط الإستراتيجي وقادة وخبراء المؤسسة المعنيين بالتخطيط للمرحلـة القادمـة يكونوا جاهزين لتحديد المشروعات والمهام الإستراتيجية المناسبة للتحول وإعداد خطة التحول الإستراتيجي.

الفصل السادس

تقييم واختيار المشروعات والمهام الإستراتيجية
وإعداد خطة التحول

يتناول **الفصل** السادس تحديد خيارات المشروعات والمهام الإستراتيجية التـي يمكـن أن تكـون مناسـبة لإستراتيجيات التحول، والقيام بتقييم واختيار الإستراتيجيات والمشروعات والمهام الإسـتراتيجية التـي تُكـوِّن الخطة الإستراتيجية للتحول في شكلها النهائي.

ويتضمن هذا الفصل مبحثين مهمين يقدمان حصيلة ها البحث وهما:

1. تحديد مشروعات ومهام التحول.

2. إعداد الخطة الإستراتيجية لتحول المؤسسة.

تحديد مشروعات ومهام التحول

بناء على الموقف الإستراتيجي العام للمؤسسة وإستراتيجيات التحول التي تم الاتفاق عليها يقوم فريق التخطيط الإستراتيجي بمساعدة نخبة من خبراء المؤسسة بتحديد المشروعات والمهام الإستراتيجية التي يمكن أن تكون مناسبة لكل إستراتيجية من إستراتيجيات التحول. ذلك لآن الإستراتيجيات لوحدها لا تحقق التغيير والإصلاح الشامل. إنها تحدد الاتجاه الذي ينبغي الالتزام به والجوانب والقضايا الإستراتيجية الرئيسية التي يجب الاهتمام بها والتركيز عليها.

إن الإستراتيجيات في حاجة إلى مشروعات ومهام إستراتيجية تعمل على تحقيقها، ومشروعات ومهام التحول في حاجة إلى إستراتيجيات تحدد الاتجاه والجوانب التي ينبغي التركيز عليها. فالمشروعات والأفكار التي يمكن طرحها تكاد لا تحصى، إلا أن الخطة الإستراتيجية للتحول تتطلب مشروعات ومهام مناسبة لتحقيق أهداف التحول. لذلك لا بد من الاجتهاد في تحديد وتطبيق آلية جيدة لاقتراح وتقييم واختيار مشروعات ومهام التحول.

وتتضمن الخطوات الرئيسية لعملية الاستثمار الرأسمالي الخطوات التالية:

1. توليد أفكار المشروعات والمهام الإستراتيجية للتحول.
2. الاختيار الأولي لأهم مشروعات ومهام التحول.
3. تجميع المعلومات المناسبة.
4. توصيف وتحديد مجال عمل المشروع (ويتطلب التعريف والتوصيف الكامل للمشروع القيام بدراسات الجدوى والمنفعة والدراسات الفنية والهندسية).
5. تقييم ودراسة المشروع من النواحي الاقتصادية وغير الاقتصادية واتخاذ قرار بشأنه.
6. تنفيذ ومراقبة تنفيذ المشروع.
7. مراقبة مستويات تحقيق النتائج والعوائد[462].

ومنذ البداية ينبغي أن يأخذ قادة خبراء المؤسسة المساهمون في هذه المهمة في الاعتبار أن أفكار مشروعات ومهام التحول لا بد أن تستند إلى الموقف الإستراتيجي

(462) Allen and Myddelton, 1992, p122

العام للمؤسسة وعناصره المهمة، أي أن المشروعات والمهام المقترحة ينبغي أن تستفيد من الفرص المتاحة في البيئة الخارجية، وتستغل القدرات والقوى الدافعة للتحول، كما يمكن أن تكون استجابة لمعالجة المشاكل وعناصر الضعف الداخلية المؤثرة أو المخاطر والتهديدات الخارجية المحدقة[463].

ولا بد من الاتفاق على آلية جيدة لتوليد واختيار الأفكار القيمة لمشروعات ومهام التحول وهي الآلية التي تهتم بتوسيع دائرة المشاركة والعمل على غربلة وتقييم الأفكار المطروحة واختيار المشروعات من قبل قادة وخبراء المؤسسة العاملين في مختلف المستويات وخاصة نخبة قادة وخبراء المؤسسة والعمليات الرئيسية وذلك للتأكد من اختيار المشروعات المناسبة لخطة التحول. وفي ما يلي عرض لمثل هذه الآلية:

1. يُطلب إلى قادة وخبراء المؤسسة وسائر العاملين بها تقديم مقترحاتهم وأفكارهم حول المشروعات والمهام الإستراتيجية التي يرون أنها تحقق طموحاتهم وآمالهم في نمو المؤسسة وتقدمها ونجاحها وذلك في إطار كل إستراتيجية من إستراتيجيات التحول. ولا يشترط في بداية هذه الخطوة الالتزام بملائمة المشروع أو الفكرة لإستراتيجية ما أو ملاءمتها للوضع الإستراتيجي العام للمؤسسة، بل تتاح الفرصة كاملة لطرح كل آرائهم وأفكارهم ومقترحاتهم التي يمكن أن تخطر على بالهم بكل صراحة وحرية وبدون قيود مسبقة حول المشروعات والأفكار الإستراتيجية التي تمكن المؤسسة من تحقيق أهداف التحول[464].
2. القيام بتجميع الآراء والأفكار المطروحة وتصنيفها وفقا لإستراتيجيات التحول ثم إعادة توزيع تلك القوائم على نخبة من قادة وخبراء المؤسسة والأنشطة والعمليات لغربلة تلك الآراء والمقترحات وتحديد أولوياتها وإحالة قائمة بالمشروعات والأفكار والمقترحات المهمة على فريق التخطيط الإستراتيجي الذي يقوم بتوزيعها على كل المساهمين في القيام بهذه الخطوة من خطوات التخطيط الإستراتيجي.
3. قيام فريق التخطيط الإستراتيجي بتنسيق ملتقى يُدعى لحضوره نخبة من قادة وخبراء المؤسسة والأنشطة والعمليات بهدف مناقشة قائمة المشروعات

(463) Allen and Myddelton, 1992, p121
(464) Argenti, 1989, p270 - 272

والأفكار التي تم اقتراحها ومراجعتها من حيث أهميتها وأولوياتها ومدى الاستفادة منها في تحقيق أهداف التحول في إطار كل إستراتيجية من الإستراتيجيات التي تم اختيارها، ويطلب منهم تصنيفها إلى أربع مجموعات رئيسية:

- مشروعات ومهام وأفكار إستراتيجية مهمة جدا.
- مشروعات ومهام وأفكار مهمة.
- مشروعات ومهام وأفكار يمكن أو ينبغي أخذها بعين الاعتبار في الخطط التسييرية لوحدات النشاط أو العمليات.
- مشروعات ومهام وأفكار يمكن تأجيلها.

4. قيام فريق التخطيط الإستراتيجي بدراسة القائمة التي تم التوصل إليها في الملتقي وتقديم مقترح بشأنها إلى قيادة المؤسسة من أجل مناقشتها والإفادة بالتوجيهات الخاصة بإجراء أي تعديل يرونه مناسبا عليها.

وينبغي أن تنتهي هذه الطريقة إلى الاختيار المبدئي لعدد 4 - 6 من المشروعات والمهام الأنسب لكل إستراتيجية، لكي يتم في ما بعد تقييمها واختيار 1 - 3 منها والتي ستكون الأكثر ملاءمة وجدوى ومنفعة.

وتوجد ثلاث أنواع رئيسية للاستثمار في المشاريع الرأسمالية الإنتاجية:

- استبدال معدات وأصول أو تقنيات بهدف تحسين الجودة أو تخفيض التكلفة.
- زيادة الطاقة الإنتاجية لتلبية الطلب المتنامي على المنتجات والخدمات الحالية.
- إنشاء وحدات أو خطوط إنتاجية جديدة لإنتاج منتجات جديدة[465].

وفي ما يلي توضيح لمجالات المشروعات التي يمكن أن تكون ملاءمة لكل إستراتيجية من الإستراتيجيات التي تم اختيارها.

مشروعات ومهام إستراتيجيات النمو:

يتطلب تنفيذ إستراتيجيات نمو المؤسسة تحديد المشروعات والمهام التي تؤدي إلى إنجاز تلك الإستراتيجيات. وأول مجالات النمو وأهمها دعم المنتجات والأنشطة

(465) Allen and Myddelton, 1992, p121

المدرة حاليا والتي تعتمد عليها المؤسسة في تحقيق السيولة والأرباح والعوائد المستهدفة. وقد يرى البعض أن هذه المهام يمكن أن تؤخذ في الاعتبار في الميزانية التسييرية للعمليات الجارية ولكن لأهمية المنتجات والأنشطة المدرة والتي تعتمد عليها المؤسسة في حاضرها ومستقبلها يجب التأكد من تخصيص الموارد والإمكانيات الكافية لاستمرار نجاحها قبل التفكير في أي نمو أو توسع.

ويمكن أن يشمل الدعم توفير الموارد المالية اللازمة، تنمية وتطوير قدرات ومعارف وفعالية قادة وخبراء الأنشطة والعمليات المدرة، تأكيد توفير المواد الخام ومستلزمات الإنتاج بالكميات والمواصفات والمواعيد والتكاليف المناسبة. كما تشمل مجالات المشروعات المتعلقة بالتوسع في إنتاج وتقديم المنتجات المدرة زيادة الطاقة الإنتاجية للوحدات الإنتاجية الحالية، إنشاء مصانع جديدة، التوسع في تسويق المنتجات والخدمات المدرة في أسواق جديدة، توفير قنوات ومراكز بيع جديدة. أما تقديم منتجات وخدمات جديدة فتشمل إضافة منتج جديد لتشكيلة المنتجات الحالية، أو إضافة منتج جديد مختلف عن المنتجات الحالية، أو توفير مراكز خدمات جديدة. ويبين الجدول رقم (6.1) جملة من المشروعات التي تمكن المؤسسة من تحقيق النمو والتوسع المستهدف في إطار إستراتيجيات النمو.

مشروعات ومهام إستراتيجيات الإعداد للنمو:

أما المشروعات والمهام الخاصة بإستراتيجيات الإعداد للنمو فهي المشروعات والمهام التي تؤدي إلى تنفيذ هذه الإستراتيجيات والتي تتضمن إستراتيجيات التخلص والتحسين النوعي والتنمية والتطوير ومواجهة التهديدات والمخاطر. وتشمل مشروعات ومهام التخلص: التخلص من المنتجات والخدمات والأنشطة والتقنيات والأساليب وطرق الإنتاج والتسويق غير المجدية، كما تشمل التوقف عن التسويق في مناطق ودول معينة، والتخلص من قنوات توزيع ومراكز بيع غير فعالة ولا يرجى تحسنها. أما مشروعات ومهام التحسين النوعي فيمكن أن تحتوي على مشروعات التحسين النوعي لأداء منتجات معينة، أو تحسين فعالية وأداء وحدات إنتاجية، أو تحسين الخدمات المقدمة للمنتفعين، أو تحسين فعالية وأداء قنوات توزيع في مناطق محددة، أو استعمال تقنيات وأساليب إنتاجية حديثة.

الجدول رقم (6.1): أمثلة لمشروعات ومهام إستراتيجيات النمو

دعم المنتجات والأنشطة المدرة	توسع المنتجات والأنشطة المدرة	تقديم منتجات وخدمات جديدة
1. دعم منتجات الحاسوب الشخصي ومنظم الكهرباء وأجهزة الاتصالات ومسجل السيارة وجهاز التكييف المنزلي بما يمكن من تحقيق حجم المبيعات والعوائد المستهدفة. **2.** دعم الوحدات الإنتاجية الخاصة بهذه المنتجات بما يكفل تحقيق المستويات المستهدفة في الإنتاجية والجودة والتكلفة. **3.** التركيز على دعم قنوات التوزيع الخاصة بهذه المنتجات في أسواق المنطقة ا، ب. **4.** تحسين ظروف وشروط توفير مستلزمات الإنتاج للمنتجات المدرة.	**1.** زيادة الطاقة الإنتاجية لمصانع أجهزة الاتصالات والتكييف **2.** إنشاء مصنع جديد لجهاز الحاسوب في إحدى دول المنطقة ب بالتعاون مع إحدى المؤسسات العاملة فيها. **3.** توفير قنوات توزيع إضافية وتحسين بعض القنوات في بعض دول المنطقة ب. **4.** فتح مراكز بيع مباشر في مدن محددة في المنطقة ا وبعض دول المنطقة ب. **5.** تخفيض سعر منظم الكهرباء ليتوافق مع أسعار المنتجات المنافسة ومن أجل زيادة مبيعاته.	**1.** مشروع خط جديد لإنتاج المبردات كإضافة لتشكيلة منتجات التكييف والتبريد الحالية. **2.** مشروع مشاركة في إنتاج منتج جديد يتمثل في جهاز مدمج لجهازي الحاسوب والجهاز المرئي في الدولة 2 من المنطقة ب لشرائح معينة من المنتفعين **3.** توفير مراكز خدمات لمنتجات المؤسسة في مدن معينة في المنطقة ا وبعض دول المنطقة ب. **4.** مشروع مشاركة لإنتاج مواد نصف مصنعة لاستعمال المؤسسة وتسويقها للسوق المحلي ومجموعة من الأسواق الإقليمية.

أما مشروعات ومهام التنمية والتطوير فتشمل مشروعات ومهام البحث والتطوير

التي تهدف إلى تطوير وتقديم منتجات جديدة، أو تقنيات جديدة، أو تصميم عمليات إنتاجية بطرق مبتكرة.

وبالنسبة لمشروعات ومهام إستراتيجية مواجهة التهديدات والمخاطر فهي تشمل جملة من المهام والإجراءات التي تهدف إلى حماية المؤسسة في إطار إستراتيجيات التحول مثل الإسراع في التخلص من منتج معين أو التوقف عن التسويق في دولة ما، كما يمكن أن تشمل الإجراءات والمهام التي يلزم القيام بها لمواجهة المتغيرات السلبية في الضرائب والرسوم وأسعار الصرف للعملات الأجنبية. ويبين الجدول رقم (6.2) مجموعة من المشروعات والمهام التي تُمكن من الإعداد للنمو للمرحلة القادمة.

الجدول رقم (6.2): أمثلة لمشروعات ومهام إستراتيجيات الإعداد للنمو

التخلص من منتجات وأنشطة غير مجدية	التحسين النوعي للفعالية الشاملة للمؤسسة	تنمية وتطوير منتجات وأنشطة وعمليات وتقنيات جديدة	مواجهة التهديدات والمخاطر
1. التخلص من جهاز الآلة الحاسبة وكافة الأصول والتجهيزات الإنتاجية والتسويقية المتعلقة بها. 2. التخلص من بعض قنوات توزيع في المنطقة ب، ج واستبدال بعضها بقنوات	1. مشروع بناء وتفعيل منظومة القيم الإسلامية الراقية في المؤسسة. 2. بناء وتفعيل نظام الفعالية الشاملة للمؤسسة. 3. التحسين النوعي لجهاز المذياع والمسجل المنزلي. 4. التحسين	1. مشروع الجهاز المدمج لجهازي الحاسوب والجهاز المرئي. 2. مشروع إنتاج أحد أهم المكونات الالكترونية الرئيسية لبعض منتجات المؤسسة. 3. تنمية وتطوير الخدمات	1. اختيار أفضل البدائل لمواجهة انتهاء الترخيص الخاص باستعمال تقنية إنتاج الحاسوب الشخصي خلال السنتين القادمتين. 2. الإعداد لمتطلبات التغير الجوهري في تقنية صناعة الهاتف المحمول.

أخرى وبمراكز بيع مباشر في بعض الأسواق. **3.** التوقف عن جهود تسويق منتجات المؤسسة في الدولة 5 بالمنطقة ب، وتقليصها في الدولة 4 بالمنطقة ج. **4.** التخلص من الوحدة الإنتاجية المتقادمة في الدولة 5 بالمنطقة ب.	النوعي لفعالية وأداء وحدة إنتاج الجهاز المرئي ووحدة إنتاج مكيف السيارة من خلال إعادة تصميم وهندسة هاتين العمليتين وتحديث التجهيزات والتقنيات وطرق وأساليب العمل المستعملة فيهما.	المقدمة للمنتفعين بمنتجات المؤسسة. **4.** الاستفادة من التقنيات والتجهيزات الحديثة في استعمال الطاقة الشمسية في بعض مهام العمليات الإنتاجية بالمؤسسة.	**3.** التوقف عن كل نشاطات المؤسسة في الدولة 3 بالمنطقة ج وتقليصها في الدولة 4 بالمنطقة ب. **4.** عقد شراكة مع أحد الموردين للمكونات الرئيسية لبعض المنتجات. **5.** اتخاذ إجراءات لحماية المؤسسة من آثار تغير سعر الصرف ولوائح التصدير والاستيراد الجديدة في الدولة 2 بالمنطقة ب. **6.** الشراكة مع مؤسسة في الدولة 4 بالمنطقة ب للتوافق مع الإجراءات المتعلقة بتنظيم عمل المؤسسات الأجنبية في تلك الدولة.

تقييم مشروعات ومهام التحول:

ولا بد من ملاحظة أنه لا يمكن تنفيذ كل المشروعات والمهام التي تخطر ببال قادة وخبراء المؤسسة ولا حتى كل المشروعات والمهام التي تعجبهم وتبدوا لهم براقة ومغرية ويحسبون أنها تحقق أهداف المؤسسة في مرحلتها القادمة وفقا لقائمة المشروعات والمهام التي توصلوا إليها حتى الآن. لذلك يتطلب الأمر إجراء تقييم فعال لتلك المشروعات والمهام واختيار الأنسب والأجدى والأكثر منفعة وفائدة وما تقدر المؤسسة على تنفيذه، وهذا ما سيقوم به قادة وخبراء المؤسسة في هذه الخطوة من خطوات التخطيط الإستراتيجي.

يعتمد الاختيار الجيد لمشروعات التحول على عدة عوامل تتضمن الإجابة على الأسئلة التالية:

- هل يمكن فنيا وعمليا إنجاز المشروع؟
- هل تعتبر آراء وأفكار المهندسين والمصممين واقعية وحقيقية؟
- ما هي المضامين البيئية للمشروع؟
- هل الوحدة الإنتاجية أو الخط الإنتاجي قادر على إنتاج الكميات المستهدفة وفقا للطاقة الإنتاجية التصميمية؟
- هل ستتمكن المؤسسة من بيع الكميات المنتجة وبالأسعار المستهدفة؟
- هل يمكن إنجاز المشروع في الوقت المحدد؟
- ما هي التكلفة الإجمالية للمشروع؟
- كيف سيتم توفير الموارد المالية اللازمة لتنفيذه؟
- ما هي المدة التي سيتم فيها استرداد رأس المال؟ هل هي مناسبة؟
- هل العائد على رأس مال المشروع سيكون مرضيا وفقا لأهداف المشروع؟
- هل تساهم العوائد الاقتصادية للمشروع في تحقيق الأهداف الإستراتيجية للمؤسسة وفقا لخطة التحول؟

وقد تتطلب الإجابة على هذه الأسئلة القيام بإجراء دراسة أو أكثر للجدوى والمنفعة من قبل فريق أو أكثر من فريق، كما أن تقاريرهم قد تُثير تساؤلات أخرى وإجابات

مناسبة لها. وفي حالة أن الموارد المالية اللازمة لإنجاز المشروع يمكن توفيرها فإن العوامل الاقتصادية الأخرى الأكثر أهمية هي المستوى المتوقع للعائد على رأس مال المشروع، والتكلفة الإجمالية، أو تخفيضات التكلفة التي يمكن أن يحققها المشروع [466].

وبهدف اختيار أفضل المشروعات والمهام الإستراتيجية التي تؤدي إلى تحقيق أهداف التحول يقوم فريق التخطيط الإستراتيجي بمساعدة نخبة من خبراء المؤسسة بتقييم تلك المشروعات والمهام التي تم تحديدها في إطار كل إستراتيجية من إستراتيجيات التحول. ويعتمد نجاح التقييم على تحديد أسس ومعايير التقييم والتي يمكن تصنيفها في ثلاثة أنواع رئيسية من أسس ومعايير التقييم وهي:

1. مستوى ملائمة المشروع أو المهمة الإستراتيجية لرسالة ومجال نشاط المؤسسة.
2. مستوى المنفعة التي يحققها المشروع والمساهمة التي يساهم بها في تحقيق أهداف المؤسسة ونجاحها أو حمايتها.
3. مستوى قدرة المؤسسة على إنجاز المشروع أو المهمة الإستراتيجية [467].

وتساعد هذه المعايير الرئيسية الثلاثة في الاختيار المتدرج للمشروعات والمهام الإستراتيجية بحيث يتم تقييم مجموعة المشروعات والمهام التي تم اقتراحها واختيار الملائم منها للمؤسسة في مرحلتها القادمة، ثم تقييم المشروعات والمهام التي تبدو ملائمة وذلك من حيث منفعتها وفائدتها للمؤسسة والتي تعود عليها بالنتائج والعوائد المستهدفة، وأخيرا يتم اختيار أفضل المشروعات والمهام الإستراتيجية النافعة والمفيدة والتي تستطيع المؤسسة إنجازها وفقا للقدرات والإمكانيات المتاحة أو التي يمكن تنميتها من خلال برنامج التحول. وفيما يلي توضيح لكل نوع من أنواع التقييم المذكورة أعلاه.

---

(466) Lock, 1996, p101 - 102
(467) Johnson & Scholes, 1997 , p319

ملائمة المشروع أو المهمة الإستراتيجية:

يتم في هذه الخطوة إجراء تقييم عام لمدى ملائمة كل مشروع أو مهمة إستراتيجية لرسالة وأهداف المؤسسة ومجال نشاطها ووضعها الإستراتيجي العام ومدى ملاءمتها لإستراتيجية التحول. ويفيد هذا التقييم في غربلة الخيارات الإستراتيجية قبل إجراء الدراسة والتحليل المفصل لتلك الخيارات من حيث مستوى القبول والمنافع ومن حيث مستوى قدرة المؤسسة على تنفيذ تلك المشروعات والمهام الإستراتيجية[468].

إن هذا التقييم الأولي يعتمد كثيرا على حكمة وبصيرة وخبرة فريق التخطيط وقادة وخبراء المؤسسة المساهمين في عملية التخطيط الإستراتيجي ومدى المعرفة التي تحصلوا عليها من تحليل ودراسة البيئة الداخلية والخارجية للمؤسسة، كما أن التقييم ينبغي أن يستند إلى الموقف لإستراتيجي العام للمؤسسة والاتجاه العام للتحول واستراتيجيات التحول التي تم اختيارها. ويمكن تقسيم تقييم ملائمة المشروعات والمهام الإستراتيجية إلى نوعين رئيسيين من التقييم وهما:

- التقييم العام للملائمة.
- تقييم الملائمة وفقا للموقف الإستراتيجي العام للمؤسسة.

ويستند التقييم العام لملائمة المشروع أو المهمة الإستراتيجية إلى معايير التقييم الآتية:

1. مدى وضوح المشروع أو المهمة الإستراتيجية وهي فرصة لزيادة توضيح وتوصيف المشروع قبل الاستمرار في تقييمه.
2. مدى تحقيقه لطموحات وآمال وقيم قادة وخبراء المؤسسة الدافعة إلى نمو وتطور وتقدم المؤسسة وتوسعها ومستوى جاذبية المشروع من وجهة نظرهم[469].
3. درجة الواقعية في القدرة على تنفيذ المشروع أو المهمة الإستراتيجية.
4. درجة المساهمة في تحقيق رسالة وأهداف المؤسسة.

(468) المرجع السابق،ص326

(469) Andrews , 1987, p30

5. مستوى المساهمة في تجنيب المؤسسة الفشل والخسائر.
6. موقع المنتج في دورة حياته.
7. التأكد من تصنيف المنتج أو الخدمة أو النشاط أو الوحدة الإنتاجية على أنها مدرة ومجدية وفعالة والتي يجب دعمها وتوسعها أو غير مدرة ولا مجدية ولا فعالة والأفضل التخلص منها أو القيام بتحسينها.
8. الاستفادة من المعلومات والحقائق المهمة التي تم التوصل إليها من خلال دراسة البيئة الداخلية والخارجية في تقييم ملائمة المشروع أو المهمة الإستراتيجية مثل: مؤشرات ظهور بديل للمنتج أو الخدمة، مستوى جاذبية الصناعة، معدل نمو السوق، مؤشرات تغير حاجات وقبول ورغبات المنتفعين...الخ).

تقييم ملائمة المشروعات وفقا للموقف الإستراتيجي العام للمؤسسة:

وكما تم عرض استراتيجيات التحول على عناصر الموقف الإستراتيجي العام للمؤسسة واختيار الإستراتيجيات التي تلائم ذلك الموقف، كذلك يقوم فريق التخطيط الإستراتيجي بتقييم مشروعات التحول في كل إستراتيجية وفقا لعناصر الموقف الإستراتيجي العام لتحديد مدى ملائمة وموافقة كل مشروع ومهمة إستراتيجية لتلك العناصر. وإذًا كان على استراتيجيات التحول أن تلبي متطلبات العناصر والعوامل الإستراتيجية المهمة في بيئة المؤسسة الداخلية والخارجية، فإن المشروعات والمهام الإستراتيجية التي سيتم تحديدها يجب أن تمكن المؤسسة من الاستغلال الأمثل للموقف الإستراتيجي العام للمؤسسة والانطلاق منه لتحقيق أهداف التحول.

لذلك لا بد أن يحرص فريق التخطيط الإستراتيجي على أن تحقق مشروعات ومهام التحول ما يلي:

1. قدرة المشروع أو المهمة على المساهمة في تحقيق رسالة وأهداف المؤسسة.
2. مدى ملائمة المشروع لإستراتيجية الاتجاه العام لخطة التحول.

3. الاستغلال الأمثل للفرص المتاحة.
4. الاستفادة المثلى من القدرات والقوى الدافعة للتحول.
5. معالجة عناصر الضعف التي تشد المؤسسة إلى الوراء ويمكن أن تعرقل تحقيق التحول.
6. مواجهة التهديدات الخارجية المؤثرة(470).

كما ينبغي تقييم كل مشروع وفقا لقدرته على المساهمة في إنجاز إستراتيجيات التحول. وفي إطار استراتيجيات النمو يتم تقييم كل مشروع وفقا لمساهمته في إنجاز تلك الإستراتيجيات والتي تتضمن:

1. دعم المنتجات والأنشطة المدرة حاليا.
2. توسع المنتجات والأنشطة المدرة حاليا.
3. تقديم منتجات وخدمات جديدة.

أما مشروعات ومهام الإعداد للنمو فيتم تقييمها وفقا لمتطلبات إستراتيجيات الإعداد للنمو والتي تشمل:

1. التخلص من المنتجات والأنشطة غير المجدية.
2. التحسين النوعي لمنتجات وخدمات يرجى أنها ستكون مجدية.
3. تنمية وتطوير منتجات وخدمات جديدة.
4. مواجهة التهديدات والمخاطر.

وينبغي ملاحظة أنه عند تقييم كل مشروع أو مهمة إستراتيجية أن بعضها يخدم إستراتيجية محددة وتركز على عنصر واحد أو اثنين من عناصر الموقف الإستراتيجي، وإن بعض المشروعات تساهم في تحقيق جميع أو أغلب عناصر الموقف الإستراتيجي وتخدم عدة إستراتيجيات وهذا ما يجب أخذه في الاعتبار في تقييم واختيار مشروعات ومهام التحول. ومن المفيد إعداد جدول لتقييم ملاءمة كل مشروع استراتيجي في إطار كل إستراتيجية على أن يتم تحديد العناصر والعوامل الإستراتيجية التي يجب

(470) Argenti, 1989, p262

تقييمه وفقها، مع تحديد وزن لكل عنصر ملائم للمشروع حسب تقدير فريق التخطيط الإستراتيجي ونخبة من قادة وخبراء المؤسسة ذوي العلاقة بمجال المشروع. وعلى سبيل المثال فإن المشروع الذي يهدف أساسا إلى مواجهة التهديدات الخارجية يمكن أن يُعطى وزن تقييم القدرة على مواجهة التهديدات 8، ومعالجته لعناصر الضعف 2، ولا يقيم من جهة مساهمته في تحقيق النمو والتوسع.

ويبين الجدول رقم (6.3) نموذج لتقييم المشروع أو المهمة الإستراتيجية والذي يمكن أن يعدل ليناسب كل مشروع أو مهمة إستراتيجية أو مجموعة مشروعات ومهام.

ويخلص تقييم ملائمة المشروعات والمهام الإستراتيجية إلى ترتيب واختيار أفضل مجموعة من مشروعات ومهام التحول التي تؤدي إلى إنجاز إستراتيجيات التحول وتحقيق الأهداف الإستراتيجية للمرحلة القادمة.

تقييم مستوى القبول:

إن مجموعة المشروعات والمهام الإستراتيجية التي يجب اختيارها لا بد أن تؤدي إلى تحقيق مصالح مختلف الأطراف ذات المصالح المشروعة في المؤسسة. أي أن تلك المشروعات والمهام المختارة ونتائجها يجب أن تكون مقبولة من قبل تلك الأطراف وفي مقدمتهم المساهمون، والمنتفعون بمنتجات وخدمات المؤسسة في الأسواق الحالية والمستهدفة، ثم بقية الأطراف المتمثلين في الموردين والعاملين والمجتمع وبيئته والصناعة والمؤسسات العاملة فيها.

ويتم تقييم مستوى قبول مشروعات ومهام التحول من خلال:

- تقييم العوائد والنتائج المتوقعة.
- تقييم مستوى المخاطر المتعلقة بالمشروع.
- تقييم مستوى قبول ورد فعل الأطراف المنتفعة[471].

وينبغي أن يؤدي تقييم المشروعات والمهام الإستراتيجية وفقا لهذه العناصر إلى اختيار تلك المشروعات والمهام التي ستكون مجدية وتؤدي إلى تحقيق النتائج

(471) Lock, 1996, p45

والأهداف المرجوة وتحقق مصالح مختلف الأطراف المستفيدة من المؤسسة. وفيما يلي عرض موجز لهذه التقييمات.

جدول رقم (6.3): نموذج تقييم المشروعات والمهام الإستراتيجية للتحول

الإستراتيجية	المشروع	مدى المساهمة في إنجاز الإستراتيجية			مدى المساهمة في استغلال الفرص			مدى استغلاله للقدرات			مدى معالجته لعناصر الضعف			مدى مواجهته للتهديدات والمخاطر			التقييم العام		
		الوزن	نسبة التقييم	التقييم	الوزن	نسبة التقييم	التقييم	الوزن	نسبة التقييم	التقييم	الوزن	نسبة التقييم	التقييم	الوزن	نسبة التقييم	التقييم	الوزن	نسبة التقييم	التقييم

تقييم مستوى القبول:

إن مجموعة المشروعات والمهام الإستراتيجية التي يجب اختيارها لا بد أن تؤدي إلى تحقيق مصالح مختلف الأطراف ذات المصالح المشروعة في المؤسسة. أي أن تلك المشروعات والمهام المختارة ونتائجها يجب أن تكون مقبولة من قبل تلك الأطراف وفي مقدمتهم المساهمون، والمنتفعون بمنتجات وخدمات المؤسسة في الأسواق الحالية والمستهدفة، ثم بقية الأطراف المتمثلين في الموردين والعاملين والمجتمع وبيئته والصناعة والمؤسسات العاملة فيها.

ويتم تقييم مستوى قبول مشروعات ومهام التحول من خلال:

- تقييم العوائد والنتائج المتوقعة.
- تقييم مستوى المخاطر المتعلقة بالمشروع.

○   تقييم مستوى قبول ورد فعل الأطراف المنتفعة [472].

وينبغي أن يؤدي تقييم المشروعات والمهام الإستراتيجية وفقا لهذه العناصر إلى اختيار تلك المشروعات والمهام التي ستكون مجدية وتؤدي إلى تحقيق النتائج والأهداف المرجوة وتحقق مصالح مختلف الأطراف المستفيدة من المؤسسة. وفيما يلي عرض موجز لهذه التقييمات.

تحليل وتقييم المشروعات وفقا للعوائد الاقتصادية:

تعتبر العوائد الاقتصادية المتوقعة من مشروع معين مقياسا رئيسيا لتحديد مستوى قبول المشروع من قبل قادة وخبراء المؤسسة أولا ثم من قبل المساهمين ممثلين في مجلس إدارة المؤسسة [473].

وتوجد عدة طرق لتحليل وتقييم العوائد الاقتصادية منها ما يلي:

○   تحليل ربحية المشروع.
○   تحليل المنافع والتكاليف.
○   تحليل القيمة العائدة على المساهم.

وفيما يلي توضيح موجز لبعض الطرق المستعملة في تقييم الجدوى الاقتصادية للمشروعات.

تحليل ربحية المشروع:

ويشمل تحليل وتقييم ربحية المشروع مجموعة من الطرق ومن أهمها:

1. تقدير العائد على رأس المال المستعمل في المشروع خلال سنوات التحول وفقا لطبيعة المشروع. والعائد على رأس المال هو نسبة العائد السنوي على رأس المال المستثمر إلى القيمة الإجمالية للاستثمار في المشروع حتى نهايته [474]. فمثلا قد يعتبر المشروع مقبولا عندما يحقق عائدا على رأس المال يقدر بـ 20% مع نهاية السنة الرابعة.

2. تقدير مدة استرداد رأس المال: وهي المدة التي يتم فيها استرداد رأس

---

(472) Lock, 1996, p45
(473) Johnson & Scholes, 1997 , p349
(474) Riggs, 1976, p129

المال من العوائد والأرباح الناتجة عن المشروع، وهي تختلف من مشروع إلى آخر وفقا لطبيعة المشروع ووفقا لدرجة المخاطر المتعلقة به، ووفقا لأهميته لحاضر ومستقبل المؤسسة. ويمكن حسابها من خلال إيجاد الوقت الذي عنده يتساوى صافي التدفقات النقدية الداخلة للمشروع والناتجة عنه [475].

3. محصلة التدفقات النقدية للمشروع: من المفيد القيام بتقدير التدفقات النقدية الداخلة والخارجة لكل سنة من سنوات عمر المشروع أو الفترة المحددة للتقييم وتحديد قيمة محصلة تلك التدفقات في بداية السنة الأولى لمجموع تلك القيم مع احتساب نسبة التضخم والضرائب. وتشمل التدفقات النقدية الخارجة دفعات المصروفات الخاصة بإنجاز المشروع والتي تتضمن مستحقات المقاولين وتكاليف شراء المعدات والمواد وتكاليف التشغيل والصيانة والتدريب والمبالغ المدفوعة للجهات العامة كالضرائب والرسوم وغيرها من المصروفات. وتشمل التدفقات النقدية الداخلة التوفير في مصروفات التشغيل والصيانة مقارنة باستعمال الأصول القديمة، دخل المبيعات، دخل بيع الأصول القديمة، دخل بيع الأصول الجديدة في نهاية عمرها الاقتصادي المتوقع وأي توفير في مصاريف تسيير الأصول الجديدة. وتفيد مقارنة محصلة مجموع تلك القيم في بداية السنة الأولى لكل مشروع من المشروعات المقترحة في تحديد المشروعات الأعلى جدوى على مدى عمر المشروع من ناحية العوائد الاقتصادية [476].

وفي ما يلي جملة من العوامل التي ينبغي مراعاتها عند تحليل وتقييم ربحية المشروع:

■ إن الفروض المتعلقة بالخصم والضرائب وارتفاع الأسعار والكساد أو الازدهار الاقتصادي على مستوى الدولة أو الصناعة أو السوق أو أي من

---

(475) Lock, 1996, p104

(476) المرجع السابق، ص102

افتراضات البيئية الخارجية يمكن ألا تكون دقيقة وربما يتغير بعضها في اتجاهات وبمستويات تختلف عن الفروض المتفق عليها في المرحلة السابقة. لذلك يجب مراجعة الفروض والتأكد من صحتها ودقتها قدر الإمكان قبل البدء في إجراء دراسات الجدوى للمشروعات المقترحة.

- عدم الاعتماد على الجدوى الاقتصادية على المدى القريب وخاصة بالنسبة للمشروعات المتعلقة بمنتجات وخدمات وأنشطة تلبي احتياجات المجتمعات المنتفعة بها في المرحلة القادمة والمراحل اللاحقة لمرحلة التحول والتي تساهم في تحقيق أهداف نمو وتوسع المؤسسة على المدى المتوسط والبعيد. كما ينبغي عدم الاقتصار والاعتماد على دراسة الجدوى الاقتصادية في اختيار بعض المشروعات الإستراتيجية التي قد تبدوا غير مجدية اقتصاديا ولكنها مهمة لتكميل تشكيلة من المنتجات أو الخدمات أو لأنها تكفل التوازن في تحقيق مصالح مختلف الأطراف ذات المصالح المشروعة في المؤسسة مثل حماية البيئة أو حماية المنتفع أو غيرها من الأهداف التي يصعب تقدير قيمتها المادية على المدى القريب أو البعيد.
- إن مجموعة المشروعات والمهام الإستراتيجية المختارة يجب أن تحقق أهداف المؤسسة في المرحلة القادمة ويجب أن تحمي المؤسسة من التهديدات والمخاطر التي يمكن أن تؤثر سلبا في مسيرتها. ولا يمكن اختيار تلك المجموعة من المشروعات والمهام الإستراتيجية إلا من خلال جملة من التحليلات والتقييمات للعناصر المادية وغير المادية المهمة والتي تعتمد دراسات الجدوى والمنفعة من جهة كما تعتمد على حكمة وخبرة ومعرفة قادة وخبراء المؤسسة من جهة أخرى[477].

(477) Johnson & Scholes, 1997 , p341

تقييم المنافع والتكاليف:

قد يُفوّت الاعتماد على الربحية في تقييم المشروع الواحد فرص ثمينة على المؤسسة في المستقبل القريب أو البعيد، وخاصة عندما تكون الفوائد أو المنافع غير منظورة أو يصعب حسابها ماديا أو تبدو حسابيا أنها غير مجدية مثل تطوير وإنتاج منتج جديد، أو الدخول إلى سوق جديد في منطقة معينة، أو الشراكة والتعاون مع مؤسسة معينة، أو شراء تقنية جديدة[478].

لذلك لا بد من تحديد المنافع والفوائد المتوقعة من المشروع والتكاليف والسلبيات المتوقعة وإجراء مقارنة بين حجم ووزن المنافع والفوائد المادية وغير المادية والتكاليف والمشاكل المتعلقة بالمشروع واتخاذ قرار بشأنه[479]. وتعتبر هذه الدراسة والمقارنة مهمة خاصة فيما يتعلق بمشروعات التوسع والنمو وتقديم منتجات وخدمات جديدة. أما مهام التخلص من منتجات وخدمات وأنشطة معينة غير مدرة وغير مجدية ولا يتوقع تحسين جدواها فإن المبرر الكافي والذي لا يحتاج إلى مبرر آخر معه هو تحرير الموارد والجهود والقدرات من المنتجات والخدمات والأنشطة الفاشلة وتحويلها إلى أنشطة ومنتجات مدرة ومجدية أو يتوقع تحسن أدائها.

ومن المشروعات والمهام الإستراتيجية التي تحتاج إلى دراسة جيدة وتحتاج إلى حوارات ومناقشات معمقة ومخلصة من قبل قادة وخبراء المؤسسة هي مشروعات ومهام التنمية والتطوير والتي تحتاج إلى موارد وجهود كبيرة في البحث والتطوير أو تقنيات جديدة أو أساليب وطرق عمل جديدة.

إن عملية التخطيط الإستراتيجي يجب أن تؤدي إلى الاختيار الجيد والسليم لتلك المشروعات والمهام التي تساهم في تحقيق أهداف المؤسسة في المرحلة القادمة والمراحل التي تليها.

---

(478) المرجع السابق، ص342

(479) Riggs, 1976, p120

تحليل وتقييم المنافع التي تحقق مصالح الأطراف ذات المصالح المشروعة في المؤسسة:

يهتم هذا التحليل بالتأكيد على تحقيق القيم والمنافع التي ترضي مختلف الأطراف ذات المصالح المشروعة في المؤسسة مع مراعاة التوازن في تحقيقها وتوزيعها.

وتتمثل المصالح المشروعة لتلك الأطراف في مستويين مهمين وهما:

- حماية المصالح والتي تعني بالدرجة الأولى حماية المؤسسة ومواردها وقدراتها وإمكانياتها والنتائج والمصالح التي يتم تحقيقها لمختلف الأطراف ذات المصالح المشروعة فيها.
- تنمية المنافع والمصالح التي تحققها المؤسسة لتلك الأطراف[480].

وتهدف مشروعات ومهام التخلص من المنتجات والأنشطة غير المدرة وغير المجدية إلى حماية وصيانة المصالح، وكذلك مشروعات ومهام التحسين النوعي واستراتيجيات مواجهة التهديدات والمخاطر. كما تعمل استراتيجيات ومشروعات ومهام النمو والتوسع ومهام التنمية والتطوير على تنمية منافع ومصالح الأطراف المستفيدة من المؤسسة على المدى القريب والبعيد.

إن المؤسسة ومواردها وقدراتها وحاضرها ومستقبلها وعملياتها وأنشطتها ونتائجها أمانة ملقاة على عاتق قادة وخبراء المؤسسة مسئولون عنها أمام الله الخالق سبحانه ثم أمام الأطراف ذات المصالح المشروعة فيها وهم: المساهمون المالكون لأسهم وأصول المؤسسة، المنتفعون بمنتجاتها وخدماتها، الموردون، المؤسسات الرفيقة العاملة في الصناعة، المجتمع وبيئته وموارده، العاملون في المؤسسة وفي مقدمتهم قادة وخبراء المؤسسة. إن هذه الأمانة تستدعي الحرص على اختيار أفضل توليفة ممكنة من إستراتيجيات ومشروعات ومهام التحول. وفيما يلي توضيح لماهيّة وأهمية تحليل وتقييم مشروعات التحول وفقا لمنظور كل طرف من هذه الأطراف.

التقييم من جهة العلاقة بالمساهمين:

المساهمون هم أهم الأطراف المستفيدة من المؤسسة لأنهم هم الذين أنشئوا المؤسسة وهم المعنيون باستمرارها ونموها أكثر من غيرهم وهم الذين يملكون إنهاء

(480) Argenti, 1989, p292

المؤسسة. وقادة وخبراء المؤسسة متعهدون أمام الله الخالق سبحانه وتعالى ثم أمام المساهمين على تسيير وتنمية وتطوير المؤسسة بما يحقق نجاحها في الحاضر والمستقبل القريب والبعيد. لذلك فإن حماية المؤسسة وتحقيق الأهداف والعوائد الاقتصادية المستهدفة خلال مرحلة التحول تمثل التقييم الرئيسي لكل مشروع من مشروعات التحول ولمجموعة استراتيجيات ومهام التحول التي سيتم اختيارها النهائي لتحقق تلك الأهداف. ويستدعي هذا الاهتمام القيام بإجراء دراسة الجدوى الاقتصادية لكل مشروع ومهمة إستراتيجية في إطار كل إستراتيجية وفي إطار توليفة الإستراتيجيات التي يتم اختيارها مع مراعاة مستويات التركيز النسبي التي تم اعتمادها على استراتيجيات التحول[481].

وفي نفس الإطار يتم القيام بدراسة المنافع والتكاليف ومدة الاسترداد ومحصلة القيمة الإجمالية للتدفقات النقدية محسوبة على أساس القيمة في بداية السنة الأولى وغيرها من أساليب دراسة المنفعة والجدوى الاقتصادية مع الأخذ في الاعتبار تحقيق حماية المؤسسة في الحاضر والمستقبل وتحقيق المستويات المقبولة من العوائد الاقتصادية خلال المرحلة القادمة دون الإضرار بمتطلبات المستقبل البعيد للمؤسسة. وقد يتطلب ذلك اعتبار بعض المهام والمشروعات التي قد لا تبدو مجدية اقتصاديا كمشروعات ومهام منفردة لكنها وفقا لخبرة وحكمة ومعرفة وفراسة قادة وخبراء التخطيط تكوِّن في مجموعها توليفة من الإستراتيجيات والمشروعات والمهام الإستراتيجية التي تحقق مصالح المساهمين وكذلك بقية الأطراف على المدى القريب والبعيد.

ولا بد أن يكون ممثلي المساهمين في مجلس الإدارة واعين لذلك ويتحمل قادة وخبراء المؤسسة مسئولية توضيح المنافع التي تحقق مصالح المساهمين وتكفل حماية المؤسسة ونجاحها ونموها والتأكيد في ذات الوقت على الوفاء بالتزامات المؤسسة تجاه بقية الأطراف ذات المصالح المشروعة في المؤسسة وما يترتب عليها من تكاليف وموارد وجهود للوفاء بها. أي أن قادة وخبراء المؤسسة والمساهمون جميعا معنيون بتحقيق التوازن في تلبية مصالح الأطراف ذات المصالح المشروعة في المؤسسة وفقا للمنهج الإسلامي العظيم الذي يؤكد أنه لا ضرر ولا ضرار وإيتاء كل ذي حق حقه.

(481) Johnson & Scholes, 1997 , p342

وهم جميعا يعرفون أن الأولوية في الظروف العادية يجب أن تُعطى لإستراتيجيات ومشروعات ومهام النمو والتوسع والتي تستغل الفرص المتاحة في البيئة الخارجية وتحقيق العوائد الاقتصادية ولكنهم أيضا جميعا يعرفون أهمية الإعداد للنمو للمرحلة القادمة والمراحل التي تليها من خلال التخلص من الأنشطة والمنتجات غير المدرة وإجراء التحسين النوعي لبعض المنتجات والأنشطة التي يتوقع تحسن أدائها. وهم قد لا يجدون صعوبة في الاتفاق على المشروعات والمهام الإستراتيجية التي يواجهون بها التهديدات والمخاطر المحدقة بالمؤسسة في بيئتها الخارجية، كما لا بد لهم من الاتفاق على مستوى الاستثمار والإنفاق على تنمية وتطوير منتجات أو خدمات أو عمليات أو تقنيات جديدة بالقدرات والجهود الذاتية أو الوصول إليها أو بعضها من خلال التراخيص أو الشراء أو الشراكة والتعاون مع المؤسسات الأخرى.

وبالرغم من أن قبول واعتماد المساهمين مُمَثلين في مجلس إدارة المؤسسة لاستراتيجيات ومشروعات التحول أمر لا بد منه إلا أن طموحات وآمال وهمة قادة وخبراء المؤسسة وشعورهم بالمسئولية أمام الخالق سبحانه أعظم بكثير من شعورهم بالمسؤولية أمام مجلس الإدارة، وهذا يجعلهم يحرصون أشد الحرص على الاختيار والتقييم الدقيق والسليم لاستراتيجيات ومشروعات ومهام التحول والتأكد من خلال الدراسة الجيدة والتقييم الدقيق على أن مجموعة الإستراتيجيات والمشروعات المختارة تحقق أهداف التحول وفي مقدمتها العوائد الاقتصادية المستهدفة. ولا يتحقق ذلك إلا بالتأكد من أن كل إستراتيجية ومشروع ومهمة إستراتيجية تساهم بفعالية في تحقيق تلك الأهداف. إن الخطة الإستراتيجية لمرحلة التحول يجب أن تحدد بوضوح للمساهمين وكافة الأطراف المعنية النمو والتوسع المتوقع في إنتاج ومبيعات المؤسسة والعوائد الاقتصادية المستهدفة والتي يتوقع تحقيقها من خلال استراتيجيات ومشروعات ومهام خطة التحول. كما تحدد المهام والمشروعات التي تحمي المؤسسة وتمكنها من الإعداد للنمو في المرحلة القادمة والمراحل التالية.

التقييم من جهة العلاقة بالمنتفعين:

إن الاستمرار في استغلال الفرص الحالية والنجاح في استغلال الفرص الجديدة في الأسواق والقطاعات الحالية والمستهدفة يتطلب تلبية مصالح وحاجات ورغبات المنتفعين في هذه الأسواق. إن المستويات الحالية والمتوقعة للإقبال على المنتجات والخدمات الحالية والجديدة في الأسواق الحالية والمستهدف خدمتها لا بد أن يتم

تحديدها بناء على دراسات وبحوث السوق السليمة والدقيقة حتى تكون مفيدة في تقييم المشروعات الإستراتيجية لخطة التحول. ثم إن أي تحول وتغيير في الكميات أو المواصفات أو الأسعار أو الخدمات أو غيرها يجب أن يراعى فيها مصالح وحاجات المنتفعين ومدى استعدادهم لشراء الكميات المستهدفة بالمواصفات والأسعار والخدمات المحددة[482]. لا بد أن تؤخذ هذه العوامل في دراسات الجدوى للمشروعات والمهام الإستراتيجية بهدف التأكد من قبول المنتفعين بنتائج استراتيجيات ومشروعات التحول.

التقييم من جهة العلاقة بالموردين:

عند دراسة مشروعات ومهام التحول لا بد من الاستفادة من الدراسات التي أجريت في دراسة البيئة الخارجية للمؤسسة والتي يمكن استكمالها حسب الحاجة والتي تشمل معلومات مهمة عن الموردين والمواد والخدمات المطلوبة منهم والتي تتضمن: المواد الخام ومستلزمات وتجهيزات الإنتاج والمعارف والأنظمة والتقنيات وكافة الموارد والمساعدات والخدمات اللازمة لعمليات إنتاج وتسويق وتطوير وتنمية المنتجات والخدمات والأنشطة. ويتناول تقييم المشروعات والمهام الإستراتيجية من جهة العلاقة بالموردين العناصر والجوانب التالية[483]:

- الوضع العام للمورد ووضعه المالي وأدائه وسمعته.
- توفر المواد والخدمات بالمواصفات والكميات المناسبة وفي المواعيد المناسبة.
- شروط الصنع والتوريد والاستعمال والضمانات والمساعدة والخدمات الفنية أثناء الاستعمال.
- الأسعار وطرق الدفع والائتمان والتسهيلات المالية.
- الشهادات العالمية التي تدل على اهتمام المورد بالجودة أو غيرها من المعايير مثل شهادة الأيزو 9001 أو غيرها.

إن العناصر والعوامل المهمة التي تحدد العلاقة والشراكة الفعالة مع الموردين فيما يتعلق بكل مشروع يجب تحديدها بعناية والاستفادة منها عند القيام بدراسة جدوى

---

(482) Drucker, 1964, p85 - 103

(483) السيد، 1990، ص120

المشروع، وذلك لمعرفة مدى ملاءمة المشروع وجدواه من حيث التوريدات اللازمة له ومن حيث ملاءمته لتحقيق المصالح المشتركة والمتوازنة للمؤسسة والموردين على المدى القريب والبعيد.

التقييم من جهة العلاقة بالمؤسسات العاملة في الصناعة:

إن مشروعات ومهام التحول يجب أن تحقق التكامل مع المؤسسات العاملة في الصناعة، كما يجب أن تتجنب إلحاق الضرر بأي مؤسسة أخرى عاملة في الصناعة (أو أي مؤسسة أخرى)، وأن تتفادى السعي للهيمنة والاحتكار. إن استراتيجيات ومشروعات ومهام التحول الخاصة بالمؤسسة تساهم في نمو وازدهار الصناعة من خلال الجهود الذاتية والمشروعات الخاصة بها، وكذلك من خلال مشروعات ومهام التعاون والشراكة مع المؤسسات الأخرى العاملة في الصناعة والمؤسسات ذات العلاقة.

ولا بد من طرح تساؤلات بشأن مدى تأثر المشروعات والمهام الإستراتيجية بنشاطات وتحركات المؤسسات العاملة في الصناعة، وتأثير المشروعات والمهام الإستراتيجية لخطة تحول المؤسسة في المؤسسات المنافسة والتحقق من أنه لا ضرر ولا ضرار، والتأكد من مراعاة مستويات مناسبة من التعاون وخاصة في مواجهة التهديدات المشتركة والبحث والتطوير وغيرها من مهام ومشروعات وجهود التعاون التي تؤدي إلى ازدهار الصناعة وكافة المؤسسات العاملة فيها[484].

التقييم من وجهة نظر قادة وخبراء المؤسسة والعاملين بها:

والتقييم من وجهة نظر قادة وخبراء المؤسسة يشمل مدى تلبية استراتيجيات ومشروعات التحول لطموحاتهم وآمالهم في الارتقاء بمستوى أداء مؤسستهم وفعاليتها ونموها وتوسعها. كما يشمل التقييم مدى مساهمة استراتيجيات ومشروعات ومهام التحول في تحقيق الارتقاء في معارف وقدرات ومهارات وقيم وسلوكيات قادة وخبراء المؤسسة وسائر العاملين بها. ويشمل التقييم أيضا مدى قدرة استراتيجيات ومشروعات التحول في تحقيق الدخل والعوائد الاقتصادية المستهدفة والتي يمكن من خلالها تلبية الاحتياجات والحوافز المادية والمعنوية للعاملين بالمؤسسة.

(484) Hunger & Wheelen, 1999, p 124

التقييم من جهة العلاقة بالمجتمع وبيئته:

عند القيام بدراسة جدوى المشروعات والمهام الإستراتيجية لا بد من الأخذ في الاعتبار العوامل والمتغيرات الاجتماعية والسياسية المهمة ذات العلاقة بكل مشروع أو مهمة إستراتيجية وذلك لمعرفة مستويات دعم تلك العوامل والمتغيرات لكل مشروع أو مستويات عرقلتها له.

وقد يتضح أن بعض المشروعات والمهام الإستراتيجية غير مجدية أو غير ممكنة لأسباب اجتماعية أو سياسية. كما لا بد من تقييم كل مشروع أو مهمة إستراتيجية من حيث مدى استفادته من موارد بيئة المجتمع ومن حيث الضرر الذي قد يلحقه بالبيئة ومواردها. ولا بد من الاستفادة من دراسة البيئة الخارجية من حيث العوامل الاجتماعية والسياسية وبيئة المجتمع ومواردها، ولا يقتصر ـ في ذلك على العوامل والمتغيرات العامة ولكن أيضا العوامل والمتغيرات المهمة ذات العلاقة بكل مشروع ومهمة إستراتيجية والتي قد تتطلب إجراء المزيد من الدراسة والتحليل لها. كما يجب دراسة مدى مساهمة المشروع أو المهمة الإستراتيجية أو مجموعة استراتيجيات ومشروعات التحول في تحقيق نمو وتقدم وازدهار المجتمع.

ومن أمثلة العوامل التي يجب أخذها في الاعتبار القوانين واللوائح الحكومية السارية والمستجدة والمتوقعة بشأن الضرائب والرسوم وحماية البيئة واستغلال موارد بيئة المجتمع والاستثمار والتصدير والاستيراد وغيرها[485]. كما ينبغي دراسة مدى توافق كل مشروع أو مهمة إستراتيجية مع قيم ومصالح المجتمع. كما يجب الأخذ في الاعتبار العوامل والمتغيرات المتعلقة بالمعاملات الدولية والتصدير والاستثمار الخارجي والشراكة المحلية والخارجية وحالات الحصار والمقاطعة وتأثيرات العولمة والمنافسة القطرية والإقليمية والعالمية وغيرها من العوامل المهمة ذات العلاقة بكل مشروع أو مهمة إستراتيجية.

تحليل وتقييم مشروعات ومهام التحول وفقا لمستوى المخاطر:

إن مستوى قبول الإستراتيجية أو المشروع أو المهمة الإستراتيجية يعتمد على درجة تأثير الخطر الذي يمكن أن يؤثر في المؤسسة أو أي طرف من الأطراف ذات المصالح المشروعة في المؤسسة أو أي طرف آخر. وأول خطر يجب التأكد من حماية المؤسسة

---

(485) السيد، 1990، ص118 - 119

منه هو خطر الخسائر والفشل المالي وذلك من خلال إجراء تقديرات دقيقة وسليمة قدر الإمكان عن توقعات الأرباح والعوائد الاقتصادية ومؤشرات الأداء المالية مثل نسبة العائد على رأس المال والسيولة ونسبة ومستوى المديونية، وغيرها من الأهداف والمؤشرات المالية والاقتصادية المهمة بالنسبة للمؤسسة والمساهمين فيها[486].

كما يتم تقييم المشروع أو المهمة الإستراتيجية وفقا لمدى تأثره بالتهديدات والمخاطر الخارجية ذات العلاقة بالمشروع والتي يمكن أن يكون مصدرها أيا من عوامل ومتغيرات البيئة الخارجية.

ولا بد من طرح سؤال عند دراسة مستوى الخطر المتعلق بكل مشروع أو مهمة إستراتيجية: ما هو الخطر المحتمل من قبل الأطراف الخارجية ومن بينها الأطراف ذات المصالح المشروعة في المؤسسة؟ أو الأطراف ذات العلاقة بالمشروع أو المهمة الإستراتيجية؟ وما هي درجة تأثير الخطر المحتمل على المشروع أو المهمة الإستراتيجية؟

كما أن المشروع أو المهمة الإستراتيجية قد يسبب مخاطر لأحد أو بعض تلك الأطراف مما يدفعه إلى رد فعل قد يضر بالمشروع بصفة خاصة أو المؤسسة ككل. ومن الطرق المفيدة في تقييم المخاطر المتعلقة بمشروع ما هو طرح سؤال "ماذا يحدث إذا"، أي ماذا يحدث إذا تم تغيير أي افتراض أو أي عامل أو متغير من الفروض أو العوامل أو المتغيرات المتعلقة بالمشروع. ومن المفيد استعمال هذه الطريقة مع كل مشروع ومع مجموعة استراتيجيات ومشروعات ومهام التحول وذلك من أجل تحديد أفضل توليفة ممكنة من الإستراتيجيات ومشروعات ومهام التحول.

ومما يفيد في مثل هذه الدراسة برامج الحاسوب المعدة لهذا الغرض والتي توفر الجهد والوقت في تحليل وتقييم واختيار المشروعات والمهام الإستراتيجية المناسبة للتحول. ومن خلالها يسهل حساب تأثير تغير أسعار المواد الخام على الأرباح وكذلك زيادة الضرائب أو الرسوم أو انخفاض الطلب أو غيرها من العوامل والمتغيرات المتوقعة في إطار عدة مستويات مفترضة على مستوى الحد الأدنى للمستهدفات أو الأقصى أو أفضل الحالات وأسوأها وما بين ذلك.

ومن الإجراءات التي يمكن أن تؤدي إلى تقليل مخاطر المشروع القيام بمراقبة

(486) Johnson & Scholes, 1997 , p346

ومراجعة تقدم إنجاز المشروع في كل خطوة وعند انتهاء كل خطوة أو مرحلة وتقييد اعتماد الشروع في المرحلة التالية وفقا للاعتبارات الآتية:

■ تحديد والالتزام بمدة زمنية محددة لإنجاز كل مرحلة.

■ تحديد والالتزام بالميزانيات والموارد المخصصة لكل مرحلة.

■ الاستفادة من الوقائع والمستجدات التي تحصل خلال تنفيذ المشروع والتي قد تستدعي المراجعة والتعديل والتصحيح.

إن تمويل واعتماد المشروع في كل مرحلة جديدة يجب أن يستند إلى تقارير الأداء التي تحدد مستويات تقدم إنجاز المشروع وفقا للمستويات المستهدفة والتوقعات المستقبلية للأداء خلال استكمال المشروع. وقد تدل تقارير الأداء أو التقارير الخاصة ضرورة إجراء تعديلات على المشروع وربما إلغائه في بعض الحالات[487].

إجمالا يتطلب تقييم مشروعات التحول إجراء التحليلات والحسابات الخاصة بتقييم تأثير العوامل والمتغيرات الخارجية في كل مشروع وفي مجمل استراتيجيات ومشروعات التحول، ثم تأثير مشروعات التحول في مختلف الأطراف ذات العلاقة ومعرفة ردود فعلها وتأثير تلك الردود على إستراتيجيات ومشروعات التحول.

تقييم أفضلية المشروعات من حيث خيارات التعاون والشراكة:

نظرا لتعقد العوامل والمتغيرات الصناعية والتقنية والاقتصادية وغيرها من عوامل البيئة الخارجية، ونظرا لمحدودية القدرات الداخلية مقارنة بمتطلبات خطة التحول الطموحة فإنه قد يتضح أن مجموع مشروعات ومهام التحول لن تكون بالمستوى الذي يحقق طموحات قادة وخبراء المؤسسة والمساهمين وكافة الأطراف ذات العلاقة إلا من خلال تنفيذ بعض تلك المشروعات والمهام الإستراتيجية عن طريق التعاون والشراكة مع المؤسسات الأخرى المناسبة[488].

ويمكن أن تتضمن مجالات التعاون والشراكة مع مؤسسات أخرى مختلف مجالات مشروعات ومهام التحول في إطار إستراتيجيات: دعم المنتجات والخدمات الحالية، التوسع في المنتجات والخدمات الحالية في الأسواق الحالية أو أسواق جديدة، تقديم منتجات جديدة، التحسين النوعي أو تنمية وتطوير منتجات وخدمات

(487) Lock, 1996, p43

(488) Pearce & Robinson, 1991, p238

جديدة أو تقنيات وأساليب وطرق إنتاج وتسويق جديدة. إن خيارات المشروعات والمهام الإستراتيجية يمكن أن تزداد حجما وتنوعا وتعددا من خلال جهود الشراكة والتعاون مع المؤسسات ذات القدرات المتميزة.

ومما ينبغي مراعاته في هذا الشأن قدرة المؤسسة على إدارة ومراقبة اتفاقيات التعاون والشراكة وتحقيق الاستفادة المثلى منها، علما بأنه كلما زادت نسبة عمليات وأنشطة التعاون والشراكة كلما صعب إدارتها ومراقبتها وتحقيق النتائج المرجوة منها. وقبل التوسع في التعاون والشراكة لا بد من التأكد من تحقيق التوازن الأمثل بين الاعتماد على الذات وبين التعاون والشراكة.

ومعلوم أن التعاون والشراكة مهم وضروري ومفيد في إطار المؤسسات العاملة في الصناعة ومع مؤسسات الموردين والمنتفعين ومختلف المؤسسات ذات العلاقة بأنشطة المؤسسة. ولا يخفى على قادة وخبراء المؤسسة الفوائد الكبيرة التي يمكن أن تجنيها المؤسسة من مشروعات واتفاقيات وجهود التعاون والشراكة مع تلك الجهات وغيرها في مجالات الإنتاج والتسويق والبحث والتطوير.

وبالرغم من أن نتائج ومنافع التعاون والشراكة يتم تقاسمها فإن الموارد والجهود والتكاليف أيضا يتم الاشتراك في تحملها مما يُمكن المؤسسة من التوسع في مجالات وأنشطة وأسواق وتقنيات قد يتعذر عليها التوسع فيها بقدراتها ومواردها الذاتية. والفيصل في تحقيق النمو أو الإعداد للنمو من خلال التعاون والشراكة هو دراسة الجدوى وتحديد المنافع والسلبيات التي يمكن أن تنجم عن اتفاقيات التعاون والمشاركة. وتشمل هذه الدراسة تقييم قدرات وإمكانات المؤسسات المقترح التعاون معها والمزايا والمنافع التي ستحصل عليها المؤسسة من اتفاقيات الشراكة معها في تنفيذ واستغلال مشروعات ومهام إستراتيجية معينة. إن دراسة الجدوى من التعاون والشراكة في أي مشروع أو مهمة إستراتيجية يجب أن توفر إجابات واضحة للأسئلة التالية:

- ما هو الأفضل والأنفع للمؤسسة الاعتماد على القدرات الذاتية في إنجاز المشروع أو المهمة أو إنجازه وتسييره من خلال التعاون والشراكة مع مؤسسة أخرى؟
- ما هي تلك المؤسسات المقترح التعاون معها وأي منها الأفضل للتعاون؟
- ما هي المهام والموارد والجوانب التي يفضل أن تساهم بها المؤسسة؟

- ما هي المهام والموارد والجوانب التي يفضل أن تساهم بها الجهة المقترحة للتعاون؟
- ما هي المنافع والنتائج المرجوة من التعاون والشراكة للطرفين؟
- هل تعتبر النتائج والمنافع المتوقعة مجزية ومتوازنة ومنصفة للطرفين عـلى المـدى القريـب والبعيد بما يمكن من استمرارية التعاون والشراكة؟

ومن خلال الدراسة والتقييم يتبين أن المشروع قد يبدو ممكنا ومجديا بالقدرات الذاتيـة أو مـن خـلال التعاون والشراكة أو لا يكون مجديا في الحالتين ويتم استبعاده. ولا بد من مراعاة أن تكون بيئـة وظـروف المؤسسة والمؤسسات الداخلة في التعاون والشراكة بيئة مشجعة وداعمة للتعاون. وما يجدر أن التنبيه إليه في هذا الصدد أن البيئة الإسلامية الراقية هي أفضل بيئة تدعم وترعى وتشجع التعاون والشراكة الراقيـة التي تحقق نموا وتقدما ونجاحا لكافة الأطراف وكافـة المؤسسات والصناعات والمجتمعات الداخلـة في التعاون.

تقييم مشروعات ومهام التحول من حيث القدرة على إنجازها:

ستكون المؤسسة في نهاية مرحلة التحول الناجحة مختلفة عن المؤسسة الحالية ذلك لأن خطة التحول تؤدي إلى نمو المؤسسة وتوسعها وحمايتها وتقويتها وفقا لأهداف التحول. ففي الوقت الـذي يعتمـد فيـه تنفيذ استراتيجيات ومشروعات التحول عـلى الاستغلال الأمثل للقدرات والقوى والإمكانيات الحاليـة للمؤسسة فإن إنجاز كامل إستراتيجيات ومشروعات التحول يتطلب ويـؤدي إلى تنميـة وتطوير تلـك القدرات والقوى والإمكانيات، أي أن الجهود الناجحة للتحول تؤدي إلى تنمية الرصيد الإستراتيجي المـتراكم والمتنامي.

ويهدف هذا التقييم إلى معرفة مدى قـدرة المؤسسـة عـلى تنفيـذ كـل مشروع ومهمـة مـن المشـاريع والمهام الإستراتيجية ومدى قدرتها على تنفيذ مجموعة استراتيجيات ومشروعات ومهام التحول التي سيتم اختيارها[489]. إن كل مشروع ومهمة إستراتيجية يجب أن يقيم على أساس مدى توفر القدرات والإمكانـات والموارد اللازمة لإنجازه سوى كانت متوفرة حاليا أو ما يجب ويمكن توفيره، مع الأخذ في الاعتبـار إمكانيـة التعاون والشراكة في إنجاز بعض المشروعات والمهام الإستراتيجية. وتشمل القدرات

---

(489) Andrews , 1987, p28

والإمكانيات اللازمة لتنفيذ استراتيجيات ومشروعات ومهام التحول القدرات والإمكانيات الرئيسية التالية:

- الموارد المالية
- الموارد والأصول المادية الأخرى.
- القدرات والقوى البشرية[490].

وفيما يلي توضيح لماهية التقييم في هذه الجوانب الثلاثة.

تقييم المشروعات من حيث توفر الموارد المالية اللازمة لإنجازها:

ويتضمن التقييم المالي مدى توفر الموارد المالية اللازمة لكل مشروع ومهمة إستراتيجية ولمجموعة المشروعات والمهام الإستراتيجية التي تكون خطة التحول. وتوجد عدة طرق لتحليل وتقييم المتطلبات المالية لتلك المشروعات والمهام خلال سنوات التحول ومن أهمها تحليل التدفقات النقدية، الذي يفيد في تحديد الدفعات النقدية السنوية المطلوبة لإنجاز كل مشروع وكل مهمة إستراتيجية ومجموعة استراتيجيات ومهام التحول[491]. ونظرا لمحدودية الموارد المالية مهما بلغت فإنه يجب ترتيب المشروعات والمهام الإستراتيجية وفقا لأهميتها ودورها في تحقيق أهداف التحول وتحديد مجموعة المشروعات والمهام الإستراتيجية الأهم والأجدى والتي يمكن توفير الموارد المالية اللازمة لإنجازها.

ويتطلب ذلك القيام بتحديد مصادر تمويل مشروعات ومهام التحول وحجم الأموال التي يمكن توفيرها من خلال كل مصدر وتحديد إجمالي الموارد المالية التي يمكن توفيرها خلال مرحلة التحول ثم التوصل إلى التوفيق بين عدد وحجم مشروعات ومهام التحول ومتطلباتها المالية وبين كل ما يمكن توفيره من مبالغ مالية لإنجاز تلك المشروعات والمهام، مع الأخذ في الاعتبار جدولة المشاريع والمهام الإستراتيجية والاستفادة من فرص التعاون والشراكة في إنجاز بعض المشروعات والمهام.

الموارد والأصول المادية الأخرى:

تهدف دراسة الجدوى والدراسات الهندسية والفنية المفصلة لكل مشروع ومهمة إستراتيجية إلى تحديد الموارد والإمكانيات والأصول المادية الأخرى التي يجب

(490) السيد، 1990، ص290
(491) Lock, 1996, p103 - 106

توفرها لإنجاز المشروع أو المهمة الإستراتيجية من حيث الحجم والعدد والخصائص والتكلفة والمواعيد الزمنية المطلوب فيها توفير تلك الموارد[492].

وتشمل الموارد المطلوبة: الموارد والأصول المتعلقة بالقدرات الإنتاجية، وتتضمن الوحدات الإنتاجية والمعدات والآلات وأنظمة التحكم وتقنيات وأساليب وطرق العمل، كما تشمل الموارد والأصول المتعلقة بقدرات التوزيع والبيع والنقل والتخزين وغيرها. ويهتم التقييم بتحديد مدى قدرة الموارد والأصول الحالية على تلبية متطلبات إنجاز مشروعات التحول ومستويات تنمية وتطوير تلك الموارد والأصول اللازمة لإنجازها. ويتم إجراء التقييم ذاته على مستوى مشروعات ومهام كل إستراتيجية وعلى مستوى توليفة إستراتيجيات ومشروعات ومهام التحول ككل من أجل تحديد مدى الاستفادة من القدرات والموارد والأصول الحالية، ومدى الحاجة والقدرة على تنميتها وتطويرها بالمستويات التي تمكن من إنجاز مشروعات ومهام التحول.

القدرات والقوى البشرية:

ثم لا بد من تقييم كل مشروع وكل مهمة إستراتيجية ومجموعة مشروعات ومهام التحول وفقا للقدرات والقوى والعقول البشرية الموجودة حاليا ومستويات التنمية والتطوير اللازمة لتلك القدرات التي تمكن من إنجاز خطة التحول بفعالية وكفاءة عالية. وقد ينتج عن التقييم أن بعض المشروعات والمهام الإستراتيجية تتطلب قدرات ومعارف ومهارات مختلفة ويصعب تنميتها الأمر الذي يستدعي استبعادها أو النظر في إنجازها من خلال الشراكة والتعاون مع مؤسسات لديها القدرات المناسبة لمجال المشروع. ويتضمن تقييم كل مشروع ومجموعة مشروعات ومهام التحول من حيث حاجتها للقوى البشرية تحديد ما يلي:

- مدى توفر العدد الكافي من القادة والخبراء والعاملين المناسبين.
- مدى توفر المعارف والمهارات والخبرات والسلوكيات المناسبة.
- مدى القدرة على تغطية النقص من خلال تنمية وتطوير العقول والقوى العاملة من حيث العدد والمعارف والمهارات والخبرات والقيم والسلوكيات وفقا لمتطلبات المشروعات والمهام الإستراتيجية التي سيتم اختيارها وتنفيذها من خلال المجهودات الذاتية الداخلية أو بالاستعانة

(492) Johnson & Scholes, 1997 , p352

بمؤسسات أخرى متخصصة أومن خلال اتفاقيات التعاون والشراكة.

المراجعة والاختيار النهائي لمجموعة استراتيجيات ومشروعات التحول:

حيث أن موارد وإمكانيات وجهود التحول يجب أن توزع على استراتيجيات التحول وفقا لأهميتها ودورها في تحقيق نمو وتوسع المؤسسة، ودورها في حماية المؤسسة وإعدادها للنمو والتوسع في المرحلة القادمة والمراحل التالية، لذلك يتطلب الأمر المراجعة والتحديد النهائي للوزن النسبي لمجموعة استراتيجيات النمو ومجموعة استراتيجيات الإعداد للنمو. ثم إن نسبة الموارد والإمكانيات التي يتم تخصيصها لكل مجموعة ينبغي توزيعها على إستراتيجيات المجموعة ثم على مشروعات ومهام التحول في كل إستراتيجية. ولهذا الغرض يقوم فريق التخطيط الإستراتيجي بتحديد أولويات مشروعات ومهام التحول وفقا لأهميتها في تحقيق أهداف كل إستراتيجية واختيار المشروعات والمهام الإستراتيجية لكل إستراتيجية في إطار الموارد والإمكانيات والقدرات التي يمكن تخصيصها لتلك الإستراتيجية.

ومطلوب في هذه الخطوة القيام بتصنيف مشروعات ومهام التحول في ثلاث فئات وفقا لأهميتها وأولوياتها:

1. مشروعات ومهام إستراتيجية يجب اختيارها لأنها تحقق الأهداف الإستراتيجية للتحول، ولأنها الأنسب والأفضل لمجموعة إستراتيجيات النمو ومجموعة إستراتيجيات الإعداد للنمو للمرحلة القادمة.
2. مشروعات ومهام إستراتيجية يُفضل تضمينها في خطة التحول في حال توفر الموارد أو تأجيل تنفيذها إلى الوقت المناسب في مرحلة التحول أو التي تليها.
3. مشروعات ومهام يمكن استبعادها بسبب عدم الجدوى أو عدم قدرة المؤسسة على تنفيذها سواء بالجهود الذاتية أو حتى من خلال التعاون والشراكة.

وتعتبر **مشروعات ومهام التحول التي يجب اختيارها** في حكم مشروعات ومهام مفروضة يفرضها الموقف الإستراتيجي العام للمؤسسة الذي يدفع إلى الاستغلال الأمثل للفرص المتاحة من جهة وإلى حماية المؤسسة من التهديدات والمخاطر الخارجية وعناصر الضعف الداخلية من جهة أخرى، وذلك في إطار استراتيجيات النمو وإستراتيجيات الإعداد للنمو. ومن أمثلة هذه المشروعات والمهام

التي تفرض نفسها: التوسع في إنتاج وتسويق منتج معين لازدياد الطلب عليه، الانسحاب من سوق معين لأسباب أمنية، أو التوقف عن إنتاج وتقديم منتج غير مجدي [493].

أما **المشروعات والمهام المفيدة والتي قد يصعب تنفيذها** فيجب تحديد أولوياتها وفقا لأهميتها وجدواها والقدرة على تحقيقها، ثم القيام بتقسيم هـذه المجموعـة إلى فئتـين: الفئة الأولى ذات الأولوية الأعلى والتي يُنظر في إمكانية تضمينها في خطة التحول ومـدى الحاجـة إلى تنفيـذها مـن خـلال اتفاقيات التعاون والشراكة. أما الفئة الثانية فيمكن تأجيلها أو تركها.

بذلك يتوصل فريق التخطيط الإستراتيجي إلى تحديد مجموعة استراتيجيات التحول وجملة مـن مشروعات ومهام التحول، وعليه الآن أن يقوم باختيار توليفة متكاملة من استراتيجيات ومشروعات ومهام التحـول التـي تشكل خطـة التحـول الإسـتراتيجي. ومـن أجـل الوصـول إلى الاختيـار النهـائي لتوليفـة الإستراتيجيات والمشروعات والمهام الإستراتيجية من اللازم طرح سؤال مهم والعمل على الإجابـة عليـه بكـل صدق وإخلاص وبدون تلفيق أو افتراضات واستنتاجات وهمية والسؤال هو:

مـا الـذي يجـب فحصـه ومراجعتـه قبـل الوصـول إلى التوليفـة النهائيـة لاستراتيجيات ومشروعات ومهام التحول؟ [494]

وفي ما يلي جملة من النقاط المهمة التي ينبغي لفريق التخطيط وقادة وخبراء المؤسسـة أن يأخـذوها في الاعتبار وهم يراجعون حصيلة جهودهم الكبيرة التي بذلوها في إعداد خطة التحول الإستراتيجي، وتدور هذه النقاط في إطار تحقيق التوافق والتكامل بين إستراتيجيات ومشروعات ومهام التحول.

توافق وتكامل الإستراتيجيات والمشروعات والمهام الإستراتيجية:

قبل إعداد خطة التحول ووضعها في شكلها النهائي ينبغي مراجعة الإستراتيجيات والمشروعات والمهام التي تم اختيارها من حيث درجة توافقها وتكاملها وتفادي أي تناقض أو تعارض بينها. لا بد من تفادي التناقض والتعارض بين مشروعات ومهام التحول وذلك حتى لا تـذهب المـوارد والجهـود سـدى في إنجـاز أعمال أو مشروعات

---

(493) Johnson & Scholes, 1997 , p355

(494) Argenti, 1989, p 329

متناقضة. ومثال ذلك التأكد من أن مشروعات تنمية وتطوير منتجات وخدمات وأسواق جديدة لا يكون له آثار سلبية في مشروعات ومهام دعم وتنمية المنتجات أو الأسواق الحالية[495].

وفي ما يلي مجموعة من جوانب التوافق والتكامل المهمة التي يجب مراعاتها:

1. التوافق مع الموقف الإستراتيجي العام للمؤسسة والذي يشمل التوافق مع رسالة المؤسسة وأهدافها العليا وبقية عناصر الموقف الإستراتيجي العام للمؤسسة , وفيما يلي توضيح لهذا التوافق:

- توافق مجموعة استراتيجيات ومشروعات ومهام التحول مع رسالة المؤسسة وأهدافها العليا للمرحلة القادمة. وهنا قد يرى قادة وخبراء المؤسسة مراجعة أهداف ورسالة المؤسسة وفقا لما تبين لهم من نتائج تحليل البيئة الداخلية والخارجية والعوامل والمتغيرات المهمة المؤثرة في مستقبل المؤسسة، أي وفقا لمعطيات الموقف الإستراتيجي العام للمؤسسة في شكله النهائي المتفق عليه من قبل فريق التخطيط وقادة وخبراء المؤسسة. وفي حالة اتفاقهم على مراجعة رسالة وأهدف التحول يجب توخي أعلى درجات الصدق والإخلاص في تعديلها أو إعادة اختيار المشروعات والمهام الإستراتيجية المناسبة للتحول. ولا بد من هنا أيضا من تحقيق التوازن بين طموح قادة وخبراء المؤسسة ومتطلبات الأمانة الملقاة على عاتقهم والواقعية والموضوعية في تقدير الموقف الإستراتيجي العام للمؤسسة واختيار المشروعات والمهام الإستراتيجية المناسبة لهذا الموقف. وكلما ارتقى قادة وخبراء المؤسسة في درجات الأمانة والصدق والإخلاص كلما كانت هذه المراجعة أجدى وأعظم نفعا[496].
- توافق مجموعة استراتيجيات ومشروعات ومهام التحول مع الفرص المتاحة في البيئة الخارجية ومدى قدرتها على الاستغلال الأمثل لمجموعة الفرص المتاحة للتحول.
- توافق استراتيجيات ومشروعات ومهام التحول مع قدرات وقوى

(495) Johnson & Scholes, 1997 , p330
(496) Argenti, 1989, p328

وإمكانات التحول الحالية والنامية ومدى قدرتها على الاستفادة المثلى من تلك القدرات.

- توافق مجموعة استراتيجيات ومشروعات ومهام التحول مع متطلبات مواجهة التهديدات الخارجية والمخاطر المتعلقة بمشروعات ومهام التحول ومدى ملاءمتها لمواجهة تلك التهديدات والمخاطر.

- توافق مجموعة استراتيجيات ومشروعات ومهام التحول مع متطلبات معالجة المشاكل وعناصر الضعف الرئيسية التي يمكن أن تعرقل برنامج التحول ومشروعاته وأهدافه ومدى قدرتها على معالجة تلك العناصر.

2. توافق مجموعة استراتيجيات ومشروعات ومهام التحول مع معدل وسرعة النمو المستهدفة. إن عدد وحجم مشروعات النمو أو الإعداد للنمو يجب أن يستند إلى معدل النمو المستهدف مع تفادي تنفيذ مشروع ضخم يمكن أن يؤدي فشله إلى خسارة هائلة للشركة وربما يعرضها للإفلاس [497].

3. مراعاة أن يكون عدد وحجم مشروعات ومهام التحول لكل إستراتيجية موافقا للوزن النسبي لتلك الإستراتيجية. أما مجموع وحجم مشروعات ومهام التحول لا بد أن يكون مناسبا لتحقيق أهداف التحول ومن بينها معدلات نمو المبيعات والدخل والأرباح.

(497) Argenti, 1989, p281

إعداد الخطة الإستراتيجية
لتحول للمؤسسة

تهدف هذه الخطوة إلى تحويل جهود ونتائج عملية التخطيط الإستراتيجي إلى خطة إستراتيجية متكاملة على مستوى المؤسسة تُمكّن من تحقيق أهدافها العليا خلال المرحلة القادمة. وتعتبر هذه الخطة هي الخطة الإستراتيجية الكلية للمؤسسة التي يجب الاستناد إليها والانطلاق منها في إعداد الخطط الإستراتيجية لوحدات النشاط والمشروعات والعمليات الرئيسية والمساندة وكافة الخطط التنفيذية لبرنامج التحول. وفيما يلي توضيح للمهام التي يجب القيام بها لإعداد الخطة الإستراتيجية الكلية للمؤسسة:

1. المراجعة والصياغة النهائية لرسالة المؤسسة في مرحلتها القادمة على ضوء الموقف الإستراتيجي العام للمؤسسة.

2. الاتفاق النهائي على الأهداف الإستراتيجية للمؤسسة خلال المرحلة القادمة.

3. بيان للموقف الإستراتيجي العام للمؤسسة والذي يشمل:

● الفرص المتاحة في البيئة الخارجية والمناسبة لقدرات وظروف المؤسسة.

● القدرات والقوى الدافعة للتحول.

● العوامل المقيدة للتحول (التهديدات والمخاطر، عناصر الضعف)

4. بيان لإستراتيجية الاتجاه العام للمؤسسة في مرحلة التحول.

5. بيان لإستراتيجيات التحول مصنفة على أساس مجموعة استراتيجيات النمو والتوسع ومجموعة استراتيجيات الإعداد للنمو مع تحديد الأهمية النسبية لكل مجموعة والأهمية النسبية لكل إستراتيجية وفقا لأهداف التحول والموقف الإستراتيجي العام.

6. بيان لمشروعات ومهام التحول الخاصة بكل إستراتيجية.

7. تحديد المدة الزمنية المخصصة لإنجاز خطة التحول الجدول الزمني لإنجاز المشروعات والمهام الإستراتيجية للتحول.

8. تحديد مـدة ومواعيـد المراجعـة الدوريـة لمعرفة تقـدم الإنجـاز واتخـاذ الإجـراءات التصحيحية.

9. تحديد مؤشرات الأداء ومعايير تقييم الإنجاز على مستوى المؤسسة.

10. تحديد فريق عمل لمتابعة تنفيذ خطة التحول الإستراتيجي على مستوى المؤسسة.

11. إعداد الميزانيات المالية على مستوى المؤسسة.

12. تحديد الموارد والإمكانيات والقدرات اللازمة لإنجاز خطة التحول.

ولغرض تحقيق الفهم المشترك والاستفادة والالتـزام بالخطة الإستراتيجية الكليـة للمؤسسـة في إعداد وتنفيذ خطط وحدات النشاط والعمليات والمشروعات ينبغي أن يُرفق بهذه الخطة عند إحالتها على قادة وخبراء الأنشطة والعمليات المرفقات الآتية:

1. توجيهات وإرشادات قادة المؤسسة بشأن التغيير والإصلاح الشامل المستهدف تحقيقه خلال مرحلة التحول، وتوجيهات وإرشادات بشأن إعداد الخطط الإستراتيجية لوحدات النشاط والمشروعات والعمليات الرئيسية والمساندة.

2. تضمين تفاصيل كافية - وليس كـل التفاصيل - عـن الموقف الإستراتيجي العـام للمؤسسـة والتي تشمل:

● وصف المؤسسة حاليا متضمنا وصف عـام لهـا، وأنشطتها وعملياتها ومنتجاتها وخدماتها وأسواقها الحالية، ووضعها وأدائها الحالي.

● البيانات والمعلومـات المهمـة ونتائج وتوصيات الدراسات والتقييمات الخاصـة بدراسـة البيئـة الداخليـة والخارجيـة التـي يجـب أخـذها في الاعتبـار في إعداد الخطط الإستراتيجية لوحدات النشاط والعمليات وخطط المشروعات والمهام الإستراتيجية.

إعداد الخطط الإستراتيجية والتنفيذية للوحدات والعمليات الرئيسية:

ومما يساعد في تقليل الوقت اللازم لإنجاز عملية التخطيط الإستراتيجي وضمان التوافق والتكامل بين الخطة الإستراتيجية الكلية للمؤسسة والخطط الإستراتيجية والتنفيذية على مستوى وحدات النشاط والعمليات الرئيسية مما يساعد على ذلك التعاون والتنسيق الجيد في القيام بمهام خطوات التخطيط الإستراتيجي على مستوى المؤسسة ككل وعلى مستوى وحدات النشاط والعمليات. فليس من الضروري ولا من المفيد تأخير الشروع في إعداد الخطط الإستراتيجية على مستوى وحدات النشاط والعمليات إلى مرحلة الانتهاء من إعداد الخطة الإستراتيجية الكلية للمؤسسة.

وفيما يلي عرض للتصور المقترح للخطوات المتزامنة أو المتوافقة على مستوى المؤسسة ومستوى العمليات والتي تُمكّن من تقليل الوقت وضمان التوافق والتكامل المشار إليه:

1. إحالة المعلومات والتحليلات والدراسات والنتائج في كل خطوة من خطوات التخطيط الإستراتيجي على مستوى المؤسسة على قادة وخبراء وحدات النشاط والعمليات للشروع في استعمالها في مهامهم الخاصة بإعداد الخطط الإستراتيجية لوحداتهم وعملياتهم. فبمجرد الانتهاء من تحديد الأداء الحالي للمؤسسة وتحديد الأهداف ورسالة المؤسسة في مرحلتها القادمة يجب إحالة تلك الرسالة والأهداف والحقائق والمعلومات المتعلقة بالأداء الحالي والمستهدف إلى قادة وخبراء وحدات النشاط والعمليات للانطلاق منها والاستناد إليها في القيام بمهام التخطيط الإستراتيجي لوحداتهم وعملياتهم.

وفي بقية الخطوات يجب القيام بمهام التخطيط الإستراتيجي على مستوى المؤسسة وعلى مستوى الأنشطة والعمليات جنبا إلى جنب وفي نفس الوقت مع مراعاة أن تكون نتائج وحصيلة كل خطوة من خطوات التخطيط الخاصة بالأنشطة والعمليات متوافقة مع نتائج وحصيلة نفس الخطوة من خطوات التخطيط الإستراتيجي على مستوى المؤسسة. ويلاحظ أن ذلك يستدعي تأخير استكمال الدراسة والتحليل ووضع النتائج

والتوصيات النهائية في كل خطوة على مستوى الأنشطة والعمليات إلى حين استلام المعلومات والتحليلات والنتائج والتوصيات النهائية لفريق التخطيط الإستراتيجي على مستوى المؤسسة الخاصة بنفس الخطوة والاستناد إليها في استكمال دراستهم وتحليلهم والتوصل إلى النتائج والتوصيات النهائية. كما ينبغي الإشارة إلى أن الوصول إلى النتائج والتوصيات النهائية في كل خطوة يتطلب التشاور والتحاور والاتفاق بين فريق التخطيط الإستراتيجي على مستوى المؤسسة وقادة وخبراء الأنشطة والعمليات المكلفين بمهام التخطيط وذلك لضمان التوافق والتكامل والاتفاق في كل خطوة من خطوات التخطيط للتغيير والإصلاح الشامل في مختلف المستويات.

2. بالإضافة إلى جهود فريق التخطيط الإستراتيجي والخبراء المكلفين بدراسة وتحليل البيئتين الداخلية والخارجية على مستوى المؤسسة لا بد لكل وحدة نشاط وكل عملية من العمليات الرئيسية والمساندة أن تقوم بمثل هذه الدراسة والتحليل للبيئتين من منظور يركز على العوامل والمتغيرات المهمة في كل منهما والتي لها علاقة بوحدة النشاط أو العملية. إن فريق التخطيط الإستراتيجي على مستوى المؤسسة يركز على القدرات والقوى والإمكانيات الأهم التي تشكل العناصر الرئيسية في الرصيد الإستراتيجي المتراكم للمؤسسة ككل وعوامل ومتغيرات البيئة الخارجية المهمة على مستوى المؤسسة. أما قادة وخبراء التخطيط على مستوى وحدة النشاط والعملية فإنهم يهتمون بالعناصر المهمة التي سيكون لها تأثير مهم أو دور مهم على المدى القريب والبعيد وعلى المستوى الإستراتيجي والتسييري.

إن التفاعل والتعاون الفعال والشراكة بين قادة وخبراء المؤسسة في الإدارة العليا وفرق التخطيط وبقية قادة وخبراء المؤسسة في مختلف وحدات النشاط والعمليات الرئيسية يُمكّن من تحديد العوامل والمتغيرات المهمة الحقيقية في البيئتين الداخلية والخارجية وتحديد الموقف الإستراتيجي العام الحقيقي للمؤسسة. كما يمكن هذا التعاون الفعال من تحديد الإستراتيجيات المناسبة للتحول والمشروعات والمهام الإستراتيجية التي تحقق أهداف التحول.

3. وفقا للموقف الإستراتيجي العام للمؤسسة والموقف الإستراتيجي لكل وحدة نشاط ولكل عملية يجب على فريق التخطيط الإستراتيجي للمؤسسة وفرق التخطيط على مستوى وحدات النشاط والعمليات التوصل من خلال التشاور والنقاش والحوار المخلص والصادق إلى التحديد النهائي لإستراتيجيات التحول على مستوى المؤسسة واستراتيجيات التحول لكل وحدة نشاط وكل عملية من العمليات الرئيسية والمساندة.

ولا بد في هذا الإطار ومن خلال التعاون والعمل الجماعي الصادق والمخلص والجاد من الوصول إلى اتفاق بين قادة وخبراء المؤسسة في مختلف المستويات والوحدات والعمليات على التحديد السليم للأهمية والوزن النسبي لمجموعة استراتيجيات النمو ومجموعة استراتيجيات الإعداد للنمو، وكذلك الأهمية والوزن النسبي لكل إستراتيجية في كل مجموعة، والأهمية والوزن النسبي لكل مشروع ومهمة إستراتيجية.

4. ثم لا بد من الاتفاق على تحديد مساهمة كل وحدة نشاط وكل عملية في تحقيق الأهداف الإستراتيجية للمؤسسة، ودور ومساهمة كل منها في إنجاز كل إستراتيجية من استراتيجيات التحول. ويتم ذلك بتحديد المشروعات والمهام المطلوب القيام بها في كل وحدة نشاط وفي كل عملية والمهام والمشروعات المركزية التي تؤدي جميعها إلى إنجاز استراتيجيات التحول على مستوى المؤسسة.

كل ذلك مهم لتحقيق التوازن والتوافق والتكامل بين استراتيجيات ومشروعات ومهام التحول وتأكيد ملائمة تلك الإستراتيجيات والمهام والمشروعات للموقف الإستراتيجي العام للمؤسسة وأهداف التحول. كما هو مطلوب أيضا من أجل التوزيع المنصف للموارد والإمكانيات والقدرات على تلك الإستراتيجيات والمشروعات والمهام.

ويتبين لقادة وخبراء المؤسسة أثناء توزيع الإستراتيجيات والمشروعات والمهام الإستراتيجية على وحدات النشاط والعمليات الرئيسية يتبين لهم أي من تلك

الإستراتيجيات والمشروعات والمهام خاصة بوحدات وعمليات معينة، وأيا منها مشترك بين عدة وحدات أنشطة أو عمليات، وكذلك المشروعات والمهام التي من الأنسب أن تكون مركزية.

إعداد الخطط الإستراتيجية لوحدات النشاط:

يتضمن إعداد الخطة الإستراتيجية لوحدة النشاط القيام بالمهام الرئيسية التالية:

1. المراجعة والصياغة النهائية لرسالة الوحدة ودورها وفقا لرسالة وأهداف المؤسسة ودور وحدة النشاط في تحقيق تلك الرسالة والأهداف.

2. الاتفاق على أهداف وحدة النشاط التي تساهم بها في تحقيق الأهداف الإستراتيجية للمؤسسة [498].

3. بيان للموقف الإستراتيجي لوحدة النشاط والذي يتضمن العوامل والمتغيرات المهمة المحددة في الموقف الإستراتيجي العام للمؤسسة والمتعلقة بنشاط الوحدة، والعوامل والمتغيرات المهمة الأخرى في البيئتين الداخلية والخارجية المتمثلة في عناصر القوة والضعف المهمة الخاصة أو المتعلقة بوحدة النشاط، والفرص والتهديدات والمخاطر المؤثرة في وحدة النشاط والتي يرى قادة وخبراء وحدة النشاط أهمية أخذها في الاعتبار في تحديد الموقف الإستراتيجي لوحدة نشاطهم.

4. بيان باستراتيجيات النمو والتوسع واستراتيجيات الإعداد للنمو الخاصة بوحدة النشاط وفقا للخطة الإستراتيجية الكلية للمؤسسة ووفقا للعوامل والمتغيرات المهمة الداخلية والخارجية المؤثرة في وحدة النشاط، مع تأكيد التوافق والتكامل والترابط بين استراتيجيات وحدة النشاط واستراتيجيات التحول على مستوى المؤسسة.

5. بيان بالمشروعات والمهام الإستراتيجية التي تساهم بها وحدة النشاط في تحقيق الأهداف الإستراتيجية للمؤسسة مع ضمان التوافق والتكامل

(498) مرسي، 2006، ص327

والتلاحم بين مشروعات ومهام وحدة النشاط ومشروعات ومهام التحول على مستوى المؤسسة واستراتيجيات ومشروعات ومهام بقية وحدات النشاط والعمليات الأخرى.

6. إعداد الميزانيات المالية على مستوى وحدة النشاط.

7. إعداد خطط تنفيذ المشروعات والمهام الإستراتيجية الخاصة بوحدة النشاط.

8. إعداد مؤشرات الأداء ومعايير التقييم الخاصة بإنجاز إستراتيجيات ومشروعات ومهام وحدة النشاط.

9. إعداد الجداول الزمنية للتنفيذ.

10. تحديد مدة ومواعيد المراجعة الدورية لمعرفة مدى تقدم الإنجاز وتحديد الإجراءات التصحيحية.

11. تحديد فريق العمل الذي سيكلف بمتابعة تنفيذ الخطة الإستراتيجية لوحدة النشاط.

إعداد الخطط الإستراتيجية للعمليات الرئيسية:

إن الخطة الإستراتيجية للعملية الرئيسية هي الخطة التي تشمل استراتيجيات ومشروعات ومهام التحول التي تساهم بها العملية في تحقيق الأهداف العليا للمؤسسة في مرحلة تحولها وذلك من خلال الاستعمال الأمثل للقدرات والقوى والموارد المتاحة أو التي يجب أن يتم تنميتها وتطويرها بهدف المساهمة المثلى في استغلال الفرص المتاحة للمؤسسة وفق متطلبات الخطة الإستراتيجية الكلية للمؤسسة[499].

وعند إعداد الخطط الإستراتيجية للعمليات الرئيسية لا بد من مراعاة الهيكلية التنظيمية الحالية العامة للمؤسسة وهيكلية وحدات النشاط والعمليات الرئيسية وما ينبغي إجراؤه من تعديلات على الهيكلية بما يتلاءم ومتطلبات خطة التحول الإستراتيجي للمؤسسة في مرحلتها القادمة. إن التوزيع الأمثل لمساهمات كل وحدة

---

(499) Hunger & Wheelen, 1999, p160

نشاط وكل عملية من العمليات الرئيسية لا يمكن تحقيقه إلا بعد تحديد الهيكلية الإدارية المناسبة للمؤسسة في مرحلتها القادمة وفقا لمتطلبات وأهداف واستراتيجيات ومشروعات التحول وتحديد التوازن الأفضل في مستويات المركزية واللامركزية في اتخاذ القرارات وتخصيص واستعمال الموارد.

إن الخطوة الأخيرة في عملية التخطيط الإستراتيجي تتداخل مع الخطوات الأولية لعملية التنفيذ والتي تشمل تنظيم جهود العاملين. فالتوزيع المناسب للأدوار والمساهمة في إنجاز إستراتيجيات ومشروعات ومهام التحول تستدعي الاتفاق حول التنظيم والهيكلية المناسبة لهذا التوزيع، كما أن الهيكلية الجديدة قد تستدعي إعادة النظر في التصورات المبدئية لتوزيع المساهمات والأدوار.

كما أن الاتفاق على التنظيم الذي سيتم من خلاله تحقيق التحول يتطلب من قادة وخبراء المؤسسة مراجعة التوافق والتكامل بين استراتيجيات ومشروعات ومهام وحدات النشاط والعمليات الرئيسية والتوزيع الأمثل لمساهمات كل منها في تنفيذ خطة التحول وتحقيق أهداف المؤسسة في المرحلة القادمة. ولضمان المساهمة المثلى من قبل كل عملية يجب أن تُبنى الخطة الإستراتيجية للعملية على القوى والقدرات الرئيسية المميزة لها، والتي يجب أن تُنمى وتُطور بما يكفل النجاح في تنفيذ الخطة الإستراتيجية.

وإجمالا يجب أن تتحدد طبيعة واتجاه ومحتويات الخطة الإستراتيجية للعملية وفقا لمتطلبات الخطة الإستراتيجية الكلية للمؤسسة من حيث النمو أو الإعداد للنمو أو التركيز أو التنويع أو التخلص أو التطوير. وعلى قادة وخبراء المؤسسة وقادة وخبراء العملية الاتفاق على تحديد المساهمة المثلى لكل عملية في تحقيق أهداف المؤسسة من خلال تحديد الإستراتيجيات والمشروعات والمهام الإستراتيجية التي يجب أن تساهم بها العملية في تحديد وتحقيق الخطة الإستراتيجية للمؤسسة والوصول إلى اتفاق مع فريق التخطيط الإستراتيجي وقادة المؤسسة على هذه الخطة [500].

---

(500) Hunger & Wheelen, 1999, p160

وفيما يلي عرض للخطوات الرئيسية التي ينبغي إتباعها لإعداد الخطة الإستراتيجية للعملية:

1. المراجعة والصياغة النهائية لرسالة العملية ودورها وفقا لرسالة وأهـداف المؤسسة ودور العملية في تحقيق تلك الرسالة والأهداف.

2. الاتفـاق عـلى أهـداف العمليـة التـي تسـاهم بهـا في تحقيـق الأهـداف الإسـتراتيجية للمؤسسة [501].

3. تحديد وبيان للموقـف الإسـتراتيجي للعمليـة والـذي يتضـمن العوامـل والمتغـيرات المهمـة المحددة في الموقف الإستراتيجي العـام للمؤسسة المتعلقـة بالعملية، والعوامـل والمتغـيرات المهمـة الأخرى في البيئتين الداخلية والخارجية المتمثلـة في عناصر القـوة والضعف المهمـة الخاصة بالعملية، والفرص والتهديدات والمخاطر المؤثرة التي يمكن أن تؤثر فيها والتي يـرى قادة وخبراء العملية أهمية أخذها في الاعتبار في تحديد الموقف الإستراتيجي الخاص بها.

4. بيان باستراتيجيات النمـو والتوسـع واسـتراتيجيات الإعـداد للنمـو التـي تسـاهم العمليـة في إنجازهـا وفقا للخطـة الإسـتراتيجية الكليـة للمؤسسة ووفقـا للعوامـل والمتغـيرات المهمـة الداخلية والخارجية المؤثرة في العملية، مع تأكيد التوافق والتكامل والترابط بين استراتيجيات العمليـة واستراتيجيات التحـول عـلى مسـتوى الأنشـطة والعمليـات الأخرى وعـلى مسـتوى المؤسسة ككل.

5. بيـان بالمشـروعات والمهـام الإسـتراتيجية التـي تسـاهم بهـا العمليـة في تحقيـق الأهـداف الإستراتيجية للمؤسسة مع ضمان التوافق والتكامل والتلاحم بين مشروعات ومهام العمليـة ومشروعات ومهام بقية وحدات النشاط والعمليات الأخرى ومشروعات ومهام التحول عـلى مستوى المؤسسة.

---

(501) مرسي، 2006، ص253

6. إعداد الميزانيات المالية الخاصة بالعملية.
7. إعداد خطط تنفيذ المشروعات والمهام الإستراتيجية الخاصة بالعملية.
8. إعداد مؤشرات الأداء ومعايير التقييم الخاصة بإنجاز إستراتيجيات ومشروعات ومهام العملية.
9. إعداد الجداول الزمنية للتنفيذ.
10. تحديد مدة ومواعيد المراجعة الدورية لمعرفة مدى تقدم الإنجاز وتحديد الإجراءات التصحيحية.
11. تحديد فريق العمل الذي سيكلف بمتابعة تنفيذ الخطة الإستراتيجية للعملية.

ولا يعني تسلسل هذه الخطوات انتظار قادة وخبراء العملية إلى الوصول إلى المرحلة الأخيرة من عملية التخطيط الإستراتيجي على مستوى المؤسسة لإعداد خطتهم الإستراتيجية وإنما يقومون بها أثناء وبُعيد الانتهاء من كل خطوة من خطوات التخطيط الإستراتيجي على مستوى المؤسسة ويتطلب ذلك التنسيق والتعاون بين فريق التخطيط الإستراتيجي للمؤسسة وفريق التخطيط على مستويات العمليات. ونعرض فيما يلي إلى إعداد الخطط الإستراتيجية للعمليات الرئيسية التي تعتمد عليها المؤسسة اعتمادا رئيسيا في تحقيق التحول المنشود، وهي عمليات التسويق والإنتاج والبحث والتطوير.

إعداد الخطة الإستراتجية للتسويق:

يتم اشتقاق الخطة الإستراتيجية للتسويق من الخطة الإستراتيجية الكلية للمؤسسة ذلك لأن المؤسسة تعتمد في تنفيذ استراتيجيات ومشروعات ومهام التحول على وظيفة التسويق اعتمادا كبيرا. وتهتم الخطة الإستراتيجية للتسويق بتحديد احتياجات الأسواق المستهدف خدمتها وتؤكد على تلبية تلك الاحتياجات بفعالية عالية بما يمكن من تحقيق أهداف التحول[502].

(502) Pearson, 1990, p113

ولكي تكون الخطة الإستراتيجية للتسويق نابعـة مـن الخطة الإسـتراتيجية الكليـة للمؤسسة وتساهم بفعالية في تحقيقها لا بـد أن يتـابع قـادة وخبراء التسـويق عمليـة التخطيـط الإسـتراتيجي عـلى مسـتوى المؤسسة وأن يقوموا بالتوازي ووفقا للمعلومات والدراسات والتحليلات والنتائج الناجمـة عنهـا أن يقومـوا هم أيضا بإجراء عملية التخطيط الإستراتيجي للتسـويق بمـا يكفـل المسـاهمة المثلى لعمليـة التسـويق في تحقيق الأهداف العليا للمؤسسة في مرحلة التحـول وفقـا للخطـوات التي تـم بيانهـا في الفقـرة السـابقة. وانطلاقا من مبدأ أن المؤسسة ينبغي أن تكون مدفوعـة باحتياجـات السـوق وتعمـل عـلى إنتـاج وتقـديم المنتجات والخدمات التي تلبي احتياجات المنتفعين الحالية والمتجددة في الأسواق الحالية والجديدة وبناء على إستراتيجية الاتجاه العام للمؤسسة واستراتيجيات ومشروعات ومهام التحـول ومتطلباتهـا مـن الناحيـة التسويقية يتم إعداد الخطة الإستراتيجية للتسويق.

وتشمل الخطة الإستراتيجية للتسويق تحديد العناصر والجوانب الآتية[503]:

- تحديـد رسـالة عمليـة التسـويق ودورهـا ومسـاهمتها في تحقيـق رسـالة المؤسسة وأهـدافها العليا.

- تحديد أهداف التسويق التي تؤدي إلى تحقيق الأهداف الإستراتيجية للمؤسسة.

- تحديـد الموقـف الإسـتراتيجي لعمليـة التسـويق، انطلاقـا مـن الموقـف الإسـتراتيجي العـام للمؤسسة والخطة الإستراتيجية الكلية للمؤسسة والمعطيات والحقائق والنتائج الناجمة عـن عمليـة التخطيـط الإسـتراتيجي عـلى مسـتوى المؤسسة ككل وعـلى مسـتوى الأنشـطة وعمليـات الإنتاج والتسويق والبحث والتطوير.

- تحديد الإستراتيجيات والمشروعات والمهام الإستراتيجية لعملية التسويق التي تسـاهم بهـا في تحقيق الأهداف الإستراتيجية للمؤسسة.

---

(503) مرسي، 2006، ص273

- تحديد تشكيلة المنتجات والخدمات المستهدف تقديمها خلال مرحلة التحول.

- تحديد القطاعات والأسواق والمجتمعات المستهدف خدمتها خلال المرحلة القادمة.

- تحديد المزيج الأمثل من استراتيجيات ومهام التسويق الذي يمكن عملية التسويق من المساهمة المثلى في تنفيذ استراتيجيات ومشروعات ومهام التحول ويشمل هذا المزيج استراتيجيات ومشروعات ومهام التحول الآتية: تنمية وتطوير منتجات جديدة أو تحسين المنتجات الحالية، إستراتيجية تنمية وتطوير الأسواق الحالية أو أسواق جديدة، إستراتيجية ومشروعات ومهام التوزيع، إستراتيجية التسعير لمختلف المنتجات والخدمات، إستراتيجية الترويج والإعلان، إستراتيجية بحوث وتطوير التسويق[504].

- تحديد القدرات والإمكانيات التسويقية اللازمة للتحول.

- تحديد مستهدفات التسويق من حيث الكميات المستهدف تسويقها، المبيعات، المواصفات، الجودة، شروط وتسهيلات البيع، سرعة التوريد، الخدمات المقدمة بعد البيع، الخ.

- تحديد علاقات التعاون والشراكة مع الموردين والموزعين وتجار الجملة ووكالات الإعلان والمؤسسات العاملة في الصناعة والمؤسسات الأخرى ذات العلاقة.

- تحديد واستعمال أفضل الأنظمة والأساليب والطرق التي تمكن من تحسين فعالية وكفاءة عملية التسويق.

- تحديد الميزانيات والموارد المالية اللازمة لتنفيذ الخطة التسويقية.

- تحديد مؤشرات ومعايير أداء عملية التسويق في مرحلة التحول.

- تحديد مدة ومواعيد المراجعة الدورية لمعرفة مدى تقدم الإنجاز وتحديد

---

(504) الصحن، 1998، ص99

الإجراءات التصحيحية.

- تحديد فريق العمل الذي سيكلف بمتابعة تنفيذ الخطة الإستراتيجية للعملية.
- المرفقات: والتي تشمل خطة تنفيذ الإستراتيجيات والمشروعات والمهام الإستراتيجية للتسويق، والخطة التسييرية للتسويق، وجملة من التوجيهات والإرشادات والفروض التي تساعد على استيعاب خطط التحول مما يؤدي إلى بناء مستويات عالية من القناعة والالتزام بتنفيذها.

وعلى سبيل المثال في حالة إعداد خطة لتسويق منتج ما في سوق جديد ينبغي تحديد عدد الوحدات المستهدف بيعها من المنتج في السوق خلال سنوات الخطة، سعر الوحدة، الشرائح المتعلقة بالمنتج، قنوات التوزيع، الوكالات أو الجهات المرخص لها، فريق العمل المسئول عن تنفيذ المشروع، توقعات التدفقات النقدية، أماكن الإنتاج، وحجم الإنتاج وتكلفته، كيفية النقل إلى منافذ التوزيع ومراكز البيع، الرسوم الجمركية والضرائب، العملات وأسعار الصرف إلى آخر ذلك من العناصر المهمة في إعداد خطة المشروع أو المهمة الإستراتاجية التسويقية[505].

ويحرص فريق تخطيط التسويق وقادة وخبراء هذه العملية عند إعداد الخطة الإستراتيجية للتسويق على الاستخدام الأمثل للقدرات والموارد والإمكانيات التسويقية في استغلال الفرص المتاحة والمساهمة المثلى في إنجاز استراتيجيات ومشروعات ومهام التحول وتحقيق الأهداف العليا للمؤسسة في المرحلة القادمة. كما يحرصون على مراعاة التوافق والتناسق والتكامل بين استراتيجيات ومشروعات ومهام الخطة الإستراتيجية للتسويق وإستراتيجيات ومشروعات ومهام الخطط الإستراتيجية لعمليتي الإنتاج والبحث والتطوير وتأكيد توافق خطتهم مع الخطة الإستراتيجية الكلية للمؤسس

(505) Argenti, 1989, p334

إعداد الخطة الإستراتيجية للإنتاج:

إن الخطة الإستراتيجية للإنتاج يتم إعدادها وفقا للأهداف العليا للمؤسسة وإستراتيجية الاتجاه العـام للمؤسسة واستراتيجيات ومهام ومشروعات التحول على مستوى المؤسسة كما يجب أن تكون متوافقـة مـع الخطة الإستراتيجية للتسويق للتأكد من إنتاج الكميات والنوعيات المطلوب تسويقها خلال مرحلة التحول والتي تحقق حجم المبيعات والدخل المستهدف.

وتشمل الخطة الإستراتيجية للإنتاج تحديد العناصر والجوانب الآتية:

- تحديد رسالة عملية الإنتاج ودورها ومساهمتها في تحقيق رسالة المؤسسة وأهدافها العليا.

- تحديد أهداف الإنتاج التي تؤدي إلى تحقيق الأهداف الإستراتيجية للمؤسسة.

- تحديد الموقف الإستراتيجي لعملية الإنتاج، انطلاقا من الموقف الإستراتيجي العام للمؤسسـة والخطة الإستراتيجية الكلية للمؤسسة والمعطيات والحقائق والنتائج الناجمـة عـن عمليـة التخطيط الإستراتيجي على مستوى المؤسسة ككل وعلى مستوى عمليات الإنتـاج والتسـويق والبحث والتطوير.

- تحديد الإستراتيجيات والمشروعات والمهام الإستراتيجية لعمليـة الإنتـاج التـي تسـاهم بهـا في تحقيق الأهداف الإستراتيجية للمؤسسة.

- تحديد تشكيلة المنتجات والخدمات المستهدف تقديمها خلال مرحلة التحول.

- تحديد الطاقة الإنتاجية التي تمكن من تحقيق المبيعات والعوائد المستهدفة.

- تحديد الإمكانيات والقدرات الإنتاجية اللازمة للتحول مثل: المصانع، الآلات، المباني، الخ.

- مستويات الإنتاج الأمثل من حيث: الكم، النوع، الجودة، التكلفة، سرعة

التوريد للمنتفعين الخ. [506]

- مستويات التكامل الرأسي أو الأفقي المحددة في خطة التحول.
- التقنيات الملائمة لمرحلة التحول.
- علاقات التعاون والشراكة مع الموردين والمؤسسات العاملة في الصناعة والمؤسسات الأخرى ذات العلاقة.
- تحديد واستعمال النظام الأفضل للتصنيع والإنتاج (الإنتاج المستمر، المرن، الدفعات..الخ).
- تحديد واستعمال أفضل الأنظمة والأساليب والطرق التي تمكن من تحسين فعالية وكفاءة عملية الإنتاج [507].
- تحديد الميزانيات والموارد المالية اللازمة لتنفيذ الخطة.
- تحديد مؤشرات ومعايير أداء عملية الإنتاج في مرحلة التحول.
- تحديد مدة ومواعيد المراجعة الدورية لمعرفة مدى تقدم الإنجاز وتحديد الإجراءات التصحيحية.
- تحديد فريق العمل الذي سيكلف بمتابعة تنفيذ الخطة الإستراتيجية للعملية.
- المرفقات: والتي تشمل خطة تنفيذ الإستراتيجيات والمشروعات والمهام الإستراتيجية للإنتاج، والخطة التسييرية للإنتاج، وجملة من التوجيهات والإرشادات والفروض التي تساعد على استيعاب خطط التحول ويساعد في بناء مستويات عالية من القناعة والالتزام بتنفيذها.

ويحرص فريق تخطيط الإنتاج وقادة وخبراء هذه العملية عند إعداد الخطة الإستراتيجية للإنتاج على الاستخدام الأمثل للقدرات والموارد والإمكانيات الإنتاجية في استغلال الفرص المتاحة والمساهمة المثلى في إنجاز استراتيجيات ومشروعات ومهام التحول وتحقيق الأهداف العليا للمؤسسة في المرحلة القادمة. كما يحرصون

---

(506) مرسي، 2006، ص270

(507) فايد، 1990، ص265

على مراعاة التوافق والتناسق والتكامل بين استراتيجيات ومشروعات ومهام الخطة الإستراتيجية للإنتاج وإستراتيجيات ومشروعات ومهام الخطط الإستراتيجية لعمليتي التسويق والبحث والتطوير وتأكيد توافق خطتهم مع الخطة الإستراتيجية الكلية للمؤسسة.

إعداد الخطة الإستراتيجية للبحث والتطوير:

إن برنامج التحول الطموح لا يمكن تحديد ملامحه ومكوناته إلا من خلال المساهمة الفعالة لخبراء البحث والتطوير في عملية التخطيط الإستراتيجي وتحديد استراتيجيات ومشروعات ومهام التحول المناسبة للمرحلة القادمة. وبقدر طموحات وآمال وأهداف التغيير والتحسين والإصلاح بقدر ما يجب أن يكون دور ومساهمة قادة وخبراء البحث والتطوير في تحديد وإنجاز التحول.

لذلك يطلب من خبراء البحث والتطوير القيام بالمساهمة الفعالة في:

1. تحديد إستراتيجية الاتجاه العام للمؤسسة واستراتيجيات ومشروعات ومهام التحول على مستوى المؤسسة.
2. تحديد الإستراتيجيات والمشروعات والمهام الإستراتيجية لوحدات النشاط وعمليتي التسويق والإنتاج.

وبهدف تحقيق المساهمة المثلى لقادة وخبراء البحث والتطوير في إنجاز التحول يقومون بإعداد الخطة الإستراتيجية لعمليتهم والتي تشمل العناصر والجوانب الآتية[508]:

- تحديد رسالة عملية البحث والتطوير ودورها ومساهمتها في تحقيق رسالة المؤسسة وأهدافها العليا.
- تحديد أهداف البحث والتطوير التي تؤدي إلى تحقيق الأهداف الإستراتيجية للمؤسسة.
- تحديد الموقف الإستراتيجي لعملية البحث والتطوير، انطلاقا من

(508) مرسي، 2006، ص262

الموقف الإستراتيجي العام للمؤسسة والخطة الإستراتيجية الكلية للمؤسسة والمعطيات والحقائق والنتائج الناجمة عن عملية التخطيط الإستراتيجي على مستوى المؤسسة ككل وعلى مستوى عمليات الإنتاج والتسويق والبحث والتطوير.

- تحديد الإستراتيجيات والمشروعات والمهام الإستراتيجية لعملية البحث والتطوير التي تساهم بها في تحقيق الأهداف الإستراتيجية للمؤسسة.

- تحديد تشكيلة المنتجات والخدمات المستهدف تنميتها أو تحسينها وإنتاجها وتقديمها خلال مرحلة التحول.

- تحديد القطاعات والأسواق والمجتمعات المستهدف خدمتها خلال المرحلة القادمة.

- المساهمة في تحديد وتنفيذ الإستراتيجيات والمشروعات الإستراتيجية للتسويق والإنتاج.

- تحديد واختيار التقنيات المناسبة لتحقيق التحول.

- تحديد القدرات والقوى البشرية اللازمة لإنجاز إستراتيجيات ومشروعات ومهام البحث والتطوير.

- تحديد قدرات وإمكانيات البحث والتطوير اللازمة للتحول.

- تحديد علاقات التعاون والشراكة مع الموردين والمؤسسات العلمية والبحثية والمؤسسات العاملة في الصناعة والمؤسسات الأخرى ذات العلاقة والتي يمكن الاستفادة منها في تحسين فعالية ونتائج البحث والتطوير.

- تحديد واستعمال أفضل الأنظمة والأساليب والطرق التي تمكن من تحسين فعالية وكفاءة عملية البحث والتطوير.

- تحديد الميزانيات والموارد المالية اللازمة لتنفيذ الخطة.

- تحديد مؤشرات ومعايير أداء عملية البحث والتطوير في مرحلة التحول.

- تحديد مدة ومواعيد المراجعة الدورية لمعرفة مدى تقدم الإنجاز وتحديد

الإجراءات التصحيحية.

- تحديد فريق العمل الـذي سـيكلف بمتابعـة تنفيـذ الخطـة الإسـتراتيجية لعمليـة البحـث والتطوير.

- المرفقات: والتي تشمل خطة تنفيذ الإستراتيجيات والمشروعات والمهـام الإسـتراتيجية لعمليـة البحث والتطوير، والخطة التسييرية للبحث والتطوير، وجملة مـن التوجيهـات والإرشـادات والفروض التي تساعد على استيعاب خطط التحـول وتؤدي إلى بنـاء مسـتويات عاليـة مـن القناعة والالتزام بتنفيذها.

ويحرص فريق تخطيط البحث والتطوير وقادة وخبراء هذه العمليـة عنـد إعـداد الخطـة الإسـتراتيجية للبحث والتطوير على الاسـتخدام الأمثـل لقـدرات ومـوارد وإمكانيـات هـذه العمليـة في اسـتغلال الفـرص المتاحة والمسـاهمة المثـلى في إنجـاز اسـتراتيجيات ومشـروعات ومهـام التحـول وتحقيـق الأهـداف العليـا للمؤسسة في المرحلة القادمة. كما يحرصون عـلى مراعـاة التوافـق والتناسـق والتكامـل بـين اسـتراتيجيات ومشروعات ومهـام الخطـة الإسـتراتيجية للبحـث والتطوير وإسـتراتيجيات ومشـروعات ومهـام الخطـط الإستراتيجية لعمليتي الإنتاج والتسويق وتأكيد توافق خطتهم مع الخطة الإستراتيجية الكلية للمؤسسة.

خطط المشروعات والمهام الإستراتيجية:

وهي خطط المشروعات والمهـام الكـبرى التـي سـيتم مـن خلالهـا إنجـاز اسـتراتيجيات التحـول وتحقيـق الأهداف الإستراتيجية للمؤسسة في مرحلة تحولها القادمة. ويمكن تصنيف المشـروعات والمهـام الإسـتراتيجية إلى ثلاث مستويات رئيسية وهي:

- مشروعات إستراتيجية مركزية.

- مشروعات إستراتيجية على مستوى وحدات النشاط.

- مشروعات إستراتيجية على مستوى العمليات.

وتشمل خطة المشروع أو المهمة الإستراتيجية ما يلي:

- تحديد اسم المشروع أو المهمة الإستراتيجية.

- تحديد الإستراتيجية أو مجموعة الإستراتيجيات التي يخدمها

المشروع ويعمل على تحقيقها.

- تحديد أهداف المشروع المطلوب تحقيقها ومساهمته في تحقيق أهداف التحول.
- تحديد وصف واضح ودقيق للمشروع أو المهمة الإستراتيجية توضع مساهمته في إنجاز إستراتيجية محددة أو مجموعة من إستراتيجيات التحول[509].
- تحديد المهام والأعمال اللازم القيام بها لإنجاز المشروع.
- تحديد الموارد اللازمة لتنفيذ المشروع (موارد مالية، معدات، مباني، أدوات...).
- تحديد فريق العمل المكلف بتنفيذ المشروع (قيادات، خبراء، عاملون).
- تحديد المؤسسات والجهات التي يمكن التعاون معها أو الاستعانة بها في تنفيذ المشروع.
- إعداد توقعات التدفقات النقدية المتعلقة بالمشروع.
- تحديد الجدول الزمني لتنفيذ المشروع وموعد بداية المشروع والانتهاء من تنفيذه.
- تحديد مؤشرات ومعايير الأداء التي تحدد مستويات تقدم ونجاح المشروع أو المهمة الإستراتيجية.
- تحديد مواعيد المراجعة الدورية للمشروع أو المهمة الإستراتيجية لمعرفة مدى تقدم الإنجاز واتخاذ الإجراءات التصحيحية.
- تحديد التوجهات والسياسات والإجراءات الخاصة بتنفيذ أو مراقبة المشروع.

(509) Lock, 1996, p45

خطط تحول عمليات الدعم والمساندة:

تحتاج العمليات الرئيسية في المؤسسة والمتمثلة في عمليات الإنتاج والتسويق والبحث والتطوير إلى دعم ومساندة من قبل عمليات شئون العاملين والمالية والشراء وعمليات نظم وتقنية المعلومات والخدمات وغيرها وفقا لطبيعة نشاط المؤسسة. وعلى قادة وخبراء عمليات الدعم والمساندة متابعة عملية التخطيط الإستراتيجي في المؤسسة والإحاطة علما بما يتوصل إليه فريق التخطيط الإستراتيجي في كل خطوة من خطوات التخطيط الإستراتيجي وتحديد العوامل والعناصر الإستراتيجية في البيئة الداخلية والخارجية ذات العلاقة بكل عملية من العمليات المساندة. كما ينبغي لهم إفادة فريق التخطيط الإستراتيجي بالمعلومات المهمة في البيئتين الداخلية والخارجية المتعلقة بنشاطهم والتي يرون أن لها تأثير إيجابي أو سلبي على التوجهات الإستراتيجية للمؤسسة في المرحلة القادمة. إنهم في الوقت الذي يتابعون ويساهمون فيه في إعداد الخطة الإستراتيجية للمؤسسة فهم ينطلقون من نتائج كل خطوة من خطواتها في إعداد الخطط الإستراتيجية لعملياتهم المساندة التي تكفل توفير الدعم الكافي والمناسب والمجدي لإستراتيجيات ومشروعات ومهام التحول. وفي الوقت الذي تحرص فيه العمليات الرئيسية على نمو وتوسع المؤسسة الذي لا يتم إلا بالتوسع في نشاط تلك العمليات فإن العمليات المساندة يجب أن تحرص على التحسين النوعي لفعاليتها وكفاءتها والحد إلى أدنى درجة من النمو والتوسع في نشاطها وذلك مراعاة لتحقيق المزيد من الفعالية الشاملة للمؤسسة وتحقيق أفضل النتائج بأقل الجهود والموارد.

إن الخطط الإستراتيجية لعمليات الدعم يجب أن تكون مشتقة من الخطة الإستراتيجية للمؤسسة والخطط الإستراتيجية للعمليات الرئيسية ومشروعات التحول بما يكفل توفير الدعم المناسب لتحقيقها. ونعرض فيما يلي بيان جملة من الجوانب المهمة التي يجب أخذها في الاعتبار عند إعداد الخطط الإستراتيجية لشئون العاملين والخطة الإستراتيجية للمالية والتمويل.

إستراتيجية العقول والقوى العاملة:

ربما كان من الأنسب تسمية هذه الإستراتيجية بإستراتيجية القلوب والعقول والقوى العاملة حيث أن المؤسسات المتطورة في عصرنا هذا لم تعد تسيرها العضلات بل أصبحت محتاجة إلى العقول الواعية كما أن العقول والعضلات لا تكفي إن لم تكن مدفوعة بقلوب مخلصة صادقة أمينة، وإذا توفر الإخلاص والصدق والقوى الدافعة الداخلية التي تستند إلى القيم الإسلامية الراقية وتوفر العلم والمعرفة الكافية وتوفرت المهارات فإنه يمكن للمؤسسة أن تتطلع إلى المستقبل الذي يطمح إليه قادتها وخبراؤها. وبمقدار النقص في هذه الجوانب بمقدار ما يجب أخذه في الاعتبار في إستراتيجية القلوب والعقول والقوى العاملة وذلك بتحديد مستويات الارتقاء بها إلى المستويات التي تمكن المؤسسة من تحقيق طموحات وأهداف التحول.

إن القلوب الواهية الضعيفة والمريضة لا يمكن أن تطمح إلى شيء عظيم، والعقول المتخلفة لا يمكن أن تحقق التنمية والتطوير، والعضلات التي تفتقر إلى مهارات العصر- لا يمكن أن تنفذ خطط التحول الطموحة. لذلك يتبين أهمية أن تحتوي الخطة الإستراتيجية لشئون العاملين على تطوير العاملين في هذه الاتجاهات التي تمثل القيم والدوافع الداخلية الذاتية الراقية وكذلك العلوم والمعارف والمهارات والسلوكيات المناسبة.

إن الخطة الإستراتيجية للعقول والقوى العاملة تهتم بجانبين رئيسيين:

1. تعيين العدد الكافي من العاملين المناسبين لمهام التحول والمناسب لشغل المهام الشاغرة.

2. التحرير الكامل - أو لأقصى حد ممكن - للطاقات والقدرات الكامنة لدى العاملين والارتقاء بمستوى أدائهم وفعالياتهم وسلوكياتهم بما يمكن المؤسسة من تحقيق الأهداف الإستراتيجية لمرحلة التحول.

وفيما يتعلق بالتعيين من حيث العدد فإن ذلك يعتمد على احتياجات المشروعات والمهام الإستراتيجية المركزية والمشروعات والمهام الإستراتيجية للعمليات الرئيسية. أما من حيث القدرات والكفاءات فيتم تحديدها من خلال معرفة الوظائف والمهام

الجديدة التي تتطلبها المشروعات والمهام الإستراتيجية للتحول المؤقت منها والدائم. ويجب تكليف نخبة من الخبراء المتخصصين بتحديد المهام اللازم القيام بها لإنجاز كل وظيفة على الوجه الأكمل، ثم تحديد مواصفات شاغل الوظيفة من حيث القيم والدوافع الداخلية، والمعرفة والمهارات والخبرات والسلوكيات المناسبة لشغلها.

كما يجب تقييم الوظائف تقييما عادلا وفقا لما تساهم به في تحقيق رسالة وأهداف المؤسسة، وتحديد المرتبات والمكافئات المناسبة وفقا لهذا التقييم، ويجب أن يقوم بهذه المهمة نخبة من قادة وخبراء المؤسسة في الأنشطة والعمليات الرئيسية للمؤسسة بمساعدة خبير متخصص في شئون العاملين. ولا بد من الارتقاء بأساليب التعيين إلى أعلى المستويات بهدف ضمان تحقيق مبدأ تكليف العامل المناسب بالمهام المناسبة له وينطبق هذا أيضا على أساليب تكليف وترقية العاملين.

وفيما يتعلق بالتحرير الكامل للطاقات والقدرات الكامنة لكل عامل فيعتبر بحق مطلبًا استراتيجيا عظيما، لأنه ولا شك يعتبر العامل الرئيسي والأهم الذي يمكن المؤسسة في حال تحقيقه من الارتقاء في برامج تحولها عبر مراحل التحول المتلاحقة إلى مستويات راقية.

وإذا كان علينا أن نقتبس شيئا واحدا مهما من مفاهيم الإدارة الحديثة في المجتمعات الصناعية فهو مفهوم تقوية العامل "Worker Empowerment". إن معناه باللغة الإنجليزية أعظم من هذه الترجمة ولكن مدلوله بالعربية واستعماله في البيئة الإسلامية الراقية يعني شيئا عظيما حقا، ولا يمكن الارتقاء في تطبيقه إلى مستويات جد عظيمة إلا في البيئة الإسلامية الراقية. إن التحرير الكامل والمتعاظم لطاقات الإنسان لا يتم بحق إلا في المؤسسة الإسلامية الراقية وهذا ما يجب أن يضعه قادة وخبراء المؤسسة في اعتبارهم عند إعداد وتنفيذ خطط التحول الإستراتيجية المتتابعة من أجل الارتقاء بطاقات وقدرات العاملين إلى أعلى مستوى ممكن ثم الاستغلال الأمثل لتلك القدرات والطاقات في تحقيق نجاحات المؤسسة عبر مراحل تحولها.

إن برنامج التحول الناجح يتطلب التحرير والاستغلال الكامل لطاقات وقدرات العاملين من خلال جملة من العناصر والعوامل الرئيسية وأهمها ما يلي:

1. انطلاق برامج التغيير والتحسين النوعي من قِبل نخبة قادة وخبراء المؤسسة

ليكونوا النموذج والأسوة الحسنة لبقية قادة وخبراء المؤسسة والعاملين بها.

2. الارتقاء في فهم وتطبيق القيم الإسلامية الراقية التي تتضمن الإخلاص والصدق والأمانة والاستقامة والثقة والاحترام المتبادل والتعاون والصداقة والحماس والمبادرة والدافعية الذاتية والعدل والإنصاف وغيرها من المبادئ والأسس التي لا يتم نجاح العمل الفردي والجماعي إلا بها.
3. التعليم والتدريب والتطوير النوعي والمستمر والفعال من أجل تنمية القدرات الفردية والجماعية إلى أعلى مستوى مناسب لمتطلبات التحول.
4. الاستغلال الأمثل للقدرات والطاقات المحررة والمتنامية في تحقيق أعلى مستويات الأداء والفعالية الشاملة والكفاءة.
5. التحفيز المعنوي والمادي الفعال الذي يكفل أعلى درجة ممكنة من الحماس والدافعية الذاتية في التعلم والسمو والارتقاء في اكتساب المعارف والمهارات والقدرات والسلوكيات الراقية التي تمكن بالفعل من تحقيق أفضل مساهمة ممكنة في إنجاز التغيير والتحسين والإصلاح المستهدف.
6. مراعاة تكافؤ الفرص والعدل والإنصاف في أنظمة وطرق وإجراءات التحفيز والتشجيع والتكليف والترقية وغيرها.
7. تنمية ودعم العمل الجماعي وروح الفريق الفعال وتقويته وتخويل الصلاحيات الكافية لفرق العمل من أجل تحقيق الفعالية الشاملة على مستوى الفرق والعمليات والمؤسسة ككل[510].

ويجب أن يغطي التعليم والتطوير الارتقاء بمستويات المعرفة والمهارة لكل العاملين وفقا لقدرة كل منهم على التعلم والتطور. وتشمل المعرفة المطلوب الاهتمام بها المنهج الإسلامي والقيم الإسلامية الراقية، والعلوم المناسبة لنشاط المؤسسة. وتشمل تنمية المهارات تطبيق تلك المعارف والعلوم في تنمية وتطوير عمليات ونشاطات ومنتجات وخدمات المؤسسة وفقا لمتطلبات استراتيجيات ومشروعات التحول. ولا بد في هذا الإطار من تحفيز وتشجيع روح التطوير الذاتي ودعم جهود

(510) Hunger & Wheelen, 1999, p 170

التعليم والتدريب والتطوير.

الإستراتيجية المالية:

تحدد الإستراتيجية المالية المضامين المالية للخطة الإستراتيجية للمؤسسة وتحدد المهام والإجراءات المالية التي تدعم استراتيجيات ومشروعات التحول[511]. ويساهم قادة وخبراء المال والاقتصاد في المؤسسة في إعداد خطط واستراتيجيات ومشروعات التحول ويهتمون بصفة خاصة بالجوانب الرئيسية المهمة التالية:

1. المساهمة في التأكد من تحقيق الجدوى والعوائد الاقتصادية المستهدفة من استراتيجيات ومشروعات التحول.
2. التأكد من القدرة على توفير الموارد المالية اللازمة لتلبية احتياجات التحول.
3. التأكد من حماية المؤسسة وعدم تعريضها لمصاعب وخسائر مالية.

فلا بد أن يساهم قادة ونخبة من خبراء المال والاقتصاد في جميع مراحل عملية التخطيط الإستراتيجي بهدف تحديد العوامل والمتغيرات المالية والاقتصادية المهمة في البيئة الداخلية والخارجية، ودراسة الملاءمة والجدوى الاقتصادية للمشروعات والمهام الإستراتيجية المقترحة، والمساهمة في التأكد من اختيار أفضل الإستراتيجيات والمشروعات المناسبة للمرحلة القادمة. كما يساهم الماليون في المؤسسة في تحديد الموارد المالية اللازمة لتنفيذ استراتيجيات ومشروعات ومهام التحول وتحديد المصادر المتاحة والمناسبة لتمويلها والتي يمكن أن تشمل:

1. التمويل الداخلي باستعمال الأرصدة المالية المتاحة للمؤسسة والأرباح وفائض التدفقات النقدية الناجمة عن المنتجات والخدمات المدرة.
2. استعمال الأرباح المحققة أو جزءًا منها وفقا للاتفاق الذي يتم التوصل إليه مع المساهمين.
3. الاستفادة من الموارد المالية الناجمة من تنفيذ إستراتيجية ومهام التخلص

(511) Johnson & Scholes, 1997 , p266

من الأنشطة أو المنتجات أو الخدمات التي يجب التخلص منها والأصول المتعلقة بها وذلك في تمويل بقية الإستراتيجيات الخاصة بإعداد النمو واستراتيجيات النمو.

4. القروض غير الربوية من المصارف الإسلامية أو الحكومة أو بعض رجال أو مؤسسات الأعمال التي تقدم مثل هذه القروض مع مراعاة الحد من استعمال القروض لتجنب التدخلات الخارجية في شئون المؤسسة.

5. عوائد إيجار العقارات والأصول.

6. طرح أسهم جديدة لزيادة رأس مال الشركة كطريقة لتمويل مشروعات جديدة.

7. التعاون والشراكة مع مؤسسات أخرى في تمويل واستغلال المشروع.

8. المساعدات أو التسهيلات الحكومية [512].

كما يساهم الماليون والاقتصاديون في دراسة والتأكيد على تحقيق التوازن بين الاستثمار قريب الأجل والمتوسط وبعيد الأجل، وتحديد النسبة المثلى من الاستغلال للموارد المالية النقدية المتاحة لدى المؤسسة، ونسبة الموارد التي يجب الاحتفاظ بها كاحتياطي استراتيجي، والمبالغ المالية التي يمكن صرفها للمساهمين كعوائد للأسهم التي يملكونها في المؤسسة. ويساهمون أيضا في التوزيع الأمثل للموارد المالية على إستراتيجيات ومشروعات ومهام التحول وجدولتها بما يكفل التوافق والتكامل الذي يحقق تحقيق الأهداف الإستراتيجية للمؤسسة وذلك وفقا لدرجة التركيز على استراتيجيات النمو والإعداد للنمو والمشروعات والمهام الإستراتيجية التي تؤدي إلى إنجاز هذه الإستراتيجيات.

ويعتبر بناء وتفعيل نظام جيد لإعداد ومتابعة الميزانيات الرأسمالية مهمة ذات أولوية عالية، ويتضمن تخطيط وتوزيع الصرف على مشروعات التحول خلال سنوات الخطة وتفصيل توزيعها على مراحل شهرية أو ربع سنوية والتي تشكل جزءا من خطة

---

(512) Lock, 1996, p 107

التدفقات النقدية للمشروع الواحد ولكافة مشروعات ومهام التحول. أن تخطيط ومراقبة التدفقات النقدية مطلوب من أجل ترتيب التمويل اللازم لإنجاز المشروعات والمهام، كما ينبغي تحديث هذه الخطط دوريا حيث أن قيم الدفعات النقدية وتوقيتها يمكن أن يتغير بسرعة لأسباب وظروف قد تستدعي تسريع الصرف على بعض المشروعات أو تبطئة الصرف على بعضها الآخر، وفي أسوء الحالات قد يتطلب الموقف إلغاء أو تأجيل استكمال أحد أو بعض المشروعات[513].

ومن الجوانب التي يحرص الماليون والاقتصاديون في المساهمة فيها التأكد من تحقيق التوازن بين الطموحات والمخاطر، وأن الأهداف والإستراتيجيات والمشروعات الإستراتيجية يمكن تمويلها بدون تعريض المؤسسة للخسارة، وتحديد التحوطات المالية اللازمة لمواجهة احتمالات حدوث مصاعب مالية كبيرة.

إستراتيجية الشراء والتوريد:

وتعني هذه الإستراتيجية بالحصول على المواد الخام، والأجزاء النصف مصنعة ومستلزمات الإنتاج والتوريدات اللازمة لعمليات الإنتاج والتسويق والبحث والتطوير، وكافة مستلزمات تسير مختلف أنشطة وعمليات المؤسسة الجارية والأنشطة والعمليات الإنتاجية الجديدة التي سيتم إضافتها خلال مرحلة التحول. ومن الجوانب المهمة في تحديد إستراتيجية الشراء والتوريد تحديد الموردين المناسبين والعدد المناسب منهم أو الاكتفاء بمورد واحد يتم التعامل معه على أساس التعاون والشراكة المفيدة للطرفين. ويجب مقارنة هذه الخيارات وفقا للمرونة والتكلفة والجودة وسرعة التوريد للمواد والخدمات والأهمية الإستراتيجية للعلاقة مع موردين محددين. كما تعنى إستراتيجية الشراء والتوريد بتحديد أفضل الطرق لنقل المواد من الموردين إلى المواقع الإنتاجية وكذلك مستويات التخزين المثلى من المواد من الناحية الاقتصادية ومن ناحية ضمان سير العمليات الإنتاجية دون توقف[514].

(513) Allen and Myddelton, 1992, p123
(514) Hunger & Wheelen, 1999, p168

إستراتيجية نظم المعلومات:

وتعني بتنمية وتطوير تجهيزات ونظم المعلومات بما يخدم ويدعم تنفيذ استراتيجيات ومشروعات التحول والتحسين النوعي للفعالية والكفاءة والأداء في مختلف المستويات والعمليات والأنشطة بالمؤسسة. وتمكن أنظمة المعلومات والاتصالات الجيدة من تنمية علاقات وثيقة بالمنتفعين بمنتجات وخدمات المؤسسة والموردين والمساهمين ومختلف الأطراف ذات المصالح المشروعة في المؤسسة[515]. ومن أهم ما تهتم به هذه الإستراتيجية تصميم وتطوير نظام المعلومات الإستراتيجية والتسييرية الذي يمكن من تحسين أداء عملية التخطيط الإستراتيجي والمراقبة الإستراتيجية والتنفيذ الفعال لبرامج التحول. كما ينبغي أن تمكن النظم الفعالة للمعلومات من اتخاذ القرارات المبنية على الحقائق والبيانات والمعلومات الدقيقة والصحيحة والمتجددة وتحقيق الفعالية الشاملة للمؤسسة.

---

(515) المرجع السابق، ص170

الخاتمـة والتوصيات

لقد حاول الباحث في هذه الدراسـة توضيح أهميـة عمليـة التخطـيط الإسـتراتيجي مـن أجـل التغيـير والتحسين النوعي لأداء المؤسسات الإنتاجية والخدمية وتقديم الآلية المناسبة للقيـام بهـذه العمليـة منبهـا وحاثا من آن لآخر على أهمية الاستفادة من القيم الإسلامية الراقيـة في ضـمان فعاليـة التخطـيط للتغيـير والإصلاح الشامل لهذه المؤسسات في البيئة العربية والإسلامية.

وإذا كان الارتقاء في الفهم والالتزام بمتطلبات منظومـة القـيم الإسـلامية الراقيـة يكفـل الـتخلص مـن التخطيط المتعمد أو شبه المتعمد لفشل المؤسسة فإن البحـث قـدم لقـادة وخـبراء المؤسسـة دلـيلا عمليـا واضحا ومتكاملا لكيفية تفادي الفشل في التخطيط لتحقيق نجاحات المستقبل عبر مراحل التغيير والإصلاح المتوالية.

وقدم البحث في بدايته نموذج الإدارة المقترح والذي يختصر إدارة وتسيير المؤسسة في عمليتين رئيسيتين وهما: التخطيط والتنفيذ. ولضمان نجاح هاتين العمليتين في تحديد وتحقيق التغيـير والتحسـين المسـتهدف ينبغي القيام بمراقبة وتحسين التخطيط ومراقبة وتحسين التنفيذ، وركز البحث مـن بـين هـذه المهـام عـلى التخطـيط الإسـتراتيجي للتغيـير والإصـلاح الشـامل بهـدف التحسـين النـوعي لأداء المؤسسـات الإنتاجيـة والخدمية. كما أكد البحث على أنه قبل الشروع في القيام بخطوات التخطيط الإستراتيجي للتحـول يجـب التخطيط والإعداد لهذه العملية ذاتها بهدف انجازها بفعالية وكفـاءة عاليـة بمـا يـؤدي إلى إعـداد الخطـة الإستراتيجية المناسبة فعلا لطموحات وآمال وتوقعات قادة وخـبراء المؤسسـة والمسـاهمين وكافـة الأطـراف ذات المصالح المشروعة في المؤسسة.

ثم تناول البحث آلية التخطيط الإستراتيجي للتحول بقدر من التفصيل في بعـض الجوانـب التـي يـرى الباحث أهميتها للموضوع أو أهمية الإلمام بها من قبـل قـادة وخـبراء المؤسسـات الإنتاجيـة والخدميـة في بيئتنا. وبمقارنة مهام الخطوتين الأوليين من خطوات هذه الآلية بمحاولات ومساعي قادة وخبراء بعض هذه المؤسسات الذين

يجتهدون في الارتقاء بمستويات أداء مؤسساتهم بدون الالتزام بآلية متكاملة للتخطيط يمكن ملاحظة الآتي:

- أن هؤلاء القادة والخبراء يعرفون الغرض من إنشاء مؤسستهم ويعرفون مجالات نشاطها ورسالتها وإن لم تكن مكتوبة وموثقة. كما يقومون سنويا - وربما لعدة سنوات قادمة - بتحديد الأهداف العليا للمرحلة القادمة والتي يمكن أن تكون طموحة وفقا لهمتهم وطموحاتهم وطموحات وتوقعات ودرجة اهتمام وإخلاص مجلس إدارة المؤسسة الذي يمثل المالكين لأسهمها وأصولها.
- وفي أغلب الأحوال تجدهم يقومون بتقييم أداء المؤسسة ولكن التقييم في بعض أو أكثر الحالات يكون ناقصا ومعيبا.

وينبغي لقادة وخبراء المؤسسة تحسين أدائهم في القيام بهاتين الخطوتين من أجل النجاح في التحديد الجيد لرسالة المؤسسة وتوثيقها وتحديد الأهداف الإستراتيجية المناسبة للتحول والقيام بالتقييم المخلص والصادق والفعال لأداء وقدرات المؤسسة والذي ينتج عنه تحديد القدرات والقوى الدافعة للتحول وعناصر الضعف التي يمكن أن تحد من نجاحه.

- ثم لا بد لقادة وخبراء المؤسسة من متابعة المتغيرات المهمة في البيئة الخارجية. لا يجوز لهم الانعزال بمؤسستهم عن بيئتها الخارجية وتركها تتقاذفها الأمواج وتوجهها الرياح العاصفة في مختلف الاتجاهات. وإن كان بعض قادة وخبراء المؤسسة يقومون بالمتابعة الشكلية والعامة لبعض متغيرات البيئة الخارجية فإن المعلومات الناجمة عن تلك الجهود غالبا ما تكون غير مناسبة وغير كافية لعملية التخطيط. فالمتابعة الجيدة والدراسة والتحليل الجيد لعوامل ومتغيرات البيئة الخارجية يُمكّن قادة وخبراء المؤسسة من التعرف على الفرص المتاحة لمؤسستهم في تلك المتغيرات ومعرفة التهديدات والمخاطر التي يمكن أن تعرقل مسيرتها وتهدد مستقبلها.

- وإذا قام قادة وخبراء المؤسسة بهذه الخطوات الثلاثة الأساسية على خير وجه فإنهم بذلك قادرون على استنباط الوضع الإستراتيجي العام لمؤسستهم وهي تُقدِمُ على برنامج التغيير والإصلاح الشامل الذي يُمكّنها من تحقيق الأهداف الطموحة لمرحلة التحول.
- ومن الموقف الإستراتيجي العام للمؤسسة يستطيع قادة وخبراء المؤسسة استنتاج إستراتيجية الاتجاه العام للتحول التي تُحدد مستوى التركيز أو التنويع المناسب للأنشطة والمنتجات والخدمات التي ينبغي أن تقدمها المؤسسة خلال المرحلة القادمة.
- وانطلاقا من الموقف الإستراتيجي العام للمؤسسة وإستراتيجية الاتجاه العام للتحول يُمكن تحديد استراتيجيات نمو وتوسع المؤسسة واستراتيجيات حماية المؤسسة وإعدادها للنمو خلال المرحلة القادمة والمراحل التالية مع تحديد نسبة التركيز على مجموعة استراتيجيات النمو ومجموعة استراتيجيات الإعداد للنمو.
- بذلك تُصبح صورة مستقبل المؤسسة واضحة أمام قادة وخبراء المؤسسة التي تساعدهم في اقتراح عدد كبير من الأفكار والمشروعات والمهام الإستراتيجية المناسبة لإنجاز التحول. كما تساعدهم هذه الصورة الواضحة لمستقبل مؤسستهم في تقييم واختيار أفضل المشروعات والمهام الإستراتيجية التي تؤدي إلى إنجاز استراتيجيات التحول وتحقيق الأهداف الإستراتيجية لبرنامج التغيير والإصلاح الشامل.

وبذلك يتوصل قادة وخبراء المؤسسة إلى إعداد الخطة الإستراتيجية الكلية للمؤسسة التي ينبغي أن تُشتق منها كافة الخطط الإستراتيجية للمشروعات والأنشطة والعمليات الرئيسية والمساندة التي تؤدي إلى إنجاز التحول المنشود.

هذه هي آلية عملية التخطيط الإستراتيجي لمستقبل المؤسسة كما وردت في هذا البحث والتي يمكن أن تكون صعبة ومعقدة في بعض الحالات والمؤسسات. وبالرغم من أن صعوبة تطبيق هذه الآلية تزداد كلما نمت المؤسسة وتوسعت وكبرت إلا أن

السبب الحقيقي لهذه الصعوبة يكمن في ضعف الاجتهاد في فهمها وتبسيطها والأخذ بأسباب نجاحها.

وقد يتخوف قادة وخبراء المؤسسة الصغيرة بالفعل من صعوبة تطبيق عملية التخطيط الإستراتيجي وفقا لهذه الآلية. ومما يساعد في التخلص من هذه المخاوف معرفة أن المؤسسة الصغيرة لا تحتاج إلى الكم الهائل من المعلومات والبيانات والدراسات، فقادة وخبراء هذه المؤسسة هم عادة على اتصال مستمر بمتغيرات البيئة الداخلية لمؤسستهم وينبغي أن يكونوا على اتصال مستمر كذلك بمتغيرات البيئة الخارجية المتعلقة بنشاطهم، إلا أنهم في حاجة إلى تنظيم عملية متابعة المتغيرات وتجميع المعلومات ودراستها وتحليلها والاستفادة منها في عملية منظمة للتخطيط الإستراتيجي لمستقبل مؤسستهم. ولا يوجد أي عذر ولا مانع للمؤسسة الصغيرة يمنعها من الاستفادة من عملية التخطيط الإستراتيجي في إعداد خطط التحول المبنية على الحقائق والبيانات والمعلومات المناسبة والصحيحة.

إن الدراسة الواعية والعمل الجماعي المنظم والفعال من قبل قادة وخبراء المؤسسة في إعداد خطة التحول هو مطلب أساسي تمليه عليهم عظمة الأمانة الملقاة على عاتقهم بشأن حاضر ومستقبل المؤسسة أيا كانت كبيرة أو صغيرة. بل إن الباحث يرى في خلاصة ونتائج هذا البحث أن التغيير والإصلاح الشامل على مستوى المؤسسة لا يمكن أن يتحقق بفعالية إلا من خلال التغيير والإصلاح الشامل على مستوى الفرد العامل في المؤسسة. وأن التخطيط للتغيير وإصلاح الفرد لذاته يكاد يمر بذات خطوات التخطيط الإستراتيجي لأكبر مؤسسات العصر.

ومعلوم أن الله الخالق الواحد القوي سبحانه يحب المؤمن القوي، وهذا شرف غاية في العظمة لا يُضاهيه أي شرف آخر وهو أعلى درجات الكمال الإنساني التي يتمايز فيها الأنبياء والرسل عليهم السلام ثم المؤمنون الأقوياء الصالحون. كما أن مؤسسات الإيمان في حاجة ماسة إلى العامل المؤمن القوي الذي يندفع ذاتيا لتقوية إيمانه ومعارفه وقدراته وأدائه لصالحه وصالح مؤسسته.

إن التقوية الذاتية " Self Empowerment " والصعود إلى درجات عالية في سلم

الكمال الإنساني يتطلب تحديد رسالة سامية للإنسان العامل في هذه الحياة وأهداف عظيمة. ثم لا بد من التقييم الذاتي والصادق والمخلص لقدراته الذاتية لمعرفة القدرات والقوى الدافعة له في الصعود وتحديد عناصر وعوامل الضعف التي تشده إلى أسفل. كما ينبغي له متابعة ودراسة البيئة الخارجية التي يعيش فيها والتي يمكن أن تتسع دوائرها باتساع هذا الكون الفسيح، وذلك لمعرفة الفرص والنعم العظيمة المتاحة له في هذه الحياة والمتاحة لمؤسسته ومجتمعه وأمته، وتحديد المخاطر التي يمكن أن تعرقل مسيرة نجاحه وصعوده ونجاح وصعود مؤسسته ومجتمعه وأمته. ومن خلال ذلك يتضح الموقف الإستراتيجي لمسيرة العامل والذي يتبين له منه الاتجاه العام لبرنامج التغيير والإصلاح الشامل لذاته ومسيرته واستراتيجيات ومشروعات ومهام الصعود واستراتيجيات ومشروعات ومهام الحماية من الهبوط والإعداد للمزيد من الصعود. ويمكن للعامل المؤمن القوي أن يعمل بجد وإخلاص وفقا لمبادئ ونموذج البحث في أي بيئة أياً كانت وتحت أي ظرف وفي كل وقت وفي كل مكان طالما كان قصده صادقا مخلصا لله الخالق الواحد سبحانه وكان عمله صالحا ونافعا لنفسه ومؤسسته ومجتمعه وأمته والإنسانية جمعاء.

ويخلص البحث إلى تأكيد أهمية وضرورة القيام بعملية التخطيط الإستراتيجي من أجل التغيير والتحسين النوعي والمستمر للأداء في مختلف المؤسسات الإنتاجية والخدمية الكبيرة والمتوسطة والصغيرة على السواء، كما لا بد من دعم وتشجيع كل العاملين على القيام بالتخطيط للتغيير والتحسين النوعي والمستمر لفعاليتهم بما يؤدي إلى تحقيق الفعالية الشاملة على مستوى الفرد وفرق العمل وعلى مستوى المؤسسة وما ينتج عن ذلك من نجاحات على مختلف المستويات في إطار المؤسسة والمساهمة في تقدم وازدهار المجتمع والأمة.

ولتحقيق هذه النجاحات على مستوى المؤسسات الإنتاجية والخدمية التي تخدم المجتمع وتساهم بفعالية في بناء النهضة الثانية للأمة ينبغي تظافر الجهود المخلصة من قبل كل المعنيين بتحقيق هذه النجاحات وخاصة الفئات الأربعة الآتية:

1. قادة وخبراء المؤسسة المخلصين.

2. علماء وخبراء الإدارة المخلصين.

3. علماء الـدين المخلصين الـذين يمكن أن يركـزوا جهـودهم في المسـاهمة الفعالـة في الارتقـاء بفعالية وأداء العاملين بالمؤسسات الإنتاجية والخدمية.

4. قادة وخبراء المجتمع المخلصين الذين يجتهدون في دعم المؤسسـات الإنتاجيـة والخدميـة بمـا يمكنها من تأدية رسالتها على أكمل وجه.

ويخلص البحث إلى حوصلة أهم النتائج والتوصيات التـي يمكن الاستفادة منها في إنجـاز التغيير والإصلاح الشامل بهدف التحسين النوعي لأداء المؤسسات الإنتاجية والخدمية وهي كما يلي:

◊ أهمية وضرورة بناء وتفعيل منظومة القيم الإسلامية الراقية في المؤسسة والمعدة للتطبيق في بيئة المؤسسات الإنتاجية والخدمية، والاستفادة منها في الارتقاء بمعارف وقدرات وطموحـات وسلوكيات وفعالية وأداء قادة وخبراء المؤسسة وسائر العاملين بها.

◊ أهمية بناء وتفعيل نظام الفعاليـة الشاملة الـذي يؤكـد عـلى الارتقـاء بمستويات الإنتاجيـة والجودة وكافة عناصر الفعالية الشاملة بما يؤدي إلى الارتقاء باستمرار بمستويات فعاليـة وأداء العاملين والتحسين المستمر لأداء المؤسسة.

◊ أهمية الارتقاء في استيعاب وتطبيق أسس ومفاهيم القيادة الفعالة التـي تستند إلى القيـادة بالمثل والأسوة الحسنة وفقا لمنظومـة القيم الإسلاميـة الراقيـة وأسـاليب القيـادة الحديثـة المتفقة معها.

◊ أهمية الارتقاء في فهم وتطبيق أسس ومفاهيم الإدارة الحديثة.

◊ أهمية الارتقاء في فهم وتطبيـق أسس ومفـاهيم وآليـة التخطيط الإستراتيجي، مـع تركيـز الاهتمام بالجوانب الآتية:.

● توسيع دائرة المشاركة والاجتهاد في تحفيز وتحميس شرائح واسعة من قادة وخبراء المؤسسـة والعمليات في المشاركة في إعداد خطة التحول مـن أجـل بنـاء القناعـة والحمـاس والالتـزام بتنفيذ خطة التحول وتحقيق أهدافها.

- الارتقاء في الالتزام بقيم الإخلاص والصدق في تحديد وتجميع ودراسة وتحليل البيانات والمعلومات والاجتهاد في الوصول إلى أفضل النتائج والتوصيات في مختلف خطوات ومهام التخطيط الإستراتيجي.
- الحرص على التعاون والعمل الجماعي الفعال في مختلف المستويات في إنجاز كل خطوات ومهام التخطيط والوصول إلى إعداد الخطط الإستراتيجية المناسبة لتحقيق أهداف التحول.
- الارتقاء في بناء وتفعيل أنظمة المعلومات الإستراتيجية والتسييرية للمؤسسة بهدف الاستفادة منها في إعداد الخطط المناسبة واتخاذ القرارات الرشيدة.
- الارتقاء في قدرات القيام بدراسات وبحوث السوق ودراسات المنفعة والجدوى من الأفكار والمشروعات والمهام المتعلقة بالتطوير والتنمية والتحسين.
- الارتقاء في بناء وتطبيق أنظمة وأساليب المراقبة الإستراتيجية والتسييرية الفعالة والتي تتضمن المسح والرصد المبكر والتقييم المستمر لمتغيرات البيئة الخارجية والداخلية للمؤسسة بهدف التحسين النوعي والمستمر لأداء المؤسسة.

وبهذه النتائج والتوصيات ينتهي البحث بحمد الله تعالى وتوفيقه لكل ما في هذا البحث من حقائق ومزايا وأسأل الله العفو عن الخطأ والزلل، وأسال كل من يمكن أن ينتفع بالبحث الاجتهاد في الاستفادة منه لصالحه وصالح مؤسسته وصالح المجتمع والأمة، وما توفيقنا إلا من عند الله الخالق الواحد سبحانه، وآخر دعوانا أنِ الحمد لله رب العالمين، وصلِّ اللهم على سيد وخاتم الأنبياء والمرسلين وأعظم وأكرم وأكمل البشر على الإطلاق محمد بن عبد الله، وبارِك اللهم وسلِّم عليه وعلى آله وصحبه الكرام البررة ومن تبعهم بإحسان إلى يوم الدين.

- المصادر والمراجع
- فهرس الجداول
- فهرس الأشكال والرسومات البيانية
- فهرس المحتويـــات

المصادر والمراجع

أولا: المصادر والمراجع العربية:

1. **القرآن الكريم**، كتاب الله الخالق العظيم سبحانه ورسالته الخاتمة إلى الناس كافة.

2. **صحيح البخاري:** محمد بن إسماعيل أبو عبد الله البخاري الجعفي، دار ابن كثير، اليمامة - بيروت، ط 3، 1407 هـ / 1987 م، تحقيق: د. مصطفى ديب.

3. **صحيح مسلم:** مسلم بن الحاج أبو الحسين القشيري النيسابوري، دار إحياء التراث العربي، بيروت، تحقيق: محمد فؤاد عبد الباقي، (د / ت ر).

4. **سنن الترمذي:** (الجزء الخاص بالتفسير): محمد بن عيسى أبو عيسى الترمذي السلمي، دار إحياء التراث العربي، بيروت، تحقيق: أحمد محمد شاكر وآخرون، (د / ت ر).

5. **أبو قحف:** د. عبدالسلام أبوقحف، 1991، أساسيات الإدارة الإستراتيجية، الدار الجامعية - الإسكندرية.

6. **بعيرة والمنصوري:** أبوبكر مصطفى بعيرة وعبد الجليل آدم المنصوري، 1986، موسوعة الإدارة: مصطلحات إدارية مختارة، منشورات المعهد العالي للعلوم الإدارية والمالية - بنغازي.

7. **بعيرة:** د. أبوبكر بعيرة، 1993، التسويق ودوره في التنمية، منشورات جامعة قاريونس، بنغازي.

8. **توفيق:** جميل أحمد توفيق، 1997، إدارة الأعمال: مدخل وظيفي، المكتب الجامعي الحديث - الإسكندرية.

9. **عبد الفتاح:** د. محمد سعيد عبد الفتاح، 1987، التسويق، المكتب العربي الحديث - الإسكندرية.

10. السيد: د. إسماعيل محمد السيد، 1990، الإدارة الإستراتيجية: مفاهيم وحالات تطبيقية، مكتبة ومطبعة الإشعاع الفنية - الإسكندرية.

11. الصحن: د. محمد فريد الصحن، 1998، التسويق: المفاهيم والإستراتيجيات، الدار الجامعية - الإسكندرية.

12. حسن: عادل حسن، 1988، إدارة الإنتاج، دار النهضة العربية للطباعة والنشر - بيروت.

13. فايد: د. عبد الحميد بهجت فايد، 1990، إدارة الإنتاج الصناعي، مكتبة عين شمس، القاهرة.

14. القطامين: د. أحمد القطامين، 1996، التخطيط الإستراتيجي والإدارة الإستراتيجية، دار مجدلاوي - عمان.

15. القطامين: د. أحمد القطامين، 2002، الإدارة الإستراتيجية، دار مجدلاوي للنشر والتوزيع - عمان.

16. ماضي: د. محمد توفيق ماضي، 1999، إدارة الإنتاج والعمليات، الدار الجامعية - الإسكندرية.

17. مرسي: د. نبيل محمد مرسي، 2006، الإدارة الإستراتيجية: تكوين وتنفيذ إستراتيجيات التنافس، المكتب الجامعي الحديث - الإسكندرية.

18. تريجو وزيمرمان، ترجمة إبراهيم البرلسي، 1998، إستراتيجية الإدارة العليا: ماهيتها وكيفية تشغيلها، دار الدولية للنشر والتوزيع، القاهرة.

ثانيا: المراجع الأجنبية:

1. Applied Management Engineering, PC, and Harvey H. Kaiser, 1991, Maintenance Management Audit, R.S. Means Co, Inc.

2. Lock Dennis, 1996, Project Management, 6th ed, Gower Publishing Ltd.

3. Johnson Gerry & Scholes Kevan, 1997, Exploring Corporate Strategy, 4th Ed., Prentice Hall.

4. Pearson Gordon, 1990, Strategic Thinking, Prentice Hall.

5. Mintzberg Henry & Others, 1998, The Strategy Process, Prentice

Hall.

6. Ansoff Igor & McDonnel Edward, 1990 , Implanting Strategic Management, 2nd Ed. , Prentice Hall.

7. Adair J. , 1983 , Effective Leadership, Gower Publishing Co.

8. Hunger J. David & Wheelen Thomas L., 1999, Strategic Management, 7th Edition , Prentice Hall.

9. Riggs James L., 1976, Production Systems: Planning, Analysis, and Control, 2nd ed, Wiley/Hamilton publication.

10. Batten Joe D., 1978 , Tough - Minded Management , amacom.

11. Pearce II John A. & Robinson Richard B., Jr., 1991. Strategic Management, 4th ed. , Irwin Inc

12. Argenti John, 1989, Practical Corporate Planning, Unwin Paperbacks.

13. Hendry John & Others, 1993 , Strategic Thinking , John Wiley & Sons.

14. Kotter John P., 1996. Leading Change, Harvard Business School Press.

15. Andrews Kenneth R. , 1987, The concepts of corporate strategy, 3 rd Edition, Dow Jones - Irwin.

16. Goodstein Leonard & Others, 1993 , Applied Strategic Thinking , McGraw - Hill Inc.

17. Allen M.W. and Myddelton D.R., 1992, Essential Management Accounting, 2nd ed, Prentice Hall

18. Richards Max D. , 1986, Setting strategic Goals and Objectives, 2nd Ed. , West Publishing Co.

19. Cowley Michael & Domb Ellen, 1997, Beyond Strategic Vision, Butterworth - Heinemann.

20. Gaither Norman, 1992, Production and Operations Management, 5th ed., The Dryden Press.

21. Drucker Peter F., 1964, Managing For Results, Heinemann Professional Publishing.

22. Drucker Peter F., 1967, The Effective Executive, Butter worth - Heinemann.

23. Drucker Peter F. , 1955, The Practice of Management, Heinemann

Professional Publishing.

24. Hamermesh Richard G. ,1986 , Making Strategy Work, HBS, John Wiley & Sons.

25. Pascale Richard Tanner & Athos Anthoney G. , 1984 , The Art of Japanese Management, Penguin Books.

26. Megill Robert E., 1981 , Life In The Corporate Orbit , PennWell Publishing Co.

27. Rowe and Others, 1993 , Strategic Management: A methodological Approach, 4th Ed. , Addison - Wesley Publishing Co.

28. Wootton Simon & Terry Horne, 2001, Strategic thinking, 2nd ed., Kogan Page Ltd.

29. Peters Thomas J. & Waterman Robert H., Jr. , 1984 , In Search Of Excellence , Warner Books.

30. Ochi William G. , 1986 , The M - Form Society , Avon Books.

31. Bucklins Louis P., 1972, Competition and Revolution in The Distribution Trade, Prentice Hall

فهرس الجداول

فهرس الأشكال والرسومات البيانية

فهرس المحتويـات

5

9

11

13

تم بحمد الله وعونه وتوفيقه

PLANING AND THE ENHANCEMENT OF ESTABLISHMENT'S PRODUCTIVITY AND SERVICE INDUSTRY PERFORMANCE IN THE ARABIC AND THE ISLAMIC ENVIRONMENTS

By
Al-Hadi al-Misal